"101 计划"核心教材
中药学领域

"101计划"核心教材
中药学领域

中药炮制学

主　审　蔡宝昌　刘红宁
主　编　陆兔林　窦志英
副主编　李向日　董志颖　黄勤挽　姜　海　张春凤
编　委（按姓氏汉语拼音排序）

董志颖（上海中医药大学）　　　窦志英（天津中医药大学）
高　慧（辽宁中医药大学）　　　黄勤挽（成都中医药大学）
姜　海（黑龙江中医药大学）　　金传山（安徽中医药大学）
李　凯（河南中医药大学）　　　李　林（南京中医药大学）
李向日（北京中医药大学）　　　李越峰（甘肃中医药大学）
梁泽华（浙江中医药大学）　　　刘产明（常州市中医医院）
刘艳菊（湖北中医药大学）　　　陆兔林（南京中医药大学）
孟　江（广东药科大学）　　　　朋汤义（安徽中医药大学第一附属医院）
宋艺君（陕西中医药大学）　　　王　晖（天津中医药大学）
夏　荃（广州中医药大学）　　　杨光明（南京中医药大学）
禹志领（香港浸会大学）　　　　张　超（山东中医药大学）
张春凤（中国药科大学）　　　　张　村（中国中医科学院中药研究所）
张朔生（山西中医药大学）　　　赵建斌（山西振东制药股份有限公司）
钟凌云（江西中医药大学）

中国教育出版传媒集团
高等教育出版社·北京

内容简介

本教材为教育部基础学科中药学本科教育教学改革试点工作（"101计划"）核心教材之一。分为总论、各论和传承发展三部分，共19章。总论突出中药炮制的基础理论体系等，并增加了中药炮制传承创新进程、中药饮片的标签管理等新政策新内容；各论对重点药味进行重点介绍，有关药物的质量控制要求收载《中华人民共和国药典》饮片标准，进一步强调中药炮制与临床疗效的关系，同时炮制研究部分收载了最新研究成果，突出炮制原理研究的先进性和时代性。每章章首设导言，由案例导入，并设置拓展性思考题；根据教学需要精简内容、突出重点药物，严谨求实；同时开设窗口配套数字资源，包括课程思政案例、知识拓展和推荐阅读等内容，旨在增加教材的深度和广度。

本教材可供中药学基础学科拔尖学生培养基地班、创新实验班及其他中药学相关专业学生使用，也可作为研究生相关课程教材和临床中药师与中医药研究人员的参考用书。

图书在版编目（CIP）数据

中药炮制学 / 陆兔林，窦志英主编 . -- 北京：高等教育出版社，2025.8. -- ISBN 978-7-04-064746-4

Ⅰ. R283

中国国家版本馆 CIP 数据核字第 2025PE9188 号

Zhongyao Paozhixue

| 策划编辑 瞿德竑 | 责任编辑 瞿德竑 | 封面设计 李小璐 | 责任印制 赵义民 |

出版发行	高等教育出版社	网 址	http://www.hep.edu.cn
社 址	北京市西城区德外大街4号		http://www.hep.com.cn
邮政编码	100120	网上订购	http://www.hepmall.com.cn
印 刷	北京盛通印刷股份有限公司		http://www.hepmall.com
开 本	850mm×1168mm 1/16		http://www.hepmall.cn
印 张	28		
字 数	720千字	版 次	2025年8月第1版
购书热线	010-58581118	印 次	2025年8月第1次印刷
咨询电话	400-810-0598	定 价	168.00元

本书如有缺页、倒页、脱页等质量问题，请到所购图书销售部门联系调换
版权所有　侵权必究
物 料 号　64746-00

中药学"101计划"主审专家委员会

（按姓氏汉语拼音排序）

蔡宝昌（南京中医药大学）
陈红专（上海中医药大学）
陈士林（成都中医药大学）
程翼宇（浙江大学）
段金廒（南京中医药大学）
谷晓红（北京中医药大学）
果德安（中国科学院上海药物研究所）
匡海学（黑龙江中医药大学）
李　萍（中国药科大学）
李永吉（黑龙江中医药大学）
刘红宁（江西中医药大学）
彭　成（成都中医药大学）
屠鹏飞（北京大学）
万德光（成都中医药大学）
王广基（中国药科大学）
王继峰（北京中医药大学）
肖　伟（南京中医药大学）
徐宏喜（上海中医药大学）
颜正华（北京中医药大学）
张伯礼（天津中医药大学）

数字课程(基础版)

中药炮制学

主编 陆兔林 窦志英

abooks.hep.com.cn/64746

使用方法：

1. 电脑或移动设备访问课程网站。

2. 注册并登录后，进入"个人中心"。

3. 刮开图书封底防伪码涂层，通过扫描二维码或手动输入 20 位密码，完成防伪码绑定。

4. 绑定成功后，即可开始本数字课程的学习。

如有使用问题，请点击页面下方的"疑问"按钮。

"中药炮制学"数字课程编委会

（按姓氏汉语拼音排序）

董志颖（上海中医药大学）
窦志英（天津中医药大学）
高　慧（辽宁中医药大学）
黄勤挽（成都中医药大学）
姜　海（黑龙江中医药大学）
金传山（安徽中医药大学）
李　凯（河南中医药大学）
李　林（南京中医药大学）
李向日（北京中医药大学）
李越峰（甘肃中医药大学）
梁泽华（浙江中医药大学）
刘产明（常州市中医医院）
刘艳菊（湖北中医药大学）
陆兔林（南京中医药大学）
孟　江（广东药科大学）
朋汤义（安徽中医药大学第一附属医院）
宋艺君（陕西中医药大学）
王　晖（天津中医药大学）
夏　荃（广州中医药大学）
杨光明（南京中医药大学）
禹志领（香港浸会大学）
张　超（山东中医药大学）
张春凤（中国药科大学）
张　村（中国中医科学院中药研究所）
张朔生（山西中医药大学）
赵建斌（山西振东制药股份有限公司）
钟凌云（江西中医药大学）

总　序

党的二十大报告指出，"全面提高人才自主培养质量，着力造就拔尖创新人才，聚天下英才而用之"。党的二十届三中全会强调，"加强基础学科、新兴学科、交叉学科建设和拔尖人才培养""分类推进高校改革，建立科技发展、国家战略需求牵引的学科调整机制和人才培养模式"。教育部为落实党中央指示，开拓了培养能够引领重大原始创新、突破关键核心技术的拔尖人才有益探索，启动了"四个一流"建设的"101计划"。以小切口解决大问题，在深处（课程）、实处（教材）、难处（实践）、痛处（教师）下功夫，为培养拔尖人才创造了一种新的教育范式。

习近平总书记多次对中医药工作做出重要指示，要"充分发挥中医药的独特优势，推进中医药现代化""加快推进中医药现代化、产业化""积极推进中医药科研和创新，注重用现代科学解读中医药学原理"，对中医药现代化与拔尖创新人才培养提出了具体要求。

中药学"101计划"作为教育部基础学科教育教学改革研究项目之一，对中药学拔尖人才的培养目标、培养模式、课程体系、实践项目、教材建设、师资队伍建设进行了前瞻性、设计性改革。

本套中药学"101计划"核心教材共13本。其中既有对中药学传统专业课程进行前沿性、研究性深化与延伸的教材，也有将生命与基础医学相关课程整合形成的教材（如《生命科学基础》），还有为了满足对人工智能、大数据与智能制造等新技术发展的需求，前瞻性编写的教材（如《中药工程学》《中药信息学》）。该系列教材建设强调教材质量，建立了主编、主审双负责制，强化顶层设计，建立学科督导组，动态跟踪评估教学效果和课堂授课质量，建立了多元评价体系。

这13门核心课程的建设及其相应教材的编写，进一步固化了中药学"101计划"改革成果，加强了课程建设与科学进步、产业革新的紧密结合，推动了知识图谱与能力图谱建设，促进了院校间高水平教师的教研活动与交流，更是为开设中药学专业的院校开展拔尖人才培养改革提供了借鉴与参考。

本套中药学"101计划"核心教材由天津中医药大学、北京中医药大学、上海中医药大学、南京中医药大学、成都中医药大学、黑龙江中医药大学、中国药科大学牵头，相关院校的专家参与编写。教材编写等的组织工作中，一直得到了教育部等单位有关领导的指导和支持。在此一并致谢！

张伯礼
2024年8月

前　言

为深入学习贯彻党的二十大精神，加快构建中药学学科高质量人才培养体系，由张伯礼院士牵头并组织中药学本科教育教学改革试点工作（以下简称中药学"101计划"）建设工作。中药炮制学是该计划核心课程之一，课程建设包括教材建设、课程知识图谱、能力图谱、素质图谱及虚拟教研室等工作。本教材是中药学"101计划"中药炮制学课程建设的一部分，是首部针对培养中药学专业拔尖创新人才而编写的传统与创新相结合、纸质与数字相交融的新形态教材。

在教育部高等学校教学指导委员会的指导下，在中药学"101计划"项目办公室的精心组织下，本书由南京中医药大学和天津中医药大学牵头组织全国高等院校、科研机构和企业教学经验丰富的同行专家编写而成，可供全国高等院校的中药学长学制拔尖创新人才等培养使用。

本教材在充分调研各单位对以往教材的意见和建议基础上，充分吸收了"十四五"以来的最新研究成果，按照"两性一度"的标准，即"高阶性、创新性、挑战度"，倾力打造精品教材。全书分为上篇总论、中篇各论和下篇传承发展三部分，最后为本书引用的主要参考资料及药名拼音索引。与以往的教材相比，编写体例做了较大改变，每章章首设导言，由案例导入，并设置拓展性思考题；每章根据教学需要精简内容、突出重点药物，严谨求实；同时开设窗口配套数字资源，包括课程思政案例、知识拓展和推荐阅读等内容，旨在增加教材的深度和广度。教材在彰显中药炮制传统技术和理论传承及中医药思维的基础上，加强与生产实际和应用相结合。总论进一步突出了中药炮制的基础理论体系，并增加了传承创新进程、中药饮片标签管理等新政策新内容；各论对重点药味着重介绍有关药物的质量要求，收载《中华人民共和国药典》2020年版饮片标准，进一步强调炮制品作用与临床疗效的关系，同时炮制研究部分收载了最新研究成果，突出炮制原理研究的先进性和时代性。全书编写遵循教材教学性、系统性和逻辑性的原则，严谨求实，力求精品，凝聚了全体编写人员的智慧。

本书的绪论由陆兔林编写，中药炮制的基础理论由钟凌云编写，中药炮制与临床疗效由李向日编写，中药炮制的目的及对药物的影响由窦志英编写，中药炮制的分类和辅料由张春凤编写，中药饮片的生产与管理由张朔生、赵建斌编写，中药饮片的质量控制由禹志领编写，中药饮片包装与储运养护由董志颖、张村编写，净制由宋艺君编写，切制由金传山编写，炒法由张超、张春凤、董志颖编写，炙法由梁泽华、李林、黄勤挽编写，煅法由夏荃、刘艳菊编写，蒸煮燀法由李凯、姜海编写，复制法由李越峰编写，发酵法、发芽法由高慧编写，其他制法由孟江编写，中药特色炮制技术与传承由黄勤挽、刘产明、朋汤义编写，中药炮制研究与创新发展由姜海编写，主要参考书目和药名索引由杨光明、王晖编写。全书由陆兔林、窦志英、董志颖、张超、金传山负责最终统稿和审校。

前言

　　本书在编写过程中,得到了参编单位各级领导的大力支持,全书最后由蔡宝昌教授、刘红宁教授主审,在此深表谢意。本书在编写中难免有疏漏之处,敬请各院校师生在使用过程中提出宝贵意见,以便不断完善和提高。

陆兔林　窦志英

2025 年 3 月

目 录

上篇 总 论

第一章 绪论 ... 3

第一节 概述 ... 4
  一、中药炮制与中药炮制学 ... 4
  二、中药炮制学的内涵与外延 ... 4
  三、中药炮制学的主要任务 ... 4
  四、中药炮制学与其他学科的相关性 ... 5
第二节 中药炮制的起源和发展 ... 6
  一、中药炮制的起源 ... 6
  二、中药炮制的发展 ... 7
第三节 中药炮制相关法规与保密要求 ... 13
  一、中药炮制的相关法规 ... 13
  二、中药炮制技术的保密要求 ... 14

第二章 中药炮制的基础理论 ... 17

第一节 中药炮制理论的形成 ... 18
  一、形成基础 ... 18
  二、形成条件 ... 18
  三、体系构建 ... 19
第二节 中药炮制的基础理论 ... 20
  一、中药炮制适度理论 ... 20
  二、中药炮制药性变化理论 ... 20
  三、中药炮制辅料作用理论 ... 21
  四、中药炮制生熟异治理论 ... 22
  五、中药炭药止血理论 ... 23
第三节 中药炮制制药理论 ... 24
  一、制则 ... 25
  二、制法 ... 25

第三章 中药炮制与临床疗效 ... 27

第一节 中药炮制与临床疗效的关系 ... 28
  一、中药炮制是中医临床用药的特点 ... 28
  二、中药炮制是提高临床疗效的重要手段 ... 29
  三、中药炮制是保证用药安全的重要措施 ... 31
第二节 中药炮制对中药药性的影响 ... 31
  一、中药炮制对四气的影响 ... 31
  二、中药炮制对五味的影响 ... 32
  三、中药炮制对升降浮沉的影响 ... 32
  四、中药炮制对归经的影响 ... 33
  五、中药炮制对药物补泻的影响 ... 33
  六、中药炮制对药物润燥的影响 ... 34
  七、中药炮制对药物毒性的影响 ... 34
第三节 中药炮制对方剂疗效的影响 ... 35
  一、中药炮制提高方剂疗效 ... 35
  二、中药炮制降低配伍用药的毒副作用 ... 36
  三、中药炮制调整方剂部分适应证 ... 37
第四节 中药炮制对中药制剂的影响 ... 37
  一、中药饮片是制剂的基本原料 ... 37
  二、制剂剂型对饮片的炮制要求 ... 38
  三、中药炮制对制剂安全性的影响 ... 38
  四、中药炮制对制剂质量的影响 ... 39

第四章 中药炮制的目的及对药物的影响 ... 40

第一节 中药炮制的目的 ... 41

一、降低或消除毒副作用，保证临床用药安全有效 …………………………… 41
二、增强药物疗效 ……………………… 41
三、改变或增强性味，扩大用药范围 … 42
四、改变或增强药物的作用部位与趋向 ………………………………… 42
五、矫正不良气味，利于服用 ………… 43
六、便于调剂和制剂 …………………… 43
七、洁净药物，利于贮藏保管 ………… 43
第二节 中药炮制对中药理化性质的影响 …………………………… 44
一、对含生物碱类中药的影响 ………… 44
二、对含苷类中药的影响 ……………… 45
三、对含挥发油类中药的影响 ………… 46
四、对含鞣质类中药的影响 …………… 46
五、对含有机酸类中药的影响 ………… 47
六、对含油脂类中药的影响 …………… 47
七、对含树脂类中药的影响 …………… 48
八、对含蛋白质、氨基酸类中药的影响 ………………………………… 48
九、对含糖类中药的影响 ……………… 49
十、对含无机成分中药的影响 ………… 49
第三节 中药炮制对中药药理作用的影响 …………………………… 50
一、中药炮制对药理作用的影响 ……… 50
二、中药炮制对中药毒理的影响 ……… 52

第五章 中药炮制的分类和辅料 …… 54

第一节 中药炮制的分类方法 ………… 55
一、雷公炮炙十七法 …………………… 55
二、三类及五类分类法 ………………… 56
三、《中国药典》分类法 ………………… 57
四、药用部位来源分类法 ……………… 57
五、工艺与辅料相结合的分类法 ……… 57
第二节 中药炮制的常用辅料 ………… 57
一、液体辅料 …………………………… 58
二、固体辅料 …………………………… 61

第六章 中药饮片的生产与管理 …… 64

第一节 中药饮片工业生产与发展 …… 65
一、饮片手工作坊的生产模式 ………… 65
二、饮片生产机械化、专业化、规模化阶段 ………………………………… 65
三、饮片生产规范化管理阶段 ………… 66
第二节 中药饮片生产厂房的设计 …… 66
一、厂区的选择 ………………………… 66
二、厂房与车间的要求 ………………… 67
第三节 中药饮片的生产设备 ………… 68
一、常用炮制机械 ……………………… 69
二、生产线与生产机组 ………………… 70
三、设备管理 …………………………… 73
四、中药炮制工程计算机信息化管理系统 …………………………………… 75
第四节 中药饮片的生产管理 ………… 77
一、组织机构管理 ……………………… 77
二、物料管理 …………………………… 78
三、生产管理 …………………………… 80
四、质量管理 …………………………… 82

第七章 中药饮片的质量控制 ……… 84

第一节 中药饮片的质量要求 ………… 85
一、性状 ………………………………… 85
二、鉴别 ………………………………… 85
三、检查 ………………………………… 86
四、浸出物 ……………………………… 88
五、指纹图谱或特征图谱 ……………… 88
六、含量测定 …………………………… 88
第二节 中药饮片的质量检验 ………… 89
一、检验用样品取样方法 ……………… 89
二、对照样品 …………………………… 89
三、破碎或粉碎样品的检定 …………… 89
第三节 中药饮片的质量控制 ………… 90
一、中药饮片的质量检验管理 ………… 90
二、中药饮片的质量管理 ……………… 90
第四节 影响饮片质量的因素 ………… 92

一、药材基源 …………………… 92
　　二、生态环境 …………………… 92
　　三、采收季节 …………………… 93
　　四、产地加工与炮制 …………… 93
第五节　中药饮片的质量溯源 ……… 94
　　一、中央中药材流通追溯平台 … 95
　　二、地方中药材流通追溯平台 … 96
第六节　中药饮片质量控制新技术 … 97
　　一、光谱学技术结合化学计量学方法 … 97
　　二、液相色谱-质谱联用技术 … 97
　　三、生物检定技术 ……………… 97
　　四、一测多评技术 ……………… 98
　　五、其他方法与技术 …………… 98

第八章　中药饮片包装与储运养护 …… 99

第一节　中药饮片包装 ……………… 100
　　一、中药饮片包装技术 ………… 100
　　二、中药饮片包装材料 ………… 100
　　三、中药饮片包装设计 ………… 101
　　四、中药饮片包装设备 ………… 101
　　五、中药饮片小包装 …………… 102
第二节　中药饮片贮藏与养护 ……… 103
　　一、中药饮片贮藏中的变异现象 … 103
　　二、影响中药饮片变异的因素 … 105
　　三、中药饮片贮藏养护方法 …… 106

中篇　各　论

第九章　净制 ……………………… 113

第一节　清除杂质 …………………… 114
　　一、挑选 ………………………… 114
　　二、筛选 ………………………… 115
　　三、风选 ………………………… 116
　　四、水选 ………………………… 116
　　五、磁选 ………………………… 119
　　六、其他净选法 ………………… 120
第二节　净选分离 …………………… 121

　　一、分离不同药用部位 ………… 121
　　二、清除非药用部位 …………… 121
第三节　其他加工 …………………… 126

第十章　切制 ……………………… 127

第一节　中药材的软化 ……………… 128
　　一、软化处理方法 ……………… 129
　　二、软化程度检查 ……………… 132
第二节　中药饮片的切制 …………… 133
　　一、中药饮片类型 ……………… 133
　　二、片型选择原则 ……………… 134
　　三、中药饮片的切制方法 ……… 135
　　四、中药饮片切制工具与设备 … 136
第三节　中药饮片的干燥 …………… 138
　　一、干燥方法 …………………… 138
　　二、干燥设备 …………………… 139
第四节　影响中药饮片质量的因素 … 141
　　一、常见的不合格饮片 ………… 141
　　二、不合格饮片的影响因素 …… 142

第十一章　炒法 …………………… 143

第一节　清炒法 ……………………… 145
　　一、炒黄 ………………………… 145
　　　　芥子 ………………………… 145
　　　　莱菔子 ……………………… 147
　　　　王不留行 …………………… 148
　　　　葶苈子 ……………………… 149
　　　　决明子 ……………………… 150
　　　　蔓荆子 ……………………… 150
　　　　牛蒡子 ……………………… 150
　　　　茺蔚子 ……………………… 151
　　　　瓜蒌子 ……………………… 151
　　　　紫苏子 ……………………… 152
　　　　冬瓜子 ……………………… 152
　　　　酸枣仁 ……………………… 153
　　　　槐花 ………………………… 153
　　　　水红花子 …………………… 154

黑芝麻	154
火麻仁	154
桑枝	155
使君子	155
蒺藜	156
苍耳子	156
白果	156
花椒	157
牵牛子	157
常山	158
九香虫	158
海螵蛸	159
二、炒焦	159
山楂	159
槟榔	161
栀子	163
川楝子	165
三、炒炭	166
蒲黄	166
干姜	168
大蓟	169
小蓟	170
白茅根	170
地榆	170
槐角	171
侧柏叶	171
藕节	172
茜草	172
乌梅	173
牡丹皮	173
卷柏	174
绵马贯众	174
荆芥	175
荆芥穗	175
鸡冠花	175
石榴皮	176
第二节 加辅料炒法	176
一、麸炒	177
苍术	177
枳壳	179
枳实	179
椿皮	180
僵蚕	180
芡实	181
薏苡仁	181
二、米炒	182
斑蝥	182
党参	184
红娘子	185
三、土炒	185
白术	186
山药	188
四、砂炒	188
马钱子	189
骨碎补	191
狗脊	192
鸡内金	192
鳖甲	193
龟甲	193
穿山甲	194
脐带	194
五、蛤粉炒	195
阿胶	195
鹿角胶	197
六、滑石粉炒	197
水蛭	198
鱼鳔	199
黄狗肾	200
刺猬皮	200
玳瑁	201

第十二章 炙法 202

第一节 酒炙法	203
黄连	204
大黄	205
当归	208
川芎	210

白芍	211
赤芍	213
丹参	213
益母草	214
龙胆	215
续断	216
牛膝	217
仙茅	217
威灵仙	218
锁阳	218
地龙	219
蛇蜕	220
蕲蛇	220
乌梢蛇	221

第二节　醋炙法 …… 221

甘遂	222
莪术	224
柴胡	225
延胡索（元胡）	227
商陆	228
芫花	228
京大戟	229
狼毒	229
乳香	230
没药	231
三棱	231
香附	232
郁金	233
五灵脂	233
艾叶	234

第三节　盐炙法 …… 235

知母	236
黄柏	237
泽泻	239
杜仲	240
补骨脂	242
车前子	243
巴戟天	244
韭菜子	245
菟丝子	245
沙苑子	246
小茴香	247
橘核	247
荔枝核	247
胡芦巴	248
益智	248
砂仁	249
八角茴香	250

第四节　蜜炙法 …… 250

甘草	251
黄芪	253
百部	255
白前	256
枇杷叶	257
款冬花	259
百合	261
麻黄	262
紫菀	264
旋覆花	265
瓜蒌	265
瓜蒌皮	266
桑白皮	266
白薇	267
升麻	267
桂枝	268
桑叶	268
金樱子	269
马兜铃	270

第五节　姜炙法 …… 270

厚朴	271
竹茹	273
草果	273

第六节　油炙法 …… 274

淫羊藿	274
蛤蚧	276
三七	277

目录

第十三章 煅法 …… 278

第一节 明煅法 …… 279
白矾 …… 280
石膏 …… 281
石决明 …… 282
硼砂 …… 283
皂矾（绿矾）…… 284
寒水石 …… 284
花蕊石 …… 285
钟乳石 …… 285
云母石 …… 285
龙齿 …… 286
龙骨 …… 286
牡蛎 …… 286
瓦楞子 …… 287
蛤壳 …… 287
珍珠母 …… 287
禹余粮 …… 288
阳起石 …… 288
青礞石 …… 289
赤石脂 …… 289
金精石 …… 290
紫贝齿 …… 290

第二节 煅淬法 …… 290
自然铜 …… 291
炉甘石 …… 293
赭石 …… 295
磁石 …… 295
紫石英 …… 295
蛇含石 …… 296

第三节 扣锅煅法 …… 297
血余炭 …… 297
荷叶 …… 298
莲房 …… 300
干漆 …… 300
棕榈 …… 302
蜂房 …… 302
丝瓜络 …… 303
灯心草 …… 303

第十四章 蒸煮焯法 …… 305

第一节 蒸法 …… 306
何首乌 …… 307
黄芩 …… 309
地黄 …… 311
人参 …… 313
天麻 …… 315
山茱萸 …… 316
黄精 …… 318
肉苁蓉 …… 318
五味子 …… 319
女贞子 …… 319
木瓜 …… 320
桑螵蛸 …… 320

第二节 煮法 …… 321
川乌 …… 322
附子 …… 324
远志 …… 326
草乌 …… 328
吴茱萸 …… 329
硫黄 …… 329
藤黄 …… 330

第三节 焯法 …… 330
苦杏仁 …… 331
桃仁 …… 333
白扁豆 …… 334

第十五章 复制法 …… 336
半夏 …… 337
天南星 …… 340
白附子 …… 342
蟾酥 …… 344
松香 …… 344
蜂胶 …… 345
紫河车 …… 345

第十六章　发酵、发芽法 ... 347

第一节　发酵法 ... 348
六神曲 ... 349
淡豆豉 ... 351
半夏曲 ... 353

第二节　发芽法 ... 353
麦芽 ... 354
稻芽 ... 356
大豆黄卷 ... 356

第十七章　其他制法 ... 358

第一节　烘焙法 ... 359
虻虫 ... 359
蜈蚣 ... 360

第二节　煨法 ... 360
肉豆蔻 ... 361
诃子 ... 363
木香 ... 363
葛根 ... 364

第三节　提净法 ... 364
芒硝 ... 365
玄明粉 ... 365
硇砂 ... 366

第四节　水飞法 ... 366
雄黄 ... 367
朱砂 ... 368
滑石 ... 368
玛瑙 ... 369
珍珠 ... 369

第五节　制霜法 ... 370
巴豆 ... 371
千金子 ... 372
大风子 ... 372
木鳖子 ... 373
柏子仁 ... 373
西瓜霜 ... 374
信石 ... 374

鹿角霜 ... 375

第六节　干馏法 ... 375
竹沥 ... 376
蛋黄油 ... 376
黑豆馏油 ... 376

下篇　传承发展

第十八章　中药特色炮制技术与传承 ... 381

第一节　中药炮制的传承 ... 382
一、中药炮制的传承相关政策与背景 ... 382
二、中药炮制的传承内容 ... 383

第二节　中药炮制地方传统特色技术 ... 385
一、樟派 ... 385
二、建昌派 ... 385
三、京派 ... 386
四、川派 ... 387
五、徽派 ... 388
六、粤派 ... 389
七、孟河流派 ... 389
八、汉派 ... 391
九、少数民族药物炮制技术 ... 392

第三节　中药临方炮制 ... 393
一、临方炮制的形成历史 ... 393
二、临方炮制的发展现状 ... 394
三、临方炮制的重要价值 ... 394
四、临方炮制的传承与创新 ... 395

第十九章　中药炮制研究与创新发展 ... 398

第一节　中药炮制研究内容及方法 ... 399
一、中药炮制研究内容 ... 399
二、中药炮制研究方法 ... 404

第二节　中药炮制研究的新技术与应用 ... 408

一、组分结构理论在中药炮制研究中的应用 …… 408
二、谱效关联技术在中药炮制研究中的应用 …… 408
三、网络药理学和分子对接技术在中药炮制研究中的应用 …… 409
四、分子生物学技术在中药炮制研究中的应用 …… 409
五、人工智能感官技术在中药炮制研究中的应用 …… 409
六、生物光子辐射技术在中药炮制研究中的应用 …… 410
七、代谢组学技术在中药炮制研究中的应用 …… 410
八、蛋白组学技术在中药炮制研究中的应用 …… 410
九、生物毒价检测技术在中药炮制研究中的应用 …… 411

第三节　中药炮制传承创新与饮片产业高质量发展 …… 411
一、中药炮制传承创新与饮片产业发展 …… 411
二、中药炮制传承创新与饮片产业发展面临的问题 …… 413
三、中药炮制传承创新与饮片产业发展路径 …… 415
四、中药饮片产业高质量发展前景 …… 416

主要参考书目 …… 418

药名索引 …… 419

上篇 总论

第一章 绪 论

思维导图

首批国家级非物质文化遗产——中药炮制技术

中药炮制是指在中医药理论的指导下,按中医用药要求将中药材加工成中药饮片的传统方法和技术,古时又称"炮炙""修事""修治"。药物经炮制后,不仅可以提高药效、降低药物的毒副作用,而且方便贮藏,是中医临床用药的必备工序。几千年以来,不仅积累了丰富的炮制方法与技术,而且形成了一套传统的炮制加工工具。"饮片入药,生熟异治"是中药的特色与优势。中药饮片炮制技术是中国所特有的,是中华民族千百年历史发展过程中形成的独特的最具自主知识产权价值的宝贵财富,是中医药现代化过程极其重要的环节。2006年5月,国务院批准文化部确定"中药炮制技术"入选第一批国家级非物质文化遗产名录,彰显了国家对中药炮制技术传承创新发展的高度重视。近年来,深入挖掘和系统梳理了古籍文献中的中药炮制技术、各地知名炮制专家学术思想,开展了传统炮制理论现代科学内涵、中药炮制现代理论创新研究及智能炮制设备研究等;以传承工作室建设、中药炮制技术传承基地建设及师带徒等方式全面推进中药炮制传承工作,加强中药炮制技术培训,积极完善中药炮制文化平台,建立了谱系传承和院校教育相结合的人才培育体系,全方位、多渠道开展中药炮制科普宣传。

请对下列问题给予思考与分析:
1. 试述中药炮制技术入选首批国家级非物质文化遗产名录后取得的传承发展成效。
2. 试述中药炮制在中医药产业发展和中医临床用药中的地位。

中药是在中医药理论指导下，应用于临床预防和治疗疾病的药物。中药的商品形式主要分为中药材、中药饮片和中成药三大类。中药材是来源于植物、动物和矿物的药用部位经过产地初加工后形成的原药材；中药饮片是在中医药理论指导下，运用中药炮制技术将中药材制成的临床处方药或中成药生产的原料药；中成药是按照制剂的要求，运用制剂技术以中药饮片作为原料药制成的成方制剂。中药材不可直接应用于临床，必须在中药炮制理论指导下，经过炮制制备成中药饮片后才能在临床上组方配伍应用，中药饮片处于中药产业三大支柱的中心地位。

中药炮制是最具我国自主知识产权的传统制药技术，饮片生熟异治是中医药有别于其他传统医药的重要标志。中药炮制是中药传统技艺的集中体现和核心所在，是在历代中医药长期医疗实践中产生并不断积累和发展起来的。中药炮制有着独特的理论和方法，在中药现代化发展进程中发挥重要作用。

课程思政案例 1-1　中药炮制技术——国家级非物质文化遗产代表性项目

第一节　概　述

一、中药炮制与中药炮制学

中药炮制是根据中医药理论，依照临床辨证施治用药的需要和药物自身性质，以及调剂、制剂的不同要求，将中药材制备成中药饮片所采取的一项制药技术。中药材经过净制、切制和炮炙加工后的成品均称为饮片。饮片是可以直接应用于中医临床的处方药，是临床调剂配方及中成药制剂生产的原料药。

中药炮制学是专门研究中药炮制技术的历史沿革、炮制理论、炮制工艺、饮片规格和质量标准、临床应用及其发展方向的一门学科。中药炮制是中医药理论在临床用药的具体表现，是保证饮片质量的关键。中药炮制学具有实践性强、知识面广的特点，是一门既传统而又新兴的综合性应用学科。

二、中药炮制学的内涵与外延

中药炮制学的内涵主要包括中药炮制的传统理论、技术、品种、辅料及相关文献整理与总结，传统中药炮制技术的继承与创新，炮制解毒增效机制的研究与阐明，中药饮片生产工艺的规范与创新，饮片质量标准的制定与监管，以及中医临床应用饮片的安全与有效等内容。

中药炮制学的外延是指以中药炮制学为核心，与其他学科交叉融合形成支撑本学科发展的具体学科领域或研究方向，主要包括中药炮制文献信息学、中药材产地加工学、中药炮制化学、中药炮制药理毒理学、中药炮制工程学、中药炮制与制剂分析、临床中药炮制学等知识体系。

三、中药炮制学的主要任务

中药炮制学的主要任务是遵循中医药理论体系，在继承传统中药炮制技术和理论的基础上，应用现代科学技术进行整理、研究，探讨炮制原理，改进炮制工艺，制定饮片质量标准，提高中药饮片质量，保证临床用药的安全有效，并不断创新和发展本学科。

1. 探讨中药炮制机理 中药炮制机理是指中药炮制的科学依据和炮制的作用，即探讨在一定工艺条件下，中药在炮制过程中产生的物理变化和化学变化，以及因这些变化而产生的药理作用的改变和改变所产生的临床意义，从而对炮制方法作出一定的科学评价。包括对中药炮制减毒、增效、缓和药性及产生新药效的机理研究等内容。炮制机理的研究是炮制学研究的关键问题。

中药炮制是我国历代医药学家在长期医疗实践活动中不断总结积累逐步发展起来的制药技术，必须按照中医药传统理论，通过发掘研究整理其历史沿革、基础理论和原始意图，揭示其炮制机理和炮制规律。在长期的实践中，中药炮制结合中医药理论，形成了自身独特的理论。探讨炮制理论形成规律性的本质，不但有利于炮制机理的阐述，而且将指导炮制方法的传承与创新。

2. 规范中药炮制工艺 中药的类别很多，品种繁杂，各地炮制工艺也不甚一致。由于历史条件的限制，炮制工艺多属于手工业作坊生产，尚难适应先进工业化的生产，因此研究炮制技术，改进炮制工艺使其适应产业化生产的需要乃是当务之急。对炮制工艺的规范化研究，要打破旧的传统思维习惯的局限。对于传统的炮制工艺，通过现代分析手段及对炮制机械作进一步改进等，使饮片的炮制更为科学合理。同时，在生产过程中，采用先进技术，制定从原料到成品的质量管理措施，如控制药材软化过程中的用水量，切片或炮制后的得率，辅料的加入量或存留量等过程控制的指标和方法，保证饮片质量的稳定可控。随着科学技术的发展，新技术的不断应用，使炮制工艺向机械化、自动化、科学化方向发展。

3. 制订饮片质量标准 中药材品质差异、炮制生产工艺不同、炮制火候以传统经验判定等因素，导致中药饮片质量不稳定，直接影响其安全有效性。中药饮片质量标准研究的首要任务是充分利用现代技术，将传统质量要求客观化、数据化，使其适应现代化的需要。应用现代科学手段逐步将客观化的指标与感观控制的经验型指标相结合，建立起更为科学、合理的饮片质量标准，以更好地控制其质量，确保临床用药的效果。

中药炮制是一门制药技术，技术本身就有很强的科学性。饮片的形、色、气、味是外观上评价饮片质量的指标，临床应用疗效是内在评价炮制质量的指标，要充分应用现代科学技术手段，加强对中药炮制机理的科学研究，不断改进、规范炮制工艺，制订出包括饮片外观、色泽、气味、性状、组织粉末、理化鉴定、水分、灰分、浸出物、药效成分、毒性成分、农药残留量、重金属含量、辅料残留量、指纹图谱或特征图谱、成分含量等多指标的饮片质控方法和标准，以提高中药饮片质量，确保临床应用的疗效。

四、中药炮制学与其他学科的相关性

中药炮制学是在其他多种学科的知识体系和技术的支撑下，与传统炮制理论的知识体系和技术进行交叉融合、不断研究发展形成的一门综合性应用型学科。

中药炮制学以中医药基础理论、中药学、方剂学等为本学科基础理论和技术指导，融合中药化学、中药分析学、中药药理学、中药毒理学、中药鉴定学、中药制剂学、中药调剂学等相关学科的知识和技术，采用现代医药学体系中的化学、生理学、生物化学、药用植物学、系统生物学、药理学、药物代谢组学、信息技术等学科的理论和方法研究本学科内涵和外延。在与相关学科知识体系的交叉融合中，中药炮制学不断发展、完善和提升，形成了具有炮制基础理论指导，传承传统炮制技术，融合现代医药学知识的中药炮制学科。

知识拓展1-1 中药炮制技术的地位

第二节 中药炮制的起源和发展

炮制历史上又称"炮炙""修治""修事""修制"等。南北朝刘宋时代雷敩的《雷公炮炙论》、明代缪希雍的《炮炙大法》,以"炮炙"作为书名,正文中则用"修事"表示炮制内容;明代李时珍的《本草纲目》在各药物条下单列"修治"项,阐述药物的炮制方法;清代张仲岩的《修事指南》直接以"修事"作为书名,正文中则以"炮制"表述。虽然各时代文献记载炮制技术时所用名词不同,但表达的涵义相同,以"炮制""炮炙"两词为多用。现代已经规范使用"炮制"一词,"炮"代表各种与火相关的加工技术,"制"则代表各种更广泛的炮制方法,"炮制"一词概括了中药材制备成饮片的全部内涵。

一、中药炮制的起源

1. 清洗、劈块、锉末 是中药炮制中"净制、切制"的萌芽。中药炮制的历史可以追溯到原始社会。药食同源,人类为了生存,在生活的过程中猎取鸟兽,采摘草木、果实充饥,常误食某些植物或动物导致中毒的发生,或在此过程中疾病逐渐减轻或消失,慢慢积累了可以治疗疾病的药物知识。将采猎到的药物经过洗净、斧劈成小块、锉为粗末等简单加工,以利于服用,甚至使药效更好地发挥,这便是中药炮制中净制、切制的萌芽。

2. 火的应用 是形成中药炮制中"火制"的雏形。《韩非子·五蠹》记载:"上古之世……民食果蓏蚌蛤,腥臊恶臭,而伤害腹胃,民多疾病。有圣人作钻燧取火,以化腥臊,而民说之,使王天下,号之曰燧人氏"。《礼纬·含文嘉》则在文中明确指出:"燧人始钻木取火,炮生为熟,令人无腹疾,有异于禽兽"。这些记载描述了中国古代劳动人民将食物通过火的处理炮生为熟,以减少疾病的发生,并逐渐应用于药物方面,形成了中药炮制中火制的雏形。

炮制在历史上记载为"炮炙",均系采用"火"处理加工药物的方法。《说文》载:"炮,毛炙肉也"。注文表示"毛炙肉,谓之不去毛之也"。《礼记·内则》载:"涂之以谨(墐)涂,炮之"。郑玄注"炮者,以涂烧之为名也"。孙希旦《礼记集解》载"裹物而烧之谓之炮"。《说文》注"炙,炙肉也,从肉在火上"。《诗经·小雅·瓠叶》载"炕火曰炙"。上述记载说明,"炮""炙"最初均源于食物直接用火加工的方法,药食同源也使火的发现及其加工应用到了药物的处理,形成了中药炮制中火制的早期阶段。

3. 酒的应用 辅料炮制起始。中国的酒文化源远流长,酒的发明并用于处理药物是中药炮制中采用辅料炮制的源头。在殷墟出土的甲骨文中有"鬯"字,汉代班固《白虎通义》记载"鬯者,以百草之香,郁金合而酿之成为鬯"。"鬯"就是具有芳香性的药酒,一般供祭祖用,说明在殷墟时代就有百草合酿药酒的炮制技术和应用,距今已有数千年的历史。

4. 陶器的应用 炮制器具的进步。中国是世界上最早制作陶器的国家,早在我国仰韶文化时期(公元前5000年左右),就有了砂锅、陶罐等存放食物和烹饪的器具。使用陶器作为药酒浸泡的容器,利用砂锅、陶罐煎煮药物,作为蒸、煮、煅等的炮制容器,汤剂有了煎煮和饮服的盛器,使得中药炮制在器具上有了大的进步,也促进了中药炮制技术和炮制品种的发展。

二、中药炮制的发展

在中医药发展的历史长河中，中药炮制的发展呈现出层次递进式上升的发展规律。从春秋战国到现代两千多年的历史中，中药炮制的发展大致分为四个历史时期。中华人民共和国成立后，在党和政府的重视下，中药炮制进入了一个新的发展阶段，现代科学技术渗入传统的中药炮制领域，使得中药炮制从一门传统的制药技术发展形成有自身理论体系的中药炮制学科。

（一）春秋战国至宋代——中药炮制技术形成期

《五十二病方》是我国考古学家在挖掘汉代马王堆墓冢中出土的帛书，记录有280多个医方，其中记载了"炮、炙、燔、煅、细切、熬、酒醋渍"等炮制方法。如"取庆（蝤）良（螂）一斗，去其甲足；服零（茯苓）……以春；取商牢（陆）渍醴中；止出血者燔发；燔其艾；陈藿，蒸而取其渍"等，炮制的药物和炮制方法均很明确。自西汉海昏侯墓发掘出土的中药地黄和辅料层的复合体，是迄今发现的我国古代最早中药炮制品的实物。研究表明，其加工工艺为地黄经水、热处理后再加辅料层，证实早在西汉时期已有蒸法及辅料加工方法的应用。

成书约在战国至秦汉时期的《黄帝内经》，在《灵枢·邪客》篇中，有"秫米半夏汤"治疗"邪气客人"的记载。该方中的半夏标注为"治半夏"，以有平和之性的秫米与半夏共煮而降低半夏的毒性，是有毒中药通过炮制降低毒性的一个代表。《素问·缪刺论》中记载的"燔治左角发"即是现今的血余炭，也是至今为止最早记载的炭药；在书中还出现了"㕮咀"，其字义为以口咀嚼，后为将药材用工具劈成小块的饮片。

我国现存最早的药学专著《神农本草经》记载了365种中药，其中13种应用了炮制技术，包括发芽法制大豆黄卷、熬制鹿角胶、阿胶等。该书的上卷中记载了药物炮制应遵循的基本要求："药有酸咸甘苦辛五味，又有寒热温凉四气及有毒无毒，阴干曝干，采造时月，生熟，土地所出，真伪陈新，并各有法"。同时指出，"凡此七情，合和视之……若有毒宜制，可用相畏相杀尔，不尔勿合用也"。《神农本草经》记载的阴干暴干是药物干燥的方法，采造时月是药物的采收季节，生熟是进一步炮制的要求。如"露蜂房……火熬之良""桑螵蛸，生桑枝上，采蒸之""蜣螂……火熬之良""刺猬皮……酒煮杀之""贝子……火烧之良"等，并提出有毒药物可采用"相畏相杀"的炮制原则。在矿物药的炮制技术上已经出现炼制的方法，如"丹砂能化汞""朴硝炼饵服之"等，说明在《神农本草经》成书之际已经有初步的炮制技术和炮制原则。

《神农本草经》以后出现的汉代医书中，药物的炮制要求已经作为对遣方用药必须遵循的基本法则。如汉代医圣张仲景在《金匮玉函经》"证治总例"中记载："药物……有须烧炼炮炙，生熟有定"，以及"凡㕮咀药，欲如豆大，粗则药力不尽"，首次提出药物炮制的生熟异治，并初步阐述饮片粒度与药效的关系。这个时期，具体药物的炮制方法多标注在处方药物的脚注处。如张仲景《伤寒论》曰："抵当汤：水蛭三十个，熬；虻虫十三个，去翅足，熬；桃仁二十枚，去皮尖；大黄三两，酒浸"。

这一时期的中药炮制方法，净制有去沫、去芦、去节、去毛、去皮、去皮尖、去心、去核、去翅足、去咸，切制有劈、破、㕮咀、斩折、锉、捣，水处理有水浸、汤洗，加热处理有煮沸、蒸、烧、熬、炮、炼、炒、炙，加辅料炮制有酒洗、酒煮、苦酒煮等。

课程思政案例1-2　张仲景与炮制

中药炮制经历了先秦和两汉时期中医临床用药的实践，已经初步形成独特的炮制技术和炮制品，并被很多经典医籍引用记载。从两汉后期至宋代，随着国家的日益昌盛，中医药逐步发展，新的炮制方法不断出现，从单一的酒或醋作为炮制辅料发展到采用多种辅料炮制，将中药的配伍理论应用到对药物的炮制等。与此同时，炮制的药物品种日趋增多，工艺程序渐渐复杂。

这一时期的很多医药典籍上不仅可以看到有炮制方法，还有药物的炮制作用记载；并开始将原来只是零星标注在药物脚注处的炮制方法总结归纳成通用的炮制原则；炮制技术、炮制工艺及炮制品被收载入政府官方颁布的本草书籍中；同时出现了第一部专门总结、论述炮制的专著《雷公炮炙论》。

在新的炮制方法上，东晋葛洪的《肘后备急方》明确提出药物中毒的解救，载有"诸药毒救解方"，提出生姜汁解半夏毒，大豆汁解附子毒，常山、牛膝酒渍，为后世开启辅料炮制解毒提供了依据。

第一部炮制学专著《雷公炮炙论》成书约在南北朝刘宋时期，著者雷敩总结以前诸多医药文献中的炮制方法和技术，编撰辑集。全书共分为三卷，既较为全面地总结了前人记载的炮制技术和方法，又将相关的炮制作用辑录于书中指导后世的药物炮制，至今仍有很好的指导意义。

在炮制方法上，《雷公炮炙论》载有各类炮制技术：净制有拣、去甲土、去粗皮、去节并沫、揩、拭、刷、刮、削、剥、浸、洗等，切制有切、锉、擘、捶、舂、捣、研、杵、磨、水飞等，干燥的方法有拭干、阴干、风干、晒干、焙干、炙干、蒸干等，加热炮制的方法有煮、煎、熬、炼、炒、炙、焙、炮、煅等，加辅料炮制的方法有酒浸、苦酒浸、蜜涂炙、同糯米炒、酥炒、麻油煮、糯泔浸、药汁制等，是一部南北朝以前炮制方法的集成。

在炮制作用上，《雷公炮炙论》对一些药物为什么要炮制表述得比较清楚，如"半夏上有隙涎，若洗不净，令人气逆，肝气怒满""……用此沸了水飞过白垩，免结涩人肠也"。至今，《雷公炮炙论》上的很多方法和作用都可以用现代科学进行解释。如大黄采用蒸制的方法可使结合型的蒽醌含量降低，从而缓和泻下作用；莨菪、吴茱萸采用醋制的方法增加生物碱在煎液中的溶解度；茵陈"勿令犯火"，因为其中含有挥发油类成分；白芍需用"竹刀刮去皮"，因为铁器与鞣质反应可导致白芍泛红；知母、没食子炮制时"勿令犯铁器"，是因为酚类成分遇铁发生颜色反应等。

梁代陶弘景的《本草经集注》第一次系统归纳了各类药物的炮制通则："凡汤中用完物皆擘破""诸虫先微炙""诸石皆细捣"等，并将"㕮咀"改为"细切"，原因是"……旧方皆云㕮咀者，谓秤毕捣之如大豆。……药有易碎难碎，多末少末，秤两则不复均，今皆细切，较略令如㕮咀者，差得无末而粒片调于药力同出，无生熟也"。

唐代孙思邈在《备急千金要方》中对各类药物炮制的通用法则单列成"合和篇"，提出："诸经方用药，所有熬炼节度，皆脚注之，今方则不然，于此篇具条之，更不烦方下别注"，类似于现今药典的炮制通则："凡用甘草、厚朴、枳实、石楠、茵芋、藜芦、皂荚皆炙之""凡用麦蘖、曲末、大豆黄卷、泽兰、芜荑皆微炒，干漆炒令烟断""凡汤酒膏药中，用诸石皆细捣之"等；同时将有些药物的炮制工艺总结成固定程序的炮制方法，如造干黄精法、造干地黄法、造熟干地黄法等。

唐代的《新修本草》是世界上最早的官修本草。该书首次规定炮制辅料用酒、醋应"唯米酒、米醋入药"。本书中除收录了在其他医药文献中常见的"煨、燔、炒、蒸、煮"等炮制方法外，还记载了汉以后新增的"作蘖、作曲、作豉、芒硝提净"等复杂工艺的炮制技术，并详尽记载了矿物药如"玉石、玉屑、丹砂、云母、石钟乳、矾石、硝石"等的炮制方法，炮制内容更为丰富和全面。这标志着中药炮制首次被政府重视，具有了权威性。

宋代，在唐代的基础上继续沿用相关炮制技术，炮制的作用从最初的减少副作用、降低毒性拓展到了增加或改变疗效，从重视汤剂处方药的炮制发展到重视成药制剂中药物的炮制。宋代王怀隐编著的大型方书《太平圣惠方》始载"乳制法"，巴豆去皮膜、加热压去油制霜的炮制工艺也开始出现在本书中，并强调炮制程度的重要性，提出"……修治合度，分两无差，用得其宜，病无不愈……炮炙失其体性，筛箩粗恶，分剂差殊，虽有疗疾之名，永无必愈之效"。

宋代唐慎微编撰的《经史证类备急本草》简称《证类本草》，书中大量地辑录了宋以前医药文献、经方典籍的内容，包括现已失传的医药书籍内容。在该书中，炮制内容出现在每种药物之后，载有详尽的方法和制备工艺，为后世制药业提供了不可多得的炮制资料。现今重辑的《雷公炮炙论》就是根据《证类本草》引用《雷公炮炙论》原书的内容重新编辑成书。

宋代另一部具有炮制参考价值的医药典籍就是陈师文等人代表官方药局"太平惠民和剂局"编撰的《太平惠民和剂局方》，也被称为第一部官方颁布的成药专著。书中设专章"论炮炙三品药石类例"，记载药物的炮制技术和作用，收载了185种中药的炮制方法和炮制要求，注明药物炮制前后的功效变化。如蒲黄"破血消肿生使，补血、止血即炒用"。强调炮制时"方入药用，凡有修合，依法炮制，分两无亏，胜也"。该书的炮制工艺和要求成为当时国家法定制药技术标准中的重要组成部分。

从两晋到宋末，中药炮制的发展形成两个明显的特点，一是新的炮制技术和炮制品的增加，如乳汁制、羊脂油炙、白矾制、制霜、芒硝提净，咬咀改为切制等；二是将分散在处方中药物脚注的炮制技术按照药物的类别进行初步的归类，形成了具有规律的炮制通则，为后世炮制理论的形成奠定了基础。

（二）金元至明代——中药炮制理论形成期

金元时期，名医荟萃，金元四大家刘完素、张从正、李东垣、朱丹溪各有专长，在各自行医的经历中总结具有自己医疗特色的炮制技术，对炮制品的作用归纳出初步的规律。明代医药学家在金元时期形成初步规律的基础上，进一步总结归纳各类炮制技术制备的炮制品在临床应用时的作用特点，提升凝练，形成了较为系统的中药炮制基础理论，这为后世中药炮制技术的进步、炮制方法的创新、炮制品种的拓展及中药炮制学科的形成提供了理论依据。

元代王好古《汤液本草》中引用李东垣"用药心法"："黄芩、黄连、黄檗、知母，病在头面及手梢皮肤者，须用酒炒之，借酒力以升腾也。咽之下，脐之上，须酒洗之，在下生用"。又有"大凡生升熟降，大黄须煨，恐寒则损胃气。至于川乌，附子须炮，以制毒也"。王好古、李东垣等名医的医疗实践为酒制升提、生熟异治、炮制解毒等理论的形成奠定了基础。

元代葛可久所著《十药神书》提出了著名的炭药止血理论："大抵血热则行，血冷则凝……见黑则止"。按照此理论指导，书中记载了著名的炭药止血方剂"十灰散"。

明代徐彦纯所编撰的《本草发挥》辑自金元时期诸家的著作，进一步阐述酒制上升、以热制寒、盐制补心肺、童便制解毒的理论和作用。如"用上焦药须酒浸曝干。黄檗、知母治下部之药也，久弱之人，须合之者，酒浸曝干，恐伤胃气也""用附子、乌头者当以童便浸之，以杀其毒，可助下行之力也""心虚当盐炒之""以盐炒补心肺"等。

明代陈嘉谟编撰的《本草蒙筌》概括性地将炮制遵循的原则，相畏相杀、相使相须配伍关系的应用，辅料炮制的作用，采用韵语对仗形式系统整理成对句，对后代中药炮制的发展产生了较大影响。"凡药制造,贵在适中,不及则功效难求,太过则气味反失……匪故巧弄,各有意存。酒制升提,姜制发散,入盐走肾脏,仍仗软坚,用醋注肝经,且资住痛,……"《本草蒙筌》将各代散在不同医药文献中的炮制技术和理论收集、整理、归纳,加以高度概括和总结,形成了比较完整的炮制基本理论体系,读来朗朗上口,易读易记,成为后世推崇的炮制基本理论。特别指出的是,《本草蒙筌》五倍子项下"百药煎"的制备,实际上就是没食子酸的制备方法,比瑞士药学家舍勒制备没食子酸早了二百多年。

李时珍所著的《本草纲目》记载药物1 892种,其中330味药物具有"修治"专目,撰录了各药的炮制方法。在具有修治项的330味药中,有144条记载的是李时珍本人炮制用药的经验和方法。李时珍在对前人的炮制方法质疑时,先将前人的方法记录下来,再用自己的实践指出该方法的问题并加以纠正,这对于炮制技术的发展和药物炮制作用的阐明是一大进步。如"独活"项下,李时珍这样记载:雷敩曰"采得细锉,以淫羊藿拌……裹二日,暴干去藿用,免烦人心"。时珍曰"此乃服食家治法,寻常去皮或焙用尔"。李时珍认为雷敩的方法不切实用。在"砒石"条下,李时珍认为前代记载的炮制方法有问题,做出指正:雷敩曰"凡使用……入瓶再煅"。时珍曰"医家皆言生砒经见火则毒甚,而雷氏(雷敩)治法用火煅,今所用多是飞炼者,盖皆欲求速效,不惜其毒也"。《本草纲目》全书记载的炮制方法有近20大类,其中多数修治方法至今仍在广泛应用。

明代,吴门医派缪希雍撰写的《炮炙大法》是继《雷公炮炙论》后的第二部炮制专著,收载药物439种。缪希雍在书中用简单明了的阐述将药物出处、采集时间、优劣鉴别、炮制方法、炮制辅料、炮制过程、药物贮藏均一一列出,有很好的参考价值。缪氏序录中写道"自为阐发,以益前人所未逮",说明是根据自己对炮制的理解进行编撰,并将前人医书中未能收载的炮制品和技术在书中收录。缪希雍将前人的炮制技术归纳为:"按雷公炮炙法有十七:曰炮、曰爁、曰煿、曰炙、曰煨、曰炒、曰煅、曰炼、曰制、曰度、曰飞、曰伏、曰镑、曰搬、曰㬠、曰曝、曰露是也,用着宜如法,各尽其宜"。这就是对后世中药炮制发展有较大影响的"雷公炮炙十七法"。

金元、明时期,中药炮制在单品种药物炮制技术、各类药物炮制通则、炮制前后不同功效阐述等基础上进一步总结归纳形成理论,成为中药炮制理论的形成时期。

(三)清代——中药炮制技术和品种拓展期

中药炮制技术和品种在明代形成的炮制理论影响下继续拓展,具体药物的炮制技术和品种因有理论指导不断增加,炮制工艺的繁杂在清代愈加丰富。

清代刘若金著《本草述》收载具有炮制品的药物300多种,详尽记述了每种药物的各种炮制方法、炮制作用、炮制目的及理论依据;杨时泰将《本草述》删节、精简修订成《本草述钩元》,更加精练,如黄芪:"治痈疽生用,治肺气虚蜜炙用,治下虚盐水或蒸或炒用"等,说明黄芪不同的炮制品可以适应临床不同的病症。

清代张仲岩编撰的《修事指南》成为继《雷公炮炙论》《炮炙大法》以后的第三部炮制专著,这本炮制专著是在明代《证类本草》《本草纲目》等收载药物炮制品种、炮制技术和理论的基础上,经过整理归纳编撰著成。书中收载药物232种,进一步阐明了炮制对于药物临床疗效的重要性:"凡修事必有其故,因药殊制者,一定之方,因病殊制者,变化之用""炮制不明,药性不确,则汤方无准而病症不验也"。还进一步拓展了陈嘉谟辅料炮制的种类和理论,"吴茱萸汁制抑苦寒而扶胃气,猪胆汁制泻胆火而达木郁……,炙者取中和之性,炒者取芳香之性……"《修事指南》在归纳整理炮制作用、系统阐述炮制技术、总结拓展炮制辅料及炮制理论方面较前两部专著有了显著的提升。

清代李中梓《本草通玄》除了对辅料的炮制作用有论述以外，增加了对炮制品的程度要求："煅则通红，炮则烟起，炒则黄而不焦，烘则燥而不黄"。赵学敏的《本草纲目拾遗》除了将《本草纲目》收载的药物和炮制品、炮制技术进行拾遗补缺外，还特别收录了近70种炭药，并将张仲景提出的"烧灰存性"理论拓展为"炒炭存性"，说明应用炒制技术可以制备炭药，但必须炒炭存性。赵学敏在《本草纲目拾遗》中还根据自己对炮制的认识和理解对当时市场上的一些炮制技术和品种质疑，"今药肆所售仙半夏，唯将半夏浸泡，尽去其汁味，然后以甘草浸晒……全失本性……是无异食半夏渣滓，何益之有"。

清代的中药炮制因为有了明代时期总结归纳的炮制基础理论，医药学家在临床辨证治病、组方用药时可在炮制理论指导下，改进或创新炮制方法，拓展药物的炮制品种，以应用于不同病症和不同方剂的配伍。说明中药炮制历经两千多年的发展在中医临床上已经被医家充分认可并得到广泛的应用。

（四）现代——中药炮制振兴和学科形成时期

新中国成立之后，党和政府非常重视具有中医药特色的中药炮制技术，将其作为国粹加以继承发扬和提高。《中医药发展战略规划纲要（2016—2030年）》明确提出了要加强中医药传统知识保护与技术挖掘。随着现代科学技术的渗入和社会需求的增长，中药炮制在历史文献资料整理、临床用药经验总结、专业技术人才培养、炮制科学内涵研究、技术工艺方法改革、炮制品种临床应用、中药饮片规范生产、饮片质量监控水平提高等多方面得到了全面的发展。中药炮制已经从一门传统独特的制药技术发展成为融传统理论和现代科学为一体的综合性专业学科。

1. 文献整理和专著、教材出版　中国中医研究院中药研究所、北京药品生物制品检定所在20世纪70年代，就对散在于历史医药文献中的炮制技术及各地沿用的炮制品种进行经验总结、整理，汇编成《历代中药炮制资料辑要》《中药炮制经验集成》；以王孝涛为主编，叶定江为副主编，编撰成《历代中药炮制法汇典》（上下两册），将散在民间、历代医籍中的炮制方法进行了系统的整理，形成了具有较高历史参考价值的资料。

国家卫生部在20世纪80年代末，组织全国的炮制专家编撰出版我国第一本《全国中药炮制规范》，成为全国通用的炮制技术标准，各省市也相继整理出版具有地域特色的"省市炮制规范"作为地方炮制遵循的规范。《中华人民共和国药典》从1963年版起，将中药炮制通则收载在凡例中，并在一些药物项下列出它们的炮制品，并不断增加中药炮制品种和质量标准，成为国家药品生产必须遵照的法典。2025年版《中华人民共和国药典》为现行版药典，以下简称《中国药典》。

2018年，国家药典委员会委托中国中药协会中药饮片专业委员会，组织中药饮片生产企业，贯彻国家药品监督管理局（以下简称国家药监局）"中药饮片工作分工方案"，开展全国中药饮片炮制规范编制工作。

2022年，国家药监局发布关于实施《国家中药饮片炮制规范》（简称《国家炮制规范》）有关事项的公告（2022年第118号）。公告明确了实施过渡期、收载项目、包装标签等内容，各省级药品监督管理部门应根据《国家炮制规范》及时调整各省饮片炮制规范等内容。

知识拓展1-2　*《国家中药饮片炮制规范》*

目前我国各省、自治区都成立了中医药院校，开设中药炮制学专业课程的教学，从最初请老药工传授经验和技术，到国家统编教材、规划教材《中药炮制学》的出版，凝聚了中药炮制学前辈专家的付出与智慧，中药炮制学作为一门学科得以更好地传承。

第一部试用教材《中药炮制学》1979年出版，第一部国家统编教材《中药炮制学》1985年出版。1996年教育部提出国家规划教材的编写工作，自此，从国家层面上，每5年就会重新修订和出版《中药炮制学》的国家级和行业规划教材，为全国中医药院校的中药炮制学教育教学奠定了教材基础。

与此同时，各类炮制学专著也在相继出版发行。适合广大自学学生、技术人员、研究者参考，配合教材的辅导用书《中药炮制学》高级辅导丛书，《临床中药炮制学》《中药炮制工程学》等专著和教材应运而生，为炮制学拓展了外延。近5年来，多家中医药高校教学团队摄制慕课，在慕课平台上线，形成了丰富的在线教学资源。

计算机信息技术已经全面渗入中药炮制的文献整理、教学、科研、饮片生产。中药炮制的文献数据库、饮片生产在线检测和质量监控的信息管理系统已经开始得到应用。

2. 高层次炮制专业人才培养　20世纪50年代末到60年代初，北京、成都、南京、上海等地区的中医药院校中相继建立中药专业，中药炮制学作为中药专业的主干专业课程进入本科教学。1985年，中国中医研究院中药研究所开始招收中药炮制学的硕士研究生，成都中医药大学、南京中医药大学也相继开始中药炮制学硕士学位人才的培养；1994年南京中医药大学率先在全国招收中药炮制学专业的博士研究生，成为全国第一个具有中药炮制学博士学位授权点的高校。

3. 现代科学技术融入中药炮制，科学研究方兴未艾　中药炮制的科学研究随着中药现代化的开展不断深入，各种现代科学知识和技术应用到中药炮制的科学研究工作中。

在国家"八五""九五""十五"科技攻关，"十一五""十二五"支撑计划，"十三五"重点研发计划、"中药标准化行动""十四五"重点研发计划项目中，中药炮制被列成专项获得国家资金资助，研究从饮片炮制工艺规范化、质量标准、共性技术、智能生产设备及炮制科学内涵探讨等方面进行。几十年来，已经有数百种中药饮片进行了较为深入的炮制研究。马钱子、斑蝥、半夏、天南星、白附子等有毒中药的炮制解毒机制，莱菔子、地榆等中药及其炮制品的炮制作用已经能够用现代科学技术和知识阐明其科学内涵。

自《中国药典》2010年版起，国家以法典的形式首次明确中医临床入药的药物均为饮片，并从标准体例上规定"性味与归经、功能与主治、用法与用量"为饮片属性。2010年版药典一部收载了328味中药饮片的质量标准，《中国药典》2015年版在2010年版药典单列饮片标准的基础上，新增了木芙蓉叶、红花龙胆、岩白菜药材及饮片；新增了如人参片、三七粉、酒黄肉、山药片、麸炒山药等29种药材的饮片标准；在一些饮片标准项下增加了一些安全性控制项目，如天花粉、白术、白芍等9种饮片增加了二氧化硫残留量检测，水蛭、牡蛎、昆布、珍珠、海螵蛸等8种饮片增加了重金属及有害元素检测，人参、西洋参2种饮片增加了农药残留量检测，大枣、水蛭、地龙、肉豆蔻等11种饮片要求检测黄曲霉毒素等，并在大黄、千金子、川木香、天仙藤、木蝴蝶等27种饮片标准中增加了含量测定项目。《中国药典》2020年版和2025年版均收载813种中药饮片的质量标准，同时对饮片性状、浸出物等质量项进行填平补齐，并从安全性方面，进一步加强重金属及有害元素、农药残留、真菌毒素及内源性有毒成分的有效控制。《中国药典》收载的饮片标准在饮片的数量上逐版增加，在质量要求上不断提高，充分说明现代科学技术融入中药炮制，中药炮制的科学研究结果最终获得国家法典的认可，并作为国家药典的法定标准。

4. 中药饮片产业化生产不断壮大 为了适应医药市场对中药炮制品的需求,全国各地先后建立了中药饮片生产企业,从原来前店后坊式的手工作坊到形成企业规模化生产,中药炮制已经成为中药大生产产业链中的关键环节和重要行业。原来手工作坊的炮制器具现在已经发展成规模化生产的机械设备,从粉碎、净制、切制到炒制、炙制、煅制、干燥及特殊炮制的设备,形成了流程化并可数控化的工艺生产线和生产机组。饮片企业炮制生产的中药饮片已经成为中医药市场上流通量最大的商品。

知识拓展 1-3　中药炮制学科和中药炮制技术传承基地建设

第三节　中药炮制相关法规与保密要求

中药炮制的法规是规范中药饮片炮制生产过程、监管饮片质量等相关内容的法律规定。中药炮制技术作为我国独有的传统制药技术,具有我国的自主知识产权,属于国家机密内容,不得随意泄露或公开。

一、中药炮制的相关法规

2019年12月1日施行的修订后的《中华人民共和国药品管理法》(以下简称《药品管理法》),是目前药品生产、使用、检查的基本法律。其中第四章药品生产第四十四条明确规定:"中药饮片应当按照国家药品标准炮制;国家药品标准没有规定的,应当按照省、自治区、直辖市人民政府药品监督管理部门制定的炮制规范炮制。省、自治区、直辖市人民政府药品监督管理部门制定的炮制规范应当报国务院药品监督管理部门备案。不符合国家药品标准或者不按照省、自治区、直辖市人民政府药品监督管理部门制定的炮制规范炮制的,不得出厂销售。"这是中药饮片生产企业及相关从事中药炮制工作的人员和单位所必须遵守的法规。

知识拓展 1-4　《中华人民共和国药品管理法》与中药炮制相关的条款

1. 国家级中药炮制标准　《中国药典》自1963年版一部开始收载中药及中药炮制品,正文中规定了饮片生产的工艺流程、成品性状、用法、用量等;附录设有"中药炮制通则"专篇,规定了各种炮制方法的含义、具有共性的操作方法及质量要求,是属于国家级药物炮制的质量标准;2010年版首次明确炮制后的中药饮片是中医临床处方配伍的基础药物,是中成药制剂的原料药物,并将饮片收载的品种增加到328种;2015年版增加了部分饮片标准检测项目和要求,说明中药炮制技术和方法及相关的炮制品必须遵循国家的法定标准;2020年版、2025年版持续修订并完善中药材及中药饮片的质量标准,实现了饮片炮制方法的规范化。自2015年版开始,炮制通则收录于中国药典四部。

2022年国家药监局发布关于实施《国家炮制规范》有关事项的公告,明确《国家炮制规范》属于中药饮片的国家药品标准。自《国家炮制规范》颁布之日起,设置12个月的实施过渡期。自实施之日起,生产《国家炮制规范》收载的中药饮片品种应当符合《中国药典》和《国家炮制规范》的要求。鼓励中药饮片生产企业在过渡期内提前实施《国家炮制规范》。《国家炮制规范》实施之前,已按原标准生产并符合相关规定的中药饮片可以在实施之后继续流通、使用。药品监督管理部门按照产品标注的执行标准进行监督检查和抽检。

2. 省、部（局）级中药炮制标准　1994年国家中医药管理局颁发了关于"中药饮片质量标准通则（试行）"的通知，规定了饮片的净度、片型及粉碎粒度、水分标准，以及饮片色泽要求等，属于部颁质量标准。

（1）《全国中药炮制规范》：卫生部原药政管理局委托中国中医研究院牵头组织有关单位及人员编写而成，于1988年出版，为部级中药饮片炮制标准（暂行）。该书主要精选全国各省（市）、自治区现行实用的炮制品及其炮制工艺，收载常用中药554种，并具有相应的质量要求。其中每一炮制品力求统一工艺，收载的炮制品种既体现了全国的统一制法，又顾及了地方特色。附录中收录了"中药炮制通则"及"全国中药炮制法概况表""中药炮制方法分类表"等。

课程思政案例1-3　国家中药饮片炮制规范

（2）省、自治区、直辖市等颁布的《中药炮制规范》：由于中药炮制具有较多的传统经验，在历史传承的过程中，有些炮制工艺失传，有些被保留下来；全国各地域之间也因中药的品种、用法不一，形成了具有地域特色的炮制技术。这些炮制技术和工艺不便于全国统一，为保留地方特色，尊重地域用药经验和更好地传承炮制技术，各省、自治区、直辖市先后制定了适合本地区中药饮片生产和炮制的地方规范，如《上海市中药饮片炮制规范》《四川省中药饮片炮制规范》《江苏省中药饮片炮制规范》等，称之为地方标准。

按照国家《药品管理法》的规定，各省、自治区、直辖市的地方炮制规范必须报国务院药品监督管理部门备案。在地方规范中，除了特殊的地域性品种和传统工艺以外，应尽量与《中国药典》《国家炮制规范》等国家级规范相一致。如有不一致，应执行《中国药典》和《国家炮制规范》等国家级标准的有关规定。

（3）《药品生产监督管理办法》：已于2020年1月15日经国家市场监督管理总局审议通过，自2020年7月1日起施行。总则中规定：中药饮片生产企业应当履行药品上市许可持有人的相关义务，确保中药饮片生产过程持续符合法定要求。生产许可项中规定：从事中药饮片生产活动，申请人应当按照本办法和国家药品监督管理局规定的申报资料要求，向所在地省、自治区、直辖市药品监督管理部门提出申请。监督检查项中规定：省、自治区、直辖市药品监督管理部门负责对本行政区域内中药饮片生产企业的监督管理。

知识拓展1-5　《药品生产监督管理办法》与中药炮制相关的条款

知识拓展1-6　《中华人民共和国中医药法》与中药炮制相关的条款

二、中药炮制技术的保密要求

中药炮制技术是我国传统医药学中一门独特的制药技术，具有我国独有的自主知识产权。目前，中药炮制的工艺参数、主要炮制技术难点等属于保密内容，不得随意泄露和公开。保护中药传统技术是我国的一贯政策，通过相关的政策规定和知识产权权力的运用，保护、利用好我国的中药饮片炮制技术，不但可以保证中药饮片的临床疗效，还可以确保我国特有的中药饮片产业快速发展，提高国际市场竞争能力，对于促进我国国民经济的发展起着重要的作用。

1. 我国中药饮片炮制技术保密的相关规定　1990年5月，国家中医药管理局发布《中医药行业国家秘密及其密级具体范围的规定》，其中，传统中成药的特殊生产工艺和中药饮片炮制的关键技术（含中成药前处理的炮制技术）属机密级。获国家和省、部级科技成果奖励的中医药项目中关键技术或药物配方，属于秘密级。

1994年，国家科学技术委员会成立国家秘密技术审查委员会，其中包括中医药的秘密技术。

中药炮制技术已列入国家科技保密办公室制定的《国家秘密技术指导目录》。

2002年3月国务院办公厅发布的《外商投资产业指导目录》中，明确禁止外商投资产业目录中有："列入国家保护资源的中药材加工（麝香、甘草、麻黄等）"及"传统中药饮片炮制技术的应用及中成药秘方产品的生产。"

2008年发布的《中国禁止出口、限制出口技术目录》中，明确将部分"中药饮片炮制技术"列入禁止出口范围。2017年7月起施行的《外商投资产业指导目录》，规定"中药饮片的蒸、炒、炙、煅等炮制技术的应用及中成药保密处方产品的生产"为禁止外商投资产业。

2023年12月21日，商务部、科技部公告2023年第57号调整发布《中国禁止出口限制出口技术目录》，其中含"中药饮片炮制技术"，相关规定内容为："1.毒性中药的炮制工艺和产地加工技术"，涉及（1）制川乌（2）制草乌（3）制南星、胆南星（4）制白附子（5）清半夏、法半夏、姜半夏（6）制关白附（7）制附子（8）制商陆（9）制马钱子（10）煨肉豆蔻（11）制芫花（12）制蟾酥（13）制藤黄（14）制甘遂（15）制狼毒（16）巴豆霜（17）制斑蝥（18）制青娘子（19）飞雄黄（20）飞朱砂（21）制金大戟（22）千金子霜。"2.常用大宗中药的炮制工艺和产地加工技术"，涉及（1）熟大黄（2）熟地黄（3）制何首乌（4）制香附（5）鹿茸（6）紫河车（7）六神曲（8）建神曲（9）炮山甲（10）制肉苁蓉（11）制黄精（12）制山茱萸（13）制女贞子（14）红参（15）厚朴（16）阿胶（17）龙血竭。

国家发展和改革委员会、商务部于2024年9月8日发布第23号令，全文发布《外商投资准入特别管理措施（负面清单）（2024年版）》，自2024年11月1日起施行。《外商投资准入特别管理措施（负面清单）（2021年版）》同时废止。2024年版全国外资准入负面清单限制措施由31条减至29条，删除了"禁止投资中药饮片的蒸、炒、炙、煅等炮制技术的应用"条目。

2. 中药饮片炮制技术的知识产权保护 中药炮制技术知识产权保护的途径目前主要有以下几种：

（1）专利申请：专利是保护发明创造最有效的手段，凡具有新颖性、创造性、实用性的中药发明创造，都属于专利法保护范围，均可获得专利保护。我国专利法规定可以获得专利保护的发明创造有发明、实用新型和外观设计3种专利。发明专利的保护期限为20年，自申请之日起计算。

发明专利涉及中药炮制技术和方法、中药炮制设备和设计、中药饮片的新用途、中药饮片包装技术及中药炮制生产工艺等领域，特别是在继承的基础上进行创新性研究的成果尤其要注意申请知识产权保护。实用新型专利主要涉及中药材炮制加工数控或机械设备、中药炮制机械设备的创制和改进、中药饮片质量检测仪器设备、中药饮片加工过程中的污染处理设备、中药饮片包装设备等。外观设计专利主要涉及中药饮片包装装潢技术、广告、宣传资料等方面。对中药饮片炮制工艺的创新技术，包括在继承的基础上进行的创新性研究成果，以及一些经典的传统炮制技术进行知识产权保护，需引起足够的重视。

（2）商标注册：商标是生产经营者在其商品上使用的标记。商标的作用在于使消费者能够区别商品来源。《中华人民共和国商标法》及《药品管理法》规定，人用药品必须使用注册商标，未经注册不得在市场上销售，将药品商标纳入强制注册的轨道。中药作为特殊商品，消费者无法靠自己的能力辨别质量的优劣，只能通过对产品的信任度决定使用哪一种品牌。饮片企业炮制生产的中药饮片若要创造出自己的品牌，则需要注册商标。对于中药饮片来说，商标的意义还在于其注册商标可以作为生产是否规范、质量是否可靠的依据。饮片的商标注册对于企业创名牌、争效益、保证饮片质量、提高竞争力具有十分重要的意义，对于饮片的监督管理也可带来便利。

（3）技术保密：若无法申报专利，则应通过技术保密的方式保证炮制技术持有者和继承者的权益。在中药的国际竞争中，有壁垒的是中药的道地性和中药炮制技术。抓住中药的道地性和产地加工，对中药饮片炮制的全部工艺技术参数和饮片质量标准实行技术保密，就从根本上保护了传统中药的制药技术，保护了我国独有的、具有特色的中医药知识产权，可以使其更好地为我国中医药临床服务，从而保护我国传统医药的发展和进步。

（陆兔林）

复习思考题

1. 试述中药炮制发展的几个主要时期及其标志性成就。
2. 试述中药炮制学与其他学科的相关性。

数字资源详见　新形态教材网

- 课程思政案例
- 视频
- 知识拓展
- 推荐阅读
- 复习思考题答案
- 教学课件

第二章

中药炮制的基础理论

 思维导图

碳点——"炭药止血"理论研究的新思路

"炭药止血"理论研究以往多集中于制炭过程中 Ca^{2+}、鞣质或黄酮类成分的变化,仍难以解释成分不同的多种中药经过炒炭之后具有共性的止血作用这一现象。近年来,有研究者在炭药水煎液中发现了生药水煎液中不含有的物质,即碳点。碳点粒径为纳米级,是纳米材料中的重要成员,具有特殊的药理活性、稳定的荧光、较好的水溶性、低毒性及良好的生物相容性等优点,使其广泛应用于疾病治疗、生物成像、药物递送、纳米探针等诸多领域。碳点的主要合成方法是高温热解法,这与炭药的炮制方法有着相似之处,有学者受此启发,从碳点角度对"炭药止血"理论进行了研究。研究证实,黄柏炭、灯心草炭、蒲黄炭、绵马贯众炭中的碳点不仅止血效果优异,而且具有生物活性高、毒性低等优点,有望开发成新型止血药物。高温炭化是炭药产生药效物质基础的关键,对于温度和时间有着严格的要求,有"烧炭存性"之说,碳点的发现亦为解释其"存性"提供了新的突破口。

请对下列问题给予思考与分析:
1. 试述碳点在"炭药止血"理论研究中的应用。
2. 试举例阐述炮制理论研究的新方法或新思路。

中药炮制基础理论属于中医药理论体系范畴，是对所炮制药物的自然属性、炮制辅料的性质、临床疾病的辨证以及炮制品在疾病治疗过程中的作用特点进行总结，并将中药的配伍、药性、五行学说等中医药理论融入中药炮制，经过中医临床的不断实践和发展，总结出炮制技术、炮制作用与炮制品功效之间的内在规律，经过凝练、提升而形成的中药炮制学自身独特的理论体系。中药炮制基础理论的形成为中药炮制技术的发展和创新、炮制品的扩展和临床应用提供了理论基础。

课程思政案例 2-1　中药炮制理论传承现状

第一节　中药炮制理论的形成

一、形成基础

中药炮制基础理论形成的基础来源于炮制技术的不断发展和中医药学家对炮制品炮制作用认识的不断深入。

汉代之前的中药炮制技术以简单的净制、切制、加热炮制为主，炮制的目的也仅限于便于服用、调配制剂、降低毒性，临床可用的炮制品种比较少。这个时期的医药文献记载的中药炮制仅是个别药物简单操作技术和一般炮制原则的运用。如汉代《五十二病方》中"取庆（蝽）良（螂）一斗，去其甲足……取商牢（陆）渍醯中……"；《神农本草经》中"若有毒宜制，可用相畏相杀者，不尔勿合用也"；《黄帝内经》"凡㕮咀药，欲如豆大，粗则药力不尽"等。南北朝刘宋时期出现的第一部中药炮制专著《雷公炮炙论》全面总结了南北朝之前临床应用的炮制品，每种药物都详细描述了炮制工艺，对一些药物的炮制作用有更深入的认识，如"半夏上有隙涎，若洗不净，令人气逆，肝气怒满"。《雷公炮炙论》作为专门论述炮制的专著，对药物炮制工艺的记载与汉代及之前医药文献记载的相比，已经开始注重炮制技术（包括辅料）本身对药物作用的影响，同时，形成了系统的炮制通则，作为中药炮制行业的最初标准。

二、形成条件

唐宋时期医药学家开始将原来列于处方药物脚注处的炮制技术进行归纳总结，形成通用的炮制原则；同时进一步将中医药理论体系中的药性理论、配伍理论、制药原则等与药物的炮制技术融合，促使药物的炮制品种不断增加，炮制品在临床的应用范围不断拓展，对药物炮制作用的认识也更加深入。梁代陶弘景《本草经集注》首次系统地将以前分散在各药物处方和药物脚注下的炮制技术进行归纳，形成各类药物的炮制通则，如"凡汤中用完物皆擘破""诸虫先微炙""诸石皆细捣"等。唐代孙思邈的《备急千金要方》则对各类药物炮制的原则单列撰成"合和篇"提出"诸经方用药，所有熬炼节度，皆脚注之，今方则不然，于此篇具条之，更不烦方下别注"。"凡草有根、茎、枝、叶、皮、骨、花、实，诸虫有毛、翅、皮、甲、头、足、尾、骨之属，有须烧炼炮炙，生熟有定，一如后法"。宋代官颁的药剂专著《太平惠民和剂局方》，在书中设专章"论炮炙三品药石类例"记载药物的炮制技术和作用，将药物分为玉石部、草部、木部、兽部、禽鱼虫部，共收载药物 185 种。如玉石部"丹砂、雄黄、雌黄凡使：先打碎，研细水飞过，灰碗内铺纸渗干，始入药用。如别有炼，各依本方"等。在唐宋时期医药文献中对炮制技术进行总结归类，形成通用的炮制规则，对于临床的中医药学家如何运用炮制方法进行药物的炮制起到了很好的指导作用。

唐宋时期将中医药理论如药性理论、配伍理论、制药原则等进一步融入中药炮制，通过炮制方法改变药性，加入辅料影响药物作用，使一药多制产生多种炮制品，或一种炮制方法用于多个药物的炮制，以适应临床辨证施治用药的需要。如桂枝，性温味辛，一般都是生用。唐代《备急千金要方》记载"桂本畏火，所不可近，若妇人妊娠，又虑动胎……故熬而用之"，采用"熬"的方法，使得桂枝的药性缓和，故出现炒桂枝。又如宋代《太平惠民和剂局方》记载大黄"凡使，或蒸过用，或糠灰火中炮熟用，若取猛利，即生焙干用"。大黄就有了生大黄、熟大黄、煨大黄等不同炮制品的应用。骨碎补"凡使，用刀刮去上黄皮、毛令尽，细锉，用酒拌，蒸一日，取出晒干用。缓急只焙干，不蒸亦得"。

通用炮制技术原则的形成，对于临床处方用药的炮制起到了很好的指导作用。中医药理论进一步与炮制技术融合，加速推动了炮制技术蓬勃发展，促使临床可使用的炮制品种迅速增加，临床应用不同的炮制品治疗疾病的范围不断扩大，这对后世中药炮制基础理论的形成创造了必要条件。

三、体系构建

金元时期及明代，一些医药学家在唐宋时期中药炮制技术蓬勃发展、炮制品种扩大应用、对炮制作用认识逐步深入的基础上，开始将炮制品的作用、临床应用经验和使用的炮制技术等进行归类、总结，逐步形成规律性的认识，并将这些规律性的认识提升、凝练为精炼的理论文字。

如明代总结的"酒制升提"理论起始于元代王好古《汤液本草》中的记载"黄连、黄芩、黄檗、知母，病在头面及手梢皮肤者，须用酒炒之，借酒力以上腾也"，这是"酒制升提"理论的雏形。在这样的炮制论述中，融合了所炮制药物的药性、加热炮制的技术、疾病所在的部位、辅料的固有性质和对机体的作用。中医认为酒性大热，能祛寒发散，以酒炮制寒性药物，可以酒之热性制约药物之寒性，因而认为酒制可以缓和寒性药物的偏寒之性。人们饮酒后易面红耳赤，兴奋出汗，医药学家们将其归纳为酒具有升腾之性，用酒炮制药物可以引药上行。一方面"炒以缓其性"，以酒炒制药物本身可以缓和药物的偏盛之性；另一方面，加热翻炒可加速酒对药物的影响作用，因而凝练出酒制升提理论。

辅料作用理论中的"蜜制益气、醋制入肝、盐制入肾"等，是将中医五行学说"五味入五脏"的理论与炮制药物的性味归经和临床疾病的治疗相结合形成，即认为酸、苦、甘、辛、咸分别主入肝、心、脾、肺、肾五脏。临床使用柴胡、香附、元胡等多醋制，因为醋味酸、酸入肝，用以炮制本身具有归肝经的药物，目的是增加入肝作用。临床使用党参、甘草、黄芪等多蜜制，目的是增加补脾益气作用，因为蜜味甘、甘味属土，按五行与五脏相对应的原则，味甘入脾，所以便有"蜜制药物补脾益气、增益元阳"理论的提出。临床使用作用在下焦的黄柏、知母、车前子等多盐制，盐味咸、咸入肾，则有"盐制引药入肾"理论的提出。

中药炮制基础理论是历代中医药学家在临床医疗实践中不断总结炮制品应用的实践经验，并将相关的中医药理论应用于炮制技术和炮制药物，在大量临床应用炮制品过程中进行临床用药经验的分析、归纳。在此基础上，将药物的自然属性、炮制方法、中医药理论在药物炮制技术的应用以及临床诊病和治疗效果进行有机融合，采用宏观的、系统的、类比的方式概括、凝练、升华。

在系统梳理传统炮制理论的基础上，也完善凝练了现代炮制创新理论，如炮制辅料论、三适理论（适度、适宜、适时）、药汁制理论、药性适变、二味同炒、二味同打，以及藏药佐太、金灰银灰的矿物炮制理论、彝酒"泡、洗、兑、煮理论"等。这些创新理论提炼了炮制技术、炮制品的炮制作用与临床治疗疾病之间的内在规律，极大丰富了已有炮制理论内容。炮制新理论的提出进一步推动了炮制技术的创新发展。

第二节 中药炮制的基础理论

中药炮制的基础理论主要有炮制适度理论、炮制药性变化理论、辅料作用理论、生熟异治理论、炭药止血理论等。

一、中药炮制适度理论

中药炮制适度理论是指对药物进行炮制时，药物的炮制程度不可太过或不及，必须达到适中的程度，才可获得需要的炮制作用，满足临床的需求。历代医药书籍中对于中药炮制程度的论述较多，如陈嘉谟《本草蒙筌》"凡药制造，贵在适中，不及则功效难求，太过则气味反失"；陈师文《太平惠民和剂局方》"凡有修合，依法炮制，分两无亏，胜也"；李中梓《本草通玄》"煅则通红，炮则烟起，炒则黄而不焦，烘则燥而不黄"；张仲景"烧炭存性，勿令太过"；陈修园《女科要旨》"今药肆中只知烧炭则变为黑色，而不知存性二字大有深意，该各药有各药之性，若烧之太过则成死灰无用之物"；赵学敏《本草纲目拾遗》"炒炭存性"等。对于临床治疗疾病，应用的炮制品炮制程度不及，可能导致毒性不降或降低幅度较小、药性过于偏盛而损伤机体，达不到治疗效果。如果炮制太过，则导致炮制品药效丧失，起不到治疗作用。在炮制适度理论指导下，运用炮制技术炮制药物时，只有适度掌控炮制火候，炮制品程度适中，才能使炮制品发挥最佳疗效。

二、中药炮制药性变化理论

中药炮制药性变化理论是指炮制采用的技术、方法、辅料对药物的偏颇之性以及升降浮沉、归经等药性加以影响，并利用药物不同的特性互相制约或相互协同，以求达到炮制增效、缓和药性、降低毒副作用等目的。

四气（性）五味是中药的基本性能之一，它是按照中医药理论体系，把临床实践中所得到的经验进行系统地归纳，以说明各种药物的性能，借助四气五味治疗阴阳偏胜偏衰的病变。性是根据药物作用于机体所表现出来的反应归纳得到的，是从性质上对药物多种医疗作用的高度概括。味一般是通过口尝而得，但有相当一部分药物其味并不明显，所以味也反映了药物的实际性能。性和味是一个不可分割的整体，不同的性和味相配合，就造成了药物作用的差异，既能反映某些药物的共性，又能反映各药的个性。炮制常常通过对药物性味的影响，从而达到调整药物治疗作用的目的。

升降浮沉是指药物作用于机体的趋向，它是中医临床用药应当遵循的规律之一，升降浮沉与性味有密切的关系。一般而言，性温热、味辛甘的药，属阳，作用升浮；性寒凉、味酸苦咸的药，属阴，作用沉降。升降浮沉还与气味厚薄有关。

清代《本草备要》云："气厚味薄者浮而升，味厚气薄者沉而降，气味俱厚者能浮能沉，气味俱薄者可升可降。"药物经炮制后，由于性味的变化，可以改变其作用趋向，尤其对具有双向性能的药物更明显。明代《本草纲目》云："升者引之以咸寒，则沉而直达下焦；沉者引之以酒，则浮而上至巅顶。"

药物大凡生升熟降，辅料的影响更明显。通常酒炒性升，姜汁炒则发散，醋炒能收敛，盐水炒则下行。黄柏系清下焦湿热之药，经酒制后作用向上，兼能清上焦之热。黄芩酒炒，可增强上行清头目之热的作用。砂仁为行气开胃、化湿醒脾之品，作用于中焦，经盐炙后，可以下行温肾，治小便频数。莱菔子能升能降，生品以升为主，用于涌吐风痰；炒后则以降为主，长于降气化痰，消食除胀。由此可见，药物升降浮沉的性能并非固定不变，可以通过炮制改变其作用趋向，适应临床辨证施治的需要。

药物作用的部位常以归经来表示，它是以脏腑经络理论为基础的。所谓归经就是指药物有选择性地对某些脏腑或经络表现出明显的作用，而对其他脏腑或经络的作用不明显或无作用。

中药炮制很多都是以归经理论作指导的，特别是用某些辅料炮制药物，如醋制入肝经、蜜制入脾经、盐制入肾经等。很多中药有多个归经，可以治几个脏腑或经络的疾病。临床上为了使药物更准确地针对主证，作用于主脏，发挥其疗效，需通过炮制来达到目的。生姜能发汗解表，故入肺经，又能和胃止呕，故入胃经，以生姜炮制黄连，可以增强黄连对胃经的作用，起到清胃止呕的作用。益智仁入脾、肾经，具有温脾止泻、摄涎唾、固精、缩尿等功效，盐炙后则主入肾经，专用于涩精、缩尿。知母入肺、胃、肾经，具有清肺、凉胃、泻相火的作用，盐炙后则主要作用于肾经，可增强滋阴降火的功效。青皮入肝、胆、胃经，用醋炒后，可增强对肝经的作用。生地黄入心经，以清营凉血为长，制成熟地黄后则主入肾经，以养血滋阴、益精补肾见长。

中药炮制可降低药物的毒性，中药炮制降毒的主要途径有三个方面，一是使毒性成分发生改变，如川乌、草乌等。二是使毒性成分含量减少，如巴豆等。三是利用辅料的解毒作用，如白矾制天南星、半夏等。

去毒常用的炮制方法有分离去除毒性部位、水泡、漂、水飞、加热、加辅料处理、去油制霜等。如蕲蛇去头，朱砂、雄黄水飞，川乌、草乌蒸或煮制，甘遂、芫花醋制，巴豆制霜等，均可去毒。

炮制有毒药物时一定要注意去毒与存效并重，不可偏废。应根据药物的性质和毒性表现，选用恰当的炮制方法，才能收到良好的效果。否则，顾此失彼，造成毒去效失，甚至效失毒存的结果，适得其反。

三、中药炮制辅料作用理论

中药炮制辅料作用理论是指在炮制药物过程中，加入不同的辅料进行炮制，利用辅料的性味相辅或相制，使药物达到调整药性、引药入经、影响作用趋向、增强疗效的炮制目的。

王好古《汤液本草》曰"黄连、黄芩、黄檗、知母，病在头面及手梢皮肤者，须用酒炒之，借酒力以上腾也。咽之下，脐之上，须用酒洗之，在下生用……去湿以生姜，去膈上痰以蜜。"徐彦纯《本草发挥》曰"用上焦药须酒浸暴干""心虚则以盐炒之"。陈嘉谟《本草蒙筌》曰"酒制升提，姜制发散，入盐走肾脏仍仗软坚，用醋注肝经且资住痛，童便制除劣性降下，米泔制去燥性和中，乳制滋润回枯助生阴血，蜜制甘缓难化增益元阳，陈壁土制窃真气骤补中焦，麦麸皮制抑酷性勿伤上膈，乌豆汤、甘草汤渍曝并解毒致令平和，羊酥油、猪脂油涂烧，咸渗骨容易脆断……"张仲岩《修事指南》曰"吴茱萸汁制抑苦寒而扶胃气，猪胆汁制泻胆火而达郁木，牛胆汁制去燥烈而清润，秋石制抑阳而养胃；枸杞汤制抑阴而养阳，麸皮制去燥性而和胃，糯饭米制润燥而滋土，牡蛎粉制成珠而易研，黄精自然汁制补土而益母……炙者取中和之性，炒者取芳香之性。"

1. **酒制升提** 升提指上浮、行散的意思，酒，性味甘、辛。药物经酒制后，能使作用向上、向外，可治上焦头面病邪及皮肤手梢的疾病。

2. **姜制发散** 生姜，性味辛、温，能散寒解表、降逆止呕、化痰止咳。药物经姜制后使其发散作用增强，具有发表、祛痰、通膈、止呕等作用。

3. **入盐走肾脏乃仗软坚** 盐，性味咸寒，具有清热泻火、软坚散结的功效。盐制药物，能引药下行，引药入肾，增强补肝肾、滋阴降火、清热凉血、软坚润燥的作用。

4. **醋注肝经且资住痛** 醋，味酸、苦，性温，主入肝经血分，具有收敛散瘀止痛等作用。药物经过醋制后，引药入肝经，且能协同增强活血疏肝止痛的功效。

5. **米泔制去燥性和中** 米泔水，性味甘凉、平和，具有清热、止烦渴、利水、解毒的功效。米泔水制后能降低药物辛燥之性，增强健脾和胃作用。

6. **乳制滋润回枯，助生阴血** 乳汁，性味甘、咸、平，具有益气补血、滋阴润燥、养血调经的功效。药物经乳制后能增强滋生阴血、润燥、补脾益气等作用。

7. **蜜制甘缓难化增益元阳** 蜜，性味甘平，具有滋阴润燥、补虚润肺、解毒、调和诸药的作用。药物经蜜制之后，能调和脾胃，补中益气，缓和对脾胃的刺激作用。熟蜜味甘性温，具有益气补中的作用，甘能缓急，温能祛寒，故能健脾和胃，补益三焦元气。

8. **陈壁土制窃真气骤补中焦** 陈壁土，性味温，甘、苦、平，无毒。具燥湿补脾、温中和胃、止呕止泻的功效。陈壁土炮制药物，能够补益中焦脾胃，降低药物对脾胃的刺激性。除了陈壁土以外，还可以用灶心土，土制补中。

9. **麦麸皮制抑酷性勿伤上膈** 麦麸，性味甘、淡，具有和中益脾的功效。经与麦麸炮制能缓和药物燥性，除去不快气味，缓和药物对胃肠道的刺激，增强和中益脾的功效。

10. **吴茱萸汁制抑苦寒而扶胃气** 吴茱萸，性味辛热，具温中、止痛、理气、燥湿的功效。吴茱萸汁炮制药物可抑制其苦寒之性，如吴茱萸制黄连，是利用吴茱萸的性热味辛之性制黄连之苦寒，使黄连苦寒之性下降，又可清气分湿热，散肝胆郁火，治湿热内阻、嘈杂吞酸之证。

知识拓展 2-1 不同区域麦麸的特色加工和应用

四、中药炮制生熟异治理论

自人类发明了火并应用于炮制药物，药物的生熟之品就有了不一样的用途。生是指经过简单净选、切制后得到的饮片，熟是指经过进一步炒、炙、煅、蒸、煮、燀等加工处理后得到的饮片。应用生熟异治理论指导药物炮制，可以扩大药物临床用途，同时也可以达到降低毒性，增强疗效的目的。

药物的生熟异治早在《神农本草经》中就有了最初的记载："药有酸咸甘苦辛五味，又有寒热温凉四气，及有毒无毒，阴干曝干，采造时月，生熟，土地所出，真伪陈新，并各有法。"

饮片入药，生熟异治是中医用药的鲜明特色和一大优势。张仲景《金匮玉函经》曰"有须烧炼炮炙，生熟有定。"王好古《汤液本草》曰"大凡生升熟降，大黄须煨，恐寒伤胃气也。"李梃《医学入门》曰"蒲黄生通血，熟补血运通……附子救阴药，生用走皮风；草乌解风痹，生用使人蒙；川芎炒去油，生用气痹痛。"傅仁宇《审视瑶函》曰"药之生熟，补泻在焉，剂之补泻，利害存焉。盖生者性悍而味重，其攻也急，其性也刚，主乎泻。熟者性淳而味轻，其攻也缓，其性也柔，主乎补。补泻一差，毫厘千里，则药之利人害人判然明矣……殊不知补汤宜用熟，泻药不嫌生，用生用熟，各有其宜，实取其补泻得中，毋损正气尔。"

生熟异治理论主要内容有：生泻熟补、生峻熟缓、生毒熟减、生行熟止、生升熟降等。

1. **生泻熟补**　一些药物生品寒凉清泻，通过炮制和辅料加工后成为熟品，药性偏于甘温，作用偏于补益。何首乌性平味苦，具有解毒、消痈、润肠通便的功效，经过蒸制，药性由平转温，味由苦涩转甘厚，功能由清泻转为温补，具有补肝肾、益精血、乌须发的作用。

2. **生峻熟缓**　药物的生品药性峻烈，制后作用缓和。大黄生品苦寒沉降，泻下作用峻烈，熟大黄可明显缓和泻泻作用，泻下作用、腹痛之副作用消失，并增强活血祛瘀之功。

3. **生毒熟减**　毒性中药的生品毒性或刺激性大，炮制后毒性降低或缓和。马钱子、巴豆、乌头、肉豆蔻、半夏、天南星等，经过炮制均可降低毒性。

4. **生行熟止**　生品行气散结，活血化瘀作用强，制后偏于收敛，止血、止泻。木香生品行气，煨木香行气作用大减，增强止泻作用，"煨熟又能实大肠止泻痢"，长于实肠止泻。

5. **生升熟降**　药物的生熟之性与药物升降浮沉有一定的关系，辅料的影响更明显。砂仁为行气开胃、化湿醒脾之品，主要作用于中焦，经咸寒的盐炙制后，以下行温肾为主，治小便频数。莱菔子辛甘平（偏温），能升能降，生品以升为主，长于涌吐风痰，炒后以降为主，善于降气化痰、消食除胀，这与"生升熟降"的观点相吻合。

6. **生降熟升**　古人对辅料影响药物升降浮沉的应用还体现在酒炒则升，姜汁炒则散的理论中。生黄柏苦寒沉降走下，为清下焦湿热之品，经辛热升散的酒制后则苦寒之性大减，借酒升腾之力，引药上行，善于清上焦头面之热。黄芩、大黄酒炒亦有类似作用。这与"生降熟升"的观点一致。李时珍在阐述人参的功效时说："人参生用气凉，熟用气温……人参气味俱薄，气之薄者，生降熟升；味之薄者，生升熟降。"明代《医学入门》云："凡病在头面及手梢皮肤者，须用酒炒，欲其上腾也。病在咽下脐上，须用酒浸洗。病在下者生用。欲升降皆行者，半生半熟。"与王好古《汤液本草》中的引用相一致，论述了辅料与药物升降浮沉的关系以及药物炮制生熟与升降的关系。

药物熟升生降还是生升熟降，与药物气味的厚薄有关。一般来说，气厚味薄者，如砂仁、莱菔子是生升熟降；味厚气薄者，如大黄、黄连、黄芩是生降熟升。

还有生凉熟温的功效变化。有的中药生品药性寒凉，加热或辅料制后药性改变为温热，如地黄、何首乌等。

同中药的其他传统理论一样，生熟理论主要概括了中药炮制的药性变化规律，还有些中药的特性变化难以概括其中，如"诸花皆升，旋覆独降"。因此"知常达变"是学习领悟中药炮制理论的重要方法之一。

五、中药炭药止血理论

炭药止血理论是采用炒炭或煅炭的方法制备炭药，使其部分炭化，可产生或增强止血作用。炭药的炮制大都源于炭药止血理论的指导。

根据五行学说的生克规律，中医认为黑能胜红，有红见黑止的观点，即根据五行对应五色之规律，有"木、火、土、金、水"分别对应"青、赤（红）、黄、白、黑"之说，五行中的各行又有生克之规律，水能克火，故黑能胜红，"血见黑止"，构成了炭药止血理论。

中药炭药的使用距今已有两千多年的历史。早在《五十二病方》中就有"止出血者，燔发，以安（按）其痏"的记载。早期炭药应用广泛，用于治多种疾病。汉代王不留行、桑根皮烧灰内服用于金疮，血余炭治小便不利。晋代以蛇蜕炭治恶疮，防风炭治阳疝等。自唐代以来，炭药用于止血的记载开始增多，《备急千金要方》中有爪甲烧炭治尿血，羚羊角烧炭治产后下血、烧乱发、槐角子治崩中漏下，赤白不止等；宋代还有槐子炭治霍乱，干姜炭治痢疾，干漆炒炭可去其刺激性等多方面作用的记载。

金元时期，炭药品种已十分丰富，医家开始总结炭药与止血之间的关系。元代葛可久《十药神书》首次明确提出炭药止血的炮制理论，"大抵血热则行，血冷则凝……见黑则止"；"夫血者，心之色也，血见黑则止者，由肾水能止心火，故也"。黑指的即是炭药。该书著名的十灰散，即以大蓟、小蓟、荷叶、柏叶、白茅根、茜草、山栀、大黄、丹皮、棕榈等十味炭药组方，功效凉血止血，是治疗火热灼伤血络，血热妄行而离经外溢的良方。自此之后在"炭药止血"理论影响下，明、清制炭止血的品种大大增加，《本草纲目》中收载炭药已近200种，有"烧灰诸黑药皆能止血"之说。清代对药物制炭也有一些不同看法，《本草从新》认为熟地黄、枸杞炭是将"甘润滋阴之器，变而为苦燥伤阴之物，非徒无益，而有害之矣。"

经过临床应用实践和现代研究发现，炭药止血理论并非适用于所有中药，也并非所有止血药均需炒炭后应用。历代古籍记载炭药的作用是多方面的，并不局限于止血，有些中药制炭后的目的与止血无关。炒炭止血并不是炭药的唯一功效。

实验研究表明，炭药止血与药物炮制后物理、化学变化密切相关。炒炭后细胞间隙增大，炭素增加，具有较好的吸附作用；部分止血成分炒炭后产生或者含量增加，而部分活血成分炒炭后含量降低等。通过物理化学的综合作用，阐释炭药止血的科学内涵。

中药炮制的这些基础理论都是历代中医药学家在长期的中医临床实践过程中总结归纳所得，具有较好的临床指导意义，也为今后中药炮制理论的进一步发展奠定了基础。

第三节　中药炮制制药理论

中药炮制作为一门传统的制药技术，在炮制实践中需要遵循一定的法则进行。炮制法则包括制则和制法。

传统炮制制则是运用中药的药性相制理论和七情和合的配伍理论，依据寒者热之、热者寒之、虚则补之，实则泻之的基本治则。制法是选择适合的炮制方法和辅料，以制约药物的偏颇之性或增强药物的疗效，达到临床用药的要求。

清代徐灵胎在《医学源流论》的制药论中专门论述了制药原则和制药方法："凡物气厚力大者，无有不偏，偏则有利必有害，欲取其利，而去其害，则用法以制之，则药性之偏者醇矣。其制之意各有不同，或以相反为制，或以相资为制，或以相恶为制，或以相畏为制，或以相喜为制，而制法又复不同，或制其形，或制其性，或制其味，或制其质，此皆巧于用药之法也。"

一、制则

1. **相反为制** 是指用药性相反的辅料或药物与中药共制，以缓和制约被炮制药物的偏颇之性或改变其药性。用辛热之性的吴茱萸制约苦寒之性的黄连，以缓和黄连苦寒败胃的偏颇之性；用咸寒润燥的盐水制益智仁，可缓和益智仁的温燥之性；胆汁制天南星，改变天南星的温燥之性，使药性转为寒凉。

2. **相资为制** 是指用药性相似的辅料或药物来增强被炮制药物的疗效。如温润之蜜炙甘温之百合，增强百合的润肺止咳作用；咸寒之盐水炙寒凉之知母，引药入肾，增强知母滋阴降火的作用；辛热之酒炙辛温之淫羊藿，增强淫羊藿温肾壮阳的功效。

3. **相畏为制** 利用中药药性的相畏相杀理论，通过采用药性互相制约的药物或辅料进行炮制，降低被炮制药物的毒副作用。半夏畏生姜，用生姜炮制半夏，用之以制其毒，可以降低半夏的毒性；白矾性寒味酸涩，天南星性温味辛辣，用白矾炮制天南星，降低天南星的毒性；如甘草、皂角、黑大豆制川乌，童便、豆腐、甘草制马钱子等，均属于"相畏为制"的内容。

4. **相恶为制** 是中药配伍中相恶的药性理论在炮制中的延伸应用。药性相恶，本指在配伍中两种药物合用，一种药物会导致另一种药物的功效降低甚或会产生毒副作用，属于配伍禁忌的范畴。在炮制应用中，利用某种辅料或药物进行炮制，减弱被炮制药物的峻烈之性，使之趋于平缓，是减缓中药毒副作用的一种炮制法则。麸炒苍术，可以减缓苍术的辛燥之性；醋制甘遂、狼毒、大戟，可以降低这些药物的毒性，缓和峻下逐水作用，免伤机体之正气。

5. **相喜为制** 是指利用某种辅料或药物，改善被炮制药物的形、色、气、味，提高患者对药物的接受度，便于服用。如紫河车腥味极重，采用漂洗、酒制，可起到矫臭矫味的作用，利于服用。

二、制法

1. **制其形** 利用净制、切制和其他炮制技术，改变药物的外观形状或分离不同的药用部位。形是指中药的形状、部位。中药来源于自然界，形态各异，大小不一，不利于配方调剂及煎煮，通过净制、切制，将药物炮制成形态大小合适的饮片，以利于进一步炮制和配方调剂，煎煮时药力共出。根及根茎类药物须根据质地的不同切制成薄片或厚片，方可配伍煎煮。种子类药物一般炒黄后入药，逢子必炒、逢子必破，使种皮破裂，入汤煎煮药力方出。不同的药用部位，药效不同，须分开使用。

2. **制其性** 是指通过炮制缓和或改变药物的药性，抑制过偏之性，免伤正气；或缓和药物过寒、过热之性，或改变升、降、浮、沉之性，以满足临床对药物的不同需要。

3. **制其味** 是指通过炮制调整中药的五味或矫正不良气味，增强临床疗效。果实种子类药物通过炒制，产生香气，炒香健脾、焦香醒脾，功效增强。生山楂炒用，以纠正其过酸之味。特别是用辅料炮制来说，根据中医五味入五脏的理论，采用不同性味的辅料炮制药物，能够改变或增强药物固有的性味，达到"制其太过，扶其不足"的作用。延胡索醋制，以增强其入肝止痛的作用；山茱萸酒蒸，味由酸涩转甘、性由寒凉转温，以增强其补肝肾的作用。

4. **制其质** 是指通过炮制改变药物的性质或质地。主要适用于质地坚硬的药物，通过改变其质地，便于调剂制剂，利用有效成分的溶出，最大限度地发挥药物的作用。如甲壳类药物龟甲、鳖甲之类，砂炒至发泡鼓起，利于粉碎；矿石类药物自然铜、磁石等火煅醋淬，改变药物坚硬的质地，便于粉碎和有效成分的煎出。改变药物的性质，拓宽用药范围，或降低药物的毒性，或增加新的疗效。草乌长时间煎煮至透心，毒性降低，疗效保持；六神曲、大豆黄卷、麦芽等发酵、发芽法炮制，产生了新的疗效；煅炭、炒炭产生止血作用，发为血之余，煅制成黑色发亮酥脆的血余炭，具有了止血作用。

（钟凌云）

复习思考题

1. 试述生熟异治理论对临床用药的指导作用。
2. 试述辅料作用理论的主要内容。
3. 试述炮制对药物四气五味的影响。
4. 试述炮制对药物归经和升降沉浮的影响。
5. 试述炮制降低药物毒性的途径。

数字资源详见　新形态教材网

- 课程思政案例
- 视频
- 知识拓展
- 推荐阅读
- 复习思考题答案
- 教学课件

第三章

中药炮制与临床疗效

 思维导图

中药炮制品合理使用与临床疗效的关系

清代魏之琇《续名医类案》中记载：龚子才治杜侍御，患头痛如刀劈，不敢移动，畏风，怕言语，耳鸣，目赤，六脉紧数有力。予酒浸九蒸九晒大黄，为末三钱，茶调服，一剂而愈。此亦阳明蓄热为病，病在至高之地，故大黄必用如是制。

本案例为头痛，病机为阳明蓄热，治疗当以缓缓清泄阳明经热为主。然生大黄苦泄，除具有清泄之功外，尚有降泄、通泄之能。此处头痛、耳鸣、目赤等皆阳明经证，若仍用生大黄入煎剂，则会导致脾虚泄泻，药性下趋而终不至巅顶；若改用酒浸大黄，则大黄寒凉之性能随酒性升提，直达病所。此外，九蒸九晒大黄可缓其峻下之性，而使其清热之体能久久留于阳明胃府，以图缓清缓泄之功，并兼活血化瘀之能。

请对下列问题给予思考与分析：
试举几个案例，说明中药炮制品合理使用与临床疗效的关系。

辨证施治是中医治疗疾病的基本原则，中药组方配伍是中医治疗疾病的基本手段，中药饮片则是中医临床处方的基本药物。在临床辨证的过程中，中医特别重视人体本身的统一性、完整性及其与自然界的相互关系；考虑气候、环境及饮食起居对人体的影响，人体自身的阴阳盛衰，气血及脏腑的寒热虚实，同时也非常重视病人的个体差异。中医临证治疗是针对病人的具体病证，利用中药的药性和功能进行组方配伍，中医临床用药的特点是复方配伍和炮制入药。

中药必须经过炮制，才能适应中医辨证施治、随证加减的灵活用药要求。炮制可调整药性，降低毒性，增强疗效。清代张仲岩《修事指南》曰："炮制不明，药性不确，而汤方无准，病症不验也"。说明炮制与药性、临床疗效紧密相关，临床用药必须注意炮制品药性的改变以及炮制品的选择应用，以对症下药，方能取得疗效。

课程思政案例 3-1　国医大师张伯礼临床灵活应用生熟大黄

第一节　中药炮制与临床疗效的关系

一、中药炮制是中医临床用药的特点

1. 中医临床处方是以饮片组方遣药　《中国药典》凡例中明确指出：饮片系指药材经过炮制后可直接用于中医临床或制剂生产使用的药品。中药的性能和作用无有不偏，偏则利害相随，如太寒伤阳，太热伤阴，过酸损齿伤筋，过苦伤胃耗液，过辛损津耗气，过咸助生痰湿等；通过炮制"制其太过，扶其不足"以调整药性，使中药符合辨证施治的需求。

金代刘完素曰："物各有性……制而用之……变而通之，施以品剂，其功其能穷哉"。中药入药前必须通过炮制，方能引导药性直达病所，使其升降有序，补泻调畅，解毒纠偏，发挥药物的综合疗效。中医临床用药都是以炮制后的饮片配方。

2. 中药须炮制才能达到临床用药要求　中药绝大多数来源于自然界的植物、矿物、动物，必须经过加工炮制，才能达到入药要求。

通过净制去除药材中掺杂的泥土、虫蛀品、霉烂品及混入的其他物质等杂质和非药用部位，使其达到药用净度标准，可保证用药的剂量准确。植物药分为根、茎、叶、花、果实、种子、全草、藤木、茎枝、树皮等，药物的入药部位不同，疗效迥异。如麻黄茎发汗、根止汗；莲子肉补脾涩精，莲子心清心安神等；通过净选分离不同的药用部位分别药用，才能更好地发挥药效。

矿物类、动物贝壳类药物大多质地坚硬难碎，生品药效不易煎出，须经明煅或煅淬使其质地酥脆易碎，易于煎出药效。一些动物药或动物药的某些部位有毒，需去头、尾、足、翅或加辅料炮制以符合入药要求。

同一种药物通过炮制可制备成不同的炮制品以适应中医临床的多种需要。如甘草，有生甘草、炙甘草等不同炮制品。生甘草性味甘，平，具有补脾益气，清热解毒，祛痰止咳，缓急止痛，调和诸药的功效，多用于脾胃虚弱，咳嗽痰多，痈肿疮毒，并可缓解药物毒性、烈性等；炙甘草补脾和胃，益气复脉的功效强于生品，多用于脾胃虚弱，倦怠乏力，心动悸，脉结代。

中药由于成分复杂，常是一药多效，而中医治病往往根据病情需要选择药物某一方面的作用，采用炮制技术可对药物的功效予以取舍，使某些作用突出，某些作用减弱。柏子仁具有润肠通便、养心安神的功效，经去油制霜后可以突出养心安神的作用，减弱润肠通便作用。何首乌苦、甘、涩，微温，生何首乌具有解毒，消痈，截疟，润肠通便的功效，以黑豆汁蒸制后的制首乌则具有补肝肾，益精血，乌须发，强筋骨的功效。不同的炮制品，其功效侧重点不同，因此临床上用何首乌补肝肾、填精血的作用时，则需将生首乌炮制成制首乌，以免因生品的滑肠作用伤及脾胃，导致未补其虚先伤其正。

3. 依方炮制适应中医辨证用药的需要 疾病的发生、发展是多变的，证变法也变，处方中的药物也随之改变，方中药物炮制品的选用也应作适当调整。

如临床上治疗伤寒病，因开始是感受寒邪，寒邪容易损阳，也易伤中，所以立方用药应注意保存阳气和顾护脾胃。张仲景治伤寒传经热邪的白虎汤、调胃承气汤，虽为清泄剂，但方中甘草却要求炙用，因为方中用甘草的目的不是清热泻火而是调和脾胃，防止石膏、知母或大黄、芒硝大寒伤中。

温病，开始就是感受热邪，热邪最易伤阴，所以吴鞠通用白虎汤治太阴温病，方中甘草则要求生用；原因是温邪上袭，首先犯肺，肺胃经脉相通，可顺传于胃，致使肺胃同病，其热势颇盛，用生甘草既可增强泻热作用，又能甘凉生津，兼和脾胃。

苍术为典型的燥湿药，温燥之性甚强，虽能燥湿运脾，但久服过于温燥之品易伤胃阴，助胃热。当脾虚内湿较盛时，苍术宜制用：因湿为阴邪，其性黏滞，难以速除；又因脾虚运化无权，水湿容易停滞中焦；反过来，湿盛又易困脾，降低脾土的运化功能，所以脾虚湿困的病证，疗程较长。苍术制后燥性缓和，且有焦香气，健运脾土的作用增强，就能达到慢病缓治的用药要求。

4. 依据自然环境与机体的变化进行炮制用药 气候、环境不同，用药要求也不同。如春季气候转暖，夏季气候炎热，腠理疏松，用药不宜过于燥热和辛散；秋季气候转凉，空气干燥，用药不宜过燥；冬季气候寒冷，腠理致密，用药不宜过于寒凉。北方气候干燥，用药偏润；南方气候炎热潮湿，用药不宜过于滋腻。北方人一般素体较强，要求药力较猛，若药力太弱，则药不胜病；南方人一般素体较弱，用药较清淡，若药力太猛，则易伤正气。

为了适应气候、环境的差异，就需要通过炮制来调整中药的性能。如外感风寒，麻黄冬季宜生用，春夏季宜用麻黄绒。紫苏，秋、冬季宜用苏叶，取其发汗解表力强；夏季用苏梗，取其发散力弱，以免过汗，同时又能理气化湿。

药材通过炮制获得中医临床的治疗效果是中医药的特色和优势之一。炮制技术还可以指导临床用药，根据辨证施治的需要，正确地选用不同饮片进行组方配伍，以达到理想的临床效果。这是中药在临床应用上与天然药物的显著区别，也是中医运用中药的一大特色。

二、中药炮制是提高临床疗效的重要手段

炮制是提高临床疗效的重要手段。炮制前后性味改变，成分变化，药理有别，根据辨证施治的需要，合理选用不同的炮制品，才能提高中医用药的疗效。

1. 保证处方用药的剂量准确 净制除去杂质和非药用部位，保证处方用药的净度。中药来源于大自然，往往伴存一些杂质或含有非药用部位，使药物在配方中的实际用量减少，达不到治疗所需剂量。如乳香、没药黏附树皮，石膏中夹有一些杂质，巴戟天带有木心等。

不同药用部位其化学成分和功效差异较大，应分别入药。莲子心与肉功效不同，莲子肉偏重补脾止泻，止带，莲子心则偏于清心安神，交通心肾。莲子肉中的成分以淀粉和蛋白质为主，莲子心的主要成分则为生物碱及黄酮类成分。麻黄茎与根功效相反，是为发汗与止汗之别。两者在

成分上均主含生物碱及黄酮类成分，麻黄茎另含挥发油，麻黄根中的黄酮类成分含量高于麻黄茎。麻黄茎中的生物碱类成分主要以苯丙胺类生物碱麻黄碱、伪麻黄碱等为主，黄酮类成分主要为 C_6-C_3-C_6 黄酮及其苷类；麻黄根则主含大环精胺类生物碱及双黄酮。从古至今，医药学家对中药的净制非常重视，如《金匮玉函经》证治总例云"或须皮去肉，或去皮须肉，或须根去茎，又须花须实，依方拣采，治削，极令净洁"。

2. **增加有效成分的溶出** 药材切制成饮片后，与溶媒接触面增大，有效成分易于煎出。饮片一般都有片型规格要求，若方中饮片厚薄差异较大，在煎煮过程中会出现易溶、难溶、先溶、后溶等问题，煎液将会得气失味或得味失气，达不到气味相得的要求。如桂枝汤中用白芍，方中桂枝以气胜，白芍以味胜，若白芍切厚片，煎煮时间短成分不易煎出，虽能取桂枝之气（性），却失白芍之味；若煎煮时间长，虽能取白芍之味，却失桂枝之气。方中桂枝和白芍为主药，炮制时均切薄片，煎煮适当时间，即可达气味共存的目的。

药物炮制均有明确的炮制程度，不及则功效难求。如盐炙杜仲，盐炙时要求炒至丝易断为标准，因高温加热使得杜仲皮层内硬性橡胶被破坏，黏性下降，有效成分煎出率明显提高，所以在相同煎煮条件下，杜仲生品及其盐炙品降压有效成分的煎出量产生明显差异。

种子、果实类药材，传统炮制理论中有"逢子必炒，逢子必捣"。缪希雍《炮炙大法》载有"凡汤中用完物，如干枣、莲子、决明子、青葙子……，皆劈破，研碎入药，方得味出，若不碎，若米之在谷，虽煮至终日，米岂能出哉？"就是要求种子果实类的药物需经炒制，种皮、果皮爆裂；完整的药物需经切制或粉碎，在煎煮时易于煎出有效成分，才能保证疗效。

使用矿物药时，有"诸石必捣"的要求，质地坚硬的矿物类药物，经明煅或煅淬，质酥易碎，有效成分溶出率提高。因此，炮制可适当增大药物表面积，破坏组织结构，使质地疏松，提高有效成分的煎出量以增强疗效。

3. **与辅料共制以增强药效** 中药的药性与炮制辅料之间的关系非常密切，运用辅料进行炮制可以增强疗效。如酒炙丹参、当归，增强活血祛瘀、调经止痛的作用；盐炙补骨脂增强温肾助阳的作用；蜜炙黄芪增强补中益气的作用。醋能与药物中所含的游离生物碱生成盐，增加药物中活性成分的溶解度而提高疗效。延胡索中含有多种生物碱，但游离生物碱难溶于水，经醋炙后生物碱与醋酸结合成醋酸盐，煎煮时易于溶出。何首乌经黑豆汁蒸煮后，使致泻作用的结合性蒽醌衍生物水解成无致泻作用的游离蒽醌衍生物，并突出卵磷脂、糖类的作用，增强了滋补肝肾作用。

4. **杀酶保苷，利于保存药效** 药物经过加热炮制可利于药效的保存。槐花含有芸香苷类成分，药物本身含有分解酶，可使芦丁分解而失去疗效。炒制后破坏酶的活性，保持了芦丁含量，有效成分得以保留。黄芩中的酶能使黄芩苷酶解成苷元和葡萄糖醛酸，黄芩切制前的水处理软化是置沸水中煮或蒸，既可破坏酶保存苷，又使药材软化利于切制。焯制苦杏仁时，沸水煮汤也可以杀酶保苷而保存药效。所以在炮制中采用烘、蒸、焯、炒等方法可破坏酶，是保证药效、提高临床疗效的一系列措施。

5. **使成分转化，产生新的作用** 矿物类、化石类药物，经高温煅制后成分发生变化，产生新的功效。白矾经煅制后形成枯矾，主要成分含水硫酸铝钾失去结晶水，具有凝固蛋白、抗菌、吸水、干燥创面的作用，以增强收敛生肌的作用。自然铜，经火煅醋淬后使其所含的二硫化铁部分转化为醋酸铁，提高了在水中的溶解度，从而易于煎出有效成分。炉甘石经煅淬后碳酸锌转化为氧化锌，后者具有消炎、生肌作用，从而呈现药效。

综上所述，炮制可以增加有效成分的溶出，提高药物的生物利用度以增效，可改变药性。中药经过炮制，符合辨证施治的需要，提高临床疗效。

三、中药炮制是保证用药安全的重要措施

使用毒性药物治病，是中医的一大特点，用之得当，可祛病痊愈，否则就会导致中毒，甚至引起死亡。采用炮制技术降低或消除药物的毒副作用是中医临床使用药物保证安全有效的必要途径。有毒中药必须通过炮制，使炮制品内外性状或成分达到规定的程度及指标要求，以保证临床用药既安全又有效。

一般有毒中药必须经过炮制，以降低毒性，使其安全有效。蕲蛇去除头部后以消除其毒性，雄黄、朱砂经水飞后以降低毒性。半夏、天南星水浸泡后，用明矾、生姜等辅料炮制以解其毒性。巴豆制霜，川乌、草乌水煮，马钱子砂烫，苦楝子、苍耳子、蓖麻子加热炒制，斑蝥米炒，藤黄豆腐煮，甘遂、芫花醋炙等。毒性中药所采用的炮制工艺不同，炮制后入药是保证临床用药安全的重要措施。

第二节　中药炮制对中药药性的影响

中药具有药性，内容包括四气五味、升降浮沉、归经、补泻、润燥、有毒、无毒等，这是药物本身固有的性能。临床遣方用药时利用药物的不同特性，补偏救弊，调整机体阴阳气血的偏胜偏衰，恢复生理平衡而达治疗疾病的目的。

利用炮制技术对中药进行炮制，或制其形、或制其性、或制其味、或制其质，可以调整或改变药性，或降其毒性、或纠其偏性、或增其功效、或作用专一等，取其所需以满足临床。

一、中药炮制对四气的影响

四气，亦称四性，指药物的寒、热、温、凉四种特性。一般治疗热证的药物，大多属于寒性或凉性；治疗寒证的药物，大多属于热性或温性。炮制可以影响药性。元代齐德之《外科精义》曰："夫药者，治病之物，盖流变在乎病，主治在乎药，制用在乎人，三者不可阙也"。

1. **相资为制增强药性**　是指用与被炮制药物药性相似的辅料或某种炮制方法来增强药效，即以寒性辅料或药物来炮制寒性的药物，称为寒者益寒；以热性辅料或药物来炮制热性的药物，称为热者益热，亦称从制，或佐制。

临床上使用寒药如不能拮抗热邪，或使用热药不能克制寒邪时，可采用以寒制寒或以热制热的炮制方法，扶其不足，起协同作用，增其药效。如用胆汁制黄连，即取其以寒制寒。胆汁性味苦寒，黄连性味亦苦寒，两者皆属寒性，均能清热解毒，炮制后起协同作用，胆黄连清泻肝胆实火的作用更强。用咸寒的食盐炮制苦寒的知母、黄柏，可增强滋阴降火的作用。以辛热的酒炮制辛热的仙茅、阳起石，即热者益热或以热制热，可增强其温肾助阳的作用。

2. **相反为制抑制偏性**　即以热制寒或以寒制热以抑制药物偏性，或改变其性能，亦称反制或逆制。如以寒制热的胆汁制天南星：天南星生品辛温燥烈，有毒，经用性寒味苦的胆汁制成胆南星，除去燥烈之性及毒性，性味变为苦凉，更宜于痰热惊风抽搐等证。

3. **相反相资为制抑偏增效**　也有利用药物或辅料的性味相反，但某些功效有协同作用，炮

制后既可抑制药物的偏盛之性，又能增加药物某一方面功效的炮制，亦称反佐制。如吴茱萸制黄连：吴茱萸性味温辛苦，具温中，止痛，理气，燥湿等功效，黄连为清热泻火的要药，但有苦寒伤中之弊，虚人不宜。经辛温之吴萸汁制后，缓和黄连的苦寒之性，使其寒而不滞，并引黄连入气分，利用黄连的清热泻火作用，清气分湿热，散肝胆郁火，可用于湿热瘀滞肝胆，嘈杂吞酸，胸脘痞闷、泄泻或下痢等，扩大了黄连的使用范围。

4. 炮制可改变药性 同一种药物，经过炮制可以改变药性。药物一般生者性凉，熟者性温。寒与热，温与凉属本质不同；热与温，寒与凉属程度不同。《名医别录》载半夏"生微寒，熟温"。生半夏性微寒，外用解毒疗疮；制熟性温内服能温化寒痰，消痞和胃。《普济方》载甘草"生甘平，炙甘草温纯阳，补血养胃"。《本草纲目》载蜂蜜"生者性凉，故能清热，熟者性温，故能补中"。生地黄性寒味苦，为清热凉血之品，制成熟地后，性由寒转温，味由苦变甘，功能由清变补，以滋阴补血为主，药性改变，功效也发生相应改变。

二、中药炮制对五味的影响

五味，即辛苦甘酸咸，是中药药性的主要内容之一。每种药物都有一定的味与气以及其他方面的性能。炮制可增强或减弱药物的五味。

1. 扶其味之不足 临床上若嫌其药力（味）不足，可用药味相同的药物或辅料互制，使其药力增强。以酸制酸的醋制五味子可增其酸涩收敛之性，多用于咳嗽遗精、泄泻等症；以甘制甘的蜜制百合可增其润肺止咳之效，蜜制黄芪可增其补中益气之功用；以辛制辛的酒制川芎可增其活血行气、祛风止痛之效；酒制当归可增强活血散瘀之功用。

2. 制其味之太过 中医的五味理论有"过酸损齿伤筋，过苦伤津耗液，过甘生湿助满，过辛损津耗气，过咸助痰湿"等。为避免药性过偏而造成治疗上的弊端，采用炮制改变其强弱。

以甘制辛的蜜制麻黄，蜜制后可缓和辛散之力；以甘制苦的蜜制黄芩、以辛制苦的酒制大黄，以缓其苦寒之性；以咸制辛的盐制砂仁、小茴香，以缓其过辛之性，并引药入肾；以咸制苦的盐制黄柏，以缓其苦燥之性；以酸制苦的醋制甘遂、大戟，以缓其泻下峻猛之性；姜制厚朴以缓其辛辣棘咽之性；山楂、乌梅酸性较强，恐损齿伤筋，炒黄、炒焦可缓其酸性；甘草因甘凉之性易生湿助满，炒制可减缓甘凉之性；牡蛎生品咸涩，以软坚散结为主，煅制咸味减少，涩味增强，以收敛固涩为胜。多种炮制方法均可制其太过，纠正过偏之性。

三、中药炮制对升降浮沉的影响

升降浮沉是指药物作用于机体上下表里的趋向，是药物的主要药性之一。升是上升，降是下降，浮是外行发散，沉是内行泻利。一般具有升阳发表、祛风散寒、涌吐开窍等功效的药物能上行向外，其药性升浮；具有泻下清热、利尿渗湿、重镇安神、潜阳熄风、消导积滞、降逆收敛及止咳平喘等功效的药物则能下行向内，其药性沉降。在性味上，凡味辛、甘，性温、热，质轻者大都具有升浮之性；凡味苦、酸、咸，性寒、凉，质重的药物大都具有沉降之性。正如李东垣所曰："味薄者升，气薄者降；气厚者浮，味厚者沉"。李时珍曰："酸咸无升，辛甘无降，寒无浮，热无沉。"

药物的升降浮沉性能并非固定不变，通过炮制可改变其作用趋向。

1. 入药部位不同，作用趋向不同 一般有根升梢降，生升熟降之说，但非普遍规律。陈嘉谟云："根梢各治，尤勿混淆"。如"当归头止血而上行，身养血而中守，梢破血而下流，全活血而统治"。

2. **炮制可增强药物的作用趋向** 川芎生用，气厚味薄，辛温走窜，能升能散，上行头目，旁达四肢，下行血海，为血中气药；酒制后能起协同作用，增强活血行气、祛风止痛的功效，专治上焦头痛。黄芩既能清肺热，又能清大肠之热，酒炙后专于清肺热、头目之热。知母生品苦寒滑利，泻火之力较强，能清肺凉胃，泻火通便，盐炙可引药下行，专于入肾，增强滋阴降相火的功效，多用于肾虚火旺等证。

3. **炮制可改变药物的作用趋向** 药物经炮制后，由于性味的变化，作用趋向也发生改变。《本草纲目》载："升者引之以咸寒，则沉而直达下焦；沉者引之以酒，则浮而上至巅顶"。一般规律是酒制升提，姜制发散，醋制收敛，盐制下行。如大黄生品苦寒，气味重浊，直达下焦，泻下作用强而伤胃气，酒制后性缓，借酒上行，可清上焦实热。正如李东垣所述："大黄苦峻下走，用之于下必生用，若邪气在上，非酒不至，必用酒浸，引上至高之分，驱热而下"。砂仁生用，行气调中力强，经盐制后，引药性入下焦，增强入肾的作用，以降气、安胎、温肾为主。《本草求真》载："莱菔子生用研汁，能吐风痰；炒熟则下气定喘、消食宽膨。一生一熟，性气悬殊"。

四、中药炮制对归经的影响

归经是指药物对某经某脏的病变部位有选择性作用，也是指药物治病的适应范围。炮制方法可对药物的归经产生影响，使药效更加针对主症。

1. **入药部位不同，归经不同** 同一药物的入药部位不同，各部位的归经也不甚相同，应分别入药。莲子心入心经，以清心经之热；莲子肉入脾、肾、心经，以补脾胃，养心益肾为主。白茯苓生用以渗湿利水、益脾和胃为主，茯苓皮以利水消肿为主，茯苓木以平肝安神为主，茯神以宁心安神为主，赤茯苓则以渗利湿热为主。

2. **炮制可改变药物的归经** 药物炮制前后归经有所改变。同一药物经不同方法炮制，归经亦发生改变，所谓生熟异治。如生姜主归肺、胃经，以发散风寒，和中止呕为主；干姜主归脾、肾经，则以暖脾胃，回阳救逆为主；煨姜主入胃经，以和中止呕为主；姜炭主入血分，以温经止血为主。生姜的四种炮制品，对肺、心、脾、胃、肾五个不同部位具有选择性，从而发挥各自的治疗作用。柴胡生用能升能散，解表退热为主，经醋制后引药入肝而达到疏肝解郁的功效。

3. **加辅料炮制可引药归经** 根据药物五味归经理论，用不同性味的辅料炮制药物，可起到引药归经的作用。枇杷叶、黄芪等多用蜜制以增强归脾、肺经的作用，发挥润肺止咳平喘、补中益气之效。川芎、乌梢蛇等，多用酒制，增强入血分达活血止痛、活血通络、祛风除湿的作用。香附、柴胡等，多用醋制以增强入肝经的作用，发挥疏肝理气、行气止痛之效。巴戟天、知母等，多用盐制以增强入肾经的作用，发挥固精壮阳、滋阴泻相火之效。黄连、草果等，多用姜制，以增强归脾、胃经的作用，发挥止咳化痰、温胃止呕之效。

五、中药炮制对药物补泻的影响

病有虚实，药有补泻，虚则补之，实则泻之，这是中医治病的基本原则之一。药之补又分补气、补血、补阴、补阳，药之泻又分缓泻和峻泻等，这是药物的固有性能。为了使药物更能满足临床需要，药物的补泻作用亦可通过炮制加以改变和调整。正如《审视瑶函》所载："盖生者，性悍而味重，其功也急，其性也刚，主乎泻；熟者性淳而味轻，其功也缓，其性也柔，主乎补。……如补药之用制熟者，欲得其醇厚，所以成其资助之功。泻药制熟者欲去其悍烈，所以成其攻伐之力。用生用熟各有其益。实取其补泻得中，毋损于正气耳"。

1. 炮制前后补泻不同　一般规律是生泻熟补，即生者主泻，熟者主补，炮制后药性由泻变补。如何首乌，生品苦寒主泻，可以通大便、解疮毒（清），制首乌，则性变甘温主补，以补肝肾、益精血、乌须发为主；甘草蜜炙后，由清热解毒变为补中益气；生地制成熟地，由清热凉血变为滋阴补血。

2. 补药炮制后可增其效　具有滋补作用的药物经炮制后，可增强其滋补之效，达补而不腻的炮制作用。党参米炒后增强其健脾止泻作用，蜜炙后增强补中益气的作用。黄芪蜜炙后增强其补中益气的作用，补骨脂经盐炙后增强温肾助阳、纳气、止泻的作用。

3. 泻药炮制后可伐其过　泻药经炮制可使泻下作用缓和。大黄生品苦寒峻泻，祛肠胃积滞，泻血分实热；经蒸制成熟大黄后苦寒泻下作用缓和，更适于年老体弱的实证患者，泻而不伤正。大戟、芫花经醋炙后可降低毒性，缓和泻下之性，避免腹痛的副作用。

六、中药炮制对药物润燥的影响

药性的润燥性能，是指药物能够祛除燥邪或湿邪，具有治疗燥证或湿证的作用。药物的润燥也是中药药性的重要组成部分。

一般而言，具有生津止渴，养阴润燥，润肺化痰，止咳，润肠通便，滋补津血等功效的药物，均具有濡润之性；具有燥湿，化湿，利湿，化湿痰，祛风散寒，行气健脾，祛风湿等功效的药物，多具有燥性。在临床组方用药时，若忽略了药物的润燥之性，如同不分其寒热一样，药不奏效将会导致不良后果。采用炮制方法可以缓和太过的润燥之性。

1. 缓其过润之性　一些药物滋腻之性较强，通过炮制可以改变药物过润之性，消除滋腻碍脾的副作用。阿胶生品补血滋阴，润燥、止血，但对脾虚便溏者不宜，用蛤粉炒成珠后可缓和其过润之性。生地黄清热凉血，养阴生津，蒸制成熟地后滋腻碍脾，往往加酒以行散。如恒济熟地还有加生姜末、陈皮末、砂仁末制，以增强温中行气之性，缓和或消除其过润之性，避免碍脾、影响吸收运化，使功效适中。

2. 缓其过燥之性　药物过燥之性，会伤阴助火，通过炮制可缓解其过燥之性。苍术为燥湿药，生品燥湿健脾，其性辛燥，往往用麦麸炒制，以缓其燥性。陈嘉谟曰："麦麸皮制抑酷性勿伤上膈"，酷性即燥性。现代研究认为，苍术挥发油对机体有明显毒副作用，麸炒可使苍术中苍术酮、β-桉叶醇等挥发性成分含量显著降低，使毒副作用减弱。补骨脂、益智仁、巴戟天等补肾助阳药都有一定温燥性，盐制以缓各药燥性。使用干姜，尤其产后阴虚血燥时，应使用炮姜或姜炭而不用干姜，以免燥动血室，避免伤阴助火，而导致口舌生疮之弊。

季节气候与疾病和用药具有一定的相关性，应注意选用恰当的炮制品。秋季气候偏燥，使用麻黄、紫菀、半夏等药时，麻黄、紫菀多使用蜜炙品，半夏则需加滋阴药同用，否则就会伤阴，使阴虚燥咳者，咳嗽更甚，或导致流鼻血或加重病情。

七、中药炮制对药物毒性的影响

很多中药有毒，必须经过炮制，以降低毒性，才能保证中医临床用药安全有效。炮制毒性药物时应注意去毒与存效并重，炮制失当可导致毒去效失或效失毒存，均达不到理想的炮制目的。

1. 除去毒性部位或减少毒性成分的含量　一些药物的毒性成分存在于药材的某一部位，去除该部位，即可降低药物的毒性。如蕲蛇去除头部，可消除其毒性。某些有毒中药经过一定的方法炮制，可使其毒性成分含量减少而减毒。雄黄经水飞后，As_2O_3的含量显著下降，而使毒性降低。巴豆为峻泻药，毒性大，去油制霜后除去大部分油脂，既缓和泻下作用，又使巴豆中所含巴豆毒素在制霜过程中遇热失活，使毒性降低。

2. 改变毒性成分的结构 药物所含的某些毒性成分不稳定，在炮制时加热煮或蒸，毒性成分水解，改变其结构，使毒性降低。川乌、草乌含有双酯型生物碱，毒性极强，煮制可使其水解成毒性较小的单酯型或醇胺型生物碱，使毒性降低，并且水解产物同样具有止痛作用。马钱子有大毒，毒性成分为生物碱，经砂烫后其中士的宁和马钱子碱的含量显著减少，马钱子碱转化成异型结构和氮氧化合物，毒性下降。

3. 加热破坏毒性成分 中药的一些有毒成分，高温时不稳定，可使有毒成分破坏分解，从而降低中药毒性。白扁豆含红细胞非特异性凝集素，为一种植物性毒蛋白，经炒香或焯法，毒蛋白受热凝固变性而失去毒性。苦楝子有毒，经过加热炒制可使毒性蛋白等被破坏。苍耳子有毒，其毒性成分羧基苍术苷、毒性蛋白等可致肝肾功能改变，尤致肝脏坏死，可导致死亡；炒制后，羧基苍术苷含量显著下降且毒性蛋白变性沉淀，达到了降低毒性的目的。蓖麻子、巴豆等同样经加热处理可使毒蛋白变性而降低毒性。

4. 与辅料共制解毒 辅料和药物共同炮制，可使毒性降低。生半夏辛温有毒，用明矾、生姜等辅料炮制后可降低毒性。甘遂生品毒性较强，其主要的毒性成分为萜类成分，经醋制后，富集其萜类成分的二氯甲烷部位中16个萜类成分中的12个成分相对含量减少，4个成分含量增加，醋制使甘遂萜类成分的组成发生变化与泻下作用和毒性均下降具相关性。斑蝥用稀碱炮制以使斑蝥素转变成斑蝥酸钠，抗癌活性不变，毒性则大大降低。甘草调和药性，甘草汁亦对许多药物有解毒作用。

第三节　中药炮制对方剂疗效的影响

中药饮片是中医治病的物质基础，临床应用辨证施治、配伍组方，方中药物的炮制方法通常根据组方和病症的需求确定，饮片质量的好坏对方剂疗效有直接的影响。

一、中药炮制提高方剂疗效

中医临证，遣方用药和炮制品的选用是根据病人的具体情况和所选用的方剂功效而定。通过炮制，可以提高方剂的临床疗效。

1. 增强方剂中药物的作用 将方中药物进行炮制，使有效物质易于溶出或利于保存，并调整其药性，发挥各自的擅长。三子养亲汤由紫苏子、白芥子、莱菔子组成，降气平喘，化痰消食，适应证是气实而喘，痰盛懒食。方中三个种子类药物均需炒爆，紫苏子炒后辛散之性减弱，温肺降气作用增强，其降气化痰、温肺平喘之功明显；白芥子炒后缓和辛散耗气的作用，增强温肺化痰的功效；莱菔子炒后由升转降，功效由涌吐风痰而变为降气化痰，消食除胀。方中药物选用的炮制品均与病证相符，增强全方降气平喘、化痰消食的功效。

痛泻要方由白术、白芍、陈皮、防风组成，主治肝旺脾虚的腹痛泄泻。方中白术健脾补中为君药，但生品健脾燥湿力强，并有滞气而致腹胀之弊，尤其脾虚患者更易如此，故要求土炒，以增强补脾止泻之能。白芍泻肝缓急以止痛，酸寒泻肝，但酸寒之性易伤脾阳，故白芍要求炒制，以缓其酸寒，使其泻肝而不伤脾阳。陈皮炒后香气更浓，取其芳香醒脾，疏利气机，以达理气和中之效。防风具有散肝疏脾，能生脾阳之效，若久泻不止或肠风下血，可用炒防风或防风炭；防风炒或炒炭后，祛风之性趋弱，而增强了止泻或止血效果。

2. 增强方剂引药归经侧重性 方剂通过药物的配伍，方中药物归经的变化对全方作用有明显影响，通过加入辅料炮制，引药归经，可使组成方剂的药物集中在病变部位发挥疗效，增强全方对疾病部位的疗效。

缩泉丸由益智仁、乌药、山药组成，主要功效是温肾缩尿，常用于下元虚冷，小便频数及小儿遗尿。方中益智仁主入脾经，兼入肾经；山药主入脾经，兼入肺、肾经；乌药主入肾经，兼入脾、肺、膀胱经。益智仁盐炙后则主入肾经，为方中君药，具有温肾纳气，固涩小便的作用。三药合用，温肾祛寒，健脾运湿，使全方作用侧重于肾经，兼能顾脾。

3. 突出方剂辨证施治适用性 中药通常是一药多效，在不同方中，同一药物所起的作用并不一样。通过炮制可使同一药物产生多种炮制品，在治疗不同病症的方剂中突出某一方面的疗效。

麻黄在麻黄汤中起发汗解表，宣肺平喘作用，故方中用生麻黄，发汗平喘作用强。若表证不明显者，临床常用蜜炙麻黄，不仅增强止咳平喘之功，而且可以减弱发汗之力，以免徒伤其表。若为老人和小儿，表证已解，喘咳未愈而不剧者，用蜜炙麻黄绒为宜，能达到病轻药缓，药证相符的要求，可避免小儿或老人服用麻黄后出现烦躁不安、不眠之弊端。

柴胡在小柴胡汤中宜生用，且用量较大，取其生品气味俱薄，轻清升散，和解退热之力胜。在补中益气汤中，柴胡升阳举陷，不但用量宜小，且宜生用，取其轻扬而升或助它药升提的作用。在柴胡疏肝散中，柴胡以醋炙为宜，取其升散之力减弱，而疏肝止痛之力增强。

组成方剂的药物通过恰当的炮制，因作用重点的变化，使全方的功用有所侧重，有利于提高方剂对疾病治疗的适用性和疗效。

二、中药炮制降低配伍用药的毒副作用

方中药物有偏颇之性或有毒副作用，往往影响全方疗效的发挥，可通过炮制调整药性，保证临床方剂的安全有效。

1. 消除药物在方剂中的不利因素 药物在治病的同时，因药物某一作用与病证不符，会给治疗带来不利影响。通过炮制，可调整药效，趋利避害，扬长避短。干姜性辛热而燥，长于温中回阳，温肺化饮。在四逆汤中用干姜生品，取其能守能走，力猛而速，功专温脾阳而散里寒，助附子破阴回阳，以迅速挽救衰微的肾阳。在生化汤中则需用炮姜，因生化汤主要用于产后受寒，恶露不行，小腹冷痛等。产后失血，气血大虚，若用生品，则因辛燥耗气伤阴，于病不利；炮姜微辛而苦温，既无辛散耗气、燥湿伤阴之弊，又善于温中止痛，且能入营血，助当归、炙甘草通脉生新，佐川芎、桃仁化瘀除旧，臻其全方生化之妙。

2. 减缓方剂中主药的不良反应 通过使用炮制品，可以减缓方剂中主药的不良反应。调胃承气汤是治热结阳明的缓下剂，然芒硝、大黄均系大寒之品，易伤脾阳。方中用炙甘草，取其甘温，善于缓急益脾，可缓其大黄、芒硝速下之性，兼顾脾胃，若用生甘草，泻火解毒有悖于本方。

三、中药炮制调整方剂部分适应证

组成方剂的药物，通过不同炮制加工，可使方剂的功效发生变化，改变部分适应证。

1. 同一方剂，不同炮制品适应病症不同 药物经过炮制后，药性发生变化，作用也相应改变，故在同一方中，针对不同病症，可选用药物的不同炮制品。

四物汤为常用补血基础方，若诊见血虚而兼血热者，宜以生地易熟地，可滋阴补血；若是血虚而兼瘀者，除了加重当归、川芎的用量外，该二药还可酒炙，以增强补血活血祛瘀之效。

理中汤为温中益脾之要方，凡中焦虚寒者均可应用。但不同情况应选用不同炮制品才能提高疗效。若中焦虚寒而兼有内湿者，宜用干姜，取其辛热而燥，能祛寒燥湿。若中焦虚寒，胃失和降，呕吐腹痛，或者阳虚出血，则应以炮姜易干姜，取其炮姜苦温而守，善于温中、止呕、止痛和温经止血，作用缓和而持久。若腹泻明显，方中白术宜土炒，增强健脾止泻的作用。若腹胀恶食，白术又宜炒焦，既可避免其壅滞之弊，又可开胃进食。甘草均宜炙用，取其甘温，补中益脾力强。

2. 同一药物，不同炮制品功效不同 一种药物经过不同的炮制工艺，可形成多种炮制品，以适合临床病症的不同需要。

当归有生当归、酒当归、土炒当归，均有补血活血作用，但区别是：补血和润肠作用以生品力强，活血作用以酒当归力胜，土炒当归无滑肠之弊。故血虚而大便实者，用生品；血虚而兼瘀滞者，用酒当归；血虚而又脾虚便溏者，则应选土炒当归。

生荆芥和炒荆芥均有祛风作用，生品发散力较强，炒品发散力较弱。同样用于疏风解表，无汗者宜用生荆芥，有汗则宜用炒荆芥。荆芥炭则无辛散解表作用，炒炭产生止血作用，故不用于表证而用于出血证。

临证处方之时，突出中医辨证施治的优势，灵活变通，掌握中药的共性和不同炮制品的个性，增强其针对性、目的性，临床治病方能得心应手。

第四节 中药炮制对中药制剂的影响

中药制剂一般是以炮制后的饮片作为原料药，根据组方配伍而制备。因此，制剂组方中的药物炮制与制剂的安全、疗效、质量、稳定性等密切相关。"炮制不明、药性不确、则汤方无准，而病症不验也"说的就是炮制与制剂的相关性。中药需依法炮制后才能用于配方进行汤剂以及中成药制剂的制备。

一、中药饮片是制剂的基本原料

饮片是供临床处方配伍的主要药物形式，也是各种成药制剂的基本原料，首先必须达到入药要求。

净制是保证药物洁净度，获取不同药用部位的主要方法，也使得组方制备制剂时用药量准确。净选、挑选、风选、筛选等可除去原药材在采集、运输、贮藏过程所夹杂和混入的泥土等杂质，除去非药用部位，分离不同的药用部位。

切制等加工使药物成为饮片，作为汤剂、成药制剂的原料。绝大多数动、植物药材都必须进行切制加工成饮片，如藤木类、根茎或全草类等，从而保证配方时方便称量、用量准确，增加汤剂煎煮效果。

部分药物经过炮制使其易于粉碎，才能供制剂使用，尤其是矿石类药物。如自然铜、磁石、赭石等。植物种子类的马钱子，经过炮制既能降低毒性又易于粉碎。动物类药材，如龟甲、鳖甲等需炮制后，才能易于粉碎，煎出药效，方能更好地发挥治疗效果。

二、制剂剂型对饮片的炮制要求

中医临床用药主要是汤剂和中成药，中成药制剂的剂型有多种，包括丸、散、膏、丹、片、胶囊、注射剂等。制剂工艺不同，对药物的炮制要求也不尽相同。

汤剂通常都是中医根据病人的病情、身体素质和气候环境，随证遣方，随方用药，随方选药，针对性较强，因而对药物的炮制要求也灵活多变。同一方剂，对药物的炮制要求也不尽相同，可随证、随方的要求进行炮制。

中成药是在中医药理论指导下，按规定的处方和方法通过制剂工艺制备的成药剂型。中成药处方固定，制剂成型，市场适应面较广，对药物的炮制要求也相应地比较固定。

同一味药物在汤剂和中成药制剂中的应用不同，炮制的要求也不同。如黄芪、延胡索等，在汤剂中多要求蜜炙或醋制，制备黄芪注射液、四氢帕马丁片等，则选用生品饮片投料，进行提取制剂。

中成药制剂剂型不同，对于同一种药物的炮制要求也不同。如川乌、附片等在汤剂或浸膏片中，因要经过加热煎煮，故可直接用制川乌、制附片配方；用于丸剂加工时，使用药物粉末投料，故需将制川乌、制附片用砂烫至体泡色黄，称为炮川乌、炮附片，一方面利于粉碎，更重要的是为了进一步降低毒性，保证用药安全。

三、中药炮制对制剂安全性的影响

制剂的安全性是临床用药的首要保证。在中成药生产中，通过合理炮制药物可以达到既保证安全又提高疗效的目的。

川乌、草乌、马钱子、附子、巴豆、砒石、半夏、天南星等毒性中药必须通过炮制以降低毒性，方可入药。若炮制不当，制成的制剂则能引起中毒，甚至导致死亡。王氏保赤丸中含有巴豆霜，是由巴豆经过加热、压去油制霜炮制而成。炮制工艺中的两个环节："巴豆加热、压榨去油"均必须进行，如果不经加热直接制霜，巴豆中毒性蛋白不被破坏，制备成制剂就易引起中毒。

小金丸（《外科证治全生集》）是中医治疗痈疽的著名方剂，方中主要有麝香、木鳖子、草乌、五灵脂、乳香、没药等组成，主治流注、痰核、瘰疬、瘿瘤、乳岩等。其剂型为糊丸，可使药物在体内缓缓释放，以免药力峻猛，不利安全。方中要求草乌炮制减毒，木鳖子去油成霜，以降低毒性，又可得松散药末，利于制丸。乳香、没药醋炙后，可有效降低乳香的刺激性，又便于粉碎，易于丸剂的制备，并增强制剂的止痛疗效。

知识拓展3-1 《中国药典》小金丸的处方和制法

有些中药的局部有毒，通过炮制去除有毒部位，可使药物消除或降低毒性。蕲蛇、蝮蛇的头部有毒腺，炮制去除头部，能降低毒性，保证制剂的安全性。

四、中药炮制对制剂质量的影响

制剂的质量与制剂的原料和制备工艺有密切的关系，饮片是制备制剂的原料药，饮片的质量是控制制剂质量的关键。

入汤剂的中药，除煮散外，均以饮片形式配方，要求有一定的形状、大小、规格。饮片太厚太大既不利于配伍调剂，又影响煎煮时有效成分的溶出，影响汤剂的质量；太小太碎又影响煎煮后的过滤，同样对汤剂的质量有影响。制备中成药制剂的原料药过于粗大也会明显影响提取效果和制剂的最终质量，过小过细，提取时易成糊状，则煎提效果不佳，同样影响提取效率和制剂的质量。

在制剂的工艺中，制备丸散剂的药物粉碎有易碎、难碎，出粉率高或低等问题，通过炮制可使难粉碎的药物改变质地，易于粉碎，丸散剂的制备易于进行，保证制剂的质量。如种子类药物炒黄、炒爆，使质地疏松，易于粉碎；矿石类药物煅制或煅淬，使质地松脆，成分易出。

建立饮片的质量标准有利于制剂质量控制。饮片是制剂的原料，其质量是影响制剂质量的关键，通过建立和制定合理的饮片质量标准，控制饮片的质量，可提供作为制剂质量控制的依据。

（李向日）

复习思考题

1. 试述小金丸组方中草乌、木鳖子两味有毒中药的炮制工艺，分析其炮制减毒依据。
2. 试述在四逆汤、生化汤中生姜不同炮制品的辨证应用，分析其选择依据。

数字资源详见　新形态教材网

课程思政案例　　视频　　知识拓展　　推荐阅读

复习思考题答案　　教学课件

第四章

中药炮制的目的及对药物的影响

思维导图

"格物明理，致知笃行"将传统中医药原创思维与现代创新思维进行融会贯通

中药炮制是一项制药技术，中药材需经炮制后成为中药饮片才能应用于临床，中药炮制成为中医临床用药的一大特色。在几千年的中医药临床实践中，逐渐形成了具有独特性、系统性的炮制理论、制药技术和生熟饮片临床用药规律等内容，明确了炮制改变形、性、味、质、效从而顺应临床用药需要和制备新药品，其蕴含着丰富的传统中医药文化和智慧，需要"传承精华，守正创新"，只有继承其精髓才能明中药炮制的作用和原理。正如古人所言，只有明理，才会明医，才能成为明医。不明理，思路就远离中国文化，中医药学的继承和发展就会成无源之水、无本之木。要明理就要将现代科技与传统炮制融合迭代创新以明确其毒效物质基础、毒效作用机制，才能阐明中药炮制机理和中药饮片生熟异治的作用机制，丰富炮制新理论和新工艺，增强炮制理论自信、价值自信、科学自信。具备运用现代科学技术的能力，具备科研思维和创新思维。

请对下列问题给予思考与分析：
1. 试论中药炮制技术传承精华、守正创新应有的创新思维。
2. 试述炮制对中药药性的影响与对成分和药效影响之间的关联性。

中药材经炮制后成为中药饮片，中药饮片是中医临床预防和治疗疾病的物质基础，炮制使中药的效应物质基础产生不同程度的变化，其性味、归经、升降浮沉及毒性等有所调整或改变，从而达到降低毒性、提高疗效等目的。根据中医临床辨证施治的需要，合理选择不同炮制品，能提高中医用药疗效的准确性和可靠性。

第一节　中药炮制的目的

中药来源于自然界的植物、动物、矿物等，它们或质地坚硬、个体粗大，或含泥沙杂质，或具有较强毒性或副作用，一般不能直接应用于临床。同时，中药成分复杂，性味多有偏颇，且一药多效，经加工炮制后，可降毒纠偏，调整药性，使其适于临床需要。中药炮制的目的主要是解毒、增效，兼能保证临床用药准确、利于贮藏和保存药效等。中药材经不同炮制方法炮制后其炮制作用各不相同，中药炮制的目的主要有以下几个方面。

一、降低或消除毒副作用，保证临床用药安全有效

许多中药虽有较好的疗效，但毒性较大，临床应用安全性低。《中国药典》收载的有毒中药，其中有大毒者10种，有毒者55种，有小毒者33种。有毒中药通过炮制，可以降低其毒性或副作用，如川乌、草乌、附子、天南星、半夏、大戟、甘遂、巴豆、马钱子、斑蝥等。炮制解毒的方法有很多，常用的炮制方法有浸渍、漂洗、水飞、砂炒、蒸、煮、复制、制霜等。

有些药物具有过偏之性，临床应用易产生副作用，通过炮制，可以调整药性，去除或降低药物的副作用，更好地发挥疗效，保证临床用药安全。汉代张仲景在《金匮玉函经》中指出麻黄"生则令人烦，汗出不可止"，说明麻黄有令人烦和发汗太过之弊，蜜炙麻黄则缓和其辛散发汗作用，避免过汗而伤阴亡阳。种子类中药富含脂肪油，往往具有滑肠致泻的副作用，可通过炒制或制霜去除部分油脂，减缓致泻之患。何首乌生品解毒、消肿、润肠通便，如用于体虚患者，则易损伤正气；经黑豆蒸制后，致泻的结合型蒽醌成分减少，补益肝肾作用得以更好地发挥。

课程思政案例 4-1　有毒中药的炮制品规有待丰富

二、增强药物疗效

中药经炮制后，其动植物细胞、组织、所含成分，矿物类的组成成分、杂质含量、晶格结构等会发生一系列物理、化学变化，这些变化可从不同方面增强药物的药效。

中药材在切制成饮片的过程中细胞破损、表面积增大，药效成分易于溶出；炮制用辅料的助溶、脱吸附等作用，也可使难溶于水的成分溶出增加；炒、蒸、煮、煅等热处理，可增加某些药效成分的溶出率。古人认为"凡药用子者俱要炒过，入药方得味出"，种子类药物外有硬壳，其药效成分不易被煎出，经加热炒制后种皮爆裂，质地疏松，便于成分煎出，所以种子类中药有了"逢子必炒"的要求。款冬花、紫菀等化痰止咳药经蜜炙后，增强了润肺止咳的作用，是因炼蜜有甘缓益脾、润肺止咳之功，作为辅料可协同增效。现代实验证明，胆汁制南星能增强南星的镇痉作用。可见，药物经炮制后，可以从多方面增强其疗效。

三、改变或增强性味，扩大用药范围

中药的药性包括四气五味、升降浮沉、归经、毒性等，炮制能够缓和、增强或改变药性，扩大用药范围。

1. 缓和药物的性味 炮制可以缓和中药的寒、热、温、凉四气和辛、甘、酸、苦、咸五味，以缓和药物偏盛的性能。性味甘、辛、微温的巴戟天用咸寒的盐水炮制后，缓和辛温之性，专于入肾，温而不燥，补肾助阳作用缓和，多服久服无伤阴之弊。决明子炒制，缓和其寒滑之性。山楂酸味太过，炒制后缓和其过酸之性。以咸寒的盐水炮制辛温的巴戟天、小茴香等，可以缓和其辛温之性。

2. 增强药物的性味 借助炮制方法或炮制辅料以增强药物的性味，通过扶其不足以满足临床用药的需要。黄连用胆汁炮制，采用以寒制寒的炮制原则达到寒者益寒，增强黄连清泻肝胆实火的作用。以辛热的黄酒炮制辛热的仙茅、阳起石，达到热者益热的目的。醋制五味子则采用以酸制酸的炮制原则，达到增其酸涩收敛的作用。蜜炙百合采用以甘制甘的炮制原则，达到增强润肺止咳作用。

3. 改变药物的性味，扩大用药范围 炮制使一味药物制备成多种炮制品规格，扩大了药物的应用范围，更适应中医临床辨证施治的需要。地黄、熟地黄、何首乌、制首乌在药典上均已作为炮制品单列。生甘草，性味甘平，具有清热解毒、清肺化痰的功效，常用于咽喉肿痛，痰热咳嗽，疮痈肿毒。《金匮要略》中的"桔梗汤"所用为生甘草，即取其泻火解毒之功。炙甘草性味甘温，善于补脾益气，缓急止痛，常入温补剂中使用。《伤寒论》中"炙甘草汤"则用炙甘草，取其甘温益气之功，以达补脾益气之功效。地黄经炮制后，其药性由凉转温，功能由清泻转为温补，改变了原有的药性，扩大了中药的应用范围。

中医临床实际应用时，常通过炮制调整性味，以符合具体病情病症的需要。当归辛甘温，甘以补血，辛以活血行气，温以祛寒，故有补血、活血、行气止痛，温经散寒的功效，用于血虚、血滞、血瘀所引起的多种疾病。酒炙增其辛温，提高活血通经、祛瘀止痛的功效；土炒缓和辛味，增强入脾补血作用，又能缓和油润而不滑肠，用于血虚便溏、腹中时痛；炒炭减其辛散，增其收敛，以止血补血为主，用于崩中漏下，月经过多等症。

通过发酵、发芽、扣锅煅、干馏等炮制方法产生新功效，增加临床应用品种。如六神曲采用苦杏仁、赤小豆、面粉等六种原料合并发酵制备而成，产生了发汗解表、健脾开胃的新功效。大麦发芽法制备成麦芽，产生健脾胃、助消导的作用。发为血之余，头发经扣锅煅法制备成血余炭，产生化瘀止血，通淋利小便的功效。鸡蛋黄经干馏法制备成蛋黄油，产生祛腐生新、生肌收口的功效，用于溃疡、烧伤等的治疗。

四、改变或增强药物的作用部位与趋向

中药归经和五味密切相关，《素问·宣明五气篇》曰："五味所入，酸入肝，辛入肺，苦入心，咸入肾，甘入脾"。炮制时充分利用辅料的性味特性，达到引药归经的作用。

中药往往有多个归经，通过炮制调整，使其作用专一，针对主证。小茴香归肝、肾、脾、胃经，理气和胃，盐炙后专入肾经，温肾祛寒，疗疝止痛。干姜归脾、胃、心、肺经，温中散寒、回阳通脉，砂烫法制成的炮姜长于温中散寒，温经止血，主归脾、胃经；姜炭则入血分，固涩止血。

炮制可改变药物性味、质地，因而可改变药物的作用趋向。历代多位医家总结了辅料的炮制作用，对于作用趋向的对应关系主要有酒制则升，姜炒则散，醋炒收敛，盐炒下行。大黄苦寒沉降，峻下热结，泻热通便；经酒炒后，清上焦火热，治目赤头痛。龙胆性寒、味苦，具有清热泻火燥湿的功效，用于湿热黄疸，阴肿阴痒，白带，湿疹；酒制后，升提药力，引药上行，用于肝胆实火所致的头胀头痛，耳鸣耳聋，以及风热目赤肿痛等。炮制还能增强药物固有的作用趋向。续断具有补肝肾，强筋骨的功效；盐炙后引药下行，增强补肝肾，强腰膝的作用，用于腰背酸痛，足膝软弱。

五、矫正不良气味，利于服用

一些动物类药材和树脂类药材，有特殊不良气味，不加炮制则服后出现恶心、呕吐、心烦等不良反应，必须经过炮制，以改善气味，利于服用。如僵蚕、蜈蚣、地鳖虫、乌贼骨、九香虫、乳香、没药等，通过水漂、炒黄、麸炒、酒炙、蜜炙等方法炮制，起到矫味矫臭的作用，并能降低其毒副作用。

六、便于调剂和制剂

中药材经炮制成中药饮片后，既可直接用于临床配方调剂，又可作为中成药制剂的原料。将净药材切制或加工成片、丝、段、块、粉等规格后，便于分剂量调配，保证了调剂和制剂的计量准确，也利于调配煎煮。

矿物类、甲壳类及化石类药材，质地坚硬，很难粉碎，不易煎出。通过加热处理，使药材质地酥脆、易于粉碎。砂烫醋淬穿山甲、龟甲、鳖甲，砂烫马钱子，蛤粉烫炒阿胶珠，明煅赭石、寒水石，煅淬自然铜等。药材炮制后性状的改变，既方便调剂、制剂，又易于药效成分的溶出和吸收，提高了药物的生物利用度。

一些中药同一来源，部位不同，药效作用亦不同。麻黄其茎能发汗，其根能止汗，麻黄茎与根应净制分离，分别入药。莲肉补脾益肾，莲心清心降火，产地采收加工时也应分离加工，分开入药。鹿一身是宝，鹿茸、鹿角、鹿筋、鹿尾等分别入药，各部位的功效也各有擅长。针对多部位入药的药材，加工时注意分离不同的药用部位，分别入药，以保证调剂和制剂用量的准确和疗效的确切。

七、洁净药物，利于贮藏保管

中药材来源于自然界，在采收、仓储、运输过程中混有泥沙杂质及残留的非药用部位以及出现的霉败品。经过挑选、筛选、清洗、分离等净制工艺，去除杂质，去除非药用部位，选择规定的入药部位，使其达到规定的洁净度。皮类药材表面的粗皮（栓皮）有效成分含量少，占药物的分量却很大，还会滋生真菌等微生物，如不除去，不仅影响投药剂量的准确，混有的杂质等还会影响药效的发挥。

有些药材，由于其自身因素，久贮或受温湿度等环境变化，易致质量不稳定。桑螵蛸为螳螂的卵鞘，往往含有未孵化的虫卵。虫卵孵化，会影响存储和药效。桑螵蛸通过蒸制，可使虫卵灭活，更有利于贮藏保管。一些富含苷类成分的药物，如黄芩、苦杏仁等，易被与苷共存的酶分解，使药效降低。经过加热处理后，能使药物中的分解酶失去活性，避免贮存过程中苷类成分发生分解而使药效降低。

针对各类来源的药物的特性，炮制技术对保证中药饮片质量的稳定起到了重要作用。

第二节 中药炮制对中药理化性质的影响

中药所含化学成分是其治疗疾病的物质基础，来源于自然界的中药，内在成分组成复杂，化学性质多样。在炮制过程中，应用不同的炮制方法和不同的辅料，都会使中药中的化学成分发生变化，或含量下降，或含量增加，或被分解破坏，或转化成新的成分等。化学成分的变化必然引起中药药效或毒性的改变。因此，了解炮制对中药化学成分的影响，研究炮制过程中各工艺因素影响中药化学成分变化的规律，阐释炮制机理，对于促进炮制原理的解析、炮制工艺的规范、饮片质量标准的制定等方面具有重要意义。

一、对含生物碱类中药的影响

生物碱是一类存在于生物体内的含氮有机化合物，有类似碱的性质，一般具有较复杂的环状结构，通常具有明显的生理活性。在植物体内生物碱多与有机酸结合成盐，少数呈游离状态存在，如咖啡碱与秋水仙碱等。游离生物碱一般不溶或难溶于水，易溶于乙醇、三氯甲烷等有机溶剂，可溶于酸性水液。大多数生物碱盐类可溶于水，不溶或难溶于苯、三氯甲烷等有机溶媒。根据生物碱类成分的性质，不同的炮制工艺对含有生物碱类药物的影响主要有以下几个方面。

1. 净制提高生物碱成分的相对含量 生物碱在植物体内分布不均，黄柏的有效成分为小檗碱，多集中于韧皮部，粗皮中分布少，故黄柏树皮入药，采集过程中常刮去表面的栓皮。同一药物不同部位，所含生物碱种类不同，生物活性也不同，应分别入药。莲子心主含莲心碱和异莲心碱，莲子肉中生物碱含量甚微。莲子心清心火，莲子肉则补脾养心、涩肠固精，故分别入药。

在净选加工时应选取生物碱含量高的药用部位和区分不同药用部位入药，以确保中药疗效准确。

2. "少泡多润"软化药材，保存生物碱含量 有些分子量小的生物碱、季铵类生物碱和含极性基团较多的游离生物碱可溶于水。如槟榔中的槟榔碱，为槟榔中的驱虫药理活性成分，易溶于水，传统水浸泡软化法可造成槟榔碱大量流失于水中。小檗碱、益母草碱甲等季铵类生物碱，以及氧化苦参碱等含氮氧化物的生物碱也都能溶于水。在水处理软化药材时，应坚持抢水洗、少泡多润，药透水尽的原则，尽量减少生物碱的损失，以免影响疗效。

3. 加酒、醋等辅料炮制，提高生物碱的煎出率 酒是一种良好的有机溶媒，具有烯醇性质，可促进生物碱及其盐的溶解。胆汁也是很好的表面活性剂，有助溶作用。黄连主要有效成分是小檗碱等生物碱，经酒、胆汁等炮制后，生物碱类成分在水煎液中的含量均有不同程度增加。

醋制可使生物碱转化成盐，提高在水中的溶解度。醋制延胡索，其水煎液中延胡索乙素的浓度高于生品。另外，醋制过程中，醋中的醋酸可取代植物体中与鞣酸、草酸等形成难溶于水的生物碱鞣酸盐、草酸盐等复盐中的酸类，形成可溶于水的醋酸盐复盐，从而增加在水中的溶解度，增强疗效。

4. 使有毒生物碱含量减少或结构转化，降低毒性 有些中药所含生物碱类为毒性成分，炮制可使生物碱的结构发生转化或降低含量，达到减毒、增效的目的。川乌生品中所含的双酯型生物碱如乌头碱、次乌头碱、新乌头碱等毒性强，用药剂量与中毒剂量接近。这些生物碱经水浸并蒸煮炮制，可转化为相应的单酯型生物碱如苯甲酰乌头原碱、苯甲酰次乌头原碱、苯甲酰新乌头原碱或醇胺型的乌头胺类成分，使毒性大幅下降，保证了临床用药安全。

5. 对热敏感的生物碱类成分，应避免高温炮制　钩藤所含有效成分为钩藤碱、异钩藤碱等，加热易被破坏，故一般宜生用，调剂明确要求入汤剂亦不可久煎，需后下。石斛、山豆根、防己、石榴皮、龙胆等药物古代本草记载中就注明"勿近火"，现代研究表明，这些药物中所含生物碱受热后含量降低，影响药效；槟榔切片后高温曝晒，易引起醚溶性生物碱含量降低。这些药物在干燥、炮制过程中应注意温度和时间。

二、对含苷类中药的影响

苷类是糖或糖的衍生物与另一非糖物质通过糖的端基碳原子连接而成的一类化合物，多存在于植物的果实、树皮、根、花等部位。几乎所有的天然产物如黄酮类、蒽醌类、苯丙素类、萜类、生物碱类等均可与糖或糖的衍生物形成苷。苷的糖分子上有较多的羟基，具有一定的亲水性，因此苷类属于极性较大的物质，易溶于水和乙醇，一般难溶于苯和乙醚。苷键具有缩醛结构，在稀酸或酶的作用下苷键可以断裂水解成为苷元和糖两部分。炮制可影响苷的溶解性和水解性。

1. 水处理时宜少泡多润　由于多数苷易溶于水，如陈皮、大黄、甘草、黄芩、秦皮等药物都含有苷类成分，在水处理过程中易溶于水中，或发生水解而减少。因此，在水处理时应遵循少泡多润的原则。如陈皮的有效成分陈皮苷，易溶于水，故多用抢水洗或淋水润软后切丝，以减少苷的流失。

2. 酒制利于成分的溶出　炮制时多用酒等作辅料。如红花为活血化瘀药，主要成分为红花苷和红花黄色素，酒炙后的红花水溶性浸出物的含量增加。透骨香为杜鹃花科植物滇白珠的全株，具有祛风、除湿、舒筋活血、止痛等功效，含有的水杨酸甲酯苷是其治疗风湿性关节炎的主要药效物质，酒制可增加其溶出从而增强疗效。

3. 适当加热以杀酶保苷　苷类成分在植物体内常和水解酶共存，在一定温度和湿度条件下可被相应的酶所分解，从而使有效成分减少，影响疗效。如苦杏仁、黄芩、白芥子等含苷类成分的中药，采收后若长期放置，或受温湿度影响，或炮制方法不当，与苷类成分共存的酶便可分解苦杏仁苷、黄芩苷、白芥子苷，使其疗效降低。花类中药中的花色苷也可因酶的分解作用而变色脱瓣。所以含苷类成分的中药常用炒、蒸、煮、烊等工艺加热炮制，破坏或抑制酶的活性，起到杀酶保苷的作用。

4. 使苷类成分水解，缓和药性　大黄含蒽醌类衍生物，其结合型苷类成分具有泻下作用，经过炮制成熟大黄，其结合型蒽醌类衍生物因水解显著减少，故临床上生大黄用于泻下、攻积导滞、泻火凉血，熟大黄泻下作用缓和，主要用于活血祛瘀。玄参、芫花、狼毒、柴胡等炮制品药性的缓和或毒性的降低，均与炮制对苷的影响有关。

5. 含苷类成分中药的炮制和火候　苷类成分在酸性条件下容易水解，因此，苷类成分为药物的有效成分时，一般少用或不用醋炮制。长时间的加热炮制可使苷类成分分解或破坏，加热炮制时，应注意温度和时间，如酸枣仁、白芥子均有微炒的要求，这是因为酸枣仁中的酸枣仁苷、芥子中的芥子苷高温下易破坏。

三、对含挥发油类中药的影响

挥发油一般为具有芳香气味的油状液体,是经水蒸气蒸馏得到的挥发性成分的总称。挥发油其化学成分复杂,生物活性广泛,在植物组织中多呈油滴状存在,也有些与树脂、黏液质共同存在,还有少数以苷的形式存在。挥发油大多数比水轻,常温下易挥发,不溶于水,易溶于多种有机溶剂及脂肪油中,在高浓度的乙醇中能全部溶解。挥发油与空气及光线接触,常会逐渐氧化变质,失去原有的香味,并能形成树脂样物质。

1. 净制提高挥发油相对含量 通过净制除去非药用部分,提高药物质量。如花椒的挥发油集中在果皮中,净制分离出种子,椒目分别入药。厚朴的挥发油集中在树皮的韧皮部,炮制应先除去粗皮(木栓层),使入药部位的挥发油含量相对增加。

2. 宜抢水洗或喷淋软化或趁鲜切制并低温干燥 药物中所含游离状态的挥发油是其有效成分时,应注意水处理的方式。采用抢水洗或喷淋法软化,及时切制,低温干燥。薄荷、荆芥等含挥发油的药物宜在采收后趁鲜切制或淋润后迅速加工切制,不宜带水堆积久放,以免发酵变质,影响质量。有些药物所含挥发油是以结合状态存在于植物体内,则宜经堆积发汗后香气方可逸出。如厚朴含有挥发油类成分,产地加工须经堆放发汗使挥发油游离,香气逸出,才能生产出优质的药材和饮片。

3. 挥发油为有效成分,宜避免加热 由于挥发油在常温下可以挥发散失,炮制时应避免加热或曝晒。历代本草记载对芳香性药物的炮制都有"勿令犯火"、阴干的要求。如薄荷、香薷、茵陈、陈皮、肉桂、细辛、紫苏、丁香等均不宜加热处理,干燥时温度一般控制在 40~60℃,或阴干,以免挥发油损失,对加热处理尤须注意。

4. 加热以减少挥发油含量,缓和副作用 有的药物中挥发油作用猛烈或有毒副作用,利用炮制可降低含量,减轻刺激性或副作用。苍术为燥湿健脾药,中医认为生用辛温苦燥,故多以米泔水浸,去其油,切片焙干用,或以麸炒减少挥发油的含量,以制其燥性。麻黄解表发汗多生用,止咳平喘多用蜜炙,其原因是麻黄所含挥发油能兴奋汗腺,具发汗作用,所含麻黄碱能松弛支气管平滑肌,具平喘作用。蜜炙麻黄挥发油含量下降,麻黄碱减少甚微,同时补中润燥的炼蜜和麻黄起协同作用,使止咳平喘功效增强。

5. 加热以产生新成分和新作用 含有挥发油的药物经炮制后,不仅含量降低,而且理化性质亦有所改变,并产生新物质。白术炒制后挥发油中白术内酯类成分含量增加。荆芥生品发汗解表,炒炭止血。研究表明,荆芥中主含挥发油,炒炭后挥发油的质和量均产生了变化,并生成 9 种新成分。进一步对生品和炭品中挥发油进行研究,证明前者无止血效果,后者止血效果明显。

四、对含鞣质类中药的影响

鞣质是一类结构比较复杂的多元酚类化合物,又称单宁或鞣酸。70% 以上的中草药中含有鞣质类化合物,虫瘿五倍子中所含鞣质的量就高达 70% 以上。鞣质具有多种生理活性,如抗肿瘤、抗脂质氧化、清除自由基、抗病毒、抗过敏、抑菌、收敛、止血、止泻等,还可用作生物碱及重金属中毒时的解毒剂。

鞣质含有多元酚羟基和羧基,极性较强,可溶于水,尤其易溶于热水。因而以鞣质为主要药效成分的药物,如地榆、虎杖、大黄、丁香、石榴皮等,水处理软化切制时应注意少泡多润,减少损失。

鞣质因结构中含有多元酚羟基，具强还原性，如暴露于日光和空气中则易被氧化，致颜色加深。如槟榔、白芍等切片时长时间露置空气中，其表面色泽会泛红，是因所含的鞣质被氧化所致。特别应注意，鞣质在碱性溶液中变色更快。

鞣质遇铁能反应生成墨绿色的鞣酸铁盐沉淀，炮制含鞣质类成分的药物时，不宜用铁器。有用竹刀切、钢刀切、木盆中洗的要求，何首乌炮制传统"忌铁器"，要求用竹刀净制去皮及切制。

鞣质耐热，经加热处理后，一般变化不大。但加热温度过高或加热时间过长也会导致鞣质含量降低，实验研究比较，狗脊的砂烫品、单蒸品、酒炙品、盐炙品中总鞣质含量都较生品狗脊降低。因此，鞣质为有效成分的药物，炮制时应注意加热对鞣质的影响。

炒炭增强止血、止泻等作用，这与鞣质类成分相对含量增加有关。炒炭加热过程中，鞣质相对含量增加或分解生成没食子酸等成分，如石榴皮经炒炭后没食子酸和鞣花酸含量较生品增加，产生或增强止血、止泻作用。

五、对含有机酸类中药的影响

有机酸是具羧基的化合物，包括脂肪族、芳香族和萜类有机酸（不包括氨基酸）。多溶于水、乙醇和甲醇，难溶于有机溶剂；有些芳香酸类可溶于有机溶剂，难溶于水。有机酸对人体营养及生理活动都有重要作用。

低分子有机酸大多能溶于水，炮制过程中用水处理时宜采用少泡多润的方法，以防止有机酸的流失。地龙中的丁二酸是其平喘的有效成分，清洗时要特别注意抢水洗。一些植物如含有较多可溶性的草酸盐，往往有毒，如酢浆草，动物食后可产生虚弱、抑制，甚至死亡，可通过水处理将其除去。

中药中的有机酸除少数以游离状态存在外，一般都与钾、钠、钙等结合成盐，或与生物碱类结合成盐；脂肪酸多与甘油结合成酯或与高级醇结合成蜡；一些有机酸是挥发油与树脂的组成成分。醋制可使有机酸游离溶出发挥疗效。乌梅经醋蒸后，可使其所含的枸橼酸钾中的枸橼酸游离出来。

有机酸含量较高时对口腔、胃黏膜刺激性较大，加热炮制可降低含量，减缓毒副作用。山楂采用炒黄、炒焦法炮制后，部分有机酸被破坏，酸性降低，减少了对胃肠道的刺激。有的中药经加热炮制后，有机酸发生转化，如咖啡豆经炒制后，绿原酸被破坏，转化生成咖啡酸和奎宁酸，同时酒石酸、枸橼酸、苹果酸、草酸减少，而生成具有挥发性的乙酸、丙酸、丁酸、缬草酸等。

有机酸对金属有一定的腐蚀性，易使金属器具生锈，药材变色变味，炮制含有机酸的中药时应选择惰性材料器具，尽量避免和金属容器直接接触。

六、对含油脂类中药的影响

油脂是脂肪油和脂肪的总称，其主要成分为长链脂肪酸的甘油酯，大多存在于植物的种子中。

油脂含量较高的药物通常具有润肠通便或滑肠致泻等作用，采用去油制霜的方法可除去部分油脂类成分，以缓和或降低滑肠致泻的毒副作用。巴豆油既是有效成分，又是有毒成分，去油制霜后可缓和峻泻作用并降低毒性。制霜前进行加热处理，易于将油脂压榨出来，同时可破坏毒蛋白。

油脂类成分在空气中久放或处于湿热条件下易发生氧化，产生过氧化物、酮酸、醛等，称为"酸败"；并可从饮片的表面溢出，称为走油。出现酸败现象的药物，不能再供药用。因此，含油脂类成分的药物宜低温冷藏，以防走油酸败。苦杏仁等种仁类中药，应特别注意贮藏保管的条件。

七、对含树脂类中药的影响

树脂通常存在于植物组织的树脂道中，大多是由萜类化合物在植物体内经氧化、聚合作用而成，是一类复杂的化合物。树脂一般不溶于水，而溶于乙醇、乙醚等有机溶剂。植物体在外伤的刺激下即能分泌树脂，形成固体或半固体的物质。树脂多具有一定的生理活性，如活血、祛瘀、消肿、止痛、防腐等。

含树脂类药物炮制时，可用辅料酒、醋处理，以提高树脂类成分的溶解度，增强疗效。五味子的补益成分五味子素为树脂类物质，经酒制后可提高溶出率。乳香、没药为树脂类药物，经醋制，能增强活血、止痛、消肿的作用。加热炮制可增强某些含树脂类中药的疗效，如藤黄经加热处理后，抑菌作用增强。加热炮制可以破坏部分树脂，降低毒副作用。如牵牛子树脂具有泻下去积作用，经炒制后部分树脂被破坏，泻下作用得以缓和。

八、对含蛋白质、氨基酸类中药的影响

蛋白质是一类由氨基酸通过肽键结合而成的大分子化合物，所有的酶都是蛋白质。蛋白质水解可产生多种氨基酸。氨基酸是一种带有氨基的羧酸，可分为组成蛋白的氨基酸和非组成蛋白的氨基酸。

蛋白质是一类大分子的胶体物质，多数可溶于水，生成胶体溶液，一般煮沸后由于蛋白质凝固，不再溶于水。氨基酸大多是无色的结晶体，易溶于水。根据蛋白类成分和氨基酸类成分的性质，炮制时主要注意以下几个方面。

1. **水处理软化，防止损失** 以蛋白质、氨基酸为药效成分的药物水处理时应避免蛋白质、氨基酸成分的损失，以免影响疗效。

2. **注意酸碱度和蛋白沉淀剂** 蛋白质能与许多蛋白质沉淀剂如鞣酸、重金属盐等产生沉淀，故一般不宜和含鞣质类药物一起加工炮制。酸碱度对蛋白质和氨基酸的稳定性、活性影响较大，加工炮制时应注意蛋白质沉淀剂和酸碱度对蛋白质和氨基酸的影响。

3. **根据成分作用选择加热炮制工艺** 一些含有毒性蛋白质的药物可通过加热处理，使毒性蛋白变性而降低或消除毒性。苍耳子、巴豆、白扁豆、蓖麻子等含有毒蛋白，通过加热炮制，达到降低毒性的目的。某些含苷类有效成分的药物，如黄芩、苦杏仁经沸水制后，可破坏或降低酶的活性，杀酶保苷，避免苷类成分被活性酶分解而影响疗效。加热可使蛋白质凝固变性，且大多数氨基酸遇热不稳定。富含蛋白质、氨基酸类成分的药材以生用为宜，如雷丸、天花粉、蜂毒、蛇毒、蜂王浆等宜生用。

蛋白质经高温炮制后，可产生新的物质，具有一定的治疗作用。鸡蛋黄、黑大豆等经过干馏炮制，能得到含氮的吡啶类、咔啉类衍生物而具有解毒、镇痉、止痒、抑菌、抗过敏等作用。蛋白质加热可生成氨基酸，利于人体的吸收而发挥生理活性。如阿胶用蛤粉烫炒时，肽键断裂，从而使氨基酸含量提高。但温度过高对氨基酸也有一定的破坏作用。

氨基酸在加热炮制过程中能在少量水分存在的条件下与单糖产生化学反应，生成具有特异香

味的环状化合物。如缬氨酸和糖能生成味香可口的褐色类黑素、亮氨酸和糖类,产生强烈的面包香味。所以麦芽、稻芽等药物,经发芽法制得,又炒黄或炒焦,而具健脾消食作用。

九、对含糖类中药的影响

构成植物体的有机物80%~90%是糖类成分,又称碳水化合物,是植物细胞和组织的重要营养和支持物质,可分为单糖、寡糖和多糖。单糖及小分子寡糖易溶于水,在热水中溶解度更大。作为动植物贮存养料的多糖可溶于热水,成胶体溶液,经酶催化水解,释放出单糖。作为动植物支持组织的植物纤维素、动物甲壳素等多糖不溶于水。

中药中的糖类成分含量分布不均匀,根及根茎类药材的地上部分、皮类药材的木质心部分一般含糖类成分较低,净制去除残茎、抽去木心,可提高饮片糖类成分的含量,如牛膝、巴戟天等。中药中的单糖及小分子寡糖易溶于水,在热水中溶解度更大,多糖可溶于热水。在软化切制时,这类中药应尽量少用水处理或少泡多润,尤其要避免与水共热的处理。

辅料炮制对中药多糖含量有一定的影响,如黄芪、当归酒制后多糖含量有不同程度的升高,从而增强了中药的补益作用。一些含糖苷类药物在加热炮制后,可分解形成糖和苷元。何首乌蒸制后水溶性总糖含量升高,其中单糖、低聚糖、多糖均有所增加,以多糖含量增加为主,糖类成分的增加可增强制何首乌的补益作用。生地制成熟地后味由苦变甘,也与糖类成分的增加有关,特别是熟地中水苏糖的含量大幅提高,与熟地益精填髓作用的增强有关。

十、对含无机成分中药的影响

无机成分广泛存在于中药中,尤以矿物类、化石类和贝壳类中药的含量为最高,植物类中药的无机成分多与有机酸结合成盐存在。矿物、化石、贝壳类中药多采用明煅法、煅淬法、水飞法、提净法炮制;植物类药材中的无机成分采用不同的方法炮制可发生不同的变化。

1. 使质地疏松,利于有效成分溶出 含有无机成分的矿物药,生品质地坚硬,通常采用煅烧或煅淬的方法进行炮制,可改变其物理性状,使之易于粉碎,有利于有效成分的溶出,也利于胃肠道的吸收,增强药效,如磁石、自然铜等。磁石主要成分为Fe_3O_4、Fe_2O_3等,生品在水中溶解度极小,经火煅醋淬后生成可溶性的醋酸铁,易被机体吸收而发挥疗效。

2. 提高洁净度,去除杂质或有毒成分 某些矿物类中药多与杂质共存,需利用炮制技术除去杂质。芒硝、硇砂采用提净法炮制,利用主成分溶于水,杂质不溶于水而分离,进一步重结晶,提高了洁净度。朱砂(辰砂、丹砂)主要成分为HgS,还含有游离汞和可溶性汞盐;雄黄主要成分为硫化砷类化合物,常伴有砷的氧化物As_2O_3等;朱砂和雄黄均不可加热炮制。用水飞法加工时,朱砂含有的游离汞和可溶性汞盐、雄黄含有的As_2O_3可溶于水而除去,以降低毒性。

3. 除去结晶水,增强收敛固涩作用 部分含有结晶水的药物,经过炮制可失去结晶水成为无水化合物,而达到疗效的变化。生石膏为含水硫酸钙,煅制可全部脱水转化成煅石膏。明矾经煅制后成为枯矾,硫酸铝钾的复盐失去12个结晶水,可增加燥湿收敛作用。

4. 使无机成分转化,产生新的作用 部分药物通过加热炮制使无机成分发生变化,产生新的治疗作用。炉甘石生品主含$ZnCO_3$,经过煅烧转化为ZnO,具有解毒、明目退翳、收湿止痒、敛疮作用。自然铜生品的主要成分为FeS_2,经煅制后,煅自然铜中出现Fe_7S_3、Fe_2O_3、Fe_3O_4等,具有续筋接骨的功效。有的中药所含无机成分在加热后可转为有毒物质,故有"朱砂见火即变汞,雄黄见火毒如砒"之说,朱砂、雄黄"忌火煅",应严格禁止加热炮制。

5. 增加无机元素的种类和含量　加热炮制和不同辅料的应用常使药物中某些微量元素含量增加，以改变药性或增强疗效。如血余（头发）含有 10 余种微量元素，煅炭炮制成血余炭，有机物破坏，有促凝血作用的 Ca、Fe 及其他元素溶出率增大，产生止血作用。地榆炭中 Al、Fe、Si、Cu、Mn、Zn 等 19 种微量元素均高于地榆。土、麦麸、蜂蜜都富含微量元素，苍术、白术、山药、黄芪、甘草等经与辅料共制，微量元素的种类和含量大大提高。土炒党参中的 Fe、Li、Ca 大于生品及其他炮制品，Zn、Mn、Si 元素也较生品及其他炮制品高。黄连酒制、姜制和吴茱萸制后，K、Ca、Mg 等多种元素均高于生品黄连，说明炮制可增强黄连中微量元素的溶出。

6. 减少有害元素的溶出，降低毒性　磁石主要含 Fe_3O_4，并含有硅、铅、钛、镁等杂质及一定量的砷，经煅制醋淬后，砷含量显著降低，其他的有害元素钛、锰、铝、铬、钡、锶等，煅制后均有变化，尤其锶在煅后未检出，说明磁石煅制对去除其含有的有害元素具有炮制意义。

第三节　中药炮制对中药药理作用的影响

一、中药炮制对药理作用的影响

中药药理学是以中医基本理论为指导，用现代科学方法研究中药对机体的作用和作用机制以及体内过程，以阐明其防治疾病原理的科学。中药药理学研究方法广泛应用于中药药性、中药配伍、中药炮制、中药药效和安全性评价等方面。进行中药炮制的药理学研究时，首先要在中医药理论的指导下结合中医"证候"的特点，根据临床用药目的进行中药生、制品的药理学对比研究，观察其药理作用的差异，从而阐明中药炮制在增存效、减毒以及中药生用和制用等方面的机制。

中药经过炮制后，可以降低毒性，缓和药性，增强疗效，产生新的疗效，这些在药理作用上均可以得到体现。

1. 强心作用　如附子，被誉为回阳救逆第一要药，附子炮制前后水煎液能显著提高离体蛙心振幅的作用，附子最大提升（56.69±52.34）%，而炮附子最大提升（91.11±87.66）%。附子炮制后还能延长强心时间，有学者比较了附子炮制前后对急性心衰大鼠血流动力学的影响，结果表明无论生附子还是炮附子都具有强心作用，但是生附子起效快，作用强，但维持时间短；而炮附子作用慢，弱于生附子，但维持时间长，二者强心作用成一定的量－效、时－效关系。

但是过度炮制会降低药效，如有研究发现高压蒸 5~100 min 的附子饮片的强心效价强度较高，高压蒸 120~180 min 的附子饮片的效价强度较低，表明炮制时间对附子饮片改善心功能的药效表达有较明显的影响。说明药物的炮制必须适度方可达到临床所需的最佳效应。

2. 降血脂及抗动脉粥样硬化作用　制何首乌醇提取物灌胃给药，6 周内可显著降低老年鹌鹑的血浆三酰甘油和游离胆固醇水平，抑制血浆总胆固醇和胆固醇酯的升高。制何首乌的水提取物可明显提高小鼠血清高密度脂蛋白胆固醇含量，降低总胆固醇水平，结合高密度脂蛋白胆固醇与总胆固醇比值显著升高，提示何首乌炮制后可提高机体运转和清除胆固醇的能力，降低血脂水平，延缓动脉粥样硬化的发展。

3. 造血功能　近年来的研究表明，熟地黄中寡糖和单糖含量较生地显著增加，单糖含量熟地黄比干地黄高 2 倍以上。地黄寡糖具有增强机体造血功能，寡糖和单糖含量的增加可能与熟地黄的补益作用密切相关。因此，熟地黄"温补""大补血衰，滋培肾水，填骨髓，益真阴……诸经之阴血虚者非熟地不可"具有一定的科学依据。

4. 保肝作用 研究表明生、炒决明子均有显著的保肝作用，能降低血清丙氨酸氨基转移酶（ALT）和天冬氨酸氨基转移酶（AST）水平，但炒决明子保肝作用强于生决明子；生、炒决明子均能增强正常和便秘小鼠的小肠推进作用，改善便秘小鼠的粪便性状，缩短便秘小鼠的排便潜伏期，增加排便数目，两者作用相当。因此，生、炒决明子均有保肝和润肠通便作用，在保肝降酶方面，炒决明子强于生决明子；而在润肠通便方面，生决明子和炒决明子作用相当。

5. 祛痰作用 对比观察生远志及炮制品对小鼠止咳、化痰作用的影响。结果表明生远志及炮制品对小鼠均有明显的止咳作用，生远志、蜜远志、炙远志均具有明显化痰作用，说明远志经炮制后消除了刺激性，但止咳化痰作用并没有降低。对比紫菀生品、酒洗品、蜜炙品、清炒品、蒸制品、醋炙品对小鼠气管酚红排泌量和对大鼠气管排痰量的影响，发现 6 种饮片均能增加小鼠气管酚红排泌量，增加大鼠气管排痰量，其中以蜜炙饮片作用最明显，呈一定的量效关系。

6. 免疫增强作用 现代研究证明，经蒸制的女贞子，可使实验小鼠的免疫器官如脾、胸腺、肾上腺、胸腔淋巴结等重量增加，并可明显对抗泼尼松的免疫抑制作用，可使单向免疫扩散沉淀环直径增加；可纠正泼尼松龙所致白细胞下降现象，提高空斑形成细胞溶血能力；显著提高小鼠对静脉注射炭粒的廓清指数，增强单核吞噬细胞系统的活性；生女贞子的这些药理作用或无，或不明显。表明蒸制直接影响女贞子的药理作用。

研究发现山药麸炒前后多糖成分均能显著抑制模型小鼠的胃排空率及肠推进率，麸炒品有优于生品的趋势，同时胸腺指数及脾脏指数均有一定增加，麸炒品优于生品。麸炒山药中的多糖能增加碳粒廓清指数 K，增强单核巨噬细胞的吞噬功能及提高溶血素水平，其作用较生品山药更强。表明麸炒山药较生品具有更强的增强细胞免疫和体液免疫的作用，对脾虚小鼠有一定补脾健胃作用，与麸炒山药临床用于补益方剂用法相符合。

7. 镇痛作用 对比生白芍、药典酒炙白芍、药典清炒白芍、樟帮白芍薄片、樟帮煨制白芍、樟帮酒炒白芍对原发性痛经药效的影响，发现樟帮白芍薄片较之其他白芍炮制品种，有着起效快、长效镇痛效果好、抑制血小板聚集、可显著拮抗缩宫素引起的子宫强直性收缩、使子宫恢复正常的作用。

8. 抗氧化作用 当归不同炮制品对 Fenton 反应产生的羟自由基的清除能力依次为：当归炭＞酒当归＞土当归＞生当归＞油当归，对氧自由基清除能力依次为：当归炭＞生当归≈酒当归＞土当归＞油当归。由此可见，当归不同炮制品清除羟自由基和氧自由基的能力各不相同，当归炭清除自由基的效果最好，酒当归次之。阿魏酸、丁基酞内酯与清除羟自由基呈正相关关系，洋川芎内酯 H 和 levistolide A. 与清除氧自由基密切相关。

9. 糖代谢调节作用 黄连炮制后有利于防治与胰岛素抵抗相关的代谢综合征或并发症的发生，有研究发现，黄连不同炮制品均具有改善 $3T3-L_1$ 脂肪细胞胰岛素抵抗，增强脂肪细胞对葡萄糖摄取和利用的能力，从体外细胞水平上表现出改善胰岛素抵抗的作用，与黄连生品相比较，萸黄连、酒蒸黄连和酒炙黄连对上述改善作用更为明显，表明黄连炮制品"止消渴"疗效更优。

生知母、盐知母对自发性 2 型糖尿病 KKAy 小鼠均有显著的降糖作用，盐知母能够促进机体胰岛素分泌，增加机体对胰岛素的敏感性，使降血糖作用增强，盐制后降血糖作用增强可能与多种知母皂苷及芒果苷含量的增加有关。

二、中药炮制对中药毒理的影响

具有毒、副作用的中药若未经炮制和临床使用不当,易引起不良反应,甚至中毒死亡,可通过炮制或辅料共制达到降毒存效的目的。中药毒副作用的考察,常从急性毒性、长期毒性、特殊毒性和刺激性等方面进行,多方面综合评价中药炮制前后的安全性,为临床安全合理用药提供依据。

1. **对急性毒性的影响** 生半夏具有强烈的刺激性毒性,小鼠急性毒性试验表明,生半夏混悬液小鼠腹腔注射的 LD_{50} 为 3.5 g/kg,经过炮制的姜汁煮半夏、姜矾半夏、矾半夏均未见明显毒性。大黄不同炮制品对小鼠亚急性毒性实验发现,给予小鼠生大黄和酒大黄 53 g/kg、76 g/kg,连续 14 天后,小鼠出现轻微肝肾毒性反应,表现为丙氨酸转氨酶、天冬氨酸转氨酶、尿素氮、肌酐的升高,轻度肝组织和肾小管上皮细胞的轻度水变性,给予熟大黄和大黄炭的小鼠未见肝和肾功能明显异常。对于四膜虫生长抑制作用的强度顺序为:生大黄 > 酒大黄 > 熟大黄 > 大黄炭,表明蒸制、炒炭方法均可显著降低大黄的毒性。

2. **对长期毒性的影响** 一些剧毒的中药,临床应用必须炮制。川乌、草乌、马钱子、巴豆等经过炮制后,炮制品虽然毒性降低,仍属于有毒中药,临床上不可长期大量服用。观察大鼠长期(3 个月)灌胃制川乌后对脏器指数变化的毒理影响,表明制川乌能增加肺指数,说明肺水肿、炎症等有病理变化;增加肾上腺指数,有使血糖升高等肾上腺素样作用。观测大鼠长期口服制川乌后 11 项血生化指标的变化来评价和比较其安全性,发现制川乌会损伤肝,与对照组比较丙氨酸氨基转移酶含量明显升高;使白蛋白含量单项减低;能使血糖升高,临床上应考虑服药期间血糖变化带来的影响。

3. **对特殊毒性的影响** 通过鼠伤寒沙门菌体外回复突变试验和彗星实验,发现生大黄具有一定的遗传毒性,清蒸和醋蒸后的大黄对伤寒沙门菌 TA97、TA102 的致突变性较生大黄有明显降低,彗星实验表明清蒸和醋蒸后的大黄对小鼠股骨骨髓细胞 DNA 的损伤较生大黄有明显降低,说明清蒸和醋蒸两种炮制方式可以有效地降低大黄的遗传毒性。有研究表明生大黄中的大黄素具有弱的致突变性,是间接遗传毒性物质。大黄素是大黄中含量最高的蒽醌单体,大黄素可能是大黄主要的毒副作用物质之一。大黄经蒸、炖等方法炮制后其结合型和游离型蒽醌均减少,由此认为大黄炮制后毒性降低可能和蒽醌类成分的减少有一定相关性。

马钱子炮制过程中马钱子碱可转化为马钱子碱氮氧化物,通过斑马鱼胚胎发育实验,发现给药后 24 h、96 h 的马钱子碱氮氧化物 LC_{50} 分别是马钱子碱的 15 倍和 10 倍,其孵化率和成活率明显高于马钱子碱组,表明马钱子碱氮氧化物较马钱子碱对斑马鱼胚胎的毒性有显著降低。运用动物模型、血浆药物化学及代谢组学方法,探讨马钱子炮制前后干预炎症大鼠作用机制,发现马钱子炮制抗炎、镇痛、减毒机制主要与氨基酸和脂质代谢相关。生甘遂有促肿瘤生长作用,而炮制品醋甘遂的促肿瘤作用明显减弱。

4. **对刺激性的影响** 半夏的毒性主要表现为对口腔、咽喉、胃肠道等黏膜的刺激性,引起肿胀麻木、呕吐、腹泻等症状。家兔眼结膜及小鼠腹腔刺激性实验表明,生半夏刺激性最强,刺激性程度依次为:生半夏 > 姜浸半夏 > 姜矾半夏 > 矾半夏 > 姜汁煮半夏,研究表明半夏中由蛋白结合草酸钙形成的特殊针晶是半夏的主要刺激性毒性成分,8% 的明矾水和 pH 大于 12 的碱性溶液对生半夏中具有特殊针样晶形的草酸钙针晶具有破坏、溶解作用,可显著降低或消除其刺激性、毒性。醇制半夏也能够降低对家兔结膜的刺激性,使大鼠腹腔渗出液 PGE_2 量降低,而对半夏中核苷等水溶性成分无显著影响，表明醇制法可作为半夏减毒存效的新方法。掌叶半夏所含毒针晶和凝集素蛋白可刺激机体呈现炎症反应，导致炎症介质释放，而掌叶半夏矾制后可显著降低其致炎作用。

在研究炮制降低和消除中药毒副作用的过程中，要同时考察炮制对中药药效的影响，在降低毒副作用的同时最大限度地保留其药效。应将中药物质基础与中药药理、中药毒理研究方法和手段密切结合，同时结合临床用药实际，更客观地阐释中药炮制的实质。

（窦志英）

复习思考题

1. 结合中药来源、生产加工和临床用药，阐述中药炮制目的。
2. 试述炮制对含生物碱类、苷类、挥发油类、无机类成分中药的影响。

数字资源详见　新形态教材网

课程思政案例　　　视频　　　知识拓展　　　推荐阅读
复习思考题答案　　教学课件

第五章

中药炮制的分类和辅料

思维导图

寒热温凉本天成　以偏纠偏巧变化——中药炮制辅料

中药炮制应用辅料的历史悠久,炮制辅料的作用主要有减毒增效、矫臭矫味、缓和改变药性、引药归经等。早在公元5世纪,第一部中药炮制学专著《雷公炮炙论》之前的《神农本草经》就有"酒浸""酒煮"的记载,其记载的"桑螵蛸蒸制"的炮制方法一直沿用至今。此后,陶弘景《本草经集注》收载"凡用蜜皆先火煎,拣去其沫,令色为黄,则丸药经久不坏。"这为后世的炼蜜法提供了宝贵资料。《雷公炮炙论》中记载的用酒作辅料炮炙中药,方法有酒蒸、酒渍、酒煅淬、酒煮等,酒制品种达38种。表明辅料在中药炮制技术形成的特色与作用。

请对下列问题给予思考与分析:
请结合典型案例,分析目前的炮制分类方法的异同点。

中药炮制的分类方法是构建系统炮制理论体系、从事共性炮制技术原理研究、揭示炮制内涵规律的基本内容。炮制分类法的发展历程由最初的以具体炮制工艺进行形象、直观的炮制分类，到体现水制、火制共性技术，再到突出辅料特色的分类变化过程。

炮制辅料除了常规种类以外，涵盖了一种或数种中药作为辅料对中药进行的炮制。辅料种类在早期应用中更加繁多、复杂，并带着唯心主义的色彩，但随着对炮制科学内涵的逐渐揭示，逐步去粗取精，固化为现今的常用品种。但是辅料的来源、标准及对药物的改变意义仍需要进一步梳理、阐明。

课程思政案例 5-1　雷公炮炙十七法与炮制分类法

第一节　中药炮制的分类方法

中药炮制分类是炮制的基本内容之一。与其他科学体系的分类一样，将具有相似特征的炮制方法归纳为一类，是一种有目的、系统认知事物的思维方式。通过炮制分类，建立简化的、可理解的逻辑可视化的炮制科学的认知方法。炮制分类贯穿在对中药炮制科学的概念、品种、技术、方法、工艺、原理、作用等归纳、认知的全部过程。

中药炮制加工的历史久远，最早起始于具体加工实践，而后历经不断的理论总结、实践验证的发展过程，随着人们对炮制科学认识的不断深入，在不同历史时期形成了在不同归纳与认知层面的炮制分类方法。

一、雷公炮炙十七法

缪希雍在所著《炮炙大法》中，将明以前的炮制方法概括总结为"雷公炮炙十七法"：炮、爁、煿、炙、煨、炒、煅、炼、制、度、飞、伏、镑、㩞、㷟、曝、露。

1. **炮**　"裹物而烧之"谓之炮。古代常指将药物埋在火灰中，炮至外表发黑，或炮生为熟。近代常用的规格有炮姜、炮甲珠，是指高温烫炒、砂炒之意。"炮者，置药物于火上，以烟起为度也，如炮姜之类"，即是将干姜高温炒或砂烫至体质松泡，外表焦斑，微黑；炮甲珠是指将穿山甲坚硬的鳞片用砂炒至发泡鼓起。

2. **爁**　音滥，《淮南子·览冥训》曰"火爁焱而不灭"；爁焱即燃烧；"焱"同炎，火光上升的样子，用火直接烧药物，除去毛绒或须根。《太平惠民和剂局方》有"骨碎补，爁去毛"。

3. **煿**　音博，作爆解。《说文解字》曰"灼也，暴声"，是以火烧药物，至其爆裂有声。此法常用于具有坚硬外壳的果实种子类药物的炮制。

4. **炙**　《说文解字》"炙，炙肉也，从肉在火上"，原意是指将肉直接放在火上烤，后来随着锅具的出现演变为药物加入液体辅料拌炒的炮制方法。《五十二病方》"炙蚕卵，炙梓叶"，是将药物放在近火处烤黄；张仲景方中用的炙阿胶，是将阿胶炒制；《雷公炮炙论》"羊脂油炙淫羊藿"，系指将羊脂油与淫羊藿一起拌炒，待脂尽为度。现代炙的方法已经统一，系指药物加液体辅料拌炒，文火炒干的方法。

5. **煨**　陶弘景《本草经集注》注释煨为"糠灰炮"，即将药物置于尚有余烬的火灰中缓慢受热令熟，与炮相比，火灰的余烬热度更低一些，加热时间更长些。现代的煨，亦有面裹煨、湿纸裹煨，麸煨，是在原来灰烬中煨的方法上进一步改进。

6. **炒**　汉代以前"炒"字少见，多用"熬"，一般认为"仲景乡语，云炒作熬"。后世版本的《雷公炮炙论》已经可见炒制方法的记载，有酥炒、羊脂炒、盐水炒、小豆炒、糯米炒、麸炒、土炒等。炒法已经成为现代炮制技术中的主要方法。

7. **煅**　是将药物放在火上高温煅烧的方法。历史上一些文献中的烧，实际上就是煅法，如《神农本草经》有"贝子……烧"，葛洪《肘后备急方》有"白矾，烧令汁尽"等。现代的煅制方法分为明煅、煅淬和闷煅，即在较高温度下煅烧处理药物的方法，多用于质地坚硬的矿石、介壳类以及煅炭的药物。

8. **炼**　是指长时间加热处理药物的方法。《神农本草经》有"涅石（矾石）……炼"，张仲景方中有"钟乳石，炼"；《雷公炮炙论》有"石蜜，炼"；《刘涓子鬼遗方》有"松香，炼"。现代炼法常用的有炼蜜、炼丹等。

9. **制**　制即为约束、修正之意，泛指制约药物之偏性，使之符合用药要求。

10. **度**　"度者，量物之大、小、长、短也"。度就是度量之意，古代某些药物以长度来计量，如黄芩长三寸，地骨皮长尺，大如指。另外，度也有程度、限度的意思，用来评判炮制程度，如"淫羊藿，羊脂炙尽为度"。

11. **飞**　包括水飞、研飞和煅飞，是制细粉和使药物纯净的方法。研飞，是将药物干磨使之成为可以飞扬的细粉。水飞，是加水研磨，利用细粉在水中的悬浮性，倾取沉降出细粉的方法，如飞滑石、飞朱砂等。煅飞，是加热升华，再于制冷面析出细小结晶的方法。

12. **伏**　即埋于火中久制之意。伏龙肝，是指锅灶膛内的灶心土，黄泥经过长时间炉火烧烤集聚所得。伏润，是将药物包埋、遮蔽，即在相对密闭的条件下，使表面水分缓缓渗入药材内部，达到内外软化均匀的润药方法。

13. **镑**　是指用镑刀将药物削成薄片或碎末的方法。多用于质地坚硬的动物角类或木质类药材的加工，如羚羊角、苏木。

14. **掬**　即侧手击，用手掌的侧面击打药物使之破碎之意，意为一种破碎药物的方法。

15. **晾**　即晒的意思，放在太阳下晒干。

16. **曝**　"曝，晒也，曝物也"。即暴晒之意。是指将药物放在强烈的阳光下暴晒至干燥。

17. **露**　是指药物暴露在露天，不加遮盖，日晒夜露的炮制方法，如露胆南星。也有悬挂在阴凉通风处，露置在外，析出晶体的方法，如露西瓜霜。

二、三类及五类分类法

1. **三类分类法**　以水制、火制的共性技术进行初步归类，即形成古代的三类分类法。明代陈嘉谟在《本草蒙筌》中提出"火制四：有煅，有炮，有炙，有炒之不同；水制三：或渍，或泡，或洗之弗等；水火共制者：若蒸若煮而有二焉。余外制虽多端，总不离此者"。即将炮制分别按照火制、水制、水火共制的共性特点进行归类，体现了炮制有别于其他知识的、突出操作技术的分类特点，是炮制学分类上的一大进步。但古代的三类分类法未能包括净制、切制等更广泛的炮制加工环节。

2. **五类分类法**　后世学者在陈嘉谟三类分类法的基础上进一步拓展，提出了五类分类法，即修治、水制、火制、水火共制、其他制法。其中修治包括净选和切制，其他制法是将水制、火制、水火共制之外难以归类的炮制技术如制霜、复制、发酵、发芽等包括在内。五类分类法概括的内容更加全面，与三类分类法一样，体现了共性操作技术。但仅以水、火作为主要分类依据，程度变量又较大，很难总结共性变化规律以及揭示炮制内涵，也未能体现炮制辅料的特色，还需要建立更为细分、体现炮制特色和易于发现炮制规律的分类法。

三、《中国药典》分类法

《中国药典》收载的炮制通则，依据中药炮制工艺的过程，将其分为净制、切制、炮炙、其他四大类。其中净制（净选加工）包括挑选、筛选、风选、水选、剪、切、刮、削、剔除、酶法、剥离、挤压、焯、刷、擦、火燎、烫、撞、串碾等方法，以达到净度要求；切制除鲜切、干切外，均须进行软化处理，包括喷淋、抢水洗、浸泡、润、漂、蒸、煮等方法。现代饮片生产企业已使用到回转式减压浸润罐、气相置换式润药箱等软化设备。软化处理应按药材的大小、粗细、质地等分别处理，分别规定温度、水量、时间等条件，遵循少泡多润原则，防止有效成分流失。药材切制后应及时干燥，以保证质量。炮炙包括炒、炙、制炭、煅、蒸、煮、炖、煨等方法，其他方法有焯、制霜、水飞、发芽、发酵。

四、药用部位来源分类法

传统文献中的炮制内容大多散见于本草书籍以及各类方书中，尤以本草书籍为多，这类典籍多按照本草学的记述方法，即按照药物来源的属性进行分类，如"金、石、土、草、木、水、火、果"。《本草纲目》《炮炙大法》《太平惠民和剂局方》等著作的分类，均是如此。

目前《全国中药炮制规范》及各省市的饮片炮制规范，大多按照药物来源及药用部位进行分类，具体分类有：根及根茎类、果实、种子类、全草类、叶类、花类、皮类、藤木类、动物类、矿物类、树脂类、菌藻类等，在各药物项下再分述各饮片的炮制方法。这样的分类方法便于检索，适用于饮片标准、参考书、辞典等的编撰，但不利于系统地对中药炮制学理论的学习，如对炮制方法的掌握和炮制原理的探究等。

五、工艺与辅料相结合的分类法

炮制工艺与辅料相结合的分类方法，包括两大类：一类是以工艺为纲，辅料为目；另一类是以辅料为纲，工艺为目。前者是指按照炮制工艺进行分类，在工艺类别下，根据辅料的种类再依次分类的一种分类方法。后者先按照炮制辅料分类，在辅料类别下，再根据炮制工艺进行分类。目前较常用的分类法是以工艺为纲、辅料为目的分类方法。炒法中分为清炒法和加辅料炒法，炙法中根据不同辅料分为酒炙、醋炙、姜炙等。

炮制工艺与辅料相结合的分类方法是各版中药炮制学教材编写通用的分类方法，既全面概括了中药炮制的各种方法和技术，又便于了解工艺操作变化以及对药物的影响，有利于系统学习和掌握中药炮制学的内容和规律。

第二节　中药炮制的常用辅料

炮制辅料是指在中药炮制过程中使用的具有辅佐药物达到炮制目的和炮制作用的附加物料的

总称。炮制辅料可协同、拮抗或调整所炮制中药某一方面的作用和趋势，如增强疗效、降低毒性、减轻副作用、影响主药的理化性质等。

炮制辅料除了少数起加热介质作用外，大多数本身也具有性味特征，属于传统中药，如酒、蜜、生姜汁、甘草汁、麦麸、白矾、蛤粉、灶心土等。不同辅料品种其性能和作用不同，在炮制药物时所起的作用也各不相同。炮制中广泛使用辅料，是中药炮制的特色所在，增强了中药临床用药的灵活性，有利于适应辨证论治用药和个体化治疗的需要。

中药炮制中常用的辅料，一般分为液体辅料和固体辅料两大类。

一、液体辅料

1. 酒 传统上又称为酿、盎、醇、醹、酎、醴、酷、醋、清酒、美酒、粳酒、有灰酒、无灰酒等。酒在中医药中应用十分广泛，有"酒为百药之长"之说。古代用于炮制的酒为黄酒，古称清酒、米酒。白酒又称烧酒，至元代始有应用。据《本草纲目》记载："烧酒非古法也，自元代始创其法"。现代以酒炮制时，除另有规定外，一般用黄酒。

黄酒为酿造酒，是以稻米、黍米、小米、小麦为主要原料，经蒸煮、糖化、发酵、压榨、过滤等工序酿制而成，含乙醇15%~20%，尚含糖类、酯类、氨基酸、矿物质等。黄酒应为橙黄色至深褐色，清亮透明，并具有黄酒特有的浓郁醇香，无异味。总糖、非糖固形物、酒精度、总酸、氨基酸态氮、pH、氧化钙、β-苯乙醇等应符合《中华人民共和国国家标准-黄酒》（GB/T 13662）标准。

白酒为米、麦、黍、薯类、高粱等用曲酿制并经蒸馏而成，含乙醇50%~70%，尚含有机酸类、酯类、醛类等成分。白酒应无色，清亮透明，无悬浮物，无沉淀，具酯类的醇香气。酒精度、总酸、总酯、乙酸乙酯、固形物含量等应符合《中华人民共和国国家标准-白酒》（GB/T 10781）标准。

酒性大热，味甘、辛。能活血通络，祛风散寒，行药势，矫味矫臭。药物经酒制后，有助于有效成分的溶出而增加药效。动物的腥膻气味主要为三甲胺、氨基戊醛类等成分，酒制时此类成分可随酒挥发而除去，起到矫臭矫味作用。

酒多用作炙、蒸、煮等炮制工艺的辅料，常用酒制的药物有黄芩、黄连、大黄、白芍、续断、当归、白花蛇、乌梢蛇等。在实际应用中，一般炙药多用黄酒，浸药多用白酒。

2. 醋 在古代称酢、醯、苦酒等，习称米醋。炮制用醋为食用醋，化学合成品（醋精）不可使用。食用醋分酿造醋和调配醋两大类，其中酿造醋中主要是粮谷醋，粮谷醋又可分陈醋、香醋、米醋、熏醋和谷薯醋等。关于中药醋炙所用醋的种类，《本草纲目》指出，制药用醋"惟米醋二三年者入药"。历代本草如《本草拾遗》《食疗本草》《本草衍义》等均记载中药醋炙需使用米醋，《中国药典》炮制通则中也规定使用米醋。醋长时间陈化者，称为陈醋，陈醋用于药物炮制效果更佳。

醋主要成分为醋酸，约占4%~9%，尚有维生素、灰分、琥珀酸、草酸、山梨糖等。色泽为棕红色到深褐色，有光泽，酸味柔和，回味绵长，酸甜适口；澄明，不浑浊，无悬浮物及沉淀物，无霉花浮膜，无醋鳗、醋虱；具醋特异气味，无其他不良气体与异味；总酸应大于3.5%。不得检出游离矿酸，防止用硫酸、硝酸、盐酸等矿酸来制造食醋。醋中不挥发酸、可溶性无机盐固形物、砷、铅、黄曲霉毒素、菌落总数、大肠菌群等应符合《中华人民共和国国家标准-酿造食醋》（GB/T 18187）标准。

醋味酸、苦，性温。具有引药入肝，理气、止血、行水、消肿、解毒、散瘀止痛、矫味矫臭等作用。醋具酸性，能与药物中所含的游离生物碱等成分结合成盐，增加其溶解度而易煎出有效成分，提高疗效。醋制大戟、芫花等毒性中药，能降低药物毒性而具有解毒作用。醋能和具有腥膻气味的三甲胺类成分结合成无臭气的盐，故可除去药物的腥臭气味。醋还具有杀菌防腐作用。

醋多用作炙、蒸、煮等方法的炮制辅料，常用醋制的药物有延胡索、甘遂、商陆、大戟、芫花、莪术、香附、柴胡等。

3. 蜂蜜 为蜜蜂科昆虫中华蜜蜂或意大利蜂采集花粉所酿的蜜。蜂蜜的品种比较复杂，以枣花蜜、山白蜜、刺槐蜜、菜花蜜、荞麦蜜、荆花蜜、桉树蜜等为多。除经过特殊训练的蜜蜂能采得专门的蜂蜜外，一般多为混合蜜。采自石楠科植物或杜鹃花、乌头花、夹竹桃花、光柄山月桂花、山海棠花、雷公藤花等有毒植物花粉的蜜有毒，不可用作炮制辅料。炮制用蜜必须注意蜂蜜的来源和质量检测。

蜂蜜应为半透明、带光泽、浓稠的液体，白色至淡黄色或橘黄色至黄褐色，久置或遇冷渐有白色颗粒状结晶析出。气芳香，味极甜。室温（25℃）时的相对密度应为1.349以上，不得检出淀粉和糊精，5-羟甲基糠醛符合《中国药典》的要求，果糖和葡萄糖的总量不得少于60.0%，果糖与葡萄糖含量比值不得小于1.0。铅、锌、菌落总数、大肠菌群、致病菌、真菌总数等应符合《中华人民共和国标准-食品安全国家标准 蜂蜜》（GB 14963）标准。

蜂蜜生则性凉，故能清热；熟则性温，故能补中；甘而平和，故能解毒；柔而濡泽，故能润燥；缓可去急，故能止痛；气味香甜，故能矫味矫臭。不冷不燥，得中和之气，故十二脏腑之病，无不宜之，因而认为蜂蜜有调和药性的作用。

中药炮制应使用熟蜜，又称炼蜜，即加热炼制后的蜂蜜。将生蜜加热煮沸，滤过，除去死蜂、蜡质、浮沫及其他杂质，熬炼至沸腾状，发泡均匀即可。蜂蜜经炼制后可除去杂质，破坏酶类，杀死微生物，降低含水量，利于保存。蜜炙时称取规定的炼蜜用量，加适量温开水稀释后使用。

用炼蜜炮制药物，能与药物起协同作用，增强药物疗效或起解毒、缓和药物性能、矫味矫臭等作用。

蜂蜜春夏季存放易发酵、起泡，可以加少量生姜片盖严，或低温贮存。蜂蜜不能用金属容器贮藏，因铁易和蜂蜜中的糖类发生反应，锌易与蜂蜜中的有机酸作用，均可产生有毒物质。

蜜多用作炙法的炮制辅料，常用蜂蜜炮制的药物有甘草、麻黄、紫菀、百部、马兜铃、白前、枇杷叶、款冬花、百合、桂枝等。

4. 食盐水 为食用盐加水溶化而得的澄明液体。食盐多来自海水晒盐或岩盐，经过溶解、过滤、重结晶制成。传统炮制用盐为粗结晶大粒盐，主含氯化钠，尚含少量的氯化镁、硫酸镁、硫酸钙等。

食盐是应用历史悠久的传统辅料，味咸，性寒。能强筋骨，软坚散结，清热，凉血，解毒，防腐，并能矫味。药物经食盐水制后，能引药入肾，改变药物的性能，增强药物的疗效。

食盐水多用作盐炙法的炮制辅料，常以食盐水炮制的药物有杜仲、巴戟天、小茴香、橘核、车前子、砂仁、菟丝子等。

5. 生姜汁 为姜科植物鲜姜的根茎捣碎取汁，药渣再加适量水煎煮去渣而得的黄白色液体。生姜汁有辛香气，其主要成分为挥发油、姜辣素，姜辣素也被认为是生姜的主要成分，具有镇吐、温里、抗菌、抗血小板凝聚等作用。生姜含有丰富的黄酮类物质，主要是双氢黄酮类，具有抗癌、抗心脑血管疾病、镇痛抗炎、免疫调节、清除自由基等作用。尚含有多种氨基酸、淀粉及树脂状物等。

姜汁味辛、性温。具解表散寒、温中止呕、化痰止咳、解鱼蟹毒的功效。药物经姜汁制后，能对寒凉之性、沉降之性、攻泻之性等偏性进行调整，并可制约药物的毒性，消除药物的副作用，引药入经，增强疗效。

生姜汁多用作姜炙法、复制法的炮制辅料，常以姜汁制的药物有厚朴、竹茹、草果、黄连、半夏等。

6. 甘草汁 为甘草饮片煎煮去渣而制得的黄棕色至深棕色的煎液。甘草主要成分为甘草皂苷及甘草苷、还原糖、淀粉及胶类物质等。

甘草味甘，性平。具补脾益气、清热解毒、祛痰止咳、缓急止痛、调和诸药的作用。药物经甘草汁制后能缓和药性，降低毒性。实验证明，甘草对药物中毒、食物中毒、体内代谢物中毒及细菌毒素都有一定的解毒作用。能解苦楝皮、丁公藤、山豆根的毒，能解毒蕈中毒，还能降低链霉素、呋喃妥因的毒副作用，对抗癌药喜树碱等有解毒增效作用。其解毒机制一般认为与甘草皂苷在体内的代谢有关，甘草皂苷水解后生成甘草次酸和葡萄糖醛酸，后者可与有羟基或羧基的毒物生成体内不易吸收的产物，分解物从尿中排出。甘草皂苷还具有肾上腺皮质激素样的作用，能增强肝脏的解毒功能。甘草皂苷具有表面活性剂样作用，能增加其他不溶物质的溶解度，中医处方中常以甘草调和诸药，在炮制和煎煮过程中亦起到增溶的作用。

甘草汁常作炙法、煮法和复制法的炮制辅料，常用甘草汁炮制的药物有远志、吴茱萸、半夏等。

7. 黑豆汁 为大豆的黑色种子加水煎煮去渣而得的深色煎液。

黑豆汁制法为，取黑豆 10 kg，加水适量，煮约 4 h，熬汁约 15 kg，豆渣再加水煮约 3 h，熬汁约 10 kg，合并得黑豆汁约 25 kg。黑豆制首乌也有将黑豆洗净直接与首乌拌蒸至规定程度。黑豆含蛋白质、脂肪、维生素、色素、淀粉等。

黑豆味甘，性平。能益精明目、养血祛风、利水、解毒。药物经黑豆汁制后能增强药物的疗效，降低药物毒性或副作用等。文献记载黑豆还能"解砒石、甘遂、天雄、附子、射罔、巴豆、芫青、斑蝥、百药之毒及蛊毒"，解巴豆中毒可水煎黑豆汁饮之。

黑豆汁多用作蒸法的炮制辅料，常用黑豆汁制的药物有何首乌等。

8. 胆汁 系牛、猪、羊的新鲜胆汁，为绿褐色、微透明的液体，略有黏性，有特异腥膻气，主要成分为胆酸钠、黏蛋白、脂类及无机盐类等。

胆汁味苦，性大寒。能清肝明目，利胆通肠，解毒消肿，润燥。与药物共制后，能降低药物的毒性或燥性，增强疗效。

胆汁多用作发酵法、炙法的炮制辅料，常用胆汁制备的药物有天南星、黄连等。

9. 羊脂油 为牛科动物山羊等的脂肪经低温熬炼而成半固体状油脂，主要含饱和与不饱和脂肪酸等。

羊脂油味甘，性温，能补虚助阳，润燥，祛风，解毒。与药物同制后能增强补虚助阳作用。

羊脂油多用作炙法的炮制辅料，常用羊脂油炙制的药物有淫羊藿。

10. 米泔水 为淘米时第二次滤出的灰白色混浊液体，其中含少量淀粉和维生素等。因易酸败发酵，一般临用时收集。淘米水不易收集，大生产时常用 2 kg 米粉加水 100 kg，充分搅拌代替米泔水使用。

米泔水味甘，性凉，无毒。能益气，除烦，止渴，解毒。米泔水对油脂具有吸附作用，常用于浸泡含油脂较多的药物，以除去部分油脂，降低药物辛燥之性，增强健脾和中的作用。

米泔水多用作浸制加工的辅料，常以米泔水制的药物有苍术、白术等。

历史上常用的还有童便、猪脂、山羊血、乳汁等辅料，但目前多已不用，马钱子尚有用童便制者。其他的液体辅料还有吴茱萸汁、萝卜汁、鳖血、石灰水等。

二、固体辅料

1. 稻米 稻米为禾本科植物稻的种仁。主要成分为淀粉、蛋白质、脂肪、矿物质等。尚含少量的 B 族维生素、多种有机酸及糖类。

稻米味甘，性平。能补中益气，健脾和胃，除烦止渴，止泻痢。与药物共制，可增强药物疗效，降低刺激性和毒性。米炒药物多选用大米或糯米，米粒受热，由白到焦黄，还可用来在炒法、焖煅法中指示炮制的程度。

米多用作炒法的炮制辅料，常用米制的药物有党参、斑蝥、红娘子等。

2. 麦麸 麦麸为小麦的种皮，呈黄褐色，主含淀粉、蛋白质及维生素等。

麦麸味甘、淡、性平。能和中益脾。麦麸与药物共制能缓和药物的燥性，增强疗效，除去药物不良气味，还能吸附油脂。

麦麸多用作炒法、煨法的炮制辅料，常以麦麸制的药物有枳壳、枳实、僵蚕、苍术、白术、肉豆蔻等。

3. 白矾 又称明矾，为硫酸盐类矿物矾石经粉碎、溶解、过滤、重结晶加工提炼制成的不规则块状结晶。主要成分为含水硫酸铝钾 [$KAl(SO_4)_2 \cdot 12H_2O$]，其含量应大于 99.0%。

白矾无色或淡黄色，透明或半透明，有玻璃样色泽，质硬脆易碎，味微酸而涩，易溶于水，水溶液显铝盐、钾盐与硫酸盐的鉴别反应，铵盐、铜盐、锌盐、铁盐、重金属等含量应符合《中国药典》的要求。

白矾味酸、涩，性寒。外用解毒杀虫，燥湿止痒；内服止血止泻，祛除风痰。与药物共制后，可防止药物腐烂，降低毒性，增强疗效。

白矾多用作浸制、复制法的炮制辅料，常以白矾制的药物有半夏、天南星、白附子等。

4. 豆腐 为大豆种子经浸泡、磨粉、制浆后加入盐卤等蛋白沉淀剂，再压制而成的乳白色固体，主含大豆蛋白，以及少量维生素、淀粉。

豆腐味甘，性凉。能益气和中，生津润燥，清热解毒，是中国的传统食品。豆腐具有较强的沉淀与吸附作用，与药物共制后可降低药物毒性，去除污物，豆腐作为传热介质具有异质性。

豆腐多用作煮法或蒸法的炮制辅料，常与豆腐共制的药物有草乌、藤黄、珍珠（花珠）、硫黄等。

5. 灶心土 即伏龙肝，《本草便读》记载："伏龙肝即灶心土，须对釜脐下经火久炼而成形者，具土之质，得火之性，化柔为刚，味兼辛苦。其功专入脾胃，有扶阳退阴散结除邪之意。凡诸血病，由脾胃阳虚而不能统摄者，皆可用之，《金匮要略》黄土汤即此意。"灶心土是烧木柴或杂草的土灶内底部中心的焦黄土块，也有取自垒锅灶的黄泥经长期受热而形成的土块，可在拆除砖窑时采集。灶心土呈焦土状，主含硅酸盐、钙及多种金属离子的碱性氧化物。

灶心土味辛，性温。能温中和胃，止血，止呕，涩肠止泻。中药炮制常用的土即为灶心土，与药物共制后可降低药物的刺激性，增强固涩之性。

灶心土多用作土炒炮制的辅料，常用土制的药物有白术、当归、山药等。

6. 蛤粉 为帘蛤科动物文蛤、青蛤等的贝壳，经粉碎或煅制粉碎后得到的白色或灰白色粉末。主要含 CaO、$CaCO_3$ 等。

蛤粉，味咸，性寒。能清热、利湿、化痰、软坚。与药物共制可除去药物的腥味，降低滋腻性，增强疗效。

蛤粉多用作蛤粉炒法的炮制辅料，蛤粉主要用于烫阿胶、鹿角胶等。

7. 滑石粉 为硅酸盐类矿物滑石族滑石经精选净制、粉碎、干燥而制得的细粉。滑石为单斜晶系鳞片状或斜方柱状的硅酸盐类矿物，主要成分为含水硅酸镁 $[Mg_3(Si_4O_{10})(OH)_2]$。

滑石粉为白色或类白色、微细、无砂性的粉末。手摸有滑腻感。气微，味淡。酸碱度、水中可溶物、酸中可溶物、铁盐、重金属、砷盐等应符合《中国药典》的要求。

滑石粉味甘、淡，性寒。能利尿通淋、清热解暑。以滑石粉作中间传热体拌炒药物，可使药物受热均匀。

滑石粉多用作炒法、煨法的炮制辅料，滑石粉常用于烫炒刺猬皮、鱼鳔、黄狗肾，也可用于煨制肉豆蔻。

8. 河砂 为筛取粒度均匀、中等粗细的河砂，淘净泥土，除尽杂质，晒干备用的净河砂。河砂用作中间传热体拌炒药物，具有温度高、传热快，使坚硬的药物受热均匀的特点。经砂炒（烫）后药物的质地变得松脆，易于粉碎并煎出有效成分。另外砂炒（烫）还可以破坏药物毒性成分，便于除去非药用部位、降低药物毒性。

河砂多用作砂炒（烫）法的炮制辅料，常以砂烫炒的药物有鸡内金、穿山甲、骨碎补、狗脊、龟甲、鳖甲、马钱子等。

9. 朱砂 为硫化物类矿物辰砂族辰砂，主要含硫化汞（HgS）。中药炮制用的朱砂，系经加水研磨或水飞的洁净细粉。

朱砂味甘，性微寒，有毒。具有清心镇惊、安神、明目、解毒的功效。朱砂的质量要求中铁的检查应符合《中国药典》的要求，硫化汞（HgS）不得少于 96.0%。朱砂不宜入煎剂。

朱砂多用作拌衣法的炮制辅料。常用朱砂拌制的药材有麦冬、茯苓、茯神、远志、连翘、灯心草等。

炮制辅料的种类、质量和用量是影响炮制品疗效的重要因素。炮制辅料对药物的作用是多方面的，既有形、质的变化又有内在物质的质变和量变。在饮片炮制生产时，辅料的用量需严格执行标准要求的使用量，还应明确规定辅料的质量、浓度、所含成分等。

目前，关于炮制辅料存在的主要问题包括：现行多采用食品、饮品及调味品的国家标准，该类标准一般较为简单，检验指标较少，指标范围宽泛，不适合中药炮制的辅料标准；炮制辅料与药物之间的互作作用的相关基础研究尚不足，基本上停留于对传统传承的水平上，对其机制内涵的研究较为少见，这也是导致炮制辅料标准空白的主因；在研制和使用新辅料方面，创新性不足。今后应进一步加强中药炮制辅料的基础研究，阐明辅料与药物之间的相互作用，建立专属性炮制辅料的国家标准，提升炮制的科学性。

（张春凤）

复习思考题

1. 试述中药炮制常见的分类方法。
2. 试述"雷公炮炙十七法"具体内容，分析各法的沿用变化。
3. 试述常用固体辅料应用的炮制方法及适用药物。
4. 试述液体辅料的种类及其适用药物。

数字资源详见　新形态教材网

- 课程思政案例
- 视频
- 知识拓展
- 推荐阅读
- 复习思考题答案
- 教学课件

第六章

中药饮片的生产与管理

思维导图

中药饮片标准化规范化——饮片炮制工艺规程

某企业在生产桃仁饮片过程中,将桃仁焯制后放置于烘箱,于100℃干燥30 min,再于65~75℃干燥360~420 min。此高温干燥工序特别是100℃下干燥30 min的操作,与《中国药典》中"晒干"的规定不符。该案件在判定过程中出现以下争议:一方观点认为,该企业3批验证批次的焯桃仁检验结果均符合《中国药典》的质量标准,证明增加高温干燥工序未对饮片质量产生影响,因此应判定为符合法规规定;另一方观点认为,《中国药典》已明确规定干燥温度要求,企业未按规定进行干燥,应判定为不符合法规规定。

根据企业后续提供的高温干燥工艺参数制定相关说明和文献(文献分析了桃仁80℃干燥后其部分成分变化情况)等材料,经研究,认为企业关于增加高温干燥工序后是否影响焯桃仁中有效成分的研究评估不够深入,文献依据不够充分,最终判定其焯桃仁高温干燥工序不符合法规规定。

请对下列问题给予思考与分析:
1. 试述现行《中国药典》或各省市炮制规范收载的焯桃仁干燥方法。
2. 试述判定中药饮片炮制工艺合规性的关键因素。

中药饮片生产是中药产业链中的重要环节，中药材经过加工炮制形成中药饮片，才能进入医药流通环节，供临床调配组方及制备中成药。中药饮片是中医药的重要组成部分，中药饮片已列入国家基本药物和医保目录，其质量对临床用药的安全性和有效性起着至关重要的作用。

按照国家食品药品监督管理局（SFDA）的规定，自2008年1月1日起，我国所有中药饮片生产企业应当符合《药品生产质量管理规范》（GMP）及其配套文件附件1《中药饮片》的条款要求，这使中药饮片生产进入了规范化生产和全面监督管理的时代。

第一节　中药饮片工业生产与发展

中药饮片生产历史悠久，从初期的简单加工到"前店后坊（场）"手工作坊的出现，进而到半机械、机械化的升级转型，生产技术水平不断提高，生产规模逐步扩大，中药饮片工业生产得到迅速的发展，基本解决了规模化大生产与传统炮制器具生产能力低下的矛盾，逐步朝着生产规范化、现代化、信息化、智能化的方向发展。

一、饮片手工作坊的生产模式

中药饮片生产手工业始于东汉时期，宋代形成了"前堂后店""前店后坊"的生产作坊，清代出现了"行、号、庄、店"等独立的中药饮片加工经营实体，直至民国时期主要是前店后场（坊）、手工作坊式生产。中药材经过洗净、捣碎、擘成小块、锉为粗末、煎煮等简单加工后服用，主要使用的是日常生活用具和部分生产工具，如剪子、刀子、斧子、刷子、簸箕、筛子、箩、瓷缸、铁锉、瓦盆、砂锅、竹匾、苇篱等。随着生产力水平的不断提高，中药的应用和医疗实践经验的积累，人们在药材加工技术和医疗实践的基础上，探索、总结中药炮制方法和经验，逐渐形成了中药炮制理论体系，同时又推进了中药材加工技术的发展，出现了性能较为优良的和专用的药材加工器具，如风车、筛子、镑刀、切药刀、刨刀、捣筒（铁、铜）、乳钵、铁碾船、石碾船、炒锅、煅锅、木甑、炖罐、铜盆等，形成了近代炮制器具，但机械化水平仍然相对较低，不能形成规模化的加工能力。

二、饮片生产机械化、专业化、规模化阶段

这一阶段的时间大致可以确定为新中国成立至2000年。50多年来，中药产业大致经历了四个时期：一是新中国成立初期，对分散经营的药商进行公有制改造，统一炮制方法和要求，建办中药饮片加工厂，实行国家计划管理。二是20世纪70年代提出"中药机械化"，1973年国家中医药局在周口、上海、天津、长春投资建立了四个中药饮片机械厂。三是80年代中医学的科学原理和地位得到充分肯定，1982年"发展现代医药和我国传统医学"被写入我国宪法，1985年中央书记处作出"要把中医和西医摆在同等重要的地位"的指示，提出"中药生产工业化"，1988年正式颁布《药品生产质量管理规范》（GMP）。四是90年代提出"中药现代化"，使中药开发与生产逐步走上科学化、规范化、标准化和法治化的道路。明确了中药饮片属于"药品"的范畴，饮片机械随之出现并得到快速发展，剁刀式切药机、转盘式切药机、转筒式洗药机、滚筒式炒药机等一批饮片生产机械相继出现，使中药饮片生产基本实现了机械化的目标。饮片机械的

出现与发展在很大程度上解决了饮片规模化生产与传统炮制机具生产能力低的矛盾，为中药炮制的产业化和规模化作出了重要贡献，加速了中药饮片生产机械化的进程。与专业化、规模化饮片机械制造企业，共同形成了饮片生产与饮片机械制造产业链，为中药产业现代化奠定了基础。但是中药饮片机械在数量、功能上还远远不能满足中药炮制技术与饮片工业发展的需要。如水洗、风选、筛选几乎代替不了全部的净制加工；采用水池或机器浸泡药材，很难达到"药透水尽""软硬适度"的润药技术要求；清炒、固体辅料炒和液体辅料炙药等仅由一种炒药机完成，火力、火候与制品质量仍然由人工凭经验控制与掌握等。

三、饮片生产规范化管理阶段

进入21世纪，国家食品药品监督管理局于2004年发布《关于推进中药饮片等类别药品监督实施GMP工作的通知》（国食药监安［2004］514号文）的规定，自2008年1月1日起，所有中药饮片生产企业应当在符合GMP条件下生产，以《药品管理法》《药品生产质量管理规范》及其配套文件附件1《中药饮片》为核心的强制性法律法规，规范了中药饮片的工业生产。2003年，原国家经贸委批准成立中国制药机械行业标准化技术委员会，批准实施的《中药饮片机械行业标准》，使饮片机械的标准化工作步入正常轨道。饮片炮制质量控制逐渐从以人工为主的方式，向机器替代人工方向发展，标志着饮片生产机械步入了炮制成套设备时代。2010年，随着新版GMP的颁布与实施，对原有生产设备提出了无污染、易清场以及生产能力大，能降低人力成本等新的需求。由此，炮制设备的生产线也相继开发投入使用，基本形成根据药材的形状开发出根茎类成套生产线、花草类成套生产线、果实种子类成套生产线。并将现代信息技术逐步运用到中药饮片生产，形成中药饮片生产信息化管理。中药饮片工业生产迈向规范化、标准化、规模化、信息化、智能化的发展道路。

第二节　中药饮片生产厂房的设计

中药饮片厂是中药饮片生产的场所，其选址、厂房设计与生产布局是保证中药饮片质量、提高生产效率、对生产实行有效管理的前提。因此，中药饮片工厂设计应当符合《药品生产质量管理规范》的要求。建造中药饮片厂、饮片生产车间，或进行扩产技术改造，应委托具有医药工程设计资格的单位进行设计；还应参照《危险化学品安全管理条例》等的规定，进行饮片厂的消防、安全、电力配备、污水处理、环保设施、仓储等全方位的设计。

一、厂区的选择

厂址选择十分重要，厂区环境和卫生条件与中药饮片质量密切相关。按照中药饮片生产GMP要求：厂房的选址、设计、布局、建造、改造和维护必须符合药品生产要求，应当能够最大限度地避免污染、交叉污染、混淆和差错，便于清洁、操作和维护。

（1）自然条件　选择环境安静，空气洁净，无明显异味，周围无空气、土壤和水污染源，无污物堆放或生活垃圾堆放，非害虫或害兽集中区等处建厂。

（2）留有余地，尽量少占耕地，面积、形状和其他条件应能适合工艺流程合理布局的需要，厂区一侧宜留有发展余地。

（3）安排合理，厂区应分为生产区、行政区、生活区和辅助区。厂区的空地应是水泥地或绿化地面，无裸土，减少粉尘飞扬。各区域之间应分开，不得相互妨碍。生产区的各生产车间安排合理，既有利于连续生产，又有利于单独管理。

（4）条件便利，交通、通讯便利，有良好的水电供给，厂址的自然地形有利于厂房和管线的布置，有利于交通连接和场地排水。厂区内地面平整，道路通畅，无积水。

应避开区域：地震多发区、洪涝区、石矿区、机场、电台、名胜、文物区。

二、厂房与车间的要求

1. **厂房设计原则**　严格按照中药饮片生产的 GMP 要求设计。工艺布局按 GMP 规范要求，做到人流、物流分开，并注意工艺流程的合理，运输方便，路线短捷。室内水、电、气管道铺设严格遵循 GMP 规范的有关规定，遵循国家环境保护、劳动安全、消防、节能等方面的有关规定。

2. **厂房的要求**

（1）厂区布局及工序衔接合理，按照净选、软化、切制、干燥、蒸煮、炒制、炙制、煅制、粉碎、包装等工艺的流程进行合理布局。

（2）毒性中药材加工、炮制应单独设置生产线、专用区域和专用设备，并与其他饮片生产区严格分开，生产的废弃物应经过处理并符合要求。

（3）直接口服饮片的粉碎、过筛、内包装等生产区域应按照 D 级洁净区的要求设置，根据产品的标准和特性对该区域采取适当的微生物监控措施。

（4）有符合卫生要求的厕所及洗手液、消毒设施等。

（5）厂房应能防止动物和昆虫进入。其内部表面不得有脱落或吸附颗粒性粉尘，并能耐受清洗和消毒。

3. **储存区要求**　储存区应有与生产规模相适应的面积和空间；储存区物料、中间产品、待验品的存放有能够防止差错和交叉污染的措施；保持清洁、干燥，安装照明和通风设施；温度、湿度控制符合储存要求，并按规定定期监测。

4. **实验室与样品室要求**　实验室、中药标本室、留样观察室与生产区分开。有特殊要求的仪器、仪表应安放在专门仪器室内，有防止静电、震动、潮湿或其他外界因素影响的设施。

5. **生产车间的设计**　生产车间的设计应符合生产工艺的要求，布局合理，并设置与生产规模相适应的净制、切制、炮炙、包装等生产车间。生产车间也可按功能设计，如将产尘（烟）大、高温、高湿的功能间（粉碎、炒制、煅制、炙制、蒸煮制）车间独立，集中除尘（烟）、降温、除湿。

（1）各车间及车间内的各操作间用墙体或其他物体隔离，以免相互混淆。每个车间或操作间有足够的生产操作、物料存放、设备维修保养、容器工具清洗及存放等空间。

（2）饮片车间经常要水冲，设计时要考虑明沟。

（3）车间地面一般要求水磨石地面，1.2 m 高的水磨石墙裙，墙壁、平顶贴瓷砖，易于清洁，不易产生脱落物，不易滋生真菌。

（4）生产时粉尘较大，除工艺设备上采取措施外，建筑设计上要加强自然通风。

（5）洗、润、切、干燥的工序潮气大，应安装离心风机排风，保持室内空气流通，并设置防潮灯具。炒药、煅制工序，操作温度较高，要求设风机降低室内温度，改善操作条件。

（6）车间内照明配电箱与动力配电箱分开设置。

6. 车间生产设备布局要求

（1）设备布置时，必须保证管理方便和安全。

（2）在操作中相互联系的设备，布置时应彼此靠近，并且保持必要的间距。

（3）设备应尽可能对称布置，相同或相似的设备应集中布置，并考虑相互调换使用的可能性和方便性，以充分发挥设备的潜力。

（4）应设置专门的三废处理和排放设备，生产中产生的废气、废物、废水等处理后排放，符合国家要求。

7. 安装检修设计　中药饮片车间的设计必须考虑设备的安装、检修和拆卸的可能性；应考虑设备运入或搬出车间的方法及经过的通道。有利于设备的检修、拆卸及运送物料的起重运输装置，并应有一定的设备检修和拆卸的空间和面积。

8. 车间空间要求　高温及有毒气体的车间，适当增加车间高度，利于通风和散热，并应有适当的排风装置；有良好的采光条件，利于操作；每个车间均应配置灭火装置。

9. 饮片仓储养护及保证措施

（1）中药材和中药饮片应分别设置贮藏库，毒性药材或有特殊要求的药物应设置专用储存库或专柜保存。

（2）将仓库地面用炭灰抬高并铺上防潮吸湿砖，所有药材、中药饮片仓库装上排气扇、抽风机和电风扇，所有仓库安装窗户（带窗纱）。

（3）阴凉库根据面积大小安装合适的空调，维持库房温度的相对恒定。

（4）在饮片库（常温库和阴凉库）安装除湿机。

（5）仓库配置臭氧发生器，用于各个仓库的杀菌（真菌）和阴凉库、冷库的杀菌、除异味。

10. 环保及劳动防护要求　新建、改建或扩建中药饮片厂或药厂饮片炮制车间都必须遵守国家的环境保护法规，切实执行环境评价报告制度和"三同时"制度（环保设施与主体工程同时设计、同时施工、同时投产），对噪声的防治及污染物的处理和综合利用要有明确的设计方案。应设置专门的"三废"处理和排放设备，凡涉及饮片厂安全的，尤其是防火、防爆问题，必须严格按照有关规范和法规进行处理。必须保证劳动者的健康和安全，考虑各种消防设施、安全通道和防火墙的设计等。

中药饮片企业一般适宜在有药材资源优势的道地产区或药材集散地附近建厂，原料质优价廉，主营产品明确，销售渠道稳定，既有大进大出的产量，又有满足应用的品种，在饮片生产和质量保证上形成优势，保证应有的经济效益。

第三节　中药饮片的生产设备

中药饮片生产设备是提供饮片生产环境和完成生产的必要条件，具体涉及生产各单元操作过程和完成单元操作的装备，以确保中药饮片高效、安全完成生产过程，保证成品的质量。

中药饮片的生产过程主要有净制、切制、干燥、炮炙、包装等工序，相应需配备筛选、挑选、洗药、浸润、切制、干燥、炒制、煅、蒸煮、粉碎、包装等单元操作的必要设备。

　**课程思政案例**6-1　炮制设备的自动化、数字化与智能化

一、常用炮制机械

目前中药饮片生产设备按生产工艺和程序主要有以下几类：

（一）净制设备

净制是中药炮制的首要环节，中药材来源于动物、植物和矿物等，种类繁多，净制方法和工艺各不相同，净制的设备应满足饮片净度的要求。净制设备主要包括挑选、风选、筛选、水选和磁选设备。

1. 挑选设备 机械化挑选机和不锈钢挑选台。由于中药材中缠绕、夹杂的杂物和非药用部分等用机械方法难以除去，因此还常采用人工操作进行挑选。

2. 风选设备 传统风选所用设备主要有风车、簸箕等。现代风选机器主要有卧式风选机、吸风式（立式）风选机、静电吸附式风选设备。

3. 筛选设备 传统筛选用不同规格的筛和箩。现代筛选机器主要有柔性支承斜面筛选机、电机振动筛选机、往复振动筛选机。

4. 水选设备 水选设备主要有洗药池、滚筒式循环水洗药机、网带式清洗机等。

5. 磁选设备 主要有去除铁类的磁选机和金属检测设备。

（二）切制设备

切制是将净制的植物类中药材经过软化，切成一定规格的片、块、段、丝等的炮制方法和过程。包括软化设备和切制设备。

1. 软化设备 目前，在继承、改造传统加工方法的基础上，饮片生产已采用一些先进合理的药材软化方法，如真空气相置换润药法、卧式真空（加压）加温润药机、减压冷浸软化机、蒸煮箱等。通过可控的程序操作确保软化药材必要的含水率，并确保润药能达到"药透水尽"，在软化药材的同时又使药材的有效成分损失降至最低。

2. 切制设备 种类较多，常用的有柔性带直线往复式切药机、金属履带往复式切药机、金属履带旋转式切药机、旋料式切片机、气缸压料式刨片机等，其结构各有特点，分别适用于不同类型饮片的切制。

（三）干燥设备

目前，我国中药饮片工业常用干燥设备可分为以下几类。

第一类是烘房、热风循环烘干箱等。这些设备易操作、不受气候影响、适合批量生产、适应多种中药饮片的干燥，但干燥效率低，能耗高，劳动强度大。

第二类是翻板式烘干机、网带式烘干机、隧道式烘干机等。这类干燥设备温度比较均匀，适合连续生产，但存在设备投资大，使用成本高，不易清洗，要达到一定的干燥程度所需的干燥温度偏高等问题。

第三类是微波、红外等干燥设备。由于干燥性能、造价、使用成本高等原因，还未能广泛应用于中药饮片干燥。

第四类是敞开式烘干箱、滚筒式烘干机、转筒式烘干机。这些干燥设备具有热效率高，干燥成本低，易于清洗，适合低温与连续干燥等优点，为新型的饮片干燥设备。

（四）炒制设备

目前，中药炒制设备主要有平锅式炒药机、鼓式自控温炒药机、智能红外线测温炒药机和微机程控炒药机。

（五）炙制设备

炙制过程中所需的炮制设备包括鼓式炙药机、炙药锅等。这些设备及其所附带的温度显示及恒温自动控制、炒筒运转的变频调速控制、正反转控制、操作时间的自动控制以及附加上炙制辅料定量供给泵，为中药饮片的炙制规范化工艺操作奠定了基础。

（六）煅制设备

常见的煅制设备有中温煅药锅、反射式高温煅药炉、闷煅炉。中温煅药锅工作温度为600℃以下，反射式高温煅药炉工作温度可达600~1 000℃。闷煅炉锅口与锅盖部分有密封圈，保证煅烧时锅内的物料与外界空气隔绝。

（七）蒸煮设备

蒸煮设备主要有蒸药箱、可倾式蒸煮锅、回转式蒸药机、卧式热压灭菌柜、动态循环浸泡蒸煮设备和多功能提取罐等。

（八）制霜设备

制霜设备有热挤压去油制霜机，适用于去油制霜的药物制备。

（九）粉碎与筛分设备

有些中药饮片为方便调剂或制备中成药，需要进一步粉碎成粗粉或颗粒，被粉碎后的药粉，通常还需要在粉碎过程中实施筛分，分成不同粒径的粉体，以供不同的需要和应用。

1. 粉碎设备　主要有颚式破碎机、辊式破碎机、锤式粉碎机、冲击式粉碎机、万能粉碎机、球磨机、气流粉碎机等。

2. 筛分设备　工业筛分设备主要有振动筛和旋转筛。制药用的筛分设备应当满足GMP要求，要求设备的密闭性高，防止粉尘进入周围生产环境，方便彻底清洗、防锈等要求。

二、生产线与生产机组

中药饮片生产一般涉及原药材、辅料、饮片生产、包装、贮存等。中药饮片生产线是按照饮片炮制的工艺过程建造的炮制生产工序路线。即从原料进入生产现场开始，经过一系列的炮制工艺、运送、包装、检验等生产活动构成的程序和路线。

中药饮片的生产线可以分为普通中药饮片生产线、毒性中药饮片生产线、直接口服中药饮片生产线。

中药饮片生产机组是产品在生产过程中完成一道或多道工序所应用到的机械装备和仪器的有效组合。生产线由一系列生产机组构成，如普通饮片生产线主要包括：净选、软化、切制、干燥、炒制或炙制或蒸煮制、包装等。按照饮片炮制的程序和工艺流程，生产机组主要有以下组合。

(一)风选、筛选、挑选机组

1. 生产线 原料药先经风选、筛选除去灰屑、泥沙等杂物,再经上料机、匀料机自动均匀地将原料药分布在正向输送带上,便于人工挑选。挑选出的杂物送至杂物箱,提高挑选工作效率。调节上料机与输送带速度、增减人工数量,用于不同药物挑选、净制。风选机配套自动除尘设备,避免污染环境。风选、筛选、挑选机组示意图见图 6-1。

2. 适用范围 替代挑选工作台和分阶段净制加工,进行半机械化净制药材。适用于未进行净制的原料药材,且药物易于自动上料,如根茎类、果实类、种子类等药材。

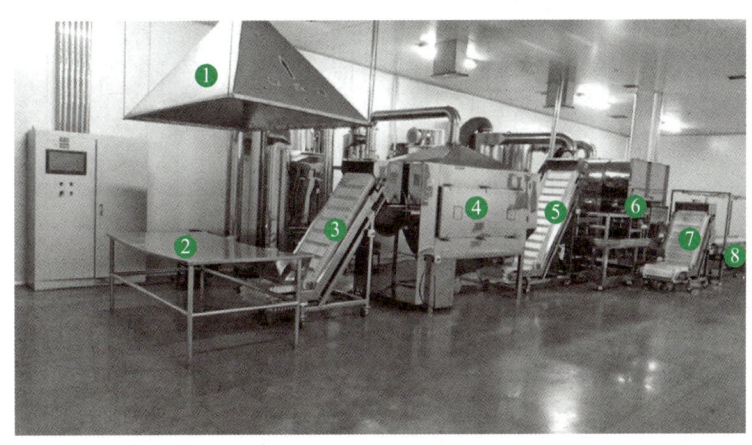

图 6-1 风选、筛选、挑选机组示意图
1. 除尘装置;2. 拆包台;3. 提升机;4. 草叶筛;5. 提升机;6. 双级风选机;7. 提升机;8. 水平输送机

(二)干选、挑选、包装机组

1. 生产线 自动风选、筛选除去毛发、药屑等杂物,将饮片输送到包装台,进行人工称量包装,再将小包装袋输送至包装封口,进行中包装和大包装。风选过程还具有冷却功能,避免包装后在包装袋上凝结水蒸气。通过后工位控制台渐进式补充物料,同时配套自动除尘设备。干洗、挑选、包装机组示意图见图 6-2。

2. 适用范围 替代分阶段的风选、筛选、包装等工序,进行净制和小、中、大包装,组成一体化生产线。适用于饮片净制、包装半自动化生产。

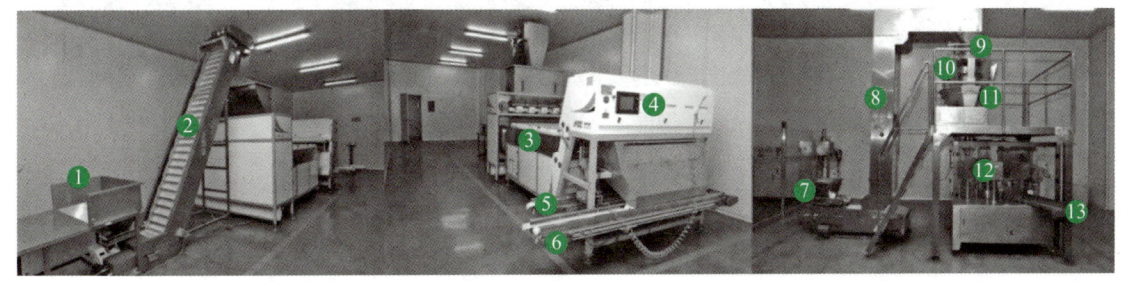

图 6-2 干选、挑选、包装机组示意图
色选机:1. 上料斗;2. 提升机;3. 机体输送;4. 操作界面;5. 废料平输;6. 成品平输;
包装机:7. 进料斗;8. 提升机;9. 上进料盘;10. 称重斗;11. 斜槽;12. 给袋装置;13. 出料口

(三)切制、筛选、回切机组

1. 生产线 药材进行自动切制、筛选、反向输送回切,筛选出的成品进入下道工序,操作人员需不断补充药材。切制、筛选、回切机组示意图见图6-3。

2. 适用范围 适用于饮片切制加工。如根茎类、果实类、种子类、全草类等药材的切制加工。

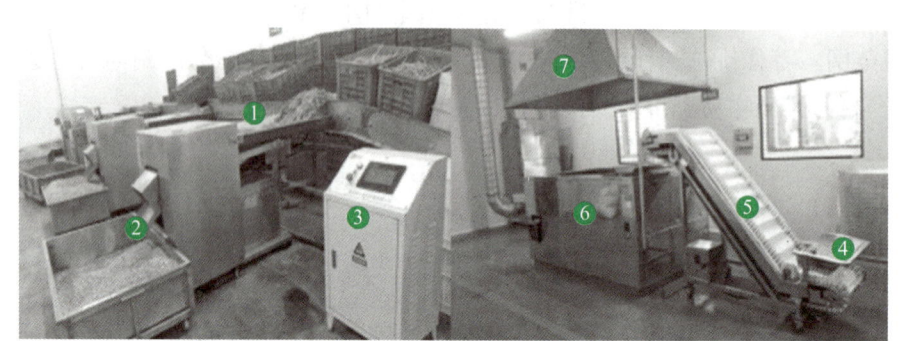

图6-3 切制、筛选、回切机组示意图
1. 进料口;2. 出料口;3. 控制箱;4. 上料口;5. 提升机;6. 振动筛;7. 除尘装置

(四)切制、干燥机组

1. 生产线 药材自动切制、筛选、回切,合格饮片自动干燥。特点同上。切制、干燥机组生产线示意图见图6-4。

2. 适用范围 适用于饮片切制、干燥加工,如根茎类、果实类、种子类、全草类等药材的切制、干燥加工。

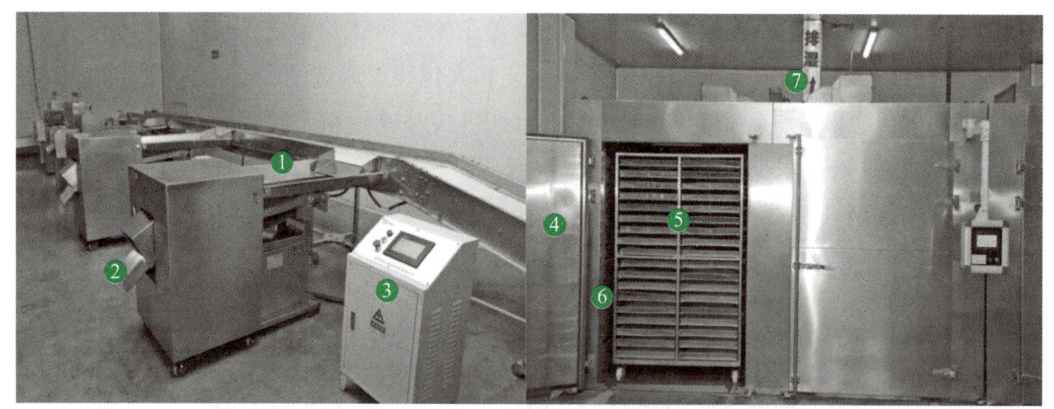

图6-4 切制、干燥机组生产线示意图
1. 进料口;2. 出料口;3. 控制箱;4. 烘箱门;5. 烘盘;6. 百叶窗;7. 排湿装置

(五)自动化炒制机组

1. 生产线 按照炒药机炒筒装载容积定量炒制,确保饮片的含水率、片形大小基本一致。先由定量罐对药料计量,编制炒制程序:如炒筒转速分为热锅、进料、炒制、出料,锅温度设定分为热锅阶段,炒制的初期、中期与后期阶段;自动上料时间分炒制时间阶段和出料时间阶段,分阶段检测炒制温度等。炒制程序设定完成,启动炒制机组,炒制过程自动完成。可确保每批炒制品质量一致，达到规范、科学炮制。自动化炒制机组结构示意图见图6-5。

2. **适用范围** 适用于饮片的炒制。被炒原料饮片的形态与尺寸大小、含水量需要基本一致。

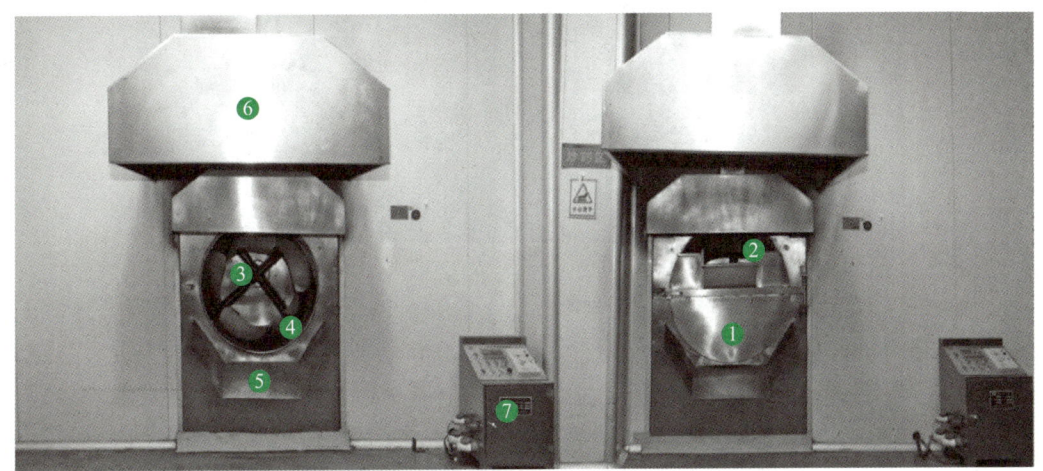

图6-5 自动化炒制机组结构示意图
1. 炒锅门；2. 取样观察口；3. 滚筒；4. 挡板；5. 出料口；6. 吸尘装置；7. 控制箱

（六）自动化炙药机组

1. **生产线** 按炙药机装载容积进行定量炙制，并确保饮片的含水率、片形大小基本一致。先由定量罐对药料进行计量，编制炙制程序：进料、预热与控制温度、液体辅料喷淋时间与定量、拌匀与闷透时间、炒干温度与时间、出料时间、分阶段炒筒转速等。启动炙药机组，炙制过程自动完成，确保每批炙制品质量一致，达到规范、科学炮制。自动化炙药机组结构示意图见图6-6。

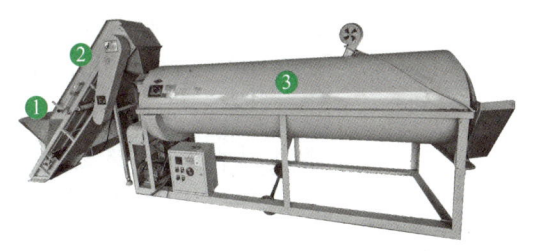

图6-6 自动化炙药机组结构示意图
1. 上料口；2. 提升机；3. 炒药锅

2. **适用范围** 适用于饮片的炙制，尤其是除蜜炙以外的液体辅料炙药。炙制前饮片的形态与尺寸大小、含水量需要基本一致。

中药饮片生产流程及生产线见图6-7。

三、设备管理

生产饮片的设备应按照中药饮片生产GMP及相关规定进行管理。

（一）饮片生产设备的要求

1. **设备选用** 应根据中药材、中药饮片的不同特性及炮制工艺需要，选用能满足工艺参数要求的设备。要求易清洗消毒、不易产生脱落物，不与中药材、中药饮片发生化学反应，不吸附中药材、中药饮片。用于设备的润滑剂、冷却剂等不得污染中药饮片或容器。

2. **计量器具** 应做到生产和检验用的仪器、仪表、量具、衡器等符合生产要求的适用范围、精密度。计量器具有明显的合格标志，并定期校验，在有效期内使用。

3. **毒麻中药生产** 生产毒性饮片（含按麻醉药品管理的药材和饮片）应符合国家规定。毒

中药材→中药饮片"净制-清洗-润制-切制-烘干-筛选-包装"生产线

中药饮片"分级-炒制-包装"炒制生产线

图 6-7　中药饮片生产线

性饮片生产必须有专用设备及生产线。

（二）饮片生产设备的管理

1. **设备管理部门**　配备专职或兼职的管理人员负责具体设备管理工作。饮片企业的设备管理主要包括：①选购设备管理，②设备档案管理，③设备使用与维护，④备品备件的管理，⑤计量器具、仪器、仪表管理，⑥压力容器管理等。

2. **设备的日常管理**　开箱验收、安装、调试、移装、调拨、封存、启封、报废、处理、事故处理、润滑、压力容器、设备档案资料等方面的管理。所有设备、仪器、衡器、仪表应登记造册，建立台账。

3. **设备的动态管理**　炮制设备实行动态管理包括设备的使用、借用，设备的闲置、停用，设备的报废，设备事故管理等。每种设备均应制定"操作规程"，指定专人使用和管理，以保证设备处于完好状态。

4. **生产现场管理**　生产现场所有仪器设备指定专人保管由专门的设备管理员承担仪器、设备的日常管理工作。生产区的仪器、设备应有明显的状态标志。

5. **生产记录管理**　仪器、设备使用、运行记录应如实填写设备的运行状况和维修保养状况；每次使用后需按照设备清洁规程进行清洁，填写清洁记录，记录由使用部门保管，归入生产车间的清洁记录中。

6. **设备维修管理**　仪器设备出现故障应及时维修，设备修复后，须通知计量人员重新送检，检定合格后方可使用。仪器设备维修期间应挂待修的状态标志。

7. **设备状态管理**　对饮片设备使用状态的管理，要求所有使用设备都应有厂家设备管理部门编制的进场编号，标志在设备状态标志上。每一台设备都要有生产厂家出厂设备铭牌，并固定在设备表面上。每台设备都应挂状态标志牌。

8. **设备工具的管理**　设备的专用工具不得移作他用，设备的备品、备件均应入库管理。精密仪器要工作在无振动、无磁场、无灰尘的专用房间环境下，放置在水平工作台面上，按照相关规定检修保养。

四、中药炮制工程计算机信息化管理系统

随着中药产业的快速发展，中药炮制技术的机械化、自动化、信息化水平得到显著提高。中药炮制生产信息化管理是以信息化带动中药炮制生产工业化，实现饮片企业管理现代化的过程，它将现代信息技术与先进的管理理念相融合，将现有的炮制电气设备、质量检测设备，采用计算机与自动化技术，创新设计智能化可控模块，运用计算机在线控制炮制工艺参数，采集质量检验过程中实验数据，结合炮制工艺标准流程，可接受电子任务，定制操作规程，实现炮制过程规范化、饮片质量标准化、生产成本节约化。生产信息化管理系统可以将中药炮制生产操作、状态监控、运行成本核算等单元进行集中管理、统一调度，使整个饮片生产符合GMP要求，达到在硬件和软件上不断向国际先进水平靠拢的目标。

中药炮制生产信息化管理系统主要由硬件系统和软件系统两大部分组成。其系统结构和中药饮片炮制生产计算机信息化管控流程如图6-8。

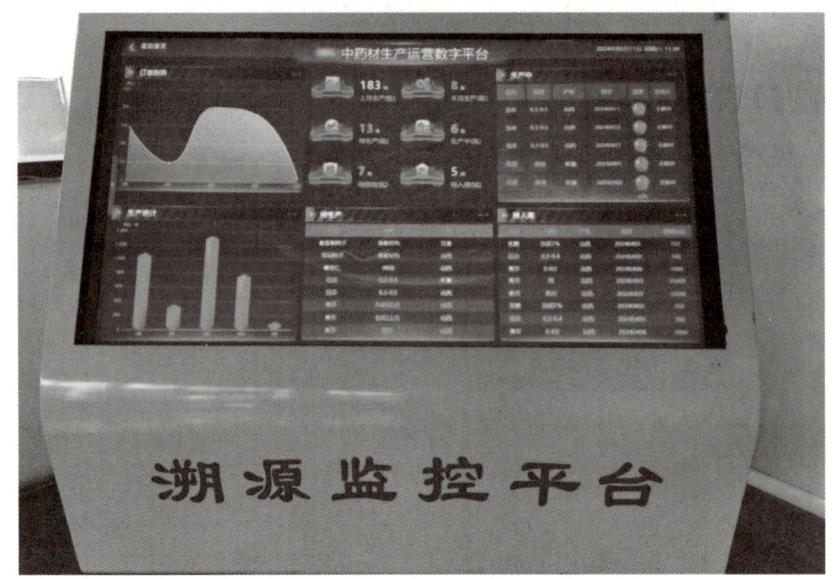

图6-8 中药饮片炮制生产计算机信息化管理系统结构图

(一) 硬件系统

硬件系统主要由高性能的服务器、海量的存储设备、遍布企业各车间、仓库及管理部门的终端设备、智能化炮制设备以及通信线路等组成信息交流通畅的计算机网络。

(二) 软件系统

在软件方面，主要为面向多层用户，具有多种功能的计算机软件系统，它不但包括系统软件、应用软件和开发工具等，还有储存生产检验常用信息的数据库及数据库管理系统。按照中药饮片企业的特点，以及各部门的特点，将整个中药炮制生产信息化系统分为企业网站、信息管理系统、生产管理系统、质量控制系统及供应链管理系统五个分系统管理模块，实现炮制生产数据录入、管理、查询、统计分析等功能，为中药饮片的生产提供决策和追溯数据。

1. **企业网站** 分为企业内部网站和企业外部网站。企业内部网站主要面向企业内部员工，进行通知发布，技能培训等，企业外部网站主要面向原材料供应商、政府监管部门、客户及全社会的最终患者。

2. **信息管理系统** 该系统主要用于企业内部日常事务的管理，分为人事管理模块、财务管理模块、设备管理模块等。

3. **生产管理系统** 该系统主要面向生产管理部门及生产车间，直接与生产设备连接，对从下生产任务单到成品入库前的包装进行全过程的监控和管理，对此过程内所产生的信息进行收集整理。

4. **质量控制系统** 该系统主要面向质量监管部门，直接与检测仪器对接，除负责对质量检验过程进行监控和管理，还负责生成产品的质量档案，方便对产品的质量进行分析，以进一步提高产品的质量。

5. **供应链管理系统** 该系统主要面向销售采购部门和仓库保管部门，对原料供应商、客户的档案，进货、销售、存储过程，养护进行管理。

第四节　中药饮片的生产管理

中药饮片企业自 2008 年 1 月 1 日开始实施《药品生产质量管理规范》（Good Manufacturing Practice，简称 GMP）的生产与管理。GMP 为药品生产和质量管理的基本准则，是监督管理药品生产全过程的有效措施，也是世界上各国对药品生产全过程监督管理并普遍采用的法定技术规范。监督实施中药饮片 GMP 是药品监督管理工作的重要内容，是保证饮片质量和药品安全有效的可靠措施。

依照《药品管理法》规定，中药饮片生产企业应当执行《药品生产质量管理规范》的规定并遵从配套文件附件 1《中药饮片》的条款。在硬件方面要求有符合规定的环境、厂房、设备，在软件方面要有可靠可行的生产工艺、严格完善的管理制度，中药饮片生产管理主要有以下几个方面。

一、组织机构管理

在实施 GMP 的过程中，组织机构是组织保证，人员是执行主体，培训是重要环节，这是实施 GMP 的先决条件之一。

（一）机构设置

1. 组织机构　企业应当建立与饮片生产相适应的组织机构，构建组织机构图，明确企业各部门的设置、隶属关系、职责范围及各部门之间的关系，其中生产和质量管理部门应分别独立设置。

2. 质量管理部门　设立独立的质量管理机构，履行质量保证和质量控制的职责。质量管理机构可以分别设立质量保证部门和质量控制部门。

3. 生产管理部门　中药饮片企业分为一般饮片生产和毒性饮片生产两大部分，下分净制、切制、炮炙、干燥、包装等车间。生产管理部门负责按 GMP 要求组织生产。

（二）人员管理

1. 企业负责人　是中药饮片质量的主要责任人，全面负责企业日常管理。质量管理部门必须由企业负责人直接领导。质量管理负责人和生产管理负责人不得互相兼任。质量管理负责人和质量受权人可以兼任。企业的关键人员（包括企业负责人、生产管理负责人、质量管理负责人和质量受权人等）及质量保证、质量控制等人员均应为企业的全职在岗人员。企业应配备与饮片生产相适应、具有相应专业知识的管理人员和技术人员。

2. 生产管理负责人　应具有药学或相关专业大专以上学历（或中级专业技术职称或执业药师资格）、三年以上从事中药饮片生产管理的实践经验，或药学或相关专业中专以上学历、五年以上从事中药饮片生产管理的实践经验。

3. 质量管理负责人、质量受权人　应当具备药学或相关专业大专以上学历（或中级专业技术职称或执业药师资格），并有中药饮片生产或质量管理五年以上的实践经验，其中至少有一年的质量管理经验。主管生产和质量的部门负责人不能兼任。

（三）人员培训

企业应指定部门或专人负责培训管理工作，培训的内容应包括职业道德与岗位职责教育、中药专业知识、岗位技能和药品 GMP 相关法规知识等。

二、物料管理

1. 物料采购　包括原料、辅料、包装材料等，采购应执行"择优选购，按需购进"的原则。对供应商进行质量评估，并建立质量档案。对同一品种尽量做到供应商固定，产地保持相对稳定，以确保质量的稳定。

购进物料时，应按《中华人民共和国民法典》签订含有质量条款的合同。质量条款应规定：物料符合质量标准，包装上应有明显标签，注明品名、规格、数量、产地、来源、采收时间等。实施批准文号管理的中药材应注明药品批准文号。

购进毒性中药应严格执行毒性中药管理制度及有关规定。进口药材应有国家食品药品监督管理部门批准的证明文件，以及按有关规定办理进口手续的证明文件。

2. 物料成品入库出库

（1）物料接收：保管员凭供应商提供的物料清单收货。

（2）物料初验：保管员对供应商提交的物料清单与物料的件数进行核对。

物料到库后做好相关记录，记录内容有入库日期、品名、规格、数量、供应商名称。

（3）物料编码：是用于指导车间现场生产、物料检验、产品发放及销售等，各种生产检验文件交质管部、生产部、物料部的重要流转依据。每一种物料一个物料编码，编码由 1 位大写英文字母和 3 位阿拉伯数字组成。例：Y001，Y 表示原材料，001 表示 ** 原料的编码；F001，F 表示辅料，001 表示 ** 辅料的编码；B001，B 表示包装材料，001 表示 ** 包装材料的编码。每一种物料均有唯一编码号，不可更改。类别与字母代号见表 6-1。

表 6-1　物料编码

类别	原料	辅料	包装材料	标签
代号	Y	F	B	P

（4）物料批号：是用以识别一个特定批的具有唯一性的数字和（或）字母的组合。

批号编制方法：年号＋月份＋流水号，由 8 位阿拉伯数字组成，年号用 4 位数字表示，如 2024 表示在本年内的进厂年号；月份用两位数表示，01，02……12 分别表示相应的进厂月份；物料进厂流水号用 2 位数表示，01，02……10，表示当月某个物料进厂批次流水序号。

（5）物料、中药饮片入库：保管员凭质量检验部门出具的检验报告书入库。

物料逐件过秤、中药饮片点清数量后，移入相应的库区。合格的物料填写入库单，凭物料入库单记账入库。

（6）物料、中药饮片出库：发货时按"先进先出"的原则按编号（批号）发货。

（7）物料退库：在生产中剩余的原料、辅料、票签应退回原仓库。退库物料必须经质检员检查合格后，由专人填写申请单、办理退库手续。已打上批号的包装材料及受污染的原辅料不得退库。仓库保管员对剩余的退库物料，应认真检查物料的名称、数量是否准确无误，如无问题，将其存放单独货位、贴上退料标签，下次发料时，应优先发放退库物料。保管员应及时填写库存货位卡和物料总账。

（8）报损：物料、中药饮片在保管过程中出现损耗，应填写报损单，说明报损原因，经仓库负责人批准。

3. 仓库状态标志管理

（1）物料、成品按其状态分类：待验、合格、不合格、发货（待运）、进货退出、销货退回6种状态。各类状态标志见表6-2。

表6-2 状态标志

状态	待验	合格	不合格	发货	进货退出	销货退回
标志底色	黄色	绿色	红色	绿色	黄色	黄色
文字	待验	合格	不合格	发货	进货退出	销货退回
文字颜色	白色	白色	白色	白色	白色	白色

（2）状态标志的制作：①各种状态标志应该统一印制，同一大小。②各种状态标志的材质应该易于清洁消毒，无臭无味。

（3）状态标志的使用：①原料、辅料、包装、票签、成品仓库应设立待验库、合格库、不合格库、发货库、退货库，仓库较小的可在库内设区。分别用状态标志的底色画线隔离，并在每个仓库（区）的显著位置挂上相应的状态标志牌。②物料、成品一旦改变状态，应及时转移到相应的仓库（区）。

4. 毒性中药材管理

（1）毒性药材的采购：严格按采购计划从有毒性药材经营资格的渠道采购，签订购销合同。

（2）毒性药材的入库：毒性药材应设立专库，库内应划分待验区、合格品区、不合格区，每个区有严格的隔离措施。保管员凭进货单将毒性药材放至毒性药材库的待检区，双人点清件数，检查包装。保管员将毒性药材逐件称量，做好记录，移至相应的区（专柜），并在专用的货位卡（明细账）中记账。毒性药材外包装上应有明显的圆形、黑底、白色的"毒"字。

（3）毒性药材的贮藏：毒性药材进货后必须有专人保管、专库存放、专账管理、双人双锁。

（4）毒性药材的出库：毒性药材凭生产部门负责人签字的领料单领用。出库时有领料人员、保管员在场，质管员在场监控称取。领发料双方和质量管理员在出库记录上签字，做到账、卡、物相符。

（5）毒性中药饮片的入库：毒性中药饮片凭合格检验报告书入库，生产人员（2人）与保管员（2人）办好交接手续，并在入库记录上签字。保管员需按入库数量开具成品入库单，按照入库单数量记账（卡）。将毒性中药饮片放入毒性中药饮片专库（柜）内，有专人保管、专库存放、专账管理、双人双锁。

（6）毒性中药饮片的销售、出库：在向有中药饮片配方资格的医院和药店销售毒性中药时，必须凭盖有购货单位红色印章的购买证明，其他单位和个人购买，需凭省、市食品药品监督管理局批准购买的文件或证明。保管员凭相关证明双人发货、复核，做好交接手续并签字。

（7）不合格毒性中药的处理：按照相关程序处理，保管员应双人双签名。

三、生产管理

在饮片的生产过程中主要的技术文件包括：生产工艺规程，岗位操作法或标准操作规程（简称SOP）及批记录。饮片生产工艺规程包括了名称，规格，炮制工艺的操作要求和技术参数，物料、中间产品、成品的质量标准及储存注意事项，物料平衡的计算方法，包装规格等要求。中药饮片生产工艺应当验证，按GMP要求，净制、切制可按制法进行工艺验证，炮炙应按品种进行工艺验证，关键工艺参数应在工艺验证中体现，生产一定周期后应进行再验证。

1. 生产工艺规程 是规定生产一定数量产品所需的原料、辅料、包装材料的数量，以及炮制设备、炮制工艺过程、质量要求、生产过程控制、注意事项等一整套完整的程序规范。生产工艺规程是以质量标准为依据，按照中药炮制的工艺过程，根据企业的实际生产情况制定。编制原则要求符合生产产品的质量标准，内容齐全，合理可行，通俗易懂。饮片的生产工艺规程示例如表6-3所示。

2. 标准操作规程（SOP） 是指生产合格产品必须遵守的标准操作程序和规范。以炒制标准操作规程为例。

（1）生产准备：①生产前应无上次生产遗留物，容器、工具清洁，生产现场卫生合格，有"清场合格证"；②炒药机的状态完好、已清洁、待运行；③炒制岗位操作人员穿戴好工作服、工作帽、工作鞋进入车间，准备生产；④接收上道工序流转物料，双方核实数量，炒制标准操作人员确认，物料数量、外包装或容器完好后接收物料；⑤领取炒制所需的辅料；⑥准备好生产记录。

（2）标准操作规程：①打开电源开关，设定温度，设定炒制时间；②启动炒筒正转按钮，打开燃烧器开关，启动除尘设备；③待炒药机升至规定的温度，根据不同的炒制方法投料、炒制；④当炒至设定时间（此时电蜂鸣自动报警，燃烧器自动切断电源）时，在出料口放上接料容器，启动炒筒反转按钮，炒锅旋转出料，出料后按停止按钮；⑤将炒制后的中药在垫有不锈钢板材的场地或容器内摊凉，加辅料炒制的中药先筛去辅料后摊凉；⑥炒制结束，关闭电源、除尘设备；⑦摊凉后将成品装入干净的容器内，并挂上待验状态标志；⑧炒制工作完成后应认真填写生产记录。

（3）清场处理：①将成品移入规定的位置，请质检员检验，检验合格后根据生产指令，把产品和生产记录交给下一道工序；②将炒药机内外遗留的药屑、灰尘用毛刷清除干净；③将工具、容器上的药屑、灰尘用毛刷清除干净，放入固定位置；④地面清扫干净；⑤将扫把、毛刷上的杂物清理干净，放在清洁间自然干燥即可；⑥填写清场记录。

3. 生产依据 中药饮片应当按照国家药品标准炮制。国家药品标准没有规定的，应当按照省、自治区、直辖市人民政府药品监督管理部门制定的炮制规范炮制。

4. 批号管理 批号是指以同批中药材在同一连续生产周期生产一定数量的相对均质的中药饮片为一批，以一组数字作为一批的识别标记，称"批号"。

（1）批的确定：①原药材在同一产地、同一季节采收的为同一批，同一批中药饮片，必须是同一批中药材加工生产；②同一批中药饮片在生产中必须同一个连续生产周期生产；③同一批中药饮片必须质量一致，即形状、大小、色泽、含水量、杂质、碎屑等基本一致。

（2）批号编制：①批号由生产管理人员在下达生产指令时确定；②中药饮片的批号用6位数字表示，按照下达生产指令的日期为准，前两位为年份，中间两位为月份，后两位为日期，如

表6-3 山药的生产工艺规程

文件名称	×××饮片有限公司山药生产工艺规程		文件编码	TS-GY-××
起草人	×××	日期	××年××月××日	起草部门	质量管理部
审核人	×××	日期	××年××月××日	分发部门	生产储运部
批准人	×××	日期	××年××月××日	执行日期	××年××月××日
原药质量标准	毛山药 本品略呈圆柱形,弯曲而稍扁,长15~30 cm,直径1.5~6 cm。表面黄白色或淡黄色,有纵沟、纵皱纹及须根痕,偶有浅棕色外皮残留。体重,质坚实,不易折断,断面白色,粉性。气微、味淡、微酸,嚼之发黏 光山药 呈圆柱形,两端平齐,长9~18 cm,直径1.5~3 cm。表面光滑,白色或黄白色			
净制	设施:拣选台 操作方法:取原药材,置拣选台上,拣去杂质及非药用部分 控制指标:无伪品、无虫蛀、霉变、变质及非药用部位。品种色泽、特征、气味应符合规定,色泽均匀。杂质<2% 清洗:拣选后的山药放在清洗池中,进行淋洗。淋洗期间不停翻动,淋洗至肉眼看不见泥沙			
闷润	设备:水池 将大小分档的山药整齐码放于润药池内,将水均匀地淋在山药上,使山药上下均匀地接触水,其间翻动2~3次,至内外湿度一致。操作员采用弯曲法判断软化程度是否符合工艺要求			
切制	设备:直切式切药机 切成2~4 mm的厚片,厚度均匀 控制指标:片型完整,表面光洁。异形片<5%(连刀片、掉边与炸心片、翘片、片厚不在规定范围内的等)			
干燥	设备:热风循环烘箱或网带式烘箱 铺片厚度2~4 cm,烘干温度50~60℃ 控制指标:含水量不得过15.0%(内控)			
炮制	设备:炒药机 麸山药 将炒锅加热至温度为140~150℃,投入2 kg的麦麸(过3号筛,筛去碎屑),待烟气较大时,投入净山药20 kg置热锅中,炒至表面颜色深黄色时(11分钟)取出,筛去麦麸,放凉			
过筛	设备:筛药机 过3号筛,筛去灰屑。灰屑不得过3%			
包装	设备:封口机。包装袋:塑料袋,塑料袋膜袋。包装规格:每袋1 kg 在塑料袋中上部贴上合格证,封口			
中药饮片质量标准	山药 为不规则的厚片,断面平,切面白色或黄白色,质坚脆,粉性。气微、味淡、微酸 麸山药 表面黄白色或微黄色,偶有焦斑,略具焦香气			
贮藏	置通风干燥处,防蛀			
物料平衡	收率=成品数(kg)÷药材投料数(kg)×100% 山药:收率在80%~90% 麸山药:收率在80%~95%			

2015年5月5日下达生产指令,批号为"150505";③同一批中药饮片只有一个批号,批号一经确定,不能改动,中药饮片分装后的批号按原包装批号,任何人不得更改、增加批号;④因故返工的中药饮片,返工后原批号不变,只在原批号后加一个代号"R"以示区别,如"150505"产品的返工批号为"150505(R)"。

(3)批号标识:批号应明显标于批生产记录的每个部分,每一批中间体、成品的每一件

（包）的标签或包装上必须标明批号。

（4）批号追溯：批号从下达生产指令开始，在生产的各个环节、储存、销售等过程中，必须记录批号。根据批号，能查明该批中药饮片的生产情况，可追溯该批药品的生产历史及生产过程、中药材的质量情况及供货商等。

5. 饮用水质量 中药饮片生产区的工艺用水、设备、容器清洗的用水标准为国家饮用水标准。饮用水每年至少一次送相关检测部门进行检测，并出具检验报告；每月由质量检验部门定期对本公司生产用水进行外观检测，并出具检验报告。检测项目与要求如表6-4所示。

表6-4 饮用水质量检测要求

项目	质量要求	项目	质量要求
色泽	目视应无色，不得显其他异色	气和味	无异样气味
肉眼可视物	不得含有	酸碱度	pH 6.5~8.5

如生产用水检测不符合饮用水标准，质管部需立即通知停止生产用水的使用，通知供水单位对饮用水进行处理，重新检测直至符合规定方可通知生产。饮用水的检测报告由质检部指定人员对其进行归档。

四、质量管理

1. 质量监控管理 包括物料的监控和中间产品的监控。

（1）物料的监控：指采购、入库验收、贮存、发放、使用过程的质量监控。主要包括：①物料采购的监控：按质量标准的要求采购物料。②物料的验收：物料必须按批或批次验收，物料应符合质量要求。③取样、检验：检验人员按照操作规程进行取样、检验，检验合格后才能入库使用。④入库：经质量检验部门检验合格后才能办理入库手续，根据物料不同储存要求和管理要求分别放在阴凉库、常温库、毒性中药库。各项贮存保管要求应符合有关规定。⑤贮存：物料按规定的使用期限储存，无规定使用期限的物料，贮存期不超过3年；到期前3个月的物料，应复检符合规定的才可继续使用。⑥退料的监控：生产车间所退物料必须经质管员确认可继续使用后才能办理退料手续。

（2）中间产品的监控：饮片生产从投料到分装后的产品均为中间产品。①每个工序操作按标准操作程序、卫生管理规程等规范进行生产；②按照物料平衡制度，收得率要符合规定的范围；③各工序的中间产品均应有明显的状态标志，标明品名、规格、批号、数量等；④中间产品质量监控凭证纳入批记录，未经检验合格，无质管部签发的凭证，中间产品不能转入下道工序的生产；⑤不合格的中间产品，必须贴上不合格证或不合格标志，按规定程序处理。

2. 成品审核放行管理 质量管理人员须严格按"放行审核单"进行审核，审核项目完整、无误；经审核，成品合格后才能入库、放行。

（1）中药饮片放行前审核的人员：须由质量管理部门负责人审核。

（2）中药饮片放行前审核的主要内容：①配重、称重过程中的复核情况；②批生产记录、批包装记录填写正确，符合规定要求；③物料平衡在规定的范围内，确认能保证产品质量；④各生产工序检查、监控记录完整，准确无误，与生产记录、批包装记录各项一致无误；⑤中间产品检验记录完整准确无误；⑥清场记录填写正确，符合规定；⑦检验记录完整、准确，复核人复核无误，成品检验报告书结果符合成品质量标准。

（3）放行批准程序：①由质量管理负责人或质量管理人员对应审核的内容逐项进行审核，并做好审核记录；②经审核合格后，在中药饮片放行审核记录、成品检验报告书上签字，并在检验报告书上盖章；③将成品检验报告书、中药饮片放行审核记录存入批生产记录，另一份检验报告书交保管员，作为保管员入库、发货的依据。

3. 不合格品处理程序 ①各药检所、质检员出具的不合格品检验报告书，应交质量管理员；②质管员填写不合格品封存单，并与报告书交仓储或生产部门；③不合格品立即封存，生产及已经销售者立即收回；④封存和收回的不合格品入不合格库（区），挂不合格标记；⑤不合格品发生部门填写不合格品处理报告单；⑥质管负责人审核，提出处理意见及改进措施；⑦保管员填不合格药品报损表，报质管、财务、质量主管批准；⑧保管员填写"不合格品销毁记录"；⑨不合格品在质管人员、仓储人员监督下销毁，并在记录上签字。

4. 产品检验 主要包括取样、检验、留样、报告。

（1）取样：样品量不得少于实验所需用的3倍，并等量分为3份，供实验室分析、复核，其余留样保存用。

（2）检验：按照法定质量标准中的方法、检验操作规程进行检验。不得擅自更改检验方法。

（3）留样：每批中药材和中药饮片应当留样。中药材留样量至少能满足鉴别的需要，中药饮片留样量至少应为两倍检验量，毒性药材及毒性饮片的留样应符合医疗用毒性药品的管理规定。留样时间应当有规定，中药饮片留样时间至少为放行后一年。

（4）报告：完成样品检验应及时、完整、准确地填写药品检验报告书。

（张朔生、赵建斌）

复习思考题

1. 试述中药饮片生产常用的炮制设备。
2. 试述中药饮片 GMP 管理的内容。

数字资源详见 新形态教材网

- 课程思政案例
- 视频
- 知识拓展
- 推荐阅读
- 复习思考题答案
- 教学课件

第七章

中药饮片的质量控制

思维导图

彰显炮制特色的《中国药典》一部——中药饮片质量控制

中药饮片是中医临床用药的主要形式，《中国药典》进一步完善了饮片质量标准体系。对于炮制项为净制、切制的饮片，逐步完善其性状、鉴别、检查等项目；对于经炮炙或其他处理后的饮片，在科学研究的基础上，进一步加强专属性质量控制，彰显炮制特色。

根据女贞子在酒制过程中特女贞苷转化为红景天苷的特点，将酒女贞子饮片标准中含量测定指标成分改为红景天苷，体现了所控制成分与炮制的相关性。

原标准中地黄、熟地黄均有毛蕊花糖苷的含量测定限度要求，但毛蕊花糖苷含量在地黄中仅为万分之二左右，且在炮制过程中极不稳定，易发生降解和转化。所以，选择具有滋阴、补血及降血糖活性且含量较高、性质更稳定的地黄苷D代替毛蕊花糖苷作为地黄和熟地黄的含量测定指标。

苦杏仁炒制机理研究发现，炒制使苦杏仁苷发生异构化反应，炒后D-苦杏仁苷、L-苦杏仁苷总量虽与焯苦杏仁基本持平，但D-苦杏仁苷含量明显升高，L-苦杏仁苷下降，与D-苦杏仁苷作用强于L-苦杏仁苷的报道相符合。所以，将炒苦杏仁饮片标准中苦杏仁苷含量限度提高到与焯苦杏仁一致，即不得少于2.4%。

请对下列问题给予思考与分析：
1. 试述中药饮片质量控制常用的现代技术。
2. 试列举中药饮片质量控制与炮制关联度较高的案例。

中药饮片的质量安全问题，是制约中药发展的主要因素。中药饮片质量涉及来源、药材质量、炮制和储存等多个环节，只有各环节均严格按照标准规范进行控制，才能达到中药饮片的最佳质量。中药饮片是中医临床的处方用药，其质量的好坏直接影响临床疗效及安全性。好的中药饮片是生产出来的，因此对中药饮片生产的全过程实施科学监控是非常重要的。

第一节　中药饮片的质量要求

中药饮片质量要求是指经过炮制加工生产的饮片应达到一定的标准。《中国药典》对中药饮片的质量要求有明确标准，应为一个整体的标准体系，而不是孤立的某一项检测项目。中药饮片质量标准的主要项目包括性状、鉴别、检查、浸出物测定、含量测定等。质量标准体系中设置的各项内容对中药的质量控制和保障临床用药安全有效均有其特有的目的和意义。

一、性状

性状系指药材和饮片的形状、大小、表面（色泽与特征）、质地、断面（折断面或切断面）及气味等特征。性状的观察方法主要用感官来进行，如眼看（较细小的可借助于放大镜或体视显微镜）、手摸、鼻闻、口尝等观察和判断的方法。

1. **形状**　是指药材和饮片的外形。观察时一般不需预处理，如观察皱缩的全草、叶或花类时，可先浸湿使其软化后，展平，观察。观察某些果实、种子类时，如有必要可浸软后，取下果皮或种皮，以观察内部特征。

2. **大小**　是指药材和饮片的长短、粗细（直径）和厚薄。一般应测量较多的供试品，可允许有少量高于或低于规定的数值，测量时应用毫米刻度尺。对细小的种子或果实类中药，可将每10粒种子紧密排成一行，测量后求其平均值。

3. **表面**　是指在日光下观察药材和饮片的表面色泽（颜色及光泽度），如用两种色调复合描述颜色时，以后一种色调为主，例如黄棕色，即以棕色为主；以及观察药材和饮片表面的光滑、粗糙、皮孔、皱纹、附属物等外观特征。观察时，供试品一般不作预处理。

4. **质地**　是指用手折断药材和饮片时对坚硬或酥脆程度的感觉。

5. **断面**　是指在日光下观察药材和饮片折断面的色泽（颜色及光泽度）和特征。如折断面不易观察到纹理，可削平后进行观察。

6. **气味**　是指药材和饮片的嗅感与味感。嗅感可直接嗅闻，或在折断、破碎或搓揉时进行，必要时可用热水湿润后检查。味感可取少量直接口尝，或加热水浸泡后，口尝浸出液。有毒药材和饮片如需尝味时，应注意防止中毒。

7. **异常现象**　药材和饮片不得有虫蛀、发霉及其他物质污染等异常现象。

二、鉴别

鉴别系指检验药材和饮片真实性的方法，包括经验鉴别、显微鉴别、理化鉴别、聚合酶链式反应鉴别等。

1. **经验鉴别**　系指用简便易行的传统方法观察药材和饮片的颜色变化、浮沉情况及爆鸣、色焰等特征。

2. 显微鉴别 系指用显微镜对药材和饮片的切片、粉末、解离组织或表面及含有饮片粉末的制剂进行观察,并根据组织、细胞或内含物等特征进行相应鉴别的方法。鉴别检查时,照《中国药典》(通则 2001)显微鉴别法项下的方法制片观察。

3. 理化鉴别 系指用化学或物理的方法,对药材和饮片中所含某些化学成分进行的鉴别试验。包括一般鉴别、光谱及色谱鉴别等方法。

(1)荧光法:将供试品(包括断面、浸出物等)或经酸、碱处理后,置紫外光灯下约 10 cm 处观察所产生的荧光。除另有规定外,紫外光灯的波长为 365 nm。

(2)微量升华法:取金属片或载玻片,置石棉网上,金属片或载玻片上放一高约 8 mm 的金属圈,圈内放置适量供试品粉末,圈上覆盖载玻片,在石棉网下用酒精灯缓缓加热,至粉末开始变焦,去火待冷,载玻片上有升华物凝集。将载玻片反转后,置显微镜下观察结晶形状、色泽,或取升华物加试液观察反应。

(3)光谱和色谱鉴别:常用的有紫外-可见分光光度法、红外分光光度法、薄层色谱法、液相色谱法、气相色谱法等。

1)薄层色谱法:鉴别中药饮片的质量,具有较高的专属性和准确性。在进行中药饮片薄层色谱鉴别时,不能盲目搬用药材方法和条件,尽可能选择饮片专属性对照品,并可以标准品、对照品和标准饮片同时作阳性对照。

2)液相色谱法:可用于中药饮片的特征或指纹图谱鉴别。当饮片存在易混淆品、伪品而显微特征或薄层色谱又难以鉴别时,可考虑建立饮片的特征或指纹图谱鉴别。

3)气相色谱法:适用于含挥发性成分药材和饮片的鉴别。采用气相色谱法建立特征或指纹图谱的要求可参照《中国药典》总则和液相色谱法的相关要求。

4. 聚合酶链式反应鉴别 是指通过比较药材和饮片的 DNA 差异来鉴别的方法。《中国药典》收载了川贝母、霍山石斛、蛇类中药的 DNA 分子鉴别。

三、检查

检查系指对药材和饮片的洁净程度、可溶性物质、有害或有毒物质进行的限量检查,包括水分、灰分、杂质、毒性成分、重金属及有害元素、二氧化硫残留、农药残留、黄曲霉毒素等。

1. 净度 是指中药饮片的洁净程度,可以用中药饮片含杂质及非药用部位的限度来表示。中药饮片应有一定的净度标准,以保证调配剂量的准确。

中药饮片总的净度要求是:不应该含有泥沙、灰屑、霉烂品、虫蛀品、杂物及非药用部位等。非药用部位主要是果实种子类药材的皮壳及核、根茎类药材的芦头、皮类药材的栓皮,以及动物类药材的头、足、翅,矿物类药材的夹杂物等。

《中国药典》规定,饮片中药屑杂质通常不得过 3%。国家中医药管理局关于《中药饮片质量标准通则(试行)》的通知中,对中药饮片净度也有具体明确的规定:果实种子类、全草类、树脂类含药屑、杂质不得过 3%,根类、根茎类、叶类、花类、藤木类、皮类、动物类、矿物类及菌藻类等含药屑、杂质不得过 2%。炒制品中的炒黄品、米炒品等含药屑、杂质不得过 1%,炒焦品、麸炒品等含药屑、杂质不得过 2%,炒炭品、土炒品等含药屑、杂质不得过 3%,炙品中酒炙品、醋炙品、盐炙品、姜炙品、米泔炙品等含药屑、杂质不得过 1%,药汁煮品、豆腐煮品、煅制品等含药屑、杂质不得过 2%,发酵制品、发芽制品等含药屑、杂质不得过 1%,煨制品含药屑、杂质不得过3%。

净度的检查方法：取定量样品，拣出杂质，草类、细小种子类过三号筛，其他类过二号筛。药屑、杂质合并称量计算。

2. **水分**　是指药材和饮片内在水分的含量，水分含量是控制中药材和饮片质量的一个基本指标。中药材加工成饮片，有的须经水处理，有的要加入一定量的液体辅料。如操作不当，可使药材"伤水"，如未能充分干燥，则中药饮片极易霉烂变质。部分经过蒸、煮的药物，如熟地黄、制黄精、制肉苁蓉等，其质地柔润，含糖类及黏性成分较多，饮片内部不易干燥，更应防止其含水量过高。一些胶类药物，如阿胶、鹿角胶等，含水量直接影响其品质和硬度。切制后的饮片，与液体辅料共同制的炮制品，以及蒸、煮、焯等法炮制的饮片，均必须及时干燥充分，使其水分含量满足规定的限度要求。

按炮制方法及各药物的具体性状，一般中药饮片的水分含量宜控制在7%~13%。《中国药典》规定，饮片水分通常不得过13%。《中药饮片质量标准通则（试行）》中对各类中药饮片的含水量规定为：蜜炙品不得超过15%，酒炙品、醋炙品、盐炙品、姜炙品、米泔水炙品、蒸制品、煮制品、发芽制品、发酵制品均不得超过13%，烫制后醋淬制品不得超过10%。

3. **灰分**　是将中药饮片在高温下灼烧、灰化，所剩残留物的重量。将干净而又无任何杂质的合格中药饮片高温灼烧，所得之灰分称为生理灰分。如果在生理灰分中加入稀盐酸滤过，将残渣再灼烧，所得之灰分为酸不溶性灰分。灰分是控制中药饮片质量的基本指标。

一般情况下中药饮片的灰分是合格的，灰分不合格的多数原因是混入了泥沙等杂质。如炮制时处理不当，砂烫、滑石粉烫、蛤粉烫和土炒等制法中固体辅料去不净时，灰分值会超标。在运输和贮存过程中有泥沙等混入，也会造成灰分的超标。灰分的测定是控制饮片洁净度的有效方法。

4. **毒性成分**　毒性成分的含量限度对控制有毒药物的炮制质量和保证临床用药安全有效十分重要。对于中药的毒性成分而言，一方面通过炮制降低其含量，另一方面可通过炮制将其转化为小毒或无毒的药效成分，从而达到安全有效应用的目的。《中国药典》规定：制川乌含双酯型生物碱以乌头碱、次乌头碱和新乌头碱的总量计，不得过0.040%。

5. **重金属及有害元素**　中药饮片中的有害物质主要是指铅、汞、镉、铜等重金属及砷、二氧化硫等有害元素。《中国药典》规定：饮片（矿物类除外）的二氧化硫残留量不得过150 mg/kg。

这些有害物质可影响中药饮片的用药安全，也直接影响到中药的出口及临床应用。通过科学合理的炮制使重金属及有害元素含量降低，具有非常重要的意义。

6. **农药残留量**　系指饮片中存在的农药原体、农药的有毒代谢物、降解物等的含量。为了确保用药安全，对用药时间较长、药食两用、儿童用药及进出口的中药饮片品种，应建立合适的农药残留量检测项目。中药饮片（植物类）33种禁用农药不得检出（不得过定量限）。

> 知识拓展 7-1　33种禁用农药

7. **卫生学检查**　中药饮片在生产、加工、贮运等过程中往往会受到微生物的污染。应该对饮片中可能含有的致病菌、大肠杆菌、细菌总数、真菌总数、活螨及真菌毒素（主要是黄曲霉毒素）等作必要的检查，并作限量要求。

8. **酸败度**　酸败是指油脂或含油脂的种子类饮片，在贮藏过程中与空气、光线接触，发生复杂的化学变化，产生低分子化合物醛类、酮类及游离脂肪酸等，具有特异的刺激臭味（俗称哈喇味）的变异现象。通过酸值、羰基值或过氧化值的测定，以控制含油脂种子类的酸败程度。

9. 其他检查 系指除《中国药典》(通则0212)规定的各项检查以外,其他还应视情况进行的有针对性检查,如伪品、混淆品、色度、吸水性、发芽率等项目,以及药材和饮片所含毒性成分的限量检查。

四、浸出物

浸出物系指中药饮片用水、乙醇或其他适宜溶剂进行浸提,测定浸提所得的干浸膏重量。根据采用溶剂不同分为水溶性浸出物、醇溶性浸出物及挥发性醚浸出物等,一般最常用的溶剂是水和乙醇。对有效成分、有效部位或主成分群尚无可靠测定方法或所测成分含量低于万分之一的中药饮片,可根据饮片的实际情况采用水溶性浸出物或有机溶媒浸出物作为饮片质量控制指标,一定程度上控制了中药所含化学成分的含量,与含量测定形成互补。

五、指纹图谱或特征图谱

采用指纹图谱或特征图谱的模式,将中药内在化学物质的特性转化为常规的色谱数据信息,通过对中药样品特征性的识别,全面、整体、特异性地表征中药的品质。

中药指纹图谱或特征图谱的基本属性是整体性与模糊性。将其引入中药饮片的质量控制体系中,既体现了中医药整体观的理论内涵,又可以全面、整体、特异地表征中药饮片质量的优劣。采用标准炮制工艺得到标准饮片,可以建立标准饮片的指纹图谱库。通过对比生品与炮制品的指纹图谱,可以得到炮制前后发生变化的成分;通过对比不同批次炮制品的特征图谱,可对饮片的质量优劣及稳定性进行分析。

六、含量测定

含量测定是指药物中所含主成分的量,是对中药饮片中主要药效成分或指标性成分的定量控制,是保障中药饮片有效性的重要指标,也是评价中药材质量优劣的重要指标。一般应首选有效成分,如饮片含有多种有效成分,应尽可能选择与中药功能主治相关的成分。为了全面控制质量,可以采用同一方法测定2个以上多成分含量,一般以总量制定含量限度。

中药材是一个化学成分复杂、功能主治广泛的复杂体系,完全阐明中药材的功效物质或药效物质是非常困难的。中药材的质量标准或质量控制是保障中药材质量的相对一致,即保障每批药材所含成分及其含量相对一致。大量研究表明,多数植物的次生代谢产物的含量之间具有相关性,一般来说,优质药材所含各种成分的含量都较高,劣质药材所含各种成分的含量都较低。因此,控制数个主要成分的含量,实际上也相对地控制了其他成分的含量。

《中国药典》对于药效或有效成分明确的中药材,建立药效或有效成分的含量测定;对于药效或有效成分尚未明确的中药材,建立指标性成分的含量测定。随着《中国药典》标准的提升与完善,建立多成分含量测定,与指纹图谱相结合,构建中药整体成分质量控制体系,已成为中药质量标准的发展方向。

中药饮片能发挥较好的临床疗效,有效成分是其物质基础。测定中药饮片中有效成分的含量,是评价中药饮片质量较为可靠、准确的方法。对有效成分基本清楚的中药饮片应建立含量测定方法,并规定含量限度。

中药有效成分有生物碱、苷类、挥发油、有机酸、鞣质、蛋白质、氨基酸、糖及无机类等,如黄芩所含黄芩苷、黄连所含小檗碱、人参所含人参皂苷等均具显著的生理活性。因此,测定中药有效成分的含量，是控制中药质量的首选方法，对于中药饮片尤为重要。

对于有效成分不甚清楚的中药，可测指标性成分，一般饮片应规定含量下限。对有多种有效成分的中药亦应建立多个指标，并制定相应的检测方法，以便全面反映其内在质量。对于尚无法建立有效成分含量测定，或虽已建立含量测定、但所测定成分含量低或与功效相关性差的饮片，可进行总有效部位的测定，如总黄酮、总生物碱、总皂苷、总鞣质等的测定。含挥发油成分的中药，可测定挥发油的含量。

第二节　中药饮片的质量检验

一、检验用样品取样方法

1. **取样前的检查**　中药饮片检验抽取样品前，应核对品名、产地、规格等级及包件式样，检查包装的完整性、清洁程度以及有无水迹、霉变或其他物质污染等情况，详细记录。凡有异常情况的包件，应单独检验并拍照。

2. **取样的原则**　从同批药材和饮片包件中抽取供检验用样品的原则如下：

（1）总包件数不足5件的，逐件取样。

（2）5~99件，随机抽5件取样。

（3）100~1 000件，按5%比例取样。

（4）超过1 000件的，超过部分按1%比例取样。

（5）贵重药材和饮片，不论包件多少均逐件取样。

3. **每一包件的取样要求**　每一包件至少在2~3个不同部位各取样品1份，包件大的应从10 cm以下的深处在不同部位分别抽取，对破碎的、粉末状的或大小在1 cm以下的药材和饮片可用采样器（探子）抽取样品，对包件较大或个体较大的药材可根据实际情况抽取有代表性的样品。

每一包件的取样量：一般药材和饮片抽取100~500 g，粉末状药材和饮片抽取25~50 g，贵重药材和饮片抽取5~10 g。

4. **四分法取样**　将抽取的样品混匀，即为抽取样品总量。若抽取样品总量超过检验用量数倍时，可按四分法再取样，即将所有样品摊成正方形，依对角线划"×"，使分为四等份，取用对角两份；再如上操作，反复数次，直至最后剩余量能满足供检验用样品量。

5. **检验用量要求**　最终抽取的供检验用样品量，一般不得少于检验所需用量的3倍，即1/3供实验室分析用，另1/3供复核用，其余1/3留样保存。

二、对照样品

为了正确检验，必要时可用符合《中国药典》规定的相应标本作对照。

三、破碎或粉碎样品的检定

供试品如已破碎或粉碎，除性状、显微鉴别项可不完全相同外，其他各项应符合规定。

第三节 中药饮片的质量控制

中药饮片的炮制生产工序包括中药材采购、净制、饮片切制、干燥、炮炙、包装等。控制和提高中药饮片质量，应严格监控中药饮片生产操作过程，加强中药饮片质量检验，实施全过程质量管理。

一、中药饮片的质量检验管理

1. 质量检验人员的配备　按照中药饮片 GMP 的规定，中药饮片生产企业必须配备一定数量的质量检验人员（QC）。从事质量检验的人员应熟悉无机化学、有机化学、分析化学、中药化学等理论知识，掌握与中药饮片生产有关的质量标准，主要有《中国药典》，各省、自治区、直辖市药品监督管理部门编写的《中药炮制规范》和《中药材质量标准》，国家食品药品监督管理总局制定的《进口药材质量标准》等。检验人员应会操作相关质量标准中规定的各种检验方法和检验仪器，并具有一定的经验鉴别能力。

知识拓展 7-2　GMP

2. 主要检验仪器和设施的配置　中药饮片质量检验所需仪器及设施主要有高效液相色谱仪、气相色谱仪、原子吸收分光光度计、紫外可见分光光度计、薄层扫描色谱仪、分析天平、马弗炉、烘箱等，并建立有生物测定室。

3. 制定企业质量标准和检验操作规程　中药饮片生产企业应根据《中国药典》，各省、自治区、直辖市药品监督管理部门编写的《中药炮制规范》等质量标准，制定本企业的质量标准。企业质量标准中各项质量指标必须等于或高于国家和省级中药质量标准。质量标准一般有中药（包括中药材、中间产品、中药饮片）质量标准、辅料质量标准、包装材料品种与要求等。

检验操作规程是在质量标准的基础上、用以规定检验操作的通用性文件或管理办法。具体内容有：检验所需的仪器和设备、对照物质、试剂和试药、各检验项目的操作程序和操作要求等。

4. 质量检验与留样观察　按照《中国药典》要求进行中药饮片的抽样和检验，并留样观察。通过留样观察，确定中药饮片的储存期限。留样室应设置常温留样室（温度在 0~30℃）和阴凉留样室（温度不超过 25℃），需阴凉储存的中药在阴凉室留样，在常温库储存的中药应在常温室留样。留样室的温湿度尽量按照仓库的温湿度条件设定。留样后需定期观察，观察的时间根据样品变异情况确定，观察后做好记录。

5. 建立标本室　中药标本室需收集中药饮片的正品、伪品、地区习用品，以便在检验时作对照。

二、中药饮片的质量管理

中药饮片的质量直接影响到中医临床疗效。为确保中药饮片质量，中药饮片生产企业除配备一定数量的质量检验人员外，还应配备有专职的质量管理人员（QA）。质量管理人员监督、管理本企业从物料的购进、生产、贮存、销售等环节的质量管理，使各环节符合国家有关法规和企业文件的规定。

中药饮片生产必须从以下三个方面严格控制和管理。

（一）中药原药材采购质量控制

1. 产地对中药材质量的影响 药品生产质量管理规范（2010年修订）中药饮片附录第五条：中药材的来源应符合标准，产地应相对稳定。说明了道地药材和明确药材产地信息的重要性。

2. 采收季节对中药材质量的影响 中药材的品质除与产地、生长环境相关外，还与生长周期、采收季节密切相关，不同产地、不同土壤条件、不同采收时间直接影响药材的质量和有效成分的含量。《中国药典》及《炮制规范》均对药材采收时节进行了规定。中药材只有在规定要求的季节采收，才能保证质量。

3. 规格等级对中药材质量的影响 中药材的规格等级都有传统行规，如三七、地黄、枸杞、太子参、麦冬等，不同规格等级的中药材在质量要求上有其一致性。

4. 硫黄熏蒸对中药材质量的影响 为了药材防虫、防蛀、利于初加工和储存，一些趁鲜加工的药材会经过硫黄熏蒸，导致二氧化硫残留量超标，影响药材的内在质量。熏蒸的药材形状和不熏蒸的有很大区别，熏蒸后的药材色泽洁白、鲜艳，比较美观。熏硫过的药材，含硫量会影响药材有效成分的含量，浸出物也会减少。

（二）生产工艺标准化及全过程质量控制

中药材必须依法炮制才能达到中医临床用药的质量标准，并能适应中医处方用药和调剂质量的要求。一般生产经过备料、净制、浸润、切制、干燥、炮炙等工艺环节，最终使各种规格的饮片达到规定的净度、厚薄和安全性、有效性的质量标准。中药饮片生产必须配备与企业规模匹配的设备设施和人员组织，严格把控原药材采购环节，炮制工艺应标准化、规范化，检验检测方面要全面全项检验，做到生产全过程质量控制。

（三）中药材及中药饮片质量检验

根据规定，要求对中药材及中药饮片进行全检，配备足够的检验仪器及人员。中药材进入原药材仓库后，需要根据质量标准进行检验（包括性状鉴别、显微鉴别、理化鉴别、检查、含量测定等），检验合格后方能进入生产流程，进行加工。

在生产过程中，QA根据各工序质量监控要点，对加工过程中的每一道工序进行现场监控，确保每道工序合格后方能进入下道工序（批生产记录表）。

中药饮片进行包装前，需再次根据质量标准进行全检，合格后方能进行包装入库销售，流入市场。

为确保中药饮片的内在质量，检验人员需不断进行各类再教育，以确保自身业务素质。同时，中药饮片生产企业需要不断投入大量资金，以确保检验实验室的正常运作。

1. 审核与评估 对供应商具体审核的资料包括药品生产企业《药品生产许可证》、药品经营企业《药品经营许可证》、食品生产或经营企业《卫生许可证》，包装、票签印刷企业的《印刷经营许可证》、营业执照的经营范围及有效期，以及法人委托书、身份证的有效期。

对物料的采购、入库验收、储存、发放、使用过程进行质量监控。对每个工序操作、检验进行管理，以保证按照工艺规程、标准操作程序进行生产，进行物料平衡检查。对人员、设备、场地、容器的清洁管理，确保生产过程符合卫生管理规程要求。

质量管理部门对中药饮片出厂前必须进行审核。审核内容包括：配重、称重过程中的复核情况，各生产工序检查记录，清场记录，中间产品质量检验结果，偏差处理，成品检验结果等。经审核合格后，中药饮片才能出厂。

2. 不合格品的处理 不合格品是指经省市药品检验所及本企业检验后判定为不合格的物料、中间产品和成品。对不合格品进行监控，做到不合格的物料不准投入生产，不合格的中间产品不得流入下道工序，不合格的饮片不得出厂。出现不合格品应督促生产、保管人员，将不合格品放置不合格库（区），挂上红色不合格标志，做好记录。不合格品在质量管理人员的监督下作销毁处理，并做好销毁记录。对不合格品不得进行销售、不得进行内部处理。

3. 毒性中药的监控与管理 质量管理人员应对毒性中药的出入库、生产、储存、运输等过程实行全程监控，确保毒性中药的安全。毒性中药的管理应严格按照《医疗用毒性药品管理办法》进行。

第四节 影响饮片质量的因素

中药饮片质量的优劣直接关系到其临床疗效的好坏和患者生命的安全。中药饮片质量涉及一系列环节：药材品种、生长环境、采收、加工炮制等，每个环节必须认真规范操作，方能保证饮片质量，提高其临床效果。

一、药材基源

药材基源问题是用药最为重要的问题，关系到药材和饮片的真伪优劣。一药多源、形态相似、真假易混、质量有别、药效差异等一直是制约中药材及其饮片质量的重要因素。以大黄为例，全世界范围内，大黄属植物共有 60 多种，而载入《中国药典》并且成为法定来源的只有掌叶大黄 *Rheum palmatum* L.、唐古特大黄 *Rheum tanguticum* Maxim. ex Balf.、药用大黄 *Rheum officinale* Baill. 三个品种。该三种基源的大黄所含主要有效成分近似，主要包括芦荟大黄素、大黄酸、大黄素、大黄酚、大黄素甲醚等游离蒽醌类化合物。由于药材的资源分布问题，部分地区习用大黄与药典规定基源存在一定出入。在各地的实际临床用药中，常见习用品种还有同属的藏边大黄（*Rheum australe* D. Don）、河套大黄（*Rheum hotaoense* C. Y. Cheng et Kao）、华北大黄（*Rheum franzenbachii* Munt.）、小大黄（*Rheum pumilum* Maxim.）、藏药塔黄（*Rheum nobile* Hook.f. & Thomson）等，此类地方习用品种，虽然也含有蒽醌衍生物成分，但不含双蒽酮苷番泻苷类成分，如番泻苷 A、番泻苷 B 等，故泻下作用很差。

二、生态环境

植物的生长和分布及其体内代谢产物与自然环境密切相关，自古推崇的道地药材便是环境影响药材的有力证明。如吉林人参、宁夏枸杞、甘肃当归、内蒙古黄芪、浙江浙贝、河南地黄、云南三七、四川黄连、贵州天麻、广东砂仁、广州藿香、潮州佛手等道地药材，特殊的生态环境，其次生代谢产物积累较其他产地更多，有效成分较高，表现在饮片层面，则会使饮片入药疗效更好。生物学内涵揭示，道地药材的形成原因，是基因在环境作用影响下的选择性表达。以广藿香为例，广州的广藿香，气香醇，含挥发油虽较少（全草含1.0%），但广藿香酮含量却较多；海南产广藿香气较辛浊，挥发油含量虽较高（全草含4.3%），但广藿香酮含量甚微，故广州石牌产广藿香最地道。又以天麻为例，其适宜的环境为林下阴湿、腐殖质较厚、蜜环菌丰富的地方。天麻性喜凉爽湿润，以疏松、肥沃、微酸性砂质或腐殖质土为佳，主要生长于海拔在1 000～2 000 m处，同生植物主要有青杠、野樱桃、桦树、盐肤木、苔藓等，这些植物为天麻蜜环菌共生创造荫凉、湿润的良好环境。气温在15～25℃，湿度在75%～80%，土壤含水量保持在40%左右，及年降水量在1 000 mm以上者更为适宜其生长。贵州由于有此种自然环境优势，所以其产出的天麻质优，天麻素含量高达1.12%，天麻苷元达0.059%，比陕西、吉林、云南所产的天麻含量高许多。

三、采收季节

中药材的采收季节、时间、方法等与药物质量有着密切的关系，这种影响因素同样也反应在饮片层面。中药材在不同的生长阶段，所含成分的含量、种类都有动态变化。历代学者为了保证药材和饮片的质量，凭借经验总结出一系列的中药采收时间原则：根及根茎类一般在秋、冬至春初采收，茎木类一般在秋、冬两季采收，皮类一般在春末夏初采收，叶类药材一般在花开前或果实未熟前采收，花类药材一般含苞待放或初开时采收，果实一般在成熟或近成熟时采收，全草一般在茎叶茂盛时采收等等。

采收时间对中药材及其饮片质量影响最有代表性的药材当属茵陈。茵陈源于菊科植物滨蒿 *Artemisia scoparia* Waldst. et Kit. 或茵陈蒿 *Artemisia capillaris* Thunb，茵陈蒿以幼苗时采收为佳，茵陈所含的挥发油含量与色泽在不同生育期有所不同。在幼苗期，挥发油的色泽为绿色，含量约为0.031 mL/100 g；立秋后挥发油色泽变为棕色，含量约为0.47 mL/100 g；花前期挥发油呈棕黄色，含量增至0.75 mL/100 g，最高达0.96 mL/100 g，甚至在干燥带花蕾的地上部分仍可提取出保肝活性成分茵陈色原酮。经过对4—10月（幼苗、花、果期）12个不同生长期样品利胆成分蒿属香豆素、对羟基苯乙酮和绿原酸含量的测定表明，北京产滨蒿中蒿属香豆素的含量在初蕾期至花、果期（8月下旬至10月中旬）较高，对羟基苯乙酮含量在抽茎幼苗期至花前期（6月初至7月下旬）较高，绿原酸的含量基本上花前期至花果期（7月初至10月中旬）较高。由此可见，夏、秋季采集比春季产量大，主要利胆成分含量也高。国外学者报道，8月底采收的茵陈保肝活性会有一个显著增加。又以吴茱萸为例，每年7月中旬开始，吴茱萸果实刚形成，至9月初果实完全成熟。在吴茱萸果实不断成熟的过程中，吴茱萸所含主要有效成分吴茱萸碱和吴茱萸次碱的含量呈上升趋势，至8月底最高，9月初成分增加趋于平缓，累积到峰值，因此吴茱萸的最佳采收期为果实成熟呈黄绿色未开裂前采收。川楝子果实富含川楝素、阿魏酸等成分，其在1—2月内成分累积至峰值，但由于2月果实即将脱落，不利于加工保存，故在1月左右经霜变黄时采收最佳。

四、产地加工与炮制

中药材采收后，绝大多数在产地直接进行产地加工，以达到除去非药用部位、筛选净制、分级分品的目的，此过程是中药材炮制的第一步。唐代孙思邈在《千金翼方》中提到："夫药采取，不知时节，不以干燥，虽有药名，终无药实……"就说明了药材采收后加工的重要性。产地加工方法主要有净制、切片、蒸、煮、烫、发汗、干燥等，每一环节都非常重要。

目前中药饮片行业规范、统一的加工炮制标准难以实现，加工炮制多是凭经验而定，其主观性和随意性强，加之各地炮制方法工艺不同，炮制出来的饮片质量不一。具体表现在以下四个方面：一是原药材净制不当，致使饮片中非药用部分较多。如酸枣仁、肉豆蔻等含壳量较大，钩藤带钩的少，夏枯草以花入药而现在的饮片却是全草，这些操作导致其临床疗效大受影响，使患者质疑。二是饮片切制不规范，主要体现在饮片形状偏大偏厚、段偏长，给后续炮制加工带来一定的困难，同时还会影响煎药的质量，不利于药效物质的煎出。如鸡血藤、大血藤等切制过厚过宽，不利于炮制。三是饮片炮制过程中火候等条件不得法，尤其是炒炭法炮制的中药饮片。如蒲黄炒炭时，因为其本身为干燥的花粉，质轻、易飞扬、易燃，所以火候很难控制，以达到炒炭存性的效果，火力小则不呈现炭药之性，火力稍过则易全部炭化。其他炒炭法炮制的中药如杜仲炭、大黄炭等亦是如此。四是炮制时由于各种原因操作不规范，影响质量和药效。如加工天麻按规定应使用蒸法，有些产地加工为节约时间、成本，采用锅炉炖煮法，造成药材有效成分含量下降。又有饮片切制前需水润变成水浸，需水浸的变成水泡，而使水溶性成分流失。酒炙法药材需要使用黄酒进行较长时间的拌润，让辅料充分渗入饮片后再进行炙炒。实际生产中，部分企业往往为求节约时间，将拌润过程变成了向饮片喷洒黄酒，使所得最终饮片具有酒香气即可。

尽管《中国药典》《国家中药饮片炮制规范》和各地的地方中药饮片炮制规范共同形成了行业标准。但实际生产中，标准的执行情况堪忧，绝大部分中药饮片炮制又是以地方规范为依据，使得各地中药饮片质量标准尺度不一，难以实现饮片质量的统一控制。因此，形成全国性的炮制饮片内部执行力较高的行业规范，是亟待解决的问题。

第五节　中药饮片的质量溯源

中药饮片质量溯源是指追溯中药饮片的历史、来源、应用情况和所处场所的信息化管理过程，当中药饮片出现质量问题时，能够通过记录标识的方法回溯中药饮片来历、用途和位置的原始信息。

由于药品质量与用药安全和临床治疗效果有着直接关系，因此药品质量问题历来为大众所重视。但目前中药质量需要进一步得到重视。从中药的产地生态环境，选种栽培与养殖管理过程，以及采收与炮制加工，包装运输与贮藏过程，直到最后的市场销售环节，都面临着一定的挑战。为保证中药的质量，保证中医药行业的优质药材资源，业内人士提出了建设中药质量追溯体系的建议，希望通过中药质量追溯和责任追究体系的建立，实现对中药产品的种植、加工、销售全过程的信息可查询、流向可跟踪、质量可追溯。中药材质量可追溯体系的概念最早是于2010年11月在第3届中医药现代化国际科技大会上提出的，2012年10月国家多个部委联合颁布了《关于开展中药材流通追溯体系建设试点的通知》，将中药材质量可追溯体系的建设提升到了国家战略高度。

《关于开展中药材流通追溯体系建设试点的通知》中将国家中药材追溯体系分为了两级架构。以"统一规划、统一标准、统一建设、分级管理"为原则，按照统一标准建设中央、地方两级追溯平台，形成上下贯通、协调运作、功能互补的全国追溯管理工作体系，作为政府部门开展流通追溯管理和公共信息服务的工作基础。中央平台主要承担全国中药材流通追溯信息查询和中央有关政府部门监管、统计分析功能，地方平台主要承担地方政府监管、各流通节点管理和地方政府有关部门统计分析功能。

一、中央中药材流通追溯平台

中央平台，作为全国各试点城市数据的汇集中心，全国追溯信息的集中管理中心，以及全国追溯体系日常运行的指挥调度中心。系统具体功能如下：

1. **门户服务系统** 提供数据信息统一发布，数据中心的统一访问和管理。

国家中药材流通追溯系统门户提供全国统一、唯一的中药材流通追溯信息查询途径。发布问题中药材警示信息，引导消费。通过专业查询终端、网络查询、手机终端、12312、12331 热线、短信等渠道，为交易主体和消费者提供查询和举报投诉服务。

2. **中药材追溯系统** 作为全国中药材流通经营主体信息库，并按主体性质、主体类型、所属地区等进行存储和检索。汇集各试点城市流通追溯过程信息。

建立非试点城市的各环节追溯子系统，系统使用对象为非试点城市各流通节点主体单位，功能与地方中药材追溯各子系统功能相同。

3. **编码管理系统** 依据《国家中药材流通追溯体系编码规则》，中央和地方中药材流通追溯平台采用统一编码、统一发码、统一验码系统。

中药材全产业链试点地方企业或流通主体按照全国统一编码规则、传输格式、接口规范，改造现有内部追溯管理系统，实现对所经营的中药材流通信息的标准化采集。

4. **监管辅助系统** 包含应急管理、考核评价管理和企业诚信管理、资产设备管理四个子系统。

（1）应急管理：根据全国中药材流通追溯信息，第一时间明确应急事件产生的上下游环节，锁定源头、追踪流向，向相关地方城市主管机构、经营主体及消费者发布警示信息，并利用智能化手段，支持有关部门依法开展问题产品下架、退市、召回等应急处置工作。

（2）考核评价管理：建立试点城市追溯工作考核管理制度及动态考核指标，定期对各流通节点追溯工作进行考核和评估，实现按季度或按月对各流通节点信息传输的及时性、规范性、真实性、连续性的横向比较和纵向分析。建立问题发现模型库，形成对问题的筛选、定性与程度评价的统一方法，对各试点城市信息报送进行有效监控，存在的问题及时予以警示。

（3）企业诚信管理：建立全国中药材流通经营主体和经营户信用评价制度，建立信用登记指标体系和分析模型库，按照信息完整度、交易次数、诚信评价、不诚信行为等指标进行信用登记评价，建立企业诚信档案，并在相关网站予以公示。对严重违规、失信者实行行业禁入。

（4）资产设备管理：汇总各试点城市设备运行状态和生命周期全过程的管理，包括设备分类、统一编号、设备领用登记备案、对设备调整、使用、维护、状态监测、故障诊断，以及维修信息的收集、处理等全部管理工作。建立设备固定资产档案、技术档案和运行维护原始记录。提高设备的完好率和利用率，降低维护费用。

5. **统计分析系统** 按照全国中药材流通行业管理需要，建立统计分析指标体系和分析模型库，设定具体的统计分析项目，按日、周、月、年等周期，分品种、数量、价格等指标，综合运用同比、环比、走势、排行等方法进行统计分析。

二、地方中药材流通追溯平台

按照统一的数据传输格式和接口规范,地方平台负责采集各节点数据信息,实现与中央平台和各流通节点追溯子系统互联互通,同时作为地方追溯信息的集中管理中心以及追溯体系日常运行的控制中心。平台具体功能如下:

1. 地方门户服务系统 与中央门户服务系统实现互联互通。提供信息发布管理功能,内容管理功能。

地方门户系统经统一部署,统一标准,建立在统一技术构架基础之上,信息可以实现基于特定权限共享呈送的"一群网站",即中央门户系统对地方门户系统进行集中管理,形成"数据大集中",有利于资源的整合和统一调配。地方门户服务系统可以在试点城市本地维护各自的网站信息,域名采用统一的二级域名模式。中央门户服务系统和各地方门户服务系统的信息可以互相共享呈送,实现网站群体系内的数据协同维护。

2. 地方中药材追溯系统 对纳入追溯范围的主体单位进行实名注册备案,签订追溯承诺书。建立专门的中药材流通主体信息库,汇总各流通节点主体基本身份信息,按主体性质、主体类别、经营范围、经营地点等进行存储和检索。

建立地方中药材流通追溯信息库,汇总各流通节点追溯子系统上报的追溯信息,按产地、流通节点、经营商户、追溯码等项目进行分级存储和检索,形成地方中药材流通追溯信息链条。按照商务部规定的具体采集指标及时限要求,将有关信息传送至中央平台。

3. 地方监管辅助系统 包含应急管理、考核评价管理和企业诚信管理、资产设备管理四个子系统。

(1) 应急管理:根据中央平台提供的事件源头,响应应急事件、追踪流向,向相关经营主体及消费者发布警示信息,并利用智能化手段,支持有关部门依法开展问题产品下架、退市、召回等应急处置工作。

(2) 考核评价管理:制定追溯工作考核管理制度及动态考核指标,定期对各流通节点追溯工作进行考核和评估,实现按季度或按月对各流通节点信息传输的及时性、规范性、真实性、连续性进行横向比较和纵向分析。建立问题发现模型库,形成对问题的筛选、定性与程度评价的统一方法,对各流通节点信息报送进行有效监控,存在的问题及时予以警示。

(3) 企业诚信管理:建立中药材流通经营主体和经营户信用登记评价制度,建立信用登记指标体系和分析模型库。按照信息完整度、交易次数、诚信评价、不诚信行为等指标进行信用等级评价的信息汇总,建立企业诚信档案,对严重违规、失信者实行行业禁入。

(4) 资产设备管理:对追溯设备寿命周期全过程的管理,包括设备分类、统一编号、设备领用登记备案,对设备调整、使用、维护、状态监测、故障诊断,以及维修信息的收集、处理等全部管理工作。建立设备固定资产档案、技术档案和运行维护原始记录。提高设备的完好率和利用率,降低维护费用。

4. 地方统计分析系统 适应地方中药材流通行业管理需要,建立统计分析指标体系和分析模型库,设定中药材各品种进货量、成交量、成交价等地方性统计分析项目,按日、周、月、年等周期,综合运用同比、环比、走势、排行等方法进行统计分析。

建立各流通节点子系统与地方平台连接,作为中药材流通追溯的信息采集点,同时发挥规范各个环节交易流程的作用。流通节点子系统主要包括中药材产地追溯子系统、中药材经营企业追溯子系统、中药材专业市场追溯子系统、中药饮片生产追溯子系统、中药饮片生产追溯子系统、中药饮片使用环节追溯子系统。

中药材流通是药品流通行业管理的重要内容，也是我国医药卫生事业的重要组成部分。随着我国经济社会和人民群众生活水平的不断提高，中药材流通不适应中医药事业发展和中药材市场需求扩大的矛盾愈发突出，中药材流通的组织化程度低，交易方式落后，索证索票、购销台账制度欠缺，制假掺假等问题仍然较多，引起社会各界广泛关注，亟须认真解决。

运用现代信息技术实现中药材各环节交易凭证的电子化，建立中药材流通追溯体系，对于提高生产经营主体安全责任意识，强化流通环节质量安全把关能力，促进流通发展方式转变，提升中药材质量安全水平，营造安全放心的消费环境，促进中医药事业的发展，具有重要意义，是重大的民生工程。

第六节　中药饮片质量控制新技术

一、光谱学技术结合化学计量学方法

中药饮片的复杂性和整体用药性决定了其整体质量评价的必要性。常规的现代仪器分析方法多注重于中药饮片化学成分的研究，将中药饮片炮制前后本身各种成分的综合作用和相互关系割裂开来，这种运用于化学药的质量分析方法很难准确评价中药饮片的整体质量。利用光谱技术对中药饮片进行无损、快速检测，结合采用化学计量学方法对光谱数据进行处理，既能客观反映中药饮片内在物质基础，又能在宏观上有效控制中药饮片的整体质量。如采用化学计量学方法处理红外光谱和紫外光谱数据，用于地黄炮制过程的控制。采用二维红外光谱技术，跟踪变温过程中的动态光谱，对草乌炮制质量进行控制。

二、液相色谱－质谱联用技术

液相色谱可从整体上采集中药饮片中多种化学成分信息，但是无法鉴定成分的结构。液相色谱－质谱联用技术（LC-MS）可从一定程度上解决这个问题。通过色谱的高效分离能力，可将中药饮片中化学成分进行分离，利用质谱检测器解析各成分的结构。通过比较炮制前后的成分变化，发现其中的特征性成分，进行中药饮片的质量控制。

三、生物检定技术

生物检定技术也称为生物活性检定技术，是利用生物体，包括整体、离体组织、器官、细胞和微生物等评估药物生物活性的一种方法。该方法以药物的药理作用为基础，以生物统计为工具，运用特定的实验设计，在一定条件下比较供试品和相当的标准品或对照品所产生的特定反应，通过等反应计量间比例的运算或限制剂量引起的生物反应程度，从而测定供试品的效价、生物活性或杂质引起的毒性。生物活性检定技术用于中药质量评价符合中药药效与质量评价的客观现实和发展方向，比目前常用的中药指标成分定性定量分析具有明显的优越性，有利于解决中药质量控制和药效评价等复杂性难题。具体应用如基于生物检定技术的板蓝根质量控制与评价、水

蛭素的测定等。

四、一测多评技术

中药饮片多成分、多功效的作用特点决定了采用单一中药化学对照品（中药单一成分）难以表达中药的质量，多成分同步质量控制模式便应运而生。在现实中，由于中药化学对照品生产成本及技术要求高、单体不稳定、供应数量有限、供应价格高及昂贵的检测成本等因素，反过来又限制了多指标质量控制模式在实际生产、科研、监督中的应用。近年来，研究人员提出一测多评法及替代对照品法，即以中药中某典型组分（有对照品供应者）为内标，建立该组分与其他组分（对照品难以得到或难供应）之间的相对校正因子，通过校正因子计算其他组分的含量。这种测定一个成分，实现对多个成分定量的方法，称为一测多评或替代对照品。目前，《中国药典》中，已经收载该方法测定黄连中小檗碱、巴马汀、黄连碱、表小檗碱、药根碱等5个成分的含量。同时一测多评相关的研究文献也逐渐增多，是中药质量控制和评价模式的发展趋势之一。该方法在部分多指标成分的测定中得到了成功的应用，但还需要对其技术适用性和应用可行性进一步完善和探索。

五、其他方法与技术

由于中药经过炮制后发生的变化极其复杂，采用单一的方法和技术有时难以控制中药饮片的质量。因此，对中药饮片的质量控制需要应用多种方法和技术，在控制中药饮片质量的同时，也能在一定程度上揭示中药炮制的机理。近年来，色差计和电子鼻技术、生物热力学方法、电喷雾质谱技术等在中药饮片的质量控制方面均有探索性的应用，为中药饮片质量控制新方法的建立提供了新的思路。

（禹志领）

复习思考题

1. 试述中药饮片质量要求的主要内容及其内涵。
2. 试述影响中药饮片质量的五种因素，举出具体实例。
3. 试述影响饮片所含成分种类及含量的直接因素。
4. 试述国家中药材追溯体系主要内容及预期效果。

数字资源详见　新形态教材网

- 课程思政案例
- 视频
- 知识拓展
- 推荐阅读
- 复习思考题答案
- 教学课件

第八章

中药饮片包装与储运养护

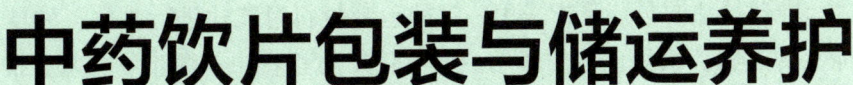
思维导图

中药饮片实施包装和标签管理有法可依

国家中医药管理局于1998年4月发布了《中药饮片包装管理办法（试行）》，明确了中药饮片的包装要求。规定："中药饮片的包装必须适合饮片质量的要求，方便储存、运输、使用。包装中药饮片要选用符合国家药品、食品包装有关产品质量标准的材料，禁止采用麻袋、竹筐、纤维袋等非药用包装材料和容器。凡直接接触中药饮片的包装材料为一次性使用，不得回收重新使用。"

《中华人民共和国药品管理法》（2019年8月26日第十三届全国人民代表大会常务委员会第十二次会议第二次修订）第四十八条规定："药品包装应当适合药品质量的要求，方便储存、运输和医疗使用。"该条文同时规定："发运中药材应当有包装。在每件包装上，应当注明品名、产地、日期、供货单位，并附有质量合格的标志。"

国家药品监督管理局于2023年7月14日发布公告（2023年第90号），国家药品监督管理局组织制定的《中药饮片标签管理规定》自2024年8月1日起施行，其中，保质期的标注自2025年8月1日起施行。该规定对中药饮片标签内容的真实性、准确性、完整性、规范性作了明确规定，对属于医疗用毒性药品、麻醉药品的中药饮片，要求其标签应当印有规定的专用标识。

中药饮片标签管理规定的施行，将有效提升中药饮片的溯源管理水平，便于关键质量信息的查询，有利于中药全产业链高质量发展。中药饮片的包装及贮藏养护是保证中药饮片质量合格的重要环节。包装饮片的材料及贮藏的方法等因素对中药饮片的有效性、稳定性、安全性产生直接影响。

请对下列问题给予思考与分析：
1. 试述标签对中药饮片溯源管理的意义。
2. 试述如何利用标签，开展饮片关键质量信息的查询。

第一节 中药饮片包装

中药饮片的包装系指采用一定的包装材料对饮片进行盛放、称量、封口、粘贴（或线缝）标签的过程。饮片包装的作用主要有：①防止害虫、微生物、灰尘的侵入和污染，有利于饮片的养护和卫生；②方便饮片的存取、运输、调剂；③标识标签清晰，利于信息化质量管理；④包装后清洁、美观，有利于销售；⑤促进饮片生产的现代化、标准化，有利于中药饮片的国际贸易。

一、中药饮片包装技术

中药饮片的包装包括内包装和外包装。内包装系指直接盛装饮片或与饮片接触的包装。内包装应能保证药品在生产、运输、贮藏及使用过程中的质量，并利于医疗使用。外包装系指内包装以外的包装，按由里向外分为中包装和大包装。外包装应根据饮片的特性选用不易破损的包装，以保证药品在运输、贮藏、使用过程中的质量。通常饮片包装技术按照先内包装，后外包装的程序进行，常在不同控制级别的生产区域进行。

1. 称量包装法 以重量法计量最小包装单位，可以手工或机械操作，采用净重或加内包材的毛重称量方法。

（1）净重称量包装：将饮片先用秤称过，然后充填到包装中。该法装量精确，误差小。生产上多采用机械称量。适用于流动性能好，密度均匀，颗粒状的饮片包装。一些不适宜用机械称量的饮片可采用人工称量。

（2）毛重称量包装：将饮片先装入内包材，然后再进行称量。这种包装方法有时因包装容器的质量差异，使装量不够准确。但该方法简单，包装设备价格低，操作容易。对于具有黏性、容易污染或体积松泡、比重较低的饮片，应尽量减少包装容器的质量差异。

2. 容积充填包装法 利用容积法计量饮片的最小包装单位的包装方法，适用于颗粒性、密度均匀的饮片包装。所用的包装机械充填的速度高，但充填精度依赖于所包装的物料。机械化操作的设备根据原理可分为两类，一是控制饮片物料流量或时间的设备，二是利用计量容器量取一定体积的物料进行充填的设备。

（1）控制饮片物料流量或时间的设备：如螺旋充填机，可以获得较高的充填精度，保证每个包装容器充填定量饮片。还可以利用计时振动充填饮片物料，充填的数量由振动时间来控制，将定量饮片直接充填于容器中。

（2）利用计量容器量取一定体积的物料进行充填的设备：多采用真空充填物料的方法。充填饮片物料时使包装容器保持真空，利用重力推进物料，物料与容器无空气存在，减少了"桥空"现象（物料相互支撑形成的拱状），充填饮片物料的精度高、速度快。

二、中药饮片包装材料

《中华人民共和国药品管理法实施条例》第四十四条明确规定：生产中药饮片，应当选用与药品性质相适应的包装材料和容器；包装不符合规定的中药饮片，不得销售。中药饮片包装必须印有或者贴有标签。

中药饮片的内包装材料要分别选用与所包装的品种性能相适应的无毒包装材料,如聚乙烯塑料薄膜、尼龙高压聚乙烯复合薄膜、牛皮纸、热封型茶叶滤纸等。外包装材料采用能够防潮、防污染、有机械强度、易储存、易运输的包装材料,如塑料编织袋、纸箱、木箱、布袋、木桶等。凡直接接触中药饮片的包装材料均为一次性使用,不得回收重新利用。对有毒性、挥发性强、有污染、刺激性强的饮片包装要根据产品的特性和规格选择包装材料。

1. 无毒聚乙烯塑料袋包装 适用于根及根茎类、种子果实类、茎木类、花类、叶类、动物类、矿物类饮片的包装。包装的规格以用户的要求而定,一般以 1 kg 为主。塑料袋包装外再用编织袋或纸箱包装,以便贮存和运输。包装时先将饮片放入塑料袋内,称重,封口,贴上标签;如是纸质标签,称量后标签放入塑料袋内再封口。对于矿物类和外形带钩刺的饮片宜用双层无毒聚丙烯塑料袋包装,以防破碎泄漏。

2. 无毒聚丙烯编织袋包装 适用于质地较轻的全草和叶类饮片,以及 5 kg 以上的饮片包装。包装时,将饮片放入编织袋内,称量或点数,把标签放在缝口处,用缝包机缝口。也可用不干胶标签贴在编织袋的醒目处。

3. 纸箱包装 一般用于容易压碎的饮片,如蝉蜕、鸡内金等。包装时,将饮片或塑料袋包装后的饮片装入纸箱内称量或点数,用不干胶带封口,贴上标签。

4. 玻璃瓶包装 一般用于贵重饮片的包装,如牛黄、麝香等粉状饮片。包装量为一日量或一次量的最小包装,包装时,将称量后的饮片以小漏斗装入玻璃瓶内,盖上橡胶塞,用蜡封口。把封口后的饮片和标签放入纸盒或塑料袋内封口。

5. 真空包装 可以有效防止饮片发生虫蛀、霉变。包装时需要用到真空包装机,适用于贵重和精包装的饮片。包装时,把饮片放入复合薄膜塑料袋内,称量,在真空包装机上封口,贴上标签。

此外,还有木盒、塑料罐、塑料盒等包装材料。

三、中药饮片包装设计

中药饮片作为一种特殊的商品,除了包装材料、包装规格外,产品的包装设计十分重要。好的包装既要体现出产品的价值,使产品造型美观,又经济、实用、方便,体现出中药饮片作为药品的特殊性以及文化内涵。

在中药饮片包装设计中,主要关注以下两个方面:

1. 包装材料安全性与环保性的统一 通过选择合理的包装材料,绿色环保,减少对环境的污染,积极开发适合中药饮片包装的新型环保材料,促进中药饮片产业的高质量可持续发展。

2. 包装结构减量化与企业品牌的统一 在保证饮片性状和质量的前提下,最大限度地简化包装结构,减少繁琐的不必要的包装形式,降低包装材料的过度消耗,实现包装结构装饰性与功能性的合理统一。同时通过包装上的标识、标签、文字和色彩,体现企业产品的商标、品牌,并符合消费者审美心理,方便储运。

四、中药饮片包装设备

中药饮片包装设备是指能完成中药饮片产品包装及封口过程的设备。包装过程包括充填、裹包、封口等主要工序。使用机械包装,可适应大规模生产的需要,实现包装标准化,减轻人员劳动强度，提高生产率，并满足清洁卫生的要求。

1. 饮片内包装设备

（1）薄膜封口机：通过电加热元件，使塑料类包装材料热熔而封口。分为脚踏式封口机和履式封口机，适用于各种类别和规格的饮片包装，是最常用的封口机械。封口处可压印生产批号等文字。

（2）落地式真空包装机：适用于整支的人参、鹿茸等贵重中药的包装。通常包装时排出空气，封入干燥剂或抗氧化剂，可有效地延长中药的贮藏时间，保证质量。

（3）半自动托盘式包装机：将称好剂量的饮片加入连接到传送带的一个个托盘上，机器再依次将各托盘中的饮片翻倒进包装袋中封装。适用于各种类型的单剂量小包装饮片。

（4）自动颗粒包装机：一般采用容量计量法，适用于流动性强、颗粒均匀的种子类饮片的包装，如酸枣仁、决明子、莱菔子、蛇床子、麦芽等。

（5）自动粉剂包装机：适用于蒲黄、白矾、玄明粉、滑石粉、三七粉等流动性一般或很差的粉末类饮片的软袋包装。分为通用型自动粉剂包装机和抽真空式散粉充填机。

（6）袋泡茶包装机：适用于三七粉等直接口服的饮片及葶苈子、沙苑子等细小种子类饮片的包装，以免这类饮片在煎煮时糊化粘锅，便于调剂、服用，该设备更适用于中药饮片保健茶类的包装。

（7）组合称量全自动包装机组：该设备主要由多头电脑组合秤、Z型物料输送机、振动喂料机、电子秤平台、自动包装、成品输送等部件组成，采用微电脑控制，经数学组合计算，从多个称重斗中组合出许多个合格组合，然后从中挑选出与目标重量最为接近的组合，再进行自动包装过程。该系统计量精度高、量程广，包装效率高，是应用日益广泛的新型包装设备。适用于流水线中松散无黏性的各种饮片的包装。

2. 饮片外包装设备

（1）手提电动封包机：适用于使用编织袋、牛皮纸袋等饮片大包装的封包操作。

（2）半自动捆扎打包机：以聚乙烯塑料带为捆扎材料，适用于编织袋、牛皮纸袋、纸箱、木箱等外包装的捆扎打包操作。

五、中药饮片小包装

中药饮片小包装是根据临床常用剂量作为包装剂量，用一定的包装材料封装，无须称量、直接调剂的中药饮片定量包装方式，国家中医药管理局于2008年颁布了《小包装中药饮片医疗机构应用指南》。饮片采用小包装形式促使饮片生产企业增设了小包装车间和自动包装设备。饮片小包装通常是以聚乙烯塑料单膜、聚乙烯复合塑料膜或无纺布等作为包装材料的小规格包装，有1 g、3 g、5 g、6 g、9 g、10 g、12 g、15 g、30 g 9种规格，直接服务于临床，均为机械化生产。9种规格分别采用国际通用普通色卡中的9种颜色作为色标，能达到快速识别的目的，方便中药饮片在医院中各个环节的验收和中药饮片处方的调配、复核。每一小包装上必须印有或者贴有标签，标签的主要内容有名称、产地、规格、特殊煎煮方法、产品批号、生产日期、生产企业等信息。

毒性中药饮片不得制成小包装中药饮片。在《中国药典》《全国中药炮制规范》注明"有毒"的中药饮片，如白附子、甘遂等，其最大规格的设定，应不超过规定的最大剂量。麻醉中药罂粟壳不得制成小包装中药饮片，在调剂时应当按规定将其他小包装的中药饮片拆包后与麻醉药（罂粟壳）混合后发药，并在调剂时应严格按处方剂量临方处理。

饮片定量化小包装，往往一种饮片按照常用剂量设置多个装量品规，便于调剂时对应选用。中药师传统的配方戥药调剂模式发生了变化，满足了调剂称准分匀的需求，提高了调配速度，但在中医处方用药随证加减的灵活性受到了一定的限制，进一步复方共煎时仍需拆去小包装。目前更多的企业模拟手工抓药，采用自动配方流水线，克服了小包装饮片附加成本的一些弊端。

视频 8-1　*饮片自动配方流水线*

第二节　中药饮片贮藏与养护

在中药本草记载中，历代医药学家十分重视中药的贮藏保管，积累了丰富的经验。孙思邈在《备急千金要方》中记载："凡药皆不欲数数晒曝，……诸药未即用者，候天大晴时，于烈日中暴之，令大干，以新瓦器贮之，泥头密封。须用开取，即急封之。"陈嘉谟在《本草蒙筌》中指出："凡药藏贮，宜常提防，倘阴干、曝干、烘干，未尽去湿，则蛀蚀、霉垢、朽烂，不免为殃……见雨久者火频烘，遇晴明向日旋暴。粗糙悬架上，细腻贮坛中。"中药炮制品的贮藏保管是保证其质量的最终环节，贮存不善，内因和外因共同导致饮片发生各种变异现象，饮片发生质量变异，直接影响临床用药的安全、有效。中药饮片的贮藏保管需要综合考虑环境因素、微生物虫害等生物因素，以及不同种类中药内在水分和材质特性，采取相适应的贮存保管方式。为保证中药饮片质量，在运用传统贮藏保管方法的基础上，采用现代贮藏保管新技术、新方法进行科学贮存与管理。中药仓储养护必须具有高度的工作责任心，需要建立管理制度，科学贮藏。

视频 8-2　*中药饮片仓储库房*

一、中药饮片贮藏中的变异现象

1. 发霉　是指中药饮片受潮后，在适宜温度和湿度条件下，真菌在其表面或内部滋生和繁殖，饮片表面出现或布满菌丝的现象。霉变对中药的质量危害最大，因为真菌侵入中药，在其表面繁殖生长，分泌酵素或毒素，污染中药，中药颜色、气味、功效发生改变，有效成分分解。严重的霉变现象使饮片进一步腐败，不能入药。

含有蛋白质类、脂肪类、多糖类、维生素等成分的中药容易发生霉变。饮片的含水量超过 15%，环境温度 20～35℃、相对湿度 75% 以上时，就容易引起霉变。常见易发霉的中药有：炙甘草、炙黄芪、肉苁蓉、大枣、胖大海、党参、川芎、枸杞子、薏苡仁、火麻仁、预知子、炙冬花等。

2. 虫蛀　是指中药饮片被仓虫啃蚀，出现空洞、破碎、粉末、结串并被仓虫的分泌物、排泄物、虫体所污染的现象，也是中药饮片贮藏中危害最严重的变异现象之一。动、植物中药所含有大量的蛋白质、糖类、脂肪等，是害虫生长繁殖的营养来源，在适宜的温湿环境下，滋生的仓虫、孵化的虫卵将中药饮片蛀蚀出孔洞，有效成分损失，疗效降低。仓虫的排泄物及其所携带的微生物对中药造成了污染，蛀药蛀性，严重影响饮片的质量。

一般含脂肪油、淀粉或糖分、蛋白质较多的中药饮片较易发生虫蛀，常见易虫蛀的中药有：苦杏仁、柏子仁、黄芪、山药、何首乌、神曲、薏苡仁、贝母、北沙参、人参、枸杞、鹿茸、白花蛇、蜈蚣、蛤蚧,及中药蜜炙品等。含辛辣成分的花椒、丁香等植物药及矿物类等中药则不易虫蛀。

3. 变色 是指中药饮片的固有色泽发生了变化。色泽是中药饮片质量的外在体现之一,饮片的固有色泽发生变化表明饮片的内在成分发生变化,其质量及性味功效均受到影响。

贮藏保管过程中,饮片霉变、酸败、走油可引起饮片变色,日光的直接照射、保管不当等也使一些中药发生固有色泽的变化。天花粉、山药、白芷、泽泻等颜色由浅变深或由白变为黄色,黄芪、甘草、黄柏等由深变浅,金银花、菊花、红花、槐花、款冬花、蜡梅花等花类中药,以及大青叶、荷叶、人参叶等叶类中药色泽由鲜艳变黯淡。

4. 泛油 又称走油,是指含挥发油、脂肪油或糖类、黏液质等成分的中药,因受热或受潮后颜色加深或质地返软、发黏,在其表面出现油状物质,发出油败气味等现象。中药泛油是饮片内在成分氧化酸败发生变质的一种现象,严重影响其性味功效,不能入药。

含油脂多的中药,常因受热温度过高而使其内部油质易于溢出表面而走油,严重者会发出刺鼻的酸败、"油哈"气味。如苦杏仁、桃仁、柏子仁、郁李仁、炒苏子、炒莱菔子、炒酸枣仁、当归、肉桂、蛤蚧、水蛭、全蝎、九香虫、刺猬皮等。

含糖类较多的中药或蜜炙的中药饮片,常因受湿、受热使糖分吸湿外渗,出现颜色加深,质地变软,外表发黏,又称为"泛糖"。如天冬、麦冬、玉竹、牛膝、黄精、熟地、枸杞子等。

5. 变味 是指中药饮片固有的气味、口味在温度、湿度及贮存时间等外界因素的影响下,气味散失或变淡薄的变异现象。中药固有的气味是由各种成分尤其是药效成分所组成,是体现中药饮片质量的重要指标。饮片固有的气味变淡、散失或改变,是中药有效成分含量下降,疗效降低的表现。一些气味芳香的饮片因包装不严,或露置空气中过久,或贮存温湿度过高,均可导致挥发性成分逸出而气味散失。如薄荷、荆芥、细辛、香薷、白芷、当归、檀香、厚朴、川芎、木香、肉桂、丁香、茴香、花椒、冰片、乳香等,以及炒制、酒炙、醋炙等工艺加工的炮制品。一般而言,贮藏日久、环境温湿度过高,就容易造成中药气味散失。

6. 风化 是指含结晶水的矿物药,因在贮存中长时间露置,环境空气干燥或日晒、高温,逐渐失去结晶水而成为粉末的现象。中药风化后,成分结构发生了改变,其质量和药性也随之改变。易风化的药物有芒硝、硼砂等。

7. 潮解 是指含糖分或盐类的中药在高温高湿环境中吸收过多水分,使其表面湿润、返潮,甚至溶化成液体的现象。如硇砂、大青盐、芒硝、咸秋石、盐附片、肉苁蓉、海藻、昆布、糖参等,以及盐炙、蜜炙的中药炮制品。这些中药潮解后将进一步产生质量变异,已不便贮存,需要及时处理。

8. 粘连 是指熔点较低的树脂类、动物胶类或经蜜炙的中药饮片,受潮或受热后黏结成块的现象。如乳香、没药、阿魏、芦荟、儿茶、阿胶珠、蜜炙紫菀、蜜炙麻黄等。

9. 自燃 自燃又称冲烧,是指质地轻薄松散的植物类中药,由于本身干燥不适度,或在包装码垛前吸潮,在紧实状态中植物细胞代谢产生的热量不能散发,当温度升高到一定程度时,热量从药包中心冲出垛外,发生起烟、起火的现象。药物自燃之后,不仅中药质量受到损毁,在储存运输中引发严重事故。如红花、艾叶、甘松、柏子仁、海金沙等。加工后的炭药若未充分摊晾冷却即包装转入仓库贮存,也会导致未散尽的热量积聚,出现冲烧的现象。如:槐米炭、蒲黄炭等。

10. 腐烂 是指新鲜中药或部分动物类药材,未经适宜的加工、贮藏,因受温度和空气中微生物的影响，使微生物繁殖加剧，引起温度升高，导致中药酸败、臭腐的现象。药物一经腐烂，不可入药。如鲜生地、鲜沙参、鲜石斛、鲜生姜、鲜芦根、鲜茅根、鲜菖蒲、鲜荷叶等。

二、影响中药饮片变异的因素

中药饮片在贮存过程中可能发生霉变、虫蛀、泛油、变色等变异现象，影响因素很多，主要有中药自身因素和环境外部因素两个方面。

（一）中药饮片变异的自身因素

1. 含水量 水分是中药饮片在贮存过程中发生变异的主要因素之一。中药的含水量过高，易在贮存过程中发生霉变、虫蛀、变色等变异。中药饮片的水分控制按照《中国药典》《中药饮片质量标准通则（试行）》等有关规定执行，饮片含水量过低，过于干燥，导致饮片脆裂易碎；水分含量过高，易引起发霉、虫蛀、潮解、粘连。一般中药饮片的安全水分含量控制在 7%~13%。

2. 化学成分 中药的成分复杂，炮制及贮存过程中使中药内在成分发生了理化性质的变化。含淀粉、糖类、蛋白质、脂肪等营养成分较多的中药饮片，易发霉、虫蚀、走油、粘连等；含挥发油或脂肪油较多的中药，易引起气味散失、泛油等现象；含生物碱类较多的中药，贮存日久，与空气和日光接触，可发生部分氧化、分解而变质、变色；含苷类成分较多的中药，在中药内在自身活性酶或外在微生物的作用下发生分解；含鞣质较多的中药，露置空气及日光中易发生氧化和聚合反应而变色；植物药所具有的色素，受日光照射或久贮易变色；含盐分的中药或盐炙品易吸湿潮解；含结晶水的矿物药易失水风化。

（二）中药饮片变异的外部因素

1. 环境因素

（1）日光：日光是一种电磁波，蕴含大量的能量。中药饮片经日光照射后，日光中的红外线可引起饮片的温度升高，紫外线可诱发一些化学反应发生，进而促进中药成分发生氧化、分解、聚合等光合反应，产生变色、气味散失、风化、泛油等变异。

（2）空气：中药饮片除真空包装外，都要与空气接触。空气中的氧气和臭氧对中药的变异起着重要作用。臭氧是强氧化剂，可加速中药中有机物质，特别是脂肪油的变质。氧气可使某些药物中的挥发油、脂肪油、糖类等成分氧化、酸败、分解而泛油或泛糖；使药物中的鞣质等成分氧化、聚合形成大分子化合物而颜色由浅变深；使花类药物氧化变色，气味散失；也能使矿物药氧化，如灵磁石变为呆磁石。空气中的二氧化碳与中药中的化学成分出现碳酸化反应。

（3）温度：温度是中药贮存过程中最为关键的因素之一。在 15~20℃的贮藏温度下，中药的成分比较稳定。贮藏温度在 20~35℃时，适宜于真菌、仓虫的生长且饮片内部氧化、水解等化学反应加速，大部分中药易生虫、发霉及变质；同时较高的仓储温度会使饮片中脂肪油分解溢出而产生"泛油"。低温环境下，中药饮片不容易发生质量变异。但温度过低，对含水量高的中药或鲜药，也会有不利影响，出现冻结现象，使中药的细胞壁及原生质受到机械损伤，还可能使所含蛋白质及其他胶体发生不可逆的凝固作用，药物解冻后的颜色常常变深，质量下降。随着企业仓储条件的改善，不超过20℃的阴凉库房和冷链运输成为保障中药饮片质量的必要条件和措施。

（4）湿度：空气的湿度是随季节和晴雨、冷暖而改变的，也是影响饮片质量的一个重要因素。当贮藏环境的空气相对湿度在 70% 以上时，饮片易受潮产生发霉、虫蛀、潮解及化学变化等变异而影响其质量。相对湿度在 60% 以下时，饮片的含水量又逐渐降低，可造成某些药物失水风化，发生干硬、干裂。相对湿度在 80% 以上或饮片含水量超过 15% 时最有利于微生物和仓虫的繁殖。饮片贮存环境的相对湿度应控制在 60%～70% 之间为宜。一年四季中，在中国南方地区，尤其江南梅雨季节，环境湿度高，需要重视中药仓库环境温度和相对湿度的控制，每天不间断记录仓储温度与湿度，及时通风除湿。

2. 生物因素 影响中药饮片变异的生物因素主要包括微生物、仓虫、仓鼠，以及鸟类、蛇类等，其中最主要的是微生物和仓虫。由于温度、湿度的影响，寄生的虫卵孵化，微生物繁殖代谢，可造成药物发霉、腐烂、发酵、酸败、泛油、泛糖等变异现象。一旦温湿度环境适宜，仓虫和仓鼠也会大量繁殖，不但啃食损坏药物，还产生排泄物，传染病毒和致病菌，造成严重污染。

3. 时间因素 时间因素是指药物贮存时间的长短，中药不仅含有各种活性成分，而且含有一定的水分，大部分中药不能长期贮存，否则会造成有效成分的氧化、分解、挥发等而使含量降低，从而影响药性或失效。一些中药陈久者良，陈皮、陈棕、陈艾、陈香橼、陈醋等，陈储法加工，有利于发挥其性味功效。在仓储管理中，应遵循先进先出的原则，充分利用信息化管理手段，使存储的中药有序流通，确保质量。

三、中药饮片贮藏养护方法

中药饮片的贮藏保管是一门综合性科学，涉及多方面的技术和知识的应用。我国药学工作者在长期的生产实践中积累了丰富的经验，许多传统有效的中药贮藏方法得到传承保留，又不断吸收和应用新的技术，形成了多种贮藏方法。中药贮藏养护方法可分为传统贮藏保管方法、化学熏蒸法和现代贮藏方法。

中药饮片应分类贮藏，一般根据各类饮片性质的不同和购进、销量及存量的多少，选择适当的贮藏保管方法。

一般易霉变而体轻、量大的饮片放置于干燥通风处；易霉变虫蛀而体重、量少的饮片置石灰缸等容器内密闭贮存；易变色、易挥发的饮片，应采取避光、避热等方法贮藏。易燃性中药，如火硝、松香、硫黄、干漆、樟脑、海金沙等遇火或高温易燃烧，应严格控制仓储条件，专库专人保管，数量较多的应放在危险品仓库贮存，数量少的应单独用缸、坛、罐等密封贮藏存放，并远离电源、火源。

贵细药及毒性中药和麻醉中药的贮藏保管，比其他药物要求更为严格，应严格按照贵重药、毒麻药的相关管理规定，专人专库、专账专册妥善贮藏保管。

（一）传统贮藏保管方法

中药贮藏保管方法具有经济、有效、简单、实用等优点，目前广泛应用的仍然是一些基本的贮藏方法。

1. 清洁养护法 清洁卫生是防止仓虫侵入的最基本和最有效的方法。其内容主要包括对中药贮藏品、仓库及其周围环境进行消毒并保持清洁。

2. 防湿养护法 是通过适当方法或吸湿物，吸收潮湿空气或中药饮片中的水分，保证贮藏环境和饮片干燥。常用的方法有通风、吸湿、晾晒和烘烤等。

（1）通风：利用空气的流动来调节仓库的温湿度。晴天天气干燥，若库房的湿度大于70%，温度高于库外的温度时，应开放门窗、排气窗以调节库内的温度、湿度。还可以通过翻垛或堆成通风垛，使热气及水分散发。利用自然环境通风时应注意选择晴天无雾、空气湿度较低的天气进行，此外还可利用电风扇等机械装置加速通风。

（2）晾晒：即阴干和晒干。当饮片受潮时，应根据其性质及时晾晒。对于曝晒易变色（如陈皮、菊花、红花等）及易走油（如酸枣仁、知母、柏子仁、苦杏仁及火麻仁等）的中药宜摊晾阴干。一些含有对光、热较稳定化学成分的饮片可选择日光下晾晒的方式进行。

（3）吸湿：利用吸湿剂或干燥剂，吸收空气和饮片中的水分。传统常用的吸湿剂有生石灰、木炭或竹炭、草木灰等。现代还可采用氯化钙、硅胶等吸潮。使用吸湿剂时，库房或容器应尽可能地封闭严密。

3. 密封或密闭贮藏法 利用密闭的库房或缸、瓶、箱、桶、塑料袋等容器，将中药饮片密封或密闭，使其与外界隔离，减少空气、温度、湿度、光线、微生物及害虫等因素对药物的影响。其中，密闭是指将容器密闭，以防止尘土及异物进入，密封是指将容器密封，以防止饮片风化、吸潮、挥发或异物进入，密封比密闭相对更加严密。在中药饮片的密封或密闭贮存容器中，同时还可加入吸湿剂，使其防霉防蛀效果更好。

对于细料、贵重的中药饮片，如冬虫夏草、人参、鹿茸、冰片、猴枣、熊胆、牛黄等，可采用真空密封贮存。少量贮存可采用密闭包装、真空包装，隔绝空气。大量贮存可建密封库、密封室。

4. 对抗同贮法 是采用两种或两种以上药物同贮或采用与一些有特殊气味的物品同贮，以防虫、防霉的贮存方法。陈嘉谟《本草蒙筌》所载"人参须和细辛，冰片必同灯草；麝香宜蛇皮裹，硼砂共绿豆收；生姜择老砂藏，山药候干灰窑"，记载了中药对抗贮藏的对应关系。

在中药饮片贮藏过程中，对抗贮藏仍被广泛应用。例如：丹皮与泽泻、山药、白术、天花粉等同贮；花椒、细辛、荜澄茄与蕲蛇、白花蛇、蛤蚧、全蝎、海马、鹿茸等动物药同贮；大蒜与芡实、薏苡仁、土鳖虫、斑蝥、全蝎、僵蚕等昆虫类药同贮；明矾与柏子仁、郁李仁、苦杏仁、桃仁、白芥子、紫苏子、莱菔子等富含油脂的种子类药，以及与菊花、金银花、红花、款冬花、玫瑰花、月季花等花类药同贮；细辛与人参、西洋参、党参、沙参、三七等参类药同贮；藏红花与冬虫夏草同贮；冰片与灯心草同贮；硼砂与绿豆同贮；陈皮与高良姜同贮；当归与麝香同贮；蜜拌桂圆肉、肉桂等均可达到防虫、防霉等作用。

高浓度的白酒和药用乙醇是良好的杀菌剂，可将易发霉、虫蛀的中药饮片与装有高浓度白酒或药用乙醇的容器共同密闭贮藏，如动物类的白花蛇、乌梢蛇、地龙、蛤蚧、土鳖虫、九香虫等；贵重中药人参、三七、冬虫夏草、鹿茸等；含挥发油类的当归、川芎等也可采用喷洒少量75%药用乙醇或50度左右的白酒密封贮存，达到防蛀、防霉效果。操作时，需先将中药分别包装好，并标记后再贮藏于容器内，以免发生错乱。中药被蛀、发霉之前使用本法，才能收到良好的防虫防霉效果，采用此法应注意防止药物之间的串味。

（二）化学熏蒸法

化学熏蒸法是采用具有挥发性或易流动的化学杀虫剂杀虫的养护方法。化学杀虫剂种类较多，杀虫效果较好的有二氧化硫、氯化苦、磷化铝等。化学熏蒸法为特定时期与状态使用的方法，随着现代技术的不断发展，根据国家相关政策法规，现已逐步慎用或禁用。

1. 硫黄熏蒸法　硫黄熏蒸法长期应用于食品、农产品及药材等物品的加工和贮藏养护过程。传统上常用于熏蒸人参、山药、党参、当归、莲子、桂圆、银耳等中药。硫黄在燃烧过程中与氧结合产生二氧化硫，二氧化硫与饮片中的水分子结合形成亚硫酸，有一定锁水作用，并可直接杀死成虫、卵、蛹等，抑制真菌、细菌滋生，抑制氧化酶等活性，起到防虫、防霉、保色、增色等作用。

值得重视的是，二氧化硫也会破坏中药饮片的一些有效成分，熏蒸时间和使用量控制不当，导致饮片残留二氧化硫及砷、汞等有毒有害物质。为防止中药饮片加工过程中滥用或者过度使用硫黄熏蒸的问题，2011年6月，国家食品药品监督管理总局组织制订了中药材及其饮片二氧化硫残留限量标准，遴选出山药、牛膝、粉葛、甘遂、天冬、天麻、天花粉、白及、白芍、白术、党参等11种传统习用硫黄熏蒸的药材品种，规定二氧化硫残留量不得超过400 mg/kg；其他中药材及其饮片的二氧化硫残留量不得超过150 mg/kg。二氧化硫熏蒸法现已较少使用。

2. 氯化苦熏蒸法　氯化苦为有效的杀虫剂，化学名称为三氯硝基甲烷，纯品为无色油状液体，有特殊臭气，几乎不溶于水。当室温在20℃以上时能逐渐挥发，渗透力强，不爆炸，不燃烧。一般每1 m³堆垛中药用氯化苦30 g，其比重较大，使用时应置于高处。氯化苦对人体毒性较大，有强烈的刺激和催泪作用，操作人员在使用过程中需要注意防护，均应佩戴防毒面具、橡胶手套。氯化苦因其毒性较大现已停止使用。

3. 磷化铝熏蒸法　磷化铝是一种新型杀虫剂。用作中药仓库熏蒸的是用磷化铝、氨基甲酸铵及其他赋形剂混合压成的片剂。磷化铝含量为56.0%~58.5%，每片3.20 g的规格较多。熏蒸每吨中药只需3~7片，每立方米空间仅用1~2片。磷化铝片剂在空气中缓慢吸湿分解，释放出磷化铝气体而杀虫。磷化铝具有大蒜样气味，有较强的扩散性和渗透性，对各种中药害虫具有强烈的杀虫效能，而且还有抑制和杀灭仓鼠、微生物以及抑制中药呼吸的作用。不易被中药和物体吸附，散气快，不易残留。磷化铝是当前主要的化学防虫剂。贮存磷化铝要避免受潮，远离火源与易燃品，也不宜在阳光下曝晒。

化学熏蒸剂毒性大，污染环境，熏蒸后有残留。我国A级绿色食品已禁止使用化学熏蒸剂，在中药饮片贮藏养护中不建议使用。

（三）现代贮藏方法

一些传统贮藏保管方法存在化学试剂残留、二氧化硫超标等弊端，随着生态优先、绿色中药理念的实施，企业升级改造设备条件趋于完善，现代贮藏保管的新技术、新方法不断得到应用。

1. 机械干燥灭菌法　主要是利用远红外烘烤或微波（真空）干燥等设备，使受潮的中药饮片干燥，同时还能有效地杀灭药物上的微生物、虫卵，达到防霉、防虫的目的。本法设备投资较少，操作简单，适用于大多数中药饮片。

2. 低温冷藏法　低温冷藏是利用空调、冷藏柜和电冰箱等机械制冷设备降温，抑制微生物、仓虫和虫卵的滋生和繁殖，降低氧化反应的速度，减缓大多数化学变化，从而达到防止中药霉变、虫蛀、变色及气味散失的目的。特别适用于贵重中药，受热易变质的药物。低温贮藏的温度多在0~10℃。温度不宜过低，否则会冻伤而破坏药物细胞壁结构及蛋白质等成分。

3. 机械吸湿法　机械吸湿是利用空气去湿机吸收空气中的水分，降低库房内的湿度，从而达到防虫、防霉效果。本法费用较低，降湿快，可以自动控制湿度，不污染药物，是一种较好的除湿方法。

4. 气调养护法 气调养护也称作气调贮藏,是通过人工改变饮片贮藏环境中空气的组成,尤其是降低氧气的含量,达到杀虫、防虫、防霉的一种有效方法,也是常见和实用的一种方法。氧气是微生物、真菌及害虫生长繁殖的必需条件;氮气为惰性气体,无臭,无毒;二氧化碳浓度增高,也不利于真菌及害虫的生长。目前采用的气调方法主要有充氮降氧法、充二氧化碳降氧法、真空降氧法、除氧剂降氧法和自然降氧法等。

气调养护法的特点是费用低,适用范围广,不污染环境和药物,对不同质地和化学成分组成的中药均可适用。且该方法劳动强度小,易管理。在低氧或高二氧化碳状态下,抑制了中药饮片自身的呼吸作用和一些成分的氧化过程,保证了饮片原有色泽、品质的稳定性,是一种较理想的贮藏方法。

5. 气幕防潮法 气幕又称气帘或气闸,是装在库房门上,配合自动门以防止库内外空气对流的装置,从而达到防潮的目的。

6. 环氧乙烷灭菌法 环氧乙烷是一种广谱气体灭菌杀虫剂,其穿透性和扩散性很强,可在常温下杀灭各种微生物。环氧乙烷可以与微生物或害虫中蛋白质分子上的羧基、氨基、硫氢基和羟基发生烷基化反应,使微生物代谢受阻,产生不可逆杀灭作用。环氧乙烷无腐蚀性,不改变饮片原有色泽及质地,可用于不能用消毒剂浸泡以及干热、压力、蒸汽或其他化学气体灭菌的中药。

应注意,环氧乙烷是易燃易爆的有毒气体,在室温条件下,很容易挥发成气体,当浓度过高时可引起爆炸。同时环氧乙烷消毒后可引起大量的残留,故消毒后应保持仓储环境较长时间通风换气。

7. $^{60}Co-\gamma$ 射线辐射法 采用放射性元素 ^{60}Co 产生的 γ 射线辐照饮片,微生物及害虫吸收放射能和电荷,产生自由基,破坏其正常新陈代谢及生理机能进而达杀灭作用。γ 射线有很强的穿透力和杀菌力,能穿透较厚的包装将药物体内的微生物、活虫及虫卵杀灭,有效地防霉、防虫。本法具有操作简便,时间短、见效快,效果显著,可在常温下灭菌,在适宜的剂量下不破坏饮片色泽、质地、内在成分等优点。

在使用本法灭菌时,仍需慎重,以免照射剂量过大而破坏药物有效成分,放射性物质残留等。

8. 蒸汽加热法 利用蒸汽杀灭中药饮片中的真菌、细菌及害虫的方法。蒸汽灭菌按灭菌温度分为低高温长时灭菌、亚高温短时灭菌和超高温瞬时灭菌三种方法。其中超高温瞬时灭菌是将灭菌物迅速加热到150℃,经2~4 s完成的灭菌方法,既可杀灭微生物,又可最大限度减少中药有效成分的破坏,且具有无残毒、成本低、成分损失少、灭菌时间短等优点,目前已被广泛应用。

9. 无菌包装法 无菌包装是先将需要贮藏的中药饮片灭菌,然后把无菌的饮片放进一个微生物无法生长的环境,避免造成再次污染。在常温条件下,不需任何防腐剂或冷冻设施,防霉效果显著,在一年内不会发生霉变。中药饮片经过灭菌后若保管不善,仍会发生变异,将灭菌与无菌包装两种方法结合为一体,就可避免二次污染。

10. 植物杀虫剂杀虫法 通过从具有杀虫作用的植物中提取有效成分,制备成植物杀虫剂(或称生物农药),具有广谱、高效、低毒、易降解、无残留的特点,对各种害虫及蚊蝇、臭虫、跳蚤、蟑螂等均具有较好的杀灭作用,对人畜和周围环境基本上无任何毒害和污染。目前主要有苦皮藤素、菊酯、广桂油、鱼藤酮、丁香酚、印楝素、大蒜素、苦参碱、川楝素等。

11. 中药挥发油熏蒸法　是利用中药的挥发油使其挥发，熏蒸中药材或饮片，而达抑菌和灭菌目的的方法。丁香、荜澄茄、肉桂、白芷、花椒、山苍子、山胡椒、高良姜等多种中药的挥发油，具有抑菌和灭菌效果，其中以花椒、荜澄茄、丁香挥发油的效果更为明显。

（四）中药饮片贮藏养护注意事项

妥善做好中药饮片的贮藏保管，对保证中药饮片的质量十分重要。做好贮藏保管，第一，必须有高度责任心，在运用传统贮藏保管方法的基础上，灵活运用现代贮藏保管新方法、新技术进行科学贮藏，综合施策，保证中药饮片质量。第二，中药饮片库房应建立完善的管理制度，保持定期检查，随时注意仓库及外界环境的变化，及时调整库房温度、湿度、光照等。库房要定期清理，保持整洁、干净。第三，中药饮片贮藏过程中要坚持密闭贮藏、分类贮藏等原则。

随着信息化管理在仓储养护中的普及，中药饮片的存储调运变得更加便捷，易于查询。中药饮片一般不宜久贮，应根据生产日期，先进先出，加快市场流通，尽量减少贮存时间，保证饮片质量。

（董志颖）

🔍 复习思考题

1. 试述中药常见变异现象的成因。
2. 试述中药饮片包装出现结露现象的成因，思考解决方案。

📲 数字资源详见　新形态教材网

　　📄 课程思政案例　　▶ 视频　　🔗 知识拓展　　📖 推荐阅读

　　✂ 复习思考题答案　　🖥 教学课件

中篇 各 论

第九章

净 制

> 思维导图

龟甲当用上下甲

龟甲为龟科动物乌龟 Chinemys reevesii（Gray）的背甲（上甲）及腹甲（下甲），下甲又称龟板。据文献考证，宋代以前，龟甲入药不分上下甲，但自元代朱丹溪创制滋阴学说以后，龟板（下甲）用于滋阴日益盛行。由此导致很长时间以来，龟上甲被废弃不用，皆认为龟甲当用下甲。20世纪80年代，国内学者从龟甲的净制现状和临床实际需求出发，以中医文献考证为基础，用现代科学技术对龟上下甲的化学成分、药理作用及毒性进行了较全面的比较研究，证实龟上下甲可同等入药，为合理利用龟上甲、扩大龟甲药用资源提供了科学依据。在实验研究中突出了中医特色，构建了甲亢型阴虚动物模型，检测了25项与阴虚相关的药理指标，确证龟上下甲对甲亢型阴虚动物绝大多数症状的改善作用。《中国药典》1990年版一部开始收载背甲及腹甲均可入药，自此"龟甲当用上下甲"被纳入了国家标准。

请对下列问题给予思考与分析：
1. 查阅相关文献谈谈"龟甲当用上下甲"的科学性。
2. 查阅相关文献谈谈净制现代研究的其他典型案例。

第九章　净　制

净制是中药材在切制、炮炙或调配、制剂前，选取规定的药用部分，除去非药用部位、杂质及霉变品、虫蛀品、灰屑等，使其达到药用净度标准的炮制方法，也称净选加工。净制是中药炮制第一道工序，是中药材制成饮片必经的基础工作。中药材进行净制前，在药材原产地按照中药材商品规格和要求进行的初步加工处理属于产地加工的内容，称为中药材的产地加工，又称中药材初加工。中药材产地加工是为进一步进行中药饮片炮制提供原料药材进行的初加工技术，隶属于中药材生产GAP管理范围，主要应用于产地的药用植物、动物和矿物等原药材处理。

净制一般是指对经过产地加工的中药材原料经进一步加工处理，使其达到入药的净度标准或合格的入药部位或为进一步炮制成饮片提供合格原料。药用植物、动物和矿物等经产地加工，制成中药材，需达到中药材原料商品的标准要求。产地加工主要是围绕中药材的商品价值和贮存、运输的特定要求所采取的各种处理技术，形成的中药材是中药饮片的初始原料药。净制后的中药材一部分可直接作为中药饮片入药，如枸杞子、菊花、车前子等，大部分净药材需进一步切制或炮炙，方可成为供中医临床应用的处方用药及生产中成药制剂等的原料药。

净制的目的：

1. 除去泥沙杂质及虫蛀霉变品　主要是去除产地采集、加工和贮运过程中混入的泥沙杂质、虫蛀品、霉变品，以达到洁净卫生的要求。

2. 进行大小分档　使其均匀一致，便于进一步软化、切制和炮炙。

3. 分离不同药用部位　使相同来源不同药用部位的中药各自发挥更好的药效，如麻黄根和麻黄茎。

4. 除去非药用部位　保证用药剂量准确或减少服用时的副作用，如去粗皮、去核等。

第一节　清除杂质

净选操作环节中，在清除杂质的同时，进行大小分档、清除非药用部位和分离不同药用部位。根据操作方法的不同，清除杂质分为挑选、筛选、风选、水选和磁选等。

知识拓展 9-1　清除杂质的其他方法——淘砂法

一、挑选

挑选是指除去药材杂质的一种方法。除去缠绕、夹杂在药材中的杂物、杂质和非药用部分，如核、柄、梗、骨、壳等，除去变质失效的部分，除去虫蛀、霉变、走油等变异部分。将药材按照大小、粗细、长短、厚薄、软硬、颜色等不同档次分类挑选，使药材洁净，利于进一步加工处理。

由于中药材自身的形态性质特点，挑选多采用人工进行操作，常用的挑选工具主要有人工挑选台、筛、簸箕等。在进行挑选操作时，常辅以挑选输送机作为运送药物的设备。挑选输送机示意图见图9-1。

挑选所用工作台，台面需由不易脱落碎片材质制作，如不锈钢，并可制成凹面工作台，可防止药材洒落。以工业相机替代人眼识别并智能挑选、剔除是未来的发展方向。

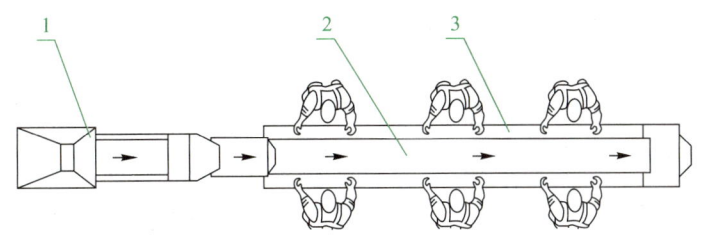

图 9-1 挑选输送机示意图
1. 振动投料匀料装置；2. 照明；3. 机械化挑选

二、筛选

筛选是根据药材和杂质体积大小的不同，选用不同规格的筛或箩，以筛除药材中的沙石、杂质，使其洁净；或利用不同孔径的筛分离药材大小和粉末粗细，使分选的药物大小规格趋于一致。药材形状大小不等，需用不同孔径的筛子进行筛选，如延胡索、浙贝母、半夏等，以便分别浸润、漂洗和炮制。穿山甲、鸡内金、鱼鳔及其他大小不等的药材，均应通过筛分，分别进行炮制，以便受热均匀、质量一致。筛选还包括筛去炮制时所使用的辅料，如麦麸、土、蛤粉、滑石粉、河砂等。

筛选的方法：传统使用竹筛、铁丝筛、铜筛、麻筛、马尾筛、绢筛等。马尾筛、绢筛一般用来筛去细小种子类药材中的杂质或用于中药粉末的分离。

传统用的各种筛和箩，规格如下：

1. 竹筛 圆形浅边底平有孔，直径为 50~70 cm，四周边高 3~4 cm，底部孔眼大小不一，以孔的大小分下列几种：

（1）大眼筛：每个眼孔约为 $0.40\ cm^2$。

（2）小眼筛：每个眼孔约为 $0.10\ cm^2$。

（3）细眼筛：每个眼孔约为 $0.08\ cm^2$。

2. 龟甲筛 半球形，底部凸起，为宽竹条编成，每个孔眼相距 1.5~2 cm，用于筛体积较大的药物。

3. 箩筛 系用竹片（或木片）扎成圆筐，大小不一，筐底是用绢丝、细铜丝、马尾（马鬃）或细铁丝做成，按密度可分如下几种：

（1）马尾筛：箩筛底系马尾织成，粗的每 $1\ cm^2$ 约 3 个眼，细的每 $1\ cm^2$ 约 5 个眼。

（2）铁丝纱箩：箩筛底系铁丝纱做成，每 $1\ cm^2$ 有 1.5~2 个眼。

（3）细箩：箩筛底系绢丝或细铜丝织成，每 $1\ cm^2$ 有 8 个眼。

此外还有头箩筛、二箩筛，箩底孔眼每 $1\ cm^2$ 有 10~13 孔之分，最细的每 $1\ cm^2$ 有 15、17、19、20 个孔眼，供筛细粉用。

4. 套筛 即细箩筛，外有圆形木套，上覆以盖，上下两层，中嵌箩筛，对合盖起，全高约 25 cm，用套筛的目的主要是使研细的粉末不易飞扬。

例如花椒的净选，将花椒倒在小眼筛里，先筛去灰屑，再换中眼筛筛去种子（椒目）及残柄细棒，如果有粗梗成串相连，再用大眼筛过筛，把净花椒筛下，把串连在一起的粗梗分开，去棒即可。

传统筛选，手工操作效率低，劳动强度大，同时存在粉尘污染问题。现代多用机械操作，主要有柔性支撑斜面筛选机、电机振动筛选机、往复振动筛选机和旋振圆盘筛。往复振动筛选机结构示意图及设备图见图 9-2。

第九章 净 制

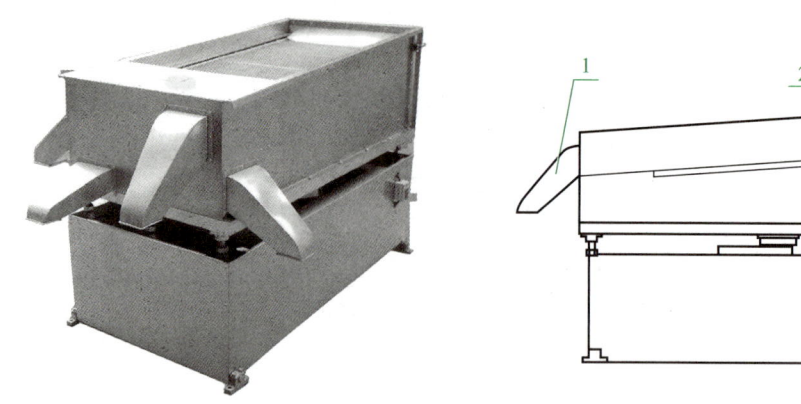

图 9-2 往复振动筛选机结构示意图及设备图
1. 出料口；2. 筛网；3. 后盖门；4. 电机床；5. 高度调节脚

筛选工作原理：把物料分布在筛网面上，使筛网往复振动或平面回转运动，由于物料的惯性使其与筛网产生相对运动，体形小于筛网孔的物料落到筛网面下，而体形较大的则留在筛面上，达到按物料体形大小分离的目的。

三、风选

风选是利用药材和杂质重量的不同，借用风力，将药材中的杂质和叶、果柄、花梗、干瘪之物等非药用部位分离除去的一种方法。传统风选设备主要有风车、簸箕等。现代风选机器主要有卧式风选机和立式风选机。卧式风选机结构示意图及设备图见图 9-3。

卧式风选机由输送机自动送料并控制物料流量，匀料器使物料均匀下落到风选箱进行风选，变频器用于控制与调节风量、风速，吸风罩用于平衡风选箱内的空气压力，避免气流从出料口处排出，调节挡板偏转角度，可以调整相邻两出料口的出料量。控制物料流量，调节风量与风速，可以适应不同特性物料风选的需要，并实现连续自动化作业。

四、水选

水选是采用水洗或浸漂，除去药材中杂质和非药用部位的一种方法。有些药物常附着泥沙、盐分或其他不洁之物，用筛选、风选等方法难以除去，可采用水洗或浸漂的方法使药物洁净。例如：果实类药材乌梅、山楂、山茱萸、大枣等需去核壳，质地较轻的虫类药如蛇蜕、地鳖虫、蝉蜕等需去泥沙，海带、昆布、海藻等来源海洋的药材需去盐分，均可采用水漂洗的方法除去泥沙和盐分。

水选操作时应注意掌握时间，勿使药物在水中浸漂过久，以免水溶性的有效成分流失，损失药效。水选后的药材应注意及时干燥，防止发霉和变质。

水选的方法主要有以下几种：

（一）水洗

将药材置于洗药池浸泡一段时间，利用水对表面污物的渗透、溶解和卷离，其间也需要人工翻动、擦洗或喷冲。根据药材性质，水洗可分为洗净、淘洗、浸漂三种方法。

1. 洗净 系用清水将药材表面的泥土、灰尘或其他不洁之物洗去。即先将洗药池注入清水至七成满，倒入挑拣整理过的药材，搓揉干净，捞起，装入竹筐中，再用清水冲洗，沥干水，干燥，或进一步加工。

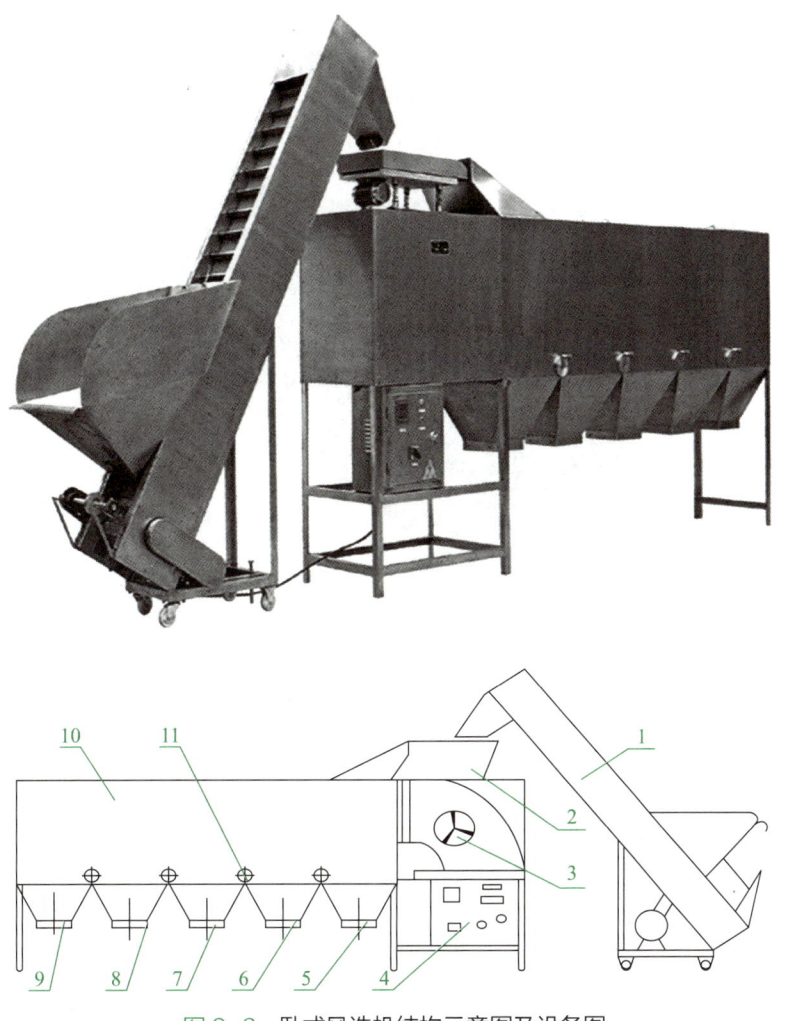

图9-3 卧式风选机结构示意图及设备图

1. 输送机；2. 振动送料器；3. 变频风机；4. 电控箱；5. 1号出料口；6. 2号出料口；
7. 3号出料口；8. 4号出料口；9. 5号出料口；10. 风选箱；11. 挡板调节手柄

2. 淘洗 用大量清水荡洗附在药材表面的泥沙或杂质。即把药材置于盛器内，手持一边倾斜潜入水中，轻轻搅动药材，来回抖动盛器，使杂质与药材分离，除去上浮的皮、壳杂质和下沉在盛器的泥沙，取出药物，干燥。如种子类药材及蝉蜕、蛇蜕等。

3. 浸漂 将药物置于大量清水中浸较长时间，适当翻动，并定时换水；或将药材用竹筐盛好，置清洁的长流水中漂较长的时间，至药材毒性成分、盐分或腥臭异味得以减除为度，取出，干燥或进一步加工。如海藻、昆布。

目前水洗设备主要有洗药水池、不锈钢洗药水槽、滚筒式洗药机等。滚筒式洗药机结构示意图及设备图见图9-4。

洗药机的主体部分是一壁面有许多小孔的鼓式转筒，由电机通过皮带直接驱动转筒旋转。转筒下部是V形水箱，V形水箱的水经过泥沙过滤器由水泵将其增压，通过喷淋管、喷嘴喷向转筒内的药材。由于转筒部分浸入水箱，药材被充分浸泡，再通过喷淋水冲刷、转筒旋转使药材相互摩擦等作用，使附着在药材表面的杂物脱落并残留在水中，达到清洗药材的目的。

用水浸泡、溶解附着在药材表面的杂物是水洗药材的必要条件，靠洗药机喷淋水的冲刷力，增强药材之间及药材与转筒的摩擦作用，加强人工翻动、搅拌药材等，都有利于洗净药材。水浸

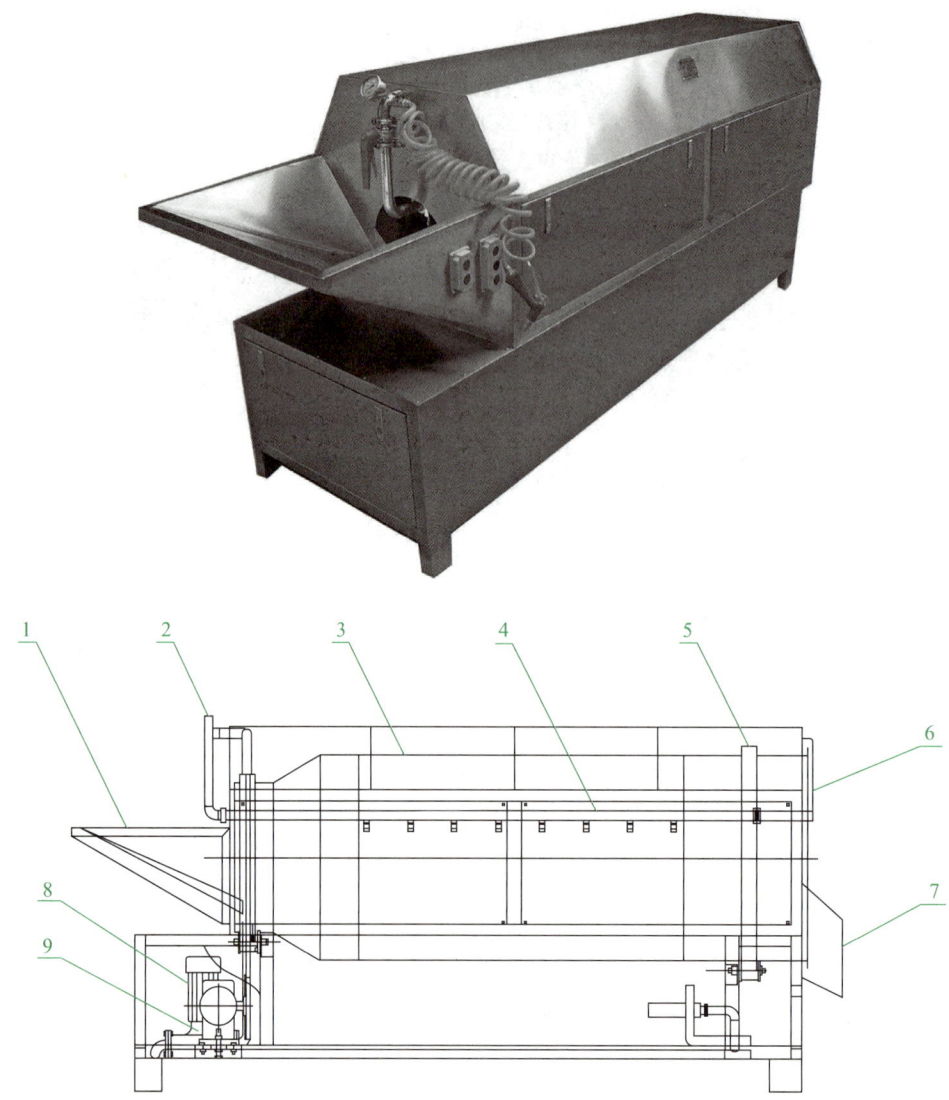

图9-4 滚筒式洗药机结构示意图及设备图
1. 进料口；2. 进水口；3. 鼓式转筒；4. 喷淋管；5. 支撑圈；
6. 喷淋管支架；7. 出料口；8. 循环水泵；9. 电机

泡附着在药材表面杂物的同时也浸泡了药材，能导致药效成分流失，增加后续干燥能耗。为避免药材"伤水"，采用提高转筒旋转速度、缩短水洗时间等进行抢水洗，以缩短药材被水浸泡的时间。洗药机一般适用于形状规则、形态短小、不易缠绕的药材的清洗，生产效率高、清洗均匀、不易伤水。水池、水槽一般适合于形状复杂、形态细长等药材的清洗，生产效率低、劳动强度大、清洗时间长、药材含水率高。

（二）干洗

干洗是对药材表面进行机械摩擦、挤压，使吸附、黏合、嵌入、夹带在药材表面、缝隙的杂物或药材自身表皮剥落并分离的一种方法。滚筒式干洗机结构示意图及设备图见图9-5。

中药材干洗机的电机通过减速机构带动一个六角或四方形的滚筒，滚筒的外表为钢丝编织的网格，药材放入滚筒内，以每分钟数十转的转速转动，利用物料自重、翻滚、相互擦碰打击，使附着在表皮或凹槽内的泥沙等杂质除去，并从滚筒周围的编织网格表面筛出；整个滚筒外装除尘

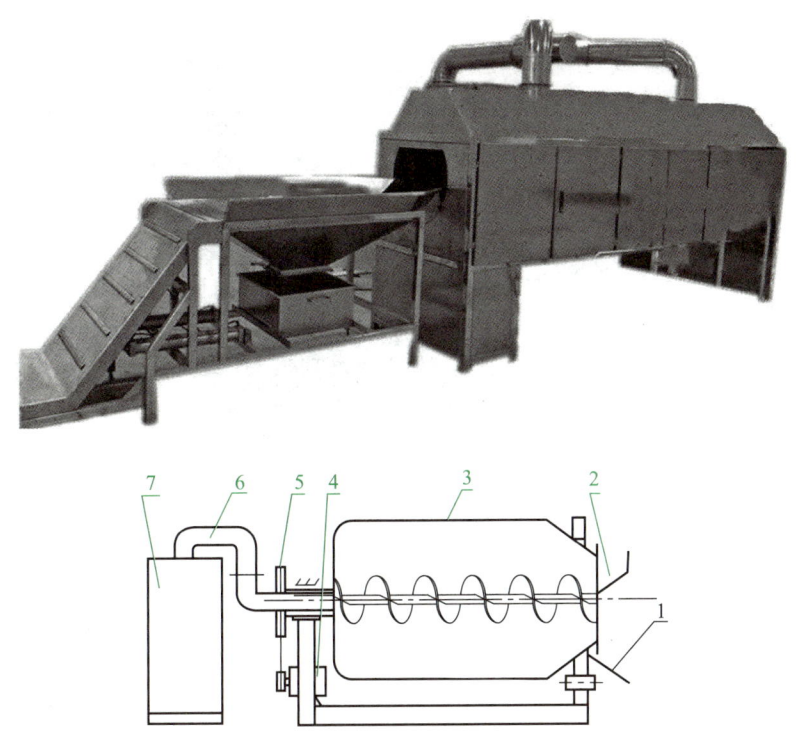

图 9-5 滚筒式干洗机结构示意图及设备图
1. 出料口；2. 进料口；3. 转筒；4. 电机；5. 传动轮；6. 风管；7. 除尘器

罩，由吸风管引入旋风除尘器除尘，较大的泥沙杂质颗粒则下落积存在下面的积尘筐内，可定时清理；物料由人工或输送机装料。这种药材干洗方式不用水，避免了用水清洗药材导致有效成分的流失，减少饮片厂的污水排放量。根据需要，接触药材的滚筒可用不锈钢或碳钢制造，滚筒形状可制成方形柱（XGF 型）或六棱柱形（XGL 型），有利于滚筒内物料翻滚互相擦碰。物料不宜装得过多，一般装料体积为滚筒容积的 30%。

五、磁选

磁选是利用强磁性材料吸附混合在药材中的磁性杂物，将药材与磁性杂质进行分离的一种方法。磁选可除去药材或饮片中的铁屑、部分含有原磁体的砂石等杂物；除去药材中的铁丝等金属杂物，保护切制、粉碎等炮制机械和人身安全。由于砂石中所含有的原磁体较少，需要强磁性材料才能除去。磁性金属杂质相对于药材原料中的其他杂质来说量不多，但危害性大，且用普通的去杂方法难以去除，必须采用专门的磁选机械。目前磁选机械主要有棒式磁选机和带式磁选机。带式磁选机结构示意图及设备图见图 9-6。

磁选机由振动送料和磁选两部分组成。振动送料部分将物料均匀地撒落到输送带或磁选箱，进行磁选。其中棒式磁选机的磁选箱均匀地安装了磁棒，当物料受重力作用下落、经过磁选箱时，含原磁体杂质受强磁力作用被吸附在磁棒上，物料则通过磁选箱进入料框，使杂质与物料自动分离。被吸附在磁棒上的杂质，由人工定期进行清除。带式磁选机的一只轧辊具有强磁性，当物料在输送带上经过强磁性辊轴时，含原磁体杂质受磁力作用被吸附在输送带上，其他物料在重力作用下经出料口排出，而吸附在输送带上的杂质继续沿着辊轴圆周转动到辊轴的下方，随着辊轴继续旋转，吸附在输送带上的杂质远离磁性与辊轴，当吸引力小于杂物重力时，杂物便脱离输送带，下落在杂物出料口排出，实现金属杂质与物料的自动分离。

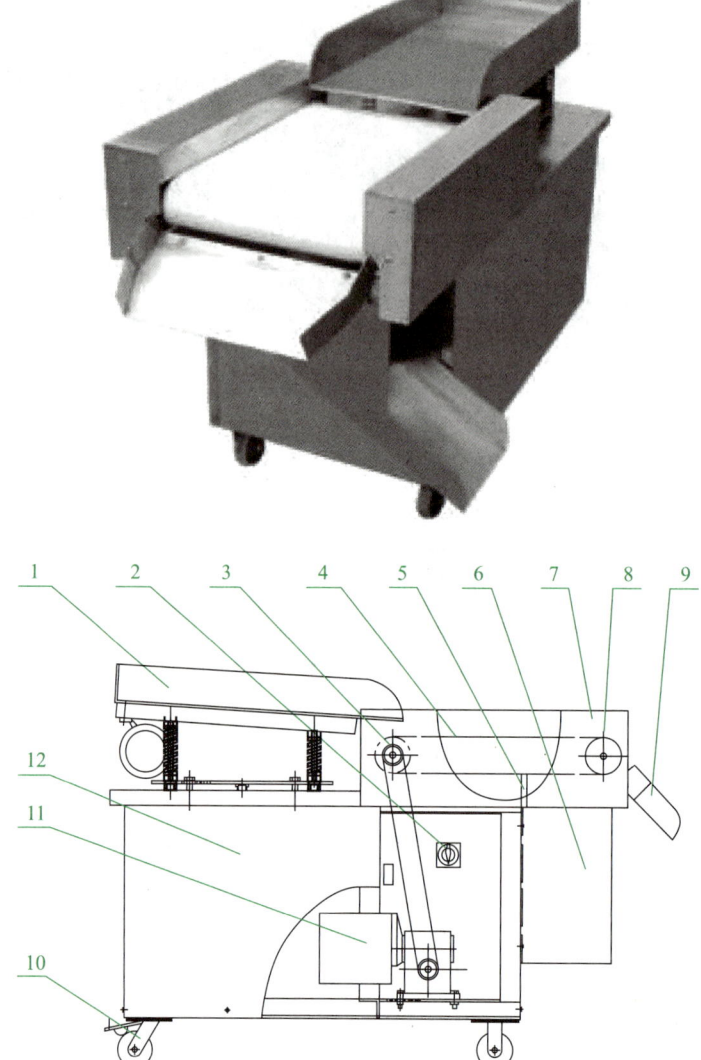

图 9-6 带式磁选机结构示意图及设备图

1. 振动上料装置；2. 电源开关；3. 主动轴；4. 输送带；5. 磁性杂物出料口；6. 磁棒箱；
7. 机械化磁选；8. 强磁性轴；9. 出料口；10. 脚轮；11. 驱动电机；12. 机架

六、其他净选法

根据药材质地与性质，传统净制方法还有摘、揉、擦、砻、刷、剪切、挖、剥等。

1. 摘　是将根、茎、花、叶类药材放在竹匾内，用手或剪刀将其不入药的残基、叶柄、花蒂等摘除，使之洁净。如旋覆花、辛夷等除去梗柄。

2. 揉　是将药材放在大眼筛上，轻轻揉搓后，再通过筛簸，以除去杂质。如桑叶、马兜铃等。

3. 擦　是用两块木块，将药材放在中间反复摩擦，或放入石臼内用木棍轻轻擦动，以除去外皮和硬刺。如蔓荆子、苍耳子等。

4. 砻　是用石磨（垫高磨芯）或竹木制成的砻子，磨去杂质或非药用部分，而不致磨碎内仁。如桃仁、苦杏仁去皮，扁豆去衣，刺蒺藜、苍耳子去刺，香附去毛等。

5. 刷　是用毛刷刷去药材外表面灰尘、泥沙、绒毛或其他附着物。如枇杷叶入药时需用刷子刷去叶片背面的绒毛，方能炮制入药。刷的工具可用丝瓜络，其效果比刷子好。

6. **剪切** 是利用剪刀或切刀，剪切去药材残留的非药用部位，或将药用部位用剪刀剪碎，或分离不同的药用部位。如玄参去芦，细辛剪去叶等。

7. **挖** 是采用金属刀或非金属刀（如竹片）挖去果实类药材中的内瓤、毛、核，以便于药用。如枳壳挖去内瓤。

8. **剥** 是将果实类药材的外壳剥除，但分离时须保持其完整。如白豆蔻、砂仁、白果等剥去壳，临用时打碎。

课程思政案例 9-1　炮制设备更新换代

第二节　净选分离

凡供切制、炮炙或调剂、制剂用的中药饮片，均应清除非药用部位，分离不同的药用部位，使用净药材。

一、分离不同药用部位

有些中药部位不同，其功效也不同，应分别入药。如根及根茎类药材中，麻黄茎发汗，麻黄根止汗；当归的归头止血、归身补血、归尾破血、全当归补血活血。又如果实种子类药材中，莲子心（胚芽）能清心热、除烦，莲子肉能补脾涩精；花椒（果皮）温中止痛、杀虫止痒，椒目（种子）行水平喘。连翘（果实）清热解毒、消肿散结，连翘心（种子）清心安神、利小便。白扁豆种子与种皮作用不同，白扁豆长于健脾化湿，扁豆衣偏于祛暑化湿。菌类药茯苓可分成茯苓皮，利水消肿；茯苓块，清利湿热；茯神，宁心安神等。

二、清除非药用部位

清除非药用部位是依据原药材的不同类别，按照临床的用药需要进行的一类净制方法。按净制要求主要可分为：去根去茎、去皮壳、去毛、去心、去芦、去核、去瓤、去枝梗、去头尾足翅、去残肉等。

通过去除非药用部位，选取需要入药的部位，可以使得临床用药准确，符合剂量要求，提高药物的临床疗效，便于调剂制剂，降低毒副作用。

（一）去根去茎

去根是指以根茎、茎为入药部位的药材须除去非药用部位的残根（须根、支根）。去茎是指以根为入药部位的药材，须除去根上残留的残茎（非药用部位）。

1. **去残根**　以茎或地上部分或以根茎为入药部位的药材须除去非药用部位的残根，一般指除去主根、支根、须根等非药用部位。以茎入药的，如石斛等；以地上部分入药的，如荆芥、广藿香、薄荷、马齿苋、马鞭草、泽兰、茵陈、益母草、瞿麦；以根茎入药的，如黄连、干姜、升麻、芦根、藕节、重楼、香附等。

一般采用剪切、挑选、火燎、撞、砻等法除去残根。

2. 去残茎 以根、根茎为入药部位的药材须除去残留茎及地上部分。如当归、白芷、地榆、党参、前胡、百部、木香、黄芩、威灵仙、续断、防风、广豆根、柴胡、银柴胡、麻黄根、射干、细辛等，均需除去残茎、地上部分及须根等；以草质茎、地上部分、全草入药的药材，应将其中的木质茎、老茎、粗茎除去，如麻黄、薄荷、茵陈等。

一般采用剪切、搓揉、风选、挑选等法除去残茎。

研究认为：柴胡根具有解热、镇痛、镇静、抗炎等作用，其活性成分为皂苷，柴胡茎、叶的皂苷类成分含量很低。因此，柴胡饮片以根入药具有合理性。细辛茎、叶含微量马兜铃酸，具肾毒性，而根和根茎则不含此类成分。《中国药典》规定其药用部位为根和根茎，在净制时应去除地上部分，与《雷公炮炙论》载"凡使（细辛），一一拣去双叶，服之害人"的记载一致。

（二）去皮壳

去皮壳是指去除皮类药材的栓皮，根、根茎、块茎或鳞茎类药材的外皮，茎木类药材的粗皮，果实、种子类药材的果皮、果壳或种皮等非药用部位。

中药净制去皮始于汉代，《金匮玉函经》要求：附子、大黄用时"皆去黑皮"。梁代《本草经集注》指出，皮类药材必须"皆削去上虚软甲错处，取里有味者秤之"。清代《修事指南》谓"去皮者免损气"。

去皮壳的主要作用在于纯净药材，使用量准确，便于切片，利于有效成分煎出等。一般采用刮除、捣、敲、擦、碾、剥、撞等方法去皮壳。根据不同的中药，采取适宜的方法。

1. 树皮类中药 此类中药外表面有粗糙的栓皮，有的还附有苔藓、泥沙及其他不洁之物。栓皮干枯且有效成分含量甚微，若不去除则影响调配剂量。某些有毒性的皮类药材，如苦楝皮、雷公藤等红黄色外层栓皮还会引起中毒。杜仲、关黄柏、黄柏、厚朴、肉桂、苦楝皮、桑白皮、椿皮等皮类中药，加工时须刮净栓皮。

研究发现：厚朴的木栓层粗皮占全重 15.47%，有效成分厚朴酚、和厚朴酚含量韧皮部高于木栓层。故厚朴的木栓层粗皮应视为非药用部位，除去粗皮具有科学依据。

2. 根、根茎、块茎或鳞茎类中药 一般多在产地趁鲜去皮，如白芍、知母、南沙参、桔梗等；若不趁鲜及时去皮，干后就不易刮除。三棱、大黄、山药、千年健、黄精、川贝母、天南星、天花粉、木香、甘遂、平贝母、白及、白附子、半夏、竹节参、防己、红景天、泽泻、穿山龙、珠子参、粉葛、浙贝母、黄芩等，均需刮净或撞去外皮；天冬、北沙参、明党参等，置沸水中煮烫或蒸后，趁热除去外皮。

3. 果实类中药 草果、益智、使君子、鸦胆子、巴豆等，可砸破皮壳，去壳取仁；豆蔻、砂仁等，则采用剥除外壳取仁的方法。

4. 种子类中药 去皮壳的方法因中药的不同而异，如大风子、木鳖子、白果、芡实、核桃仁、娑罗子、郁李仁等，需去壳取仁。薏苡仁、柏子仁等，常用碾、擦法去皮。苦杏仁、桃仁等，燀法去皮。

（三）去毛

毛刺是指生于药材表面或内部的绒毛、鳞片、硬刺、根类药材的须根以及动物类药材的茸毛等，因其影响药材的净度，有的具刺激咽喉等副作用，故须除去。一般采用刷除、砂烫、筛选、挑选、燎、碾、撞、挖等方法去毛刺。根据不同的中药，可分别采取下列方法。

1. 根茎类中药 如狗脊、骨碎补、香附、知母等表面生有鳞叶、绒毛或须根，可先用砂烫法将毛烫焦，再撞净、筛除；也可用火燎法除去毛刺，筛净。马钱子表面密被灰棕或灰绿色绢状绒毛，用砂烫法将毛烫焦，再撞净、筛除。

2. 动物类药材 如鹿茸，加工时先用火燎去茸毛，注意不能将茸皮燎焦，再用刀具、瓷片或玻璃片将其表面刮净。刺猬皮表面密生硬刺，并具茸毛，需用滑石粉烫或砂烫方法，将硬刺烫至焦黄色、卷曲易断，茸毛被烫焦，然后过筛除净。

3. 叶类药材 部分叶类药材如枇杷叶下表面密被绒毛，可在产地采摘后趁鲜用棕刷刷去绒毛。

4. 果实、种子类药材 金樱子内部生有淡黄色绒毛，一般在产地趁鲜纵剖两瓣，用刀挖净毛、核。或者将干燥后的金樱子略浸、润透，纵切两瓣，除去毛核，干燥。现代生产可将金樱子用清水淘净，润软，置切药机上切 2 mm 厚片，筛去已经脱落的毛核，置清水中淘洗，沉去种核，干燥。或将晒至七八成干的金樱子置碾盘上，碾至花托全破开，瘦果外露时，过 0.5 cm 的筛子，除去 95% 的绒毛及瘦果，晒干，再进行筛选。

一些药材其外表面的毛刺可用碾法或撞法除去。如苍耳子全体有钩刺，常用清炒法炒至表面呈焦黄色、刺焦时，碾去刺。

（四）去心

去心是指去除根皮类药材的木质部或种子的胚根、胚芽及幼叶等非药用部位。实际操作中，包括除去根的木质部和枯朽部分、种子的胚芽等。

去心加工的药材有巴戟天、五加皮、白鲜皮、地骨皮、牡丹皮、香加皮、桑白皮等。巴戟天按蒸法蒸透后，趁热抽去木心。其余根皮类药材，通常在产地趁鲜用木槌敲击，使皮与木质部分离，剥取根皮，去除木心。

远志传统炮制须抽去木心，取根皮入药，称为远志筒。化学成分研究表明，远志皮部含皂苷 12.1%，远志心仅含皂苷 0.482%，远志皮是木心的 25 倍，而且木心重量占药材全重近 40%，将木心作为非药用部位去除有一定道理。药理研究发现，带心远志的溶血作用和毒性均小于远志皮，镇静作用则强于远志皮，祛痰作用无明显减弱。干药材抽取木心较为麻烦，同时造成有效成分的损失。《中国药典》规定，远志以根入药去心或不去心均可。目前，远志筒主要用于出口。

（五）去芦

芦又称芦头、芦苗，一般指根类中药的根头及根顶端带有的根茎、残茎、叶基等部位。古代医药学家认为芦为非药用部位，应去除。《证类本草》中人参项下有"采根用时，去其芦头，不去者吐人，慎之"的记载。元代吴绶说："人弱者以参芦可代瓜蒂也。"将参芦列为涌吐药来使用。《修事指南》谓"去芦者免吐"。

研究发现，人参根和人参芦有效成分相近，人参芦中人参总皂苷含量比人参高 2~3 倍，挥发油是人参根含量的 60 倍，无机元素的含量也比人参根高。在小鼠游泳能力、常压耐缺氧、耐高温、耐低温、自主活动、抗利尿、抗惊厥及急性毒性方面，两者也无明显差异。实验研究和临床实践均表明人参芦无催吐作用，现代可不去芦使用。

对桔梗的研究表明：主根和芦头中所含化学成分基本一致，芦头中皂苷含量比根多 20%~30%。因此，人参、桔梗、党参、前胡、防风、独活等传统要求去芦使用的中药，其芦头和主根均具有相同或相近的有效成分和临床疗效,《中国药典》已不再规定去芦头。

目前规定需要去芦的中药有：川牛膝、牛膝、西洋参、地黄、仙茅、苦参、山药、续断等。

去芦一般采用洗润、切除、剪除、风选、挑选等方法。

（六）去核

一些果实类药材，常用其果肉或假种皮，其中的核（或种子）属于非药用部分，或者核与果肉（或假种皮）的作用不同，故须除去或分别入药。

去核的目的，主要是去除非药用部位，保证药用剂量准确。《雷公炮炙论》记载"凡欲使山茱萸，须去内核，核能滑精"。《修事指南》概括为"去核者免滑"。

一般采用风选、筛选、挑选、浸润、挤压、剥离、切挖等方法去核。山茱萸、金樱子、诃子、龙眼肉等中药，由于有效成分主要分布在果肉（或假种皮）部分，而核中不仅有效成分含量较低，在药材中占的比例又很大，故须去核（或种子）取肉（或假种皮）。

山茱萸果核和果肉的成分相似，鞣质和油脂主要分布于核中，具有降低血清转氨酶作用和安定、降温、抗菌消炎作用的熊果酸主要存在于果肉中，果核为果肉的1/6。因此，《中国药典》规定山茱萸含果核果梗等杂质不得过3%。山茱萸多在产地挤压去核；若去核未净者，可洗净润软或蒸后将核剥去，晒干。

诃子为收涩药，其果核占果实总重的50%以上，鞣质含量仅为4.16%，果肉中鞣质的含量为26.06%。表明诃子核为非药用部位，去核是必要的。取原药材，洗净略泡，闷润至软，轧开去核取肉，干燥。

乌梅，要求用乌梅肉者，若质地柔软者可砸破，剥取果肉去核；若质地坚硬者，可水润使软或蒸软，再去核取肉或用去核机去核。

龙眼肉，将果实烘干或晒干，除去果皮，剥取假种皮；或将果实投入沸水中煮10 min，捞出摊晾，使水分散失，再烘烤一昼夜，剥取假种皮，晒干。

（七）去瓤

果实类中药，须净制去瓤用于临床。去瓤的主要目的在于除去药材中的质次部位以洁净药材，使用量准确，便于贮存，免除胀气等副作用。《本草蒙筌》曰"去瓤免胀"。

需去瓤的药材有枳壳、化橘红、瓜蒌皮、青皮等，大多采收后趁鲜加工。化橘红，取果实置沸水中略烫后，将果皮割成5或7瓣，除去果瓤及部分中果皮，压制成形，干燥。瓜蒌皮，将果实剖开，除去果瓤及种子，阴干。青皮，在果皮上纵剖成4瓣至基部，除去瓤瓣，晒干，习称四花青皮。

对枳壳的研究表明，挥发油大多存在于果皮，瓤占其重量的20%，去瓤生枳壳片含挥发油0.91%，具瓤枳壳片含挥发油0.47%，仅为果皮的1/2，具瓤枳壳更易霉变和虫蛀，其水煎液极为苦涩，枳壳瓤作为非药用部位除去具有科学性和合理性。炮制时，将枳壳洗净润透，切薄片，干燥后筛去碎落的瓤核。

（八）去枝梗

去枝梗是指除去茎、叶、花、果实类药材中夹杂的老茎枝、叶柄、花蒂、果柄等非药用部位，以使药材洁净，饮片用量准确。如桂枝、桑寄生、槲寄生、西河柳、桑枝中常混有老的茎枝，桑叶、侧柏叶、荷叶、辛夷、密蒙花、旋覆花、款冬花、槐花、五味子、花椒、连翘、槐角、夏枯草、女贞子、淫羊藿等混有叶柄、花柄、果柄等。

钩藤习惯上以钩入药为佳，并认为双钩比单钩好，嫩枝比老枝疗效好。研究认为钩藤的钩与茎含有的化学成分基本一致，老枝含量极少。嫩枝钩降压作用维持时间长，而老枝、茎降压作用较弱，维持时间短。古人强调钩藤用钩和嫩枝，除去老茎枝有一定的现代科学依据。

去枝梗通常采用挑选、筛选、风选、剪切、摘等方法。

（九）去头尾足翅

部分动物类或昆虫类中药，需要去头、鳞或去足、翅后使用，目的是除去非药用部位或有毒部位。如乌梢蛇、蕲蛇等去头及鳞片。蛤蚧除去头、足及鳞片。斑蝥、红娘子、青娘子等去头、足、翅。蜈蚣去头、足。

去头、鳞，一般采用浸润切除、蒸制剥除等方法。去头、足、翅，一般采用掰除、挑选等方法。

（十）去残肉

某些动物类药材，需要去残肉、筋膜、角鳃后使用，以洁净药材。如龟甲、鳖甲、珍珠母、牡蛎、蛤壳等，均需除去残肉、筋膜；牛黄，去除外部薄膜；水牛角，除去角鳃等。

传统方法一般采用刀刮、水煮、密闭浸泡后漂洗等方法。现代可用胰脏净制法和酵母菌净制法。

1. 胰脏净制法 取新鲜或冰冻的猪胰脏，除去外层脂肪和结缔组织，称量后绞碎，加水少许搅匀，用纱布过滤，取滤液配制成约 0.5% 的溶液，备用。将龟甲加入该溶液中用 Na_2CO_3 调节 pH 至 8.0~8.4，水浴加热至 40℃，每隔 3 h 搅拌 1 次，经 12~16 h 残皮和残肉能全部脱落，捞起龟甲，洗净晒干，至无臭味即得。

加工原理为胰蛋白酶在适宜条件下（温度 40℃，pH 8.0~8.4，糜蛋白酶要求 pH 为 8.0，胰蛋白酶要求 pH 为 8.4），可对不同形式的肽链产生水解作用，使蛋白质水解成氨基酸和多肽。而龟甲的残肉、残皮含有丰富的蛋白质，可被胰酶水解而除去。其优点是胰脏易得，设备简单，操作方便，成本低，时间短，产品无残肉，色泽好，但对产品质量有影响。

2. 酵母菌净制法 取龟甲 0.5 kg，用冷水浸泡 2 日，弃去浸泡液，加卡氏罐酵母菌 300 mL，加水淹过龟甲 1/6~1/3 体积，盖严。2 日后溶液上面起一层白膜，7 日后捞出，用水冲洗 4~6 次，晒干，至无臭味即得。

该法与传统净制法相比，时间可缩短 5~6 倍，设备简单，去腐干净，对胶类有效成分不会造成损失，出胶率高，适应大量生产。

（十一）去霉败品

常用于山药、片姜黄、百合、薤白、瓜蒌、葛根等除去霉败品。

去霉败品采用挑选等方法。

中药饮片的洁净度直接关系中医的临床疗效。净制必须符合《中国药典》《国家炮制规范》和国家中医药管理局《中药饮片质量标准通则（试行）》中的规定要求。药材炮制项下仅规定去杂质的炮制品，除另有规定外，应按照药材标准检验净度。

第三节 其他加工

一些矿物类、动物类中药，由于质地特殊或形体甚小，不便切成饮片，不论生熟，均需碾碎或捣碎，以利于进一步炮制、调配和制剂。有些中药通过手工揉搓成团或粉碎以利于调剂，有些中药借助工具制绒、拌衣，通过临方炮制加工，以缓和药性或借助辅料协同药性，以符合临床用药所需。

其他加工的方法有碾捣、揉搓、制绒、拌衣，经碾捣、揉搓、制绒加工的中药有的可直接入药，大部分还需要根据用药要求进一步炮制，拌衣往往是满足临方调剂所需，炮制后直接入药。

1. 碾捣　碾捣所用的工具有铁或铜制的冲钵、碾槽，石制的臼，瓷制的研钵等。一些矿物类、贝壳类、果实种子类及部分根和根茎类中药质地特殊或形体较小，不便于切制，影响进一步炮制、调剂，不论生熟，均碾碎或捣碎后入药，使其充分发挥疗效，如自然铜、穿山甲、栀子、三七等。

2. 揉搓　对于质地松软而呈丝条状的药材，须揉搓成团，便于调配和煎熬，如竹茹、谷精草等。对于切制易碎的叶类中药则揉搓成小碎块，便于调剂和制剂，如荷叶、桑叶。

3. 制绒　一些纤维性强的药材，净选后经捶打、推碾、筛去粉末，制成绒絮状药物，称为制绒。制绒的目的主要是缓和药性或便于应用。制绒时，将药物经捶打、推碾成绒絮状，碾船是可用于制绒的工具。制绒的药物要干燥，便于碾制后过筛。

麻黄碾成绒，发汗作用更为缓和，适用于老年、儿童和体弱患者。艾叶制绒，便于配制灸法所用的艾条或艾炷。

4. 拌衣　将净制或切制后的药物，表面用水湿润，加入定量的辅料，经翻拌、晾干，使辅料均匀地黏附于药物上，以发挥协同功效的炮制方法，称为拌衣。

拌衣主要有朱砂拌和青黛拌。将净药材湿润后，加入定量的朱砂或青黛细粉拌匀后晾干。茯神、茯苓、远志、灯心草、麦冬、连翘等中药经朱砂拌衣，可增强宁心安神的作用，除质地轻泡的灯心草外，一般朱砂拌衣的用量为每 100 g 中药用朱砂 2 g。青黛拌灯心草则有清热凉肝的作用。《上海市中药饮片炮制规范》2018 版收载有砂仁粉拌熟地，砂仁拌熟地具有特异的香气，以防熟地滋腻碍脾作用。

（宋艺君）

复习思考题

1. 试述净制的目的和清除杂质常用的方法。
2. 试述中药清除非药用部位包含的内容。

数字资源详见　新形态教材网

课程思政案例　　视频　　知识拓展　　推荐阅读
复习思考题答案　　教学课件

第十章

切 制

◪ 思维导图

《本草中国》2018 年报道吉尼斯纪录——"白芍飞上天"

白芍为临床常用的中药饮片，白芍入药时，需要切制成薄片，才能在煎煮的过程中令有效成分充分析出，便于人体吸收，于是对白芍的切工至关重要。

2014 年，江西樟帮炮制非遗传承人丁社如教授用铡刀将长一寸的白芍在 3 min 内切制成完整饮片 360 片。用铡刀将白芍切制成薄如蝉翼的饮片，飘如雪花，双手捧起刚刚切下的白芍饮片，轻轻一吹，饮片如纸屑般四散飞扬，习称"白芍飞上天"。专注一事，从容踏实，不惧枯燥和漫长，这正是中国传统的工匠精神。在这 0.1 mm 的伯仲之间，精益求精的中药人走入毫巅之间，求索着至臻至美的境界。

为此，丁社如教授获得"手工切制中药饮片数量之最"的上海大世界基尼斯纪录，也成为江西樟树市非物质文化遗产项目中药材炮制技艺代表性传承人、中药传统炮制大师、中药切片技艺世界基尼斯纪录保持者。"白芍飞上天"的切制技艺也成为樟帮中药炮制的特色之一。

请对下列问题给予思考与分析：
1. 白芍药材质地坚硬，试述如何将药材制备成饮片。
2. 试述白芍最佳软化方式及程度，切制最适宜的规格。

第十章 切制

将净选后的中药材进行软化,并切成一定规格的片、丝、块、段等,可供中医临床调配处方或中成药生产用,这一过程称为饮片切制。

中药饮片的传统切制是根据中医临床用药需要,将药物净选,经水或液体辅料处理后,用手工按其不同形态切制成一定规格片、段、丝、块的操作方法,我国第一部炮制专著《雷公炮炙论》中早就主张对槟榔、天麻、桔梗、厚朴、大黄、杜仲等药物"细切""锉用"。明代医家陈嘉谟说"古人口咬碎,故称咬咀,今以刀代之,惟凭锉用,挠曰咀片,不忘本源。凡诸药锉时,须要得法或微水渗,或略火烘,湿者候干,坚者待润,才无碎末,片片薄匀,状与花瓣相侔……"其对中药切制作了较为详细的论述。《本草纲目》中亦有很多对药物要求切片的记载。由此可见,古代医药学家历来重视对原药材的浸润和切制,供汤剂用的药物必须"咬咀"(成碎粒)或擘破为瓣,以增强临床药效。中药饮片的厚薄、粗细,与煎剂质量有着密切的关系,经现代科学研究,从中药饮片煎出率比较,薄片水渗透速度快,溶出率高于厚片,证明古人强调中药"入汤皆切""片片薄匀""方得味出"的说法是有一定的科学性的。

饮片切制的目的如下:

1. 便于有效成分煎出,利于调配和制剂　由于中药材切制成饮片后,与溶媒的接触面增大,故可提高有效成分的煎出率。药材切制成饮片后,体积适中,方便配方。在制备液体剂型时,利于有效成分煎出;制备固体剂型时,便于进一步粉碎,从而使处方中的药物比例相对稳定。饮片具有"细而不粉"的特点,可避免药材细粉在煎煮过程中的糊化、粘锅等现象。

2. 利于炮炙　药材切制成饮片后,进一步炮炙时便于控制火候,受热均匀。还有利于药物与各种辅料的均匀接触和吸收,提高炮炙效果。

3. 便于鉴别　对性状相似的药材,切制成一定规格的片型,显露其内部组织结构特征,有利于鉴别,防止混淆。

第一节　中药材的软化

中药饮片切制包括三大工序,即软化、切制和干燥。干燥的药材在饮片切制前,需使其吸收一定量的水分,使药材质地由硬变软,该过程称之为软化,其目的是使药材便于进一步切制。药材经过软化,防止饮片软硬不均出现的连刀片等败片,保持片型整齐,外表均匀,平整美观;同时除去泥沙杂质,使药材洁净;并能缓和药性,降低某些药物的毒副作用。

水软化处理是药材切制的第一步。该过程一般分为三个阶段,即浸润、溶解和扩散,如图10-1。药材在浸润和溶解两个过程中,质地由硬变软,而在扩散过程中,药材中所含成分开始由细胞内向浸泡药材的水溶液中转移,若药材在水中浸泡时间过长,会导致有效成分的流失,同时使药材出现水的过饱

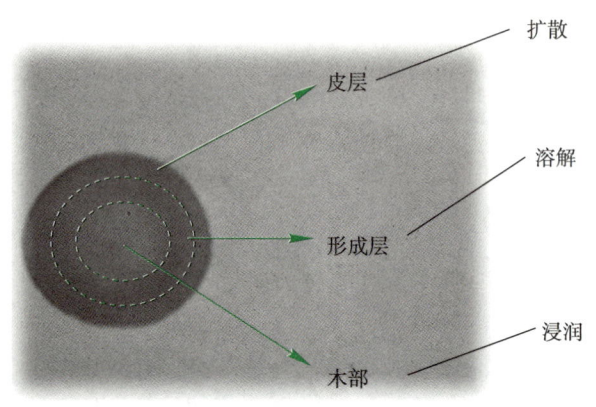

图10-1　软化三个阶段解析图

和状态,称为"上水"或"伤水",导致后期药材难以干燥。

水处理软化药材的原则为:少泡多润,药透水尽。

一部分植物药材宜采用趁鲜切制。一些植物药完全干燥后难以再次软化,可在产地采收、洗净,干燥至一定程度后,直接切制后再干燥,称为"趁鲜切制"。如乌药、茯苓、地榆、功劳木、皂角刺、鸡血藤、浙贝母、绵萆薢、葛根等中药,适宜趁鲜切制。

中药材趁鲜切制是产地加工的方式之一,按照传统加工方法将采收的新鲜中药材切制成片、块、段、瓣等,虽改变了中药材形态,但未改变中药材性质,且减少了中药材加工环节,一定程度上有利于保障中药材质量。

部分剧毒药材生品不能直接入药,如天南星、半夏、白附子、川乌、草乌等,必须浸、漂后经蒸煮至规定程度再切片干燥,方能保证内服用药安全。大多数植物药在采收后需经过产地加工,制成不同商品规格的药材,进入市场流通,由饮片生产企业将干燥的中药材进行软化,再切成一定规格的饮片供临床使用。如白芍、甘草、黄芪等。

药材在软化过程中,必须及时检查其软化程度,浸泡时间的长短视是否达到切制要求而定。本着药透水尽、少泡多润的原则,防止药材伤水和成分流失,以软硬适度,便于切制为准,保证饮片的质量。

一、软化处理方法

(一)常温常压软化

常温常压软化是在室温常压自然状态下,将净选后的药材经过淋、洗、泡、漂、润等软化方法,使药材外部的水分逐渐渗入到药材组织内部,达到内外湿度一致,利于切制的目的。

1. 淋法

定义:亦称喷淋法,即用清水喷淋或浇淋药材进行软化,使药材内外湿度一致便于切制的方法。

操作方法:将净制后的原药材散开竖放,用水自上而下均匀喷淋,根据药材质地,一般喷2~4次后,适当润制,使水分渗入药材组织内部,至内外湿度一致、软硬适宜时即可切制。

适宜的品种:本法多适用于气味芳香、质地疏松的全草类、叶类、果皮类和有效成分易随水流失的药材,如薄荷、荆芥、佩兰、香薷、枇杷叶、陈皮等。

注意事项:①淋法处理药材应注意防止堆积过密,内部温度过高导致药材腐烂。②软化药材量以当日切完为度,切后应及时干燥。

2. 洗法

定义:即将药材用清水洗涤或快速洗涤进行软化的方法。

操作方法:将药材投入清水中,经淘洗或快速洗涤后,及时取出,稍润至潮软状态,即可切制。此法通常称之为"抢水洗"或"淘洗法"。

适宜的品种:此法药材与水接触时间短,多用于质地松软、吸水性较强、水分易渗入及有效成分易溶于水的药材,如五加皮、陈皮、紫菀、冬瓜皮、瓜蒌皮、合欢皮、南沙参、白鲜皮、桑白皮等。

注意事项:①在保证药材洁净和易于切制的前提下,要求操作迅速,尽量缩短洗涤时间,以避免药材"伤水"造成有效成分流失。②大多数药材洗一次即可,但有些药材附着多量泥沙或其他杂质，则需用水洗数遍，以洁净为度。③每次用水量不宜太多，如蒲公英、紫菀、地丁等。④洗的次数稍多的药材宜摊晾，候软硬适宜才能切制。

3. 泡法

定义：将药材用清水浸泡一定时间，使其吸入适量水分进行软化的方法。

操作方法：先将药材洗净，置适宜容器内，再注入清水至淹没药材，上压重物，放置一定时间，浸泡至5~7成透时，取出，润至药材内外湿度一致、软硬适宜时，即可切片。

适宜的品种：此法一般适用于个体粗大、质地坚硬，水分较难渗入且有效成分难溶或不溶于水的根类或藤木类等药材，如萆薢、天花粉、苏木、木香、乌药、土茯苓、泽泻、姜黄、三棱等。

注意事项：①浸泡用水：泡法中所使用的水，每一批次浸泡药材后应更换，不可反复使用。更换药材品种时所用容器必须排尽旧水，清洗后方可使用。浸泡药材时的用水量必须保持浸没药面以上，并时常观察，及时补充水量，但也不可加水过多，以免药材中的有效成分流失，影响饮片的质量而降低临床疗效。②浸泡的温度与时间：药材软化时浸润的温度与时间是密切相关的。温度高时，浸泡时间可以短一些；温度低时浸泡时间长一些。③操作时注意药材体积、质地、季节等因素的影响：一般体积粗大、质地坚实的药材，冬春季节气温较低时，浸泡时间宜长些；体积细小、质轻者，夏秋季节气温较高时，浸泡时间宜短些，中间一般不换水，但夏季要注意防腐。④一些质轻药材遇水漂浮，如枳壳、青皮，应上压重物，使其泡入水中。⑤有毒中药材必须用单独容器浸泡，浸泡时应保证用水量足，浸泡时间要按规定进行，还需加强安全管理，在具有毒性中药饮片生产资质企业的毒性中药车间生产加工。

4. 漂法

定义：漂法是将药材用多量水，多次漂洗的方法。

操作方法：将药材放入大量的清水中，每日换水2~3次。漂去有毒成分、盐分及腥臭异味。本法适用于毒性药材，如川乌、草乌、天南星、半夏、附子等；还适用于盐腌制过的药材及具腥臭异常气味的药材，如肉苁蓉、昆布、海藻、紫河车等。

注意事项：①漂的时间，可根据药材的质地、季节、水温而灵活掌握，以降低或去除其毒性刺激性、咸味及腥臭气味为度。②反复漂洗时的加水次数、加水量、漂洗的时间，必须严格按标准执行。漂洗不及则易出现中毒，漂洗太过，有效成分流失则影响临床疗效。

5. 润法

定义：润法是把泡、洗、淋过的药材，用适当器具盛装，或堆积于润药台上，以湿物遮盖，或继续喷洒适量清水，保持湿润状态，使药材外部的水分徐徐渗透到药材组织内部，达到内外湿度一致，利于切制的方法。

适宜的品种：适用于有效成分易溶于水的药材或质地较坚硬的药材，大部分药材都可以采用润法。润药得当，既保证质量，又可减少有效成分损耗，有"七分润工，三分切工"之说，可见润药是保证切制饮片质量的关键。润法的优点在于有效成分损失少，饮片颜色鲜艳，水分均匀，饮片平坦整齐，润后很少出现炸心、翘片、掉边、碎片等现象。

润的方法具体有浸润、伏润、露润等。

（1）浸润：以适量水（或其他液体辅料）浸润药材，经常翻动，使水分（或其他液体辅料）缓缓渗入内部，水尽药透为准，如酒浸黄连、木香、水浸郁金、枳壳、枳实等。

（2）伏润（闷润）：经过水洗、泡或以其他辅料处理的药材，用缸（坛）等在基本密闭条件下闷润，使药材内外软硬一致，利于切制，如郁金、川芎、白术、白芍、山药、三棱、槟榔等。

（3）露润（吸潮回润）：将药材摊放于湿润而垫有篾席的土地上，使其自然吸潮回润，如当归、玄参、牛膝等。

（二）常温减压软化

质地较坚硬且不易软化的药物，采用常温常压软化方法时间长、效率低，为了缩短时间、提高效率，生产上开始利用减压软化，其原理是利用抽真空的方法，将药材组织间隙气体抽出，使之接近真空，将常温的水注入真空状态下的浸润罐内至浸没药材，再恢复常压，使水迅速进入药材组织内部，达到与传统浸润方法相似的软化效果，便于切制，以此提高软化的效率。该法操作时要注意减压、加压的压力和时间，以及自动旋转闷润的时间；药材量与加水量的比例需先进行试验，找出适当比例才能达到药透水尽、软化适宜的要求。

目前常用的减压润药设备有 HQG-2 型回转式全浸润罐，由浸润罐、水计量系统、真空系统、加压系统及控制系统等组成。将药材置浸润罐内，抽真空达 -0.7 MPa，静置 30 min 后，开启进水阀门，按药材品种及重量加入一定量的水，每隔 1～5 min 旋转一周，一般旋转 3～5 周，再加压至 0.4 MPa 后，将主机设定到自动状态，约 50 min 后出料。

（三）蒸气减压软化

将药材洗涤后，采用减压设备，通过抽气和通入热蒸气的方法，使药材在负压情况下，吸收热蒸气，加速药材软化，即真空加温润药法。此法能显著缩短软化时间，且药材含水量低，便于干燥，提高饮片质量，适用于遇热成分稳定的药材。

国内中药饮片生产企业主要采用立式真空加温润药机，具有较好的效果。即把药材置于特制的容器内，利用真空泵抽出容器及药材内部的空气，然后通入蒸气，使容器内温度上升，并维持一定时间，使药材内外保持一定的温度及湿度，润至药材内外软硬适中便于切制，打开容器盖，取出药材，迅速切片。

操作方法：药材经洗药机洗净后，自动投入圆柱形筒内，待水沥干后，密封上下两端筒盖，然后打开真空泵，使筒内真空度到达到 -83.7 kPa 时（即低于一个大气压），约 4 min 后，开始放入蒸气，这时筒内真空度逐步下降，温度逐步上升到规定的范围（可自行调节），此时真空泵自动关闭，保温 15～20 min 后，关闭蒸气（时间可根据药材性能掌握），然后由输送带将药材运到切药机上切片，每筒药材 15 min 即可切完。

真空气相置换润药机（图 10-2）已应用于药材软化。工作原理是根据气体具有极强穿透性的特点，将处于高真空下的药材通入低压水蒸气，使药材在低含水量的情况下，快速、均匀软化。该设备具有有效容积率高、软化效率高、软化效果好、药材浸润后含水量低、能避免有效成分流失的优点。

（四）特殊软化

有些药材需采用特殊软化法，主要有湿热软化、干热软化等。

1. 湿热软化 将软化方法与炮炙方法相结合，采用蒸、煮等水火共制的方法，既进行了炮炙，又使之软化，可进行切制。适用于质地坚硬、水分不易渗入、水处理会造成有效成分发生转化的药材。如黄芩蒸润后趁热切片，其断面呈现黄色。若用冷水浸润，黄芩的断面则变为绿色，其原因是所含黄芩苷在酶的作用下水解为黄芩苷元，黄芩苷元不稳定，易被氧化为醌类物质而变

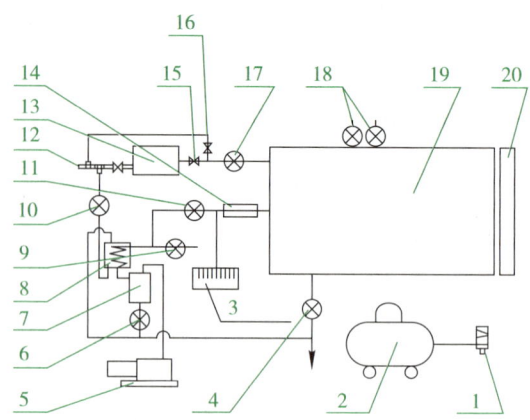

图 10-2 真空气相置换润药机实物图及分解图

1. 电磁阀组；2. 空气压缩泵；3. 真空表；4. 排污阀；5. 真空泵；6. 出水阀；7. 集水箱；8. 冷却除水装置；9. 放空阀；10. 冷却水阀；11. 真空阀；12. 进水管；13. 蒸汽发生器；14. 压力控制器；15. 蒸汽润手动球阀；16. 水润手动球阀；17. 蒸汽阀；18. 安全阀；19. 真空润药箱；20. 箱门

绿，此时药材就发生了质变，疗效降低或丧失。木瓜蒸后呈棕红色，趁热切片。天麻蒸后切片色泽美观，无翘片，碎片，损耗量小，既能达到润软的目的，又保存了药效。鹿茸刮去茸毛，加酒稍润，置高压锅脐上喷汽，趁热切片，边蒸边切，既利于切片，又保证质量。

2. 干热软化 是将药材置烘箱内加热，利用其内存的水分及其自身性质，使之回软的方法。如胶类常用烘烤法。有些地区红参、天麻也用此法。

药材软化是切制的关键，软化的好坏直接关系到饮片的质量，各种水处理软化药材的方法应始终坚持少泡多润、药透水尽的原则。

二、软化程度检查

中药材在软化过程中，要抽样检查其软化程度是否符合切制要求，传统习惯称"看水性""看水头"。

1. 弯曲法 将软化后的药材握于手中，大拇指向外推，其余四指向内缩，若药材略弯曲，不易折断，即为合格。弯曲法与折断法常配合应用，适用于长条状药材，如白芍、山药、木通、木香等。

2. 指掐法 药材软化至手指甲能掐入表面为宜，适用于团块状药材的检查，如白术、白芷、天花粉、泽泻等。

3. 穿刺法 药材软化至以铁扦能刺穿而无硬心感为宜，常与刀切法配合应用，适用于粗大块状药材，如大黄、虎杖等。

4. 手捏法 软化的药材用手捏粗的一端，感觉其较柔软为宜。适用于不规则的根与根茎类药材，如当归、独活等。部分块根、果实、菌类药材，如延胡索、枳实、雷丸等，需润至手握无吱吱响声或无坚硬感时为宜。

知识拓展 10-1 传统润药经验的量化表征

第二节 中药饮片的切制

一、中药饮片类型

中药饮片类型是指根据药材的自然特点（质地、形态），结合各种不同需要（炮制、鉴别）和临床用药要求，将药材切制成形状、大小、厚薄规格不一的类别，不同的饮片类型有不同的规格标准。中药饮片类型一般取决于药材的质地、形态和各种不同的需求（炮制、鉴别、配方调剂、制剂等）。中药饮片的类型主要依据其切制厚度、切制方法以及切成饮片的形状不同而进行划分。

（一）按饮片切制厚度划分

1. **极薄片** 厚度为 0.5 mm 以下。对于木质类及动物角骨类药材，根据临床需要，可制成极薄片。如羚羊角、鹿角、松节、苏木、降香等。

2. **薄片** 厚度为 1~2 mm。适于质地致密坚实、切薄片不易破碎的药材。如土茯苓、川木通、射干、白芍、槟榔、当归、天麻、三棱等。

3. **厚片** 厚度为 2~4 mm。适于质地松泡、粉性强、切薄片易破碎的药材。如茯苓、山药、葛根、防己、天花粉、泽泻等。

4. **丝** 包括细丝和宽丝，细丝宽为 2~3 mm，宽丝宽为 5~10 mm。适于皮类、叶类和较薄的果皮类药材。皮类药材，如黄柏、厚朴、桑白皮、青皮、合欢皮、陈皮等多切细丝；一般宽大的叶类药材，如荷叶、枇杷叶、淫羊藿等多切宽丝。

5. **段** 包括短段和长段，短段又称咀，一般为 5~10 mm，长段又称节，为 10~15 mm。适用于全草类药材，如荆芥、麻黄、薄荷、益母草、香薷、青蒿等；形态细长、成分易溶出的根类以及茎木类药材也常切成段，如党参、北沙参、怀牛膝、芦根、桑寄生、忍冬藤等。

6. **块** 指近方形或不规则的块状饮片，边长 8~12 mm。有些药材煎煮时，易糊化，需切成不等的块状，如葛根、茯苓、何首乌、商陆等。市场上大部分是茯苓块，由于茯苓块入药煎煮有效成分难以溶出，不建议切块。

（二）按切制方法划分

1. **顶刀片** 又称顶头片、横切片、圆片、横片，指根茎类药长轴与切药刀成垂直方向所切出的横片，顶刀就是顶着植物药材纤维的方向，如白芍、白芷等药材横切的片为药材的横断面。

2. **顺刀片** 又称顺片。将药材长轴与切药刀成平行方向所切出的片，顺刀就是顺着植物药材纤维的方向，如白术、川乌等。

3. **直片** 先将药材横切数段再纵切成片，厚度为 2~4 mm，适宜形状肥大、组织致密、色泽鲜艳和需突出其鉴别特征的药材。如大黄、天花粉、何首乌、防己等。

4. **斜片** 将药材长轴与刀成一定斜度切制的片型，厚度为 2~4 mm，适宜长条形而纤维性强或组织致密的条形药材。斜度小的切片称瓜子片，如桂枝、桑枝等；斜度稍大、药材较细的切片称柳叶片，如甘草、黄芪、川牛膝等。斜度大而体粗者称马蹄片，如鸡血藤、山药等。

（三）按切成饮片的形状划分

为了突出药材及饮片的固有特征，在切制过程中，遵循切制的法度，掌握好恰当的切面，使饮片形如其物，并具有一种特殊形状，以提高饮片的切制质量和商品质量，又称特型饮片。常见的特型饮片如下。

1. 蝴蝶片 川芎药材呈不规则结节状拳形团块，节盘突出，茎常数个丛生（近似并排分枝），中间高，两边低，顶（底）端有类圆形凹陷的茎（根）痕。以拳形正面为切面，纵切，厚约 4 mm，饮片与蝴蝶相似而得名。适用于不规则块根或菌类药材，如白术、川芎等饮片。

2. 凤眼片（鸡眼片） 指细条圆筒状皮类药材的横切薄片，中间有圆孔，形似鸡眼，如丹皮、枳壳等饮片。

3. 燕窝片 药材软化后，以小刀逢中顺切一定深度去掉木心，将其内部向外翻转，形似燕窝，如天冬、麦冬等。

4. 盘香片 指卷筒形皮类药材的横切丝片，呈圆形盘状似蚊香，如厚朴用药部位是树皮，经过发汗后，树皮卷曲，切丝呈盘香状。

5. 骨牌片 杜仲、黄柏等长方形片状药材，先切成长段，再纵切成片。

6. 鬼脸片 为升麻的斜片，其片面色灰黑蓝草绿，边缘微黑色，内有青绿空洞及网状花纹，呈交叉的青绿黄色花纹形似鬼脸。

7. 纽襻片 枳壳药材润软后翻口对齐折拢，置特制的压架中，数个相叠，数叠一架，悬挂于通风干燥处，每日加压挤紧，干透后拆开压架，枳壳形似钟面，再均匀喷洒清水润软后，以钟壁纵切，厚约 2 mm，饮片形似我国传统服装的布纽扣而得名。

8. 双飞片 软化后的桔梗药材，以小刀逢中顺切一定深度，将其内部向外翻转并砸成扁平，称为桔梗双飞片。桔梗双飞片是中药桔梗加工而成的一种特殊的中药饮片片型，它是形似一对翅膀、左右对称、头部略宽、尾部略窄的长方形薄片。

桔梗双飞片作为一种特殊的饮片片型，其传统生产加工及质量控制方面，多依赖于传统经验且手工操作，饮片加工工艺缺乏相应的技术参数，产业化程度低，导致桔梗双飞片的产品质量不稳定、不可控。有学者系统考察了桔梗药材大小的选择、最佳切片程度和厚度、干燥温度与干燥时间等，并通过中试生产，初步建立了桔梗双飞片的产业化生产工艺，桔梗双飞片的产业化生产工艺为：选取直径 1.5 cm 左右的药材，用水淋洗后闷润，并保持药材湿润，当含水量达到 55%～60% 时，取出进行切制；用自制轧扁机轧扁成 1.5 mm 厚的双飞片，再放入低温烘干机，在 60℃烘 8～9 h 取出，放凉，密封包装即可。提高了生产效率，饮片质量稳定、可控。

还有一些其他的饮片类型，肾形片，将扁圆球形药材直切成 1 mm 厚的片型，片似肾形，如浙贝母；铜钱片，泽泻药材的形状有圆形、椭圆形和倒卵形；阴阳片，将药材切制成具两种不同颜色表面的饮片，如黄柏阴阳片、黄芪阴阳片。

视频 10-1 桔梗双飞片炮制工艺

二、片型选择原则

饮片类型会直接影响到中药疗效。《金匮玉函经》指出："凡㕮咀药，欲如大豆，粗则药力不尽。"饮片的厚薄、长短及粒度的大小、粗细与煎液质量均有着密切的联系，饮片类型的选择应遵循以下原则。

1. **薄片** 适宜质地致密、坚实者。如乌药、槟榔、当归、白芍、木通等。
2. **厚片** 适宜质地松泡、粉性大者。如山药、天花粉、茯苓、甘草、黄芪、南沙参等。
3. **直片、斜片及特型饮片** 为了突出鉴别特征，或外形美观，或方便切制。如大黄、何首乌、山药、黄芪、桂枝、桑枝、川芎、升麻等。
4. **段** 适宜形态细长，内含成分又易煎出的药材。如木贼、荆芥、薄荷、麻黄、益母草等。
5. **丝** 皮类药材和宽大的叶类药材。如陈皮、黄柏、荷叶、枇杷叶等。
6. **块或片** 为便于进一步炮炙（如酒蒸），切制时，可选择一定规格的块或片。如大黄、何首乌等。

其他不宜切制者，如种子类药物一般应捣碎或碾碎使用。

三、中药饮片的切制方法

根据饮片类型和加工量的不同，饮片切制方法目前主要有手工切制和机器切制。手工切制可灵活加工各种形状规格的饮片，有"薄如纸，吹得起，断面齐，造型美"的评价，更有"白芍不见边，木通飞上天，陈皮一条线，枳壳赛纽襻"的美誉。既能达到饮片切制目的，也是行业药工精益求精、精湛技艺的标志。机器切制多为横片、斜片、段、丝等，适用于中药饮片厂、药材产地加工厂、药材公司和一些大的医疗单位。

（一）手工切制

手工切制适用于特别讲究外形的饮片规格，如贵重药材的切制。一些质地太软、太黏及粉质的药材也采用手工切制。

手工切制的优点是操作方便、灵活，不受药材形状的限制，切制的片型美观、齐整、规格齐全，损耗率低，弥补了机器切制的不足。但是生产效率低，劳动强度大。

（二）机器切制

饮片切制更适合采用机械化生产，并应逐步向自动化生产过渡。机器切制生产能力大，速度快，节约时间，劳动强度大为减轻，生产效率高。全国各地生产的切药机种类较多，功率不等，如剁刀式切药机、旋转式切药机、多功能中药切药机、多功能斜片切药机等。

目前，机器切制还不能满足全部饮片类型的切制要求，故在某些环节手工切制仍在使用。更新、改进现有的切药机器，使之能生产多种饮片类型及适用于各种药材是机器切制亟待解决的问题。

（三）其他切制与加工

对于木质及动物角骨类药材以及某些质地或形态特殊的药材，用普通切药刀或切药机较难切制，可根据不同情况选择适宜的工具或采用其他方法进行加工处理，使之大小适宜，便于调剂和制剂，利于操作和临床应用。

1. **镑** 镑片所用的工具是镑刀。操作时，将软化的药材用钳子夹住，另一只手持镑刀一端，来回镑成极薄的饮片。此法适用于质地坚硬的动物角骨类药材，如羚羊角、水牛角等。近年来，一些地区已使用镑片机。无论是手工镑片还是机器镑片，均需将药材用水软化处理后，再进行操作。
2. **刨** 刨法所用的工具是刨刀。操作时，将药材固定，用刨刀刨成薄片即可。此法适用于木质或坚硬粗大的藤木类药材，如檀香、松节、苏木等。若利用机械刨刀，药材则需预先进行水软化处理。

3. 劈 劈法所用的工具是切砍的刀斧。操作时，将药材劈砍成块或厚片，此法适用于动物骨骼类或木质类药材，如降香、松节等。

4. 锉 锉法所用的工具是钢锉。有些药材习惯上用其粉末，但由于用量小，一般不事先准备，而是临方加工，如水牛角、羚羊角等。调配时，用钢锉将其锉为末，或再加工继续研细即可。

四、中药饮片切制工具与设备

（一）机械切制

常见的几种主要的切药机器如下：

1. 金属履带往复式切药机 这种切药机结构简单，适应性强。采用偏心轮，使刀片高速往复运动，为最常用的切制设备（图10-3）。适用于长条形药材的切制，如根、根茎类、全草类药材。这类切药机不适合颗粒状药材的切制。

2. 柔性带往复式切药机 采用"切刀垫板"式切制原理，用特制的输送带和压料机构将物料按设定的距离作步进移动，直线运动的切刀机构在输送带上切断物料。适用于加工中药材精制饮片、颗粒饮片和片、段、条等一般饮片（图10-4）。

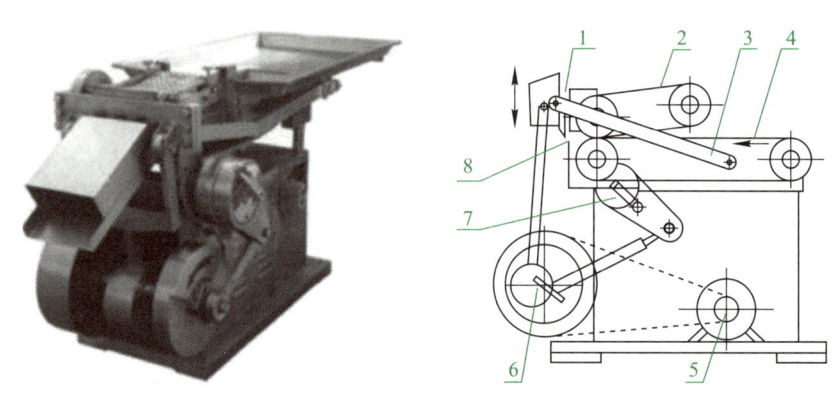

图 10-3　金属履带往复式切药机实物图及分解图

1. 切刀；2. 副输送带；3. 刀架连杆；4. 主输送带；5. 电机；6. 曲柄连杆机构；7. 超越离合器；8. 切口

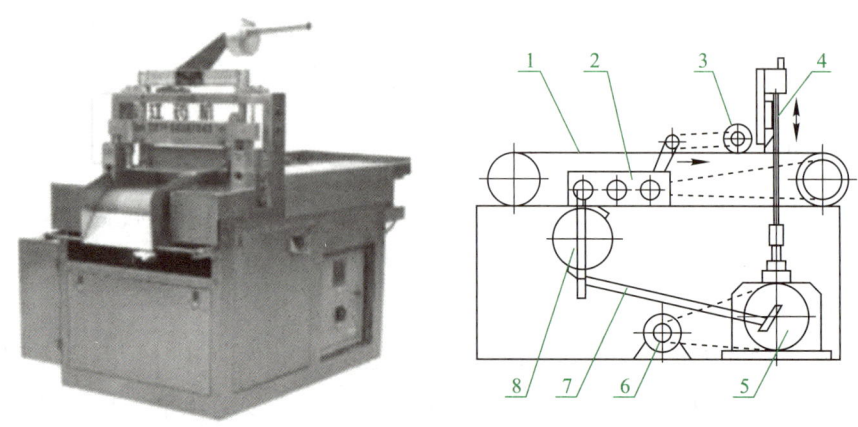

图 10-4　柔性带往复式切药机实物图及分解图

1. 输送带；2. 变速箱；3. 压料辊轴；4. 切刀；5. 主轴箱；6. 电机；7. 连杆；8. 棘轮机构

3. 转盘式切片机 这种机器的主要特点是刀片在旋转，可以进行颗粒状药材的切制。操作时，将待切制药材装入固定器内，铺平、压紧，以保持推进速度一致，切片均匀。装置完毕，启动机器切片。全草类药材不宜用此设备切制（图10-5）。

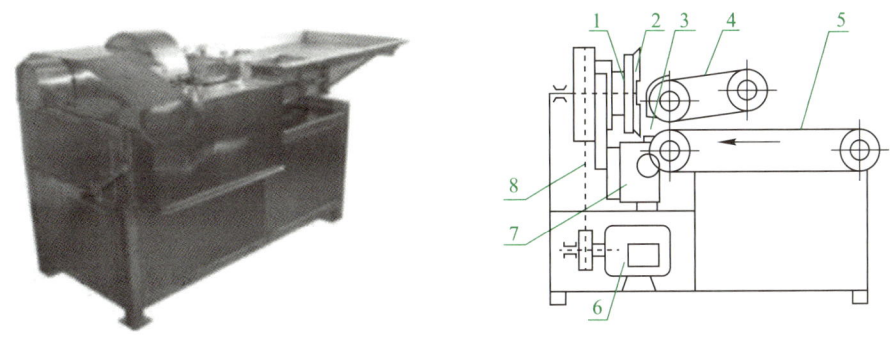

图10-5 转盘式切片机实物图及分解图

1. 刀盘；2. 切刀；3. 切口；4. 副输送带；5. 主输带；6. 电机；7. 蜗轮减速箱；8. 皮带传动

4. 旋料式切片机 采用全新的"动料定刀"式切制原理，物料从高速旋转的转盘中心孔投入，在离心力的作用下滑向外圈内壁作匀速圆周运动，当物料经过装在切向的固定刀片时，被切成片状，被切下的切片顺着刀刃口的切向飞向出料口。采用固定刀片切制旋转物料的方式，适合根茎类、果实类药材的切片和精制饮片加工（图10-6）。

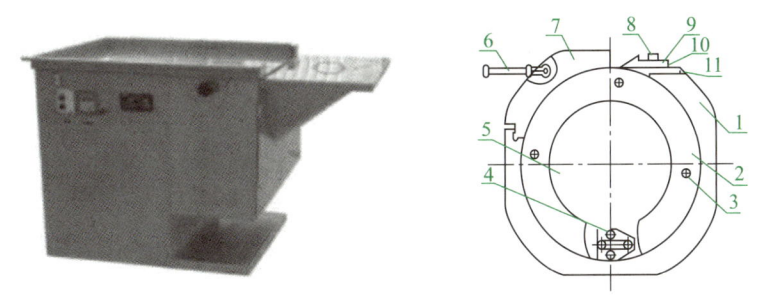

图10-6 旋料式切片机实物图及分解图

1. 固定外圈；2. 转盘盖板；3. 盖板螺母；4. 推料块；5. 转盘；6. 活动外圈调节螺栓；
7. 活动外圈；8. 压紧螺母；9. 压刀块；10. 刀片；11. 外圈镶块

目前，全国各地生产的切药机种类较多，可切制大多数饮片类型。但一些特殊的片型、出口和贵重饮片（西洋参）等，不宜采用机械切制，否则败片率较高。

（二）手工切制

手工切制用的切药刀，全国各地不甚相同，但切制方法相似。

1. 切药刀（铡刀） 由铡刀、刀床（又名刀桥）、刀鼻（又名象鼻或刀脑）、压板、刀案等组成。刀口有两种，一为平面口，一为单楔形口。平面口刀宜切薄片及质地疏松的厚片；单楔形口刀宜切质地坚实的厚片，薄片及茎类小段。刀与刀床应相连，保持一线口。切薄片时，刀应与刀床靠紧。切厚片可稍靠松，一般情况下，应配备两把铡刀，切把子药或个子药，宜用大叶刀（新刀）、单楔形口刀；切薄片时，用平面口刀（半旧刀）。

全草类、细长的根和根茎、藤木、皮、叶类药材整理成把后切制，称为把活，多用压药板送药。不规则团块、颗粒状药材，如地黄、槟榔等则要单个切制，称为个活，如槟榔，可用特殊的工具蟹爪钳夹紧送药。一些贵重药材，如鹿茸，可使用鹿茸加工壶，即通过加工壶口较为集中的蒸汽蒸软鹿茸，使之软化后，再进行手工切制。

切制时坐姿要端正，鼻尖对准刀柄，刀柄对准衣扣，保持三点一线，脚踏紧坐凳，才不至于拉斜刀口切出败片。药把整理完毕后，左手要握紧铁钳或竹把子夹紧药材，送药过桥要均匀，徐徐平推，右手下刀敏捷，紧握刀柄着力适当，将刀一起一落，起落均匀，既不落空又不打顿，两手灵活协作，逐渐加快速度，如此才能得心应手地切出所需厚薄一致的合格饮片。较多用于切横薄片及全草类中药，如桂枝、白芍、荆芥、香薷等。

切药刀需要保养，刀在切制过程中，质地坚硬而未润透心的药材，不宜强切，免伤刀口。切制时常以水揩去刀口黏腻物，保持刀口光滑，刀鼻与刀孔结合处，应涂少量的机油，减少摩擦声。药材切完后，将铡刀取下揩净黏腻物及水分，涂上植物油，并以油纸包好悬挂僻静地方，用时再安装。

2. 片刀（与切菜刀类似） 多用于切厚片、直片、斜片等，如浙贝母、白术、甘草、黄芪、苍术等。药材能否保证其质量，增强其疗效，这与药工切制技艺关系十分密切，必须掌握一刀、二药、三手段这3个基本要领，做到认真掌握和领会切药刀的操作要领和使用技巧。在切药过程中，应备水刷、油刷各一把，经常保持刀的光洁润滑，灵活自如，所切饮片才能达到厚薄均匀，平整合格。

第三节　中药饮片的干燥

药材在切制前经过软化，切成饮片后，必须及时干燥。湿润的饮片干燥不及时或干燥方法选用不当，可导致饮片失去原药材性味，变色或走味；若是干燥不透或干燥后未放凉或贮存处潮湿，可导致药材或饮片表面长出菌丝而发霉。

一、干燥方法

干燥方法是否适当是保证饮片质量的关键。干燥方法不尽相同，主要分为自然干燥和人工干燥。

（一）自然干燥

中药的饮片干燥传统要求保持形、色、气、味俱全，充分发挥其疗效。根据不同性质，中药可归纳为以下几类。

1. 黏性类 黏性类中药含有黏性糖类物质，如天冬、玉竹等，受潮后容易发黏，多采用明火烘焙法或晒干法。

2. 粉质类 粉质类中药就是含有淀粉较多的中药，如山药、浙贝母等，这些药材潮片极易发滑、发黏、发霉、发馊、发臭而变质，宜采用晒干法或烘焙法。

3. 油质类 油质类药材含有挥发油或糖类物质，如当归、怀牛膝、川芎等，宜采用日晒法，如遇阴雨天，不能日晒，应微火烘焙。

4. 芳香类 芳香类药材含芳香挥发性物质，如荆芥、薄荷、香薷、木香等，这类药材保持香味极其重要，其香味与质量有密切的关系，香味浓就意味着质量好。多采用阴干法，切后薄摊于阴凉通风干燥处。如太阳不太强烈也可晒干，但不宜烈日曝晒。

5. 色泽类 色泽类药材如桔梗、浙贝母、泽泻、黄芪等，这类药材色泽很重要，含水量不宜过多，否则不易干燥。根据色泽不同，分别采用日晒法和烘焙法。

此外，根须类和根皮类中药可采用日晒法和烘焙法，如白薇、龙胆草、厚朴、黄柏等；草叶类中药要薄摊曝晒，勤翻动，不宜用烘焙法，以防燃烧，如仙鹤草、泽兰、竹叶、地丁草等。

（二）人工干燥

人工干燥是采用一定的干燥设备，对切制后的饮片进行干燥，人工干燥的优点是不受气候影响，可以克服自然干燥法对天气状况的依赖，并减少微生物、雨淋等因素对饮片质量的影响，比自然干燥卫生。并可缩短干燥时间，降低劳动强度，提高生产效率，但成本较高。

由于温度和时间的变化会对饮片化学成分产生不同的影响，干燥方式的不同很大程度上决定了饮片的质量。综合考虑饮片的内在质量、外观性状以及功效作用才能通过适宜的干燥方法获得优质的饮片。

人工干燥的温度，应视药材性质而灵活掌握，一般药材以不超过80℃为宜，含芳香挥发性成分的药材以不超过60℃为宜，已干燥的饮片需放凉后再贮存，否则，余热会使饮片回潮，易发生霉变，干燥后的饮片含水量应控制在7%~13%为宜。

二、干燥设备

近年来，全国各地在生产实践中，设计并制造出各种干燥设备，设备运行原理有直火热风式、蒸汽式、电热式、远红外线式、微波式，使饮片加工过程中的干燥能力有了较大的提高，这些干燥设备正在不断推广和完善，适宜大量生产。

1. 热风式干燥机 图10-7是热风式干燥机实物图及分解图。其工作原理是以煤作热源，热风从燃烧室内通过热风管输入室内，由于鼓风机作用，使热风对流，达到温度均匀的效果。余热从热风管出口排出，操作时，待干燥的饮片以筛、匾盛装，分层置于铁架中，由轨道送入。待饮片干燥后，停止鼓风，在出料口收集干燥饮片。干燥温度一般在80~120℃，干燥饮片时控制在80℃左右，并应视饮片质地和性质而定，此种干燥设备结构简单，易于安装，适宜大量生产。

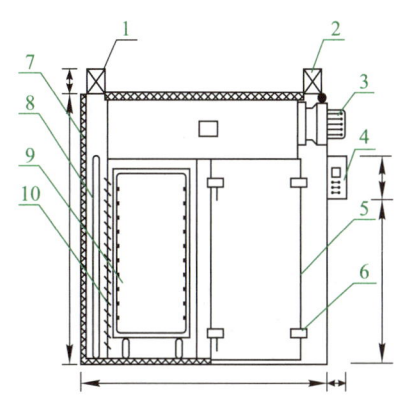

图10-7 热风式干燥机实物图及分解图

1. 排湿口；2. 进气口；3. 风机；4. 电控箱；5. 门；6. 门铰链；7. 保温层；8. 热风管；9. 料车；10. 百叶窗

2. 敞开式烘干箱 图 10-8 是敞开式烘干箱实物图及分解图。烘干箱为方形箱体，网板将箱体分为上下两部分，药物置于网板上，上口敞开，热空气从箱体的下部进入，穿过药物层排入大气。热空气将热能传递给药物的同时，带走药物散发的水蒸气，直至药物被干燥。

图 10-8 敞开式烘干箱实物图及分解图
1. 烘干箱；2. 烘干箱接管；3. 蒸汽换热器；4. 风机接管；5. 风机；6. 保温层；
7. 筛网；8. 表式温度计；9. 蒸汽出口；10. 蒸汽进口

这种干燥设备的热空气将热能传递给药物并带走水分后不再循环使用。由于药物层具有一定的厚度，在干燥初期，药物吸收热能温度上升，热空气穿过药物层吸收水分几乎达到饱和后排入大气；在干燥中期，药物与热空气温度基本平衡，热空气提供的热能等于药物水分汽化所需的潜热，水分蒸发速度加快，进入恒温、快速干燥阶段，热空气穿过药物层后仍然以较高的水分饱和度排入大气；在干燥后期，热空气穿过药物层带走的水分逐渐减少，直至药物被干燥，热空气通过穿过药物层的方式传递热能并带走水分，其工作效率高于其他方式。

这种干燥设备在初期和中期的热效率非常高，只有在后期有所下降，干燥的时间为中期最长、初期次之、后期最短。干燥过程中热空气的平均含水率高于热风循环干燥，干燥能耗相对较低。

3. 翻板式干燥机 工作原理是饮片经上料输送带送入干燥室内，由若干翻板构成的帘式输送带往复传动，热风炉或蒸汽换热器产生的干净热空气经送风器分配给烘箱内的多层翻板，自上而下运动，经热空气对物料的对流传导和辐射传导，达到物料干燥之目的。干燥后的饮片沿出料口经振动输送带进入立式送料器，上输入出料斗，下承包装袋收药。

此种设备干燥结构简单，易于安装，干燥饮片受热均匀，干燥效果好，适宜大量生产。

4. 红外线辐射干燥设备 工作原理是利用远红外线辐射物料，使分子运动加剧而内部发热，温度升高，使内部水分的热扩散和湿扩散梯度方向一致，都是由内向外，与表面水蒸气共同处在向外扩散的最佳状态。热扩散的形成加速了干燥过程，缩短了干燥时间，干燥速度快。该设备具有较高的杀菌、杀虫及灭卵能力，节省能源，造价低，便于自动化生产，减轻劳动强度，饮片质量好。

此种设备能较好地保留中药挥发性成分，可用于芳香性中药材和饮片的干燥与灭菌。近年来在中药材原料、饮片等脱水干燥及消毒中都有广泛应用。

5. 微波干燥技术 微波是指介于高频与远红外线之间的电磁波，波长为 0.001～1 m，频率为 300～300 000 MHz。微波干燥技术是用微波照射待干燥的中药饮片，电磁场方向和大小随时间作周期性变化，中药饮片内极性水分子随着交变的高频电场变化，分子产生剧烈的转动，发生摩擦转化为热能，即微波能转变为热能。使饮片整体均匀升温达到干燥灭菌的目的。微波干燥优点是：微波的穿透能力比远红外线大得多，速度快，时间短，加热均匀，产品质量好，热效率高等，微波干燥不受燃料废气污染的影响，且能杀灭微生物，具有消毒防腐的作用，可以防止发霉和生虫。

此种设备适用于中药材、饮片及水丸、浓缩丸、散剂、小颗粒等中成药的干燥灭菌。由于微波能深入物料的内部,干燥时间是常规热空气加热的1/10～1/100,所以中药中所含的挥发性物质及芳香性成分损失较少。微波灭菌与被灭菌物的性质及含水量有密切关系,因水能强烈地吸收微波,所以含水量越多,灭菌效果越好。

6. 太阳能集热器干燥技术 太阳能是一种巨大清洁的低密度能源,适用于低温烘干。其特点是:节省能源,环境污染少,烘干质量好,避免了尘土和昆虫传菌污染及自然干燥后药物出现的杂色和阴面发黑的现象,提高了外观质量。

课程思政案例 10-1 冷冻干燥,饮片创新

第四节　影响中药饮片质量的因素

在饮片切制过程中,必须认真按照炮制工艺操作,才能保证饮片质量。若软化、切制、干燥、贮藏等工序操作不规范,都会影响饮片的外观及内在质量,易产生不合格饮片。

一、常见的不合格饮片

(一) 败片

中药饮片切制过程中所有不符合切制规格、片型标准的饮片,都称为败片,主要有连刀片(拖胡须)、掉边、炸心、皱纹片和翘片等。

1. 连刀片(拖胡须) 指药材未完全切断相互牵连的饮片(图10-9.1)。饮片拖较长的边缘称拖胡须片,挂短的须边称挂须片,连续几片未切断形似蜈蚣状称蜈蚣片。连刀片系药材在软化时,外部含水量过多,或刀具不锋利所致,如桑白皮、黄芪、厚朴、麻黄等。

2. 掉边(脱皮)与炸心 掉边为药材切断后,饮片的外层与内层相脱离,形成只有片心而无外皮或外皮不完整的饮片,也称脱皮片,如郁金、桂枝等。炸心为药材切制时,药材的内外组织脱离,其髓芯随刀具向下用力而破碎只有外圈的饮片(图10-9.2),如白芍、泽泻等。均系药材软化时,浸泡或闷润不当,内外软硬度不同所致。

3. 皱纹片(鱼鳞片) 是饮片切面粗糙不光滑,形成鱼鳞状小斑痕的饮片(图10-9.3)。系药材未完全软化,润药不及或刀具不锋利、刀不合口所致。如三棱、莪术等。

4. 翘片 是饮片边缘卷曲而不平整的饮片(图10-9.4)。系药材软化时,内部含水分太过,伤水所致,如槟榔、白芍、木通等。

图10-9　饮片败片类型
1. 白芍连刀片;2. 白芍炸心片;3. 白芍皱纹片;4. 白芍翘片

(二)变色与走味片

变色是指饮片切制干燥后失去了原药材的色泽。走味是指药材软化时浸泡时间过长,切制后干燥不及时或干燥方法选用不当而导致饮片失去了原药材的气味。出现变色与走味现象,系药材软化时浸泡时间太长,或切制后的饮片干燥不及时,或干燥方法选用不当所致。如槟榔、白芍、大黄、薄荷、荆芥、藿香、香薷、黄连等。

图 10-1　白芍变色片

(三)油片(走油)

油片(走油)是药材或饮片有油分或黏液质渗到其表面的饮片。系药材软化时,吸水量太过,或环境温度过高所致。如苍术、白术、独活、当归等。

图 10-2　苍术走油片

(四)霉片

霉片是表面长出菌丝,出现霉斑的饮片。系干燥不透或干燥后未放凉即贮存,或贮存处潮湿所致。如枳壳、枳实、白芍、泽泻、白术、山药、当归、远志、麻黄、黄芩等。

图 10-3　白芍霉片

二、不合格饮片的影响因素

1. **软化不当**　系药材软化时,浸泡或闷润不当。刀具不锋利,在饮片切制时易形成连刀片;药材软化时吸水量太过,易形成油片;根类、根茎类、茎枝类药材皮层与内部软化不一致,浸润时间过久伤水,在饮片切制时,易形成掉边(脱皮);药材软化时未润透,在饮片切制时,易形成炸心;药材软化时水性不及,在饮片切制时,易形成皱纹片。药材软化时,若内部含水分太过,导致药材伤水,在饮片切制后难于干燥,并易形成翘片,尤其薄片或极薄片极易出现此现象。

2. **刀不快、技不精**　在饮片切制过程中,刀具不锋利或切制技术不娴熟,易形成连刀片;刀具不锋利或刀不合口,也易形成皱纹片。

3. **干燥方法不正确或贮存不当**　切制后干燥不及时或干燥方法选用不当,会导致饮片失去原药材气味,而走味;干燥不透或干燥后未放凉或贮存处潮湿,易导致饮片表面发霉;干燥温度或贮存环境温度过高,易形成油片。

(金传山)

复习思考题

1. 试述代表性的特色饮片,说明其工艺要点。
2. 试述药材软化程度的检查方法。

数字资源详见　新形态教材网

课程思政案例　　视频　　知识拓展　　推荐阅读
复习思考题答案　　教学课件

第十一章

炒 法

"逢子必炒"的必要性与科学性

逢子必炒，主要是指多数种子类和部分果实类中药炒制入药的必要性。目前有些医院门诊调剂时，在这类药物处方应付炒品的情况下，存在生品入药的现象，并认为子实类中药没有炒制的必要。

多数果实种子类中药富含油脂，种皮质坚致密，水分不易渗透到药物组织细胞中，这就减少了与细胞中内含物质进行一系列的渗透、溶解、置换、扩散等过程，有效物质难以煎出，影响临床疗效。炒制后，种子受热，表层组织细胞失水，干燥收缩，内部组织细胞中的水分汽化，产生膨胀压，当内压达到一定程度时，皮层组织即破裂，质脆易碎。药物产生裂隙，内聚力降低，则利于粉碎；裂隙也有利于水分的渗入，使成分易于煎出。

研究表明，果实种子类中药炒制后，特别是炒后捣碎品，多数煎出量明显增加。部分种子果实类中药，含有苷类成分，在一定温度和湿度条件下，可被共存的活性酶分解破坏，加热炒制，可杀灭酶的活性，保存苷类有效成分，以保证药效。种子果实类中药经过加热炒制，不仅提高煎出率，还能起到增强疗效、降低毒副作用、缓和药性等炮制作用，以此来满足中医辨证用药的需要。大量实践证明，逢子必炒是有科学依据的。

请对下列问题给予思考与分析：
1. 举例说明"逢子必炒"对中药化学成分产生的影响。
2. 举例说明"逢子必炒"对中药毒副作用的影响。

第十一章 炒 法

将净选或切制后的中药,加辅料或不加辅料,置预热容器内,用适当的火力连续加热,并不断翻动或搅拌至规定程度的方法,称为炒法。

炒法是中药炮制中应用历史悠久的基本方法。汉代《神农本草经》中露蜂房、蛇蜕和蜈螂"火熬之良"的"熬",就是今之炒法。汉代以后,炒法就一直被广泛应用,成为最基本的炮制方法之一。

炒法根据操作时加辅料与否,可分为清炒法(单炒法)和加辅料炒法(加固体辅料炒法)。清炒法根据炒制程度的不同,又分为炒黄、炒焦、炒炭;加辅料炒法根据所加辅料的不同,分为麸炒、米炒、土炒、砂炒、蛤粉炒和滑石粉炒等方法。

火力的控制和火候的掌握是炒法的关键因素和炮制品程度控制要求。火力是指所用热源释放出热能的大小强弱或温度的高低,一般分为文火、中火、武火。文火即小火,武火即大火或强火,介于文火和武火之间的即为中火。先文火后武火,或文火武火交替使用的即文武火。火候是指中药炮制时的火力、时间及炮制程度。根据中药形、色、气、味、质等内外特征的变化或辅料的变化来判断炒制程度。不同的中药有不同的炒制要求,所以选用的火力和火候要求也不同。

炒法炮制有手工炒制和机械炒制,炒制程序一般分为预热、投药、翻炒、出锅、摊晾5个步骤。

手工炒制适于小量生产,所用的用具有铁锅、铁铲、刷子、簸箕等。选用倾斜30~45℃的斜锅,以利搅拌或翻动。一般是先将锅预热至规定程度,然后投入大小分档的中药,迅速搅拌或翻炒到所需程度,取出,摊开,放凉,筛除灰屑后妥善保存。炒制时,需勤加翻动,翻炒均匀,避免药物滞留锅底,每次翻动均要"亮锅底",并控制火力,注意观察炮制品变化,达到程度要求,即及时出锅,摊开晾凉。加辅料炒者,一般先处理辅料,后投药拌炒,翻炒均匀,注意观察辅料和炮制品的变化,达到程度要求即及时出锅,并及时筛去辅料,摊开晾凉。

机械炒制适于工业生产,炒制机械主要有平锅式炒药机和滚筒式炒药机。平锅式炒药机适用于种子类药材的炒制,但目前较少使用。滚筒式炒药机(图11-1)适用于大多数中药的炒制,是目前炒药机的主流机型。滚筒式炒药机是以燃气或电加热,滚筒内壁装有螺旋板,滚筒正转时炒药、反转时出药。炒制过程中注意控制滚筒的转速,一般炒制初期转速宜低,物料呈泻落状态,随着温度的升高和炒制程度的加重逐渐提高转速,让物料在抛落状态下炒制,中药炒至合乎要求时迅速打反转快速出料。机器炒制既大大减小了劳动强度,又保证了中药炒制质量。

将炒药机与微机程控技术结合形成的智能炒药机(图11-2),具有程序控制、温度控制等功能,这使炒药机的机械性能和自动化控制水平有了新的提高,可以保证中药饮片炒制时温度可控,受热均匀,炒制程度均一,质量

图11-1 滚筒式炒药机实物图

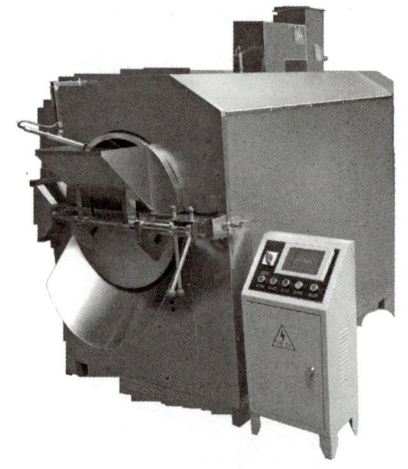

图11-2 智能炒药机组设备图

稳定。尤其适用于大生产。

第一节 清炒法

不加辅料的炒法称为清炒法，又称单炒法。根据炒制程度的不同分为炒黄、炒焦和炒炭。

一、炒黄

将净选或切制后的中药，置预热适度的炒制容器内，用文火或中火炒至药物表面呈黄色或色泽加深，或鼓起、爆裂并透出香气的方法，称为炒黄。

炒黄多适用于果实种子类中药。传统有"逢子必炒"之说。

知识拓展11-1　逢子必炒

（一）目的

1. 增强疗效。如王不留行、芥子等。
2. 缓和或改变药性。如牛蒡子、葶苈子、莱菔子等。
3. 降低毒性或消除副作用。如牵牛子、苍耳子、瓜蒌子等。
4. 矫臭矫味。如九香虫。

（二）操作方法

根据中药的性状、质地，将炒制容器预热至适宜程度，投入已净选、切制的饮片，投药量以占炒制容量的1/3～1/2为宜，用文火或中火加热，迅速均匀翻炒至所需程度。药物的炒制程度是与生品对比，观察形、色、气、味、质、声的变化，通过形体鼓起或爆花、颜色加深、香气逸出、质地松脆或手捻易碎、爆裂声等方面，控制饮片的炒制火候，达到要求时，迅速出锅，晾凉。筛去碎屑，包装贮存。

（三）注意事项

1. 炒前要将药物按规定要求净选、切制、干燥并大小分档，以保证炒制程度的均匀一致。
2. 炒制要掌握好适宜的火力和加热时间，控制好火候。
3. 翻搅要均匀，出锅要及时。
4. 成品充分晾凉后，筛去碎屑，及时包装。

芥　子

【导言】芥子是生峻熟缓的典型代表。生芥子长于辛散走窜，具有刺激性，可使局部皮肤充血、发泡，是三伏贴、三九贴组方中常用的主要药物。研究表明，芥子外用时，其芥子油对其他药物具有经皮促渗作用。药力峻猛的生芥子不适宜内服，需炒黄缓和药性。炒芥子能够缓和芥子的辛散走窜之性，使其性味温和，更好地发挥顺气豁痰作用。

【处方用名】芥子、白芥子、黄芥子、炒白芥子、炒芥子。

第十一章 炒 法

【来源】为十字花科植物白芥 Sinapis alba L. 或芥 Brassica juncea（L.）Czern. et Coss. 的干燥成熟种子。前者习称白芥子，后者习称黄芥子。

【采收加工】夏末秋初果实成熟时割取植株，晒干，打下种子，除去杂质。

【历史沿革】唐代有蒸熟和微炒的方法，宋代有微炒和"炒熟，勿令焦"的要求；明代沿用炒法，并有"要用止血须炒黑"的记载；清代以炒后"研末用者"为主。现行有炒黄法。《中国药典》收载芥子、炒芥子。

【炮制方法】

1. **芥子** 取原药材，除去杂质。用时捣碎。

2. **炒芥子** 取芥子，置预热适度的炒制容器内，用文火加热，炒至淡黄色至深黄色（炒白芥子）或深黄色至棕褐色（炒黄芥子），有爆裂声，并散出香辣气时，取出晾凉，用时捣碎。

【成品性状】

1. **芥子** 白芥子呈球形，表面呈灰白色至淡黄色；气微，味辛辣。黄芥子较小，表面呈黄色至棕黄色，少数呈暗红棕色；研碎后加水浸湿，则产生辛烈的特异臭气。

图 11-1 芥子

2. **炒芥子** 形如芥子，表面淡黄色至深黄色（炒白芥子）或深黄色至棕褐色（炒黄芥子），偶有焦斑。有香辣气。

图 11-2 炒芥子

【质量要求】

1. **芥子** 水分不得过 14.0%，总灰分不得过 6.0%，水溶性浸出物不得少于 12.0%；含芥子碱以芥子碱硫氰酸盐计，不得少于 0.50%。

2. **炒芥子** 水分不得过 8.0%，总灰分、水溶性浸出物同芥子；含芥子碱以芥子碱硫氰酸盐计不得少于 0.40%。

【炮制作用】芥子辛，温。归肺经。具有温肺豁痰、利气散结、通络止痛功效。芥子生品辛散力强，善于通络止痛。炒芥子缓和辛散走窜之性，可避免耗气伤阴，并善于顺气豁痰，易于粉碎和煎出药效，并能起到杀酶保苷的作用。

【临床应用】

1. **芥子** 常与甘遂等配伍，用于痰饮停滞胸膈所致的胸满胁痛等症，如控涎丹（《三因极一病证方论》）；或与木鳖子等配伍，用于痰滞经络，肢体疼痛，麻痹等症，如白芥子散（《证治准绳》）。

2. **炒芥子** 常与炒苏子等配伍，用于痰壅气滞，咳嗽喘逆等症，如三子养亲汤（《韩氏医通》）；或与炒莱菔子等配伍，用于食积成痞，如连萝丸（《杂病源流犀烛》）。

课程思政案例 11-1 三子养亲汤
知识拓展 11-2 含芥子、炒芥子的市售中成药举例

【炮制研究】硫苷类和芥子碱类是芥子的主要药效成分。硫苷类成分本身无刺激性，酶解后可生成异硫氰酸酯类（芥子油）（图 11-3），具有辛辣味和刺激性，为强力的皮肤发泡剂、催吐剂及调味剂。炒后可杀酶保苷，使硫苷在胃肠道中缓慢分解，逐渐释放芥子油而发挥治疗作用，如引起胃部温暖感，增加消化液的分泌，发挥健胃、祛痰等作用。芥子外用，宜生品研末用温水调敷患部，使硫苷分解为芥子油，通过皮肤和穴位刺激而发挥治疗作用；内服宜用炒品，既减少了芥子油的刺激性，又保证了疗效。

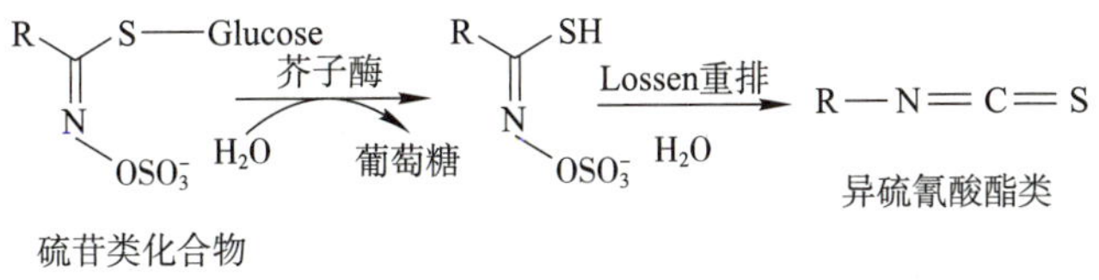

$$R-C(=NOSO_3^-)-S-Glucose \xrightarrow[H_2O]{芥子酶} R-C(=NOSO_3^-)-SH \xrightarrow[H_2O]{Lossen重排} R-N=C=S$$

硫苷类化合物　　　　　　　葡萄糖　　　　　　　　　　　　　　异硫氰酸酯类

图 11-3　硫苷的酶解反应

芥子碱多以芥子碱硫氰酸盐的形式存在，研究发现黄芥子中的芥子碱硫氰酸盐和硫苷类成分 sinigrin 的含量，随炒制时间的增加呈先上升后下降的趋势，炒制 2 min 时含量最高，证实黄芥子文火微炒的合理性。

【贮藏养护】贮干燥容器内，密闭，置通风干燥处，防潮。

莱 菔 子

【导言】莱菔子是"生升熟降"的典型代表。《本草求真》载："莱菔子气味甚辛，生用研汁，能祛风痰，有倒墙推壁之功，炒熟则下气定喘，消食宽胀。一生一熟，性气悬殊"。临床实践中以生莱菔子 30～50 g 捣为细末，制成莱菔子散，空腹冲服涌吐痰涎，治疗痰涎壅盛之证。炒莱菔子适于饮食积滞、痰湿内蕴之态，取其利气宽中，破积消痰之功效，用量一般为 15～30 g。

【处方用名】莱菔子、炒莱菔子。

【来源】为十字花科植物萝卜 Raphanus sativus L. 的干燥成熟种子。

【采收加工】夏季果实成熟时采割植株，晒干，搓出种子，除去杂质，再晒干。

【历史沿革】宋代有微炒、炒黄、炒熟、巴豆炒，元代有焙法、蒸法。明代除沿用前法外，又增加了生姜炒；清代基本沿用前法，但以炒用为主。现行有炒黄法。《中国药典》收载莱菔子、炒莱菔子。

【炮制方法】

1. **莱菔子**　取原药材，除去杂质，洗净，干燥。用时捣碎。

2. **炒莱菔子**　取莱菔子，用文火炒至微鼓起，有密集爆裂声，手捻易碎，种仁黄色，富油性，有香气时取出，摊凉，用时捣碎。

视频 11-1　炒莱菔子

【成品性状】

1. **莱菔子**　呈类卵圆形或椭圆形，稍扁。表面黄棕色、红棕色或灰棕色。气微，味淡，微苦辛。

图 11-3　莱菔子

2. **炒莱菔子**　形如莱菔子，表面微鼓起，色泽加深，质酥脆，气微香。

图 11-4　炒莱菔子

【质量要求】

1. **莱菔子**　水分不得过 8.0%，总灰分不得过 6.0%，酸不溶性灰分不得过 2.0%，醇溶性浸出物不得少于 10.0%，含芥子碱以芥子碱硫氰酸盐计不得少于 0.40%。

2. **炒莱菔子**　水分、总灰分、酸不溶性灰分、醇溶性浸出物、芥子碱限量要求同莱菔子。

【炮制作用】莱菔子辛、甘，平。归肺、脾、胃经。具有消食除胀，降气化痰的功效。莱菔子生用性主升散，长于涌吐风痰。炒莱菔子性主降，长于消食除胀，降气化痰。炒后缓和了涌吐痰涎的副作用，又利于粉碎和煎出药效，且味香易服。

【临床应用】

1. **莱菔子** 单味水研服,具有涌吐风痰的作用(《日华子诸家本草》);或与厚朴等配伍,用于水肿气喘,痰多浮肿等症,如莱菔丸(《集验方》)。

2. **炒莱菔子** 常与白芥子等配伍,用于咳嗽痰多,胸闷气喘等症,如三子养亲汤(《韩氏医通》);或与山楂等配伍,用于食积停饮,腹胀时痛等症,如保和丸(《丹溪心法》)。

知识拓展 11-3　含莱菔子、炒莱菔子的市售中成药举例

【炮制研究】

1. **化学成分研究** 莱菔子主含硫苷、芥子碱、脂肪油等成分。硫苷类成分萝卜苷为莱菔子促进肠运动的主要活性成分。炒莱菔子水煎液中萝卜苷含量是生品的 8 倍多,原因是莱菔子炒制可抑制其所含硫苷分解酶的活性,防止萝卜苷在水煎过程中分解为莱菔子素,莱菔子素极不稳定,在萝卜苷酶解过程中即降解为其他含硫化合物。研究发现莱菔子炒制太过,萝卜苷则被破坏殆尽;莱菔子炒制前后芥子碱硫氰酸盐含量变化不大。

2. **药理作用研究** 莱菔子的各种炮制品均有增强家兔离体回肠节律性收缩的作用和抑制小鼠胃排空率的作用。莱菔子增强小肠运动,可以达到加强机械消化的作用,这可推测是炒莱菔子"消食除胀"的机制之一。

【贮藏养护】贮干燥容器内,密闭,置通风干燥处,防蛀。

王 不 留 行

【导言】王不留行是"逢子必炒"的典型代表,炒后爆花,完全破坏了种子坚硬的外壳,水溶性浸出物显著增加,是生品的 2.45 倍。即使王不留行炒制后含量降低的成分,仍有较好的水煎溶出率,如王不留行黄酮苷炒制前后的含量分别为 0.70% 和 0.52%,虽然炒后含量大幅下降,其水煎溶出率却增加了 10.2%。

【处方用名】王不留、王不留行、炒王不留、炒王不留行。

【来源】为石竹科植物麦蓝菜 *Vaccaria segetalis*(Neck.)Garcke 的干燥成熟种子。

【采收加工】夏季果实成熟、果皮尚未开裂时采割植株,晒干,打下种子,除去杂质,再晒干。

【历史沿革】汉代有烧灰存性入药的记载,宋代有捣末用,明代有酒蒸、单蒸、炒、水浸焙法等;清代基本沿用明代的方法,并增加有土炒、糯米炒法、浆水浸、焙干用。现行有清炒法。《中国药典》收载王不留行、炒王不留行。

【炮制方法】

1. **王不留行** 取原药材,去净杂质,洗净,干燥。

2. **炒王不留行** 取王不留行,置预热温度适宜的炒制容器内,用中火炒至大多数爆开白花,取出晾凉。

视频 11-2　炒王不留行

【成品性状】

1. **王不留行** 呈细小球形,表面黑色,少数红棕色,略有光泽。气微,味微涩、苦。

图 11-5　王不留行

2. **炒王不留行** 大多数呈类球形爆花状,表面白色,质松脆。

图 11-6　炒王不留行

【质量要求】

1. 王不留行　水分不得过 12.0%，总灰分不得过 4.0%，醇溶性浸出物不得少于 6.0%，含王不留行黄酮苷不得少于 0.40%。

2. 炒王不留行　水分不得过 10.0%，醇溶性浸出物同王不留行，含王不留行黄酮苷不得少于 0.15%。

【炮制作用】王不留行苦，平。归肝、胃经。具有活血通经、下乳消肿、利尿通淋的功效。王不留行生用长于消痈肿。炒王不留行质地松泡，利于药效成分煎出，且走散力强。

【临床应用】

1. 王不留行　常与蒲公英、夏枯草一起捣烂敷患处，用于乳痈初起的红肿疼痛；若其他痈肿未化脓者，可与葛根等配伍，如王不留行散（《心悟》）。

2. 炒王不留行　常与当归等配伍，用于血滞经闭，小腹疼痛等症；或与穿山甲等配伍，用于产后乳汁不下等症，如通乳汤（《医宗金鉴》）。或与石韦等配伍，用于一切淋证的小便不利，尿道涩痛，泌尿系统结石等症，如前列腺炎汤（《北京市中草药制剂选编》）。

知识拓展11-4　含王不留行、炒王不留行的市售中成药举例

【炮制研究】王不留行主要含有黄酮苷、环肽、皂苷等成分。研究证实王不留行黄酮苷不仅对血管内皮细胞损伤具有保护作用，还可通过激活 FGFR-1 信号通路促进内皮细胞增殖和血管生成；环肽 A、B 具有雌激素样活性，环肽 A、C、D、E、F 等对去甲肾上腺素诱导的大鼠主动脉收缩具有血管舒张活性，但环肽 B 具有相反作用。王不留行炒制后黄酮苷含量大幅降低，环肽 A、B、E 含量变化不大，但 4 种成分的水煎溶出率均有增加，除环肽 B 的水煎溶出率增加 5% 左右外，另 3 种成分的水煎溶出率增加均超过 10%。

【贮藏养护】贮干燥容器内，密闭，置干燥处。

葶　苈　子

【来源】为十字花科植物播娘蒿 Descurainia sophia（L.）Webb. ex Prantl. 或独行菜 Lepidium apetalum Willd. 的干燥成熟种子。前者习称"南葶苈子"，后者习称"北葶苈子"。

【炮制方法】

1. 葶苈子　取原药材，除去杂质，筛去灰屑。用时捣碎。

2. 炒葶苈子　取葶苈子，置预热适度的炒制容器内，用文火加热，炒至有爆声，微鼓起，易研碎，有香气时取出，放凉。用时捣碎。

【成品性状】

1. 葶苈子　南葶苈子呈长圆形略扁，表面棕色或红棕色，微有光泽，气微，味微辛、苦，略带黏性；北葶苈子呈扁卵形，味微辛辣，黏性较强。

2. 炒葶苈子　形如葶苈子，微鼓起，表面棕黄色，具油香气，无黏性。

【炮制作用】葶苈子苦、辛，大寒。归肺、膀胱经。具有泻肺平喘、利水消肿的功效。葶苈子生用力峻，降泄肺气作用较强，长于利水消肿，宜于实证。

炒葶苈子药性缓和，免伤肺气，同时种皮破裂，易于煎出药效成分，酶被破坏，利于苷类成分的保存。

【贮藏养护】贮干燥容器内，密闭，置通风干燥处，防蛀。

决　明　子

【来源】为豆科植物钝叶决明 Cassia obtusifolia L. 或决明（小决明）Cassia tora L. 的干燥成熟种子。

【炮制方法】

1. **决明子**　取原药材，除去杂质，洗净，干燥。用时捣碎。

2. **炒决明子**　取决明子，置预热适度的炒制容器内，用中火炒至微鼓起，颜色加深，断面浅黄色，爆裂声减弱并有香气逸出时，取出，放凉。用时捣碎。

【成品性状】

1. **决明子**　略呈菱方形或短圆柱形，两端平行倾斜。表面绿棕色或暗棕色，平滑有光泽。质坚硬，不易破碎。气微，味微苦。小决明呈短圆柱形，较小。

2. **炒决明子**　形如决明子，微鼓起，表面绿褐色或暗棕色，偶见焦斑。微有香气。

【炮制作用】决明子甘、苦、咸，微寒。归肝、大肠经。具有清热明目、润肠通便的功效。决明子生品长于清肝热，润肠燥。

炒决明子能缓和寒泻之性，有平肝养目的功效。

【贮藏养护】贮干燥容器内，密闭，置通风干燥处。

蔓　荆　子

【来源】为马鞭草科植物单叶蔓荆 Vitex trifolia L. var. simplicifolia Cham. 或蔓荆 Vitex trifolia L. 的干燥成熟果实。

【炮制方法】

1. **蔓荆子**　取原药材，除去杂质，筛去灰屑。用时捣碎。

2. **炒蔓荆子**　取蔓荆子，置预热适度的炒制容器内，用中火炒至颜色加深，白膜呈焦黄色，有香气时取出，摊凉，搓去蒂下白膜（宿萼），筛去灰屑。用时捣碎。

【成品性状】

1. **蔓荆子**　呈球形，表面灰黑色或黑褐色，被灰白色粉霜状茸毛，有纵向浅沟4条，顶端微凹，基部有灰白色宿萼及短果梗。体轻，质坚韧，不易破碎。气特异而芳香，味淡、微辛。

2. **炒蔓荆子**　形如蔓荆子，表面黑色或黑褐色，基部有的可见残留宿萼和短果梗。气特异而芳香，味淡、微辛。

【炮制作用】蔓荆子辛、苦，微寒。归膀胱、肝、胃经。具有疏散风热、清利头目的功效。蔓荆子生用疏散风热，清利头目。

炒蔓荆子辛散微寒之性缓和，长于升清阳之气，祛风止痛。

【贮藏养护】贮干燥容器内，密闭，置阴凉干燥处。

牛　蒡　子

【来源】为菊科植物牛蒡 Arctium lappa L. 的干燥成熟果实。

【炮制方法】

1. **牛蒡子**　取原药材，除去杂质，洗净，干燥。用时捣碎。

2. **炒牛蒡子**　取牛蒡子，置预热适度的炒制容器内，用文火炒至略鼓起，有爆裂声，断面呈黄色，微有香气逸出时，取出，放凉。用时捣碎。

【成品性状】

1. 牛蒡子　呈长倒卵形，略扁，微弯曲。表面灰褐色，带紫黑色斑点，有数条纵棱。果皮较硬，破开后呈淡黄白色，富油性。气微，味苦后微辛而稍麻舌。

2. 炒牛蒡子　形如牛蒡子，色泽加深，略鼓起。微有香气。

【炮制作用】牛蒡子辛、苦、寒。归肺、胃经。具有疏散风热，宣肺透疹，解毒利咽的功效。牛蒡子生品长于疏散风热，解毒散结。

炒牛蒡子缓和寒滑之性，免伤脾胃，气香使宣散作用更强，且有利于有效成分煎出。

【贮藏养护】贮干燥容器内，密闭，置通风干燥处，防蛀。

茺 蔚 子

【来源】为唇形科植物益母草 *Leonurus japonicus* Houtt. 的干燥成熟果实。

【炮制方法】

1. 茺蔚子　取原药材，除去杂质，洗净，干燥。用时捣碎。

2. 炒茺蔚子　取茺蔚子，置预热适度的炒制容器内，用文火加热，炒至有爆裂声，表面微鼓起，颜色加深，有香气逸出时，取出放凉。用时捣碎。

【成品性状】

1. 茺蔚子　呈三棱形，表面灰棕色至灰褐色，有深色斑点，一端稍宽，平截状，另一端渐窄而钝尖。果皮薄，子叶类白色，富油性。气微，味苦。

2. 炒茺蔚子　形如茺蔚子，表面微鼓起，质脆，断面淡黄色或黄色，富油性。气微香，味苦。

【炮制作用】茺蔚子辛、苦，微寒。归心包、肝经。具有活血调经、清肝明目的功效。茺蔚子生品长于清肝明目。

炒茺蔚子寒性减弱，质脆，易于煎出药效成分，长于活血调经。

【贮藏养护】贮干燥容器内，密闭，置通风干燥处，防蛀。

瓜 蒌 子

【来源】为葫芦科植物栝楼 *Trichosanthes kirilowii* Maxim. 或双边栝楼 *Trichosanthes rosthornii* Harms 的干燥成熟种子。

【炮制方法】

1. 瓜蒌子　取原药材，除去杂质及干瘪的种子，洗净，干燥。用时捣碎。

2. 炒瓜蒌子　取瓜蒌子，置预热适度的炒制容器内，用文火加热，炒至微鼓起，略带焦斑，有香气逸出时，取出放凉。用时捣碎。

3. 瓜蒌子霜　取瓜蒌子，碾成泥状，用布包严后蒸至圆汽，压去油脂，碾细。

【成品性状】

1. 瓜蒌子　栝楼种子表面浅棕色至棕褐色，平滑，沿边缘有一圈沟纹，顶端较尖，有种脐，基部钝圆或较狭。气微，味淡。双边栝楼种子较大而扁，表面棕褐色，沟纹明显而环边较宽，顶端平截。

2. 炒瓜蒌子　形如瓜蒌子，微鼓起，表面浅褐色至棕褐色，偶带焦斑。气焦香，味淡。

3. 瓜蒌子霜　为黄白色松散粉末，微显油性。

【炮制作用】瓜蒌子甘，寒。归肺、胃、大肠经。具有润肺化痰、滑肠通便的功效。瓜蒌子生用寒滑之性明显，长于润肺化痰，滑肠通便。

炒瓜蒌子寒性减弱，长于理肺化痰。

瓜蒌子霜功专润肺祛痰，可避免滑肠和恶心呕吐等胃肠道不适。

【贮藏养护】贮干燥容器内，密闭，置阴凉干燥处，防霉，防蛀。

紫 苏 子

【来源】为唇形科植物紫苏 *Perilla frutescens*（L.）Britt. 的干燥成熟果实。

【炮制方法】

1. **紫苏子** 取原药材，除去杂质，洗净，干燥。用时捣碎。

2. **炒紫苏子** 取紫苏子，置预热适度的炒制容器，用文火炒至有爆裂声，表面颜色加深，香气逸出时，取出，晾凉。

3. **蜜紫苏子** 取炼蜜用适量温开水稀释后，淋入紫苏子内拌匀，稍闷，用文火炒至深棕色不粘手为度，取出摊凉。

每 100 kg 紫苏子，用炼蜜 10 kg。

4. **紫苏子霜** 取紫苏子碾如泥状，用吸油纸或布包裹，加热，压榨去油，如此反复操作，至药物不再黏结成饼为度，研细。

【成品性状】

1. **紫苏子** 呈卵圆形或类球形。表面灰棕色或灰褐色，具微隆起的暗紫色网纹，基部稍尖，有灰白色点状果梗痕。压碎有香气，味微辛。

2. **炒紫苏子** 形如紫苏子，表面灰褐色，有细裂口，有焦香气。

3. **蜜紫苏子** 形如紫苏子，外表深棕色，有细裂口，多黏性，具蜜香气，味微甜。

4. **紫苏子霜** 为灰白色的粗粉末，气微香。

【炮制作用】紫苏子辛，温。归肺经。具有降气消痰、止咳平喘、润肠通便的功效。紫苏子生用润肠力专，多用于肠燥便秘或气喘而兼便秘者。

炒紫苏子辛散之性缓和，长于温肺降气，并能提高煎出效果。

蜜紫苏子药性缓和，免耗伤正气，长于降气平喘，润肺化痰。

紫苏子霜有降气平喘之功，但无滑肠之虑，多用于脾虚便溏的喘咳患者。

【贮藏养护】贮干燥容器内，密闭，置通风干燥处，防蛀。

冬 瓜 子

【来源】为葫芦科植物冬瓜 *Benincasa hispida*（Thunb.）Cogn. 的干燥成熟种子。

【炮制方法】

1. **冬瓜子** 取原药材，除去杂质，筛去灰屑。用时捣碎。

2. **炒冬瓜子** 取冬瓜子，置预热适度的炒制容器内，用文火炒至表面略黄色，稍有焦斑，取出放凉。用时捣碎。

【成品性状】

1. **冬瓜子** 呈扁平长椭圆形或长卵形。外表黄白色，一端钝圆，另端尖，尖端有两个小突起，边缘光滑（单边冬瓜子）或两面边缘均有一环形的边（双边冬瓜子），内有乳白色种仁，具油性。无臭，味微甜。

2. **炒冬瓜子** 形如冬瓜子，外表显炒后黄色焦斑，微具香气。

【炮制作用】冬瓜子甘，寒。具有清肺化痰、消痈排脓的功效。冬瓜子生用清肺化痰、消痈排脓。

炒冬瓜子寒性缓和，气香启脾，长于渗湿化浊。

【贮藏养护】贮干燥容器内，密闭，置通风干燥处，防蛀。

酸 枣 仁

【来源】为鼠李科植物酸枣 Ziziphus jujuba Mill. var. spinosa（Bunge）Hu ex H. F. Chou 的干燥成熟种子。

【炮制方法】

1. **酸枣仁** 取原药材，去净杂质。除去残留核壳。用时捣碎。
2. **炒酸枣仁** 取酸枣仁，置预热适度的炒制容器内，用文火炒至鼓起，颜色微加深，有爆裂声，香气逸出时，取出放凉。用时捣碎。

【成品性状】

1. **酸枣仁** 呈扁圆形或扁椭圆形，表面紫红色或紫褐色，平滑有光泽，有的有裂纹。气微，味淡。
2. **炒酸枣仁** 形如酸枣仁，表面微鼓起，颜色加深，微具焦斑。略有焦香气，味淡。

【炮制作用】酸枣仁甘、酸，平。归肝、胆、心经。具有养心补肝，宁心安神，敛汗，生津的功效。酸枣仁生品养心安神，敛汗。

炒酸枣仁种皮开裂，易于粉碎和煎出药效成分，并味香易服，能增强酸枣仁的疗效，临床主要用炒酸枣仁。

【贮藏养护】贮干燥容器内，密闭，置阴凉干燥处。防蛀。

槐 花

【来源】为豆科植物槐 Sophora japonica L. 的干燥花及花蕾。

【炮制方法】

1. **槐花** 取原药材，除去杂质及灰屑。
2. **炒槐花** 取槐花，置预热适度的炒制容器内，用文火加热，炒至表面深黄色，取出晾凉。
3. **槐花炭** 取槐花，置预热适度的炒制容器内，用中火加热，炒至表面焦褐色，取出凉透。

【成品性状】

1. **槐花** 槐花皱缩而卷曲，花瓣多散落。完整者花萼钟状，黄绿色。花瓣黄色或黄白色。体轻，气微，味微苦。槐米呈卵形或椭圆形。花萼下部有数条纵纹。萼的上方为黄白色未开放的花瓣。体轻，手捻即碎。气微，味微苦涩。
2. **炒槐花** 形如槐花，表面深黄色，具特有香气，味微苦。
3. **槐花炭** 形如槐花，表面焦褐色，质轻，味涩。

【炮制作用】槐花味苦，性微寒。归肝、大肠经。具有凉血止血、清肝泻火的功效。生品以清肝泻火、清热凉血见长。多用于血热妄行,肝热目赤,头痛眩晕,疮毒肿痛。

炒槐花苦寒之性缓和,其清热凉血作用弱于生品,止血作用则强于生品而弱于槐花炭,多用于脾胃虚弱的出血患者。

槐花炭清热凉血作用极弱,涩性增加,以止血力胜,多用于咯血、衄血、便血、崩漏下血、痔疮出血等出血证。

【贮藏养护】贮干燥容器内,密闭,置通风干燥处,防潮,防蛀。

水 红 花 子

【来源】为蓼科植物红蓼 Polygonum orientale L. 的干燥成熟果实。

【炮制方法】

1. 水红花子　取原药材,除去杂质灰屑。用时捣碎。

2. 炒水红花子　取水红花子,置预热适度的炒制容器内,用中火加热,迅速拌炒至爆花,有香气逸出时,取出晾凉。

【成品性状】

1. 水红花子　呈扁圆球形。表面棕黑色,有的红棕色,有光泽。质硬。气微,味淡。

2. 炒水红花子　大多数爆裂成白花,质疏松。具香气。

【炮制作用】水红花子咸,微寒。归肝、胃经。具有散血消癥,消积止痛,利水消肿的功效。水红花子生品力峻,长于消瘀破癥、化痰散结。

炒水红花子药性缓和,利于药效成分煎出,长于消食止痛、健脾利湿。

【贮藏养护】贮干燥容器内,密闭,置干燥处。

黑 芝 麻

【来源】为芝麻科植物芝麻 Sesamum indicum L. 的干燥成熟种子。

【炮制方法】

1. 黑芝麻　取原药材,除去杂质,洗净,干燥。用时捣碎。

2. 炒黑芝麻　取黑芝麻,置预热适度的炒制容器内,用文火炒至有爆裂声,香气逸出时,取出,放凉。用时捣碎。

【成品性状】

1. 黑芝麻　为扁卵圆形,表面黑色,平滑或有网状皱纹。一端尖,有点状棕色种脐,另端圆。种皮薄,种仁白色,富油性。气微,味甘。有油香气。

2. 炒黑芝麻　形如黑芝麻,微鼓起,有的可见爆裂痕,有油香气。

【炮制作用】黑芝麻甘,平。归肝、肾、大肠经。具有补肝肾,益精血,润肠燥的功效。古代医家认为黑芝麻生用滑痰,凉血解毒。

炒黑芝麻香气浓,易于煎出药效成分,增强疗效。长于补益肝肾,填精补血,润肠通便。

【贮藏养护】贮干燥容器内,密闭,置通风干燥处,防蛀。

火 麻 仁

【来源】为桑科植物大麻 Cannabis sativa L. 的干燥成熟果实。

【炮制方法】

1. **火麻仁** 取原药材，除去杂质及果皮，筛去灰屑。

2. **炒火麻仁** 取火麻仁，置预热适度的炒制容器内，用文火炒至微黄色，有香气，取出，晾凉。

【成品性状】

1. **火麻仁** 为卵圆形，表面灰绿色或灰黄色，有微细的白色或棕色网纹，两边有棱，顶端略尖，基部有一圆形果梗痕。气微，味淡。

2. **炒火麻仁** 表面微黄色，具香气。

【炮制作用】火麻仁甘，平。归脾、胃、大肠经。具有润肠通便的功效。火麻仁生品、炒品功用一致。炒后可提高煎出效果，并且气香，能增强滋脾阴、润肠燥的作用。

【贮藏养护】贮干燥容器内，密闭，置阴凉干燥处，防热，防蛀。

桑　枝

【来源】为桑科植物桑 *Morus alba* L. 的干燥嫩枝。

【炮制方法】

1. **桑枝** 未切片者，洗净，润透，切厚片，干燥。

2. **炒桑枝** 取桑枝片，置预热适度的炒制容器内，文火加热，炒至微黄色，取出晾凉。

【成品性状】

1. **桑枝** 呈类圆形或椭圆形厚片。外表皮灰黄色或黄褐色，有点状皮孔。切面皮部较薄，木部黄白色，射线放射状，髓部白色或黄白色。气微，味淡。

2. **炒桑枝** 形如桑枝片，切面深黄色，微有香气。

【炮制作用】桑枝味微苦，性平。归肝经，具有祛风湿、利关节的功效。桑枝以祛血中风热为主。炒后善达四肢经络，以祛风湿、利关节为主。

【贮藏养护】贮干燥容器内，密闭，置通风干燥处。

使　君　子

【来源】为使君子科植物使君子 *Quisqualis indica* L. 的干燥成熟果实。

【炮制方法】

1. **使君子** 取原药材，除去残留果柄及杂质。用时捣碎。

2. **使君子仁** 取使君子，除去硬壳及霉败的种仁。用时捣碎。

3. **炒使君子仁** 取使君子仁，置预热适度的炒制容器内，用文火加热，炒至表面黄色微有焦斑，有香气逸出时，取出放凉。用时捣碎。

【成品性状】

1. **使君子** 呈椭圆形或卵圆形，具5条纵棱。表面黑褐色至紫黑色，平滑，微有光泽。气微香，味微甜。

2. **使君子仁** 呈长椭圆形或纺锤形，表面棕褐色或黑褐色，有多数纵皱纹。气微香，味微甜。

3. **炒使君子仁** 形如使君子仁，表面黄白色，有多数纵皱纹；有时可见残留有棕褐色种皮。气香，味微甜。

【炮制作用】使君子甘，温。归脾、胃经。具有杀虫消积的功效。使君子仁与带壳使君子功用相同，入煎剂可直接用使君子捣碎入药，使君子仁多入丸、散剂或嚼食，杀虫力强。

炒使君子仁味香易服，可直接嚼食，并能缓和膈肌痉挛的副作用，长于健脾消积，亦能杀虫。

【贮藏养护】贮干燥容器内，密闭，置通风干燥处，防霉，防蛀。

蒺 藜

【来源】为蒺藜科植物蒺藜 *Tribulus terrestris* L. 干燥成熟果实。

【炮制方法】

1. **蒺藜** 取原药材，除去杂质，去刺。用时捣碎。

2. **炒蒺藜** 取刺蒺藜，置预热温度适宜的炒制容器内，用文火加热，炒至微黄色，取出，筛尽刺屑。用时捣碎。

【成品性状】

1. **蒺藜** 多为单一的分果瓣，分果瓣呈斧状，长 3～6 mm；背部棕黄色，隆起，有纵棱，两侧面粗糙，有网纹。气微香，味苦、辛。

2. **炒蒺藜** 形如蒺藜，背部棕黄色。气微香，味苦、辛。

【炮制作用】蒺藜苦、辛，微温；有小毒。归肝经。具有平肝解郁、活血祛风、明目、止痒的功效。蒺藜生用味辛，性升而散，长于疏肝经风邪。

炒蒺藜辛散之性减弱，长于平肝潜阳，疏肝解郁。

【贮藏养护】贮干燥容器内，密闭，置通风干燥处，防霉。

苍 耳 子

【来源】为菊科植物苍耳 *Xanthium sibiricum* Patr. 的干燥成熟带总苞的果实。

【炮制方法】

1. **苍耳子** 取原药材，除去杂质。用时捣碎。

2. **炒苍耳子** 取苍耳子，置预热适度的炒制容器内，用中火加热，炒至深黄色刺焦时，取出，碾去刺，筛净。用时捣碎。

【成品性状】

1. **苍耳子** 呈纺锤形或卵圆形。表面黄棕色或黄绿色，全体有钩刺。气微，味微苦。

2. **炒苍耳子** 形如苍耳子，表面黄褐色，有刺痕。微有香气。

【炮制作用】苍耳子辛、苦，温；有毒。归肺经。具有散风寒、祛风湿、通鼻窍的功效。苍耳子生用消风止痒力强。

炒苍耳子降低毒性，偏于通鼻窍，祛风湿，止痛。

【贮藏养护】贮干燥容器内，密闭，置通风干燥处。

白 果

【来源】为银杏科植物银杏 *Ginkgo biloba* L. 的干燥成熟种子。

【炮制方法】

1. **白果仁** 取原药材，除去杂质，去壳取仁。用时捣碎。

2. **炒白果仁** 取白果仁，置预热适度的炒制容器内，用文火加热，炒至深黄色，有香气，取出，晾凉，用时捣碎。

【成品性状】

1. **白果仁** 呈宽卵球形或椭圆形，一端淡棕色，另一端金黄色，断面外层黄色，胶质样，内层淡黄色，粉性，中间有空隙。气微，味甘、微苦。

2. **炒白果仁** 形如白果仁，色泽加深，略有焦斑，横断面胶质样，外层黄色，内层淡黄色，粉性，中间有空隙。有香气，味甘、微苦。

【炮制作用】白果甘、苦、涩，平；有毒。归肺、肾经。具有敛肺定喘，止带缩尿的功效。白果仁有毒，内服用量宜小。能降浊痰，消毒杀虫。

炒白果仁降低毒性，增强收敛作用，具有平喘、缩尿、止带等功效。

【贮藏养护】贮干燥容器内，密闭，置通风干燥处。

花 椒

【来源】为芸香科植物青椒 *Zanthoxylum schinifolium* Sieb. et Zucc. 或花椒 *Zanthoxylum bungeanum* Maxim. 的干燥成熟果皮。

【炮制方法】

1. **花椒** 取原药材，除去椒目、果柄等杂质。

2. **炒花椒** 取花椒，置预热适度的炒制容器内，用文火炒至色泽加深，显油亮光泽，并有香气时，取出，摊凉。

【成品性状】

1. **花椒** 青椒外表面灰绿色或暗绿色，散有多数油点和细密的网状隆起皱纹；内表面类白色，光滑；内果皮常由基部与外果皮分离；气香，味微甜而辛。花椒外表面紫红色或棕红色，散有多数疣状突起的油点，对光观察半透明，内表面淡黄色。香气浓，味麻辣而持久。

2. **炒花椒** 形如花椒，可见或偶见焦斑。

【炮制作用】花椒辛，温。归脾、胃、肾经。具有温中止痛、杀虫止痒的功效。花椒生用辛热之性强，多外用杀虫止痒。

炒花椒降低毒性，辛散作用稍缓，长于温中散寒，驱虫止痛。

【贮藏养护】贮干燥容器内，密闭，置通风干燥处。

牵 牛 子

【来源】为旋花科植物裂叶牵牛 *Pharbitis nil*（L.）Choisy 或圆叶牵牛 *Pharbitis purpurea*（L.）Voigt 的干燥成熟种子。

【炮制方法】

1. **牵牛子** 取原药材，除去杂质，用时捣碎。

2. **炒牵牛子** 取牵牛子，置预热适度的炒制容器内，用文火加热，炒至稍鼓起，有爆裂声，颜色加深，并有香气逸出时，取出放凉，用时捣碎。

【成品性状】

1. **牵牛子** 似橘瓣状，表面灰黑或淡黄白色。质硬。气微，味辛、苦，有麻感。

2. **炒牵牛子** 形如牵牛子，表面黑褐色或黄棕色，稍鼓起。微具香气。

【炮制作用】牵牛子苦，寒；有毒。归肺、肾、大肠经。具有泻水通便，消痰涤饮，杀虫攻积的功效。牵牛子生用偏于逐水消肿，杀虫。

炒牵牛子降低毒性，缓和药性，免伤正气，易于粉碎和煎出，以消食导滞见长。

【贮藏养护】贮干燥容器内，密闭，置干燥处。

常　山

【来源】为虎耳草科植物常山 *Dichroa febrifuga* Lour. 的干燥根。

【炮制方法】

1. 常山　取原药材，除去杂质，分开大小，浸泡，润透，切薄片，晒干。

2. 炒常山　取常山，置预热适度的炒制容器内，用文火加热，炒至色变深，取出晾凉，筛去碎屑。

3. 酒常山　取常山，用黄酒拌匀，稍闷润，待酒被吸尽后，置炒制容器内，用文火加热，炒干，取出晾凉，筛去碎屑。

每 100 kg 常山，用黄酒 10 kg。

【成品性状】

1. 常山　为不规则的薄片，外表皮淡黄色，无外皮。切面黄白色，有放射状纹理。质硬。气微，味苦。

2. 炒常山　形如常山片，表面黄色。

3. 酒常山　形如常山片，表面深黄色，略具酒气。

【炮制作用】常山味苦、辛，性寒；有毒。归肺、肝、心经，具有涌吐痰涎，截疟的功效。常山生用上行，有较强的涌吐痰饮作用。炒黄或酒炙后可减轻恶心呕吐的副作用，降低毒性。

【贮藏养护】贮干燥容器内，密闭，置通风干燥处。

九　香　虫

【来源】为蝽科昆虫九香虫 *Aspongopus chinensis* Dallas 的干燥体。

【炮制方法】

1. 九香虫　取原药材，除去杂质。

2. 炒九香虫　取九香虫，置预热适度的炒制容器内，用文火加热炒至有香气，颜色加深，取出晾凉。

【成品性状】

1. 九香虫　略呈六角状扁椭圆形。表面棕褐色或棕黑色，略有光泽；腹部棕红色至棕黑色。质脆，折断后腹内有浅棕色内含物。气特异，味微咸。

2. 炒九香虫　形如九香虫，表面棕黑色至黑色，显油润光泽。气微腥，略带焦香气，味微咸。

【炮制作用】九香虫味咸，性温。归肝、脾、肾经。具有理气止痛、温中助阳的功效。九香虫具有特异的臭气，临床上多炒后应用，以去其腥臭气味，同时还可增强其行气温阳作用。

【贮藏养护】置木箱内衬以油纸，防潮、防蛀。

海 螵 蛸

【来源】为乌贼科动物曼氏无针乌贼 *Sepiella maindroni* Rochebrune 或金乌贼 *Sepia esculenta* Hoyle 的干燥内壳。

【炮制方法】

1. **海螵蛸** 收集乌贼鱼的骨状内壳，洗净，干燥，砸成小块。
2. **炒海螵蛸** 取海螵蛸，置预热适度的炒制容器内，用文火加热，炒至表面微黄色，取出晾凉。

【成品性状】

1. **海螵蛸** 呈不规则形或类方形小块，类白色或微黄色。气微腥，味微咸。
2. **炒海螵蛸** 形如海螵蛸，表面微黄色，略有焦斑。

【炮制作用】海螵蛸味咸、涩，性温。归脾、肾经。具有收敛止血、涩精止带、制酸止痛、收湿敛疮的功效。海螵蛸生品有收敛止血、固精止带、制酸等作用。炒后敛湿作用增强，温涩作用也略胜，用于疮疡湿疹，创伤出血。

【贮藏养护】贮干燥容器内，密闭，置通风干燥处。

二、炒焦

将净选或切制后的中药，置预热适度的炒制容器内，用中火或武火加热，炒至药物表面呈焦黄色或焦褐色，内部颜色加深，并具有焦香气味的方法，称为炒焦。

（一）目的

1. 增强药物消食健脾止泻的作用。如山楂、麦芽、六神曲等。
2. 缓和药性，减少药物的刺激性。如栀子、槟榔、川楝子等。

知识拓展 11-5　焦香醒脾

（二）操作方法

取净选或切制后的药物，大小分档，置预热的炒制容器内，用中火加热，炒至药物表面呈焦黄色或焦褐色，内部颜色加深，并具有焦香气味时，取出，摊开晾凉。

（三）注意事项

1. 炒制前药物应大小分档，避免炒制程度不一致。
2. 炒焦一般用中火，火力应均匀。炒焦时易燃者，可喷淋清水少许，再炒干。

山　楂

【导言】山楂树是中国特有的药食兼用树种，其果实、叶、种子、根等均有药用的记载。山楂（果实）和山楂叶已载入《中国药典》，山楂核（种子）和山楂根收载于地方标准。虽是同根生，果实、叶、种子、根等不同部位的临床应用却各有其效。山楂炒黄、炒焦、炒炭，其相应炮制品炒山楂、焦山楂、山楂炭，亦有不同临床疗效，可满足辨证施治不同用药的需要。

【处方用名】山楂、炒山楂、焦山楂、焦楂、山楂炭。

【来源】为蔷薇科植物山里红 Crataegus pinnatifida Bge.var. major N.E.Br. 或山楂 Crataegus pinnatifida Bge. 的干燥成熟果实。

【采收加工】秋季果实成熟时采收，切片，干燥。

【历史沿革】元代有炒法、蒸法，明代沿用上述方法，清代有炒黑、姜汁拌炒黑、姜汁炒、童便浸等炮制方法。《中国药典》收载山楂、炒山楂、焦山楂。

【炮制方法】

1. 净山楂　取原药材，除去杂质及脱落的核。

2. 炒山楂　取山楂，置预热的炒制容器内，用中火加热，炒至颜色加深，取出，晾凉。

3. 焦山楂　取山楂，置预热的炒制容器内，用中火加热，炒至表面焦褐色，内部黄褐色，取出，晾凉。

视频 11-3　炒焦山楂

4. 山楂炭　取山楂，置预热的炒制容器内，用武火加热，炒至表面焦黑色，内部焦褐色，取出，晾凉。

【成品性状】

1. 山楂　为圆形片，皱缩不平，直径 1～2.5 cm，厚 0.2～0.4 cm。外皮红色，具皱纹，有灰白色小斑点。果肉深黄色至浅棕色。气微清香，味酸、微甜。

图 11-7　山楂

2. 炒山楂　形如山楂片，果肉黄褐色，偶见焦斑。气清香，味酸、微甜。

图 11-8　炒山楂

3. 焦山楂　形如山楂片，表面焦褐色，内部黄褐色。有焦香气。

图 11-9　焦山楂

4. 山楂炭　形如山楂片，表面焦黑色，内部焦褐色，味涩。

【质量要求】

1. 山楂　水分不得过 12.0%，总灰分不得过 3.0%，铅不得过 5 mg/kg，镉不得过 1 mg/kg，砷不得过 2 mg/kg，汞不得过 0.2 mg/kg，铜不得过 20 mg/kg，醇溶性浸出物不得少于 21.0%，含有机酸以枸橼酸计不得少于 5.0%。

2. 炒山楂　水分同山楂，含有机酸以枸橼酸计不得少于 4.0%。

3. 焦山楂　同炒山楂。

【炮制作用】山楂味酸、甘，性微温。归脾、胃、肝经。具有消食健胃、行气散瘀、化浊降脂的功效。

山楂生品长于活血化瘀，常用于血瘀经闭，产后瘀阻，心腹刺痛，疝气疼痛，以及高脂血症、高血压病、冠心病。

炒山楂酸味减弱，可缓和对胃的刺激性，善于消食化积。用于脾虚食滞，食欲不振，神倦乏力。

焦山楂不仅酸味减弱，且增加苦味，长于消食止痢，用于食积兼脾虚泻痢。

山楂炭其性收涩，具有止血、止泻的功效。可用于胃肠出血或脾虚腹泻兼食滞者。

【临床应用】

1. 山楂　与当归等配伍，用于气滞血瘀而致经闭、产后瘀阻等症，如通瘀煎（《景岳全书》），用于痛经、闭经等症，如散结定痛丸（《傅青主女科》）；或与制首乌等配伍，用于高脂血症，如降脂通脉饮（《临床方剂手册》）；或与菊花等配伍，用于高血压等症，如山菊降压片（《中国药典》）。

2. 炒山楂　常与陈皮等配伍，用于饮食积滞、脘腹胀满、食少便溏等症，如健脾丸（《中国药典》）。

3. 焦山楂　常与炒六神曲等配伍，用于肉食积滞而致泻痢等症，如保和丸（《中国药典》）。

4. 山楂炭　可用酸枣并山楂肉核烧灰，米饮调下，治肠风下血（《是斋百一选方》）。常与煨葛根等配伍，用于脾失健运，腹满肠鸣，大便泄泻。若胃寒者，可与炮姜同用，如小儿止痛片（《简明方剂词典》）。

知识拓展 11-6　含山楂各炮制品的市售中成药举例

知识拓展 11-7　章次公运用山楂炭治疗痢疾

【炮制研究】

1. 化学成分研究　山楂各炮制品中有机酸和总黄酮含量差别很大，炒山楂有机酸稍有减量，对黄酮类成分无明显影响；焦山楂和山楂炭中有机酸分别保留10.7%与2.8%，黄酮类成分则保留了41.9%与25.8%；可见，有机酸较黄酮类成分对热更不稳定，加热时间越长，温度越高，两类成分含量越低。对于熊果酸和齐墩果酸含量，山楂各炮制品无显著性差异。

2. 药理作用研究　每天喂饲高蛋白、高热量饲料及50%牛乳造成小鼠食积模型，与模型组相比，山楂各炮制品对食积所致肠推进障碍和胃肠激素分泌紊乱均有改善作用，改善效果优劣依次为焦山楂＞炒山楂＞生山楂。山楂各炮制品均能显著降低高脂血症模型大鼠血清总胆固醇、甘油三酯、低密度脂蛋白胆固醇水平，降脂作用强弱依次为生山楂＞炒山楂＞焦山楂。说明山楂入活血化瘀药以生品为宜，入消食药以炒山楂或焦山楂为宜。

3. 炮制工艺研究　采用电子鼻、机器视觉技术研究山楂不同炮制品的气味特征和颜色特征，对山楂炮制品的传统经验进行数值化描述，可实现不同山楂炮制品的判别区分，为更好地控制山楂各炮制品的生产工艺奠定了基础。利用电子鼻技术结合统计质量控制法模型，对山楂炮制过程样品气味变化进行客观化描述，证实炒山楂的"气清香"、焦山楂的"焦香气"与美拉德反应有关。电子舌技术研究发现山楂炮制过程的味觉传感器响应值变化具有一定的规律性，实现了生山楂"味酸，微甜"、焦山楂"味酸，微涩"等的客观表征，可将"味"作为新的炮制工艺检测参数。

【贮藏养护】贮干燥容器内，密闭，置通风干燥处。防蛀。

槟　榔

【导言】近年来多有案例提及长期咀嚼食用槟榔会大大增加患口腔癌的概率，由此引发人们对槟榔安全性的高度关注。食用槟榔包括槟榔的果壳及果核，中医药理论指导下的药用槟榔则是其干燥成熟的种子。药用槟榔在临床应用中未曾出现过严重的不良反应，历代文献只是提到槟榔有轻微不良反应以及气虚体弱者不宜用，如《本草蒙筌》载"槟榔，久服则损真气，多服则泻至高之气"，《本经逢原》载"凡泻后、疟后虚痢，切不可用也"。槟榔生品作用峻猛，炮制缓和药性，是"生峻熟缓"的典型代表，《医学入门》载槟榔"急治生用，经火则无力，缓治略炒或醋煮过"。传统炮制不仅可以缓和槟榔的力峻之性，还可以减少其副作用。

【处方用名】槟榔、大白、炒槟榔、焦槟榔、槟榔炭。

【来源】为棕榈科植物槟榔 *Areca catechu* L. 的干燥成熟种子。

【采收加工】春末至秋初采收成熟果实，用水煮后，干燥，除去果皮，取出种子，干燥。

【历史沿革】南北朝刘宋时代有细切法，唐代有捣末法及煮熟法，宋代有炒、火炮、烧灰存性、面裹煨、吴茱萸炒、火煅等法，元代有纸裹煨，明代增加了麸炒法，清代有醋制、童便洗晒、酒浸等法。《中国药典》收载槟榔、炒槟榔、焦槟榔。

【炮制方法】

1. **槟榔** 取原药材，除去杂质，浸泡，润透，切薄片，阴干。
2. **炒槟榔** 取槟榔，置预热的炒制容器内，用文火加热，炒至微黄色，取出，晾凉。
3. **焦槟榔** 取槟榔，置预热的炒制容器内，用中火加热，炒至焦黄色，取出，晾凉。

【成品性状】

1. **槟榔** 呈类圆形薄片。切面可见棕色种皮与白色胚乳相间的大理石样花纹。气微，味涩、微苦。

图 11-10　槟榔

2. **炒槟榔** 形如槟榔片，表面微黄色，可见大理石样花纹。

图 11-11　炒槟榔

3. **焦槟榔** 形如槟榔片，表面焦黄色。质脆，易碎。气微，味涩、微苦。

图 11-12　焦槟榔

【质量要求】

1. **槟榔** 水分不得过 10.0%，每 1 000 g 含黄曲霉毒素 B_1 不得过 5 μg，含黄曲霉毒素 G_2、黄曲霉毒素 G_1、黄曲霉毒素 B_2 和黄曲霉毒素 B_1 总量不得过 10 μg，槟榔碱不得少于 0.20%。
2. **炒槟榔** 水分、含量测定要求同槟榔。
3. **焦槟榔** 水分不得过 9.0%，总灰分不得过 2.5%，含槟榔碱不得少于 0.10%。

【炮制作用】槟榔味苦、辛，性温。归胃、大肠经。具有杀虫、消积、降气、行水、截疟的功效。

槟榔生品力峻，以杀虫、降气、行水消肿、截疟力胜。常用于治绦虫、姜片虫、蛔虫及水肿、脚气、疟疾。

炒槟榔可缓和药性，以免克伐太过而耗伤正气，并能减少服后恶心、腹泻、腹痛的副作用。焦槟榔和炒槟榔功用相似，长于消食导滞。用于食积不消，痢疾里急后重。炒槟榔较焦槟榔作用稍强，而克伐正气的作用也略强于焦槟榔，一般身体素质稍强者可选用炒槟榔，身体素质较差者应选用焦槟榔。

【临床应用】

1. **槟榔** 与苦楝根皮等配伍，用于治虫积腹痛、大便秘结的万应丸（《医学正传》）；或常与木香等配伍，用于胃肠积滞、里急后重等症，如木香槟榔丸（《中国药典》）；或与大黄等配伍，用于停食停乳、腹胀便秘，如一捻金（《中国药典》）。
2. **炒槟榔** 与炒牵牛子等配伍，用于饮食停滞，气郁不舒。
3. **焦槟榔** 用于食积不消，痢疾里急后重。

知识拓展 11-8　含槟榔各炮制品的市售中成药举例

【炮制研究】

1. **化学成分研究** 槟榔用冷水浸泡 21 天后切片，槟榔碱损失 30.09%；浸泡后切片，醚溶性生物碱损失了 24.7%；采用减压冷浸、湿砂浸润、减压蒸汽闷润可有效减少槟榔碱的损失。切片后曝干，其生物碱损失量比阴干大，晒干也比阴干的含量低，而烘干则与阴干含量差不多，故切片后以阴干或烘干为宜。

加热炮制对槟榔碱有明显的影响，加热时间越长，温度越高，槟榔碱损失越多。槟榔炮制过程中美拉德反应对槟榔碱转化的抑制作用，可使槟榔碱的含量维持在适当水平，从而保证了槟榔炮制品的药理活性。

2. **药理作用研究** 生槟榔对正常小鼠胃排空有轻微抑制作用，炒槟榔、焦槟榔、槟榔炭可促进正常小鼠的胃排空及小肠推进作用。炮制后的槟榔尤其是炒制程度较深的焦槟榔对阿托品所致胃排空和肠推进迟缓小鼠的胃排空和肠推进有明显改善作用。各槟榔组胃液量均增加，其中焦槟榔组最明显；除槟榔炭组外各槟榔组胃液 pH 均降低，其中焦槟榔组胃液 pH 最低。

通过大鼠胃底平滑肌及家兔十二指肠和回肠平滑肌的离体实验，比较槟榔不同炮制品作用下肌振幅、肌张力和振动频率的变化，结果发现生槟榔对离体胃肠平滑肌可产生强直收缩作用，炮制后强直收缩作用减弱，促进胃底平滑肌收缩以焦槟榔为佳。

3. **炮制工艺研究** 采用色彩色差计和电子鼻技术，将槟榔炮制品色泽和气味的传统经验描述指标客观化、数量化，通过统计分析处理，探索其规律性，使槟榔炮制火候的判断具有可操作性。在正交试验优选焦槟榔炒制工艺参数时，可利用非接触红外测温仪数据采集软件，采集焦槟榔炒制过程中不同时间点的药物温度和锅体温度，并利用色彩色差仪对焦槟榔的外部颜色和内部颜色进行客观评价。

【贮藏养护】贮干燥容器内，密闭，置通风干燥处，防蛀。

栀 子

【导言】栀子为清泻三焦火邪、清利肝胆湿热、凉血解毒的常用药，古今临床应用广泛，然其性味苦寒，易损伤脾胃，古人极为重视栀子的炮制与合理应用。《伤寒论》载"凡用栀子汤，病人旧微溏者，不可与服之。"《本草汇言》通过五个忌用阐释了栀子的临床应用，载曰"苦寒沉降，解五内一切邪热，清有余之火，如过服，不免有损胃伐阳之弊。凡脾胃虚弱者，忌之；血虚发热者，忌之；心肺虚而无邪热者，忌之；吐血、衄血，非阳火暴发者，忌之；小便不通，由于膀胱虚而无气以化，而非热结小肠者，忌之。"栀子炮制后可缓和药性，使其满足中医临床辨证施治用药的需要。

【处方用名】栀子、山栀、黄栀子、炒栀子、焦栀子、栀子炭、姜栀子。

【来源】为茜草科植物栀子 Gardenia jasminoides Ellis 的干燥成熟果实。

【采收加工】9—11月果实成熟呈红黄色时采收，除去果梗及杂质，蒸至上汽或置沸水中略烫，取出，干燥。

【历史沿革】汉代有擘破法，晋代有炒炭、烧末的做法，南北朝有甘草水制，唐代有炙法，宋代增加了炙酥拌微炒、姜汁炒焦黄等法，明代有微炒、煮制、纸裹煨、酒浸、童便炒、蜜制、盐水炒黑、炒焦、酒洗等法，清代有酒炒、姜汁炒黑、乌药拌炒、蒲黄炒等法。《中国药典》收载栀子、炒栀子、焦栀子。

【炮制方法】

1. **栀子** 取原药材，除去杂质，碾碎。
2. **炒栀子** 取栀子，置预热的炒制容器内，用文火加热，炒至黄褐色，取出，晾凉。
3. **焦栀子** 取栀子，置预热的炒制容器内，用中火加热，炒至焦黄色，取出，晾凉。
4. **栀子炭** 取栀子，置预热的炒制容器内，用武火加热，炒至黑褐色或焦黑色，喷淋少许清水熄灭火星，取出，晾干。

5. **姜栀子** 取栀子，加姜汁拌匀，润透，置炒制容器内，用文火加热炒干，取出，晾凉。

每 100 kg 栀子，用生姜 10 kg，绞汁或煎汁。

【成品性状】

1. **栀子** 呈不规则碎块状，果皮表面红黄色或棕红色，有的可见翅状纵棱。气微，味微酸而苦。

图 11-13　栀子

2. **炒栀子** 形如栀子碎块，表面黄褐色。

图 11-14　炒栀子

3. **焦栀子** 形如栀子或为不规则的碎块，表面焦褐色或焦黑色。果皮内表面棕色，种子表面为黄棕色或棕褐色。气微，味微酸而苦。

图 11-15　焦栀子

4. **栀子炭** 表面黑褐色或焦黑色。

5. **姜栀子** 表面颜色加深，具姜的辛辣味。

图 11-16　姜栀子

【质量要求】

1. **栀子** 水分不得过 8.5%，总灰分不得过 6.0%，铅不得过 5 mg/kg，镉不得过 1 mg/kg，砷不得过 2 mg/kg，汞不得过 0.2 mg/kg，铜不得过 20 mg/kg；含栀子苷不得少于 1.8%。

2. **炒栀子** 水分、总灰分同栀子，含栀子苷不得少于 1.5%。

3. **焦栀子** 水分、总灰分同栀子，含栀子苷不得少于 1.0%。

【炮制作用】栀子味苦，性寒。归心、肺、三焦经。具有泻火除烦、清热利尿、凉血解毒的功效。栀子生品苦寒之性甚强，长于泻火利湿，凉血解毒。常用于温病高热，湿热黄疸，湿热淋症，疮疡肿毒；外治扭伤跌损。

炒栀子与焦栀子可缓和苦寒之性，免伤中气。栀子对胃有刺激性，脾胃较弱者服后易吐，炒后可除此弊。炒栀子与焦栀子功用相似，炒栀子比焦栀子苦寒之性略强，一般热较甚者可用炒栀子，脾胃较虚弱者可用焦栀子。二者均有清热除烦的功用。常用于热郁心烦，肝热目赤。

栀子炭善于凉血止血，多用于吐血、咯血、咳血、衄血、尿血、崩漏下血等。姜栀子寒性缓和，止呕除烦的作用增强。用于烦热呕吐或胃热疼痛呕吐。

【临床应用】

1. **栀子** 与知母等配伍，用于高热烦躁，神昏谵语等症，如栀子仁汤（《不居集》）；或与茵陈等配伍，用于湿热内蕴、身黄目黄、小便赤黄等症，如茵陈蒿汤（《伤寒论》）。亦可研末与面粉、黄酒调敷，治跌打损伤，青肿疼痛。

2. **炒栀子、焦栀子** 与龙胆等配伍，用于肝胆湿热、头晕目赤等症，如龙胆泻肝丸（《中国药典》）。或与豆豉同用，用于热郁心烦等症，如栀子豉汤（《伤寒论》）。一般热甚者用炒栀子，脾胃较虚弱者用焦栀子。

3. **栀子炭** 与生地等配伍，用于血热妄行之吐血、咳血等出血症，如十灰散（《十药神书》）。

4. **姜栀子** 与郁金等配伍，用于胆咳、咳呕苦水如胆汁等症，如西清汤（《校注医醇賸义》）。

知识拓展 11-9　含栀子各炮制品的市售中成药举例

【炮制研究】

1. 化学成分研究　栀子中环烯醚萜苷类及二萜色素类成分在果仁中的含量高于果皮，但绿原酸、异绿原酸等有机酸类成分主要集中于果皮。在焦栀子碎炒和个炒炒制过程中，每分钟取样一次，直至老药工鉴别为合格的焦栀子样品，分析栀子由生品到炒黄、由炒黄到炒焦前期直至炒焦终点全过程中各成分的动态变化规律，结果发现碎炒和个炒的样品在炮制过程中成分含量的变化趋势基本一致，只是变化幅度存在差异；羟异栀子苷、西红花苷Ⅰ和西红花苷Ⅱ含量显著降低，京尼平苷酸和 5-羟甲基糠醛含量显著增加，山栀苷、去乙酰车叶草苷酸甲酯和栀子苷含量整体上呈下降趋势，鸡屎藤次苷甲酯呈先上升后下降的趋势，京尼平龙胆双糖苷呈下降、上升、再下降的趋势。在栀子炒制过程中，二萜色素类成分最容易受到炮制温度和炮制时间的影响。尤其在炮制温度较高的炒炭过程中，二萜色素类成分大约有 85% 被破坏，环烯醚萜苷类成分大约有 30% 被破坏。栀子姜炙后绿原酸、西红花苷Ⅰ、西红花苷Ⅱ的含量显著降低，西红花苷Ⅲ含量无明显变化，京尼平龙胆双糖苷、栀子苷、京尼平苷酸、二萜色素苷元西红花酸含量明显增加。

2. 药理作用研究　栀子生、焦、炭品均可通过抑制炎症因子 IL-6 和 TNF-α 发挥解热作用，说明炮制并未显著影响其解热作用。栀子生、焦、炭品均可降低乙醇致大鼠胃黏膜出血损伤，其中以栀子炭止血效果最好。栀子各炮制品连续给药后，均可抑制大鼠体重增长，其中以生栀子抑制作用最强，说明栀子炮制后，其苦寒之性减弱。代谢组学研究表明生栀子连续给药后其内源性代谢物甘氨胆酸表达量明显高于焦栀子与栀子炭，推测其苦寒伤胃的作用机制可能与其上调甘氨胆酸、磷脂酰与溶血磷脂酰含量，参与调节初级胆汁酸代谢、甘油三酯代谢等通路，促进胆汁酸盐的形成与炎症因子释放有关。

【贮藏养护】贮干燥容器内，密闭，置通风干燥处。

川　楝　子

【来源】为楝科植物川楝 Melia toosendan Sieb.et Zucc. 的干燥成熟果实。

【炮制方法】

1. **川楝子**　取原药材，除去杂质。用时捣碎。

2. **炒川楝子**　取川楝子，切厚片或碾碎，置预热的炒制容器内，用中火加热，炒至表面焦黄色或焦褐色，取出，晾凉，筛出灰屑。

3. **盐川楝子**　取川楝子，用盐水拌匀，稍闷，待盐水被吸尽后，置预热的炒制容器内，用文火加热，炒至深黄色，取出，晾凉。

每 100 kg 川楝子碎块，用食盐 2 kg。

【成品性状】

1. **川楝子**　呈类球形，表面金黄色至棕黄色，微有光泽，具深棕色小点。气特异，味酸、苦。

2. **炒川楝子**　呈半球状、厚片或不规则的碎块，表面焦黄色，偶见焦斑。气焦香，味酸、苦。

3. **盐川楝子**　呈厚片或不规则碎块，表面深黄色，味酸、苦、微咸。

【炮制作用】

川楝子味苦，性寒，有小毒。归肝、小肠、膀胱经。具有疏肝泄热，行气止痛、杀虫的功

第十一章 炒法

效。生品有小毒，长于杀虫、疗癣，兼能止痛。用于虫积腹痛，头癣。

炒川楝子可缓和苦寒之性，降低毒性，减少滑肠之弊，质变疏松，利于粉碎和煎出有效成分，以疏肝理气止痛力胜。用于胁肋疼痛及胃脘疼痛。

盐川楝子能引药下行，作用专于下焦，长于疗疝止痛。

【贮藏养护】贮干燥容器内，盐川楝子密闭，置通风干燥处，防霉，防蛀。

三、炒炭

炒炭是将净选或切制后的原料药，置预热适度的炒制容器内，用武火或中火加热，炒至药物表面焦黑色，内部焦黄色或焦褐色的方法。

（一）目的

炒炭后使药物增强或产生止血作用，如地榆、茜草等；部分药物涩肠止泻作用增强，如山楂、乌梅、石榴皮等。

知识拓展 11-10　血见黑止

（二）操作方法

取净选或切制后的药物，大小分档，置预热的炒制容器内，用武火或中火加热，炒至药物表面呈焦黑色，内部呈焦黄色或至规定程度时，喷淋清水少许，熄灭火星，取出，晾干。

（三）注意事项

1. 炒炭时宜大小分档，分别炒制。
2. 操作时要掌握好火候，要求炒炭存性。炒炭存性是指药物在炒炭时只能部分炭化，未炭化部分仍应保存药物的固有气味；花类、叶类、全草类等质地轻细、疏松的药物炒炭后仍清晰可辨原形。
3. 炒炭一般用武火，但应视具体药物灵活掌握，对质地轻细、疏松的花类、叶类、全草类中药宜用中火。
4. 在炒炭过程中，加热温度较高，药物炒至一定程度时，炭化的碎屑易出现火星，须及时喷淋适量清水熄灭火星，避免引起燃烧。
5. 炒至成炭火候即应停止加热，迅速出锅，摊开晾凉，经检查确无余热后再收贮，避免复燃。

蒲　黄

【导言】蒲黄以花粉入药，质地轻细，炒炭极易灰化。特殊的入药部位要求掌握好蒲黄炭的炮制火候，体现炒炭存性的炮制意义。蒲黄生熟异治，以七情配伍理论为指导，药辅合一，用于烫炒阿胶珠，发挥其收敛止血的协同作用。

【处方用名】蒲黄、生蒲黄、炒蒲黄、蒲黄炭。

【来源】为香蒲科植物水烛香蒲 *Typha angustifolia* L.、东方香蒲 *Typha orientalis* Presl 或同属植物的干燥花粉。

【采收加工】夏季采收蒲棒上部的黄色雄花序，晒干后碾轧，筛取花粉。

【历史沿革】南北朝有蒸、焙法，唐代有炒黄法，宋代有微炒、纸包炒等法，明代有炒黑的方法，清代增加了蒸等方法。现行有炒炭、酒炙、醋炙等炮制方法。《中国药典》收载蒲黄、蒲黄炭。

【炮制方法】

1. **蒲黄**　取原药材，揉碎结块，过筛。

2. **蒲黄炭**　取蒲黄，置预热的炒制容器内，用中火加热，炒至棕褐色，喷淋少许清水，熄灭火星，取出，晾干。

【成品性状】

1. **蒲黄**　呈黄色粉末。体轻，放水中则漂浮水面。手捻有滑腻感，易附着手指上。气微，味淡。

图 11-17　蒲黄

2. **蒲黄炭**　形如蒲黄，表面棕褐色或黑褐色。具焦香气，味微苦、涩。

图 11-18　蒲黄炭

【质量要求】

1. **蒲黄**　杂质不得过 10.0%，水分不得过 13.0%，总灰分不得过 10.0%，酸不溶性灰分不得过 4.0%，醇溶性浸出物不得少于 15.0%，含异鼠李素 $-3-O-$ 新橙皮苷和香蒲新苷的总量不得少于 0.50%。

2. **蒲黄炭**　醇溶性浸出物不得少于 11.0%。

【炮制作用】蒲黄味甘，性平。归肝、心包经。具有止血，化瘀，通淋的功效。生蒲黄性滑，以活血化瘀、利尿通淋见长，同时具有行血、止血的双重作用，有止血不留瘀的特点。蒲黄炭味甘、微涩，性平偏温，有涩血止血之效。

【临床应用】

1. **生蒲黄**　用于瘀血阻滞的心腹疼痛，痛经，产后瘀痛，跌打损伤，血淋涩痛。如治心腹疼痛、产后恶露不行或月经不调、少腹急痛的失笑散（《太平惠民和剂局方》）。

2. **蒲黄炭**　用于咯血、吐血、衄血、尿血、便血、崩漏及外伤出血。如治崩中漏下的蒲黄丸（《圣济总录》）。

知识拓展 11-11　蒲黄生熟异治、药辅合一

【炮制研究】

1. **化学成分研究**　炒蒲黄和蒲黄炭的总黄酮部位可明显缩短小鼠凝血时间，初步认为总黄酮为炒蒲黄、蒲黄炭止血作用的主要活性部位。蒲黄及各炮制品中总黄酮含量由高到低依次为生蒲黄、酒炒蒲黄、醋炒蒲黄、140℃烘蒲黄、炒蒲黄、180℃烘蒲黄、焦蒲黄、220℃烘蒲黄、蒲黄炭，除酒炒蒲黄外，各炮制品中总黄酮含量与生蒲黄相比有极显著性差异。

2. **药理作用研究**　蒲黄炒黄或炒炭后鞣质含量明显降低，但止血作用未见明显减弱。蒲黄生品、炒黄品、炒炭品均有较好的止血作用。

蒲黄炭对实验动物凝血系统有显著影响，可以通过影响凝血系统的多个环节发挥其止血作用。蒲黄生品及蒲黄炭均能改善血瘀大鼠异常的血液流变学指标，缩短凝血时间，降低纤维蛋白原（FIB）含量，表现出一定的化瘀止血功效；蒲黄炭还可改善舌象血瘀体征。蒲黄炭的凝血途径多于生品，生品在降低 FIB 方面强于炭品。

【贮藏养护】贮干燥容器内，密闭，置通风干燥处，防潮，防蛀。

干　姜

【**导言**】干姜是生姜的干品，干姜的不同炮制品在配伍用药中体现了张仲景生熟异治的理论思想。根据生姜、干姜、炮姜、姜炭炮制后的功效特点，在方剂配伍用药中辨证施治，合理选用炮制品。

【**处方用名**】干姜、炮姜、姜炭。

【**来源**】为姜科植物姜 *Zingiber officinale* Rosc. 的干燥根茎。

【**采收加工**】冬季采挖，除去须根和泥沙，晒干或低温干燥。趁鲜切片晒干或低温干燥者称为"干姜片"。

【**历史沿革**】汉代有火炮法，宋代有烧存性、甘草水制、炒令黑、盐炒、煅存性、燀制、巴豆制、黄泥裹煨、土炒等法，明代有硇砂炒、童便炒黑、炒黄、炒焦、水浸火煨、慢火煨至极黑等法，清代有姜炭、炮姜炭、酒蒸炮姜等方法。现行有砂烫、炒炭、煅炭等炮制方法。《中国药典》收载干姜、姜炭和炮姜。

【**炮制方法**】

1. **干姜**　取原药材，除去杂质，略泡，洗净，润透，切厚片或块，干燥。

2. **姜炭**　取干姜，置预热的炒制容器内，用武火加热，炒至表面黑色、内部棕褐色，喷淋少许清水，熄灭火星，取出，晾干。

3. **炮姜**　先将河砂置预热的炒制容器内，用武火炒热，投入干姜，不断翻动，炒至鼓起，表面棕褐色，取出，筛去砂，晾凉。

【**成品性状**】

1. **干姜**　呈不规则片块状，厚 0.2～0.4 cm。外皮灰黄色或浅黄棕色，粗糙，具纵皱纹及明显的环节。切面灰黄色或灰白色，略显粉性，可见较多的纵向纤维，有的呈毛状。质坚实，断面纤维性。气香、特异，味辛辣。

图 11-19　干姜

2. **姜炭**　形如干姜片块，表面焦黑色，内部棕褐色，体轻，质松脆。味微苦，微辣。

3. **炮姜**　呈不规则膨胀的块状，具指状分枝。表面棕黑色或棕褐色。质轻泡，断面边缘处显棕黑色，中心棕黄色，细颗粒性，维管束散在。气香、特异，味微辛、辣。

图 11-20　炮姜

【**质量要求**】

1. **干姜**　水分不得过 19.0%，总灰分不得过 6.0%，水溶性浸出物不得少于 22.0%，含挥发油不得少于 0.8%（mL/g）、含 6- 姜辣素不得少于 0.60%。

2. **姜炭**　水溶性浸出物不得少于 26.0%，含 6- 姜辣素不得少于 0.050%。

3. **炮姜**　水分不得过 12.0%，总灰分不得过 7.0%，水溶性浸出物不得少于 26.0%，含 6- 姜辣素不得少于 0.30%。

【**炮制作用**】干姜性味辛，热。归脾、胃、肾、心、肺经。具有温中散寒，回阳通脉，燥湿消痰的功效。干姜性热偏燥，能守能走，故对中焦寒邪偏盛而兼湿者以及寒饮伏肺的喘咳尤为适宜。又因本品力速而作用较强，故用于回阳救逆。姜炭性味苦、涩，温。归脾、肝经。炒炭后辛味消失，守而不走，长于止血温经。其温经作用弱于炮姜，固涩止血作用强于炮姜。炮姜温经止血，温中止痛，其辛燥之性较干姜弱，温里之力不如干姜迅猛，但作用缓和持久，且长于温中止痛、止泻和温经止血。

【临床应用】

1. **干姜** 常用于脘腹冷痛，呕吐，泄泻，肢冷脉微，痰饮喘咳。如治中焦虚寒，脾胃阳虚，呕吐泄泻，四肢不温的理中丸（《伤寒论》）。

2. **姜炭** 用于各种虚寒性出血，且出血较急，出血量较多者。如治经血不止的如圣散（《圣济总录》）。

3. **炮姜** 用于阳虚失血，吐衄崩漏，脾胃虚寒，腹痛吐泻。可用于产后腹痛，如治产后恶露不尽，瘀血内阻，小腹疼痛的生化汤（《景岳全书》）。

知识拓展 11-12　理中汤辨证施治用干姜

【炮制研究】

1. **化学成分研究** 从生姜、干姜、炮姜、姜炭中提取精油并测定其含量：生姜 0.50%、干姜 0.89%、炮姜 0.83%、姜炭 0.38%。对姜不同炮制品的醚提取液进行气相 - 质谱分析，结果表明生姜、干姜、炮姜、姜炭中各检出 25 种、22 种、23 种、23 种组分，各组分含量均发生了变化，有些成分还产生了质变。对挥发油和醚提取物的研究表明，生姜与干姜的挥发油和醚提取物层析图谱大致相同，炮姜与姜炭亦无明显的差别，但前二者与后二者相比，有较大变化。干姜经加热炮制后，部分斑点消失，同时出现了一些新斑点，相同 R_f 值之间相对含量也有明显差异。

干姜、姜皮、炮姜中的姜酚含量依次降低，姜酮含量以炮姜最高，姜皮最低。

2. **药理作用研究** 生姜、干姜水煎液及醚提取物无缩短小鼠凝血时间作用，炮姜、姜炭水煎液及醚提取物及混悬液均呈现较好的止血作用。此外，炮姜除吲哚美辛模型外，对应激性胃溃疡、醋酸诱发胃溃疡、幽门结扎型胃溃疡均呈明显的抑制倾向，干姜无此作用。

【贮藏养护】贮干燥容器内，密闭，置通风干燥处，防蛀。

大　蓟

【来源】为菊科植物蓟 *Cirsium japonicum* Fisch. ex DC. 的干燥地上部分。

【炮制方法】

1. **大蓟** 除去杂质，抢水洗或润软后，切段，干燥。

2. **大蓟炭** 取大蓟，置预热的炒制容器内，用武火加热，炒至表面焦黑色，喷淋少许清水，熄灭火星，取出，晾干。

【成品性状】

1. **大蓟** 呈不规则的段。茎短圆柱形，表面绿褐色，有数条纵棱，被丝状毛；切面灰白色，髓部疏松或中空。叶皱缩，多破碎，边缘具不等长的针刺；两面均具灰白色丝状毛。头状花序多破碎。气微，味淡。

2. **大蓟炭** 形如大蓟，表面黑褐色，质地疏脆，断面棕黑色，气焦香。

【炮制作用】大蓟味甘、苦，性凉。归肝、心经。具有凉血止血，祛瘀消肿的功效。生大蓟以凉血消肿力胜，常用于热淋、痈肿疮毒及热邪偏盛的出血证。大蓟炭凉性减弱，味苦、涩，收敛止血作用增强，用于吐血、呕血、咯血、嗽血等出血较急剧者。

【贮藏养护】贮干燥容器内，大蓟炭密闭，置通风干燥处。

小　蓟

【来源】为菊科植物刺儿菜 *Cirsium setosum*（Willd.）MB. 的干燥地上部分。

【炮制方法】

1. **小蓟**　取原药材，除去杂质，洗净，稍润，切段，干燥。

2. **小蓟炭**　取小蓟，置预热的炒制容器内，用武火加热，炒至表面黑褐色，喷淋少许清水，熄灭火星，取出，晾干。

【成品性状】

1. **小蓟**　呈不规则的段。茎呈圆柱形，表面灰绿色或带紫色，具纵棱和白色柔毛。切面中空。叶多皱缩或破碎，叶齿尖具针刺，两面均具白色柔毛。头状花序，总苞钟状，花紫红色。气微，味苦。

2. **小蓟炭**　形如小蓟段，表面黑褐色，内部焦褐色。

【炮制作用】小蓟味甘、苦，性凉。归心、肝经。具有凉血止血，祛瘀消肿的功效。小蓟生品性凉，长于凉血止血、解毒消痈，多用于血热出血、痈肿疮毒、热淋等。小蓟炭凉性减弱，收敛止血作用增强，常与大蓟配伍使用。

【贮藏养护】贮干燥容器内，小蓟炭密闭，置通风干燥处。

白　茅　根

【来源】为禾本科植物白茅 *Imperata cylindrica* Beauv. var. *major*（Nees）C. E. Hubb. 的干燥根茎。

【炮制方法】

1. **白茅根**　取原药材，洗净，微润，切段，干燥，除去碎屑。

2. **茅根炭**　取白茅根，置预热的炒制容器内，用中火加热，炒至表面焦褐色，喷淋少许清水，熄灭火星，取出，晾干。

【成品性状】

1. **白茅根**　呈圆柱形的段。外表皮黄白色或淡黄色，微有光泽，具纵皱纹，有的可见稍隆起的节。切面皮部白色，多有裂隙，放射状排列，中柱淡黄色或中空，易与皮部剥离。气微，味微甜。

2. **茅根炭**　形如白茅根，表面黑褐色至黑色，具纵皱纹，有的可见淡棕色稍隆起的节。略具焦香气，味苦。

【炮制作用】白茅根性味甘，寒。归肺、胃、膀胱经。具有凉血止血，清热利尿的功效。白茅根生品长于凉血、清热利尿，常用于血热妄行的多种出血证，热淋，小便不利，水肿，湿热黄疸，热盛烦渴，胃热呕哕及肺热咳嗽。茅根炭味涩，寒性减弱，清热凉血作用轻微，止血作用增强，专用于出血证，并偏于收敛止血。

【贮藏养护】贮干燥容器内，茅根炭密闭，置通风干燥处。

地　榆

【来源】为蔷薇科植物地榆 *Sanguisorba officinalis* L. 或长叶地榆 *Sanguisorba officinalis* L. var. *longifolia*（Bert.）Yüet Li 的干燥根。后者习称"绵地榆"。

【炮制方法】

1. **地榆** 取原药材，除去杂质；未切片者，洗净，除去残茎，润透，切厚片，干燥。

2. **地榆炭** 取地榆，置预热的炒制容器内，用武火加热，炒至表面焦黑色、内部棕褐色，喷淋少许清水，熄灭火星，取出，晾干。

【成品性状】

1. **地榆** 呈不规则的类圆形片或斜切片。外表皮灰褐色至深褐色。切面较平坦，粉红色、淡黄色或黄棕色，木部略呈放射状排列；或皮部有多数黄棕色绵状纤维。气微，味微苦涩。

2. **地榆炭** 形如地榆片，表面焦黑色，内部棕褐色。具焦香气，味微苦涩。

【炮制作用】地榆性味苦、酸、涩，微寒。归肝、大肠经。具有凉血止血，解毒敛疮的功效。地榆生品以凉血解毒为主，用于血痢经久不愈，烫伤，皮肤溃烂，湿疹等。地榆炭长于收敛止血，用于便血、崩漏下血等各种出血证。

【贮藏养护】置通风干燥处，防蛀。

槐　角

【来源】为豆科植物槐 *Sophora japonica* L. 的干燥成熟果实。

【炮制方法】

1. **槐角** 取原药材，除去杂质。

2. **槐角炭** 取槐角，用武火炒至表面焦黑色，内部老黄色时取出，放凉。

3. **蜜槐角** 取槐角，用中火炒至鼓起时，喷洒蜜水，再炒至外表光亮，疏松不粘手，取出，放凉。

每 100 kg 槐角，用炼蜜 5 kg。

【成品性状】

1. **槐角** 呈连珠状，长 1～6 cm，直径 0.6～1 cm。表面黄绿色或黄褐色，皱缩而粗糙，背缝线一侧呈黄色。质柔润，干燥皱缩，易在收缩处折断，断面黄绿色，有黏性。种子 1～6 粒，肾形，长约 8 mm，表面光滑，棕黑色，一侧有灰白色圆形种脐；质坚硬，子叶 2，黄绿色。果肉气微，味苦，种子嚼之有豆腥气。

2. **槐角炭** 炒炭后呈焦黑色。

3. **蜜槐角** 形如槐角，表面稍隆起呈黄棕色至黑褐色，有光泽，略有黏性。具蜜香气，味微甜、苦。

【炮制作用】槐角性味苦，寒。归肝、大肠经。具有凉血止血的功效。槐角生用清热凉血力较强，用于血热妄行出血证，肝火目赤，肝热头痛、眩晕，阴疮湿痒，亦用于肠热便血和痔肿出血。蜜槐角苦寒之性减弱，并有润肠作用，用于便血、痔血，尤其适用于脾胃不健或兼有便秘的患者。槐角炭寒性大减，并具收涩之性，长于收敛止血，用于便血、痔血、崩漏等出血证。

【贮藏养护】置阴凉干燥处。槐角炭贮于缸、坛内。蜜槐角置适宜容器内，防尘。

侧　柏　叶

【来源】为柏科植物侧柏 *Platycladus orientalis*（L.）Franco 的干燥枝梢和叶。

【炮制方法】

1. **侧柏叶** 取原药材，除去硬梗及杂质。

2. **侧柏炭** 取侧柏叶，置预热的炒制容器内，用中火加热，炒至表面黑褐色，内部焦黄色，喷淋少许清水，熄灭火星，取出，晾干。

【成品性状】

1. **侧柏叶** 多分枝，小枝扁平。叶细小鳞片状，交互对生，贴伏于枝上，深绿色或黄绿色。质脆，易折断。气清香，味苦涩、微辛。

2. **侧柏炭** 形如侧柏叶，表面黑褐色。质脆，易折断，断面焦黄色。气香，味微苦涩。

【炮制作用】侧柏叶味苦、涩，性寒。归肺、肝、脾经。具有凉血止血，生发乌发的功效。生侧柏叶以清热凉血、止咳祛痰力胜，用于血热妄行的各种出血，咳嗽气喘，湿热带下及脱发。侧柏炭寒凉之性趋于平和，偏于收敛止血，用于各种出血。

【贮藏养护】置通风干燥处。侧柏炭贮于缸内、坛内。

藕　节

【来源】为睡莲科植物莲 *Nelumbo nucifera* Gaertn. 的干燥根茎节部。

【炮制方法】

1. **藕节** 取原药材，除去杂质，洗净，干燥。

2. **藕节炭** 取藕节，置预热的炒制容器内，用武火加热，炒至表面黑褐色或焦黑色，内部黄褐色或棕褐色，喷淋少许清水，熄灭火星，取出，晾干。

【成品性状】

1. **藕节** 呈短圆柱形，中部稍膨大，长 2～4 cm，直径约 2 cm。表面灰黄色至灰棕色，有残存的须根和须根痕，偶见暗红棕色的鳞叶残基。两端有残留的藕，表面皱缩有纵纹，质硬，断面有多数类圆形的孔。气微，味微甘、涩。

2. **藕节炭** 形如藕节，表面黑褐色或焦黑色，内部黄褐色或棕褐色。断面可见多数类圆形的孔。气微，味微甘、涩。

【炮制作用】藕节性味甘、涩，平。归肝、肺、胃经。具有止血，消瘀的功效。藕节生品性平偏凉，长于凉血止血化瘀，具有止血而不留瘀的特点，用于吐血、咯血等出血证，尤适用于猝暴出血。藕节炭涩性增强，收涩止血，多用于虚寒的慢性出血，反复不止。

【贮藏养护】装箱内加盖。防潮，防蛀。

茜　草

【来源】为茜草科植物茜草 *Rubia cordifolia* L. 的干燥根和根茎。

【炮制方法】

1. **茜草** 取原药材，除去杂质，洗净，润透，切厚片或段，干燥。

2. **茜草炭** 取茜草，置预热的炒制容器内，用武火加热，炒至表面焦黑色，内部棕褐色，喷淋少许清水，熄灭火星，取出，晾干。

【成品性状】

1. **茜草** 呈不规则的厚片或段。根呈圆柱形，外表皮红棕色或暗棕色，具细纵纹；皮部脱落处呈黄红色。切面皮部狭，紫红色，木部宽广，浅黄红色，导管孔多数。气微，味微苦，久嚼刺舌。

2. **茜草炭** 形如茜草片或段，表面黑褐色，内部棕褐色。气微，味苦、涩。

【炮制作用】茜草性味苦，寒。归肝经。具有凉血，止血，祛瘀，通经的功效。茜草生品偏于活血化瘀、凉血止血，用于气滞血瘀，月经闭塞，产后恶露不尽，跌扑损伤，红肿瘀痛，风湿痹痛及血热所致的各种出血证。茜草炭寒性减弱，性变收涩，止血作用增强，用于各种出血证。

【贮藏养护】置通风干燥处，茜草炭贮于缸内、坛内。

乌　　梅

【来源】为蔷薇科植物梅 *Prunus mume*（Sieb.）Sieb. et Zucc. 的干燥近成熟果实。

【炮制方法】

1. **乌梅**　取原药材，除去杂质，洗净，干燥。
2. **乌梅肉**　取乌梅，水润使软或蒸软，去核。
3. **乌梅炭**　取乌梅，置预热的炒制容器内，用武火加热，炒至皮肉鼓起，表面呈焦黑色，取出，晾凉。
4. **醋乌梅**　取乌梅或乌梅肉，用醋拌匀，闷润至醋被吸尽，置适宜容器内，隔水加热 2~4 h，取出，干燥。

每 100 kg 乌梅或乌梅肉，用醋 10 kg。

【成品性状】

1. **乌梅**　呈类球形或扁球形，直径 1~3 cm。表面乌黑色或棕黑色，皱缩不平，基部有圆形果痕。果核坚硬，椭圆形，棕黄色，表面有凹点；种子扁卵形，淡黄色。气微，味极酸。
2. **乌梅肉**　去核果肉，呈乌黑色或棕黑色，气特异，味极酸。
3. **乌梅炭**　形如乌梅，皮肉鼓起，表面焦黑色，味酸略有苦味。
4. **醋乌梅**　形如乌梅或乌梅肉，质较柔润，略有醋气。

【炮制作用】乌梅性味酸、涩，平。归肝、脾、肺、大肠经。具有敛肺，涩肠，生津，安蛔的功效。乌梅生品长于生津止渴，敛肺止咳，安蛔，多用于虚热消渴，肺虚久咳，蛔厥腹痛。乌梅肉的功效和适用范围与乌梅同，因去核制肉，故作用更强。乌梅炭长于涩肠止泻，止血，用于久泻、久痢及便血、崩漏下血等。醋乌梅的功用与生乌梅相似，但收敛固涩作用更强，尤其适用于肺气耗散之久咳不止和蛔厥腹痛。

【贮藏养护】贮干燥容器内，密闭，置通风干燥处，防潮。

牡 丹 皮

【来源】为毛茛科植物牡丹 *Paeonia suffruticosa* Andr. 的干燥根皮。

【炮制方法】

1. **牡丹皮**　取原药材，除去杂质，迅速洗净，润后切薄片，晒干。
2. **牡丹皮炭**　取牡丹皮，置预热的炒制容器内，用中火加热，炒至表面黑褐色，内部黄褐色，喷淋少许清水，熄灭火星，取出，晾干。

【成品性状】

1. **牡丹皮**　为圆形或卷曲形的薄片。①连丹皮呈筒状或半筒状，有纵剖开的裂缝略向内卷曲或张开，长 5~20 cm，直径 0.5~1.2 cm，厚 0.1~0.4 cm。外表面灰褐色或黄褐色，有多数横长皮孔样突起和细根痕，栓皮脱落处粉红色；内表面淡灰黄色或浅棕色，有明显的细纵纹，常见发亮的结晶。质硬而脆，易折断，断面较平坦，淡粉红色，粉性。气芳香味微苦而涩。②刮丹皮外表面有刮刀削痕，外表面红棕色或淡灰黄色，有时可见灰褐色斑点状残存外皮。

2. **牡丹皮炭** 呈黑褐色，气香，味微苦而涩。

【炮制作用】牡丹皮性味苦、辛，微寒。归心、肝、肾经。具有清热凉血，活血化瘀的功效。牡丹皮生品长于清热凉血、活血散瘀，用于瘟毒发斑或发疹，阴虚发热，无汗骨蒸，肠痈，痈肿疮毒，肝火头痛，经闭，痛经，跌扑损伤。牡丹皮炭清热凉血作用较弱，具有凉血止血作用，常用于血热出血。

【贮藏养护】贮干燥容器内，丹皮炭密闭，置阴凉干燥处。

卷　　柏

【来源】为卷柏科植物卷柏 *Selaginella tamariscina*（Beauv.）Spring 或垫状卷柏 *Selaginella pulvinata*（Hook.et Grev.）Maxim. 的干燥全草。

【炮制方法】

1. **卷柏** 取原药材，除去残留须根及杂质，洗净，切段，干燥。

2. **卷柏炭** 取卷柏，置预热的炒制容器内，用中火加热，炒至表面显焦黑色，喷淋少许清水，熄灭火星，取出，晾干。

【成品性状】

1. **卷柏** 呈卷缩的段状，枝扁而有分枝，绿色或棕黄色，向内卷曲，枝上密生鳞片状小叶。叶先端具长芒。中叶（腹叶）两行，卵状矩圆形或卵状披针形，斜向或直向上排列，叶缘膜质，有不整齐的细锯齿或全缘；背叶（侧叶）背面的膜质边缘常呈棕黑色。气微，味淡。

2. **卷柏炭** 形如卷柏，呈卷缩段状。表面焦黑色，微具光泽。质脆，具焦香气，味微苦。

【炮制作用】卷柏性味辛，平。归肝、心经。具有活血通经的功效。卷柏生用活血通经，用于经闭痛经，癥瘕痞块，跌扑损伤。卷柏炭化瘀止血，但以止血见长，用于吐血、崩漏、便血等。

【贮藏养护】置干燥处。

绵 马 贯 众

【来源】为鳞毛蕨科植物粗茎鳞毛蕨 *Dryopteris crassirhizoma* Nakai 的干燥根茎和叶柄残基。

【炮制方法】

1. **绵马贯众** 取原药材，除去杂质，喷淋清水，洗净，润透，切薄片，干燥。

2. **绵马贯众炭** 取绵马贯众，置预热的炒制容器内，用武火加热，炒至表面焦黑色，内部焦褐色，喷淋少许清水，熄灭火星，取出，晾干。

【成品性状】

1. **绵马贯众** 呈不规则的厚片或碎块，根茎外表皮黄棕色至黑褐色，多被有叶柄残基，有的可见棕色鳞片，切面淡棕色至红棕色，有黄白色维管束小点，环状排列。气特异，味初淡而微涩，后渐苦、辛。

2. **绵马贯众炭** 呈不规则的厚片或碎片。表面焦黑色，内部焦褐色。味涩。

【炮制作用】绵马贯众性味苦，微寒；有小毒。归肝、胃经。具有清热解毒，止血，杀虫的功效。绵马贯众生品长于清热解毒，杀虫，用于虫积腹痛，时疫感冒，风热头痛，瘟毒发斑，疮疡肿毒。炒炭后寒性减弱，涩味增强，突出收涩止血的功效，用于衄血、吐血、便血、崩漏下血。

【贮藏养护】置通风干燥处。

荆 芥

【来源】为唇形科植物荆芥 *Schizonepeta tenuifolia* Briq. 的干燥地上部分。

【炮制方法】

1. **荆芥** 取原药材，除去杂质，喷淋清水，洗净，润透，切段，干燥。

2. **荆芥炭** 取荆芥，置预热的炒制容器内，用中火加热，炒至表面焦黑色，内部焦黄色，喷淋少许清水，熄灭火星，取出，晾干。

【成品性状】

1. **荆芥** 呈不规划的段，茎呈方柱形，表面淡黄绿色或淡紫红色，被短柔毛。切面类白色。叶多已脱落。穗状轮伞花序。气芳香，味微涩而辛凉。

2. **荆芥炭** 呈不规则段，长 5 mm。全体黑褐色。茎方柱形，体轻，质脆，断面焦褐色。叶对生，多已脱落。花冠多脱落，宿萼钟状。略具焦香气，味苦而辛。

【炮制作用】荆芥性味辛，微温。归肺、肝经。具有解表散风，透疹的功效。长于疏散风热，用于感冒，头痛，麻疹，风疹，咽喉不利，疮疡初起等。如治风寒感冒或疮疡初起的荆防败毒散（《摄生众妙方》）。

荆芥炭辛、涩，微温，辛散作用极弱，具有收敛止血的功效，用于便血，崩漏，产后血晕。如治经漏不止的荆芥四物汤（《医略六书》）。

【贮藏养护】置阴凉干燥处。

荆 芥 穗

【来源】为唇形科植物荆芥 *Schizonepeta tenuisfolia* Briq. 的干燥花穗。

【炮制方法】

1. **荆芥穗** 取原药材，除去杂质及残梗。

2. **荆芥穗炭** 取荆芥穗，置预热的炒制容器内，用中火加热，炒至表面黑褐色，内部焦黄色，喷淋少许清水，熄灭火星，取出，晾干。

【成品性状】

1. **荆芥穗** 为穗状轮伞花序呈圆柱形，长 2~15 cm，直径约 7 mm。花冠多脱落，宿萼黄绿色或淡棕色，钟形，萼齿 5，质脆易碎，内有棕黑色小坚果。气芳香，味微涩而辛凉。

2. **荆芥穗炭** 为不规则的段，长约 15 mm。表面黑褐色。花冠多脱落，宿萼钟状，先端 5 齿裂，黑褐色。小坚果棕黑色。具焦香气，味苦而辛。

【炮制作用】荆芥穗功效同荆芥，发汗力较强，偏于散头部之风邪，如用于风热上攻，头目眩晕，偏正头痛，鼻塞的清眩丸（《中药制剂手册》）。

荆芥穗炭功用同荆芥炭，但治产后血晕较荆芥炭为佳。

【贮藏养护】贮干燥容器内，密闭，置通风干燥处。

鸡 冠 花

【来源】为苋科植物鸡冠花 *Celosia cristata* L. 的干燥花序。

【炮制方法】

1. **鸡冠花** 取原药材，除去杂质和残茎，切段。

2. **鸡冠花炭** 取鸡冠花，置预热的炒制容器内，用中火加热，炒至表面焦黑色，喷淋少许清水，熄灭火星，取出，晾干。

【成品性状】

1. **鸡冠花** 呈不规则的块段。扁平，有的呈鸡冠状。表面红色、紫红色或黄白色。可见黑色扁圆肾形的种子。气微，味淡。

2. **鸡冠花炭** 形如鸡冠花。表面黑褐色，内部焦褐色。可见黑色种子。具焦香气，味苦。

【炮制作用】鸡冠花性味甘、涩，凉。归肝、大肠经。具有收敛止血，止带，止痢的功效。鸡冠花生品性凉，收涩之中兼有清热作用，多用于湿热带下、湿热痢疾、湿热便血和痔血等证。鸡冠花炭凉性减弱，收涩作用增强，用于吐血、便血、崩漏反复不愈及带下，久痢不止。

【贮藏养护】贮干燥容器内。鸡冠花炭密闭，置通风干燥处。

石 榴 皮

【来源】为石榴科植物石榴 *Punica granatum* L. 的干燥果皮。

【炮制方法】

1. **石榴皮** 取原药材，除去杂质，洗净，切块，干燥。

2. **石榴皮炭** 取石榴皮，置预热的炒制容器内，用武火加热，炒至表面黑黄色，内部棕褐色，喷淋少许清水，熄灭火星，取出，晾干。

【成品性状】

1. **石榴皮** 呈不规则的长条状或不规则的块状。外表面红棕色、棕黄色或暗棕色，略有光泽，有多数疣状突起，有时可见筒状宿萼及果梗痕。内表面黄色或红棕色，有种子脱落后的小凹坑及隔瓤残迹。切面黄色或鲜黄色，略显颗粒状。气微，味苦涩。

2. **石榴皮炭** 形如石榴皮丝或块，表面黑黄色，内部棕褐色。

【炮制作用】石榴皮性味酸、涩，温。归大肠经。具有涩肠止泻，止血，驱虫的功效。石榴皮生品长于驱虫，涩精，止带，多用于虫积腹痛，滑精，白带，脱肛，疥癣。石榴皮炭收涩力增强，多用于久泻、久痢、崩漏。

【贮藏养护】贮干燥容器内。石榴皮炭密闭，置通风干燥处。防潮。

第二节 加辅料炒法

将净制或切制后的药物与固体辅料共同加热，并翻炒至一定程度的方法，称为加辅料炒法。

常用的加辅料炒法根据所加辅料的不同又分为麸炒、米炒、土炒、砂炒、蛤粉炒、滑石粉炒等。

加辅料炒制的目的主要是降低毒性，缓和药性，增强疗效和矫臭矫味等。加辅料炒法的辅料多为固体，加热炒制时具有中间传热介质的作用，使炒制的药物受热均匀，炒制后色泽均一，外观质量较好。

一、麸炒

将净制或切制过的药物，与均匀撒布在预热的炒制容器中已起烟的麦麸共同加热翻炒至一定程度的方法，称为麸炒。

麸炒法多直接使用干燥的净麦麸，此种麸炒称为清麸炒。麦麸经蜂蜜或红糖制过者称为蜜麸或糖麸，用其炒制药物则分别称为蜜麸炒或糖麸炒。

麦麸，味甘性平，具有和中补脾功效。"麦麸皮制抑酷性勿伤上膈"，麸炒法常用于炮制补脾胃或药性燥烈及有腥味的药物。

（一）目的

1. 增强疗效，如山药、白术等。
2. 缓和药性，如枳实、苍术等。
3. 矫臭矫味，如僵蚕、椿皮等。
4. 增味赋色，如山药、僵蚕等。

（二）操作方法

先用中火或武火将炒制容器加热至撒入麦麸即刻烟起时，均匀撒入定量麦麸，随之投入净制或切制后的药物，迅速均匀翻动，炒至饮片表面呈亮黄色或深黄色，麦麸呈黑色时，立即取出，筛去麦麸，晾凉。

每 100 kg 药物，用麦麸 10～15 kg。

（三）注意事项

1. 辅料用量适当。麦麸量少则烟气不足，达不到熏黄赋色效果；麦麸量多，炒制时饮片受热时间延长，也会影响炒制质量且造成浪费。
2. 炒制火力适当。麸炒一般用中火或武火，并要求火力均匀。炒制容器需事先预热；可取少量麦麸投入预试，以"麸下烟起"为度。如火力太小或炒制容器未能达到预热的温度，则达不到熏炒要求，成品色泽不够鲜亮。如火力过大则易使饮片焦糊。
3. 注意操作方法。麦麸撒布要均匀，翻炒要快速，达到炒制要求时即迅速出锅，以免造成炮制品发黑。
4. 及时筛去麦麸。药物出锅后要求及时筛去麦麸，以免麦麸过多黏附在炮制品的表面。

苍　术

【导言】苍术辛烈，性温而燥。其挥发油既为有效成分，又是燥性的物质基础，不仅对胃有刺激性，且大剂量服用会抑制中枢神经，导致呼吸麻醉。《本草纲目》提到苍术性燥，故以糯米泔浸，去其油。研究发现，米泔制后挥发油减少，可缓和苍术燥性，从而证明了古代炮制方法与现代研究结果的一致性及其合理性。

【处方用名】苍术、茅苍术、炒苍术、焦苍术、米泔水制苍术。

【来源】为菊科植物茅苍术 *Atractylodes lancea*（Thunb.）DC. 或北苍术 *Atractylodes chinensis*（DC.）Koidz. 的干燥根茎。

第十一章 炒法

【采收加工】春、秋二季采挖，除去泥沙，晒干，撞去须根。

【历史沿革】唐代有米汁浸炒、醋煮的方法，宋代有炒黄、米泔浸后麸炒、米泔浸后醋炒、皂角煮后盐水炒、米泔水浸后葱白罨再炒黄、米泔浸后盐炒、土炒等炮制方法，金、元时代增加了用多种辅料制法，明代有了制炭、蒸法、茱萸制、土米泔并制、姜汁炒、桑椹取汁制、米泔浸后牡蛎粉炒、米泔浸后黑豆蜜酒人乳并制、米泔浸后再用土、水浸，并与芝麻粳米糠拌炒等方法，清代增加了九蒸九晒法、炒焦法、土炒炭法和烘制等方法。现行有炒焦、麸炒等炮制方法。《中国药典》收载苍术、麸炒苍术。

【炮制方法】

1. **苍术** 取原药材，除去杂质，用水浸泡，洗净，润透，切厚片，干燥。

2. **麸炒苍术** 先将炒制容器用中火加热至撒入麦麸即刻烟起，均匀撒入麦麸，投入苍术，炒至苍术表面深黄色时，取出，筛去麦麸，晾凉。

每 100 kg 苍术，用麦麸 10 kg。

3. **焦苍术** 取苍术置炒制容器内，用中火加热，炒至焦褐色时，喷淋少许清水，再用文火炒干，取出，晾凉。

4. **米泔水制苍术** 取苍术用米泔水喷洒湿润，置炒制容器内用文火炒至微黄色，取出，晾凉。

【成品性状】

1. **苍术** 茅苍术呈不规则类圆形或条形厚片。外表皮灰棕色至黄棕色，有皱纹，有时可见根痕。切面较平坦，黄白色或淡红棕色至红棕色，散有多数橙黄色或棕红色油室，有的可析出白色细针状结晶。气香特异，味微甘、辛、苦。北苍术切面黄白色至灰白色，散有黄棕色油室。香气较淡，味辛、苦。

图 11-21　苍术

2. **麸炒苍术** 表面深黄色，散有多数棕褐色油室。有焦香气。

图 11-22　麸炒苍术

3. **焦苍术** 表面焦褐色，有焦香气。

4. **米泔水制苍术** 表面黄色或土黄色。

【质量要求】

1. **苍术** 水分不得过 11.0%，总灰分不得过 5.0%，含苍术素不得少于 0.30%。

2. **麸炒苍术** 水分不得过 10.0%，总灰分同苍术，含苍术素不得少于 0.20%。

【炮制作用】苍术性味辛、苦，温。归脾、胃、肝经。具有燥湿健脾，祛风散寒，明目的功效。生苍术温燥而辛烈，燥湿，祛风，散寒力强。苍术麸炒与米泔水浸炒后辛味减弱，燥性缓和，气变芳香，增强了健脾和胃的作用。焦苍术辛燥之性大减，以固肠止泻为主。

【临床应用】

1. **生苍术** 用于风湿痹痛，肌肤麻木不仁，脚膝疼痛，风寒感冒，肢体疼痛，湿温发热，肢节酸痛。如用于脾肾阳虚、水湿内停所致水肿的肾炎舒片（《中国药典》），治外感风寒、内伤湿滞或夏伤暑湿所致感冒的藿香正气水（《中国药典》）。

2. **麸炒苍术** 用于脾胃不和，痰饮停滞，脘腹痞满，青盲，雀目。如治湿浊阻滞气机、胸膈痞闷、脘腹胀痛的木香顺气丸（《中国药典》），治中暑受热、气津两伤的清暑益气丸（《中国药典》）。

3. **焦苍术** 用于脾虚泄泻，久痢，或妇女的淋带白浊。如治脾虚泄泻的椒术丸（《素问病机气宜保命集》）。

知识拓展 11-13　二妙丸的临床应用

【炮制研究】

1. **化学成分研究**　苍术经麸炒后总挥发油含量降低，尤其是β-桉叶醇、茅术醇含量降低，挥发油组分无明显改变。

2. **药理作用研究**　在胃黏膜的保护实验中，采用乙酸致胃溃疡的大鼠模型和给药方法，结果发现苍术生品和麸炒品各剂量组均可以不同程度减轻乙酸对胃黏膜的损伤，即减轻胃组织炎性细胞浸润、胃黏膜充血、水肿等。除抗炎作用外，生苍术还能上调胃组织中表皮生长因子和三叶因子-2的基因和蛋白表达，提高胃和血清的表皮生长因子、三叶因子-2、胃泌素、胃动素水平。苍术麸炒品的胃黏膜保护作用较生品更强。

在水液代谢实验中，大鼠湿阻中焦证为模型，发现苍术麸炒品正丁醇部位对大鼠小肠推进率、GAS水平有显著差异；苍术生品正丁醇部位高剂量组能增加模型大鼠尿量、降低尿液AQP2的量，较模型组有差异，说明麸炒苍术的正丁醇部位健脾和胃作用增强且燥性得以缓和。

【贮藏养护】置阴凉干燥处。

枳　壳

【来源】为芸香科植物酸橙 Citrus aurantium L. 及其栽培变种的干燥未成熟果实。

【炮制方法】

1. **枳壳**　取原药材，除去杂质，洗净，捞出润透，去瓤，切薄片，干燥，筛去碎落的瓤核。

2. **麸炒枳壳**　先将炒制容器用中火加热至撒入麦麸即刻烟起，均匀撒入麦麸，投入枳壳，炒至枳壳表面淡黄色时，取出，筛去麦麸，晾凉。

每 100 kg 枳壳，用麦麸 10 kg。

【成品性状】

1. **枳壳**　呈不规则弧状条形薄片。切面外果皮棕褐色至褐色，中果皮黄白色至黄棕色，近外缘有 1~2 列点状油室，内侧有的有少量紫褐色瓤囊。

2. **麸炒枳壳**　表面色较深，偶有焦斑。

【炮制作用】枳壳性味苦、辛、酸，微寒。归脾、胃经。具有理气宽中、行滞消胀的功效。枳壳生用辛燥，作用较强，偏于行气宽中除胀。麸炒枳壳可缓和其峻烈之性，偏于理气健胃消食。

【贮藏养护】贮干燥容器内，密闭，置阴凉干燥处。防蛀。

枳　实

【来源】为芸香科植物酸橙 Citrus aurantium L. 及其栽培变种或甜橙 Citrus sinensis Osbeck 的干燥幼果。

【炮制方法】

1. **枳实**　取原药材，除去杂质，洗净，润透，切薄片，干燥，筛去碎屑。

2. **麸炒枳实**　先将炒制容器用中火加热至撒入麦麸即刻烟起，均匀撒入麦麸，投入枳实，炒至枳实表面淡黄色时，取出，筛去麦麸，晾凉。

每 100 kg 枳实，用麦麸 10 kg。

【成品性状】

1. **枳实** 为不规则弧状条形或圆形薄片。切面外果皮黑绿色或棕褐色，中果皮部分黄白色至黄棕色，近外缘有 1~2 列点状油室，条片内侧或圆片中央具棕褐色瓤囊。气清香，味苦、微酸。

2. **麸炒枳实** 颜色较深，有的有焦斑。气焦香，味微苦，微酸。

【炮制作用】枳实性味苦、辛、酸，微寒。归脾、胃经。具有破气消积、化痰散痞的功效。枳实生用性较峻烈，以破气化痰为主，因破气作用强烈，有损伤正气之虑，适宜气壮邪实者。枳实经麦麸炒制后缓和峻烈之性，免伤正气，能更好地发挥散积消痞作用。

【贮藏养护】贮干燥容器内，密闭，置阴凉干燥处。防蛀。

椿 皮

【来源】为苦木科植物臭椿 *Ailanthus altissima*（Mill.）Swingle 的干燥根皮或干皮。

【炮制方法】

1. **椿皮** 除去杂质，洗净，润透，切丝或段，干燥。

2. **麸炒椿皮** 先将炒制容器用中火加热至撒入麦麸即刻烟起，均匀撒入麦麸，投入椿皮，炒至椿皮表面微黄色时，取出，筛去麦麸，晾凉。

每 100 kg 椿皮，用麦麸 10 kg。

【成品性状】

1. **椿皮** 呈不规则的丝条状或段状。外表面灰黄色或黄褐色，粗糙，有多数纵向皮孔样突起和不规则纵、横裂纹，除去粗皮者显黄白色。内表面淡黄色，较平坦，密布梭形小孔或小点。气微，味苦。

2. **麸炒椿皮** 表面黄色或褐色，微有香气。

【炮制作用】椿皮性味苦、涩，寒。归大肠、胃、肝经。具有清热燥湿，收涩止带，止泻，止血的功效。生椿皮性味苦寒，有难闻之气。可清热燥湿，收敛止带。麸炒椿皮可缓和苦寒之性，并能矫臭。

【贮藏养护】置通风干燥处。防蛀。

僵 蚕

【来源】为蚕蛾科昆虫家蚕 *Bombyx mori* Linnaeus 4~5 龄的幼虫感染（或人工接种）白僵菌 *Beauveria bassiana*（Bals.）Vuillant 而致死的干燥体。

【炮制方法】

1. **僵蚕** 取原药材，除去杂质及残丝，洗净，晒干。

2. **麸炒僵蚕** 先将炒制容器用中火加热至撒入麦麸即刻烟起，均匀撒入麦麸，投入僵蚕，炒至僵蚕表面黄色时，取出，筛去麦麸，晾凉。

每 100 kg 僵蚕，用麦麸 10 kg。

【成品性状】

1. **僵蚕** 略呈圆柱形，多弯曲皱缩，长 2~5 cm，直径 0.5~0.7 cm。表面灰黄色，被有白色粉霜状的气生菌丝和分生孢子。头部较圆，足 8 对，体节明显，尾部略呈二分歧状。质硬而脆，易折断，断面平坦，外层白色，中间有亮棕色或亮黑色的丝腺环 4 个。气微腥，味微咸。

2. **麸炒僵蚕** 表面黄棕色或黄白色，偶有焦黄斑。气微腥，有焦麸气，味微咸。

【炮制作用】僵蚕性味咸、辛，平。归肝、肺、胃经。具有息风止痉，祛风止痛，化痰散结的功效。僵蚕生用辛散之力较强，药力较猛。麸炒僵蚕长于化痰散结。

【贮藏养护】贮干燥容器内，置通风干燥处。防蛀。

芡　实

【来源】为睡莲科植物芡 *Euryale ferox* Salisb. 的干燥成熟种仁。

【炮制方法】

1. **芡实**　取原药材，除去硬壳及杂质。用时捣碎。

2. **麸炒芡实**　先将炒制容器用中火加热至撒入麦麸即刻烟起，均匀撒入定量麦麸，投入芡实，炒至芡实表面亮黄色时，取出，筛去麦麸，晾凉。

每 100 kg 芡实，用麦麸 10 kg。

3. **炒芡实**　取芡实，置预热的炒制容器内，用文火加热，炒至表面微黄色，取出，晾凉。用时捣碎。

【成品性状】

1. **芡实**　呈类球形，多为破粒，完整者直径 5～8 mm。表面有棕红色或红褐色内种皮，一端黄白色，约占全体 1/3，有凹点状的种脐痕，除去内种皮显白色。质较硬，断面白色，粉性。气微，味淡。

2. **麸炒芡实**　呈类球形，多为破粒，完整者直径 5～8 mm，表面有棕红色或褐色内种皮，一端黄色或微黄色，约占全体 1/3，有凹点状的种脐痕，破粒断面黄色或微黄色。质较硬。有焦香气。

3. **炒芡实**　表面淡黄色至黄色，偶有焦斑。

【炮制作用】芡实性味甘、涩，平。归脾、肾经。具有益肾固精，补脾止泻，除湿止带的功效。生芡实涩而不滞，补脾肾兼能祛湿。麸炒芡实和炒芡实性偏温，涩性增强，产生香气，芳香健脾、固涩止泻的作用增强。

【贮藏养护】贮干燥容器内，密闭，置通风干燥处。防蛀。

薏　苡　仁

【来源】为禾本科植物薏米 *Coix lacryma-jobi* L. var. *ma-yuen* (Roman.) Stapf 的干燥成熟种仁。

【炮制方法】

1. **薏苡仁**　除去杂质，筛去灰屑。

2. **麸炒薏苡仁**　先将炒制容器用中火加热至撒入麦麸即刻烟起，均匀撒入麦麸，投入薏苡仁，炒至薏苡仁表面淡黄色，略鼓起时，取出，筛去麦麸，晾凉。

每 100 kg 薏苡仁，用麦麸 10 kg。

3. **炒薏苡仁**　取薏苡仁，置预热的炒制容器内，炒至表面黄色，略鼓起，有突起时，取出，晾凉。

【成品性状】

1. **薏苡仁**　呈宽卵圆形或长椭圆形，长 4～8 mm，宽 3～6 mm。表面乳白色，光滑，偶有残存的黄褐色种皮，一端钝圆，另端较宽而微凹，有 1 淡棕色点状种脐；背面圆凸，腹面有 1 条较宽而深的纵沟。质坚实，断面白色，粉性。气微，味微甜。

2. **麸炒薏苡仁** 微鼓起，表面微黄色。

3. **炒薏苡仁** 表面黄色，微鼓起，有突起。

【炮制作用】薏苡仁性味甘、淡，凉。归脾、胃、肺经。具有利水渗湿，健脾止泻，除痹，排脓，解毒散结的功效。生薏苡仁长于清热利水除湿。用于小便不利，肠痈，肺痈。麸炒薏苡仁和炒薏苡仁产生香气，利于煎出，作用相近，增强健脾止泻作用，用于脾虚泄泻。

【贮藏养护】贮干燥容器内，密闭，置通风干燥处。防蛀。

二、米炒

将净制或切制过的药物与定量的米共同加热，并不断翻动至一定程度的方法，称为米炒。

米炒法一般以用糯米为佳，有些地区用"陈仓米"，现通常多用稻米，即大米。

米，性味甘平，健脾和中，除烦止渴。"米制润燥而泽"，米炒后本身产生的焦香味可炒香健脾，同时米在炒制过程中可吸附有毒中药的毒性成分，具有降低毒性的作用。因此米炒法常用于炮制某些补中益气的药物及某些具有毒性的昆虫类药物。

（一）目的

1. 增强健脾止泻作用，如党参。
2. 降低毒性和刺激性、矫臭矫味，如斑蝥。
3. 指示炮制程度，如斑蝥。

（二）操作方法

1. **米拌炒法** 先将定量的米，置预热的炒制容器内，用中火炒至冒烟时，投入净制或切制后的药物，拌炒至药物表面呈黄色或颜色加深，米呈焦黄或焦褐色时，取出，筛去焦米，晾凉。每100 kg药物，用米20 kg。

2. **米上炒法** 取米用清水浸湿，将湿米置炒制容器内，使其均匀地平铺一层，用中火加热至米黏附锅底时，投入净制或切制过的药物，在米上轻轻翻动，炒至药物颜色加深、米呈焦黄色时，取出，筛去焦米，晾凉。

（三）注意事项

1. 炮制昆虫类药物时，一般以米的色泽观察火候，以炒至米变焦黄或焦褐色为度；炮制植物类药物时，观察药物色泽的变化，以炒至挂火色为度。
2. 米上炒法时，米的用量可根据情况适当增加，以保证药物在米上炒制。
3. 炒过中药的米不能重复使用，尤其是炒过毒剧中药的米要妥善处理。

斑　蝥

【导言】斑蝥各炮制品均具有抗癌的活性，但容易出现因中毒而食欲减退、行动迟缓、体重减轻及乳糜尿而死亡的现象。斑蝥中的有毒物质与药效成分均为斑蝥素，安全性低，对皮肤、黏膜有强烈的刺激性，能引起充血、发赤和起泡。

【处方用名】斑蝥、炒斑蝥、米炒斑蝥。

【来源】为芫青科昆虫南方大斑蝥 *Mylabris phalerata* Pallas 或黄黑小斑蝥 *Mylabris cichorii*

Linnaeus 的干燥体。

【采收加工】夏、秋二季捕捉，闷死或烫死，晒干。

【历史沿革】晋代有炙、炒、烧令烟尽等制法；南北朝刘宋时代有糯米、小麻子同炒法，并要求"待米黄黑出，去两翅足并头"；宋代记有麸慢火炒令黄色、酒浸炒、醋煮、米炒焦等法；明代增加了醋煮焙干、牡蛎炒、麸炒醋煮等法；清代又有蒸制、米泔制、土炒等炮制方法。《中国药典》收载生斑蝥、米炒斑蝥。

【炮制方法】

1. **生斑蝥** 取原药材，除去杂质，或取原药材，除去头、足、翅及杂质。

2. **米炒斑蝥** 将米置预热的炒制容器内，用中火加热至冒烟，投入斑蝥拌炒，至米呈黄棕色，取出，筛去米，除去头、足、翅，摊开晾凉。或者投入去头、足、翅的斑蝥拌炒，至米呈黄棕色，取出，筛去米，摊开晾凉。

每 100 kg 斑蝥，用米 20 kg。

注意事项：斑蝥在炮制和研粉加工时，操作人员应注意劳动防护，宜戴眼罩或防毒面具进行操作，以保护眼、鼻黏膜免受其损伤，炒制后的米要妥善处理，以免伤害人畜，发生意外事故。

【成品性状】

1. **生斑蝥** 干燥虫体（或为去除头、足、翅的干燥躯体），略呈长圆形，背部具革质鞘翅 1 对，黑色，有 3 条黄色或棕黄色的横纹；鞘翅下面有棕褐色薄膜状透明的内翅 2 片。胸腹部乌黑色，胸部有足 3 对。有特殊的臭气。南方大斑蝥体型较大，黄黑小斑蝥体型较小。

图 11-23 生斑蝥

2. **米炒斑蝥** 色乌黑发亮，头部去除后的断面不整齐，边缘黑色，中心灰黄色。质脆易碎。有焦香气。

图 11-24 米炒斑蝥

【质量要求】

1. **生斑蝥** 斑蝥素不得少于 0.35%。

2. **米炒斑蝥** 斑蝥素应为 0.25%～0.65%。

【炮制作用】斑蝥性味辛，热；有大毒。归肝、胃、肾经。生斑蝥毒性较大，多外用，以攻毒蚀疮为主。米炒斑蝥，其毒性降低，气味矫正，可内服。

【临床应用】

1. **生斑蝥** 用于瘰疬瘘疮，痈疽肿毒，顽癣瘙痒。如治瘰疬结核，疮瘘流脓，久不敛口的生肌干脓散（《洪氏集验方》）；如用于破血消肿，攻毒蚀疮的复方斑蝥胶囊（《部颁药品标准》）。

2. **米炒斑蝥** 用于经闭癥瘕，狂犬咬伤，瘰疬，肝癌，胃癌。如治瘀血阻滞，月经闭塞的斑蝥通经丸（《济阴纲目》）。民间有"斑蝥煮鸡蛋"弃斑蝥食鸡蛋，用以治疗肝癌、胃癌的验方。

【炮制研究】斑蝥中主要含有斑蝥素，既是有毒成分又是有效成分。

1. **毒性及减毒机制研究** 斑蝥中所含斑蝥素有较强的生理活性，但安全性差，极易引起中毒，故斑蝥生品不内服，只能作外用，口服必须经过炮制。斑蝥素在 84℃ 开始升华，其升华点为 110℃，米炒时锅温适合斑蝥素的升华，又不至于温度太高致使斑蝥焦化。当斑蝥与糯米同炒时，由于斑蝥均匀受热，使斑蝥素部分升华，部分被米吸附，从而含量降低，使其毒性降低。通过米炒和其他加热处理，可使斑蝥的 LD_{50} 值升高，表明毒性降低，包括对大鼠的肾脏毒性降低，但对体重与肝脏毒性无明显影响。

斑蝥不同部位中微量元素 Mg、Zn、Cu 等含量，去头翅者与未去者及头、翅部位比较依次升高，而有害元素 Pb 却依次降低。

2. 炮制工艺研究 斑蝥中的斑蝥素既是其毒性成分又是其活性成分，斑蝥的炮制主要是为了控制其含量，降低其毒性，从而保证临床用药的安全性。目前其炮制方法有两种：一种是米炒法，主要利用斑蝥素的沸点低，加热可使其升华的性质，采用米炒法来减少其在制品中的含量；另一种是碱制法，主要利用斑蝥素结构中的酸酐基团在碱性条件下可以生成二羧酸盐的性质，采用低浓度碱液处理来促使斑蝥素向抗癌疗效更优且毒性更小的斑蝥酸钠转化。对斑蝥酸钠的药理活性研究表明，其具有与斑蝥素相似的药效作用，但毒性却大大降低，因此采用低浓度的氢氧化钠来炮制斑蝥，既可降低斑蝥的毒性，还保留其良好的疗效。

采用正交设计实验对碱处理斑蝥的工艺进行优化，确定碱处理斑蝥的最佳炮制工艺为：1.0%NaOH，在 70～80℃的条件下，浸泡 12 h，采用该方法处理后的斑蝥饮片中斑蝥素的转化率可达 76.04%。

斑蝥素与氢氧化钠共热时，生成斑蝥素的二羧酸盐——斑蝥酸钠，结构变化如图 11-4。

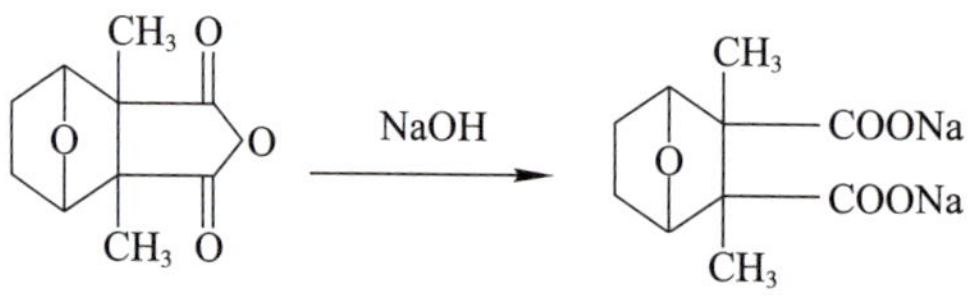

图 11-4 斑蝥素转化为斑蝥素钠

课程思政案例 11-2 碱制斑蝥

【注意】本品有大毒，内服慎用，孕妇禁用。斑蝥按毒性药品种管理。

【贮藏养护】贮干燥容器内，置通风干燥处。防蛀。

党　参

【来源】为桔梗科植物党参 *Codonopsis pilosula*（Franch.）Nannf.、素花党参 *Codonopsis pilosula* Nannf.var.*modesta*（Nannf.）L.T. Shen 或川党参 *Codonopsis tangshen* Oliv. 的干燥根。

【炮制方法】

1. **党参** 取原药材，除去杂质，洗净，润透，切厚片，干燥。

2. **米炒党参** 将米置预热的炒制容器内，用中火加热炒至冒烟时，投入党参拌炒，至药物表面呈黄色，米呈焦黄或焦褐色时，取出，筛去焦米，晾凉。

每 100 kg 党参，用米 20 kg。

3. **蜜党参** 取炼蜜用适量温开水稀释后，与党参拌匀，闷透，置预热的炒制容器内，用文火加热，炒至表面黄棕色，不粘手时取出，晾凉。

每 100 kg 党参，用炼蜜 20 kg。

【成品性状】

1. **党参** 呈类圆形的厚片，外表皮灰黄色、黄棕色至灰棕色，有时可见根头部有多数疣状突起的茎痕和芽。切面皮部淡棕黄色至黄棕色，木部淡黄色至黄色，有裂隙或放射状纹理。有特殊香气，味微甜。

2. **米炒党参** 表面深黄色，偶有焦斑。

3. 蜜党参 表面黄棕色，显光泽，略有黏性，味甜。

【炮制作用】党参性味甘，平。归脾、肺经。具有健脾益肺，养血生津的功效。

党参生用擅长益气生津。常用于气津两伤或气血两亏。如治肺气不足、气短喘咳的补肺丸（《部颁药品标准》）；治气血两虚、面色萎黄、食欲不振、四肢乏力的八珍丸（《中国药典》）。

米炒党参气变清香，能增强和胃、健脾止泻作用。多用于脾胃虚弱，食少，便溏。如治脾虚泄泻的补脾益肠丸（《中国药典》）。

蜜党参增强了补中益气、润燥养阴的作用。用于气血两虚之证。如治中气下陷，内脏下垂的参芪白术汤（《不知医必要》）。

【贮藏养护】贮干燥容器内，置通风干燥处，防蛀。蜜炙品应密闭，防尘。

红 娘 子

【来源】为蝉科昆虫黑翅红娘 *Huechys sanguinea* De Geer 的干燥虫体。

【炮制方法】

1. **生红娘子** 取原药材，除去头、足、翅等杂质。

2. **米炒红娘子** 将米置预热的炒制容器内，用中火加热炒至冒烟时，投入红娘子拌炒，至米呈焦黄色时，取出，筛去米，晾凉。

每 100 kg 红娘子，用米 20 kg。

注意事项：红娘子能分泌毒液，刺激皮肤发泡，故在捕捉或炮制时宜带防护用品；同时炮制后的米宜妥善处理，避免人畜中毒。

【成品性状】

1. **生红娘子** 形似蝉而较小，为去除头、足、翅的干燥躯体。前胸背板前狭后宽，黑色；中胸背板黑色，左右两侧有 2 个大形斑块，呈朱红色；可见鞘翅残痕。体轻，质脆，有特殊臭气。味辛。

2. **米炒红娘子** 表面老黄色，臭气轻微。

【炮制作用】红娘子性味苦、辛，平；有毒。归肝经。具有攻毒、通瘀破积的功效。生红娘子毒性较大，有腥臭味。多作外用，可解毒蚀疮。用于瘰疬结核，疥癣恶疮。米炒后毒性降低，除去了腥臭气味，可供内服，以破瘀通经为主。用于月经闭塞，狂犬咬伤。

【贮藏养护】贮干燥容器内，置通风干燥处。防蛀。红娘子按毒性药品种管理。

三、土炒

将净制或切制过的药物与定量的灶心土（伏龙肝）共同加热，并不断翻炒至一定程度的方法，称为土炒。也可用黄土、赤石脂炒。

土炒用土原来为陈壁土，"陈壁土制窃真气骤补中焦"，后演变为灶心土（伏龙肝），即农村烧柴火土灶中经久火烧积淀的土，性味辛温，温中燥湿，止呕止泻。因此土炒多用于炮制具有补益脾胃，燥湿和中功效的中药。

（一）目的

增强补脾止泻作用，如白术、山药等。

（二）操作方法

取灶心土，置炒制容器内，用中火加热翻炒至土呈灵活状态时，投入净制或切制的药物，继续翻炒至药物表面呈黄色，并均匀挂上一层土粉，逸出香气时，取出，筛去土粉，晾凉。

每 100 kg 药物，用灶心土 25～30 kg。

（三）注意事项

1. 灶心土呈灵活状态时投入药物后，要适当调小火力，维持土温，防止烫焦。
2. 用土炒制同种药物时，土可连续使用，若土色变深，应及时更换新土。

白　术

【导言】据古代文献记载，白术的炮制方法有 50 多种，应用的辅料有 20 多种，如姜水制、盐水制、酒制等，都有其各自炮制目的和作用，这些方法多数未得到沿用，目前常用的炮制方法为土炒、麸炒。

【处方用名】白术、土炒白术、麸炒白术。

【来源】为菊科植物白术 *Atractylodes macrocephala* Koidz. 的干燥根茎。

【采收加工】冬季下部叶枯黄、上部叶变脆时采挖，除去泥沙，烘干或晒干，再除去须根。

【历史沿革】唐代有熬黄、土炒等方法，宋代增加了炮、炒黄、米泔浸、米泔水浸后麸炒、醋浸炒等方法，明代增加了蜜炒、水煮、绿豆炒、酒制、乳汁制、盐水炒、面炒、炒焦、姜汁炒等方法，清代又增加了枳实煎水渍炒、香附煎水渍炒、酒浸九蒸九晒、蜜水拌蒸等方法。现行有土炒、麸炒等炮制方法。《中国药典》收载白术、麸炒白术。

【炮制方法】

1. **白术**　取原药材，除去杂质，洗净，润透，切厚片，干燥。

2. **土炒白术**　取灶心土，置炒制容器内，用中火加热至呈灵活状态时，投入白术拌炒，至表面均匀挂土粉时，取出，筛去土粉，晾凉。

每 100 kg 白术，用灶心土 25 kg。

3. **麸炒白术**　将蜜麸皮撒入预热的炒制容器内，待冒烟时投入白术片，炒至黄棕色、逸出焦香气时，取出，筛去焦麸，晾凉。

每 100 kg 白术，用蜜麸皮 10 kg。

4. **焦白术**　取白术，置预热的炒制容器内用武火炒至焦黄色，取出，晾凉。

【成品性状】

1. **白术**　为不规则的厚片。外表皮灰黄色或灰棕色。切面黄白色至淡棕色，散生棕黄色的点状油室，木部具放射状纹理；烘干者切面角质样，色较深或有裂隙。气清香，味甘、微辛，嚼之略带黏性。

图 11-25　白术

2. **土炒白术**　表面土黄色，附有细土末，有土香气。

图 11-26　土炒白术

3. **麸炒白术**　表面黄棕色，偶见焦斑，略有焦香气。

图 11-27　麸炒白术

4. 焦白术 表面焦黄色，微有香气。

【质量要求】

1. 白术 水分不得过15.0%，总灰分不得过5.0%，二氧化硫残留量不得过400 mg/kg，色度与黄色9号标准比色液比较，不得更深；醇溶性浸出物不得少于35.0%。

2. 土炒白术 水分、总灰分、二氧化硫残留量、醇溶性浸出物同白术，色度与黄色10号标准比色液比较，不得更深。

3. 麸炒白术 水分、总灰分、二氧化硫残留量、醇溶性浸出物同白术，色度与黄色10号标准比色液比较，不得更深。

【炮制作用】白术性味苦、甘，温。归脾、胃经。具有健脾益气，燥湿利水，止汗，安胎的功效。生白术以健脾燥湿、利水消肿为主。土炒白术借土气资助脾土，增强补脾止泻作用。麸炒白术能缓和燥性，借麸入中，增强健脾消食、和胃作用。焦白术在部分地区使用，能避免滞气的副作用。

【临床应用】

1. 生白术 多用于痰饮，水肿，风湿痹痛。如用于脾胃虚弱、中气不和所致泄泻、痞满的开胃健脾丸（《中国药典》）。

2. 土炒白术 用于脾虚食少，泄泻便溏，胎动不安。如治小儿脾胃受寒，水泻不止的小儿健脾止泻丸（《部颁药品标准》）；治心脾不足，气血两亏，形瘦神疲，食少便溏的人参养荣丸（《中国药典》）。

3. 麸炒白术 用于脾胃不和，运化失常，食少胀满，倦怠乏力，表虚自汗。如治脾胃虚弱所致的饮食不化，脘闷嘈杂，恶心呕吐的人参健脾丸（《中国药典》）；治脾气不足，中气下陷的补中益气汤（《脾胃论》）。

4. 焦白术 可用于脾虚腹胀和泄泻等症。如健脾利湿，温中止泻的幼泻宁冲剂（《部颁药品标准》）。

【炮制研究】

1. 化学成分研究 对白术生品、麸炒、土炒、米泔浸、水浸炒等炮制品进行挥发油的含量测定、薄层层析及气-质联用对比分析，结果表明，白术炮制后不仅挥发油含量降低，其组分也有所减少，如β-马里烯、菖蒲二烯等5个成分在炮制品中未检出。对生白术、炒白术和3种麸炒白术（轻炒、炒黄、炒焦）进行比较，发现麸炒轻、麸炒黄品中白术内酯Ⅲ含量升高，且以麸炒黄品含量最高；炒白术和麸炒焦白术中的白术内酯Ⅲ有所下降。进一步研究证实，白术炮制过程中苍术酮可转变成白术内酯类成分，不同的炮制程度影响各成分的含量。白术炒黄、麸炒后苍术酮含量降低，白术内酯Ⅱ、Ⅲ含量均明显升高；但温度过高时白术内酯Ⅲ的含量有所下降。苍术酮氧化后，生成白术内酯Ⅱ、Ⅲ和双白术内酯；将白术内酯Ⅲ在盐酸-乙醇中加热，得到了白术内酯Ⅰ，证明在加热的情况下，白术内酯Ⅲ可脱水生成白术内酯Ⅰ。

2. 药理作用研究 药理研究表明，白术内酯具有与白术健脾运脾相一致的功效；白术炮制后，其健脾作用增强，与在加热炒制的过程中苍术酮氧化生成白术内酯有关。

基于以上研究，提出白术的炮制理论是"减酮减燥，增酯增效"。

知识拓展 11-14 "减酮减燥，增酯增效"炮制机理

【贮藏养护】贮干燥容器内，置阴凉干燥处。防蛀。

山　药

【来源】 为薯蓣科植物薯蓣 Dioscorea opposita Thunb. 的干燥根茎。

【炮制方法】

1. **山药** 取毛山药或光山药除去杂质，大小分开，泡润至透，切厚片，干燥，称为"毛山药片"或"光山药片"。

2. **山药片** 产地除去外皮，趁鲜切厚片，干燥，称为"山药片"。

3. **麸炒山药** 先将炒制容器用中火加热至撒入麦麸即刻烟起，均匀撒入麦麸，投入山药，炒至表面黄色时，取出，筛去麦麸，晾凉。

每 100 kg 山药片，用麦麸 10 kg。

4. **土炒山药** 取灶心土，置预热的炒制容器内，用中火加热至呈灵活状态，投入毛山药拌炒，至表面黄色，并均匀挂土粉时，取出，筛去土粉，晾凉。

每 100 kg 山药，用灶心土 30 kg。

【成品性状】

1. **山药** 为类圆形、椭圆形或不规则的厚片。表面类白色或淡黄白色，质脆，易折断，切面类白色，富粉性。气微，味淡、微酸，嚼之发粘。

2. **山药片** 皱缩不平，切面白色或黄白色，质坚脆，粉性。气微，味淡、微酸。

3. **麸炒山药** 切面黄白色或微黄色，偶有焦斑，略具焦香气。

4. **土炒山药** 表面土黄色，粘有土粉，略具焦香气。

【炮制作用】 山药性味甘，平。归脾、肺、肾经。具有补脾养胃，生津益肺，补肾涩精的功效。山药生用以补肾涩精、益肺阴为主。麸炒山药增强了健脾和胃作用。土炒山药增强补脾止泻作用，多用于脾虚久泻，纳呆食少。

【贮藏养护】 贮干燥容器内，置通风干燥处。防蛀。

四、砂炒

将净制或切制过的药物与热河砂共同加热，并不断翻炒至一定程度的方法，称为砂炒，亦称砂烫。

砂炒法常用于炮制质地坚硬的动物、植物类中药。

砂，一般用河砂，是一种良好的传热介质。砂炒时，砂质地坚硬，颗粒均匀，流动碰撞，升温迅速，传热较快，与药物一起翻炒，药物受热面积大，受热均匀，温度较高。砂炒一般适宜于炒制质地坚硬的中药。

（一）目的

1. 增强疗效，便于调剂和制剂，如龟甲、鳖甲、穿山甲等。

2. 降低毒性，如马钱子等。

3. 净制去毛，如骨碎补、狗脊等。

4. 矫臭矫味，如鸡内金、坎炁等。

（二）操作方法

1. 制砂的方法　炮制用砂可分为普通河砂和油砂。

（1）制普通砂：选用颗粒均匀的洁净河砂，筛去粗粒、杂质，置锅内用武火加热翻炒，除去其中的有机物杂质和水分，取出晾干备用。

（2）制油砂：取已经制备好的河砂，置炒制容器内加热至滑利状态，加入1%~2%食用油，继续翻炒至油尽烟散，河砂呈褐色油亮时取出，放凉备用。

2. 砂炒的操作　取已经制备好的河砂或油砂，置预热的炒制容器内，用武火加热至滑利状态时，投入待炮制品，不断用砂埋没翻动，至药物表面鼓起、质地酥脆或至规定程度时，取出，迅速筛去河砂，放凉。或迅速去砂后趁热投入醋中淬酥，取出，干燥。

砂的用量以能埋没药物为度。

（三）注意事项

1. 河砂用量要适宜，量过大易产生积热，使砂温过高；反之砂量过少，药物受热不均匀，影响炮制品质量。

2. 砂炒温度要适中，砂温过低使药物僵硬不酥，可适当调高火力；砂温过高药物易焦化，可添加适量冷砂或减小火力进行调节。

3. 河砂可反复使用，需将残留在其中的杂质除去。炒过毒性药物的砂不可再炒其他药物。

4. 一般使用武火，温度较高，操作时翻动要勤，并注意适当调节火力，成品出锅要快，并立即筛去砂。

5. 砂烫醋淬的药物，砂炒后应趁热浸淬，干燥。

马　钱　子

【导言】"问君能有几多愁，恰似一江春水向东流"是南唐后主李煜的著名诗句，正是因为这首诗句，被宋太宗赵光义怀疑他有妄图东山再起之嫌，赐了加有"牵机药"的毒酒。李煜毫不知情，饮下毒酒，毒发身亡。这里的牵机药正是马钱子。因其中毒者死亡时，头、足相接，蜷缩成弓状，似牵机，所以又被命名为牵机药。马钱子生品具有较强的毒性，易中毒，必须经过炮制方可内服配方。

【处方用名】马钱子、制马钱子。

【来源】为马钱科植物马钱 Strychnos nux-vomica L. 的干燥成熟种子。

【采收加工】冬季采收成熟果实，取出种子，晒干。

【历史沿革】明代有豆腐制、牛油炸、炒黑等法，清代有炒焦、香油炸、炮去毛、水浸油炸后土粉反复制、油煮、炙炭存性、土炒、甘草水煮后麻油炸等炮制方法。现行有油炸、砂烫等制法。《中国药典》收载马钱子、制马钱子、马钱子粉。

【炮制方法】

1. **生马钱子**　取原药材，除去杂质，筛去灰屑。

2. **制马钱子**　取河砂置炒制容器内，用武火加热至灵活状态时，投入马钱子，翻埋拌炒至表面棕褐色或深棕色，并膨胀鼓起有裂隙时，取出，筛去砂，放凉。

3. **马钱子粉**　取制马钱子，粉碎成细粉，测定士的宁的含量后，加适量淀粉，使含量符合规定，混匀，即得。

【成品性状】

1. 生马钱子　呈纽扣状圆板形，常一面隆起，一面稍凹下，直径1.5~3 cm，厚0.3~0.6 cm。表面密被灰棕色或灰绿色绢状绒毛，自中间向四周呈辐射状排列，有丝样光泽。边缘稍隆起，较厚，有突起的珠孔，底面中心有突起的圆点状种脐。质坚硬，平行剖面可见淡黄色胚乳，角质状、子叶心形，叶脉5~7条。气微，味极苦。

图11-28　生马钱子

2. 制马钱子　两面均膨胀鼓起，边缘较厚，表面棕褐色或深棕色，微有香气，味极苦。

图11-29　制马钱子

3. 马钱子粉　为黄褐色粉末，气微香，味极苦。

【质量要求】

1. 马钱子　水分不得过13.0%，总灰分不得过2.0%；本品每1 000 g含黄曲霉毒素B_1不得过5 μg，含黄曲霉毒素G_2、黄曲霉毒素G_1、黄曲霉毒素B_2和黄曲霉毒素B_1的总量不得过10 μg；含士的宁应为1.20%~2.20%，马钱子碱不得少于0.80%。

2. 制马钱子　水分不得过12.0%，总灰分同马钱子；含量测定同马钱子。

3. 马钱子粉　水分不得过14.0%，总灰分不得过1.6%，含士的宁应为0.78%~0.82%，马钱子碱不得少于0.50%。

【炮制作用】马钱子性味苦，温；有大毒。归肝、脾经。具有通络止痛，散结消肿的功效。生马钱子毒性剧烈，且质地坚硬，仅供外用。制马钱子毒性降低，质地酥脆，易于粉碎，可供内服，常制成丸散剂应用。

【临床应用】

1. 生马钱子　常用于局部肿痛或痈疽初起。

2. 制马钱子　多用于风湿痹痛，跌打损伤，骨折瘀痛，痈疽疮毒，瘰疬，痰核，麻木瘫痪。如治风湿疼痛的疏风定痛丸（《御药院方》）；治跌打损伤、疔疮肿痛的马钱散（《本草纲目拾遗》卷三引《救生苦海》），治瘰疬痰核痈疽发背肿毒的五虎散（《串雅补》），以及治麻木瘫痪的振颓丸（《医学衷中参西录》）。

【炮制研究】

1. 毒性及减毒机制研究　马钱子碱和士的宁碱既是马钱子的有效成分又是有毒成分，占马钱子总生物碱的80%左右，其中士的宁的毒性最强，且中毒量与治疗量非常接近。一般成人口服5~10 mg士的宁可致中毒，30 mg可致死亡；口服生品马钱子7 g也会致死。马钱子经炮制后，士的宁和马钱子碱在加热过程中醚键断裂开环，转变成相应的异型结构和氮氧化合物。士的宁及马钱子碱的毒性分别比其氮氧化物大10倍和15.3倍，其药理作用与氮氧化物相似。马钱子碱氮氧化物的镇痛、化痰和止咳作用优于马钱子碱，且具药效发挥迟而药力持久的特点。异马钱子碱和异马钱子碱氮氧化物对心肌细胞有保护作用，而马钱子碱则无此作用。马钱子类生物碱能抑制肿瘤细胞，以异士的宁氮氧化物和异马钱子碱氮氧化物作用最强。

砂烫和油炸炮制马钱子增加了异马钱子碱、2-羟基-3-甲氧基士的宁、异马钱子氮氧化物、异士的宁氮氧化物4种生物碱的含量，而士的宁和马钱子碱的含量下降，毒性降低。马钱子砂烫后水煎液中锌、锰、钙、铁、磷等24种微量元素含量明显增高，而汞等9种有害元素含量大大降低，这为马钱子炮制降低毒性，提供了一定依据。

2. 炮制工艺研究　传统认为马钱子的毒在皮毛，净制须去除皮毛。研究证明，马钱子皮毛中未检出与种仁不同的生物碱成分，两者成分仅在含量上有所不同。毒性实验结果显示，去毛与不去毛的马钱子两者无显著差异。马钱子砂烫后入药，砂烫工艺使绒毛烫焦易脱落，随砂一并筛去。

砂烫和油炸能降低毒性，并且内在成分损失少，炮制时间短，其中尤以砂烫法更佳。温度在230~240℃、时间为3~4 min时，士的宁转化了10%~15%，马钱子碱转化了30%~35%，而士的宁和马钱子碱的异型和氮氧化合物含量最高。如果低于该炮制温度和炮制时间，士的宁则不易转化成异型和氮氧化物，士的宁减少甚微；高于该炮制温度和延长该炮制时间，士的宁、马钱子碱，连同生物碱的异型和氮氧化合物等马钱子中大部分成分将一同被破坏成无定形产物。为防止成分被过度分解破坏，炮制温度和时间应严格掌握。对于既是有效成分，又是毒性成分的士的宁和马钱子碱来说，炮制是要尽可能地改变其内在成分的结构，而不只是通过降低其含量来达到降低毒性的目的。大幅度地降低士的宁和马钱子碱含量，必然会影响临床效果。

有研究表明，以马钱子碱、士的宁含量为指标，选择油砂粒度、砂料比、炒制温度、炒制时间四因素优选马钱子砂烫的最佳炮制工艺为：用中粗粒度河砂，砂料比7∶1，温度190℃±5℃，炒制4 min；另有报道，用烘法炮制马钱子，温度在200~240℃，炮制时间在5~12 min范围内，马钱子中士的宁含量可达到传统砂烫的炮制结果。

3. 药理活性研究　有研究表明，马钱子当中的活性成分马钱子碱对人结直肠癌细胞HT-29具有良好的抑制作用。此外，马钱子碱对人急性髓系白血病KG-1细胞具有显著的增殖抑制作用，该作用通过诱导凋亡实现，其机制推测为上调Bax、Bim表达，触发凋亡的线粒体途径，使Caspase-9激活，导致KG-1细胞凋亡。

课程思政案例11-3　开创炮制解毒机理示范——制马钱子炮制解毒机理研究

【注意】孕妇禁用，不宜多服久服及生用，运动员慎用，有毒成分能经皮肤吸收，外用不宜大面积涂敷。

【贮藏养护】密闭保存，置干燥处。生马钱子按毒性药品种管理。

骨 碎 补

【来源】为水龙骨科植物槲蕨 *Drynaria fortunei*（Kunze）J.Sm. 的干燥根茎。

【炮制方法】

1. 骨碎补　取原药材，除去非药用部位及杂质，洗净，润透，切厚片，干燥。

2. 砂炒骨碎补　取河砂置炒制容器内，用武火加热至灵活状态时，投入骨碎补，翻埋至鼓起，毛微焦时，取出，筛去砂，放凉，撞去毛，筛净。

3. 盐骨碎补　取骨碎补，加盐水拌匀，稍闷，待盐水被吸尽后，置炒制容器内，用文火炒干，取出，放凉。

每100 kg骨碎补，用盐2 kg。

【成品性状】

1. 骨碎补　为不规则的厚片，表面深棕色至棕褐色，常残留细小棕色的鳞片，有的可见圆形的叶痕。切片面红棕色，黄色维管束点状排列。气微，味淡、微涩。

2. 砂炒骨碎补　膨大鼓起，质轻、酥松，表面黄棕色至深棕色。

3. **盐骨碎补** 表面色泽加深，略具咸味。

【炮制作用】骨碎补性味苦，温。归肝、肾经。具有疗伤止痛，补肾强骨的功效。骨碎补生品密被鳞片，不易除净，且质地坚硬而韧，不利于粉碎和煎出有效成分，故临床多用其炮制品。烫骨碎补质地松脆，易于除去鳞片，便于调剂和制剂，有利于煎出有效成分，以补肾强骨、续伤止痛为主。盐骨碎补能增强其引药入肾作用。

【贮藏养护】置干燥处。

狗 脊

【来源】为蚌壳蕨科植物金毛狗脊 *Cibotium barometz* (L.) J. Sm. 的干燥根茎。

【炮制方法】

1. **狗脊** 取原药材，除去杂质；未切片者，洗净，润透，切厚片，干燥。

2. **烫狗脊** 取河砂置炒制容器内，用武火加热至灵活状态时，投入狗脊，翻埋至鼓起，绒毛微焦时，迅速取出，筛去砂，放凉后除去残存绒毛。

【成品性状】

1. **狗脊** 呈不规则的长块状，长 10~30 cm，直径 2~10 cm。表面深棕色，残留金黄色绒毛；上面有数个红棕色的木质叶柄，下面残存黑色细根。质坚硬，不易折断。无臭，味淡、微涩。生狗脊片呈不规则长条形或圆形，长 5~20 cm，直径 2~10 mm，厚 1.5~5 mm；切面浅棕色，较平滑，近边缘 1~4 mm 处有一条棕黄色隆起的木质部环纹或条纹，边缘不整齐，偶有金黄色绒毛残留；质脆，易折断，有粉性。熟狗脊片呈黑棕色，质坚厚。

2. **烫狗脊** 表面略鼓起。棕褐色。气微，味淡、微涩。

【炮制作用】狗脊性味苦、甘，温。归肝、肾经。具有祛风湿，补肝肾，强腰膝的功效。狗脊生品质地坚硬，并在边缘覆有金黄色绒毛，不易除去。狗脊经砂炒后质变酥脆，便于粉碎和煎出有效成分，便于除去残存绒毛。烫狗脊以补肝肾，强筋骨为主。

【贮藏养护】置通风干燥处，防潮。

鸡 内 金

【来源】为雉科动物家鸡 *Gallus gallus domesticus* Brisson 的干燥沙囊内壁。

【炮制方法】

1. **鸡内金** 取原药材，除去杂质，洗净，干燥。

2. **炒鸡内金** 将鸡内金置预热的炒制容器内，用中火加热，炒至鼓起，取出，放凉。

3. **砂炒鸡内金** 取河砂置炒制容器内，用中火加热至灵活状态时，投入大小分档的鸡内金，翻埋至鼓起、卷曲、酥脆、表面黄色、深黄色时，迅速取出，筛去砂，放凉。

4. **醋鸡内金** 将鸡内金置预热的炒制容器内，用文火加热，炒至鼓起，喷醋，取出，干燥。每 100 kg 鸡内金，用醋 15 kg。

注意事项：砂炒鸡内金宜用中火，选用中粗粒度大小均匀的河砂进行炒制，河砂太细成品会出现黏砂现象。

【成品性状】

1. **鸡内金** 呈不规则的卷状片，厚约 2 mm。表面黄色、黄褐色或黄绿色，薄而半透明，具明显的条状皱纹。质脆，易碎，断面角质样，有光泽。气微腥，味微苦。

2. **炒鸡内金** 表面暗黄褐色至焦黄色，鼓起，用放大镜观察，显颗粒状或微细泡状。轻折即断，断面有光泽。

3. **砂炒鸡内金** 鼓起均匀，质松脆易碎。

4. **醋鸡内金** 表面褐黄色，鼓起，略有醋气。

【炮制作用】鸡内金性味甘，平。归脾、胃、小肠、膀胱经。具有健胃消食，涩精止遗，通淋化石的功效。鸡内金生品长于攻积，通淋化石。炒鸡内金质地酥脆，便于粉碎，矫正不良气味，并能增强健脾消积的作用。醋鸡内金质酥易碎，矫正了不良气味。

【贮藏养护】置阴凉干燥处，防蛀。

知识拓展 11-15　*鸡内金用滑石粉炒"一举两得"*

鳖　甲

【来源】为鳖科动物鳖 *Trionyx sinensis* Wiegmann 的背甲。

【炮制方法】

1. **鳖甲** 取原药材，置蒸锅内，沸水蒸 45 min，取出，放入热水中，立即用硬刷除去皮肉，洗净，干燥。或取原药材用清水浸泡，不换水，至皮肉筋膜与甲骨容易分离时取出背甲，洗净，日晒夜露至无臭味，干燥。

2. **醋鳖甲** 取河砂置炒制容器内，用武火加热至灵活状态时，投入鳖甲，翻埋拌炒至质酥、表面呈深黄色时，迅速取出，筛去砂，趁热投入醋中浸淬，捞出，干燥。用时捣碎。

每 100 kg 鳖甲，用醋 20 kg。

【成品性状】

1. **鳖甲** 为不规则的碎块，外表面黑褐色或墨绿色，略有光泽，内表面类白色，质坚硬。气微腥，味淡。

2. **醋鳖甲** 表面深黄色，质酥脆，略具醋气。

【炮制作用】鳖甲性味咸，微寒。归肝、肾经。具有滋阴潜阳，退热除蒸，软坚散结的功效。鳖甲生品质地坚硬，有腥臭气。养阴清热、潜阳熄风之力较强。多用于热病伤阴或内伤虚热，虚风内动。砂炒醋淬后，质变酥脆，易于粉碎及煎出有效成分，并能矫臭矫味。醋制还能增强药物入肝消积、软坚散结的作用。

【贮藏养护】置干燥处，防蛀。

龟　甲

【来源】为龟科动物乌龟 *Chinemys reevesii*（Gray）的背甲及腹甲。

【炮制方法】

1. **龟甲** 取原药材，置蒸锅内，沸水蒸 45 min，取出，放入热水中，立即用硬刷除净皮肉，洗净，晒干。或取原药材用清水浸泡，不换水，使皮肉筋膜腐烂，与甲骨容易分离时取出，用清水洗净，日晒夜露至无臭味，晒干。

2. **醋龟甲** 取净砂置炒制容器内，用武火加热至灵活状态时，投入龟甲，翻埋至质酥、表面呈深黄色时，迅速取出，筛去砂，趁热投入醋中浸淬，取出，干燥。用时捣碎。

每 100 kg 龟甲，用醋 20 kg。

【成品性状】

1. 龟甲　为不规则的块状，表面淡黄色或黄白色，有放射状纹理。内面黄白色，边缘呈锯齿状，质坚硬，可自骨板缝处断裂。气微腥，味微咸。

2. 醋龟甲　背甲盾片略呈拱状隆起，腹甲盾片呈平板状，大小不一。表面黄色或棕褐色，有的可见深棕褐色斑点，有不规则纹理。内表面棕黄色或棕褐色，边缘有的呈锯齿状。断面不平整，有的有蜂窝状小孔。质松脆。气微腥，味微咸，微有醋香气。

【炮制作用】龟甲性味咸、甘、微寒。归肝、肾、心经。具有滋阴潜阳，益肾强骨，养血补心，固经止崩的功效。龟甲生品质地坚硬，有腥气，善于滋阴潜阳，用于肝风内动，肝阳上亢。砂炒醋淬后，质变酥脆，易于粉碎，利于煎出有效成分，并能矫臭矫味。醋龟甲以补肾健骨，滋阴止血力胜。

【贮藏养护】置干燥处，防蛀。

穿 山 甲

【来源】为鲮鲤科动物穿山甲 *Manis pentadactyla* Linnaeus 的鳞甲。

【炮制方法】

1. 穿山甲　取原药材，除去杂质，洗净，干燥。

2. 炮山甲　取河砂置炒制容器内，用武火加热至灵活状态时，投入大小分档的穿山甲，翻埋至鼓起，卷曲，呈金黄色时，迅速取出，筛去砂，放凉。

3. 醋山甲　将炮山甲趁热投入醋中浸淬，取出，干燥。用时捣碎。

每 100 kg 穿山甲，用醋 30 kg。

【成品性状】

1. 穿山甲　呈扇面形、三角形、菱形或盾形的扁平片状或半折合状，中央较厚，边缘较薄，大小不一。外表黑褐色或黄褐色，有光泽，宽端有数十条排列整齐纵纹及数条横纹线；窄端光滑。内表面色浅，较润滑，中部有一条明显突起的弓形横向棱线，其下方有数条与棱线相平行的细纹。角质，半透明，坚韧有弹性，不易折断。气微腥，味淡。

2. 炮山甲　全体鼓起，呈卷曲状，金黄色，质酥脆，易碎。

3. 醋山甲　表面金黄色。有醋香气。

【炮制作用】穿山甲性味咸，微寒。归肝、胃经。具有活血消癥，通经下乳，消肿排脓，搜风通络的功效。穿山甲生品质地坚硬，不易粉碎和煎煮，并有腥臭气，一般不直接入药。砂炒或砂炒醋淬后质变酥脆，易于粉碎及煎出有效成分，矫正其腥臭之气。炮山甲善于消肿排脓，搜风通络，用于痈疽肿毒，风湿痹痛。醋山甲通经下乳力强，用于经闭不通，乳汁不下。

【贮藏养护】置干燥处。

脐 带

【来源】为初生婴儿的干燥脐带。

【炮制方法】

1. 脐带　取干净脐带，洗净，用湿纸包裹，置火中，煨软，或用文火烘软，切片或段，干燥。

2. 砂炒脐带　取河砂置炒制容器内，用武火加热至灵活状态时，投入脐带，翻埋拌炒至发泡、质酥时，快速取出，筛去砂，放凉，碾为细粉。

【成品性状】

1. **脐带** 呈片或段状，淡黄色或浅棕色，切面有三个小孔，质坚韧，气微腥。
2. **砂炒脐带** 质地酥脆，腥味减弱。

【炮制作用】脐带性味甘、咸，温。归心、肺、肝、肾经。具有益肾纳气的功效。脐带生品质地坚韧，有腥气，不便入药。砂炒后，质变酥脆，易于粉碎，便于制剂，并能矫臭，利于服用。

【贮藏养护】置通风干燥处，防蛀。

五、蛤粉炒

将净制或切制过的药物与热蛤粉共同加热，并不断翻动至一定程度的方法，称为蛤粉炒，亦称蛤粉烫。

蛤粉炒常用于炮制动物胶类药物。

蛤粉是海洋贝类软体动物文蛤或青蛤的外壳，经洗净、晒干研粉或煅制粉碎所得。蛤粉，颗粒细小，传热较砂缓慢，且性味咸寒，清热利湿，软坚化痰。"牡蛎粉制成珠而易研"，因此，蛤粉炒主要用于炮制难以粉碎的胶类中药，并能增强清热化痰的功效。

（一）目的

1. 使药物质地酥脆，便于制剂和调剂。
2. 降低药物的滋腻之性，矫正不良气味。
3. 增强药物的疗效。

（二）操作方法

取碾细过筛后的净蛤粉，置炒制容器内，用中火加热至灵活状态时，投入切制成丁的胶块，适当降低火力，翻炒至药物鼓起或成珠、内部疏松、外表呈黄色时，迅速取出，筛去蛤粉，放凉。

除另有规定外，每 100 kg 药物，用蛤粉 30～50 kg。

（三）注意事项

1. 胶块切成立方丁，再大小分档，分别炒制。
2. 炒制时火力不宜过大，以防药物黏结、焦糊或"烫僵"。如温度过高可酌加冷蛤粉调节温度。
3. 胶丁下锅翻炒速度要快而均匀，避免引起互相粘连，造成不圆整而影响外观。
4. 蛤粉烫炒同种药物可连续使用，但颜色加深后需及时更换。
5. 贵重、细料药物，如阿胶等，炒制前最好采取先投药试温的方法，以便掌握火力，保证炮制品质量。

阿　　胶

【导言】阿胶是由驴皮经过浸泡、煮胶、熬胶、晾胶直至出成品，制胶过程中会产生游离氨、三甲胺、吲哚、甲基吲哚等挥发性物质，从而产生异味，内服时异味容易引起恶心、呕吐等，甚至过敏反应。由于阿胶滋腻性较强，不易消化吸收，多用酒烊化入膏滋药，需要通过炮制加工降低其异味、滋腻性及副作用。

【处方用名】阿胶、阿胶珠、胶珠、炒阿胶。

【来源】为马科动物驴 Equus asinus L. 的干燥皮或鲜皮经煎煮、浓缩制成的固体胶。

【采收加工】将驴皮浸泡去毛，切块洗净，分次水煎，滤过，合并滤液，浓缩（可分别加入适量的黄酒、冰糖及豆油）至稠膏状，冷凝，切块，晾干，即得。

【历史沿革】汉代有炙令尽沸，南北朝刘宋时代有猪脂浸炙，唐代出现了炙珠，宋代增加了蛤粉炒、炒黄、米炒、麸炒、水浸蒸等法，明、清有草灰炒、面炒、蒲黄炒、牡蛎粉炒、酒蒸等方法。现行有蛤粉炒、蒲黄炒等炮制方法。《中国药典》收载阿胶、阿胶珠。

【炮制方法】

1. **阿胶丁** 取阿胶块，文火烘软，趁热切成 0.5 cm 左右的小丁块。

2. **蛤粉炒阿胶** 取蛤粉置炒制容器内，用中火加热至灵活状态时，投入阿胶丁，拌炒至鼓起呈圆球形，表面黄白色，内无溏心时，迅速取出，筛去蛤粉，放凉。

每 100 kg 阿胶丁，用蛤粉 30～50 kg。

3. **蒲黄炒阿胶** 取蒲黄置炒制容器内，用中火加热至稍微变色时，投入阿胶丁，翻埋拌炒至鼓起呈圆球形，表面黄棕色，内无溏心时，迅速取出，筛去蒲黄，放凉。

蒲黄的用量：以炒时能将阿胶丁全部掩埋为宜。

【成品性状】

1. **阿胶** 呈长方形块、方形块或丁状。棕色至黑褐色，有光泽。质硬而脆，断面光亮，碎片对光照视呈棕色半透明状。气微腥，味微甘。

图 11-30　阿胶

图 11-31　阿胶丁

2. **蛤粉炒阿胶** 呈类圆球形，外表黄色或灰白色，附有白色粉末，体轻，质酥，易碎。断面中空或多孔状，浅黄色至棕色，气微香，味微甜。

图 11-32　蛤粉炒阿胶

3. **蒲黄炒阿胶** 外表呈棕褐色，其余同蛤粉炒阿胶。

【质量要求】

1. **阿胶** 水分不得过 15.0%，铅不得过 5 mg/kg，镉不得过 0.3 g/kg，砷不得过 2 mg/kg，汞不得过 0.2 mg/kg，铜不得过 20 mg/kg，水不溶物不得过 2.0%；L-羟脯氨酸不得少于 8.0%，甘氨酸不得少于 18.0%，丙氨酸不得少于 7.0%，L-脯氨酸不得少于 10.0%，含特征多肽以驴源多肽 A_1 和驴源多肽 A_2 的总量计不低于 0.15%。

2. **蛤粉炒阿胶** 水分不得过 10.0%，总灰分不得过 4.0%；含量测定同阿胶。

【炮制作用】阿胶性味甘，平。归肺、肝、肾经。具有补血滋阴，润燥，止血的功效。阿胶生品长于滋阴补血。蛤粉炒阿胶降低了滋腻之性，质变酥脆，利于粉碎，同时也矫正了不良气味。善于益肺润燥。蒲黄炒阿胶多用于阴虚咯血，崩漏，便血。

【临床应用】

1. **生品阿胶** 用于血虚萎黄，眩晕心悸，心烦失眠，虚风内动，温燥伤肺，干咳无痰。如治阴虚火旺，心烦失眠的黄连阿胶汤（《伤寒论》）；治疗温燥伤肺，干咳无痰，咽喉干燥，心烦口渴，舌干无苔的清燥救肺汤（《医门法律》）。

2. **蛤粉炒阿胶** 用于阴虚咳嗽，久咳少痰或痰中带血。如治肺虚火盛，咳喘咽干痰少，或痰中带血的补肺阿胶汤（《小儿药证直诀》）。

3. **蒲黄炒阿胶** 多用于阴虚咯血，崩漏，便血。如治脾阳不足所致的大便下血，或吐血，血色黯淡，四肢不温的黄土汤；治冲任不固，崩中漏下，妊娠下血的胶艾汤（《金匮要略方论》）。

课程思政案例 11-4　孟河医派辨证施用阿胶

【贮藏养护】密闭，置阴凉干燥处。防热，防潮。

鹿 角 胶

【来源】为鹿科动物马鹿 *Cervus elaphus* Linnaeus 或梅花鹿 *Cervus Nippon* Temminck 已骨化的角或锯茸后翌年春季脱落的角基（即鹿角盘）经水煎煮、浓缩制成的固体胶块。

【炮制方法】

1. **鹿角胶** 取鹿角胶块，擦去灰尘，捣成碎块，或文火烘软后切成小立方块（丁）。

2. **蛤粉炒鹿角胶** 取蛤粉置炒制容器内，用中火加热至灵活状态时，投入鹿角胶丁，翻埋至鼓起呈圆球形，表面黄白色，内无溏心时，迅速取出，筛去蛤粉，放凉。

【成品性状】

1. **鹿角胶** 呈扁方形块或丁，黄棕色或红棕色，半透明，有的上部有黄白色泡沫层。质脆，易碎，断面光亮。气微，味微甜。

2. **蛤粉炒鹿角胶** 呈类圆形，表面黄白色或淡黄色，光滑，附有蛤粉。质松泡易碎。气微，味微甜。

【炮制作用】鹿角胶性味甘、咸，温。归肾、肝经。具有温补肝肾，益精养血的功效。鹿角胶生品用于阳痿滑精，腰膝酸冷，虚劳羸瘦，崩漏下血，便血尿血，阴疽肿痛。蛤粉炒后可降低其黏腻之性，矫正其不良气味，便于服用，并使质地酥脆，利于粉碎，可入丸、散剂。

【贮藏养护】贮干燥容器内，置阴凉干燥处。防潮。

六、滑石粉炒

将净制或切制过的药物与热滑石粉共同加热，并不断翻炒至一定程度的方法，称为滑石粉炒，亦称滑石粉烫。

滑石粉炒常用于炮制韧性较大的动物类药物。

滑石粉性味甘寒，清热利尿，质地细腻滑利，传热较慢。滑石粉炒制药物可使得药物缓慢受热，不至于过热焦化，主要用于炮制质地坚韧的动物皮类或动物虫体类药物。

（一）目的

1. 使药物质地酥脆，便于粉碎和煎煮，如黄狗肾、玳瑁等。
2. 降低毒性及矫正不良气味，如刺猬皮、水蛭等。

（二）操作方法

取滑石粉置炒制容器内，用中火加热至灵活状态时，投入净制或切制分档后的药物，翻炒至鼓起、酥脆、表面黄色或至规定程度时，迅速取出，筛去滑石粉，放凉。

除另有规定外，每 100 kg 药物，用滑石粉 40~50 kg。

（三）注意事项

1. 滑石粉炒一般用中火，操作时适当调节火力，防止药物生熟不均或焦化。如温度过高时，可酌加冷滑石粉调节。
2. 滑石粉炒同种药物时可反复使用，颜色加深应及时更换，以免影响成品外观质量。

水　蛭

【导言】水蛭，俗称蚂蟥。多用于治疗某些血管疾病，如脑血栓、高血脂、高血压等疾病，对某些关节疼痛也有很好的效果，可用水冲服其粉末、入丸散，或者入中药煎剂。水蛭素是抗凝血的主要成分，遇热易破坏，故用于抗凝血方面选用生品，但水蛭素并非水蛭中唯一有效成分，应结合临床需要选择不同的炮制品。

【处方用名】水蛭、制水蛭、烫水蛭。

【来源】为水蛭科动物蚂蟥 *Whitmania pigra* Whitman、水蛭 *Hirudo nipponica* Whitman 或柳叶蚂蟥 *Whitmania acranulata* Whitman 的干燥全体。

【采收加工】夏、秋二季捕捉，用沸水烫死，晒干或低温干燥。

【历史沿革】汉代载有熬、暖水洗去腥，宋代有炒令微黄、煨令微黄、炒焦、水浸去血子后米炒、石灰炒过再熬及米泔浸一宿后暴干，以冬猪脂煎令焦黄、焙干等法；元代有盐炒法，明代有炙法，清代有香油炒焦等法。现行主要方法为滑石粉炒法。《中国药典》收载水蛭、烫水蛭。

【炮制方法】

1. **水蛭**　取原药材，除去杂质，洗净，闷软，切段，干燥。
2. **烫水蛭**　取滑石粉置炒制容器内，用中火加热至灵活状态时，投入水蛭，翻埋炒至鼓起，腥臭味逸出，断面显黄棕色时，取出，筛去滑石粉，放凉。

每 100 kg 水蛭，用滑石粉 40 kg。

【成品性状】

1. **水蛭**　呈不规则的段状、扁块状或扁圆柱状。背部表面黑褐色，稍隆起，腹面棕褐色，均可见细密横环纹。切面灰白色至棕黄色，胶质状。质脆，气微腥。

图 11-33　水蛭

2. **烫水蛭**　呈不规则扁块状或扁圆柱形，略鼓起，表面棕黄色至黑褐色，附有少量白色滑石粉。断面松泡，灰白色至焦黄色。气微腥。

图 11-34　烫水蛭

【质量要求】

1. **水蛭**　水分不得过 14.0%，总灰分不得过 10.0%，酸不溶性灰分不得过 3.0%，pH 应为 5.0～7.5；重金属及有害元素测定：铅不得过 10 mg/kg、镉不得过 1 mg/kg、砷不得过 5 mg/kg、汞不得过 1 mg/kg；每 1 000 g 含黄曲霉毒素 B_1 不得过 5 μg，黄曲霉毒素 G_2、黄曲霉毒素 G_1、黄曲霉毒素 B_2 和黄曲霉毒素 B_1 的总量不得过 10 μg；本品每 1 g 含抗凝血酶活性水蛭应不低于 16.0 U；蚂蟥、柳叶蚂蟥应不低于 3.0 U。

2. **烫水蛭**　水分、总灰分、酸不溶性灰分、酸碱度、重金属及有害元素、黄曲霉毒素等的要求同水蛭。

【炮制作用】水蛭性味咸、苦，平；有小毒。归肝经。具有破血通经，逐瘀消癥的功效。水蛭生品有小毒，多入煎剂，以破血逐瘀为主。滑石粉炒后能降低毒性，质地酥脆，利于粉碎，多入丸散。

【临床应用】

1. **生水蛭** 以破血逐瘀为主。如治瘀滞癥瘕、经闭及跌打损伤、瘀滞疼痛的化癥回生丹（《温病条辨》）。

2. **滑石粉炒水蛭** 多入丸散。如治跌打损伤，内损瘀血，心腹疼痛，大便不通的夺命散（《济生方》）；治热入下焦与血瘀结滞引起的癥瘕痞块、胁腹胀满的抵当汤（《金匮要略》）。

【炮制研究】

1. **化学成分研究** 研究证明水蛭的活性成分可分为两大类：一类是直接作用于凝血系统的凝血酶抑制剂，以及其他抑制血液凝固的物质；第二类是蛋白抑制剂及其他活性成分，小分子肽类及蛋白酶等。水蛭加热炮制后，其抑制血液凝固物质如水蛭素等含量降低，故抗凝血活性降低，但同时也减小了毒性。

2. **药理作用研究** 生水蛭煎液小鼠灌胃具有显著延长凝血时间、出血时间和体内抗血栓作用；制水蛭煎液能使出血时间延长，对凝血时间和体内血栓形成无明显影响；烫水蛭对凝血时间、出血时间和体内血栓形成均无明显作用。

水蛭生品、烫品或制品（酒润麸制）均可纠正高脂血症大鼠血浆脂蛋白紊乱，生品并能降低实验性高脂血症小鼠的血清胆固醇含量。水蛭风干品、滑石粉烫制品、酒润麸制品均能够有效改善急性血瘀模型大鼠的血液流变学指标、延长凝血时间。

水蛭生品、烫品或制品（酒润麸制）对巴豆油诱发的小鼠耳廓肿胀均有显著抑制作用，均能明显减轻小鼠腹腔毛细血管的通透性，其作用强度烫品＞制品＞生品。

有研究表明，水蛭提取液在体外实验中能够抑制人视网膜母细胞瘤细胞的增殖、侵袭，并诱导细胞凋亡。

【贮藏养护】贮干燥容器内，密闭，置通风干燥处。防潮，防蛀。

知识拓展 11-16　酒炙水蛭

鱼　鳔

【来源】为石首鱼科动物大黄鱼 *Pseudosciaena crocea*（Richardson），小黄鱼 *Pseudosciaena polyactis* Bleeker 或鲟科动物中华鲟 *Acipenser sinensis* Gray、鳇鱼 *Huso dauricus*（Georgi）等的干燥鱼鳔。

【炮制方法】

1. **鱼鳔** 取原药材，除去杂质，刷去灰屑，微火烘软，切小方块或丝。

2. **炒鱼鳔** 取滑石粉或蛤粉置炒制容器内，用中火加热至灵活状态时，投入鱼鳔，翻炒至鼓起松泡，呈黄色时，取出，筛去滑石粉或蛤粉，放凉。

每 100 kg 鱼鳔，用滑石粉 40 kg。

【成品性状】

1. **鱼鳔** 为小方块状或不规则条状，黄白色或淡黄色，半透明角质样，质坚韧，气微腥，味淡。

2. **炒鱼鳔** 表面鼓胀发泡，黄色，质地酥脆，气微香。

【炮制作用】鱼鳔胶味甘、咸，性平。归肾经。具有补肾益精，滋养筋脉，止血，散瘀的功效。

炒制后降低滋腻之性，矫正腥臭味，使其质地酥脆，便于粉碎，利于制剂。临床多用其制品，用于肾虚滑精、吐血、血崩。如治肾虚气弱、阳痿不举、命门火衰、腰腿酸痛、精神疲倦、食欲不佳的三肾丸（《全国中药成药处方集》）及治肾水不足、阴虚血虚的鱼鳔丸（《集验良方拔萃》）。

【贮藏养护】贮干燥容器内，密闭，置通风干燥处。防霉，防蛀。

黄 狗 肾

【来源】为犬科动物黄狗 Canis familiaris Linnaeus 的干燥阴茎和睾丸。

【炮制方法】

1. **黄狗肾** 取原药材，用清水漂净，取出，干燥，置烘箱内烘软或置笼屉内蒸软，切薄片，干燥。

2. **滑石粉炒黄狗肾** 取滑石粉置炒制容器内，用中火加热至灵活状态时，投入净狗肾片，翻埋至鼓起松脆，呈焦黄色时，取出，筛去滑石粉，放凉。

每 100 kg 黄狗肾，用滑石粉 40 kg。

【成品性状】

1. **黄狗肾** 为圆柱状小段或圆形片状，黄棕色，有少许毛黏附，质地坚韧，有腥臭味。
2. **滑石粉炒黄狗肾** 呈黄褐色，质地松泡，腥臭味减弱。

【炮制作用】黄狗肾味咸，性温。归肾经。具有暖肾、壮阳、益精的功效。

炒后质地松泡酥脆，便于粉碎和煎煮，利于制剂，同时矫正其腥臭味，便于服用。

【贮藏养护】置通风干燥处，防霉，防蛀。

刺 猬 皮

【来源】为刺猬科动物刺猬 Erinaceus europaeus Linnaeus 或短刺猬 Hemiechinus dauricus Sundevall 的干燥外皮。

【炮制方法】

1. **刺猬皮** 取原药材，用碱水浸泡，将污垢洗刷干净，再用清水洗净，润透，剁成小方块，干燥。

2. **滑石粉炒刺猬皮** 取滑石粉置炒制容器内，用中火加热至灵活状态时，投入刺猬皮，拌炒至焦黄色、鼓起、皮卷曲、刺尖秃时，取出，筛去滑石粉、脱落焦刺及茸毛，放凉。

每 100 kg 刺猬皮，用滑石粉 40 kg。

【成品性状】

1. **刺猬皮** 为密生硬刺的不规则小块，外表面灰白色、黄色或灰褐色，皮内面灰白色，边缘有毛，质坚韧，有特殊腥臭气。

2. **滑石粉炒刺猬皮** 呈黄色，质地发泡，鼓起，刺体膨胀，刺尖秃，易折断，边缘皮毛脱落，呈焦黄色，皮部边缘向内卷曲，微有腥臭气味。

【炮制作用】刺猬皮性味苦，平。归胃、大肠经。具有止血行瘀、固精缩尿、止痛的功效。滑石粉烫后质地松泡酥脆，便于粉碎和煎煮，利于制剂，并能矫臭矫味。临床多用其炮制品。

【贮藏养护】贮干燥容器内，密闭，置通风干燥处。防霉，防蛀。

玳 瑁

【来源】 为海龟科动物玳瑁 *Eretmochelys imbricata*（Linnaeus）的干燥背甲。

【炮制方法】

1. **玳瑁** 取原药材，刷净，用温水浸软或蒸软，切成细丝，干燥或研成细粉。

2. **滑石粉炒玳瑁** 取滑石粉置炒制容器内，用文火加热至灵活状态，加入玳瑁，拌炒至表面微黄色、鼓起，取出，筛去滑石粉，放凉。

每 100 kg 玳瑁，用滑石粉 30~50 kg。

【成品性状】

1. **玳瑁** 呈不规则的细丝状，外表面淡黄棕色，光滑，内表面有白色沟纹，切面角质，对光照视可见紧密透明小点。质坚韧，易折断。气微腥，味淡。

2. **滑石粉炒玳瑁** 表面深黄色，鼓起，质脆，微具香气。

【炮制作用】 玳瑁性味甘，寒。归心、肝经。具有清热解毒、镇惊平肝的功效。经滑石粉炒后，质地酥脆，便于粉碎，并可除去腥气。玳瑁多生用。

【贮藏养护】 置通风干燥处。防霉、防蛀。

（张超、张春凤、董志颖）

复习思考题

1. 试述中药炒黄的操作要点和炮制目的。
2. 试述炒炭法炮制药物时的操作要点。
3. 试述麸炒法与砂炒法的区别。

数字资源详见　新形态教材网

- 课程思政案例
- 视频
- 知识拓展
- 推荐阅读
- 复习思考题答案
- 教学课件

第十二章

炙 法

思维导图

炮制辅料"醋"的历史演变与应用

中医认为醋性味酸苦、微温，具有收敛、解毒、散瘀止痛、消积聚之功效。在中医药领域中，历代医家从唐代开始就已达成共识，皆认为米醋且陈久者入药为最佳。

中药醋炙历史悠久，发展到今天，已有2200多年的历史。早在先秦时期《五十二病方》中便有记载："取商牢（商陆）渍醯（醋）中……"。相对而言，历代使用醋炙的饮片品种均较现代丰富。以《历代中药炮制资料辑要》一书所收载的文献为依据，唐以前有鳖甲等4种，唐代除鳖甲沿用醋炙以外，新增艾叶等19种；宋代除自然铜、大黄等8种药物沿用醋炙外，新增石灰、荜茇等152种；金元时期除当归、川大黄等29种药物沿用醋炙外，新增药物乌金石、大戟等23种；明代除鳖甲、阿魏等98种药物沿用醋炙外，新增药物牵牛、陈橘皮等130种；清代除赤铜屑、紫石英等72种药物沿用醋炙外，新增药物胡粉、郁金等63种。宋代广泛应用醋炙法，是发展较快的时期。

请对下列问题给予思考与分析：
试述炙法与加辅料炒法对药物作用的异同点。

将净选或切制后的药物，加入一定量的液体辅料拌炒，使辅料逐渐渗入药物组织内部的炮制方法称为炙法。

药物吸入液体辅料经炒制后在性味、功效、作用趋向、归经和理化性质方面均能发生变化，降低毒性，抑制偏性，增强疗效，矫臭矫味，使有效成分易于溶出，这些作用变化，使药物更好地发挥疗效。

炙法与加辅料炒法在操作方法上基本相似，但二者又有区别。加辅料炒法使用固体辅料，辅料与药物一起翻炒或掩埋，辅料具有传热介质的作用，有些可烟熏赋色，炒制完成后需要筛去辅料；而炙法则使用液体辅料，与药物一起拌匀闷润，辅料渗入药物内部。加辅料炒的温度较高，一般用中火或武火，在炒制容器内翻炒时间较短，药物表面颜色变黄或加深；炙法所用温度较低，一般用文火，在炒制容器内翻炒时间稍长，以药物炒干为度。

炙法根据所用辅料不同，分为酒炙、醋炙、盐炙、蜜炙、姜炙、油炙等方法。

第一节 酒 炙 法

将净选或切制后的药物，加入定量的黄酒拌炒至规定程度的方法，称为酒炙法。

酒，性大热，味甘辛，气味芳香，能升能散，具活血通络，祛风散寒，行药势，矫味矫臭的功效。

酒炙法多用于炮制活血散瘀类、祛风通络类功效的药物，以及动物类药物和性味苦寒的药物。

（一）目的

1. 改变药性，引药上行，如大黄、黄连、黄柏等。
2. 增强活血通络作用，如当归、川芎等。
3. 矫臭矫味，如乌梢蛇、蕲蛇、地龙等。

（二）操作方法

1. 先拌酒后炒药 将净选或切制后的药物与定量酒拌匀，稍闷润，待酒被吸尽后，置炒制容器内，用文火炒干，取出，晾凉。适用于质地坚实的根及根茎类药物，如黄连、川芎等。

2. 先炒药后加酒 将净选或切制后的药物，置炒制容器内，文火炒至一定程度，再边炒边喷洒定量的酒，炒干，取出晾凉。适用于质地疏松和易碎的药物，如五灵脂。

大多数药物采用第一种方法，因第二种方法不易使酒渗入药物内部，加热翻炒时，酒易迅速挥发，所以一般少用。

酒炙法选用黄酒为主，用量一般为每 100 kg 药物，用黄酒 10～20 kg。

（三）注意事项

1. 用酒拌润药物的过程中，容器上面应加盖，以免酒迅速挥发。
2. 若酒的用量较小，不易与药物拌匀时，可先将酒加适量水稀释后，再与药物拌润。
3. 药物酒炙时，火力多用文火，勤加翻动，将药物炒干，颜色加深即可。

黄　连

【导言】李时珍在《本草纲目》中，对于黄连不同炮制品的使用非常丰富，有生用、猪胆汁浸炒、醋浸炒、酒炒、姜汁炒、盐水或朴硝研细调水和炒、茱萸汤浸炒、干漆末调水炒、黄土研细调水和炒。可见炮制方法与炮制辅料不同均能改变黄连的性味，以适应临床不同病症变化所需。

【处方用名】黄连、川连、酒黄连、姜黄连、吴萸连、萸黄连。

【来源】为毛茛科植物黄连 Coptis chinensis Franch.、三角叶黄连 Coptis deltoidea C.Y. Cheng et Hsiao 或云连 Coptis teeta Wall. 的干燥根茎。

【采收加工】秋季采挖，除去须根和泥沙，干燥，撞去残留须根。

【历史沿革】唐代有炒法，宋代有酒炒、姜炒、蜜制、米泔制、麸炒、制炭、吴茱萸制、巴豆制等炮制方法，元代增加了土炒、童便制等法，明、清以后又增加了醋制、盐制、乳制、黄土姜酒蜜制、胆汁制、酒萸制等方法。现行有酒洗、酒拌、姜汁拌、吴茱萸拌、酒炒、醋炒、盐水炒等炮制方法。《中国药典》收载黄连片、酒黄连、姜黄连、萸黄连。

【炮制方法】

1. **黄连片**　除去杂质，润透后切薄片，晾干，或用时捣碎。

2. **酒黄连**　取黄连，加入定量黄酒拌匀，稍闷润，待酒被吸尽后，置炒制容器内，用文火加热，炒干，取出晾凉，筛去碎屑。

每 100 kg 黄连，用黄酒 12.5 kg。

3. **姜黄连**　取黄连，加入定量姜汁拌匀，稍闷润，待姜汁被吸尽后，置炒制容器内，用文火加热，炒干，取出晾凉，筛去碎屑。

每 100 kg 黄连，用生姜 12.5 kg，绞汁或煎汁。

4. **萸黄连**　取吴茱萸加适量水煎煮，去渣取汁，煎液与黄连拌匀，稍闷润，待药液被吸尽后，置炒制容器内，用文火加热，炒干，取出晾凉，筛去碎屑。

每 100 kg 黄连，用吴茱萸 10 kg。

知识拓展 12-1　黄连炮制及炮制意图

【成品性状】

1. **黄连片**　为不规则的薄片。外表皮灰黄色或黄褐色，粗糙，有细小的须根。切面或碎断面鲜黄色或红黄色，具放射状纹理，气微，味极苦。

图 12-1　黄连片

2. **酒黄连**　形如黄连片，色泽加深，略有酒香气。

图 12-2　酒黄连

3. **姜黄连**　形如黄连片，表面棕黄色，有姜的辛辣味。

图 12-3　姜黄连

4. **萸黄连**　形如黄连片，表面棕黄色，有吴茱萸的辛辣香气。

【质量要求】

1. **黄连片**　水分不得过 12.0%，总灰分不得过 3.5%；醇溶性浸出物不得少于 15.0%；含小檗碱不得少于 5.0%，含表小檗碱、黄连碱和巴马汀的总量不得少于 3.3%。

2. **酒黄连**　检查、浸出物、含量测定同黄连片。

3. **姜黄连** 检查、浸出物、含量测定同黄连片。

4. **萸黄连** 检查、浸出物、含量测定同黄连片。

【炮制作用】黄连味苦,性寒。归心、脾、胃、肝、胆、大肠经。具有清热燥湿,泻火解毒的功效。

黄连生用苦寒性较强,长于泻火解毒,清热燥湿。

酒炙黄连能引药上行,缓其寒性,善清头目之火。

姜炙黄连缓和其过于苦寒之性,并增强其止呕作用,以治胃热呕吐为主。

吴茱萸制黄连抑制其苦寒之性,使黄连寒而不滞,以清气分湿热,散肝胆郁火为主。用于治湿热瘀滞肝胆、嘈杂吞酸,积滞内阻,生湿蕴热,胸脘痞满,泄泻或下痢等。

【临床应用】

1. **黄连** 用于肠胃湿热所致的腹泻、痢疾、呕吐、热病,热盛火炽,壮热烦躁,神昏谵语,吐血、衄血,疔疮肿毒,口舌生疮,耳道流脓等证。如与黄芩、黄柏配伍,治三焦火毒热盛证的黄连解毒汤(《外科正宗》)。

2. **酒黄连** 与天花粉配伍,如治目赤肿痛、口舌生疮的黄连天花粉丸(《证治准绳》)。

3. **姜黄连** 与竹茹配伍,如治胃热、烦渴呕吐的黄连竹茹汤(《增补万病回春》)。

4. **萸黄连** 与木香配伍,如治积滞内阻,胁肋胀痛,下痢脓血的大香连丸(《太平惠民和剂局方》)。

【炮制研究】

1. **化学成分研究** 黄连主要含生物碱类成分,包括小檗碱、黄连碱、掌叶防己碱、药根碱、甲基黄连碱、木兰花碱等。其中小檗碱、黄连碱为主要药效成分,具有抗炎、抗菌等作用。黄连中的主要有效成分小檗碱等易溶于水,在热水中溶解度更高。实验证明,黄连切制时,宜在水温较低时进行,并尽量减少在水中的浸润时间,否则易损失药效。目前黄连生用时多在用前捣碎,以避免在切制过程中成分的流失。黄连经酒炮制后,主要化学成分小檗碱、巴马汀、药根碱的溶出率增加,煎液中的实际含量比生品高。

2. **药理作用研究** 黄连经酒、姜汁、吴茱萸汁炮制后,仍有不同程度的抗菌活性,且均出现了炮制前未有的对铜绿假单胞菌的抑制作用。此外,黄连经姜汁制后对变形杆菌的抑制作用增强,并优于其他炮制品。

3. **炮制工艺研究** 以小檗碱、表小檗碱、黄连碱、巴马汀 4 种生物碱的含量总和,以及乙醇浸膏得率和炮制品外观性状作为评价指标,确定料液比 12∶1(g/g)、闷润 75 min、100℃下炒 7 min 为酒炙黄连的最佳炮制工艺。

【贮藏养护】置通风干燥处。

大　黄

【导言】大黄在明代张景岳的《景岳全书》中,被推崇为"药中四维"之一,特点是主攻,破,凉通,如将军可急下荡涤一切积滞。但是也是因为大黄泻下作用峻烈,年老、体弱、久病患者难以承受,需要通过炮制或配伍缓和泻下作用避免损伤正气。

【处方用名】大黄、生大黄、川军、酒军、酒大黄、醋大黄、熟军、熟大黄、大黄炭。

【来源】为蓼科植物掌叶大黄 *Rheum palmatum* L.、唐古特大黄 *Rheum tanguticum* Maxim. ex Balf. 或药用大黄 *Rheum officinale* Baill. 的干燥根和根茎。

【采收加工】秋末茎叶枯萎或次春发芽前采挖,除去细根,刮去外皮,切瓣或段,绳穿成串干燥或直接干燥。

【历史沿革】汉代有炮熟、酒洗、酒浸、蒸制等法,唐代有炒、制炭、醋煎制、湿纸裹煨等法,宋代增加了九蒸九暴干、酒浸炒、蜜焙、醋炒、姜制、湿纸裹蒸、酒蒸、醋蒸、麸煨蒸、童便制、米泔浸等法,明、清又增加了酒煮、醋煨、黄连吴萸制等法。现行有酒炙、酒蒸、清蒸、加酒、蜜煮制、醋炙、炒炭等炮制方法。《中国药典》收载大黄、酒大黄、熟大黄、大黄炭。

【炮制方法】

1. **大黄** 取原药材,除去杂质,大小分开,洗净,捞出,淋润至软后,切厚片或小方块,晾干或低温干燥。

2. **酒大黄** 取大黄,用黄酒拌匀,闷润,待酒被吸尽后,置炒制容器内,用文火炒干,色泽加深,取出晾凉,筛去碎屑。

每 100 kg 大黄,用黄酒 10 kg。

3. **熟大黄** 取大黄,用黄酒拌匀,闷润至酒被吸尽,装入蒸制容器内,炖约 24~32 h;或不加酒清蒸,至大黄内外均呈黑色时,取出,干燥。

每 100 kg 大黄,用黄酒 30 kg。

4. **大黄炭** 取大黄,置炒制容器内,用武火加热,炒至外表呈焦黑色,内部焦褐色,取出晾凉,筛去碎屑。

5. **醋大黄** 取大黄,用醋拌匀,闷润,待醋被吸尽后,置炒制容器内,用文火加热,炒干,取出晾凉,筛去碎屑。

每 100 kg 大黄,用醋 15 kg。

6. **清宁片** 取大黄加水煮烂后,加入黄酒(100:30)搅拌,再煮成泥状,取出晒干后粉碎,过 100 目筛后再与黄酒、炼蜜混合成团块状,置蒸制容器内蒸透,取出揉搓成直径为 14 mm 圆条,50~55℃低温烘至七成干时,闷约 10 天,至内外湿度一致,手摸有挺劲,切厚片,晾干。

每 100 kg 大黄,用黄酒 75 kg,炼蜜 40 kg。

知识拓展12-2　医圣用大黄

【成品性状】

1. **大黄** 呈不规则类圆形厚片或块,大小不等。外表皮黄棕色或棕褐色,有纵皱纹及疙瘩状隆起。切面黄棕色至淡红棕色,较平坦,有明显散在或排列成环的星点,有空隙。

图12-4　大黄

2. **酒大黄** 形如大黄片,表面深棕黄色,有的可见焦斑。微有酒香气。

图12-5　酒大黄

3. **熟大黄** 呈不规则的块片,表面黑色,断面中间隐约可见放射状纹理,质坚硬,气微香。

图12-6　熟大黄

4. **大黄炭** 形如大黄片,表面焦黑色,内部深棕色或焦褐色,具焦香气。

图12-7　大黄炭

5. **醋大黄** 深棕色或棕褐色,内部浅棕色,略具醋气。

6. **清宁片** 圆形厚片,乌黑色,有香气,味微苦甘。

【质量要求】

1. **大黄** 水分不得过 13.0%,总灰分不得过 10.0%,水溶性浸出物不得少于 25.0%,含总蒽醌以芦荟大黄素、大黄酸、大黄素、大黄酚和大黄素甲醚的总量计，不得少于1.5%；含游离蒽醌以芦荟大黄素、大黄酸、大黄素、大黄酚和大黄素甲醚的总量计，不得少于0.35%。

2. **酒大黄** 检查、浸出物同大黄；总蒽醌同大黄，游离蒽醌不得少于0.50%。

3. **熟大黄** 检查、浸出物同大黄；总蒽醌同大黄，游离蒽醌同酒大黄。

4. **大黄炭** 检查、浸出物同大黄。总蒽醌不得少于0.90%，游离蒽醌同酒大黄。

【炮制作用】大黄性味苦，寒。归脾、胃、大肠、肝、心包经。具有泻下攻积、清热泻火，凉血解毒，逐瘀通经，利湿退黄的功效。

生大黄苦寒沉降，气味重浊，走而不守，直达下焦，泻下作用峻烈，长于攻积导滞，泻火解毒。

酒大黄苦寒泻下作用稍缓，并借酒升提之性，引药上行，善清上焦血分热毒。

熟大黄泻下力缓，减轻了腹痛的副作用，并增强活血祛瘀的功效。

大黄炭泻下作用极微，长于凉血化瘀止血。

醋大黄泻下作用减弱，以消积化瘀为主。

清宁片泻下作用缓和，具缓泻而不伤气，逐瘀而不败正之功。

【临床应用】

1. **大黄** 用于实热积滞便秘，血热吐衄，目赤咽肿，痈肿疔疮，肠痈腹痛，瘀血经闭，产后瘀阻，跌扑损伤，湿热痢疾，黄疸尿赤，淋证，水肿；外治烧烫伤。与厚朴、枳实、芒硝配伍，如治热结便秘，潮热谵语的大承气汤（《伤寒论》）；与姜黄、黄柏配伍，治疮疡肿毒或烧、烫伤的金黄散（《外科精义》）。

2. **酒大黄** 用于目赤咽肿，齿龈肿痛。如治眼暴热痛，头肿起的大黄汤（《圣济总录》）。

3. **熟大黄** 用于治疗瘀血内停、腹部肿块、月经停闭。如治瘀血内停、腹部肿块、月经停闭的大黄䗪虫丸（《金匮要略方论》）。

4. **大黄炭** 用于血热有瘀出血症。如治大肠有积滞的大便出血的十灰散（《十药神书》）。

5. **醋大黄** 用于食积痞满，产后瘀停，癥瘕癖积。如治小儿食积痞闷疼痛或妇人气滞经闭不通的三棱煎丸（《卫生宝鉴》）。

6. **清宁片** 用于饮食停滞，口燥舌干，大便秘结之年老、体弱、久病患者，可单用。

> 知识拓展 12-3 大黄不同炮制品在复方中的应用

【炮制研究】

1. **化学成分研究** 大黄中含游离型和结合型蒽醌类衍生物，还含鞣质类、二苯乙烯苷类、苯酚苷类和苯丁酮类成分等。大黄炮制后泻下作用缓和与番泻苷和结合型蒽醌成分含量降低有关。研究表明：大黄经酒炒其含量略有降低；大黄经蒸、炖后其含量减少，其中结合型大黄酸显著减少，番泻苷仅余微量；大黄炒炭后，其结合型大黄酸大量破坏，但仍保留少量的各型蒽醌类衍生物，番泻苷已不存在。

大黄炭中止血有效成分大黄酚和大黄素–6–甲醚含量分别约为生大黄的2.7倍和4.1倍，大黄炒炭后止血作用增强与这两种成分的含量增加有关。大黄鞣质类成分含量为10%~30%，酒炒大黄下降约18%，熟大黄降低50%，大黄炭减少近80%。一制到九制大黄多糖含量随炮制次数的增加而升高，鞣质含量呈下降趋势，但六制和九制大黄的多糖和鞣质含量相近。

2. **药理作用研究** 酒炒大黄泻下效力比生品降低30%，熟大黄（酒炖）、清宁片降低95%，大黄炭无泻下作用。通过胃肠激素和肠神经递质调控作用对比，也发现生大黄对正常小鼠和热结便秘模型小鼠均有明显的泻下效应，而熟大黄无泻下作用，两者存在明显差异，这个可能是大黄"生泻熟缓"作用机制之一。

生大黄、熟大黄、酒大黄、大黄炭均具有解热作用，其中生大黄与酒大黄的解热作用强于熟大黄与大黄炭。大黄生品和制品煎剂对金黄色葡萄球菌、铜绿假单胞菌、痢疾杆菌、伤寒杆菌、大肠杆菌等菌种均有一定抑制作用，为治疗肠伤寒、烧伤、烫伤等细菌感染疾病提供了科学依据。酒炒大黄消炎作用与生大黄近似，熟大黄、大黄炭消炎作用减弱，但熟大黄可消除生大黄引起的腹痛、恶心、呕吐等胃肠道反应，炮制可减弱生大黄抑制胃酸分泌和消化酶活性的作用，因此熟大黄、大黄炭、清宁片"苦寒败胃"的副作用消失或缓和。

通过比较大黄不同炮制品对活血化瘀作用的影响，发现除大黄炭组外，大黄、酒大黄、熟大黄对血瘀大鼠均有一定的活血作用，但对活血化瘀各指标的作用各有不同，体现出了中药多成分通过多部位、多靶点产生多效应的作用特点。

近年来有大黄成分对机体肝肾功能有不良影响的报道，认为长期应用可能引起肝肾损伤。研究表明：大黄中所含成分与肝肾毒性的相关性顺序为：总结合蒽醌＞总鞣质＞总游离蒽醌；研究结果提示炮制可降低肝肾毒性，其机制与结合蒽醌和鞣质类成分的含量下降有关，其中游离和结合态的芦荟大黄素和大黄素甲醚与毒性相关性最强。

【贮藏养护】置通风干燥处，防蛀。

当　归

【导言】当归入药，历史悠久，早在中国第一部药学专著《神农本草经》中就有记载，许多传统的中药方剂中大都离不了当归，故有"十方九归"之说。当归具有调血补血之功，一直被认为是妇科第一要药，人称血中圣药，甚至被尊为药王。与熟地黄、白芍、川芎共同组成补血养血经典方四物汤。

【处方用名】当归、归头、归身、归尾、全当归、酒当归、土炒当归、当归炭。

【来源】为伞形科植物当归 Angelica sinensis (Oliv.) Diels 的干燥根。

【采收加工】秋末采挖，除去须根和泥沙，待水分稍蒸发后，捆成小把，上棚，用烟火慢慢熏干。或晾晒，或低温烘干。

【历史沿革】南齐有炒法，唐代有酒浸等法，宋代有酒洗、酒润、米拌炒、酒拌、酒炒、醋炒等法，明清增加了酒蒸、酒煮、童便制、盐水炒、姜汁浸、姜汁炒、米泔浸炒、土炒、制炭、黑豆汁制、吴茱萸制、芍药汁制等法。现行有酒炙、土炒、炒黄、炒炭等炮制方法。《中国药典》收载当归、酒当归。

当归的头、身、尾可分别入药，古人认为归头止血而上行、归梢破血而下行、归身养血而中守、全当归活血而不走。

【炮制方法】

1. **当归（全当归）**　取原药材，除去杂质，洗净，润透，切薄片，晒干或低温干燥。

2. **酒当归**　取当归，用黄酒拌匀，闷润，待酒被吸尽后，置炒制容器内，用文火加热，炒至深黄色，取出晾凉，筛去碎屑。

每 100 kg 当归，用黄酒 10 kg。

3. **土炒当归**　将灶心土置炒制容器内，用中火加热至土呈灵活状态时，投入当归，炒至当归上粘满细土时，取出，筛去土，晾凉。

每 100 kg 当归，用灶心土 30 kg。

4. **当归炭** 取当归，置炒制容器内，用中火加热，炒至微黑色，取出晾凉，筛去碎屑。

【成品性状】

1. **当归** 为类圆形、椭圆形或不规则薄片。外表皮浅棕色至棕褐色，切面浅棕黄色或黄白色，平坦，有裂隙，中间有浅棕色的形成层环，并有多数棕色的油点，香气浓郁，性味甘、辛、微苦。

图 12-8 当归

2. **酒当归** 形如当归片。切面深黄色或浅棕黄色，略有焦斑。香气浓郁，并略有酒香气。

图 12-9 酒当归

3. **土炒当归** 土黄色，具土香气。

4. **当归炭** 表面黑褐色，内部灰棕色，质枯脆，气味减弱，并带涩味。

【质量要求】

1. **当归** 水分不得过 15.0%，总灰分不得过 7.0%，酸不溶性灰分不得过 2.0%，醇溶性浸出物不得少于 45.0%。

2. **酒当归** 水分不得过 10.0%，总灰分不得过 7.0%，酸不溶性灰分不得过 2.0%，醇溶性浸出物不得少于 50.0%。

【炮制作用】 当归性味甘、辛，温。归肝、心、脾经。具有补血活血，调经止痛，润肠通便的功效。

当归生品质润，长于补血活血，调经止痛，润肠通便。

酒炙当归增强活血通经的作用。

土炒当归增强入脾补血作用，又不致滑肠。

当归炒炭后，以止血和血为主。

知识拓展 12-4 当归炮制品在经典名方中的应用

【临床应用】

1. **当归** 用于血虚萎黄，眩晕心悸，月经不调，经闭痛经，虚寒腹痛，风湿痹痛，跌扑损伤，痈疽疮疡，肠燥便秘。如治血虚烦躁的当归补血汤（《兰室秘藏》），治痔漏及脱肛便血的连归丸（《医学入门》）。

2. **酒当归** 用于经闭痛经，风湿痹痛，跌打损伤。如治血虚血瘀，崩中漏下的桃红四物汤（《太平惠民和剂局方》）。

3. **土炒当归** 用于血虚便溏，腹中时痛的患者。如治产后虚羸不足，腹中隐痛的当归建中汤（《千金翼方》）。

4. **当归炭** 用于崩中漏下，月经过多。如治妇女胎动不安，月经过多或崩中漏下的当归散（《儒门事亲》）。

【炮制研究】

1. **化学成分研究** 当归的头、身、尾挥发油含量、比重、折光率、含糖量、旋光度、水分及灰分均无明显差别，微量元素的含量有差异，归头中钙、铜、锌含量高，归身中铜含量高，归尾中钾、铁含量高；挥发油含量，归尾比归头高，挥发油中藁本内酯含量以归尾中最低；具有抗血栓作用的阿魏酸含量以归尾最高，归身次之，归头最低，这与传统经验认为归尾破血的观点似相吻合。

当归随炮制温度升高，阿魏酸含量降低。酒炙后水溶物含量增加，阿魏酸几乎无降低，与其他炮制品比较其鞣质最少。土炒后鞣质为生品的 1.4 倍，水、醇浸出物及阿魏酸稍有降低。制炭后鞣质升高为生品的 2 倍，其他成分降低。

当归及炮制品中的还原糖和水溶性糖的含量依次为：酒炒当归＞生当归＞清炒当归＞土炒当归＞当归炭。水溶性粗多糖含量依次为：酒炒当归＞生当归＞土炒当归＞清炒当归＞当归炭。

2. 药理作用研究　当归对子宫有双向性调节作用，其水溶性和醇溶性成分能兴奋子宫平滑肌，高沸点挥发油能抑制子宫平滑肌，当归头、身、尾三种煎剂均有明显兴奋家兔子宫平滑肌的作用。当归具有一定清除氧自由基能力，当归不同炮制品加抗坏血酸后对清除氧自由基有协同作用，炒当归、酒当归的协同作用高于生当归、当归炭、焦当归。与甘露醇合用时，仅有生当归、炒当归与酒当归对羟自由基表现协同作用，焦当归与当归炭协同作用不明显，说明炮制品本身对不同氧自由基的清除敏感性不同。

【贮藏养护】置阴凉干燥处，防潮，防蛀。

川　芎

【导言】川芎是中医临床治疗头痛的要药，亦被誉为"血中气药"。有关头痛的治疗中"川芎－白芷"为核心配伍，临床应用较多，如都梁丸、川芎茶调散中均以"川芎－白芷"配伍，李东垣亦云："头痛须用川芎，如不愈，各加引经药，太阳羌活，阳明白芷……"。中医临床用药除了复方配伍，辅料炮制亦可起到引经作用，川芎酒炙可引药上行，宣行药势，增强活血行气止痛作用。

【处方用名】川芎、酒川芎。

【来源】为伞形科植物川芎 Ligusticum chuanxiong Hort. 的干燥根茎。

【采收加工】夏季当茎上的节盘显著突出，并略带紫色时采挖，除去泥沙，晒后烘干，再去须根。

【历史沿革】唐代有熬制法，宋代有微炒、醋炒、米泔水浸、焙制、煅制、酒炒等法，元代增加了米水炒、茶水炒、童便浸等法，明、清又增加了清蒸、盐水煮、盐酒炙、煅炭、蜜炙、药汁制等法。现行有酒炙、麸炒、清蒸、清炒等炮制方法。《中国药典》收载川芎。

【炮制方法】

1. **川芎**　取原药材，除去杂质，大小分开，略泡，洗净，润透，切厚片，干燥。

2. **酒川芎**　取净川芎，用黄酒拌匀，闷润，待酒被吸尽后，置炒制容器内，用文火加热，炒至棕黄色，取出晾凉，筛去碎屑。

每 100 kg 川芎，用黄酒 10 kg。

知识拓展 12-5　酒麸炒川芎

【成品性状】

1. **川芎**　为不规则厚片，外表皮灰褐色或褐色，有皱缩纹。切面黄白色或灰黄色，具有明显波状环纹或多角形纹理，散生黄棕色油点。质坚实。气浓香，味苦、辛，微甜。

图 12-10　川芎

2. **酒川芎**　棕黄色，偶见焦斑，质坚脆，略具酒气。

图 12-11　酒川芎

【质量要求】含水分不得过 12.0%，总灰分不得过 6.0%，酸不溶性灰分不得过 2.0%，醇溶性浸出物不得少于 12.0%，含阿魏酸不得少于 0.10%。藁本内酯（$C_{12}H_{14}O_2$）不得少于 0.60%。重金属及有害元素参照铅、镉、砷、汞、铜测定法（通则 2321）测定，铅不得过 5 mg/kg，镉不得过 1 mg/kg，砷不得过 2 mg/kg，汞不得过 0.2 mg/kg，铜不得过 20 mg/kg。

【炮制作用】川芎性味辛，温。归肝、胆、心包经。具有活血行气，祛风止痛的功效。

川芎生品长于活血行气、祛风止痛。

酒炙川芎能引药上行，增强活血行气止痛作用。

【临床应用】

1. 川芎　临床多生用，用于胸痹心痛，胸胁刺痛，跌扑肿痛，月经不调，经闭痛经，癥瘕腹痛，头痛，风湿痹痛。如治冲任虚寒，月经不调的温经汤（《金匮要略方论》）；治风邪头痛的川芎茶调散（《太平惠民和剂局方》）。

2. 酒川芎　用于血瘀头痛，偏头痛，风寒湿痛，产后瘀阻腹痛等。如治血瘀头痛的通窍活血汤（《医林改错》）。

【炮制研究】川芎炮制品中总生物碱含量依次为，醋炙＞酒炙＞生品；川芎嗪含量依次为，醋炙＞生品＞酒炙；挥发油含量依次为，生品＞酒炙品＞醋炙品＞炒黄品＞酒煮品；水煎液中阿魏酸含量依次为，酒炙品＞酒煮品＞炒黄品＞醋炙品＞生品。酒川芎水煎液中铁、锰、锂、镍、钴等含量增加，铜、铬含量减少；炒品水煎液中铁、锰、锂、钴、钒含量增加，锌、铜、铬、镍含量减少。

黄酒炙、白酒炙川芎水煎液和生川芎醇提液有明显降低全血黏度、血浆黏度、血细胞比容、血沉红细胞聚集指数等作用。

【贮藏养护】置阴凉干燥处，防蛀。

白　芍

【导言】在樟帮传统炮制中，白芍的手工切制，是用于刀法表演的常见项目。樟帮老药工丁社如，用手工切药刀可将一寸长的白芍在 3 min 内切制成完整饮片 360 片，获得上海大世界基尼斯纪录"手工切制中药饮片数量之最"。

【处方用名】白芍、炒白芍、酒白芍、醋白芍、土炒白芍。

【来源】为毛茛科植物芍药 Paeonia lactiflora Pall. 的干燥根。

【采收加工】夏、秋二季采挖，洗净，除去头尾和细根，置沸水中煮后除去外皮或去皮后再煮，晒干。

【历史沿革】汉代收载切，南北朝时期有蜜水拌蒸，唐代有熬令黄等法，宋代增加了微炒、炒焦、焙制、煮制、酒炒等法，元代增加了酒浸、酒制、炒炭、米水浸炒等法，明、清又增加了酒蒸、米炒、土炒、煨制、煅炭、醋炒等法。现行有炒黄、炒炭、麸炒、土炒、酒炙、醋炙等炮制方法。《中国药典》收载白芍、炒白芍、酒白芍。

【炮制方法】

1. 白芍　取原药材，除去杂质，大小条分开，洗净，润透，切薄片，干燥。

2. 炒白芍　取白芍，置炒制容器内，用文火加热，炒至微黄色，取出晾凉，筛去碎屑。

3. 酒白芍　取白芍，用黄酒拌匀，闷润，待酒被吸尽后，置炒制容器内，用文火加热，炒干，取出晾凉，筛去碎屑。

每 100 kg 白芍，用黄酒 10 kg。

视频12-1 酒白芍的炮制

知识拓展12-6 白芍炮制方法及炮制意图

【成品性状】

1. 白芍 呈类圆形的薄片。表面淡棕红色或类白色。切面微带棕红色或类白色，形成层环明显，可见稍隆起的筋脉纹呈放射状排列。气微，味微苦、酸。

图12-12 白芍

2. 炒白芍 形如白芍片，表面微黄色或淡棕黄色，有的可见焦斑。气微香。

图12-13 炒白芍

3. 酒白芍 形如白芍片，表面微黄色或淡棕黄色，有的可见焦斑。微有酒香气。

图12-14 酒白芍

【质量要求】

1. 白芍 含水分不得过14.0%，总灰分不得过4.0%，二氧化硫残留量不得过400 mg/kg，水溶性浸出物不得少于22.0%，含芍药苷不得少于1.2%。

2. 炒白芍 含水分不得过10.0%，总灰分不得过4.0%，二氧化硫残留量不得过400 mg/kg，浸出物和含量测定同白芍。

3. 酒白芍 检查、含量测定同白芍，水溶性浸出物不得少于20.5%。二氧化硫残留量同白芍。

【炮制作用】白芍性味苦、酸，微寒。归肝、脾经。具有养血调经，敛阴止汗，柔肝止痛，平抑肝阳的功效。

生品养血调经止痛，敛阴止汗。

炒白芍寒性缓和，以养血和营，敛阴止汗为主。

酒炙白芍降低酸寒伐肝之性，入血分，善于调经止血，柔肝止痛。

【临床应用】

1. 白芍 用于头痛眩晕，胁痛，腹痛，四肢挛痛，血虚萎黄，月经不调，自汗，盗汗。如治积热不散，目赤肿痛的泻肝汤（《圣济总录》）。

2. 炒白芍 用于血虚萎黄，腹痛泄泻，自汗盗汗。如治肝旺脾虚致肠鸣腹痛、泄泻的痛泻要方（《景岳全书》）。

3. 酒白芍 用于肝郁血虚，胁痛腹痛，月经不调，四肢挛痛。产后腹痛尤须酒炙。如用于妇女体弱血虚，月经不调的妇科白凤片（《部颁标准》）。

【炮制研究】

1. 化学成分研究 白芍中含芍药苷、白芍苷、没食子酰芍药苷、邻苯三酚、没食子酸、没食子酸甲酯、没食子酸乙酯、儿茶素、蔗糖等。芍药苷可扩张血管、镇痛镇静、抗炎、抗溃疡、解热解痉，同时还有利尿的作用；氧化芍药苷可以抗氧化，没食子酸有收敛、止泻的功效；芍药内酯苷除了有镇痛、镇静、抗炎、抗惊厥和抗病原微生物的作用外，还具有护肝的作用，同时对免疫系统和平滑肌也有一定的作用。

白芍炮制后，芍药苷、丹皮酚、总氨基酸、苯甲酸含量均有不同程度降低。芍药苷含量依次为：生白芍＞焦白芍＞醋炒白芍＞酒炒白芍＞土炒白芍；苯甲酸含量以酒炒白芍最低，其他炮制品差异不大，且炮制后均较生品低；以醋炒白芍重金属铅、镉含量最低。

白芍炒至浅黄、黄、棕色时的芍药苷含量分别为0.94%、0.82%、0.55%，随颜色变深芍药苷含量显著降低，表明白芍炒制程度与芍药苷含量存在相关性。

2. **药理作用研究** 白芍5种炮制品的水煎液均能使离体兔肠自发性收缩活动的振幅加大，以醋炙品作用最强；生品对氯化钡引起的兔肠收缩加强有明显的拮抗作用，其他炮制品作用不明显；清炒品、酒炒品、醋炒品对肾上腺素引起的肠管活动抑制均有不同程度的拮抗作用，以醋炙品拮抗作用最为明显，生品和麸炒品作用不明显；白芍炮制品镇痛作用较生品明显。在芍药甘草汤中，醋炒白芍较其他炮制品有最为显著的镇痛作用。

【贮藏养护】置干燥处，防蛀。

赤 芍

【来源】为毛茛科植物芍药 *Paeonia lactiflora* Pall. 或川赤芍 *Paeonia veitchii* Lynch 的干燥根。

【炮制方法】

1. **赤芍** 取原药材，除去杂质，分开大小，洗净，润透，切厚片，干燥。

2. **酒赤芍** 取赤芍，用黄酒拌匀，闷润，待酒被吸尽后，置炒制容器内，用文火加热，炒干，取出晾凉，筛去碎屑。

每 100 kg 赤芍，用黄酒 12 kg。

【成品性状】

1. **赤芍** 为类圆形切片，外表皮棕褐色。切面粉白色或粉红色，皮部窄，木部放射纹理明显，有的有裂隙。

2. **酒赤芍** 表面微黄色，微有酒气。

【炮制作用】赤芍苦，微寒。归肝经。具有清热凉血，散瘀止痛的功效。

生品以清热凉血力胜，用于血热发斑、吐血、衄血不止、血崩带下，肝热目赤肿痛，痈肿疮疡。如治热入血分的犀角地黄汤（《备急千金要方》）。

酒赤芍缓和寒性，增强活血散瘀之效。用于经闭腹痛，跌打损伤，胸胁痹痛，癥瘕腹痛等。如治胸胁疼痛的赤芍药丸（《太平圣惠方》）。

【贮藏养护】置通风干燥处。

丹 参

【导言】丹参在《神农本草经》中位列上品，明代医家李时珍在《本草纲目》中释名，曰："五参五色配五脏。故人参入脾曰黄参，沙参入肺曰白参，玄参入肾曰黑参，牡蒙入肝曰紫参，丹参入心曰赤参"。从颜色的归属可以判断丹参的基本功效，由此可见中药炮制与中医药传统理论之间存在着密切的关系，它们相互依存、相互影响，共同构成了中医药学的重要组成部分。

【处方用名】丹参、酒丹参。

【来源】为唇形科植物丹参 *Salvia miltiorrhiza* Bge. 的干燥根和根茎。

【采收加工】春、秋二季采挖，除去泥沙，干燥。

【历史沿革】唐代收载有"熬令紫色"，宋代有炒制、炙制、焙制等法，明、清增加了酒洗、酒浸、酒炒、酒蒸、猪心拌炒等法。现行有猪心血拌、清炒、炒炭、酒炙、醋炙等炮制方法。《中国药典》收载丹参、酒丹参。

【炮制方法】

1. **丹参** 取原药材，除去杂质及残茎，洗净，润透，切厚片，干燥。

2. **酒丹参** 取丹参，用黄酒拌匀，稍润，待酒被吸尽后，置炒制容器内，用文火加热，炒干，取出晾凉，筛去碎屑。

每 100 kg 丹参，用黄酒 10 kg。

知识拓展 12-7　猪心血拌丹参

【成品性状】

1. **丹参**　呈类圆形或椭圆形的厚片。外表皮棕红色或暗棕红色，粗糙，具纵皱纹。切面有裂隙或略平整而致密，有的呈角质样，皮部棕红色，木部灰黄色或紫褐色，有黄白色放射状纹理。气微，味微苦涩。

图 12-15　丹参

2. **酒丹参**　形如丹参片，表面红褐色，略具酒香气。

图 12-16　酒丹参

【质量要求】

1. **丹参**　含水分不得过 13.0%，总灰分不得过 10.0%，酸不溶性灰分不得过 2.0%，水溶性浸出物不得少于 35.0%，醇溶性浸出物不得少于 11.0%。

2. **酒丹参**　水分不得过 10.0%，总灰分不得过 10.0%，水溶性浸出物不得少于 35.0%，醇溶性浸出物不得少于 11.0%。

【炮制作用】丹参性味苦，微寒。归心、肝经。丹参生品长于祛瘀止痛，活血通经，清心除烦，凉血消痈。

丹参酒炙后可缓和寒凉之性，增强活血祛瘀、调经止痛之功。

【临床应用】

1. **丹参**　临床多生用。用于月经不调，经闭痛经，癥瘕积聚，胸腹刺痛，热痹疼痛，疮疡肿痛，心烦不眠，肝脾肿大，心绞痛。如治半虚半实型心腹诸痛的丹参饮（《医学金针》）。

2. **酒丹参**　用于月经不调，血滞经闭，恶露不下，心胸疼痛，癥瘕积聚，风湿痹痛。如治气血凝滞，心胸疼痛的活络效灵丹（《医学衷中参西录》）。

【炮制研究】

1. **化学成分研究**　丹参炮制后，内含成分种类未发生变化。水浸泡和闷润过程都容易造成丹参中总酚类和原儿茶醛损失。经酒、醋等辅料炮制后，均能提高丹参水溶性总酚浸出量，但原儿茶酚醛含量均有不同程度下降。

2. **药理作用研究**　丹参生品、酒炙品对谷丙转氨酶升高有显著的降低作用，且以生品为优，醋炒丹参作用不显著。黄酒与白酒炙丹参及丹参均可显著降低血小板黏附与聚集，延长凝血酶原时间、凝血酶时间、凝血活酶时间，白酒制较黄酒制好。丹参不同炮制品水提物对小鼠耳廓微循环作用的强弱顺序是：白酒炙丹参＞黄酒炙丹参＞生丹参。炒丹参和酒丹参的抗菌活性明显增强，而丹参炭的抗菌活性明显减弱，但仍具有一定的抗菌活性。

【贮藏养护】置干燥处。

益 母 草

【导言】据《经效产宝》记载，益母草活血祛瘀、调经消水。治疗妇女月经不调，胎漏难产，胞衣不下，产后血瘀腹痛，崩中漏下，尿血、泻血，痈肿疮疡。益母草因其妇科多用，故有"益母"之名。益母草药效显著，但在临床上孕期一般是禁用益母草的。系统学习益母草相关知识，分析益母草临床应用的功效与禁忌。

【处方用名】益母草、酒益母草。

【来源】为唇形科植物益母草 Leonurus japonicus Houtt. 的新鲜或干燥地上部分。

【采收加工】鲜品春季幼苗期至初夏花前期采割；干品夏季茎叶茂盛、花未开或初开时采割，晒干，或切段晒干。

【历史沿革】宋代有烧灰存性法，明、清增加了醋制、炒制、炒炭、蜜炙、酒蒸等法。现行有酒炙、炒炭、蒸制等炮制方法。《中国药典》收载鲜益母草和干益母草。

【炮制方法】

1. **鲜益母草** 除去杂质，迅速洗净。

图 12-17　鲜益母草

2. **干益母草** 取原药材，除去杂质，迅速洗净，略润，切段，干燥。

3. **酒益母草** 取干益母草，用黄酒拌匀，闷润，待酒被吸尽后，置炒制容器内，用文火加热，炒干，取出晾凉，筛去碎屑。

每 100 kg 益母草，用黄酒 15 kg。

知识拓展 12-8　制益母草

【成品性状】

1. **干益母草** 呈不规则的段。茎方形，四面凹下成纵沟，灰绿色或黄绿色。切面中部有白髓。叶片灰绿色，多皱缩、破碎。轮伞花序腋生，花黄棕色，花萼筒状，花冠二唇形。气微，味微苦。

图 12-18　干益母草

2. **酒益母草** 颜色加深，偶见焦斑，略具酒气。

【质量要求】

干益母草 水分不得过 13.0%，总灰分不得过 11.0%，水溶性浸出物不得少于 12.0%，含盐酸水苏碱不得少于 0.40%，含盐酸益母草碱不得少于 0.040%。

【炮制作用】益母草性味苦、辛，微寒。归肝、心包、膀胱经。具有活血调经，利尿消肿的功效。

酒炙后缓和其寒性，增强活血祛瘀、调经止痛的作用。

【临床应用】

1. **益母草** 临床多生用。用于月经不调，痛经，经闭，恶露不尽，水肿尿少；急性肾炎水肿。如治月经不调的益母草丸（《奇方类编》）。

2. **酒益母草** 多用于月经不调，恶露癥瘕，瘀滞作痛及跌打伤痛等。如治月经不调，腹有癥瘕积聚的益母丸（《医学入门》）。

【炮制研究】研究表明，益母草中具有收缩子宫作用的益母草总碱主要存在于叶部，根部较少，茎部全无。因此益母草采收加工时应尽量保存其叶。不同炮制方法（炒黄、酒炙、醋炙）和炮制温度（60℃、80℃、120℃、140℃、160℃）对益母草中生物碱含量影响较大，但生物碱的组分无明显改变。益母草炒炭后总生物碱有明显损失。

【贮藏养护】干益母草置干燥处；鲜益母草置阴凉潮湿处。

龙　胆

【来源】为龙胆科植物条叶龙胆 Gentiana manshurica Kitag.、龙胆 Gentiana scabra Bge.、三

花龙胆 Gentiana triflora Pall. 或坚龙胆 Gentiana rigescens Franch. 的干燥根和根茎。前三种习称龙胆，后一种习称坚龙胆。

【炮制方法】

1. **龙胆** 取原药材，除去杂质，洗净，润透，切段，干燥。

2. **酒龙胆** 取龙胆，用黄酒拌匀，闷润，待酒被吸尽后，置炒制容器内，用文火加热，炒干，取出晾凉，筛去碎屑。

每 100 kg 龙胆，用黄酒 10 kg。

【成品性状】

1. **龙胆** 呈不规则形的段。根茎呈不规则块片，表面暗灰棕色或深棕色。根圆柱形，表面淡黄色至黄棕色，有的有横皱纹，具纵皱纹。切面皮部黄白色至棕黄色，木部色较浅。气微，味甚苦。坚龙胆呈不规则形的段。根表面无横皱纹，膜质外皮已脱落，表面黄棕色至深棕色。切面皮部黄棕色，木部色较浅。

2. **酒龙胆** 颜色加深，略具酒气。

【炮制作用】龙胆性味苦，寒。归肝、胆经。具有清热燥湿，泻肝胆火的功效。

龙胆生用苦寒性较强，长于清热燥湿，泻肝胆火。用于湿热黄疸，阴肿阴痒，带下，湿疹瘙痒，目赤，耳鸣耳聋，胁痛口苦，强中，惊风抽搐。如治阴黄的龙胆汤（《圣济总录》）；如治肝胆湿热，胁痛口苦，尿赤涩痛，湿热带下的龙胆泻肝丸（《中国药典》）。

酒炙龙胆可引药上行，并缓其苦寒之性。用于肝胆实火所致的头胀头痛，耳鸣耳聋，风热目赤肿痛等。如治肝胆火旺，心烦不宁，头晕目眩，耳鸣的当归龙荟丸（《中国药典》）。

【贮藏养护】置干燥处。

续　　断

【来源】为川续断科植物川续断 Dipsacus asper Wall. ex Henry 的干燥根。

【炮制方法】

1. **续断片** 取原药材，除去杂质，洗净，润透，切厚片，干燥。

2. **酒续断** 取续断，用黄酒拌匀，闷润，待酒被吸尽后，置炒制容器内，用文火加热，炒至微带黑色，取出晾凉，筛去碎屑。

每 100 kg 续断，用黄酒 10 kg。

3. **盐续断** 取续断，用盐水拌匀，闷润，待盐水被吸尽后，置炒制容器内，用文火加热，炒干，取出晾凉，筛去碎屑。

每 100 kg 续断，用食盐 2 kg。

【成品性状】

1. **续断片** 呈类圆形或椭圆形的厚片。外表皮灰褐色至黄褐色，有纵皱。切面皮部墨绿色或棕褐色，木部灰黄色或黄褐色，可见放射状排列的导管束纹，形成层部位多有深色环。气微，味苦、微甜而涩。

2. **酒续断** 形如续断片，表面浅黑色或灰褐色，略有酒香气。

3. **盐续断** 形如续断片，表面黑褐色，味微咸。

【炮制作用】续断性味苦、辛，微温。归肝、肾经。具有补肝肾，强筋骨，续折伤，止崩漏的功效。

生品用于肝肾不足，腰膝酸软，风湿痹痛，跌扑损伤，筋伤骨折，崩漏，胎漏。如治风寒湿痹，肢体麻木的续断丸（《太平惠民和剂局方》）。

续断酒炙可增强通血脉、续筋骨、止崩漏作用。多用于风湿痹痛，跌打损伤。如治跌打损伤，疼痛剧烈的接骨散（《临床常用中药手册》）。

续断盐炙可引药下行，增强补肝肾、强筋骨作用。用于腰膝酸软。如治肾虚腰痛，腰酸的补肾壮筋汤（《临床常用中药手册》）。

【贮藏养护】置干燥处，防蛀。

牛　　膝

【来源】为苋科植物牛膝 Achyranthes bidentata Bl. 的干燥根。

【炮制方法】

1. **牛膝**　取原药材，除去杂质，洗净，润透，除去残留芦头，切段，干燥。

2. **酒牛膝**　取牛膝，用黄酒拌匀，闷润，待酒被吸尽后，置炒制容器内，用文火加热，炒干，取出晾凉，筛去碎屑。

每 100 kg 牛膝，用黄酒 10 kg。

3. **盐牛膝**　取牛膝，用食盐水拌匀，闷润，待盐水被吸尽后，置炒制容器内，用文火加热，炒干，取出晾凉，筛去碎屑。

每 100 kg 牛膝，用食盐 2 kg。

【成品性状】

1. **牛膝**　呈圆柱形的段。外表皮灰黄色或淡棕色，有微细的纵皱纹及横长皮孔。质硬脆，易折断，受潮变软。切面平坦，淡棕色或棕色，略呈角质样而油润，中心维管束木部较大，黄白色，其外围散有多数黄白色点状维管束，断续排列成 2~4 轮。气微，味微甜而稍苦涩。

2. **酒牛膝**　形如牛膝段，表面色略深，偶见焦斑，略有酒香气。

3. **盐牛膝**　多有焦斑，微有咸味。

【炮制作用】牛膝性味苦、甘、酸，平。归肝、肾经。具有逐瘀通经，补肝肾，强筋骨，利尿通淋，引血下行的功效。

生品具有补肝肾，强筋骨，逐瘀通经，引血下行的功效。适用于胞衣不下，肝阳眩晕，火热上逆。如治阴虚阳亢，头目眩晕的镇肝熄风汤（《医学衷中参西录》）。

牛膝酒炙后增强补肝肾、强筋骨、祛瘀止痛作用。用于腰膝酸痛，筋骨无力，经闭癥瘕。如治肝肾不足致腰腿疼痛，软弱无力的酒浸牛膝丸（《张氏医通》）。

牛膝盐炙后引药下行走肾经，增强通淋行瘀的作用。用于小便淋沥涩痛，尿血，小便不利。如治淋浊涩痛的石韦散（《普济本事方》）。

【贮藏养护】置阴凉干燥处，防潮。

仙　　茅

【来源】为石蒜科植物仙茅 Curculigo orchioides Gaertn. 的干燥根茎。

【炮制方法】

1. **仙茅**　取原药材，除去杂质，洗净，切段，干燥。

2. **酒仙茅**　取仙茅，用黄酒拌匀，闷润，待酒被吸尽后，置炒制容器内，用文火加热，炒干，取出晾凉，筛去碎屑。

每 100 kg 仙茅，用黄酒 10 kg。

【成品性状】

1. **仙茅** 呈类圆形或不规则形的厚片或段，外表皮棕色至褐色，粗糙，有的可见纵横皱纹和细孔状的须根痕。切面灰白色至棕褐色，有多数棕色小点，中间有深色环纹。气微香，味微苦、辛。

2. **酒仙茅** 颜色加深，略具酒气。

【炮制作用】 仙茅性味辛，热；有毒。归肾、肝、脾经。具有补肾阳，强筋骨，祛寒湿，消散痈肿的功效。

生品用于阳痿精冷，筋骨痿软，腰膝冷痹，阳虚冷泻，痈疽肿痛，毒蛇咬伤。可单味煎服或鲜品捣烂外敷。

仙茅酒炙后可降低毒性，增强补肾阳、强筋骨、祛寒湿作用。用于阳痿精冷，筋骨痿软，腰膝冷痹，阳虚冷泻。如治阳痿不举的仙茅酒（《万氏女科》）。

【贮藏养护】 置干燥处，防霉，防蛀。

威 灵 仙

【来源】 为毛茛科植物威灵仙 *Clematis chinensis* Osbeck、棉团铁线莲 *Clematis hexapetala* Pall. 或东北铁线莲 *Clematis manshurica* Rupr. 的干燥根和根茎。

【炮制方法】

1. **威灵仙** 取原药材，拣净杂质，洗净，润透，切段，干燥。

2. **酒威灵仙** 取威灵仙，用黄酒拌匀，闷润，待酒被吸尽后，置炒制容器内，用文火加热，炒干，取出晾凉，筛去碎屑。

每 100 kg 威灵仙，用黄酒 10 kg。

【成品性状】

1. **威灵仙** 呈不规则的段。表面黑褐色、棕褐色或棕黑色，有细纵纹，有的皮部脱落，露出黄白色木部。切面皮部较广，木部淡黄色，略呈方形或近圆形，皮部与木部间常有裂隙。

2. **酒威灵仙** 形如威灵仙段，黄色或微黄色，略具酒气。

【炮制作用】 威灵仙性味辛、咸，温。归膀胱经。具有祛风湿，通经络的功效。

生品具有祛风除湿，通络止痛的功效。适用于风湿痹痛，肢体麻木，筋脉拘挛，屈伸不利，骨鲠咽喉。以消诸骨鲠咽为主。

威灵仙酒炙后可增强祛风除痹、通络止痛的作用。用于风湿痹痛，肢体麻木，筋脉拘挛，屈伸不利。如治腰脚疼痛久不愈的威灵仙散（《太平圣惠方》）。

【贮藏养护】 置干燥处。

锁 阳

【来源】 为锁阳科植物锁阳 *Cynomorium songaricum* Rupr. 的干燥肉质茎。

【炮制方法】

1. **锁阳** 取原药材，洗净，润透，切薄片，干燥。

2. **酒锁阳** 取锁阳，用黄酒拌匀，闷透后蒸，个大者泡 10 h 再蒸，蒸熟后切薄片，干燥。

每 100 kg 锁阳，用黄酒 12 kg。

【成品性状】

1. 锁阳　为不规则或类圆形的薄片。外表皮棕色或棕褐色，粗糙，具明显纵沟及不规则凹陷。切面浅棕色或棕褐色，散在黄色三角状维管束。气微，味甘而涩。

2. 酒锁阳　形如锁阳片，呈暗褐色，微有酒气。

【炮制作用】锁阳性味甘，温。归肝、肾、大肠经。具有补肾阳，益精血，润肠通便的功效。

生品以补肾阳、益精血、润肠通便作用为主，如锁阳熬膏加炼蜜热酒化服，可治疗阳弱精虚，阴衰血竭，大肠燥结，便秘不运者（《成方切用》）。

酒锁阳长于温肾助阳。如治诸虚不足，腰腿疼痛，行步无力的加味虎潜丸（《仁斋直指方论》）。

【贮藏养护】置通风干燥处。

地　龙

【来源】为钜蚓科动物参环毛蚓 *Pheretima aspergillum*（E.Perrier）、通俗环毛蚓 *Pheretima vulgaris* Chen、威廉环毛蚓 *Pheretima guillelmi*（Michaelsen）或栉盲环毛蚓 *Pheretima pectinifera* Michaelsen 的干燥体。前一种习称"广地龙"，后三种习称"沪地龙"。

【炮制方法】

1. 地龙　取原药材，除去杂质，洗净，切段，干燥。沪地龙，碾碎，筛去土。

2. 酒地龙　取地龙，用黄酒拌匀，闷润，待酒被吸尽后，置炒制容器内，用文火加热，炒至棕色，取出晾凉，筛去碎屑。

每 100 kg 地龙，用黄酒 12.5 kg。

3. 焙地龙　取地龙，置炒制容器内，用文火焙至色变深，质地酥脆时，取出晾凉，筛去碎屑。

【成品性状】

1. 地龙　广地龙薄片状小段，边缘略卷，具环节，背部棕褐色至紫灰色，腹部浅黄棕色，生殖环较光亮。体轻，略呈革质，质韧不易折断。气腥，味微咸；沪地龙为不规则碎段，背部棕褐色或黄褐色，腹部浅黄棕色，多皱缩不平。体轻，质脆易折断，肉薄。

2. 酒地龙　形如地龙段，棕色，偶见焦斑，略具酒气。

3. 焙地龙　形如地龙段，色泽加深，微带焦斑。

【炮制作用】地龙性味咸，寒。归肝、脾、膀胱经。具有清热定惊，通络，平喘，利尿的功效。

生品长于清热定惊，通络，平喘，利尿，但有腥气，多入煎剂。用于高热神昏，惊痫抽搐，关节痹痛，肢体麻木，半身不遂，肺热喘咳，尿少水肿；高血压。如治半身不遂的补阳还五汤（《医林改错》）。

酒炙地龙可缓和咸寒之性，利于粉碎和解腥矫味，便于临床应用，又可增强通经活络作用，用于偏正头痛，寒湿痹痛，骨折肿痛。如治疼痛难忍的地龙散（《太平圣惠方》）。

地龙焙黄后利于粉碎和矫臭矫味，便于临床应用。

【贮藏养护】置通风干燥处，防霉，防蛀。

蛇　蜕

【来源】为游蛇科动物黑眉锦蛇 Elaphe taeniura Cope、锦蛇 Elaphe carinata（Guenther）或乌梢蛇 Zaocys dhumnades（Cantor）等蜕下的干燥表皮膜。

【炮制方法】

1. **蛇蜕**　取原药材，除去杂质，洗净，切段，干燥。

2. **酒蛇蜕**　取蛇蜕，用黄酒拌匀，闷润，待酒被吸尽后，置炒制容器内，用文火加热，炒至微显黄色，取出晾凉，筛去碎屑。

每 100 kg 蛇蜕，用黄酒 15 kg。

【成品性状】

1. **蛇蜕**　呈圆筒形段状，多压扁而皱缩，背部银灰色或淡灰棕色，有光泽，鳞迹菱形或椭圆形，衔接处呈白色，略抽皱或凹下，腹部乳白色或略显黄色，鳞迹长方形，呈覆瓦状排列。体轻，质微韧，手捏有润滑感和弹性，轻轻搓揉，沙沙作响。气微腥，味淡或微咸。

2. **酒蛇蜕**　形如蛇蜕，微显黄色，略具酒气，味淡或微咸。

【炮制作用】蛇蜕性味咸、甘，平。归肝经。具有祛风，定惊，退翳，解毒的功效。

蛇蜕生品有腥气，不利于服用和粉碎，多入膏剂。具有祛风，定惊，解毒，退翳的功效。如治痈疽疔毒，疮肿冻疮的柳条膏（《部颁标准》）。

酒炙后增强祛风作用，并能减少腥气，利于服用和粉碎。如治经络不和，血热血燥而致的风疹、湿疹、皮肤刺痒、疮疡肿痛、脚气疥癣的血毒丸（《部颁标准》）；治痘疹目翳的蛇蜕散（《陈氏小儿痘疹方论》）；治小儿惊风的蛇蜕汤（《圣济总录》）。

【贮藏养护】置干燥处，防蛀。

蕲　蛇

【来源】为蝰科动物五步蛇 Agkistrodon acutus（Guenther）的干燥体。

【炮制方法】

1. **蕲蛇**　取原药材，除去头、鳞，切成寸段。

2. **蕲蛇肉**　取原药材，除去头，用黄酒润透后，除去鳞、骨，干燥。

每 100 kg 蕲蛇，用黄酒 20 kg。

3. **酒蕲蛇**　取蕲蛇，用黄酒拌匀，稍闷润，待酒被吸尽后，置炒制容器内，用文火加热，炒至黄色，取出晾凉，筛去碎屑。

每 100 kg 蕲蛇，用黄酒 20 kg。

【成品性状】

1. **蕲蛇**　呈段状，长 2~4 cm，背部呈黑褐色，表皮光滑，有明显的鳞斑，可见不完整的方胜纹。腹部可见白色的肋骨，呈黄白色、淡黄色或黄色。断面中间可见白色菱形的脊椎骨，脊椎骨的棘突较高，棘突两侧可见淡黄色的肉块，棘突呈刀片状上突，前后椎体下突基本同形，多为弯刀状。肉质松散，轻捏易碎。气腥，味微咸。

2. **蕲蛇肉**　呈条状或块状，长 2~5 cm，可见深黄色的肉条及黑褐色的皮。肉条质地较硬，皮块质地较脆。有酒香气，味微咸。

3. **酒蕲蛇**　形如蕲蛇段，表面棕褐色或黑色，略有酒气。气腥，味微咸。

【炮制作用】蕲蛇性味甘、咸，温；有毒。归肝经。具有祛风，通络，止痉的功效。蕲蛇毒腺在头部，除去头、鳞，以除去毒性。生品气腥，不利于服用和粉碎，临床较少应用。

蕲蛇肉功效同蕲蛇，便于临床调剂使用。

酒炙后增强祛风、通络、止痉的作用，并可去腥矫味，便于粉碎和制剂，临床多用酒炙品。用于风湿顽痹，麻木拘挛，中风，口眼歪斜，半身不遂，抽搐痉挛，破伤风，麻风疥癣。如治破伤风颈项坚硬、身体强直的定命散（《圣济总录》）。

【贮藏养护】置干燥处，防霉，防蛀。

乌 梢 蛇

【来源】为游蛇科动物乌梢蛇 *Zaocys dhumnades*（Cantor）的干燥体。

【炮制方法】

1. **乌梢蛇** 取原药材，除去头、鳞片及灰屑，切寸段。
2. **乌梢蛇肉** 取原药材，去头、鳞片，用黄酒闷透，除去皮骨，切段，干燥。

每 100 kg 乌梢蛇，用黄酒 20 kg。

3. **酒乌梢蛇** 取乌梢蛇，用黄酒拌匀，闷润，待酒被吸尽后，置炒制容器内，用文火加热，炒至微黄色，取出晾凉，筛去碎屑。

每 100 kg 乌梢蛇，用黄酒 20 kg。

【成品性状】

1. **乌梢蛇** 呈半圆筒状或圆槽状的段，长 2~4 cm，背部黑褐色或灰黑色，腹部黄白色或浅棕色，脊部隆起呈屋脊状，脊部两侧各有 2~3 条黑线，肋骨排列整齐，肉淡黄色或浅棕色。有的可见尾部。质坚硬。气腥，味淡。
2. **乌梢蛇肉** 为不规则的片或段，长 2~4 cm，淡黄色至黄褐色。质脆。气腥，略有酒气。
3. **酒乌梢蛇** 形如乌梢蛇段，表面棕褐色至黑色，蛇肉浅棕黄色至黄褐色。质坚硬。略有酒气。

【炮制作用】乌梢蛇性味甘，平。归肝经。具有祛风，通络，止痉的功效。

生品长于祛风止痒，如治风瘙隐疹的乌蛇膏（《太平圣惠方》）。但生品气腥，不利于服用和粉碎。

乌梢蛇肉功效同乌梢蛇，便于调剂使用。

酒炙后增强祛风、通络、止痉作用，并能矫臭、防腐，利于服用和贮存。多用于风湿痹痛，麻木拘挛，中风口眼歪斜，半身不遂，痉挛抽搐，破伤风，麻风疥癣，瘰疬恶疮。如治风湿痹痛，手足缓弱不能伸举的乌蛇丸（《太平圣惠方》）。

【贮藏养护】置干燥处，防霉，防蛀。

第二节 醋 炙 法

将净选或切制后的药物，加入一定量米醋拌炒的方法称为醋炙法。

醋，性温，味酸苦，入肝经血分，具有引药入肝、理气、止血、行水、消肿、解毒、散瘀止痛、矫味矫臭的功效。

醋炙法多用于炮制疏肝解郁、散瘀止痛、攻下逐水的药物。

（一）目的

1. 引药入肝，增强疗效。如乳香、没药、三棱、莪术等，经醋炙后可增强活血散瘀的作用；又如柴胡、香附、青皮、延胡索等，经醋炙后能增强疏肝止痛的作用。

2. 降低毒性，缓和药性。如京大戟、甘遂、芫花、商陆等，经醋炙后，可消减毒性，缓和峻下作用。

3. 矫臭矫味。一些具特殊气味的药物，如乳香、没药经醋炙后，不但增强活血散瘀作用，还减少了不良气味，便于服用。

（二）操作方法

1. 先拌醋后炒药　将净选或切制后的药物，加入一定量米醋拌匀，加盖闷润，待醋被吸尽后，置预热的炒制容器内，用文火炒干，取出摊开晾凉或晾干。一般药物均采用此法炮制。优点是能使醋渗入药物组织内部。

2. 先炒药后加醋　将净选后的药物，置预热的炒制容器内，文火炒至表面熔化发亮，或炒至表面颜色改变，有腥气逸出时，喷洒一定量醋，炒至微干，取出后继续翻动，摊开晾干。此法适用于树脂类和动物粪便类药物。如乳香、没药、五灵脂。

每 100 kg 药物，用醋 20~30 kg，最多不超过 50 kg。

（三）注意事项

1. 若用醋量较少，不能与药物拌匀时，可加适量水稀释后再与药物拌匀。
2. 醋炙药物多用文火，并应勤加翻动，一般炒至微干挂火色时，即可取出摊晾。
3. 树脂类药物如乳香、没药，先加醋易粘连，动物粪便类药物如五灵脂先加醋易松散，成碎块状，故都应采用先炒药后加醋的方法炮制。
4. 先炒药后加醋时，宜边喷醋边翻动药物，使之均匀，且出锅要快，防止熔化粘锅，摊晾时宜勤翻动，以免相互黏结成团块。

甘　遂

【导言】甘遂为下水湿第一要药。《本草分经》中指出"甘遂苦寒，泻肾经及隧道水湿，直达水气所结之处，以攻决为用，治大腹肿满、痞积、痰迷，去水极神，损真极速。"甘遂毒性较大，严重者引起胃部不适，甚至死亡。甘遂在临方炮制及配伍用药中需注意其药性特点和用药安全，以体现泻水逐饮，消肿散结的功效应用。

【处方用名】甘遂、炙甘遂、醋甘遂。

【来源】为大戟科植物甘遂 Euphorbia kansui T. N. Liou ex T. P. Wang 的干燥块根。

【采收加工】春季开花前或秋末茎叶枯萎后采挖，挖出后除去茎叶，抖掉泥土，运回后洗净泥土，削去外皮及须根，晒干。

【历史沿革】南北朝刘宋时期有用甘草、荠苨制，唐代有熬制，宋代有火炮、炒制、麸炒、酥制、芝麻制、湿纸裹煨等方法，金元时期有水煮制、面煮制等方法，明清有面炒制、焙制、炙制等方法。《中国药典》收载生甘遂、醋甘遂。

【炮制方法】

1. **生甘遂** 取原药材，除去杂质，洗净，干燥，大小个分档。

2. **醋甘遂** 取甘遂，加入定量醋拌匀，闷润至醋被吸尽后，置预热的炒制容器内，用文火加热，炒至微干，表面棕黄色时，取出，晾凉。用时捣碎。

每 100 kg 甘遂，用醋 30 kg。

【成品性状】

1. **生甘遂** 呈椭圆形、长圆柱形或连珠形，长 1~5 cm，直径 0.5~2.5 cm。表面类白色或黄白色，凹陷处有棕色外皮残留。质脆，易折断，断面粉性，白色，木部微显放射状纹理；长圆柱状者纤维性较强。气微，味微甘而辣。

图 12-19　生甘遂

2. **醋甘遂** 形如甘遂，表面黄色至棕黄色，偶有焦斑，略有醋气，味微酸而辣。

图 12-20　醋甘遂

知识拓展 12-9　甘遂炮制与配伍用药

【质量要求】

1. **生甘遂** 水分不得过 12.0%，总灰分不得过 3.0%，醇溶性浸出物不得少于 15.0%，含大戟二烯醇不得少于 0.12%。

2. **醋甘遂** 同生甘遂。

【炮制作用】甘遂性味苦，寒；有毒。归肺、肾、大肠经。具有泻水逐饮的功效。

生甘遂有毒，药力峻烈，以泻水逐饮、消肿散结为主。孕妇禁用。生品多外用。

甘遂醋炙可降低毒性，缓和峻泻作用。

【临床应用】

1. **甘遂** 用于痈疽疮毒，胸腹积水，二便不通。如治胸腹积水的十枣汤（《伤寒论》）。

2. **醋甘遂** 用于腹水胀满，痰饮积聚，气逆喘咳，风痰癫痫，二便不利。如腹水胀满，小便短少，大便秘结的舟车丸（《景岳全书》）。

【炮制研究】

1. **化学成分研究** 甘遂醋炙后，挥发油中的 2,6,10,14-四甲基-十五烷等成分含量降低，正二十七烷等成分消失；油酸乙酯等新成分出现，甘遂醋炙品的多糖得率高于生品，醇提液中，大戟二烯醇等毒性成分含量下降。此外，研究发现甘遂中萜类成分主要富集于二氯甲烷部位中，且醋制后二氯甲烷部位 16 个萜类成分中 12 个成分含量降低、4 个成分含量上升。

2. **药理作用研究** 比较甘遂不同炮制品（生甘遂、醋甘遂、甘草制甘遂）的急性毒性，结果显示炮制后毒性明显降低，炮制品 LD_{50} 与生品比较，具有显著性差异（$P < 0.01$），其中甘草制甘遂的毒性约降低 4/5。对甘遂生品、醋制品、豆腐制品、甘草制品进行半数刺激量测定，结果生甘遂的刺激量比炮制品大 6 倍左右；生甘遂水煎液的刺激性为炮制品水煎液的 2~3 倍。甘遂醋制后肝毒性降低、利尿作用有所缓和，生品和 30% 醋量的醋制品祛痰效果最好。

动物实验表明，生甘遂泻下作用较强，毒性亦较大，醋炙后其泻下作用和毒性均降低。同时观察到，小白鼠口服生甘遂或醋甘遂乙醇提取后的残渣部分无泻下作用，口服制甘遂煎液的泻下作用也不明显，故甘遂多炮制后入丸、散剂用。甘遂生品和炮制品都能显著增强胃肠推进功能。

莪　术

【导言】《本草新编》谓莪术专入于气分之中以破血，虽破血不伤气，故称"气中之血药"。张锡纯《医学衷中参西录》指出："参、芪能补气，得三棱、莪术以流通之，则补而不滞，而元气愈旺。元气既旺，愈能鼓舞三棱、莪术之力以消癥瘕，此其所以效。"醋莪术在临床应用的频率远高于生莪术，特别是妇科和肿瘤科，醋制作用不容忽视。

【处方用名】莪术、醋莪术。

【来源】为姜科植物蓬莪术 Curcuma phaeocaulis Val.、广西莪术 Curcuma kwangsiensis S. G. Lee et C. F. Liang 或温郁金 Curcuma wenyujin Y. H. Chen et C. Ling 的干燥根茎，后者习称"温莪术"。

【采收加工】冬季茎叶枯萎后采挖，洗净，蒸或煮至透心，晒干或低温干燥后除去须根和杂质。

【历史沿革】南北朝刘宋时期有醋磨，宋代有煨制、酒制、酒醋制、火炮、醋炒、酒炒、醋煮、油制、巴豆制等方法，明、清有醋煨、蛀虫制、羊血或鸡血炙、蒸制等方法。《中国药典》收载莪术、醋莪术。

【炮制方法】

1. **莪术**　取原药材，除去杂质，略泡，洗净，蒸软，切厚片，干燥。

2. **醋莪术**

（1）取莪术，加入定量的醋拌匀，闷润至醋被吸尽后，置预热的炒制容器内，用文火加热，炒至表面微黄色，略带焦斑时，取出，晾凉。

（2）取莪术，置煮制容器内，加入定量醋与适量水浸没药面，煮至醋液被吸尽，内无白心时，取出，稍晾，切厚片，干燥。

每 100 kg 莪术，用醋 20 kg。

【成品性状】

1. **莪术**　类圆形或椭圆形的厚片。外表皮灰黄色或灰棕色，有时可见环节或须根痕。切面黄绿色、黄棕色或棕褐色，内皮层环纹明显，散在"筋脉"小点。气微香，味微苦而辛。

图 12-21　莪术

2. **醋莪术**　色泽加深，偶见焦斑，角质样，略有醋香气。

图 12-22　醋莪术

【质量要求】

1. **莪术**　水分不得过 14.0%，总灰分不得过 7.0%，酸不溶性灰分不得过 2.0%，醇溶性浸出物不得少于 7.0%；含挥发油不得少于 1.0%（mL/g）。

2. **醋莪术**　同莪术。

【炮制作用】莪术性味辛、苦，温。归肝、脾经。具有行气破血，消积止痛的功效。莪术生用行气止痛、破血祛瘀力强，为气中血药。莪术醋炙主入肝经血分，散瘀止痛作用增强。

【临床应用】

1. **莪术**　用于饮食积滞，胸腹痞满胀痛，呕吐酸水等，如蓬莪术丸（《临床常用中药手册》）。

2. **醋莪术**　用于瘀血腹痛、肝脾肿大、血瘀闭经等。如治胁下癥块的莪棱逐瘀汤（《中药临床应用》)。

【炮制研究】

1. **化学成分研究** 莪术主要含有两大类成分,即挥发油和姜黄素类成分。挥发油类成分主要为莪术醇、吉马酮、β-榄香烯等倍半萜烯类。姜黄素类成分主要为姜黄素、去甲氧基姜黄素和双去甲氧基姜黄素。莪术醋制后对其挥发油及姜黄素类成分均产生不同程度质和量的影响。对《中国药典》收载的 3 种不同来源的莪术及其炮制品进行挥发油含量检测,结果依次为:生品 > 炒制品 > 醋制品 > 酒制品。莪术挥发油在醋制过程中部分组分消失,同时产生两个新的组分。

2. **药理作用研究** 醋炙和醋煮莪术对二甲苯所致的耳廓肿胀及醋酸所致的毛细血管通透性增加都有明显的抑制作用。其中以醋煮莪术作用较强。莪术不同炮制品都有一定程度的镇痛作用,其中以醋炙莪术镇痛作用强而持久。采用血小板聚集功能测定法、血液流变性测定法及小鼠抗凝法进行试验,结果显示生莪术和不同炮制品均有一定抗血小板聚集、抗凝血及调节血液流变性作用,且醋炙品作用较明显。亦有研究证实,莪术生用能提高小鼠痛阈,增强止痛作用,并能降低血小板黏附性,使血瘀模型动物血液黏性、浓度、凝性明显减轻,经醋炙后止痛、活血化瘀作用进一步增强,且炮制前后具有显著性差异。莪术经醋制后能够显著降低 ALT 和 AST 的表达水平,表明莪术经醋制后对肝细胞起保护作用。生、醋莪术通过调控抗血小板聚集相关的 Ca^{2+}、MAPK、cAMP、PI3K/AKT 信号通路,从而发挥化瘀止痛,治疗气滞血瘀痛经的功效;通过调控 PI3K/AKT/mTOR 通路上关键基因的转录水平,从而调节下游鞘脂、甘油酯和甘油磷脂代谢,改善机体脂质代谢紊乱,同时减轻炎症反应,改善冠心病血瘀证,且醋莪术效果更为显著。

【贮藏养护】贮干燥容器内,醋莪术密闭,置干燥处。防蛀。

柴　胡

【导言】柴胡始载于《神农本草经》,列为上品,谓之"味苦平。主心腹,去肠胃中结气。饮食积聚,寒热邪气,推陈致新。"《本草纲目》中则载有"苦平,无毒。行少阳,黄芩为佐;行厥阴,黄连为佐。"少阳证指的是外感邪气在少阳经,主要临床表现的症状有寒热往来、胸胁满、口苦咽干、目眩。柴胡对于这一类病症有很好的疗效,被称为治疗少阳证之要药。

【处方用名】柴胡、醋柴胡。

【来源】为伞形科植物柴胡 *Bupleurum chinense* DC. 或狭叶柴胡 *Bupleurum scorzonerifolium* Willd. 的干燥根。按性状不同,分别习称"北柴胡"和"南柴胡"。

【采收加工】一般生长 2~3 年即可采收。于春初植株发芽前或秋末落叶后挖起根部,以秋季采挖为宜。人工栽培 2 年生的植株(或第 1 年育苗,第 2 年移栽)秋季植株枯萎时,用药叉采挖,运回剪去残茎和须根,抖去泥土,晒干。

【历史沿革】唐代有熬法,宋代有焙法,元代有酒拌、酒炒等法,明、清有醋炒、炙制、蜜制、鳖血制等方法。现行有醋炒、鳖血炒等炮制方法。《中国药典》收载北柴胡、醋北柴胡、南柴胡、醋南柴胡。

【炮制方法】

1. **柴胡** 取原药材,除去杂质及残茎,洗净,润透,切厚片,干燥。

2. **醋柴胡** 取柴胡,加入定量醋拌匀,闷润,待醋被吸尽后,置预热的炒制容器内,文火炒干,取出,晾凉。

每 100 kg 柴胡,用醋 20 kg。

视频 12-2 醋柴胡的炮制

3. 鳖血制柴胡

（1）取柴胡，加入定量洁净的新鲜鳖血及适量冷开水拌匀，闷润至鳖血被吸尽，置预热的炒制容器内，用文火加热，炒干，取出，晾凉。

（2）取柴胡，加入定量洁净的新鲜鳖血及定量黄酒拌匀，闷润至鳖血和酒液被吸尽，置预热的炒制容器内，用文火加热，炒干，取出，晾凉。

每 100 kg 柴胡，用鳖血 6～7 kg，黄酒 25 kg。

【成品性状】

1. 柴胡　北柴胡为不规则厚片，外表黑褐色或浅棕色，有纵皱纹及支根痕。切面淡黄白色，纤维性，质硬，气微香，味微苦。南柴胡呈类圆形或不规则片。外表皮红棕色或黑褐色。有时可见根头处具细密环纹或有细毛状枯叶纤维。切面黄白色，平坦。具败油气。

图 12-23　柴胡

2. 醋柴胡　醋北柴胡形如北柴胡片，表面淡棕黄色，微有醋香气，味微苦。醋南柴胡形如南柴胡片，微有醋香气。

图 12-24　醋柴胡

3. 鳖血制柴胡　棕褐色，具血腥气，味微苦。

【质量要求】

1. 柴胡　水分不得过 10.0%，总灰分不得过 8.0%，酸不溶性灰分不得过 3.0%，醇溶性浸出物不得少于 11.0%，含柴胡皂苷 a 和柴胡皂苷 d 总量不得少于 0.30%。

2. 醋柴胡　水分、总灰分、酸不溶性灰分、含量同柴胡，醇溶性浸出物不得少于 12.0%。

【炮制作用】柴胡性味辛、苦，微寒。归肝、胆、肺经。具有疏散退热，疏肝，升阳的功效。柴胡生用，升散作用较强，柴胡醋炙能缓和升散之性，增强疏肝止痛作用。鳖血炙柴胡能抑制其浮阳之性，增强清肝退热的功效，并能填阴滋血。

【临床应用】

1. 柴胡　多用于解表退热，如治寒热往来的小柴胡汤（《伤寒论》）。

2. 醋柴胡　适用于肝郁气滞的胁肋胀痛，腹痛及月经不调等症，如治肝气郁结的柴胡疏肝散（《景岳全书》）。如治潮热盗汗，耳鸣遗精的大补阴丸（《中国药典》）。

知识拓展 12-10　市售成药中的柴胡炮制品

【炮制研究】

1. 化学成分研究　柴胡、醋柴胡、酒柴胡的层析图谱结果完全一致。不同炮制品之间的醇浸出物含量无明显差异。水溶性浸出物和挥发油含量，无论是炮制前后还是不同炮制品之间均有非常显著的差异。醋制过程引发了由Ⅰ型柴胡皂苷向Ⅱ型的转化，醋制后柴胡皂苷 b_2 的含量增加。炮制品中柴胡皂苷 a、d 的含量相对于生品都有所下降，其中醋炙品中含量最低，蜜炙品中总皂苷含量升高明显，其他炮制品总皂苷含量变化很小。柴胡挥发油是柴胡重要的解热镇痛有效成分，经醋炙后，挥发油含量下降了约 20%，这与《雷公炮炙论》"外感生用……勿令犯火，立便无效"的说法相一致。

2. 药理作用研究　柴胡酒炙品的抗炎作用优于生品和醋炙品。醋炙柴胡能明显增强胆汁的分泌量。对于抗猪血清所致的大鼠免疫损伤性肝纤维化，醋柴胡的抗免疫损伤性肝纤维化作用优于生柴胡。醋炙柴胡和醋拌柴胡能显著降低中毒小鼠的血清 SG-PT，各给药组均有轻度保肝作用，降低肝损伤。柴胡生品、醋炙品、醋拌品均能降低胆碱酯酶活力，其中，醋炙品呈显著性降低，故认为柴胡用来疏肝解郁时以醋炙品为佳。

【贮藏养护】贮干燥容器内，醋柴胡密闭，置阴凉干燥处。

延胡索（元胡）

【导言】延胡索，又名玄胡索、元胡、延胡，为著名的"浙八味"之一。《雷公炮炙论》记载："心痛欲死，速觅延胡。"李时珍称其"能行血中气滞，气中血滞，故专治一身上下诸痛，用之中的，妙不可言。"明代医家缪希雍分析"延胡索禀初夏之气，而兼得乎金之辛味，故味辛气温而无毒。入足厥阴，亦入手少阴经。温则和畅，和畅则气行。辛则能润而走散，走散则血活。血活气行故能主破血，及产后诸病因血所为者。妇人月经之所以不调者，无他，气血不和因而凝滞，则不能以时至，而多后期之证也。"

【处方用名】延胡索、醋延胡索、酒延胡索。

【来源】为罂粟科植物延胡索 Corydalis yanhusuo W. T. Wang 的干燥块茎。

【采收加工】夏初茎叶枯萎时采挖，除去须根，洗净，置沸水中煮或蒸至恰无白心时，取出，晒干。

【历史沿革】宋代有炒、醋炒、米炒、熬、醋煮、盐炒等方法，明、清有煨炒、醋纸包煨、醋润蒸、酒煮制等方法。现行有醋炙、醋蒸、醋煮、酒炙等炮制方法。《中国药典》收载延胡索、醋延胡索。

【炮制方法】

1. **延胡索** 取原药材，除去杂质，洗净，干燥，切厚片或用时捣碎。

2. **醋延胡索**

（1）取延胡索加入定量的醋拌匀，闷润至醋被吸尽后，置预热的炒制容器内，用文火加热，炒干，取出，晾凉。

每 100 kg 延胡索，用醋 20 kg。

（2）取延胡索，加入定量的醋与适量清水（以平药面为宜），置煮制容器内，用文火加热，煮至透心。醋液被吸尽时，取出，晾至 6 成干，切厚片，晒干；或晒干后捣碎。

每 100 kg 延胡索，用醋 20 kg。

3. **酒延胡索** 取延胡索，加入定量的黄酒拌匀，闷润至酒被吸尽后，置预热的炒制容器内，用文火加热，炒干，取出，晾凉。

每 100 kg 延胡索，用黄酒 15 kg。

【成品性状】

1. **延胡索** 不规则的圆形厚片。外表皮黄色或黄褐色，有不规则细皱纹。切面或断面黄色，角质样，具蜡样光泽。气微，味苦。

图 12-25　延胡索

2. **醋延胡索** 形如延胡索，表面和切面呈黄褐色，质较硬，微具醋香气。

图 12-26　醋延胡索

【质量要求】

1. **延胡索** 水分不得过 15.0%，总灰分不得过 4.0%，每 1 000 g 含黄曲霉毒素 B_1 不得过 5 μg，含黄曲霉毒素 G_2、黄曲霉毒素 G_1、黄曲霉毒素 B_2、黄曲霉毒素 B_1 的总量不得过 10 μg，醇溶性浸出物不得少于13.0%，含延胡索乙素不得少于0.040%。

2. 醋延胡索　同延胡索。

【炮制作用】延胡索性味辛、苦，温。归肝、脾经。具有活血，利气，止痛的功效。延胡索生用，止痛有效成分不易溶出，效果欠佳，故多制用。醋制后可增强行气止痛作用。

【临床应用】

1. 醋延胡索　广泛用于身体各部位的多种疼痛症候，如治瘀血阻滞，经闭腹痛的延胡索散（《妇科玉尺》）。

2. 酒延胡索　以活血、祛瘀、止痛为主，如用于血癖腹痛，及血刺腰痛的玄胡四物汤（《济阴纲目》）。

【炮制研究】

1. 化学成分研究　延胡索醋煮和醋炙品中延胡索乙素和去氢紫堇碱等药效成分的含量较高。鲜品水煮后再炮制可使延胡索乙素含量提高，两种方式对原阿片碱含量影响不大。

2. 增效机制研究　延胡索含多种生物碱，其中延胡索甲素、延胡索乙素、延胡索丙素具有明显的止痛作用，尤以延胡索乙素作用最强。实验证明，延胡索经醋炙后水煎液中总生物碱含量显著增加，难溶于水的延胡索乙素等游离生物碱与醋酸结合生成易溶于水的生物碱盐，利于生物碱的溶出。延胡索生物碱含量高低与止痛效力成正比。研究证实，酒炙和醋炙均能提高延胡索生物碱和延胡索乙素的煎出量，从而增强镇痛和镇静作用。

【贮藏养护】贮干燥容器内，醋延胡索密闭，置阴凉干燥处。

商　　陆

【来源】为商陆科植物商陆 *Phytolacca acinosa* Roxb. 或垂序商陆 *Phytolacca americana* L. 的干燥根。

【炮制方法】

1. 生商陆　取原药材，除去杂质，洗净，润透，切厚片或块，干燥。

2. 醋商陆　取商陆，加入一定量醋拌匀，闷润至醋被吸尽后，置预热的炒制容器内，用文火加热，炒至微干，表面黄棕色时，取出，晾干。

每100 kg商陆，用醋30 kg。

【成品性状】

1. 生商陆　表面类白色或黄白色，气微，味微甘而辣。

2. 醋商陆　表面棕黄色，略有酸醋气，味稍甜，久嚼麻舌。

【炮制作用】商陆性味苦，寒；有毒。归肺、脾、肾、大肠经。具有逐水消肿，通利二便，解毒散结的功效。

生商陆有毒，长于消肿解毒，如治痈疽肿毒的商陆膏（《疡医大全》）。

商陆醋炙后降低毒性，缓和峻泻作用，以逐水消肿为主，多用于水肿胀满，如治腹水胀满的商陆丸（《圣济总录》）。

【贮藏养护】贮干燥容器内，醋商陆密闭，置阴凉干燥处。防霉，防蛀。

芫　　花

【来源】为瑞香科植物芫花 *Daphne genkwa* Sieb. et Zucc. 的干燥花蕾。

【炮制方法】

1. 芫花　取原药材,除去杂质及梗、叶,筛去灰屑。

2. 醋芫花　取芫花,加入定量的醋拌匀,闷润至醋被吸尽,置预热的炒制容器内,用文火加热,炒至微干,取出,晾干。

每 100 kg 芫花,用醋 30 kg。

【成品性状】

1. 芫花　单朵呈棒槌状,多弯曲,花被筒表面淡紫色或灰绿色,密被短柔毛,先端 4 裂,裂片淡紫色或黄棕色。质软。气微,味甘、微辛。

2. 醋芫花　形如芫花,表面微黄色,微有醋香气。

【炮制作用】芫花性味苦、辛、温,有毒。归肺、脾、肾经。具有泻水逐饮、解毒杀虫的功效。

芫花生品有毒,峻泻逐水力较猛,内服较少,多外用于头疮、顽癣。

芫花醋炙后可降低毒性,缓和泻下作用和腹痛症状。多用于胸腹积水,水肿胀满,痰饮积聚,气逆喘咳,二便不利等。如治胸腹胀满,二便不利,水湿内停的舟车丸(《古今医统大全》);治水饮积滞,腹水肿胀的十枣丸(《部颁标准》)。

【贮藏养护】贮干燥容器内,醋芫花密闭,置阴凉干燥处。防霉,防蛀。

京 大 戟

【来源】为大戟科植物大戟 *Euphorbia pekinensis* Rupr. 的干燥根。

【炮制方法】

1. 京大戟　取原药材,除去杂质,洗净,润透,切厚片,干燥。

2. 醋京大戟　取京大戟,置煮制容器内,加入定量的醋与适量水,浸润 1～2 h,用文火加热,煮至醋液吸尽,内无白心时,取出,晾至 6～7 成干时,切厚片,干燥。

每 100 kg 京大戟,用醋 30 kg。

【成品性状】

1. 京大戟　不规则长圆形或圆形厚片,外表皮灰棕色或棕褐色,粗糙,有皱纹。切面类白色或棕黄色,纤维性。质坚硬,气微,味微苦涩。

2. 醋京大戟　不规则长圆形或圆形厚片,外表皮棕褐色,粗糙,有皱纹。切面棕黄色或棕褐色,纤维性。质坚硬,微有醋气,味微苦涩。

【炮制作用】京大戟性味苦,寒,有毒。归肺、脾、肾经。具有泻水逐饮,消肿散结的功效。

京大戟有毒,泻下力猛,多外用。治疗蛇虫咬伤,热毒痈肿疮毒,内服外敷均可。如治蛇虫咬伤,热毒痈肿疮毒,内服外敷均可的紫金锭(《片玉新书》)。

醋京大戟毒性降低,峻泻作用缓和。用于水饮泛滥所致的水肿喘满,胸腹积水及痰饮积聚等证。如治悬饮,胁下有水气,或肝硬化腹水等证的十枣汤(《伤寒论》)。

【贮藏养护】贮干燥容器内,醋大戟密闭,置阴凉干燥处。防蛀。

狼　　毒

【来源】为大戟科植物月腺大戟 *Euphorbia ebracteolata* Hayata 或狼毒大戟 *Euphorbia fischeriana* Steud. 的干燥根。

【炮制方法】

1. **生狼毒**　取原药材，除去杂质，洗净，润透，切片，晒干。

2. **醋狼毒**　取狼毒，加入定量醋拌匀，闷润至醋被吸尽后，置预热的炒制容器内，用文火加热，炒至微干，取出，晾干。

每 100 kg 狼毒，用醋 30～50 kg。

【成品性状】

1. **生狼毒**　月腺大戟为类圆形、长圆形或不规则块片。外皮薄，黄棕色或灰棕色，易剥落而露出黄色皮部。切面黄白色，有淡黄白色至黄棕色不规则大理石样纹理或环纹。体轻，质脆，易折断，断面有粉性。气微，味微辛。狼毒大戟外皮棕黄色，切面纹理或环纹显黑褐色。水浸后有黏性，撕开可见黏丝。

2. **醋狼毒**　形如狼毒，颜色略深，闻之微有醋香气。

【炮制作用】生狼毒性味辛，平，有毒。归肺、心经。具有散结，杀虫的功效。

生狼毒毒性剧烈，少有内服，多外用杀虫。可用于久年干疥干癣及一切癫疮。如治干癣积年生痂，搔之黄水出，单用狼毒醋磨涂之（《太平圣惠方》）。

狼毒醋炙后毒性降低，可供内服。用于水肿、胀满、脚气、喉痹、痈肿。如治积聚，心腹胀如鼓的狼毒丸（《太平圣惠方》）。

【贮藏养护】贮干燥容器内，醋狼毒密闭，置阴凉干燥处。防蛀。生狼毒按毒性药品种管理。

乳　香

【来源】为橄榄科植物乳香树 *Boswellia carterii* Birdw. 及同属植物 *Boswellia bhaw-dajiana* Birdw. 树皮渗出的树脂。分为索马里乳香和埃塞俄比亚乳香，每种乳香又分为乳香珠和原乳香。

【炮制方法】

1. **乳香**　取原药材，除去杂质，将大块者砸碎。

2. **醋乳香**　取乳香，置预热的炒制容器内，用文火加热，炒至冒烟，表面微熔时，喷淋定量醋，边喷边炒至表面光亮，迅速取出，摊开晾凉。

每 100 kg 乳香，用醋 5 kg。

3. **炒乳香**　取乳香，置预热的炒制容器内，用文火加热，炒至冒烟，表面熔化显油亮光泽时，迅速取出，摊开晾凉。

【成品性状】

1. **乳香**　呈长卵形滴乳状、类圆形颗粒或粘合成大小不等的不规则块状物。表面黄白色，半透明，被有黄白色粉末，久存则颜色加深。质脆，遇热软化。破碎面有玻璃样或蜡样光泽。具特异香气，味微苦。

2. **醋乳香**　表面深黄色，油亮，略有醋气。

3. **炒乳香**　表面油黄色，微透明，质坚脆，具特异香气。

【炮制作用】乳香性味辛、苦，温。归心、肝、脾经。具有活血止痛，消肿生肌的功效。

乳香生用气味辛烈，对胃的刺激性较强，易引起呕吐，但活血消肿、止痛力强，多用于瘀血肿痛或外用于疮疡肿痛，溃破久不收口。如治瘀血肿痛的乳香定痛散（《外科正宗》）。

炒乳香缓和对胃的刺激性，利于服用，作用与生乳香基本相同。用于治产后瘀滞不净，心腹作痛等证。

醋炙可缓和刺激性，利于服用，便于粉碎，增强活血止痛、收敛生肌的功效，并可矫臭矫味。可治各种痛症。如治心腹诸痛，以及一切疼痛的太岳活血丹（《太平惠民和剂局方》）。

【贮藏养护】贮干燥容器内，密闭，置阴凉干燥通风处。防潮。

没 药

【来源】为橄榄科植物地丁树 *Commiphora myrrha* Engl. 或哈地丁树 *Commiphora molmol* Engl. 的干燥树脂。分为天然没药和胶质没药。

【炮制方法】

1. **没药** 取原药材，砸成小块，除去杂质。

2. **醋没药** 取没药，置预热的炒制容器内，用文火加热，炒至冒烟，表面微熔时，喷淋定量的醋，边喷边炒至表面光亮，迅速取出，摊开晾凉。

每 100 kg 没药，用醋 5 kg。

3. **炒没药** 取没药，置预热的炒制容器内，用文火加热，炒至冒烟，表面显油亮光泽时，迅速取出，摊开晾凉。

【成品性状】

1. **没药** 天然没药呈不规则颗粒团块，大小不等，表面黄棕色或红棕色，近半透明部分呈棕黑色，被有黄色粉尘。质坚脆，破碎面不整齐，无光泽，有特异的香味，味苦而微辛。胶质没药呈不规则颗粒，多黏结大小不等的团块，表面棕黄色或棕褐色，不透明，质坚实或疏松，有特异的香味，味苦而有黏性。

2. **醋没药** 不规则小块状或类圆形颗粒状，表面棕褐色或黑褐色，有光泽。具特异香气，略有醋香气，味苦而微辛。

3. **炒没药** 表面黑褐色或棕黑色，有光泽，气微香。

【炮制作用】没药性味苦、辛，平。归心、肝、脾经。具有散瘀定痛，消肿生肌的功效。

没药生用气味浓烈，对胃有一定的刺激性，容易引起恶心、呕吐。生品多外用，用于治跌打损伤，骨折筋伤。如治跌扑损伤，血瘀疼痛，外伤出血的七厘散（《良方集腋合璧》）。

醋炙后能增强活血止痛、收敛生肌的作用，缓和刺激性，便于服用，易于粉碎，并可矫臭矫味。如治妇女月经不通的没药丸（《太平圣惠方》）。

炒没药能缓和刺激性，便于服用，易于粉碎。如治疗疮，无名肿毒的舌化丹（《疡医大全》）。

【贮藏养护】贮干燥容器内，密闭，置阴凉干燥通风处。防潮。

三 棱

【来源】为黑三棱科植物黑三棱 *Sparganium stoloniferum* Buch.-Ham. 的干燥块茎。

【炮制方法】

1. **三棱** 取原药材，除去杂质，浸泡，润透，切薄片，干燥。

2. **醋三棱** 取三棱，加入定量的醋拌匀，闷润至醋被吸尽，置预热的炒制容器内，用文火加热，炒干，取出，晾凉。

每 100 kg 三棱，用醋 15 kg。

【成品性状】

1. **三棱** 呈类圆形的薄片。外表皮灰棕色，切面灰白色或黄白色，粗糙，有多数明显的细筋脉点。气微，味淡，嚼之微有麻辣感。

2. **醋三棱** 形如三棱片，切面黄色至黄棕色，偶见焦黄斑，微有醋香气。

【炮制作用】三棱性味辛、苦，平。归肝、脾经。具有破血行气、消积止痛的功效。

生三棱为血中气药，破血行气之力较强，体质虚弱者不宜使用。多用于血瘀气滞所致的积聚不散。如治妇人血症、食积、瘀滞的三棱煎丸（《普济方》）；治乳汁不下，可单味使用，如乳汁不下方（《外台秘要》）。

醋三棱主入血分，破瘀散结、止痛的作用增强。用于瘀滞经闭腹痛，心腹疼痛，胁下胀痛等症。如治瘀滞经闭的活血通经汤（《卫生宝鉴》），治癥瘕积聚的三棱丸（《成方切用》）。

【贮藏养护】贮干燥容器内，醋三棱密闭，置阴凉干燥处。防蛀。

香　附

【来源】为莎草科植物莎草 *Cyperus rotundus* L. 的干燥根茎。

【炮制方法】

1. **香附** 取原药材，除去毛须及杂质，碾成绿豆大颗粒，或润透，切厚片，干燥。

2. **醋香附**

（1）取香附，加定量的醋拌匀，闷润至醋被吸尽后，置预热的炒制容器内，用文火加热，炒干，取出，晾凉。

每 100 kg 香附，用醋 20 kg。

（2）取香附，加入定量的醋，再加与醋等量的水，共煮至醋液基本吸尽，再蒸 5 h，闷片刻，取出微晾，切薄片，干燥。或取出干燥后，碾成绿豆大颗粒。

每 100 kg 香附，用醋 20 kg。

3. **四制香附** 取香附，加入定量的生姜汁、醋、黄酒、食盐水拌匀，闷润至汁液被吸尽后，置预热的炒制容器内，用文火加热，炒干，取出，晾凉。

每 100 kg 香附，用生姜 5 kg，醋、黄酒各 10 kg，食盐 2 kg。

4. **酒香附** 取香附，加入定量的黄酒拌匀，闷润至黄酒被吸尽，置预热的炒制容器内，用文火加热，炒干，取出，晾凉。

每 100 kg 香附，用黄酒 20 kg。

5. **香附炭** 取香附，置预热的炒制容器内，用中火加热，炒至表面焦黑色，内部焦褐色，喷淋清水少许，灭尽火星，取出，晾干。

【成品性状】

1. **香附** 不规则厚片或颗粒状。外表皮棕褐色或黑褐色，有时可见环节。切面色白或黄棕色，质硬，内皮层环纹明显。气香，味微苦。

2. **醋香附** 形如香附片（粒），表面黑褐色。微有醋香气，味微苦。

3. **四制香附** 表面深褐色，内呈黄褐色，具有清香气。

4. **酒香附** 表面红紫色，略具酒气。

5. **香附炭** 表面焦黑色，内部焦褐色，质脆，气焦香，味苦。

【炮制作用】香附性味辛、微苦、微甘，平。归肝、脾、三焦经。具有行气解郁、调经止痛的功效。

生香附上行胸膈，外达肌肤，故多入解表剂中，以理气解郁为主。如治胸膈痞闷、胁肋疼痛的越鞠丸（《丹溪心法》）。

醋炙后能引药入肝经，增强疏肝止痛作用，并能消积化滞。如治疗伤食腹痛的香砂平胃散（《医宗金鉴》）。

四制香附以行气解郁、调经散结为主，多用于治疗胁痛、痛经、月经不调等症。如治中虚气滞胃痛的香砂六君丸（《重订通俗伤寒论》）。

酒香附能通筋脉，散结滞，多用于治疗寒疝腹痛。

香附炭苦、涩，温，多用于治疗妇女崩漏不止等症。

【贮藏养护】贮干燥容器内，炮制品密闭，置阴凉干燥处。

郁　金

【来源】为姜科植物温郁金 *Curcuma wenyujin* Y. H. Chen et C. Ling、姜黄 *Curcuma longa* L.、广西莪术 *Curcuma kwangsiensis* S. G. Lee et C. F. Liang 或蓬莪术 *Curcuma phaeocaulis* Val. 的干燥块根。前两者分别习称"温郁金"和"黄丝郁金"，其余按形状不同习称"桂郁金"和"绿丝郁金"。

【炮制方法】

1. **郁金**　取原药材，除去杂质，洗净，润透，切薄片，干燥。
2. **醋郁金**　取郁金，加入定量醋拌匀，闷润，待醋被吸尽后，置预热的炒制容器内，用文火加热，炒干，取出，晾凉。

每 100 kg 郁金，用醋 10 kg。

【成品性状】

1. **郁金**　椭圆形或长条形薄片。外表皮灰黄色、灰褐色至灰棕色，具不规则的纵皱纹。切面灰棕色、橙黄色至灰黑色。角质样，内皮层环明显。
2. **醋郁金**　呈暗黄色，略有醋气。

【炮制作用】郁金性味辛、苦，寒。归肝、心、肺经。具有行气化瘀、清心解郁、利胆退黄的功效。

郁金生用长于疏肝行气以解郁，活血祛瘀以止痛。如治心悬懊痛的郁金饮子（《太平圣惠方》），治癫痫或癫狂的白金丸（《医方考》）。

醋炙后能引药入血，增强疏肝止痛作用。如治一切厥心痛、小肠膀胱痛不可忍的辰砂一粒金丹（《奇效良方》），治妇女经前腹痛的宣郁通经汤（《傅青主女科》）。

【贮藏养护】贮干燥容器内，醋郁金密闭，置阴凉干燥处。

五　灵　脂

【来源】为鼯鼠科动物复齿鼯鼠 *Trogopterus xanthipes* Milen-Edwards 的干燥粪便。

【炮制方法】

1. **五灵脂**　取原药材，除去杂质，切制块状或砸成小块。
2. **醋五灵脂**　取五灵脂，置预热的炒制容器内，用文火加热，炒至腥气溢出时，喷淋醋，再炒至微干，有光泽时，取出，晾凉。

每 100 kg 五灵脂，用醋 10 kg。

3. **酒五灵脂**　取五灵脂，置预热的炒制容器内，用文火加热，炒至有腥气溢出时，喷淋酒，再炒至微干,有光泽时,取出,晾凉。

每 100 kg 五灵脂,用黄酒 15 kg。

【成品性状】

1. **五灵脂** 呈长椭圆形颗粒状,黑棕色或灰棕色,质松或有黏性,气腥臭。

2. **醋五灵脂** 呈黑褐色,表面有光泽,质轻松,略有醋气。

3. **酒五灵脂** 呈黄黑色,微有酒气。

【炮制作用】五灵脂性味咸、甘、温,归肝经。具有散瘀止痛的功效。

五灵脂生品具腥臭味,不宜内服,多做外用。取其止痛止血的作用,用于虫蛇咬伤,以五灵脂末涂之(《金匮钩玄》);治损伤、骨折,如接骨丹(《儒门事亲》)。

五灵脂醋炙能引药入肝,增强散瘀止痛作用,并能矫臭矫味,利于内服。如治气血凝滞、经期腹痛,与醋元胡等同用;治气滞心腹作痛,如手拈散(《医学心悟》)。

五灵脂酒炙后,能增强活血止痛作用,亦可矫臭矫味。如治瘀血停滞、心腹疼痛的失笑散(《太平惠民和剂局方》)。

【贮藏养护】置通风干燥处。防潮。

艾　叶

【来源】为菊科植物艾 *Artemisia argyi* Lévl.et Vant. 的干燥叶。夏季花未开时采摘,除去杂质,晒干。

【炮制方法】

1. **艾叶** 取原药材,除去杂质及梗,筛去灰屑。

2. **艾绒** 取艾叶,置适当容器具内,碾捣成绒,筛去粉末,拣去叶脉、粗梗,备用。

3. **醋艾叶** 取艾叶,加入定量的醋拌匀,闷润至醋被吸尽,置预热的炒制容器内,用文火加热,炒干,取出,晾凉。

每 100 kg 艾叶,用醋 15 kg。

4. **艾叶炭** 取艾叶,置预热的炒制容器内,用中火加热,炒至表面焦黑色,喷淋清水少许,灭尽火星,炒至微干,取出,晾干。

5. **醋艾炭** 取艾叶,置预热的炒制容器内,用中火加热,炒至表面黑褐色,喷入定量醋,灭尽火星,炒至微干,取出,晾干。

每 100 kg 艾叶,用醋 15 kg。

【成品性状】

1. **艾叶** 多皱缩、破碎。完整叶片呈卵状椭圆形,羽状深裂,裂片椭圆状披针形,边缘有不规则的粗锯齿,上表面灰绿色或深黄绿色,有稀疏的柔毛及白色腺点,下表面密生灰白色绒毛,质柔软。气清香,味苦。

2. **艾绒** 呈绒状,表面黄绿色至灰绿色,质柔软。气清香,味苦。

3. **醋艾叶** 形如艾叶,表面微黑色,清香气淡,略有醋气。

4. **艾叶炭** 不规则的碎片,表面黑褐色,多卷曲,有细条状叶柄。

5. **醋艾炭** 不规则的碎片,表面焦黑色,有细条状叶柄,具醋香气。

【炮制作用】艾叶性味辛、苦,温;有小毒。归肝、脾、肾经。具有散寒止痛,温经止血的功效。

生艾叶性燥，祛寒燥湿力强，对胃有刺激性，多外用。

艾绒为制备艾条、艾炷的原料。功用与艾叶相似，药力较优。因其质地绵软，性温走窜，气味芳香，可装入布袋中，以袋兜腹，治老人丹田气弱，脐腹畏寒，小儿受寒，腹痛作泻。

醋艾叶温而不燥，并能缓和对胃的刺激性，增强逐寒止痛的作用。

艾叶炭辛散之性大减，对胃的刺激性缓和，温经止血的作用增强。可用于崩漏下血，月经过多，或妊娠下血。

醋艾炭温经止血的作用增强。用于虚寒性出血。

【贮藏养护】贮干燥容器内，密闭，置阴凉干燥通风处。

第三节 盐炙法

将净制或切制后的饮片，加入一定量盐水拌炒的方法，称为盐炙法。食盐，性寒味咸，有清热凉血、软坚散结、强筋骨、润燥等功效。盐炙法多用于补肾固精、疗疝、利尿、泻相火的药物。

（一）目的

1. 引药下行，增强疗效。治疗下焦疾病的药物盐炙后可增强疗效。如杜仲、巴戟天等可增强补肝肾作用，小茴香、橘核、荔枝核等可增强疗疝止痛作用，车前子等可增强泻热利尿作用，益智仁、韭菜子等可增强固精缩尿作用。

2. 增强滋阴降火作用。如知母、黄柏等盐炙后可增强滋阴降火、清热凉血作用。

3. 缓和药物辛燥之性。如补骨脂、益智仁等辛温而燥，久服易伤阴耗津，盐炙后可缓和辛燥之性。

（二）操作方法

1. 先拌盐水后炒药 将食盐加适量水溶解，滤过，与待炮炙品拌匀，闷透，置已预热的炒制容器内，以文火加热，炒至规定的程度，取出，晾凉。

2. 先炒药后加盐水 先将待炮炙品置已预热的炒制容器内，以文火加热，炒至一定程度，再喷淋盐水，炒干，取出，晾凉。

一般每 100 kg 药物，用食盐 2~3 kg。

（三）注意事项

1. 溶解食盐时，加水量视药物吸水情况而定，一般为食盐用量的 4~5 倍。

2. 含黏液质多的药物，如车前子、知母等遇水容易发黏，不宜先拌盐水。宜先将药物加热除去部分水分，使质地变疏松，再喷洒盐水，以利于盐水渗入。

3. 盐炙火力宜小，采用第二种方法时更应该控制火力。若火力过大，则水分迅速蒸发，析出的食盐黏附在已预热的炒制容器或药物上，达不到盐炙的目的。

知　母

【导言】医圣张仲景四大护法方之一的白虎汤中，即含有知母。知母性味苦寒而不燥，上能清肺，中能凉胃，下能泻肾火。配以黄芩泻肺火，配石膏清胃热，配黄柏泻肾火。知母既能清实热，又可退虚热，但滋阴生津的功效较弱，对此，炮制有针对性的调整作用。

【处方用名】知母、知母肉、炒知母、盐知母。

【来源】为百合科植物知母 *Anemarrhena asphodeloides* Bge. 的干燥根茎。

【采收加工】春、秋二季采挖，除去须根和泥沙，晒干，习称"毛知母"；或趁鲜除去外皮，晒干，习称光知母。

【历史沿革】宋代有煨、炒、酒炒、盐水炒、盐酒拌炒等制法，明、清有蜜水拌炒、人乳汁盐酒炒、童便浸、姜汤浸等方法。现行有盐炙、酒炒、麸炒等炮制方法。《中国药典》收载知母、盐知母。

【炮制方法】

1. 知母　取原药材，除去杂质，洗净，润透，切厚片，干燥，去毛屑。

2. 盐知母　取知母，置已预热的炒制容器内，用文火加热，炒至变色，喷淋盐水，炒干，取出，晾凉。

每 100 kg 知母，用食盐 2 kg。

【成品性状】

1. 知母　不规则类圆形的厚片。外表皮黄棕色或棕色，可见少量残存的黄棕色叶基纤维和凹陷或凸起的点状根痕。切面黄白色至黄色。气微，味微甜、略苦，嚼之带黏性。

图 12-27　知母

2. 盐知母　形如知母片，色黄或微带焦斑。味微咸。

图 12-28　盐知母

知识拓展 12-11　酒知母

【质量要求】

1. 知母　水分不得过 12.0%，总灰分不得过 9.0%，酸不溶性灰分不得过 2.0%，含新芒果苷（$C_{25}H_{28}O_{16}$）和芒果苷（$C_{19}H_{18}O_{11}$）的总量不得少于 1.20%，知母皂苷 BⅡ 不得少于 3.0%。

2. 盐知母　水分、总灰分、酸不溶性灰分同知母，含芒果苷不得少于 0.40%，知母皂苷 BⅡ 不得少于 2.0%。

【炮制作用】知母性味苦、甘，寒。归肺、胃、肾经。具有清热泻火，滋阴润燥的功效。知母生用苦寒滑利，长于清热泻火、生津润燥，泻肺、胃之火尤宜生用。

盐炙可引药下行，专于入肾，增强滋阴降火的作用，善清虚热。

【临床应用】

1. 知母　多用于外感热病，高热烦渴，肺热燥咳，内热消渴，肠燥便秘。如治温病邪入气分，壮热烦渴，汗出恶热，脉洪大的白虎汤（《伤寒论》）。

2. 盐知母　常用于肝肾阴亏，虚火上炎，骨蒸潮热，盗汗遗精。如治阴虚火旺，潮热盗汗，耳鸣遗精的大补阴丸（《中国药典》）。

知识拓展 12-12　知母、盐知母在复方中的应用

【炮制研究】

1. **化学成分研究** 知母化学成分主要为甾体皂苷、黄酮、多糖等。知母炮制后多种单体皂苷、芒果苷和多糖类成分含量均升高。炮制品菝葜皂苷元含量较生品增加，顺序为：盐炙品＞麸炒品＞清炒品＞酒炙品＞生品。炮制有助于知母多糖和芒果苷成分的溶出，顺序均为盐知母＞清炒品＞酒炙品＞麸炒品＞生品。新芒果苷、异芒果苷的含量在盐炙后有一定程度的降低，推测知母盐炙过程使新芒果苷转化为芒果苷，从而使芒果苷的含量升高。

2. **药理作用研究** 知母炮制后药理作用的改变主要体现在降血糖、改善甲状腺功能亢进、解热、抗炎等方面。知母有明显的清热作用，盐炙品与生品未见显著性差异；知母盐炙品降血糖作用明显优于生品；知母生品的抗炎作用较好，清炒和酒炙知母的镇静作用较好。知母和盐知母均能显著降低甲亢阴虚大鼠红细胞膜上 Na^+–K^+–ATP 酶活性，具有滋肾阴清虚热的作用，且优于六味地黄丸组，低剂量组盐炙后作用增强。

3. **炮制工艺研究** 药透水尽是知母药材及生知母饮片最佳的润制状态，"质脆，易折断"为知母药材最佳烘制程度；"色黄，或微带焦斑"为盐知母炒炙程度，为不同水平的选择提供依据。以芒果苷的含量为指标，优选知母盐炙工艺为：采用先拌盐水后炒药的方法炮制，最佳盐水比为 1∶15～1∶30，闷润 1 h，150～160℃下炒制 20 min。

【贮藏养护】贮干燥容器内，盐知母密闭，置通风干燥处。防潮。

黄　柏

【导言】黄柏始载于《神农本草经》，列为上品，原名"檗木"。"黄檗"之名首见于《名医别录》，后来又陆续出现了"檀桓""黄檗皮"等名称，演变至今，黄檗多简写为"黄柏"。

中医理论认为生黄柏性寒味苦，清热燥湿、泻火解毒作用强，但苦寒之性过强，服用不当易伤脾胃，需要经过炮制后方可缓和其苦寒之性。"黄檗性寒而沉，生用则降实火，熟用则不伤胃，酒制则治上，盐制则治下，蜜制则治中。"李时珍在《本草纲目》中指明了不同炮制方法可纠正黄柏的偏性。历代对黄柏的炮制方法众多，炮制后功效各有侧重。

【处方用名】黄柏、川黄柏、盐黄柏、酒黄柏、黄柏炭。

【来源】为芸香科植物黄皮树 Phellodendron chinense Schneid. 的干燥树皮。习称"川黄柏"。

【采收加工】剥取树皮后，除去粗皮，晒干。

【历史沿革】南北朝刘宋时代有蜜炙法，唐代有炙制、醋制等法，宋代有炒、酒浸、炒炭、盐水浸炒、葱汁拌炒、胆汁制等制法，明代有童便酒蜜盐同制、乳汁制、童便制等，清代有米泔制、附子汁制、煅炭、姜汁炒黑等方法。现行有盐炙、酒炙、炒炭等炮制方法。《中国药典》收载黄柏、盐黄柏、黄柏炭。

【炮制方法】

1. **黄柏** 取原药材，除去杂质，喷淋清水，润透，切丝，干燥。

2. **盐黄柏** 取黄柏，用盐水拌匀，稍闷，待盐水被吸尽后，置已预热的炒制容器内，用文火加热，炒干，取出，晾凉。

每 100 kg 黄柏，用食盐 2 kg。

3. **酒黄柏** 取黄柏，用黄酒拌匀，稍闷，待酒被吸尽后，置已预热的炒制容器内，用文火加热，炒干，取出，晾凉。

每 100 kg 黄柏，用黄酒 10 kg。

4. 黄柏炭 取黄柏，置已预热的炒制容器内，用武火加热，炒至表面焦黑色，内部深褐色，喷淋少许清水灭尽火星，取出，晾干。

【成品性状】

1. 黄柏 呈丝条状，外表面黄褐色或黄棕色。内表面暗黄色或淡棕色，具纵棱纹。切面纤维性，呈裂片状分层，深黄色。味极苦。

图 12-29　黄柏

2. 盐黄柏 形如黄柏丝，表面深黄色，偶有焦斑。味极苦，微咸。

图 12-30　盐黄柏

3. 酒黄柏 表面深黄色，偶有焦斑。略具酒气，味极苦。

4. 黄柏炭 表面焦黑色，内部深褐色或棕黑色。体轻，质脆，易折断。味苦涩。

【质量要求】

1. 黄柏 水分不得过 12.0%，总灰分不得过 8.0%；醇溶性浸出物不得少于 14.0%，含小檗碱以盐酸小檗碱计不得少于 3.0%，黄柏碱以盐酸黄柏碱计不得少于 0.34%。

2. 盐黄柏 同黄柏。

【炮制作用】黄柏性味苦，寒。归肾、膀胱经。具有泻火解毒和清热燥湿的功效。

黄柏生品苦燥，性寒而沉，泻火解毒和燥湿作用较强。

盐炙可引药入肾，缓和苦燥之性，增强滋肾阴、泻相火、退虚热的作用。

酒炙可降低苦寒之性，免伤脾阳，并借酒升腾之力，引药上行，清上焦及血分湿热。

黄柏炭清湿热之中兼具涩性。

【临床应用】

1. 黄柏 多用于湿热痢疾，黄疸，热淋，足膝肿痛，疮疡肿毒，湿疹等。如治湿热痢疾的白头翁汤（《伤寒论》）。

2. 盐黄柏 多用于阴虚发热，骨蒸劳热，盗汗，遗精，足膝痿软，咳嗽咯血等。如治阴虚火旺，潮热盗汗，耳鸣遗精的大补阴丸（《中国药典》）。

3. 酒黄柏 用于热壅上焦诸证及热在血分。如治目赤、口舌生疮、咽喉肿痛的黄连上清丸（《中国药典》）。

4. 黄柏炭 多用于便血、崩漏下血而兼有热象者，常配伍其他药共用。

【炮制研究】

1. 化学成分研究 黄柏中含有生物碱、挥发油、黄酮类化合物等。酒黄柏、盐黄柏中盐酸小檗碱、巴马汀含量较生品升高，焦黄柏中含量下降较大，黄柏炭与煅黄柏中盐酸小檗碱成分已消失。但炮制后能提高浸出物含量，其顺序为：盐黄柏＞酒黄柏＞生黄柏＞黄柏炭。

2. 药理作用研究 对黄柏及 6 种不同温度、辅料炒制品的水煎液进行抑菌、抗炎、解热作用比较，结果炒制温度最高者抑菌作用最差；急性抗炎作用以生品最强，且温度越高，抗炎作用越差；黄柏的生品及其炮制品的解热作用较弱且缓慢。

小檗红碱是黄柏盐炙加热过程中新生成的化合物，目前国内外对其研究较多，发现其具有抗癌、抗炎、抗神经系统疾病、抗心血管疾病、抗真菌、抗糖尿病的药理作用；同时，还有针对其结构进行修饰改良的研究。巴马红汀是在盐黄柏中首次发现的新化合物，其对脂多糖刺激下的小鼠单核巨噬细胞白血病 RAW264.7 细胞有很好的抗炎作用。药根红碱也是盐黄柏中发现的新化合物，具有很好的巨噬细胞吞噬作用，有免疫作用，提示可用于制备免疫调节的药物。

研究发现，黄柏生品、盐黄柏、酒黄柏和黄柏炭对弗氏完全佐剂诱导的大鼠关节炎有抑制作用，酒黄柏相对于盐黄柏和黄柏炭效果更明显。推测是酒黄柏可使抗炎成分（如萜类、甾醇和酚类）更好地释放出来。

3. **炮制工艺研究** 采用正交实验，以盐酸小檗碱、小檗红碱及两者含量之和变化为指标进行综合评分，优选出盐黄柏的最佳炮制工艺为：每 100 kg 黄柏加盐 5 kg，以药材量 30% 的水溶解盐，闷润 1 h，在 150～160℃条件下炒 6 min。以盐酸小檗碱、盐酸小檗红碱、盐酸药根碱、盐酸巴马汀四种成分的含量为指标，正交实验设计优选黄柏最佳炒炭工艺为：取川黄柏 50 g，在 270℃温度条件下炒制 25 min。

【贮藏养护】贮干燥容器内，炮制品密闭，置通风干燥处。防潮。

泽　泻

【导言】泽泻是一种很普通的水生植物，对于南方来说，泽泻作为中药更为熟知。《神农本草经》将泽泻列为上品，"消水，养五脏，益气力，肥健"。李梴《医学入门》曰："生汝南池泽，性能泻水。故称泽泻。"具有利水，渗湿，泄热功效的泽泻被广泛用于制剂和处方中，如由三补三泻药味组成的六味地黄丸，泽泻就是其中的一味泻药。

【处方用名】泽泻、淡泽泻、炒泽泻、盐泽泻。

【来源】为泽泻科植物东方泽泻 *Alisma orientale*（Sam.）Juzep. 或泽泻 *Alisma plantago-aquatica* Linn. 的干燥块茎。

【采收加工】冬季茎叶开始枯萎时采挖，洗净，干燥，除去须根和粗皮。

【历史沿革】南北朝有酒浸法，宋代有酒浸焙、酒浸蒸焙、微炒等制法，明清有煨制、米泔制等方法。现行有盐炙、麸炒等炮制方法。《中国药典》收载泽泻、盐泽泻。

【炮制方法】

1. **泽泻** 取原药材，除去杂质，大小分档，稍浸，润透，切厚片，干燥。

2. **盐泽泻** 取泽泻，用盐水拌匀，闷润，待盐水被吸尽后，置已预热的炒制容器内，用文火加热，炒至微黄色，取出，晾凉。

每 100 kg 泽泻，用食盐 2 kg。

3. **麸炒泽泻** 将麸皮撒入已预热的炒制容器内，用中火加热，待冒浓烟时投入泽泻，拌炒至药物呈黄色时，取出，筛去麸皮，晾凉。

每 100 kg 泽泻，用麦麸 10 kg。

【成品性状】

1. **泽泻** 圆形或椭圆形厚片。外表皮黄白色或淡黄棕色，可见细小突起的须根痕。切面黄白色至淡黄色，粉性，有多数细孔。气微，味微苦。

图 12-31　泽泻

2. **盐泽泻** 表面淡黄棕色或黄褐色，偶见焦斑。味微咸。

3. **麸炒泽泻** 表面黄色，偶见焦斑，微有焦香气。

图 12-32　麸炒泽泻

知识拓展 12-13　泽泻的毒性与炮制减毒

【质量要求】

1. **泽泻** 水分不得过 12.0%，总灰分不得过 5.0%，醇溶性浸出物不得少于 10.0%；含 23-

乙酰泽泻醇 B 和 23-乙酰泽泻醇 C 的总量不得少于 0.10%。

2. **盐泽泻** 水分不得过 13.0%，总灰分不得过 6.0%，醇溶性浸出物不得少于 9.0%；含量测定同泽泻。

【炮制作用】泽泻性味甘、淡，寒。归肾、膀胱经。具有利水泻热的功效。

泽泻生品具有利水渗湿，泻热，化浊降脂的功效。

盐炙后引药下行，并能增强泻热作用，利尿而不伤阴。

麸炒后寒性稍缓，长于渗湿以和脾，降浊以升清。

【临床应用】

1. **泽泻** 常用于小便不利，水肿胀满，泄泻尿少，痰饮眩晕，热淋涩痛，高脂血症。如治水肿、小便不利的五苓散（《伤寒论》）。

2. **盐泽泻** 常以小剂量用于补剂，可泻肾降浊，并能防止补药之腻滞。可用于阴虚火旺，利水清热养阴。如治肝肾虚亏、心血耗散而致小儿癫痫的河车八味丸（《幼幼集成》）。

3. **麸炒泽泻** 多用于脾虚泄泻，痰湿眩晕。如治脾运不健、水湿泄泻的四苓散（《丹溪心法》）。

【炮制研究】

1. **化学成分研究** 泽泻药材加工成生品饮片，70℃烘干过程中，有少量 23-乙酰泽泻醇 B 转化成了 24-乙酰泽泻醇 A 和泽泻醇 B；泽泻盐炙（190～200℃）及麸炒（160～170℃）过程中，23-乙酰泽泻醇 B 则大量转化为 24-乙酰泽泻醇 A 和泽泻醇 B，二者又进一步转化成泽泻醇 A。提示在加热炮制过程中，泽泻药材中三萜类主成分 23-乙酰泽泻醇 B 出现两条转变途径，一是氧环开裂并重排生成 24-乙酰泽泻醇 A，进一步脱乙酰基转化成泽泻醇 A；二是先脱乙酰基生成泽泻醇 B，继而氧环开裂转化成泽泻醇 A。

2. **药理作用研究** 泽泻及其炮制品对小鼠耳廓二甲苯致炎肿胀和大鼠蛋清性足肿胀均有抗炎作用，其作用程度依次为：盐炙品＞麸炒品＞生品。泽泻及其炮制品均能明显对抗小鼠急性肝损伤，其中以盐炙品作用最佳。生泽泻和麸泽泻能增强大鼠离体十二指肠收缩振幅及相对张力，麸泽泻组的胃泌素和 Na^+-K^+-ATP 酶含量显著高于同剂量的生泽泻组，证明麸泽泻健脾作用优于生泽泻。

3. **质量控制研究** 《中国药典》对于泽泻和盐泽泻的含量测定成分均为 23-乙酰泽泻醇 B 和 23-乙酰泽泻醇 C。有研究者采用超高效液相色谱-四极杆-飞行时间串联质谱法（UPLC-Q-TOF-MS）对泽泻盐制前后化学成分进行辨识，发现 23-乙酰泽泻醇 C 并非泽泻盐制前后的差异性成分，且 23-乙酰泽泻醇 B 的含量炮制前后变化不明显，二者难以区别生品和盐制品。这为进一步探究泽泻盐制前后的差异性成分含量变化，以及完善泽泻及盐泽泻的质量控制标准提供了参考价值。

【贮藏养护】贮干燥容器内，炮制品密闭，置通风干燥处。防霉，防蛀。

杜 仲

【导言】杜仲是我国特有的第三纪子遗植物，既是名贵药材，也是重要木本油料和功能食品资源，还是维护生态安全、增加碳汇、建设国家储备林、实现绿色养殖的重要树种，被列入国家战略性资源树种。杜仲历代均强调炮制后入药，杜仲制后具有补肝肾，强筋骨，安胎功效。查阅文献，了解杜仲植物资源的生长特性、经济意义，明确杜仲的炮制作用和药用价值。

第三节 盐 炙 法

【处方用名】杜仲、川杜仲、炒杜仲、盐杜仲。

【来源】为杜仲科植物杜仲 *Eucommia ulmoides* Oliv. 的干燥树皮。

【采收加工】4—6月剥取，刮去粗皮，堆置"发汗"至内皮呈紫褐色，晒干。

【历史沿革】南北朝有酥蜜炙，唐代有去皮炙，宋代有炙微黄、涂酥炙、姜汁炙、姜酒制、蜜炙、炒令黑、姜炒断丝、麸炒黄、盐酒拌炒断丝、盐水炒等方法，明代有油制、醋炙及小茴香、盐、醋汤浸炒等方法，清代有童便制、面炒去丝等方法。《中国药典》收载杜仲、盐杜仲。

【炮制方法】

1. **杜仲**　取原药材，刮去残留粗皮，洗净，切块或丝，干燥。

2. **盐杜仲**　取杜仲，加盐水拌匀，稍闷，待盐水被吸尽后，置已预热的炒制容器内，用中火加热，炒至颜色加深，有焦斑，丝易断时，取出，晾凉。

每 100 kg 杜仲，用食盐 2 kg。

视频 12-3　盐杜仲的炮制

3. **杜仲炭**　取杜仲，置已预热的炒制容器内，用武火加热，炒至外表焦黑色并断丝，喷洒盐水，灭尽火星，取出，晾干。

每 100 kg 杜仲，用食盐 3 kg。

【成品性状】

1. **杜仲**　呈小方块或丝状。外表面淡棕色或灰褐色，有明显的皱纹。内表面暗紫色，光滑。断面有细密、银白色、富弹性的橡胶丝相连。气微，味稍苦。

图 12-33　杜仲

2. **盐杜仲**　表面黑褐色，内表面褐色，折断时胶丝弹性较差、易断。味微咸。

图 12-34　盐杜仲

3. **杜仲炭**　表面焦黑色，内表面焦褐色，折断时基本无胶丝。

【质量要求】

1. **杜仲**　醇溶性浸出物不得少于 11.0%，含松脂醇二葡萄糖苷不得少于 0.10%。

2. **盐杜仲**　水分不得过 13.0%，总灰分不得过 10.0%，醇溶性浸出物不得少于 12.0%；含量测定同杜仲。

【炮制作用】杜仲性味甘，温。归肝、肾经。具有补肝肾，强筋骨，安胎的功效。

生杜仲性温偏燥，能温补肝肾，强筋骨。

杜仲盐炙引药入肾，直达下焦，温而不燥，补肝肾、强筋骨、安胎的作用增强。且杜仲胶被破坏，有利于成分的溶出。

杜仲炒炭用于崩漏下血。

【临床应用】

1. **杜仲**　适用于肾虚而兼挟风湿的腰痛和腰背伤痛。如治痹证已久、肝肾亏虚、气血不足致腰膝疼痛麻木的独活寄生汤（《备急千金要方》）。

2. **盐杜仲**　临床多以盐炙入药为主，常用于肾虚腰痛，筋骨无力，妊娠漏血，胎动不安和高血压症。如治肾虚腰痛的青娥丸（《中国药典》）。

3. **杜仲炭**　基本同盐杜仲，偏于胎漏下血，胎动欲坠之症。

【炮制研究】

1. **化学成分研究** 杜仲含有杜仲胶、木质素及其苷类、环烯醚萜类、黄酮类、苯丙素类及氨基酸等。杜仲盐炙后，京尼平苷酸、绿原酸、松脂素二葡萄糖苷、中脂素二葡萄糖苷、丁香脂醇二葡萄糖苷等含量降低，中脂素、松脂素、表松脂素、阿魏醛等含量增高。产地加工中刮去粗皮和加盐炮制对杜仲中醇溶性浸出物的含量有显著影响，顺序依次为：去粗皮盐制品 > 去粗皮生品 > 未去粗皮盐制品 > 未去粗皮生品。

2. **药理作用研究** 杜仲生品及各炮制品均对机体非特异性免疫功能有调控作用，炮制品作用强于生品，各炮制品（清炒品、盐炙品、砂烫品、烘制品）之间作用无明显差异。生杜仲对家兔离体肠管收缩有抑制作用，炒杜仲、砂烫杜仲对家兔离体肠管有不同程度的兴奋作用，但兴奋持续时间较短。杜仲药材生品与炮制品对大鼠有显著的降压活性，炮制品的降压活性略优于生品，但两者无显著性差异；杜仲炮制品还具有显著降低心率的功能。

课程思政案例12-1 盐杜仲火候"丝易断"的客观化表征

【贮藏养护】贮干燥容器内，炮制品密闭，置通风干燥处。防霉。

补 骨 脂

【导言】补骨脂又名破故纸、婆固脂、胡韭子，药如其名，自《雷公炮炙论》以来，补骨脂的功效为温肾助阳、纳气、止泻。生品辛热而燥，长时间服用或用量较大有伤阴之嫌，通过炮制，可以解决这一弊端。

【处方用名】补骨脂、破故纸、盐补骨脂、盐骨脂。

【来源】为豆科植物补骨脂 *Psoralea corylifolia* L. 的干燥成熟果实。

【采收加工】秋季果实成熟时采果序，晒干，搓出果实，除去杂质。

【历史沿革】南北朝有酒浸蒸，宋代有炒、盐炒、芝麻制、酒浸炒等法，明代有泽泻制及盐、酒、芝麻同制等方法，清代有麸炒、面炒、麻子仁炒、童便乳浸盐水炒、盐水浸三日胡桃油炒等方法。《中国药典》收载补骨脂、盐补骨脂。

【炮制方法】

1. **补骨脂** 取原药材，除去杂质。

2. **盐补骨脂** 取补骨脂，加盐水拌匀，闷润，待盐水被吸尽后，置已预热的炒制容器内，用文火加热，炒至微鼓起、迸裂并有香气逸出时，取出，晾凉。

每 100 kg 补骨脂，用食盐 2 kg。

【成品性状】

1. **补骨脂** 呈肾形，略扁。表面黑色、黑褐色或灰褐色，具细微网状皱纹。质硬。果皮薄，与种子不易分离；种仁有油性。气香，味辛、微苦。

图 12-35 补骨脂

2. **盐补骨脂** 表面黑色或黑褐色，微鼓起。气微香，味微咸。

图 12-36 盐补骨脂

知识拓展12-14 芝麻制补骨脂

【质量要求】

1. **补骨脂** 水分不得过 9.0%，总灰分不得过 8.0%，酸不溶性灰分不得过 2.0%，含补骨脂素和异补骨脂素的总量不得少于 0.70%。醇溶性浸出物不得少于 25.0%，含补骨脂素和异补骨脂素的总量不得少于 1.60%。

2. **盐补骨脂** 总灰分不得过 8.5%，其余同补骨脂。

【炮制作用】补骨脂性味辛、苦，温。归肾、脾经。具有温肾壮阳，除湿止痒的功效。

补骨脂生品长于补脾肾，止泻痢。多用于脾肾阳虚，泻痢。

盐炙能缓和温燥之性，并可引药入肾，增强补肾纳气的作用。

【临床应用】

1. **补骨脂** 外用治银屑病，白癜风，扁平疣，斑秃等。补骨脂长期或大剂量生用有伤阴之弊，容易出现口干、舌燥、喉痛等症状。

2. **盐补骨脂** 用于阳痿遗精，遗尿尿频，腰膝冷痛，肾虚作喘，五更泄泻。如治脾虚肾寒，五更泄泻的四神丸（《中国药典》）。

知识拓展 12-15　补骨脂及其盐炙品在市售成药中的应用

【炮制研究】

1. **化学成分研究** 补骨脂果实、种子含香豆素类、黄酮类、单萜酚类以及挥发油、皂苷、多糖、类脂等成分。与生品比较，雷公法炮制酒浸蒸品对补骨脂中 7 种成分的影响最为明显，其中异补骨脂苷、补骨脂苷含量下降约 30%，异补骨脂素、补骨脂素含量分别上升 14% 和 19%，补骨脂定和补骨脂二氢黄酮的含量均有下降，补骨脂酚含量下降 10%；在酒浸炒品中，异补骨脂苷和补骨脂苷含量分别较生品下降 12.2% 和 7.4%，补骨脂素、异补骨脂素分别增加 7.7% 和 11.7%。补骨脂生品与炮制品（盐炙和清炒）化学成分有显著性差异，其中有 5 个成分存在于生品与清炒品中，盐炙品中未发现。

2. **药理作用研究** 除酒浸炒品外，其他炮制品能显著提高环磷酰胺引起白细胞的降低，作用强度为：盐炙品＞盐蒸品＞雷公法品＞清炒品＞生品＞酒浸炒品。对大黄水提物引起的肠蠕动亢进均有对抗作用，其中以盐炙品和酒浸炒品最为明显。补骨脂燥性体现在引起正常和模型小鼠乳酸脱氢酶值升高，毒性体现在对两种小鼠免疫器官胸腺和脾、肝的抑制，盐炙品较生品能改善上述指标。补骨脂生品和盐炙品均具有良好的促进人成骨细胞增殖、分化和矿化的作用，其中盐炙品的作用显著优于生品。

【贮藏养护】贮干燥容器内，炮制品密闭，置通风干燥处。防霉。

车 前 子

【来源】为车前科植物车前 Plantago asiatica L. 或平车前 Plantago depressa Willd. 的干燥成熟种子。夏、秋二季种子成熟时采收果穗，晒干，搓出种子，除去杂质。

【炮制方法】

1. **车前子** 取原药材，除去杂质。

2. **炒车前子** 取车前子，置已预热的炒制容器内，用文火加热，炒至略有爆裂声，并有香气逸出时，取出，晾凉。

3. **盐车前子** 取车前子，置已预热的炒制容器内，用文火加热，炒至略有爆裂声时，喷淋盐水，炒干，取出，晾凉。

每 100 kg 车前子，用食盐 2 kg。

【成品性状】

1. **车前子** 呈椭圆形、不规则长圆形或三角状长圆形，略扁。表面黄棕色至黑褐色，有细皱纹，一面有灰白色凹点状种脐。质硬。气微，味淡。

2. **炒车前子** 表面黑褐色，气微香，质略脆。

3. **盐车前子** 表面黑褐色，气微香，味微咸。

【炮制作用】车前子性味甘，微寒。归肝、肾、肺、小肠经。具有清热利尿，渗湿通淋，清肺化痰，清肝明目的功效。

车前子生品长于利水通淋，清肺化痰，清肝明目。常用于水肿胀满，热淋涩痛，暑湿泄泻，肝火目赤，痰热咳嗽。如治肝胆湿热的龙胆泻肝汤（《医方集解》）。

炒车前子作用与生品相似，寒性稍减，能提高煎出效果，长于渗湿止泻、祛痰止咳。如治湿浊泄泻的清宁散（《幼幼集成》）。

盐车前子能引药下行，入肾经，泻热利尿而不伤阴。用于肾虚脚肿，眼目昏暗，虚劳梦泄。如用治湿热下注的八正散（《太平惠民和剂局方》）。

【贮藏养护】贮干燥容器内，盐车前子密闭，置通风干燥处。防潮。

巴 戟 天

【来源】为茜草科植物巴戟天 *Morinda officinalis* How 的干燥根。

【炮制方法】

1. **巴戟天** 取原药材，除去杂质。

2. **巴戟肉** 取巴戟天，置蒸器内蒸透，趁热除去木心，切段，干燥。

3. **盐巴戟天** 取巴戟天，用盐水拌匀，置蒸制容器内蒸透，趁热除去木心，切段，干燥。

每 100 kg 巴戟天，用食盐 2 kg。

4. **制巴戟天** 取甘草，捣碎，加水煎汤，去渣，取甘草汁加入净巴戟天拌匀，置锅内，用文火煮至药透汤尽，取出，趁热抽去木心，切段，干燥。

每 100 kg 巴戟天，用甘草 6 kg，煎汤约 50 kg。

5. **酒巴戟天** 取巴戟肉，加入定量黄酒拌匀，稍闷润，待酒被吸尽后，置已预热的炒制容器内，用文火加热，炒干，取出，晾凉。

每 100 kg 巴戟肉，用黄酒 12 kg。

【成品性状】

1. **巴戟天** 呈扁圆柱形，略弯曲，长短不等。表面灰黄色或暗灰色，质韧，断面皮部厚，紫色或淡紫色，易与木部剥离；木部坚硬，黄棕色或黄白色。气微，味甘而微涩。

2. **巴戟肉** 呈扁圆柱形短段或不规则块。表面灰黄色或暗灰色，具纵纹和横裂纹。切面皮部厚，紫色或淡紫色，中空。气微，味甘而微涩。

3. **盐巴戟天** 形同巴戟肉。气微，味甘、咸而微涩。

4. **制巴戟天** 形同巴戟肉。气微，味甘而微涩。

5. **酒巴戟天** 较巴戟肉颜色加深，略具酒气。

【炮制作用】巴戟天性味甘、辛，微温。归肾、肝经。具有祛风除湿的功效。

巴戟天生品味辛而温，以祛风除湿力胜，适用于肾虚而兼风湿之证。如巴戟天汤（《张氏医通》）。

盐炙后专于入肾，温而不燥，补肾助阳作用缓和，多服久服无伤阴之弊。常用于阳痿遗精，宫冷不孕，月经不调，少腹冷痛。如治妇女下焦寒湿相争，致经前腹痛的温脐化湿汤（《傅青主女科》)。

甘草制后增强补益作用，偏于补肾助阳，强筋骨。用于肾气虚损，症见胸中短气、腰脚疼痛、身重无力。如治肝肾亏损的无比山药丸（《中药成药制剂》）。

酒炙增强温肾壮阳，强筋骨，祛风湿作用。如治肝肾不足引起筋骨痿软的金刚丸（《医略六书》）。

【贮藏养护】贮干燥容器内，炮制品密闭，置通风干燥处。防霉，防蛀。

韭 菜 子

【来源】为百合科植物韭菜 *Allium tuberosum* Rottl. ex Spreng. 的干燥成熟种子。

【炮制方法】

1. 韭菜子　取原药材，除去杂质。

2. 盐韭菜子　取韭菜子，加盐水闷润，待盐水被吸尽后，置已预热的炒制容器内，用文火加热，炒至微干，鼓起，有香气逸出时，取出，晾凉。

每 100 kg 韭菜子，用食盐 2 kg。

【成品性状】

1. 韭菜子　呈半圆形或半卵圆形，略扁，长 2～4 mm，宽 1.5～3 mm。表面黑色，一面突起，粗糙，有细密的网状皱纹，另一面微凹，皱纹不明显。顶端钝，基部稍尖，有点状突起的种脐。质硬。气特异，味微辛。

2. 盐韭菜子　色泽加深，有香气，微鼓起，味咸微辛。

【炮制作用】韭菜子性味辛、甘，温。归肝，肾经，具有温补肝肾，壮阳固精的功效。

生品应用较少。适用于肾虚而兼寒湿的腰膝酸软冷痛、白带过多。

盐炙可引药入肾，增强补肾固精缩尿作用。用于阳痿遗精，遗尿尿频。如治肾与膀胱虚冷，小便频数（《魏氏家藏方》）。

【贮藏养护】贮干燥容器内，密闭，置通风干燥处。

菟 丝 子

【来源】为旋花科植物南方菟丝子 *Cuscuta australis* R. Br. 或菟丝子 *Cuscuta chinensis* Lam. 的干燥成熟种子。

【炮制方法】

1. 菟丝子　取原药材，除去杂质，洗净，干燥。

2. 盐菟丝子　取菟丝子，加盐水拌匀，闷润，待盐水被吸尽后，置已预热的炒制容器内，用文火加热，炒至略鼓起，爆裂声减弱，并有香气逸出时，取出，晾凉。

每 100 kg 菟丝子，用食盐 2 kg。

3. 酒菟丝子饼　取菟丝子，加水煮至开裂，不断搅拌，待水被吸尽，黏丝呈稠粥状时，加入黄酒和白面拌匀，再压成饼，切成约 1 cm³ 小方块，干燥。

每 100 kg 菟丝子，用黄酒 15 kg，白面 15 kg。

4. 炒菟丝子　取菟丝子，置已预热的炒制容器内，用文火加热，炒至微黄色，有爆裂声时，取出，晾凉。

【成品性状】

1. **菟丝子** 呈类球形。表面灰棕色至棕褐色，粗糙，种脐线形或扁圆形。质坚实，不易以指甲压碎。气微，味淡。

2. **盐菟丝子** 表面棕黄色，裂开，略有香气，味微咸。

3. **酒菟丝子饼** 小方块状，表面灰棕色或黄棕色，微有酒气。

4. **炒菟丝子** 表面黄棕色，可见裂口，气微香，味淡。

【炮制作用】菟丝子性味甘，温。归肝、肾经。具有益肾固精，安胎，养肝明目，止泻的功效。

菟丝子生品以养肝明目力胜。常用于治疗肝肾两亏，阴虚火旺，内障目暗，视物昏花。如用于滋阴补肾，清肝明目的石斛夜光丸（《中国药典》）。

菟丝子偏温，补阳胜于补阴。盐炙后不温不寒，平补阴阳，并能引药入肾，增强补肾固涩的作用。用于阳痿遗精，尿有余沥，遗尿，尿频，带下，肾虚胎漏，胎动不安。如治肝肾不足，妊娠下血，胎动不安的参茸保胎丸（《中国药典》）。

酒制可增强温补脾肾的作用，并可提高煎出效果，便于粉碎。多用于腰膝酸软，脾肾虚泄。如治肝肾俱虚，眼常昏暗的驻景丸（《太平圣惠方》）。

炒菟丝子功用与生品相似，但炒后可提高煎出效果，便于粉碎。如治肾虚精少，阳痿早泄，遗精，久不生育的五子衍宗丸（《中国药典》）。

【贮藏养护】贮干燥容器内，炮制品密闭，置通风干燥处。

沙 苑 子

【来源】为豆科植物扁茎黄芪 *Astragalus complanatus* R. Br. 的干燥成熟种子。

【炮制方法】

1. **沙苑子** 取原药材，除去杂质，洗净，干燥。

2. **盐沙苑子** 取沙苑子，加盐水拌匀，稍闷，待盐水被吸尽后，置已预热的炒制容器内，用文火加热，炒干，取出，晾凉。

每 100 kg 沙苑子，用食盐 2 kg。

【成品性状】

1. **沙苑子** 略呈肾形而稍扁。表面光滑，褐绿色或灰褐色。质坚硬，不易破碎。气微，味淡，嚼之有豆腥气。

2. **盐沙苑子** 表面鼓起，深褐绿色或深灰褐色。气微，味微咸。嚼之有豆腥味。

【炮制作用】沙苑子性味甘，温。归肝、肾经。具有补肾助阳，固精缩尿，养肝明目的功效。

沙苑子生品以益肝明目力强，多用于肝虚眩晕目昏。如治肾阳不足引起的腰酸腿软，精神疲倦，阳痿遗精的强阳保肾丸（《中国药典》）。

盐沙苑子药性平和，能平补阴阳，并可引药入肾，增强补肾固精、缩尿的作用。多用于肾虚腰痛，遗精早泄，白浊带下，小便余沥。如治肾气虚衰，腰痛滑精的三肾丸[《处方集（天津方）》]。

【贮藏养护】贮干燥容器内，盐沙苑子密闭，置通风干燥处。

小 茴 香

【来源】为伞形科植物茴香 *Foeniculum vulgare* Mill. 的干燥成熟果实。

【炮制方法】

1. 小茴香　取原药材,除去杂质及残梗,筛去灰屑。

2. 盐小茴香　取小茴香,加盐水拌匀,略闷,待盐水被吸尽后,置已预热的炒制容器内,用文火加热,炒至微黄色,有香气,逸出时,取出,晾凉。

每 100 kg 小茴香,用食盐 2 kg。

【成品性状】

1. 小茴香　分果呈长椭圆形,背部有 5 条纵棱。表面黄绿色或淡黄色。有特异香气,味微甜、辛。

2. 盐小茴香　微鼓起,色泽加深,偶有焦斑。味微咸。

【炮制作用】小茴香性味辛,温。归肝、肾、脾、胃经。具有散寒止痛,理气和胃的功效。

小茴香生品辛散理气作用偏盛,常用于脘腹胀痛,食少吐泻,少腹冷痛。如治脾元虚寒,久泄腹痛的大圣散(《博济方》)。

盐炙后辛散作用稍缓,专行下焦,长于温肾祛寒,疗疝止痛。常用于寒疝腹痛,睾丸偏坠,痛经。如治血瘀有寒引起的月经不调,小腹胀痛,腰痛的少腹逐瘀丸(《中国药典》)。

【贮藏养护】贮干燥容器内,炮制品密闭,置阴凉干燥处。防潮。

橘　核

【来源】为芸香科植物橘 *Citrus reticulata* Blanco 及其栽培变种的干燥成熟种子。

【炮制方法】

1. 橘核　取原药材,除去杂质,洗净,干燥。用时捣碎。

2. 盐橘核　取橘核,用盐水拌匀,稍闷,待盐水被吸尽后,置已预热的炒制容器内,用文火加热,炒至微黄色并有香气逸出时,取出,晾凉。用时捣碎。

每 100 kg 橘核,用食盐 2 kg。

【成品性状】

1. 橘核　略呈卵形,一端钝圆,另一端渐尖成小柄状,一侧有种脊棱线。表面淡黄白色或淡灰白色,光滑。气微,味苦。

2. 盐橘核　色微黄,多有裂纹,略有咸味。

【炮制作用】橘核性味苦,平。归肝、肾经。具有理气散结,行气止痛的功效。

橘核生用理气散结作用较强,可用于乳痈。如治乳痈初起未溃,可单用橘核粉末加黄酒煎,内服外敷,或与其他药配伍用。

盐炙能引药下行入肾经,增加疗疝止痛的功效。如治疝气疼痛、睾丸肿痛的茴香橘核丸(《中国药典》)。

【贮藏养护】贮干燥容器内,炮制品密闭,置通风干燥处。防霉,防蛀。

荔 枝 核

【来源】为无患子科植物荔枝 *Litchi chinensis* Sonn. 的干燥成熟种子。

【炮制方法】

1. **荔枝核** 取原药材,除去杂质,洗净,干燥。用时捣碎。

2. **盐荔枝核** 取荔枝核,捣碎,加盐水拌匀,闷润,待盐水被吸尽后,置已预热的炒制容器内,用文火加热,炒干,取出,晾凉。

每 100 kg 荔枝核,用食盐 2 kg。

【成品性状】

1. **荔枝核** 长圆形或卵圆形,略扁。表面棕红色或紫棕色,平滑,有光泽,略有凹陷及细波纹,一端有类圆形种脐。质硬。气微,味甘、微苦、涩。

2. **盐荔枝核** 碎块状,无光泽,色泽略深,味微咸。

【炮制作用】荔枝核性味甘、微苦、涩,温。归肝、肾经。具有行气散结,祛寒止痛的功效。

荔枝核生品偏于治肝气瘀滞,胃脘疼痛,如治疝气疼痛、睾丸肿痛的茴香橘核丸(《中国药典》)。

盐炙后可引药入肾,专于疗疝止痛。如治疝气疼痛、睾丸肿痛的疝气内消丸(《中药成药制剂手册》)。

【贮藏养护】贮干燥容器内,炮制品密闭,置通风干燥处。防蛀。

胡 芦 巴

【来源】为豆科植物胡芦巴 *Trigonella foenum-graecum* L. 的干燥成熟种子。

【炮制方法】

1. **胡芦巴** 取原药材,除去杂质,洗净,干燥。

2. **炒胡芦巴** 取胡芦巴,置已预热的炒制容器内,用文火加热,炒至有爆裂声,香气逸出时,取出,晾凉。

3. **盐胡芦巴** 取胡芦巴,加盐水拌匀,闷润,待盐水被吸尽后,置已预热的炒制容器内,用文火加热,炒至鼓起,微具焦斑,有香气溢出时,取出,晾凉。

每 100 kg 胡芦巴,用食盐 2 kg。

【成品性状】

1. **胡芦巴** 呈斜方形或矩形。表面黄绿色或黄棕色。质坚硬,不易破碎。气香,味微苦。

2. **炒胡芦巴** 微鼓起,有裂纹,表面黄棕色,气香。

3. **盐胡芦巴** 表面黄棕色至棕色,偶见焦斑。略具香气,味微咸。

【炮制作用】胡芦巴性味苦,温。归肾经。具有温肾,祛寒,止痛的功效。

胡芦巴生品长于散寒逐湿,多用于寒湿脚气。如治寒湿脚气,腰膝冷痛无力的胡芦巴丸(《杨氏家藏方》)。

炒胡芦巴苦燥之性稍缓,温肾作用略胜于生品,常用于肾虚冷胀。

盐炙可引药入肾,温补肾阳力胜,常用于疝气疼痛,肾虚腰痛,阳痿遗精。如治肾阳不足引起的腰酸腿软,精神疲倦,阳痿遗精的强阳保肾丸(《中国药典》)。

【贮藏养护】贮干燥容器内,炮制品密闭,置通风干燥处。防蛀。

益 智

【来源】为姜科植物益智 *Alpinia oxyphylla* Miq. 的干燥成熟果实。

【炮制方法】

1. **益智仁** 取原药材，除去杂质及外壳。用时捣碎。

2. **盐益智仁** 取益智仁，加盐水拌匀，稍闷，待盐水被吸尽后，置已预热的炒制容器内，用文火加热，炒至颜色加深，近干时，取出，晾凉。用时捣碎。

每 100 kg 益智仁，用食盐 2 kg。

【成品性状】

1. **益智仁** 种子略有钝棱，直径约 3 mm；表面灰黄色至灰褐色，具细皱纹；外被淡棕色膜质的假种皮；质硬，胚乳白色。有特异香气，味辛、微苦。

2. **盐益智仁** 表面褐色或棕褐色，略有咸味。

【炮制作用】益智仁性味辛，温。归脾、肾经。具有暖肾固精缩尿，温脾止泻摄唾的功效。

益智仁生品辛温而燥，以温脾止泻、摄涎唾力胜，常用于腹痛吐泻，口涎自流。如治伤寒阴盛的益智散（《太平惠民和剂局方》）。

盐炙后辛燥之性减弱，专行下焦，长于温肾，固精，缩尿。如治肾气虚寒的遗精、遗尿、尿频、尿有余沥的缩泉丸（《中国药典》）。

【贮藏养护】贮干燥容器内，密闭，置通风干燥处。防潮。

砂　仁

【来源】为姜科植物阳春砂 Amomum villosum Lour.、绿壳砂 Amomum villosum Lour.var. xanthioides T.L.Wu et Senjen 或海南砂 Amomum longiligulare T.L.Wu 的干燥成熟果实。

【炮制方法】

1. **砂仁** 取原药材，除去杂质。用时捣碎。

2. **盐砂仁** 取砂仁，加盐水拌匀，稍闷，待盐水被吸尽后，置已预热的炒制容器内，用文火加热，炒干，取出，晾凉。

每 100 kg 砂仁，用食盐 2 kg。

【成品性状】

1. **砂仁** 阳春砂和绿壳砂　呈椭圆形或卵圆形，有不明显的三棱。表面棕褐色，密生刺状突起。果皮薄而软。种子团分 3 瓣，中间有白色隔膜。种子表面棕红色或暗褐色，质硬。气芳香浓烈，味辛凉微苦。海南砂呈长椭圆形或卵圆形，有明显三棱，表面被片状、分枝的软刺。果皮厚而硬，种子团较小。气味稍淡。

2. **盐砂仁** 表面颜色加深，辛香气略减，味微咸。

【炮制作用】砂仁性味辛，温。归脾、胃、肾经。具有化湿开胃，温脾止泻，理气安胎的功效。

砂仁生品辛香，长于化湿行气，醒脾和胃。用于湿浊中阻，脘痞不饥，脾胃虚寒，呕吐泄泻。如治脾胃虚弱，湿滞中焦的香砂六君子汤（《医方集解》）。

盐炙后辛温之性略减，温而不燥，降气安胎作用增强，并能引药下行，温肾缩尿。可用于妊娠恶阻，胎动不安，或治小便频数，遗尿。

【贮藏养护】贮干燥容器内，密闭，置阴凉干燥处。

八 角 茴 香

【来源】为木兰科植物八角茴香 *Illicium verum* Hook.f. 的干燥成熟果实。

【炮制方法】

1. 八角茴香　取原药材，除去过长的果柄及杂质，筛去灰屑，用时捣碎。
2. 盐八角茴香　取八角茴香，加盐水拌匀，闷润，待盐水被吸尽后，置已预热的炒制容器内，用文火加热，炒干，取出，晾凉，用时捣碎。

每 100 kg 八角茴香，用食盐 2 kg。

【成品性状】

1. 八角茴香　外表面红棕色，内表面淡棕色，平滑，有光泽。质硬而脆。气芳香，味辛、甜。
2. 盐八角茴香　颜色加深，略带咸味。

【炮制作用】八角茴香性味辛，温。归肝、肾、脾、胃经。具有散寒止痛，理气和中的功效。

八角茴香生品长于温散寒邪、理气止痛。用于胃寒呕吐，脘腹冷痛。如治小腹冷癖的茴香丸（《杂病源流犀烛》）。

盐炙能引药下行，长于温暖肝肾，理气止痛。多用于肾虚腰痛，寒疝疼痛。

【贮藏养护】贮干燥容器内，密闭，置阴凉干燥处。

第四节　蜜 炙 法

将净选或切制后的药物，加入一定量炼蜜拌炒的方法，称蜜炙法。

蜜炙法多用于止咳平喘、补脾益气的药物。

蜂蜜性平味甘，气味香甜，具甘缓益脾、润肺止咳、和中缓急、矫嗅矫味等功效。蜂蜜生用性偏凉，能清热解毒；熟则性偏温，以补脾气、润肺燥之力胜。《医学入门》指出："蜜炙性温，健脾胃和中……补三焦元气。"蜜炙法所用的蜂蜜都要先加热炼过。

炼蜜的方法：将蜂蜜置锅内，加热至徐徐沸腾后，改用文火，保持微沸，并除去泡沫及上浮蜡质，然后用箩筛或纱布滤去死蜂、蜂蜡、浮沫及杂质，再倾入锅内，加热至 116～118℃，满锅起鱼眼泡、用手捻之有黏性、两指间尚无长白丝出现时，迅速出锅。炼蜜的含水量控制在 10%～13% 为宜。加热时注意蜂蜜沸腾外溢或焦化，当蜜液微沸时，及时用勺上下搅动，防止外溢。

（一）目的

1. 增强润肺止咳的作用。如百部、款冬花、紫菀，蜜炙后均能增强润肺止咳的作用。故有"蜜炙甘缓而润肺"之说。

2. 增强补脾益气的作用。如黄芪、甘草、党参等，蜜炙能起协同作用，增强其补中益气的功效。

3. 缓和药性。如麻黄发汗作用较猛，蜜炙后能缓解发汗之力，并可增强其止咳平喘的功效。

（二）操作方法

蜜炙法根据蜜加入的顺序不同，分为先拌蜜后炒药和先炒药后加蜜。

1. 先拌蜜后炒药 先取一定量的炼蜜，加适量温开水稀释，与药物拌匀，放置闷润，使蜜逐渐渗入药物组织内部，然后置炒制容器内，用文火炒至颜色加深、不粘手时，取出摊晾，凉后及时收贮。

2. 先炒药后加蜜 先将药物置炒制容器内，用文火炒至颜色加深时，再加入一定量温开水稀释的炼蜜，迅速翻动，使蜜与药物拌匀，炒至不粘手时，取出摊晾，凉后及时收贮。

蜜炙的药物多采用第一种方法炮制。当药物质地致密时，应采用第二种方法，通过炒制加热除去部分水分，使质地略变酥脆，使蜜易于吸收。

炼蜜的用量一般为每 100 kg 药物，用炼蜜 25 kg。

（三）注意事项

1. 根据药物质地不同，采用不同炼蜜量。质地疏松、纤维多的药物用蜜量宜大；质地坚实，黏性较强，油分较多的药物用蜜量宜小。

2. 炼蜜时火力不宜过大，以免溢出锅外或焦化；蜜炙时火力一定要小，以免焦化。炙的时间可稍长，以尽量将水分除去，避免生霉。

3. 当炼蜜不易与药物拌匀时，可加适量温开水稀释，同时要严格控制水量（炼蜜量的 1/3～1/2），以蜜液能与药物拌匀并被吸尽为宜。加水过少不易拌匀，稀释过多则药物过湿，不易炒干，成品容易生霉。

4. 蜜炙药物须充分晾凉后密闭贮存，以免吸潮发黏或发霉变质；贮存环境除应通风干燥外，炮制品还应置阴凉处，不宜受日光直接照射。

甘　草

【导言】明代陆粲在《庚巳编》中记载：一天早晨，刚走进御药房的御医盛寅突感头痛、眩晕，随即昏倒不省人事。疾病非常突然，众人束手无策。有位民间医生毛遂自荐，将大量的甘草煎成浓汤，为盛寅服下。没多久，盛寅就苏醒过来，御医们颇感神奇。民医解释道：因盛御医进入药房，尚未吃早餐，胃气虚弱，不能抵御药房中的药气熏蒸，中了诸药之毒，进而昏倒。甘草具有调和诸药之性、解百药之毒的功效，因此盛寅服用甘草汤液后便苏醒了。

甘草能解毒、调和诸药。分析案例，说明使用甘草解药物毒的理论依据。

【处方用名】甘草、炙甘草。

【来源】为豆科植物甘草 *Glycyrrhiza uralensis* Fisch.、胀果甘草 *Glycyrrhiza infata* Bat. 或光果甘草 *Glycyrrhiza glabra* L. 的干燥根和根茎。

【采收加工】春、秋二季采挖，除去须根，晒干。

【历史沿革】汉代多用炙法，南北朝刘宋时代有"火炮令内外赤黄"及酒酥制的记载，唐代始有蜜制法，宋代有炙法、炒法等方法；元明时期基本上沿用前代的方法，并有酥制、姜汁炒等；清代有粳米拌炒和乌药汁炒等。现行有炒、蜜炙等炮制方法。《中国药典》收载甘草、炙甘草。

【炮制方法】

1. 甘草 取原药材，除去杂质，洗净，润透，切厚片，干燥。

2. 炙甘草 取炼蜜，加适量温开水稀释后，加入甘草中拌匀，闷透，置炒制容器内，用文火加热，炒至黄色至深黄色、不粘手时取出，晾凉。

每 100 kg 甘草，用炼蜜 25 kg。

视频 12-4　炙甘草的炮制

【成品性状】

1. 甘草 为类圆形或椭圆形厚片，外表皮红棕色或灰棕色，具纵皱纹。切面略显纤维性，中心黄白色，有明显放射状纹理及形成层环。质坚实，具粉性。气微，味甜而特殊。

图 12-37　甘草

2. 炙甘草 形如甘草，外表皮红棕色或灰棕色，微有光泽。切面黄色至深黄色，形成层环明显，射线放射状。略有黏性。具焦香气，味甜。

图 12-38　炙甘草

知识拓展 12-16　炒甘草

【质量要求】

1. 甘草 水分不得过 12.0%，总灰分不得过 5.0%，酸不溶性灰分不得过 2.0%，重金属铅不得过 5 mg/kg，镉不得过 1 mg/kg，砷不得过 2 mg/kg，汞不得过 0.2 mg/kg，铜不得过 20 mg/kg；农药残留五氯硝基苯不得过 0.1 mg/kg；本品按干燥品计算，含甘草苷不得少于 0.5%，甘草酸不得少于 1.8%。

2. 炙甘草 水分不得过 10.0%，总灰分不得过 5.0%，本品按干燥品计算，含甘草苷不得少于 0.50%，甘草酸不得少于 1.0%。

【炮制作用】甘草性味甘，平。归心、肺、胃经。具有补脾益气，清热解毒，祛痰止咳，缓急止痛，调和诸药的功效。

甘草生品味甘偏凉，长于清热解毒，祛痰止咳。用于肺热咳，咽喉肿痛，痈疽疮毒，食物中毒及药物中毒。如治肺热咳嗽，痰热阻肺，咳嗽痰黄，或肺热咳血的甘草鼠黏汤（《沈氏尊生书》）；治咽喉肿痛的桔梗汤（《伤寒论》），治热毒炽盛之脱疽的四妙勇安汤（《验方新编》）。

炙甘草味甘性平，以补脾和胃，益气复脉力胜。用于脾胃虚弱，倦怠乏力，心动悸，脉结代。如治脾胃虚弱，肠鸣泄泻，心腹胀满，全不思食，四肢倦怠的四君子丸（《太平惠民和剂局方》）；治气虚血少，心动悸，脉结代的炙甘草汤（《伤寒论》）；治脘腹疼痛或四肢拘挛的芍药甘草汤（《伤寒论》）。

【临床应用】

1. 甘草 与大枣、生姜配伍，用于脾肺两虚之食饱而咳，如温脾汤（《备急千金要方》）。与人参配伍，用于治疗消渴，如人参汤（《圣济总录》）。

2. 炙甘草 与生地黄、阿胶、人参等配伍，用于伤寒发汗后，心气阴（血）两虚，心动悸，脉结代，如炙甘草汤（《伤寒论》）。

课程思政案例 12-2　甘草生熟异用

【炮制研究】

1. 化学成分研究 甘草经炮制后，化学成分种类基本相同，但含量发生了较大的变化。炙甘草黄酮类成分含量较高，特别是甘草素、异甘草素等活性较高的游离黄酮类成分更高，甘草酸等三萜类成分含量较低。炙甘草中葡萄糖和果糖含量显著增加，新产生了 5-羟甲基糠醛，清炒法与蜜炙对化学成分的影响不同。甘草经蜜炙后成分比例的改变和蜂蜜的加入成为甘草蜜炙后增强补脾作用的物质基础，这些变化为加蜜和加热同时作用的结果。

在蜜炙过程中，甘草中的一系列结构类似物经过加热发生了复杂的化学转化，甘草酸、甘草皂苷 G2、甘草皂苷 E2 的含量发生变化可推测是此原因造成的，在对甘草、烤甘草和蜜炙甘草的化学成分差异的研究中发现：甘草酸经过长时间的加热，其含量降低，而甘草次酸 3-O- 葡萄糖醛酸苷和甘草次酸的含量明显升高，甘草酸在加热条件下，发生醚苷键断裂，依次脱葡萄糖醛酸生成甘草次酸 3-O- 葡萄糖醛酸苷和甘草次酸的反应。

2. 药理作用研究 对生、炙甘草增强免疫、镇咳、祛痰作用比较研究发现：甘草炮制后免疫功能改善作用强于生品，镇咳及祛痰作用有所降低；炙甘草黄酮成分含量较高或活性较高的黄酮类成分含量较高，抗氧化、提高机体免疫力、心脑血管作用、止痛抗炎作用等与黄酮类成分相关的药效增强。黄酮类化合物多以 2- 苯基色原酮为基本母核，—OH 是其主要的活性基团。酚羟基生成较稳定的半醌式自由基并终止自由基链式反应，进而产生抗氧化作用。生甘草中甘草酸含量较高，解毒、抗病毒、止咳祛痰等药理作用较好。甘草酸及其水解产物甘草次酸与葡萄糖醛酸为甘草重要的解毒物质。

【贮藏养护】贮干燥容器内，蜜甘草密闭，置阴凉干燥处。防霉，防蛀。

黄　芪

【导言】宋代文学家、书画家苏轼，三十九岁谪居密州，大病初愈，常喝黄芪粥，以补养病后虚弱之体，写下千古名篇《咏黄芪》："孤灯照影日漫漫，拈得花枝不忍看。白发敲簪羞彩胜，黄芪煮粥荐春盘。"可见古人早就使用黄芪熬粥作食疗方法补养身体。

黄芪被誉为补气之长，民间也流传着"常喝黄芪汤，防病保健康"的顺口溜。黄芪有生黄芪和蜜黄芪之分，中医讲究对症下药，在实际应用中应合理选用。

【处方用名】黄芪、炙黄芪。

【来源】为豆科植物蒙古黄芪 *Astragalus membranaceus*（Fisch.）Bge.var.*mongholicus*（Bge.）Hsiao 或膜荚黄芪 *Astragalus membranaceus*（Fisch.）Bge 的干燥根。

【采收加工】春、秋二季采挖除去须根和根头，晒干。

【历史沿革】汉代有去芦法，南北朝刘宋时代有蒸法，宋代有蜜炙、盐汤浸焙、炒、酒煮、蜜炒、蜜蒸、盐水润蒸、盐炙等方法，元代有盐蜜水炙，明代有酒拌炒、姜汁炙、米泔拌炒等方法，清代有人乳制和九制黄芪等方法。《中国药典》收载黄芪、炙黄芪。

【炮制方法】

1. 黄芪 取原药材，除去杂质，大小分开，洗净，润透，切厚片，干燥。

2. 炙黄芪 取炼蜜，加适量温开水稀释后，与黄芪拌匀，闷透，置炒制容器内，用文火加热，炒至深黄色、不粘手时，取出，晾凉。

每 100 kg 黄芪，用炼蜜 25 kg。

【成品性状】

1. 黄芪 为类圆形或椭圆形厚片。外表皮黄白色至淡棕褐色，可见纵皱纹或纵沟。切面皮部黄白色，木部淡黄色，有放射状纹理及裂隙，有的中心偶有枯朽状，黑褐色或呈空洞。气微，味微甜，嚼之有豆腥味。

图 12-39　黄芪

2. 炙黄芪 形如黄芪，外表皮淡棕黄色或淡棕褐色，略有光泽，具蜜香气，味甜，略带黏性，嚼之微有豆腥味。

图 12-40　炙黄芪

【质量要求】

1. **黄芪**　水分不得过 10.0%，总灰分不得过 5.0%，每 1 000 g 含赭曲霉毒素 A 不得过 20 μg，水溶性浸出物不得少于 17.0%，含黄芪甲苷不得少于 0.080%，毛蕊异黄酮葡萄糖苷不得少于 0.020%。

2. **炙黄芪**　水分不得过 10.0%，总灰分不得过 4.0%，含黄芪甲苷不得少于 0.060%，毛蕊异黄酮葡萄糖苷不得少于 0.020%。

【炮制作用】黄芪性味甘，微温。归肺、脾经。具有补气升阳，固表止汗，生津养血，行滞通痹，托毒排脓，敛疮生肌的功效。

黄芪生用擅于固表止汗，利水消肿，托毒排脓。用于卫气不固，自汗时作，体虚感冒，水肿，疮疡难溃等。如治卫气不固的玉屏风散（《丹溪心法》）；治汗出恶风，身重浮肿，小便不利的防己黄芪汤（《金匮要略方论》）；治痈疡肿痛的透脓散（《外科正宗》）。

炙黄芪甘温而偏润，长于益气补中。用于脾肺气虚，食少便溏，气短乏力或兼中气下陷之久泻脱肛、子宫下垂，以及气虚不能摄血的便血、崩漏等出血证；也可用于气虚便秘。如治面色萎黄、语声低微、四肢乏力、食少便溏的补气运脾汤（《证治准绳·类方》），治脾虚气陷气虚发热的补中益气汤（《内外伤辨惑论》），治心脾两虚、脾不统血的归脾汤（《正体类要》）。

【临床应用】

1. **黄芪**　与升麻、人参、柴胡等配伍，用于治疗脾虚中气下陷之久泻脱肛，内脏下垂，如补中益气汤（《脾胃论》）。与当归配伍，用于治疗血虚证，如当归补血汤（《兰室秘藏》）。

2. **炙黄芪**　善于补中升阳，治疗脾肺气虚之食少气短及中气下陷之脱肛阴挺。炙黄芪与白术、陈皮等配伍，用于疏肝理气、健脾和胃，如脾胃舒丸。

【炮制研究】

1. **化学成分研究**　黄芪有效部位中已鉴别的化学成分有数百种之多，以多糖类、皂苷类、黄酮类成分为主。黄芪在炼蜜闷润和加热炒制的过程中，由于加热，高相对分子质量多糖降解为相对分子质量较低的多糖，且受炼蜜引入和美拉德反应的影响，蜜炙黄芪中的蔗糖含量降低，果糖和葡萄糖含量升高。

黄芪甲苷是黄芪的指标性成分，有关黄芪蜜炙会导致黄芪甲苷含量降低持有两种观点，一种观点认为，黄芪蜜炙过程中，温度较高，导致黄芪甲苷稳定性降低，从而降低其含量；另一种观点认为，蜜炙过程中引入辅料，导致质量增加，从而致使黄芪甲苷占比降低。黄酮类成分研究结果也并不一致。

2. **药理作用研究**　中医理论认为黄芪蜜炙可增强其补中益气、升阳固表等作用，从而广泛用于脾肺气虚、中气下陷之证。研究发现，黄芪蜜炙后能增强免疫调节、抗炎、抗肿瘤、抗氧化等能力。蜜炙黄芪和生黄芪均能提高小白鼠巨噬细胞吞噬能力，蜜炙品强于生品；生、制品均能恢复受损红细胞的变形能力，蜜炙黄芪对人体受损伤的保护作用强于生品。对 2% 的乙酰苯肼诱导的动物血虚、气虚的药理模型进行研究，结果表明，蜜炙黄芪的补气作用强于生品。

3. **质量控制研究**　采用 HPLC 法建立蜜炙黄芪饮片指纹图谱，测定异黄酮类成分和皂苷类成分含量，进行聚类分析与主成分分析（PCA-主成分分析），比较炙黄芪中 4 种异黄酮成分（毛蕊异黄酮苷、芒柄花苷、毛蕊异黄酮和芒柄花素）和 4 种皂苷类成分（黄芪甲苷、黄芪皂苷Ⅰ、黄芪皂苷Ⅱ和黄芪皂苷Ⅲ）的差异。结合8种成分含量测定可更好地控制其质量，对炙黄芪饮片的鉴定及质量控制具有指导意义和参考价值。

【贮存】贮干燥容器内，蜜黄芪密闭，置通风干燥处。防潮，防蛀。

百 部

【导言】《千金要方》记载，治三十年久嗽不已，以百部根二十斤，捣汁，煎如饴，每服一方寸匕，日三服。《药性论》中记载，百部善解"肺家之热，主润益肺，止咳喘"，此外，《本草纲目》记载："百部，亦天门冬之类，故皆治肺病杀虫"。百部具有润肺止咳、杀虫灭虱的功效，内服用于治疗咳嗽、肺痨、老年咳喘、百日咳等病症。

具有杀虫功效的中药大多有毒，百部也不例外。注意百部生用与炙用的不同，掌握炮制意义。

【处方用名】百部、蜜百部。

【来源】为百合科植物直立百部 Stemona sessilifolia（Miq.）Miq.、蔓生百部 Stemona japonica（Bl.）Miq. 或对叶百部 Stemona tuberosa Lour. 的干燥块根。

【采收加工】春、秋二季采挖，除去须根，洗净，置沸水中略烫或蒸至无白心，取出，晒干。

【历史沿革】南北朝刘宋时代有酒浸焙干法，唐代有熬法，宋代有炒、炙、焙等方法，明代有酒浸炒、酒洗炒等法，清代有蒸焙、蒸后炒的方法。《中国药典》收载百部、蜜百部。

【炮制方法】

1. **百部** 取原药材，除去杂质，洗净，润透，切厚片，干燥。

2. **蜜百部** 取炼蜜，加少量温开水稀释，与百部拌匀，闷润，置炒制容器内，用文火加热，炒至不粘手时，取出，晾凉。

每 100 kg 百部，用炼蜜 12.5 kg。

【成品性状】

1. **百部** 为不规则厚片或不规则条形斜片。表面灰白色、棕黄色，有深纵皱纹。切面灰白色、淡黄棕色或黄白色，角质样。皮部较厚，中柱扁缩。质韧软。气微，味甘、苦。

图 12-41　百部

2. **蜜百部** 形同百部片，表面棕黄色或褐棕色，略带焦斑，稍有黏性。味甜。

图 12-42　蜜百部

【质量要求】

1. **百部** 水分不得过 12.0%。

2. **蜜百部** 同百部。

【炮制作用】百部性味甘、苦，微温。归肺经。具有润肺下气止咳，杀虫灭虱的功效。

百部生品有小毒，对胃有一定的刺激性，内服量不宜过大。生用长于止咳化痰，灭虱杀虫。用于治疗外感咳嗽、疥癣，灭头虱或体虱，驱蛲虫。如治新久咳嗽，喘息有音，时吐脓血，咽中腥臭，气息不通的百部丸（《备急千金要方》）；外敷摊贴，治皮肤疥癣的百部膏（《医学心悟》）。单用百部酒浸，3天后擦涂患处，具有祛风杀虫作用，如用于瘙痒性皮肤病、头虱、阴虱、体虱的百部酊（《中医皮肤病学简编》）。

蜜百部可缓和对胃的刺激性，并增强润肺止咳的功效。用于肺虚久咳，阴虚劳嗽，痰中带血以及百日咳等。如治阴虚咳嗽、痰中带血或肺痨久咳的月华丸（《医学心悟》），治百日咳的百部煎（《中药临床应用》）。

【临床应用】

1. **百部** 与荆芥、桔梗、紫菀等配伍，用于治疗外感咳嗽，如止嗽散（《医学心悟》）。与白鲜皮、雄黄等配伍外用，用于治疗银屑病，如百部膏（《外科十法》）。

2. **蜜百部** 与川贝、阿胶等配伍，用于阴虚咳嗽、痰中带血，如月华丸（《医学心悟》）。

【炮制研究】

1. **化学成分研究** 百部主要含生物碱类成分，如百部碱、对叶百部碱、斯替宁碱、次百部碱等，以及糖类、脂类、蛋白质、乙酸、甲酸、苹果酸、琥珀酸等成分；具有镇咳祛痰平喘、杀虫、抗肿瘤、抗菌和抗病毒等作用。蜜炙后，百部宁、oxystemoninine、百部碱、N-氧-对叶百部碱及其同分异构体、对叶百部碱H含量减少，百部蜜炙前后化学成分差异显著，可推测是百部蜜炙增效减毒的物质基础。

2. **药理作用研究** 百部煎液或浸液对多种致病菌和皮肤真菌有抑制作用，所含生物碱具有杀虫、镇咳平喘，松弛支气管平滑肌的作用，但有一定的刺激性，蜜制后生物碱含量下降，在保持药物本身抑制病菌作用前提下可缓和其刺激性。研究发现，百部生品水煎液给药后实验动物出现抽搐、进食不佳等中毒现象。百部生品总生物碱给药后实验动物表现出异常兴奋、互相撕咬等中毒现象。蜜炙后水煎液给药，实验动物抽搐现象很弱，且很快恢复正常。蜜炙后总生物碱给药后兴奋度很低，且较快恢复正常，提示蜜炙百部水煎液及总生物碱止咳效果均强于生品。

【贮藏养护】 贮干燥容器内，蜜百部密闭，置通风干燥处。防潮。

白 前

【导言】 白前是一味治痰止咳的良药，治顽痰。咳嗽痰喘是常见的呼吸道炎症疾病，老年人群体最常出现，非常难治。咳嗽多急性发作，哮喘是慢性疾病，哮喘发作多为痰饮。《深师方》所载白前汤是治痰饮哮喘的方剂。书中记载"体肿短气胀满，昼夜倚壁不得卧，常作水鸡声者，白前汤主之。"白前汤由白前、紫菀、姜半夏、大戟组成。该方以白前作为君药，加之紫菀降气清肺、半夏除痰燥湿、大戟去水，诸药相合，可痰除饮去、肺气壅实、咳嗽自止。

【处方用名】 白前、蜜白前。

【来源】 为萝藦科植物柳叶白前 *Cynanchum stauntonii*（Decne.）Schltr.ex Lévl. 或芫花叶白前 *Cynanchum glaucescens*（Decne.）Hand.-Mazz. 的干燥根茎和根。

【采收加工】 秋季采挖，洗净，晒干。

【历史沿革】 南北朝刘宋时代有甘草汁浸后焙干法，清代有饭上蒸后再炒的方法。《中国药典》收载白前、蜜白前。

【炮制方法】

1. **白前** 取原材料，除去杂质，洗净，润透，切段，干燥。

2. **蜜白前** 取炼蜜，加适量温开水稀释，与白前拌匀，闷润，置炒制容器内，用文火加热，炒至表面深黄色、不粘手时，取出，晾凉。

每 100 kg 白前，用炼蜜 25 kg。

【成品性状】

1. **白前** 有细圆柱形的段，直径 1.5～4 mm。表面黄白色或黄棕色，节明显。质脆，断面中空。有时节处簇生纤细的根或根痕，根直径不及 1 mm。气微，味微甜。

图 12-43 白前

2. **蜜白前** 形如白前，表面深黄色至黄棕色，微有光泽，略有黏性，味甜。

图 12-44 蜜白前

【质量要求】

1. **白前** 水分不得过 12.0%。
2. **蜜白前** 水分不得过 11.0%。

【炮制作用】白前性味辛、苦，微温。归肺经。具有降气，消痰，止咳的功效。

白前生用味辛，对胃有一定的刺激性，性温而不燥热，长于解表理肺，降气化痰。用于风寒咳嗽，痰湿咳喘，亦可用于肺热咳嗽等。如治风寒咳嗽的止嗽散（《医学心悟》）；治咳逆上气，体肿，短气胀满，昼夜倚避不得卧，喉常作水鸡鸣的白前汤（《外台秘要》）。

蜜白前能缓和白前对胃的刺激性，增强润肺降气、化痰止咳的作用。用于肺虚咳嗽，肺燥咳嗽。

【临床应用】

1. **白前** 生用以解表理肺、化痰止咳为主，但生用对胃有一定刺激性，脾胃虚弱者可致恶心呕吐。生品用于治疗风寒感冒，常与桔梗、荆芥、百部等同用，具有解表理肺，化痰止咳的作用，可用于风寒犯肺，气失宣降，咳嗽，咳痰不爽，或畏风寒，如《医学心悟》之止嗽散。若属风热咳嗽，咳痰黄稠，则与桑白皮、贝母同用，具有清肺化痰的作用。生品用于治疗久咳气喘，常与紫菀、半夏、大戟等同用，具有降气祛痰的作用。可用于肺气壅塞，咳逆上气，昼夜倚息不得卧，体肿短气胀满，喉中作水鸡声，如《备急千金要方》之白前汤。

2. **蜜白前** 能缓和对胃的刺激性，增强润肺降气、化痰止咳的作用。蜜炙品治疗肺虚寒咳，常与款冬花、紫菀、黄芪等同用，具有补肺止咳，祛痰的作用。可用于肺气不足，寒痰内阻，咳嗽气短，咳痰白沫，面色白，神疲体倦等症。蜜炙品用于治疗肺燥咳喘，常与麦冬、桑白皮、生地黄等同用，具有滋肺，祛痰止咳的作用，可用于久咳伤阴，肺阴不足，痰热内阻，咳嗽痰黄，口干咽燥，如《外台秘要》之白前汤。

【炮制研究】

1. **化学成分研究** 白前主要由甾体皂苷、挥发油、黄酮类、生物碱、脂肪酸等化学成分组成。其中挥发油是白前镇静、镇痛、镇咳、平喘的药效物质基础。研究表明，白前生品中含有大量的桉油精挥发油成分，对胃黏膜有较强刺激性，可引起恶心、呕吐等。经蜜炙后，挥发油含量大量减少，缓和了对胃的刺激性，同时增强润肺止咳作用。

2. **药理作用研究** 5 g/kg 白前醇提物及醚提取物给小鼠灌胃，对浓氨水诱发的小鼠咳嗽有明显的镇咳和祛痰作用，表明白前对咳痰、喘症状有良好改善作用。白前醇提物对消化系统有较广泛的药理作用，不仅抗胃溃疡，还有止泻作用，且作用持续时间长。白前还具有镇痛、抗炎作用，能显著延长小鼠热痛刺激甩尾反应的潜伏期、减少由乙酸引起的扭体反应次数，抑制二甲苯引起的耳肿、角叉菜胶引起的足跖肿胀。白前还能抗血栓形成，白前水提物和醇提物均可延长小鼠体外血栓形成时间。

【贮藏养护】贮干燥容器内，蜜白前密闭，置通风干燥处。

枇 杷 叶

【导言】川贝枇杷膏味道或苦或甜，仅凭药名和甜甜的味道，人们会以为川贝枇杷膏中用的是枇杷。事实上这款药品中用的是治肺热咳嗽的枇杷叶，目前枇杷的中成药制剂也多数是以枇杷叶为主要原料制成的，如枇杷膏、枇杷露、枇杷冲剂等。枇杷叶因形似琵琶而有"枇杷"之名，始载于《名医别录》，曰："主治卒碗不止，下气"。采摘下来的枇杷叶背面绒毛很多，炮制时需除净绒毛，入汤方煎煮要求包煎，以免绒毛刺激咽喉引起咳嗽。

【处方用名】枇杷叶、蜜枇杷叶。

【来源】为蔷薇科植物枇杷 *Eriobotrya japonica* (Thunb.) Lindl. 的干燥叶。

【采收加工】全年均可采收，晒至七、八成干时，扎成小把，再晒干。

【历史沿革】晋代载拭去毛炙的方法，南北朝刘宋时代用甘草汤洗后拭干再酥制，唐代有蜜炙法，宋代有枣汁炙、姜汁炙，明清有"治胃病以姜汁涂炙，治肺病以蜜水涂炙"的记述。《中国药典》收载枇杷叶、蜜枇杷叶。

【炮制方法】

1. **枇杷叶**　取原药材，除去茸毛，用水喷润，切丝，干燥。

2. **蜜枇杷叶**　取炼蜜，加适量温开水稀释，淋于枇杷叶内拌匀，闷透，置炒制容器内，用文火加热，炒至不粘手为度，取出，晾凉。

每 100 kg 枇杷叶，用炼蜜 20 kg。

【成品性状】

1. **枇杷叶**　呈丝条状。表面灰绿色、黄棕色或红棕色，较光滑。下表面可见茸毛，主脉突出。革质而脆。气微，味微苦。

图 12-45　枇杷叶

2. **蜜枇杷叶**　形如枇杷叶丝，表面黄棕色或红棕色，微显光泽，略带黏性。具蜜香气，味微甜。

图 12-46　蜜枇杷叶

【质量要求】

1. **枇杷叶**　水分不得过 10.0%，总灰分不得过 7.0%，醇溶性浸出物不得少于 16%，含齐墩果酸和熊果酸的总量不得少于 0.70%。

2. **蜜枇杷叶**　水分、总灰分、含量测定，同枇杷叶。

【炮制作用】枇杷叶苦，微寒。归肺、胃经。具有清肺止咳，降逆止呕的功效。

枇杷叶生用长于清肺止咳，降逆止呕。用于肺热咳嗽，气逆喘急，胃热呕逆。如治痰热阻肺，咳嗽气喘，胀满有痰的枇杷叶汤（《杂病源流犀烛》）；治胃气上逆，恶心呕吐的枇杷叶饮（《圣济总录》）。

蜜枇杷叶能增强润肺止咳的作用，用于肺燥或肺阴不足，咳嗽痰稠等。如治疗燥邪伤或肺阴亏损，干咳无痰，咽喉干燥或痰中带血的轻燥救肺汤（《医门法律》）。

【临床应用】

1. **枇杷叶**　枇杷叶常与桑叶、牛蒡子、杏仁、桑白皮、葶苈子、贝母、天花粉等合用能清肺止咳，可用于秋燥咳嗽、痰火咳嗽、咳喘咽痛、湿热咳喘、百日咳、白喉初起等症。《医门法律》之清燥救肺汤以枇杷叶、桑叶、牛蒡子、杏仁、石膏、麦冬、沙参合伍，水煎服，治秋燥咳嗽。枇杷叶常与橘皮、竹茹、姜半夏、茯苓、郁金、豆豉、石斛、丁香等合用能降逆和胃，可用于呕吐、妊娠呕吐、肺痨而哕、霍乱后呕哕、呃逆、小儿吐乳等症。如《普济本事方》之枇杷叶散，以枇杷叶、白茅根、半夏、人参、茯苓为细散，加生姜，水煎服，治呕吐。枇杷叶常与栀子、黄连、黄柏、黄芩、天花粉、玄参、枳壳、石膏以及阿胶等合用能清肺胃热，可用于肺风粉刺、酒渣鼻、鼻疮、喑哑、胃中客热、消渴、咯血、过敏性紫癜等症。如《外科大成》之清肺枇杷饮，以枇杷叶、桑白皮、黄连、黄柏、人参、甘草组成，水煎服，治疗肺风酒毒，面生粉刺。

2. **蜜枇杷叶** 蜜枇杷叶常与桑叶配伍，用于肺虚久咳，如清肺救燥汤（《医门法律》）；或与梨、莲子等配伍，用于肺阴虚久咳，如枇杷膏（《增广验方新编》）。

枇杷叶 6～10 g，去毛包煎。

【炮制研究】

1. **化学成分研究** 枇杷叶主含三萜酸类如乌苏酸、熊果酸、齐墩果酸等，黄酮及其苷类如山柰酚、槲皮素、金丝桃苷等，有机酸类如枸橼酸、苹果酸等，挥发油如橙花叔醇、金合欢醇等，以及倍半萜类、多酚类等成分。枇杷叶经炮制后，醇溶性浸出物、总三萜酸含量和 5 个三萜酸类成分（野鸦椿酸、山楂酸、科罗索酸、齐墩果酸和熊果酸）的总含量均有不同程度的增加。蜜炙品中醇溶性浸出物最高，甘草汁煮枇杷叶中总三萜酸含量最高，姜汁煮枇杷叶中 5 个三萜酸类成分的总含量最高。枇杷叶经炮制后熊果酸的含量高于生品，分别为姜汤煮品＞姜汁炒品＞生品。研究表明，枇杷叶经炮制后 5 个三萜酸成分总含量高于生品，推测是这 5 个三萜酸类成分以盐或苷的形式存在于枇杷叶生品中，经炮制后分解，或者是其他成分经炮制后转化，具体成因有待进一步研究。

2. **药理作用研究** 枇杷叶具有抗炎、祛痰止咳、抗肺纤维化、抗氧化、保肝、降血糖、抗肿瘤、止呕等作用。枇杷叶中的乌苏酸、科罗索酸在体外对人前列腺癌 PC-3 细胞和小鼠黑色瘤 B16-F10 细胞具有很好的抑制作用，齐墩果酸对 PC-3 细胞也有一定的抑制作用。枇杷叶三萜类物质中乌苏烷型的抗癌活性较强，并随浓度的增加而增强。另有研究表明，枇杷叶能抑制肝癌小鼠 H22 肿瘤的生长，且能增强顺铂的化疗效果，提高机体免疫力，枇杷叶三萜类和酚类为其抑制 EGFR 激酶活性的主要活性成分。熊果酸体外可抑制人肝癌 HeG2 细胞、胃癌 MGC803 细胞增殖并诱导细胞凋亡，其作用机制推测与 caspase-3 表达量增加有关。枇杷叶的茸毛与叶的化学成分基本相同，叶中皂苷含量明显高于茸毛中含量。茸毛并不含致咳或产生其他副作用的特异化学成分，只是由于从呼吸道直接吸入刺激咽喉黏膜而引起咳嗽。

3. **质量控制研究** 枇杷叶不同炮制品中，野鸦椿酸、山楂酸、科罗索酸、熊果酸、齐墩果酸等三萜酸类成分与生品均存在较大差异，且齐墩果酸和熊果酸（五环三萜类化合物）性质稳定、含量较大，推测上述三萜酸类成分是影响枇杷叶生品及炮制品质量的差异性成分。

【贮藏养护】贮干燥容器内，蜜枇杷叶密闭，置通风干燥处。

款 冬 花

【导言】款冬花是润肺化痰止咳的良药，凡咳嗽属肺经病者，不论外感内伤、寒热虚实，皆可用之。款冬花功效与紫菀相似，均能温润肺气、止咳化痰，紫菀重在祛痰、款冬花主以止咳，在治咳方中二药往往同用，名为紫菀百花汤，其效倍增。

【处方用名】款冬花、冬花、蜜款冬花、炙冬花、炙款冬花、蜜冬花。

【来源】为菊科植物款冬 *Tussilago farfara* L. 的干燥花蕾。

【采收加工】12 月或地冻前当花尚未出土时采挖，除去花梗和泥沙，阴干。

【历史沿革】南北朝刘宋时代有甘草水浸后再用款冬花叶制的方法，宋代有炒、焙等方法，明清有甘草水浸、蜜水炒等法。《中国药典》收载款冬花、蜜款冬花。

【炮制方法】

1. **款冬花** 取原药材，除去杂质及残梗，筛去灰屑。

2. **蜜款冬花** 取炼蜜，加适量温开水稀释，与款冬花拌匀，闷润，置炒制容器内，用文火加热，炒至微黄、不粘手时，取出，晾凉。

每 100 kg 款冬花，用炼蜜 25 kg。

【成品性状】

1. **款冬花** 呈长圆棒状。单生或 2~3 个基部连生，长 1~2.5 cm，直径 0.5~1 cm。上端较粗，下端渐细或带有短梗，外面被有多数鳞状苞片。苞片外表面紫红色或淡红色，内表面密被白色絮状茸毛。体轻，撕开后可见白色茸毛。气香，味微苦而辛。

图 12-47　款冬花

2. **蜜款冬花** 形如款冬花，表面棕黄色或棕褐色，稍带黏性。具蜜香气，味微甜。

图 12-48　蜜款冬花

【质量要求】

1. **款冬花** 特征图谱应呈现 10 个特征峰，并应与对照药材参照物色谱中的 10 个特征峰的保留时间相对应，水分不得过 12.0%，总灰分不得过 10.0%，醇溶性浸出物不得少于 20.0%，含款冬酮不得少于 0.070%。

2. **蜜款冬花** 特征图谱要求同款冬花，水分不得过 12.0%，总灰分不得过 9.0%，醇溶性浸出物不得少于 22.0%，含量测定同款冬花。

【炮制作用】款冬花辛、微苦，温。归肺经。具有润肺下气，止咳化痰的功效。

款冬花生用长于散寒止咳，用于风寒咳嗽或痰饮咳嗽。如治寒饮郁肺，咳逆上气，喉中痰声辘辘的射干麻黄汤（《金匮要略方论》）；治肺气不利、咳嗽喘满的款冬花散（《太平惠民和剂局方》）。

款冬花蜜炙后药性温润，能增强润肺止咳的功效。用于肺虚久咳或阴虚燥咳。如治肺气虚弱，寒痰内阻，咳嗽气急的款冬花膏（《传信适用方》）；治肺阴不足，痰中带血，骨蒸潮热的太平丸（《修月鲁班经》）。

【临床应用】

1. **款冬花** 款冬花与镇咳的杏仁、贝母合用，治暴咳不已，如《圣济总录》之款冬花汤，款冬花、杏仁、贝母、知母、桑白皮、五味子、甘草，煎服。与蛤蚧、鳖甲合用，治肺痨咳嗽，如《太平圣惠方》之蛤蚧丸，以蛤蚧、炙鳖甲、款冬花、紫菀、苦杏仁、贝母、皂角子，制丸服，治妇人咳嗽不止，渐成痨病。与射干、麻黄合用，治咳而上气，喉中如水鸡声，如《金匮要略方论》之射干麻黄汤。此外，款冬花配合桑叶、苦杏仁、贝母、紫菀、白前、枇杷叶，应用于肺结核之劳热咳嗽，治久痰、黏稠不易咳出者。

2. **蜜款冬花** 蜜款冬花常与百合等配伍，治喘咳日久、痰中带血，如百花膏（《重订严式济生方》）；或与贝母等配伍，用于阴虚咳嗽，如太平丸（《十药神书》）。

款冬花内服剂量为 5~10 g，可煎汤、熬膏，或入丸、散。

【炮制研究】

1. **化学成分研究** 款冬花内含黄酮类、萜类、酚类、生物碱类、挥发油等多种化学成分，是镇咳的主要药效成分。其中黄酮类成分主要由芸香苷、金丝桃苷、槲皮素、山奈素等组成，生物碱类成分主要由款冬酮等组成。研究表明，款冬花蜜炙后，其总生物碱、芦丁、反式阿魏酸、棕榈酸、款冬酮的含量升高，绿原酸、芹菜素、克氏千里光碱的含量降低。

2. 药理作用研究 氨水引咳实验显示，款冬花蜜炙品与生品不同剂量组均可明显延长咳嗽潜伏期，减少咳嗽次数；蜜炙不同剂量组止咳效果明显优于生品。款冬花多糖类化合物是抗肿瘤的有效成分，可干扰肿瘤细胞的有丝分裂，提高机体免疫力。款冬花醇提液及煎剂具有升压作用，醚提取物升压作用更强。款冬酮具有显著的与剂量有关的升压作用及呼吸兴奋作用。

3. 质量控制与炮制工艺研究 款冬花中含有肝毒性生物碱，如千里光宁和克氏千里光碱。药理学研究显示，款冬花水提液小鼠口服给药后，计算得出人体理论 LD_{50} 剂量为 603.2 g/60 kg，LD_{50} 远高于《中国药典》规定的款冬花常用剂量 5～10 g，正常范围内使用款冬花是安全的。在款冬花使用中，要注意加强对肝毒性生物碱含量的监测，确保用药安全。

【贮藏养护】贮干燥容器内，蜜款冬花密闭，置通风干燥处。防潮，防蛀。

百 合

【导言】百合是药食同源的中药，味甘，表面淡黄色或者微带紫色，闻起来是一种甜甜的百合香味。近年来有使用硫熏美化百合的做法，看上去接近白色，闻之有刺鼻味，口尝发酸。这不仅降低百合的功效，还会带来毒副作用。在中药鉴别与运用中，要善于发现中药材加工中硫熏等干扰因素，强化质量意识。

【处方用名】百合、蜜百合。

【来源】为百合科植物卷丹 *Lilium lancifolium* Thunb. 百合 *Lilium brownii* F.E.Brown *var. viridulum* Baker 或细叶百合 *Lilium pumilum* DC. 的干燥肉质鳞叶。

【采收加工】秋季采挖，洗净，剥取鳞叶，置沸水中略烫，干燥。

【历史沿革】汉代有炙法；唐代有"熬令黄色，捣筛为散"及"蒸过和蜜"的方法，宋代有炒法、蜜拌蒸法、蒸法，明代有酒拌蒸的方法，清代有用蜜合蒸法。《中国药典》收载百合、蜜百合。

【炮制方法】

1. **百合** 取原药材，除去杂质，筛净灰屑。

2. **蜜百合** 取百合，置热锅内，用文火加热，炒至颜色加深时，快速洒入适量温开水稀释过的炼蜜，继续用文火翻炒均匀，炒至微黄色、不粘手时，取出，晾凉。

每 100 kg 百合，用炼蜜 5 kg。

知识拓展 12-17　蜜炙法与蜜蒸法

【成品性状】

1. **百合** 呈长椭圆形，表面黄白色、淡黄棕色或微带紫色。顶端稍尖，基部较宽，边缘薄，微波状，略向内弯曲。质硬而脆，断面较平坦，角质样。气微，味微苦。

图 12-49　百合

2. **蜜百合** 表面黄棕色，偶见焦斑，略带黏性，味甜。

图 12-50　蜜百合

【质量要求】

蜜百合 水分不得过 13.0%。

【炮制作用】百合性味甘，寒。归心、肺经。具有养阴润肺，清心安神的功效。

百合生用性寒，以清心安神力胜，用于热病后余热未清，虚烦惊悸，精神恍惚，失眠多梦。

如治疗热病后余热未清的百合知母汤、百合地黄汤（《金匮要略方论》）。

蜜百合润肺止咳作用较强，用于肺虚久咳或肺痨咳嗽，痰中带血及肺阴亏损，虚火上炎等证。如治疗肺阴亏损，虚火上炎的百合固金汤（《中药成药制剂手册》）。

【临床应用】

1. 百合　与生地黄配伍，治阴虚内热，神志恍惚等症，如百合汤（《伤寒全生集》）；与山药、贝母等配伍，治上热血虚咳嗽，如百合二母汤（《济阳纲目》）；与桔梗、贝母、紫菀等配伍，治伤寒烦热，咳嗽不欲食，胸前满闷等症，如百合散（《太平圣惠方》）。

2. 蜜百合　与款冬花等配伍，治咳嗽不止，或痰中有血，如百花膏（《济生方》）。

【炮制研究】

1. 化学成分研究　百合属部分种类含丰富的化学成分，包括甾体皂苷、酚酸甘油酯、多糖、蛋白质、磷脂以及矿物质等，其中皂苷类是百合药效的物质基础。目前，在百合中提取到的皂苷均为甾体皂苷。资料显示，在百合及其杂交种、变种中共提取甾体皂苷75种，其中卷丹中12种，百合中9种，白花百合中15种，麝香百合中8种。有学者对百合不同炮制品中总黄酮、总皂苷、多酚、多糖等有效成分变化以及水溶性浸出物的差异进行研究，发现不同炮制品中各类有效成分含量均有所变化，结果显示总皂苷、多酚、水溶性浸出物含量均以蜜炙百合最高。

2. 药理作用研究　研究表明，百合皂苷对肺癌细胞有抑制作用，其中卷丹鳞茎皂苷提取物对肺癌细胞株 A549 具有显著抑制效果，并呈现剂量依赖性，其 IC_{50} 值为 0.97 mg/L。百合皂苷能够通过抑制 PCNA 和增加 P21 的表达水平抑制胃癌细胞的增殖，上调 Bax 和下调 Bcl-2 的表达水平诱导胃癌细胞凋亡。0.100 g/kg 和 0.050 g/kg 百合皂苷可缩短小鼠悬尾不动的时间及强迫游泳致动时间，减少小鼠体温变化，提示百合皂苷具有一定的抗抑郁作用。相关文献证明百合皂苷能够改善抑郁大鼠体重减轻、耗食量减少及快感缺失等症状，可以改善抑郁大鼠的活动能力，推测其潜在的机制与大脑皮质神经递质 DA、5-HT 增加以及 HPA 轴（下丘脑－垂体－肾上腺轴）功能抑制有关。百合皂苷具有抗抑郁、缓解焦虑等作用。百合在蜜制过程中，蜂蜜浸润药物使得百合总皂苷等药效成分升高，百合可明显促进呼吸道分泌物的外排，且百合蜜炙后祛痰作用更佳，百合知母总皂苷剂量增加，其镇静催眠作用也相应增强。

【贮藏养护】贮干燥容器内，蜜百合密闭，置通风干燥处。防潮，防蛀。

麻　黄

【导言】麻黄汤出自《伤寒论》，用于治疗太阳伤寒证，因其发汗力强，称为发汗峻剂，应当慎用。若发汗太过，易耗津伤阴；但当用不用，也易造成病情缠绵难愈。凡事皆有利弊，麻黄汤虽是发汗峻剂，但自有其独到之处，是否造成过汗，关键还须辨证施治，合理处方。

【处方用名】麻黄、麻黄绒、蜜麻黄、蜜麻黄绒。

【来源】为麻黄科植物草麻黄 Ephedra sinica Stapf、中麻黄 Ephedra intermedia Schrenk et C. A. Mey. 或木贼麻黄 Ephedra equisetina Bge. 的干燥草质茎。

【采收加工】秋季采割绿色的草质茎，晒干。

【历史沿革】汉代有"去节汤泡"，南北朝刘宋时代有沸汤煮后晒干的方法，宋代有酒熬成膏、去根节炒、沸汤泡后焙干、蜜炒等方法，元明时代有炒黄、姜汁浸、略烧存性、滚醋汤泡、蜜酒拌炒焦、微炙、炒黑等法，清代有"去根节，蜜酒煮黑"的记载。现今有蜜炙麻黄、麻黄绒、蜜炙麻黄绒等炮制方法。《中国药典》收载麻黄、蜜麻黄。

第四节 蜜炙法

【炮制方法】

1. **麻黄** 取原药材,除去木质茎,残根及杂质,切段。

2. **蜜麻黄** 取炼蜜,加适量温开水稀释,与麻黄拌匀,闷润,置炒制容器内,用文火加热,炒至不粘手时,取出,晾凉。

每 100 kg 麻黄,用炼蜜 20 kg。

视频 12-5 蜜麻黄的炮制

3. **麻黄绒** 取麻黄,碾绒,筛去粉末。

4. **蜜麻黄绒** 取炼蜜,加适量温开水稀释,与麻黄绒拌匀,闷润,置炒制容器内,用文火加热,炒至深黄色、不粘手时,取出,晾凉。

每 100 kg 麻黄绒,用炼蜜 25 kg。

【成品性状】

1. **麻黄** 呈圆柱形的段,表面淡黄绿色至黄绿色,粗糙,有细纵脊线,节上有细小鳞叶。切面中心显红黄色,气微香,味涩、微苦。

图 12-51 麻黄

2. **蜜麻黄** 表面深黄色,微有光泽,略具黏性,有蜜香气,味甜。

图 12-52 蜜麻黄

3. **麻黄绒** 为松散的绒团状,黄绿色,体轻。

4. **蜜麻黄绒** 为黏结的绒团状,深黄色,略带黏性,味微甜。

【质量要求】

1. **麻黄** 水分不得过 9.0%,总灰分不得过 9.0%,含盐酸麻黄碱和盐酸伪麻黄碱的总量不得少于 0.80%。

2. **蜜麻黄** 总灰分不得过 8.0%,水分、含量测定同麻黄。

【炮制作用】麻黄性味辛、微苦,温。归肺、膀胱经。具有发汗散寒,宣肺平喘,利水消肿的功效。

麻黄生用发汗解表、利水消肿力强。用于风寒表实证,风水浮肿,风湿痹痛,阴疽,痰核。如治疗外感风寒,头身疼痛,表实无汗的麻黄汤(《伤寒论》);治风水证,恶风,一身恶肿,发热或无大汗,浮肿的越婢汤(《金匮要略方论》)。

蜜麻黄性温偏润,辛散发汗作用缓和,以宣肺平喘力胜。用于表证较轻,而肺气壅闭,咳嗽气喘较重者。如用于咳嗽气喘,痰多胸满的麻杏甘石汤(《伤寒论》)。

麻黄绒作用缓和,适用于老人、幼儿及成人风寒感冒。用法与麻黄相似。

蜜麻黄绒作用更缓和,适用于表证已解而喘咳未愈的老人、幼儿及体虚患者。用法与蜜炙麻黄相似。

【临床应用】

1. **麻黄** 与白术、葛根配伍,治小儿慢惊将发等症,如白术麻黄散(《幼幼新书》)。与附子、干姜、白术等配伍,治寒湿所中,昏晕缓弱等症,如附子麻黄汤(《三因极一病证方论》)。与桂枝、赤芍等配伍,治阳明中风,头痛口苦等症,如桂枝麻黄汤(《医方类聚》)。

2. **蜜麻黄** 与沙参、苏叶等配伍,治感冒咳嗽等症,如通宣理肺丸(《太医院秘藏膏丹丸散方剂》)

3. **麻黄绒** 与知母、甘草配伍,治阳毒伤寒等症,如白虎汤(《普济方》)。

4. 蜜麻黄绒 用法同蜜麻黄，主要适用于老人、幼儿及体虚患者。

【炮制研究】

1. 化学成分研究 1887 年日本学者从麻黄中分离鉴定出麻黄碱，到目前为止，人们已从 3 种法定基原的麻黄中发现了 8 类（生物碱类、挥发油、黄酮类、多糖类、简单苯丙素类、缩合鞣质类、有机酸类、甾醇类）约 300 种成分。麻黄的生物碱类成分包括苯丙胺类、噁唑烷类、喹啉类及其他生物碱。研究表明，净选加工可使生麻黄较其药材在个别生物碱成分含量上略微提升。蜜炙麻黄与生麻黄相比上述苯丙胺类生物碱的含量变化有限。比较生麻黄和蜜炙麻黄的挥发油成分发现，蜜炙前后变化较大的主要是沸点较低的成分，蜜炙后相对含量降低的成分包括 L-α- 松油醇、对 - 薄荷 -2- 烯 -7- 醇、对 - 甲氧基苯乙烯等。与生麻黄相比，21 种化学成分发生明显变化。其中，生物碱类成分下降，黄酮类、烯烃类和有机酸类成分经蜜炙后含量上升。噁唑酮类生物碱含量在蜜炙麻黄中显著增加，这与蜜炙麻黄功效密切相关，使其保留发汗作用，同时止咳平喘作用得到加强。

2. 药理作用研究 麻黄在中国有超过千年的药用历史，L- 麻黄碱于 1924 年作为支气管扩张药被西医所用，1927 年盐酸麻黄碱被用于治疗小儿哮喘。我国药理学家陈克恢从 1924 年开始连续在国际期刊上发表了其在 L- 麻黄碱药理学上的研究成果，揭示了 L- 麻黄碱的基本药效作用，为中药药理学的开创及肾上腺素受体激动药和阻断药的发展做出了重要贡献。L- 麻黄碱是一种混合作用型的拟交感神经药，其主要药效作用是直接激动肾上腺素 $β_2$ 等受体及间接促进交感神经末梢释放去甲肾上腺素，进而兴奋 $α_1$、$α_2$ 和 $β_1$ 受体。除苯丙胺类生物碱外，麻黄生物碱成分——川芎嗪能抑制哮喘大鼠的气道炎症和松弛支气管平滑肌。麻黄经炮制后，总生物碱含量均有所下降，与生麻黄比较，蜜炙麻黄降低均值 5.9%。

【贮藏养护】贮干燥容器内，蜜麻黄、蜜麻黄绒密闭，置通风干燥处。

紫　菀

【来源】为菊科植物紫菀 Aster lalaricus L.f. 的干燥根和根茎。

【炮制方法】

1. **紫菀** 取原药材，除去残茎及杂质，洗净，稍润，切厚片，干燥。

2. **蜜紫菀** 取炼蜜，加适量温开水稀释，与紫菀拌匀，闷润，置炒制容器内，用文火加热，炒至棕褐色、不粘手时，取出，晾凉。

每 100 kg 紫菀，用炼蜜 25 kg。

【成品性状】

1. **紫菀** 呈不规则的厚片或段。根外表皮紫红色或灰红色，有纵皱纹。切面淡棕色，中心具棕黄色的木心。气微香，味甜、微苦。

2. **蜜紫菀** 形如紫菀片，表面棕褐色或紫棕色。有蜜香气，味甜。

【炮制作用】紫菀性味辛、苦，温。归肺经。具有润肺下气，消痰止咳的功效。

紫菀生品以散寒、降气化痰力胜，能泻肺气之壅滞。用于风寒咳嗽，痰饮喘咳，新久咳嗽，小便癃闭。如治风寒客肺，咳嗽，咳痰不爽或微恶风寒的止嗽散（《医学心悟》）；治痰饮内阻，肺气壅塞，心腹胀满，咳嗽气喘的紫菀散（《太平圣惠方》）。

紫菀蜜炙后转泻为润，以润肺祛痰力胜，用于肺虚久咳，痨瘵咳嗽，痰中带血或肺燥干咳。如治肺虚久咳，痰中带血的紫菀汤（《医方集解》）。

【贮藏养护】贮干燥容器内，蜜紫菀密闭，置阴凉干燥处。防潮，防蛀。

旋 覆 花

【来源】为菊科植物旋覆花 Inula japonica Thunb. 或欧亚旋覆花 Inula britannica L. 的干燥头状花序。

【炮制方法】

1. **旋覆花** 取原药材，除去梗、叶及杂质。

2. **蜜旋覆花** 取炼蜜，加适量温开水稀释，与旋覆花拌匀，稍闷，置炒制容器内，用文火加热，炒至不粘手时，取出，晾凉。

每 100 kg 旋覆花，用炼蜜 25 kg。

【成品性状】

1. **旋覆花** 呈扁球形或类球形，少有破碎，黄色或黄棕色，花蒂浅绿色。体轻。气微，味微苦。

2. **蜜旋覆花** 形如旋覆花，深黄色。手捻稍粘手。具蜜香气，味甜。

【炮制作用】旋覆花苦、辛、咸，微温。归肺、脾、胃、大肠经。具有降气，消痰，行水，止呕的功效。

旋覆花生用苦辛之味较强，以降气化痰止呕力胜，止咳作用较弱。用于痰饮内停、胸膈满闷及胃气上逆之呕吐、喘息、肢体肿胀。如治痰饮阻于胸膈，呕呃不止，肠鸣多唾的旋覆花汤（《普济本事方》）；治胃气虚弱，痰浊内阻的旋覆代赭石汤（《伤寒论》）。

旋覆花蜜炙后苦辛之性缓和，降逆止呕作用减弱，其性偏润，长于润肺止咳，降气平喘，作用偏重肺。多用于咳嗽气喘，哮喘痰多，睡眠不宁等，如鸡鸣丸（《全国中药成药处方集》）。

【贮藏养护】贮干燥容器内，蜜旋覆花密闭，置通风干燥处。

瓜 蒌

【来源】为葫芦科植物栝楼 Trichosanthes kirilowii Maxim. 或双边栝楼 Trichosanthes rosthornii Harms 的干燥成熟果实。

【炮制方法】

1. **瓜蒌** 取原药材，除去杂质及果柄，洗净，压扁，切丝或块，干燥。

2. **蜜瓜蒌** 取炼蜜，加适量温开水稀释，与瓜蒌拌匀，闷润，置炒制容器内用文火加热，炒至不粘手时，取出，晾凉。

每 100 kg 瓜蒌，用炼蜜 15 kg。

【成品性状】

1. **瓜蒌** 呈不规则的丝或块状。外表面橙红色或橙黄色，皱缩或较光滑；内表面黄白色，有红黄色丝络，果瓤橙黄色，与多数种子黏结成团。具焦糖气，味微酸、甜。

2. **蜜瓜蒌** 呈棕黄色，微显光泽，略带黏性，有蜜香气，味甜。

【炮制作用】瓜蒌性味甘、微苦，寒。归肺、胃、大肠经。具有清热涤痰，宽胸散结，润燥滑肠的功效。

瓜蒌多生用，其清热涤痰、宽胸散结作用均较瓜蒌皮强，并有滑肠通便作用（通便作用弱于瓜蒌仁）。病情较轻、脾胃虚弱者可用瓜蒌皮，病情较重、兼便秘者多用全瓜蒌。用于肺热咳嗽，痰稠难出，胸痹心痛，结胸痞满，乳痈，肺痈等。如用于胸痹而痰浊较甚，胸中满痛彻背，不能安卧的瓜蒌薤白半夏汤（《金匮要略》）；治痰热结胸，胸脘痞闷的小陷胸汤（《伤寒论》）；治痰热内结，胸膈痞满的清气化痰丸（《医方考》）。

蜜瓜蒌润燥止咳作用增强，其用途、用法与蜜瓜蒌皮相似，尤适于肺燥咳嗽又大便干结者。如治肺燥咳嗽兼便秘的贝母瓜蒌散（《医学心悟》）。

【贮藏养护】贮干燥容器内，蜜瓜蒌密闭，置阴凉干燥处。

瓜 蒌 皮

【来源】为葫芦科植物栝楼 *Trichosanthes kirilowii* Maxim. 或双边栝楼 *Trichosanthes rosthornii* Harms 的干燥成熟果皮。

【炮制方法】

1. **瓜蒌皮**　取原药材，除去杂质，洗净，稍晾，切丝，晒干。
2. **炒瓜蒌皮**　取瓜蒌皮，置热锅内，用文火加热，炒至棕黄色、略带焦斑时，取出，晾凉。
3. **蜜瓜蒌皮**　取炼蜜，加适量温开水稀释，与净瓜蒌皮拌匀，闷润，置炒制容器内用文火加热，炒至黄棕色、不粘手时，取出，晾凉。

每 100 kg 瓜蒌皮，用炼蜜 25 kg。

【成品性状】

1. **瓜蒌皮**　呈丝条片，边缘向内卷曲。外表面橙红色或橙黄色，皱缩，有时可见残存果梗；内表面黄白色。质较脆，易折断。具焦糖气，味淡微酸。
2. **炒瓜蒌皮**　棕黄色，微有焦斑。
3. **蜜瓜蒌皮**　黄棕色，有光泽，略带黏性，味甜。

【炮制作用】瓜蒌皮性味甘，寒。归肺、胃经。具有清热化痰，利气宽胸的功效。

瓜蒌皮生用清化热痰作用较强，用于热痰咳嗽。如治热痰咳嗽的贝母瓜蒌汤（《中药临床应用》）。

炒瓜蒌皮寒性减弱，略具焦香气，长于宽胸利气，用于痰浊胸痛或胁肋疼痛。

蜜瓜蒌皮润燥作用增强，用于肺燥久咳。如用于咳嗽痰稠，涩而难出，咽喉干燥。

【贮藏养护】贮干燥容器内，蜜瓜蒌皮密闭，置阴凉干燥处。

桑 白 皮

【来源】为桑科植物桑 *Morus alba* L. 的干燥根皮。

【炮制方法】

1. **桑白皮**　取原药材，洗净，稍润，切丝，干燥。
2. **蜜桑白皮**　取炼蜜，加适量温开水稀释，与桑白皮拌匀，闷润，置炒制容器内，用文火加热，炒至深黄色、不粘手时，取出，晾凉。

每 100 kg 桑白皮，用炼蜜 25 kg。

【成品性状】

1. **桑白皮**　呈丝条状，外表面白色或淡黄白色，有的残留橙黄色或棕黄色鳞片状粗皮；内表面黄白色或灰黄色，有细纵皱纹。体轻，质韧，纤维性强，气微，味微甘。
2. **蜜桑白皮**　形如桑白皮，表面深黄色或棕黄色，质滋润，略有光泽，有蜜香气，味甜。

【炮制作用】桑白皮性味甘，寒。归肺经。具有泻肺平喘，利水消肿的功效。

桑白皮生用性寒，泻肺行水之力较强，用于水肿尿少，面目肌肤浮肿。如治水湿停滞头面，四肢浮肿的五皮散（《太平惠民和剂局方》）；治水饮停肺，咳嗽喘急，胸膈满闷的桑白皮汤（《本草汇言》）。

蜜桑白皮寒泻之性缓和，偏于润肺止咳，用于肺虚喘咳，并常与补气药或养阴药合用。如治肺气不足，逆满上气的补肺汤（《永类钤方》）。

【贮藏养护】贮干燥容器内，蜜桑白皮密闭，置通风干燥处。

白　　薇

【来源】为萝藦科植物白薇 *Cynanchum atratum* Bge. 或蔓生白薇 *Cynanchum versicolor* Bge. 的干燥根和根茎。

【炮制方法】

1. **白薇**　取原药材，除去杂质，洗净，润透，切段，干燥。

2. **蜜白薇**　取炼蜜，加适量温开水稀释，与白薇拌匀，闷润，置炒制容器内，用文火加热，炒至不粘手时，取出，晾凉。

每 100 kg 白薇，用炼蜜 25 kg。

【成品性状】

1. **白薇**　呈不规则的小段。根茎不规则形，可见圆形凹陷的茎痕，结节处残存多数簇生的根。根细，直径小于 0.2 cm，表面棕黄色，切断面皮部类白色或黄白色，木部黄色。质脆。气微，味微苦。

2. **蜜白薇**　表面深黄色，微有光泽，略带黏性，味微甜。

【炮制作用】白薇性味苦、咸，寒。归胃、肝、肾经。具有清热凉血，利尿通淋，解毒疗疮的功效。

白薇生用性寒，长于凉血，通淋，解毒疗疮。用于温病热入营血，身热经久不退，热淋，血淋，疮疡肿毒，咽喉肿痛等。如治疗热入血室，夜多谵语的章氏青蒿鳖甲汤（《重订通俗伤寒论》）；用于热淋、血淋等的白薇散（《丹溪心法》）。

蜜白薇性偏润，以退虚热力胜，用于阴虚内热。如治产后血虚发热，肺肾阴虚所致的骨蒸潮热。

【贮藏养护】贮干燥容器内，蜜白薇密闭，置通风干燥处。

升　　麻

【来源】为毛茛科植物大三叶升麻 *Cimicifuga heracleifolia* Kom.、兴安升麻 *Cimicifuga dahurica* (Turcz.) Maxim. 或升麻 *Cimicifuga foetida* L. 的干燥根茎。

【炮制方法】

1. **升麻**　取原药材，除去杂质，用清水略泡，洗净，润透，切厚片，干燥。

2. **蜜升麻**　取炼蜜，用适量温开水稀释，与升麻拌匀，闷润，置炒制容器内，用文火加热，炒至不粘手时，取出，晾凉。

每 100 kg 升麻，用炼蜜 25 kg。

【成品性状】

1. 升麻 为不规则的厚片，厚2～4 mm。外表面黑褐色或棕褐色，粗糙不平，有的可见须根痕或坚硬的细须根残留，切面黄绿色或淡黄白色，具有网状或放射状纹理。体轻，质硬，纤维性。气微，味微苦而涩。

2. 蜜升麻 表面黄棕色或棕褐色，味甜而微苦。

【炮制作用】升麻性味辛、微甘，微寒。归肺、脾、胃、大肠经。具有发表透疹，清热解毒，升举阳气的功效。

升麻生用升散作用甚强，解表透疹，清热解毒力胜。用于外感风热头痛，麻疹初起，疹出不畅以及热毒发斑，头痛，牙龈肿痛，疮疡肿毒等多种病症。如治头痛发热，肢体烦痛，麻疹初起，发而不透的升麻葛根汤（《太平惠民和剂局方》）；治三叉神经痛，口腔炎，牙周炎的清胃散（《脾胃论》）；治大头瘟的普济消毒饮（《东垣试效方》）。

蜜升麻辛散作用减弱，以升脾阳为主，并减少对胃的刺激性。用于中气虚弱的短气乏力、倦怠以及气虚下陷的久泻脱肛、子宫下垂，或气虚不能摄血的崩漏等病症。如治气虚下陷、血崩气脱、亡阳垂危的举元煎（《景岳全书》）。

【贮藏养护】贮干燥容器内，蜜升麻密闭，置通风干燥处。

桂　枝

【来源】为樟科植物肉桂 *Cinnamomum cassia* Presl 的干燥嫩枝。

【炮制方法】

1. 桂枝 取原药材，除去杂质，洗净，润透，切厚片，干燥。

2. 蜜桂枝 取炼蜜，加适量温开水稀释，与桂枝拌匀，闷润，置炒制容器内，用文火加热，炒至老黄色、不粘手时，取出，晾凉。

每100 kg桂枝，用炼蜜15 kg。

【成品性状】

1. 桂枝 为类圆形或椭圆形厚片，表面红棕色至棕色，有时可见点状皮孔或纵棱线。切面皮部红棕色，木部黄白色或浅黄棕色，髓部类圆形或略呈方形，有特异香气，味甜微辛。

2. 蜜桂枝 表面淡黄色，微有光泽，略带黏性，香气减弱，味甜微辛。

【炮制作用】桂枝性味辛、甘，温。归心、肺、膀胱经。具有发汗解肌，温通经脉，助阳化气，平冲降气的功效。

桂枝以生用为主。生品辛散温通作用较强，长于发汗解表，温经通阳。用于风寒感冒，风寒湿痹，痰饮，水肿，胸痹或心悸、脉结代，寒滞经闭，痛经，奔豚等。如治风寒表实证的麻黄汤或风寒表虚证的桂枝汤（《伤寒论》）；治风寒湿痹，肩背肢节酸痛的桂枝附子汤（《伤寒论》）；治心脾阳虚，阳气不行，水湿内停而致痰饮证的苓桂术甘汤（《金匮要略》）。

蜜桂枝辛通作用减弱，长于温中补虚，散寒止痛。如治产后虚羸不足的当归建中汤（《千金翼方》）。

【贮藏养护】贮干燥容器内，蜜桂枝密闭，置阴凉干燥处。

桑　叶

【来源】为桑科植物桑 *Morus alba* L. 的干燥叶。

【炮制方法】

1. **桑叶** 取原药材，除去杂质，搓碎，去柄，筛去灰屑。

2. **蜜桑叶** 取炼蜜，加适量温开水稀释，与桑叶拌匀，闷润，置炒制容器内，用文火加热，炒至表面深黄色、不粘手时，取出，晾凉。

每 100 kg 桑叶，用炼蜜 25 kg。

【成品性状】

1. **桑叶** 呈碎片状。表面黄绿色，背面淡黄绿色或黄白色，叶脉起，小脉交织成网状，质脆，气微，味淡微苦涩。

2. **蜜桑叶** 表面暗黄色，微有光泽，略带黏性，味甜。

【炮制作用】桑叶性味甘、苦，寒。归肺、肝经。具有疏散风热，清肺润燥，清肝明目的功效。

桑叶生用为主，长于疏散风热，清肝明目。用于感冒风热，发热，头昏头痛，咳嗽，咽喉肿痛及肝热目赤、涩痛、多泪及肝阴不足，目昏眼花。如治外感风热，发热，头昏头痛，咳嗽及咽喉肿痛的桑菊饮（《温病条辨》）；治肝肾阴虚，眩晕耳鸣，目昏眼花的桑麻丸（《医方集解》）。

蜜桑叶其性偏润，清肺润燥作用增强。用于外感燥热、温燥伤肺。

【贮藏养护】贮干燥容器内，蜜桑叶密闭，置通风干燥处。

金 樱 子

【来源】为蔷薇科植物金樱子 *Rosa laevigata* Michx. 的干燥成熟果实。

【炮制方法】

1. **金樱子** 取原药材，除去杂质，洗净，干燥。

2. **金樱子肉** 取金樱子，略浸，润透，纵切两瓣，除去毛、核，干燥。

3. **蜜金樱子** 取炼蜜，加适量温开水稀释，与金樱子拌匀，闷润，置炒制容器内，用文火加热，炒至表面红棕色、不粘手时，取出，晾凉。

每 100 kg 金樱子，用炼蜜 20 kg。

【成品性状】

1. **金樱子** 表面红黄色或红棕色，有突起的棕色小点，顶端有盘状花萼残基，中央有黄色柱基，下部渐尖，质硬。气微，味甘、微涩。

2. **金樱子肉** 呈倒卵形纵剖瓣。表面红黄色或红棕色，有突起的棕色小点。顶端有花萼残基，下部渐尖。花托壁厚 1～2 mm，内面淡黄色，残存淡黄色茸毛。气微，味甘、微涩。

3. **蜜金樱子** 表面暗棕色，有蜜的焦香气，味甜。

【炮制作用】金樱子性味酸、甘、涩，平。归肾、膀胱、大肠经。具有固精缩尿，固崩止带，涩肠止泻的功效。

生用酸涩，固涩止脱作用强，用于遗精、滑精、遗尿、尿频、崩漏、带下；亦可用于久泻、久痢。生品服用后有时可致腹痛。如治肾虚不摄，遗精白浊或带下的水陆二仙丹（《洪氏集验方》）；治疗小便不禁、梦遗滑精的金樱子煎（《普门医品》）。

蜜金樱子偏于甘涩，借蜜甘缓益脾，可以补中涩肠，并避免腹痛的副作用。用于肠虚久泻、久痢。

【贮藏养护】贮干燥容器内，蜜金樱子密闭，置通风干燥处。

马 兜 铃

【来源】为马兜铃科植物北马兜铃 Aristolochia contorta Bge. 或马兜铃 Aristolochia debilis Sieb. et Zucc. 的干燥成熟果实。

【炮制方法】

1. **马兜铃** 取原药材，除去杂质，搓碎，筛去灰屑。

2. **蜜马兜铃** 取炼蜜加适量温开水稀释，与马兜铃拌匀，闷润，置炒制容器内，用文火加热，炒至不粘手时，取出，晾凉。

每 100 kg 马兜铃，用炼蜜 25 kg。

【成品性状】

1. **马兜铃** 为不规则的碎片。果皮呈黄绿色或棕褐色，有波状棱线。种子扁平而薄，钝三角形或扇形，边缘有翅，中央棕色，周边淡棕色。种仁心形，乳白色，有油性。气特异，味苦。

2. **蜜马兜铃** 表面深黄色，种子多黏附在果皮上，皮脆，略有光泽，味苦而微甜。

【炮制作用】马兜铃性味苦，微寒。归肺、大肠经。具有清肺降气，止咳平喘，清肠消痔的功效。

生品可用于肺热咳嗽或喘逆，痔疮肿痛，肝阳上亢之头昏、头痛。如治肺热咳嗽的马兜铃散（《太平圣惠方》）；治痰热阻肺，气逆喘咳，胸膈烦闷的马兜铃汤（《普济方》）；治大肠血热壅结，血痔肠瘘的痔疮肿痛方（《日华子本草》）。生品味劣，易致恶心呕吐，故临床多用蜜炙品。

蜜炙后能缓和苦寒之性，增强润肺止咳的功效，并可矫味，减少呕吐的副作用。炙马兜铃多用于肺虚有热的咳嗽。

【贮藏养护】贮干燥容器内，蜜马兜铃密闭，置通风干燥处。

第五节 姜 炙 法

将净选或切制后的药物，加入定量姜汁拌炒的方法，称姜炙法，又称姜汁炒法。生姜性温味辛，具有解表散寒、温中止呕、化痰止咳的功效。姜炙法多用于炮制祛痰止咳、降逆止呕的药物。

（一）目的

1. 缓和药物寒性，增强和胃止呕作用。如生黄连性味过于苦寒，姜炙后可缓和其寒性免伤脾阳，并增强止呕的作用。姜炙竹茹，可增强降逆止呕作用。

2. 降低副作用，增强疗效。如生厚朴对咽喉有刺激性，姜炙后，可缓和刺激性，并能增强宽中和胃的作用。

（二）操作方法

1. 姜汁的制备

榨汁：将生姜洗净切碎，置于舂捣的容器内杵捣，加适量水，压榨取汁，残渣再加水共捣，压榨取汁，如此反复 2~3 次，合并姜汁，备用。

煎汁：取生姜，置容器中，加适量水煎汤，合并两次煎液，适当浓缩，备用。

生姜的用量：一般每 100 kg 药物，用生姜 10 kg。

视频 12-6　*姜汁的制备*

2. 操作步骤　取净制或切制后的药物与定量的姜汁拌匀，闷润，待姜汁被药物吸尽后，置炒制容器内，文火炒至一定程度，取出，晾凉。或将药物与一定量的姜汁拌匀，待姜汁被药物吸尽后干燥。

（三）注意事项

1. 制备姜汁时，要控制水量，姜汁与生姜的比例以 1∶1 为宜。
2. 药物与姜汁拌匀后，要充分闷润，待姜汁完全被药物吸尽后，用文火炒干，否则，达不到姜炙的目的。

厚　朴

【**导言**】半夏厚朴汤为临床常用的理气化痰方，该方最早见于《金匮要略·妇人杂病脉证并治二十二》。其中厚朴下气除满，加强半夏降逆散结之功效。半夏厚朴汤是治疗梅核气的经典方。临床上对于半夏厚朴汤的应用十分广泛，也用于治疗多种肺系疾病。在本方中，虽然没有对厚朴注明炮制要求，但方中伍以了生姜。复方共煎之时，生姜既能杀半夏毒，又能消除厚朴的刺激性，充分体现了医圣张仲景在立方遣药中对配伍七情药性理论的妙用。

【**处方用名**】厚朴、川厚朴、姜厚朴。

【**来源**】为木兰科植物厚朴 *Magnolia officinalis* Rehd. et Wils. 或凹叶厚朴 *Magnolia officinalis* Rehd. et Wils. var. *biloba* Rehd. et Wils. 的干燥干皮、根皮及枝皮。

【**采收加工**】4—6 月剥取，根皮枝皮直接阴干。干皮置沸水中微煮后，堆置阴湿处，发汗至内表面变紫褐色或棕褐色，蒸软，取出，卷成筒状，干燥。

【**历史沿革**】汉代有去皮炙法，唐代有姜汁炙，宋代有生姜枣制、糯米粥制等法，明代有炒、盐炒、煮制、醋制、酥炙，以及姜汁浸后炒干，醇醋淬透再炒，酒浸炒等方法；清代有醋炒等法。现行有姜炙、姜汁煮、姜汁浸、姜汁蒸、生姜紫苏汁蒸、生姜紫苏加水煮等炮制方法。《中国药典》收载厚朴、姜厚朴。

【**炮制方法**】

1. **厚朴**　取原药材，刮去粗皮，洗净，润透，切丝，干燥。
2. **姜厚朴**　取厚朴，用适量姜汁拌匀，闷润至姜汁被吸尽后，置炒制容器内，用文火炒干，取出，晾凉。或取定量生姜切片，加水煎汤，另取刮净粗皮的净厚朴，扎捆，置姜汤，用文火煮至姜汤被吸尽后取出，切丝，干燥，筛去灰屑。

每 100 kg 厚朴，用生姜 10 kg。

视频 12-7　*姜厚朴的炮制*

【**成品性状**】

1. **厚朴**　呈弯曲的丝条状或单卷筒、双卷筒状。外表面灰褐色或灰黄色，内表面紫棕色或紫褐色，较平滑，具细密纵纹，划之显油痕。切面颗粒状，有油性，有的可见小亮星。气香、微苦。

图 12-53　厚朴

2. **姜厚朴**　表面灰褐色，偶见焦斑。略具姜的辛辣气。

图 12-54　姜厚朴

【质量要求】

1. **厚朴**　水分不得过 10.0%，总灰分不得过 5.0%，酸不溶性灰分不得过 3.0%，含厚朴酚与和厚朴酚的总量不得少于 2.0%。

2. **姜厚朴**　水分、总灰分同厚朴，含厚朴酚与和厚朴酚的总量不得少于 1.6%。

【炮制作用】厚朴性味苦、辛，温。归脾、胃、肺、大肠经。具有燥湿消痰，下气除满的功效。生厚朴味辛辣，对咽喉有刺激性，一般内服不生用。

【临床作用】

1. **厚朴生品**　因其辛辣刺激性，不用于内服，须经炮制后入各方剂。咳逆气喘常与杏仁、桂枝、生姜等同用，具有下气散满的作用。可用于风寒客肺，恶风而喘，如桂枝加厚朴杏仁汤（《伤寒论》）。若寒饮化热，上气咳喘、喉中痰声辘辘，胸闷烦躁，常与麻黄、杏仁、细辛等同用，具有化饮平喘，清热除烦的作用，如厚朴麻黄汤（《金匮要略》）。

2. **姜厚朴**

（1）腹中痛泻：常与枳实、木香、诃子等同用，具有行滞调便的作用。可用于宿食不化，寒湿积滞，进而影响大便不调，或闭结不通，如朴枳实汤（《素问病机气宜保分集》）。

（2）痞满胀痛：常与草豆蔻、陈皮、木香等同用，具有温中止痛，燥湿散满的作用，可用于寒湿中阻，气滞不畅，脘腹胀满疼痛，如厚朴温中汤（《内外伤辨惑论》）。若配伍陈皮、苍术，可用于湿滞脾胃，如平胃散（《太平惠民和剂局方》）。若中虚腹满者，宜与人参、半夏等同用，具有益气健脾，宽中散满的作用，如厚朴生姜半夏甘草人参汤（《伤寒论》）。对积滞便秘、腹部胀闷，可与厚朴、枳实配伍，具有消积通便的作用，如厚朴三物汤（《金匮要略》）。

（3）胃虚呕逆：常与白术、人参、吴茱萸等同用，具有健胃止呕的作用。可用于上焦闭塞干呕，呕而不出，痞满不食，或痰涎壅逆，吞酸吐酸等症，如厚朴汤（《备急千金要方》）。

知识拓展 12-18　姜制时选用干姜汁还是生姜汁

【炮制研究】

1. **化学成分研究**　厚朴主要含厚朴酚、和厚朴酚等成分，还含挥发油、厚朴碱等生物碱类成分。其中，厚朴酚能显著抑制胃液的分泌，并有抗溃疡作用；厚朴碱具有明显的降压作用。

对厚朴生品、清炒品、姜炙品、姜煮品、姜浸品中厚朴酚进行含量测定，发现炮制后含量增加，清炒品含量最高，3 种姜制品中以姜炙品含量最高。对厚朴生品及各炮制品中挥发油、水和醇浸出物、水煎液中厚朴酚、和厚朴酚及金属元素测定的结果表明，挥发油含量依次为姜汁炒＞姜汁煮＞生品；水浸出物含量依次为姜汁煮＞姜汁炒＞姜汁浸＞生品。醇浸出物含量依次为姜汁炒＞姜汁浸＞姜汁煮＞生品。水煎液中厚朴酚及和厚朴酚含量依次为生品＞姜汁浸＞姜汁炒＞姜汁煮，铜、锌含量依次为姜汁浸＞姜汁炒＞姜汁煮＞生品。

2. **药理作用研究**　厚朴各炮制品中以清炒品中厚朴酚含量最高，但没有抗溃疡作用，而生品、姜炙品均有抗溃疡作用，且姜炙厚朴作用较优，表明厚朴姜炙后和胃作用较生品强。有研究表明，厚朴生品和药典法姜厚朴均表现出抗炎镇痛作用和促进胃肠运动的作用，二者比较无显著性差异，但厚朴经姜制后其药效作用有增强的趋势。姜制厚朴在抗抑郁、抗肿瘤方面较生品也有增强。

【贮藏养护】贮干燥容器内，密闭，置阴凉干燥处。

竹　茹

【来源】为禾本科植物青秆竹 *Bambusa tuldoides* Munro、大头典竹 *Sinocalamu sbeecheyanus*（Munro）McClure var.*pubescens* P.F.Li 或淡竹 *Phyllostachys nigra*（Lodd.）Munro var.*henonis*（Mitf.）Stapf ex Rendle 的茎秆的干燥中间层。

【炮制方法】

1. **竹茹**　取原药材，除去杂质和硬皮，切段或揉搓成小团。

2. **姜竹茹**　取竹茹，用适量姜汁拌匀，闷润至姜汁被吸尽后，置炒制容器内用文火加热，如烙饼法将竹茹团两面烙至微黄色时，取出，晾凉。

每 100 kg 竹茹，用生姜 10 kg。

【成品性状】

1. **竹茹**　卷曲成团的不规则丝条或呈长条形薄片状，宽窄厚薄不等，浅绿色、黄绿色或黄白色。纤维性，体轻松，质柔韧，有弹性。气微，味淡。

2. **姜竹茹**　表面黄色，有少许焦斑，微有姜的气味。

【质量要求】

1. **竹茹**　水分不得过 7.0%，水溶性浸出物不得少于 4.0%。

2. **姜竹茹**　检查、浸出物同竹茹。

【炮制作用】竹茹性味甘，微寒。归肺、胃、心、胆经。

竹茹生用长于清热化痰，除烦。用于痰热咳嗽或胆火夹痰，痰火内扰，心烦不安。如治胆虚、痰热内扰所致虚烦不眠或惊悸不安、癫痫等的温胆汤（《三因极一病证方论》）。

姜竹茹可增强降逆止呕作用。用于胃热呕吐，呃逆。如治胃虚有热、呃逆、呕哕的橘皮竹茹汤（《金匮要略》）。

【贮藏养护】置干燥处，防霉，防蛀。

草　果

【来源】为姜科植物草果 *Amomum tsao-ko* Crevost et Lemaire 的干燥成熟果实。

【炮制方法】

1. **草果仁**　取草果，置预热的炒制容器内，文火加热，炒至焦黄色并微鼓起，去壳，取仁，用时捣碎。

2. **姜草果仁**　取草果仁，用适量姜汁拌匀，闷润至姜汁被吸尽后，置炒制容器内，用文火加热，炒至近干，呈深黄色时，取出，晾凉。用时捣碎。

每 100 kg 草果仁，用生姜 10 kg。

视频 12-8　姜草果仁的炮制

【成品性状】

1. **草果仁**　圆锥状多角形颗粒，直径约 5 mm；表面棕色至红棕色，有的可见外被残留灰白色膜质的假种皮。种脊为一条纵沟，尖端有凹状的种脐。胚乳灰白色至黄白色。有特异香气，味辛、微苦。

2. **姜草果仁**　棕褐色，偶见焦斑。有特异香气，味辛辣、微苦。

【炮制作用】草果仁性味辛，温。归脾、胃经。具有燥湿温中，截疟除痰的功效。

草果仁生用性味辛温燥烈，长于燥湿散寒，除痰截疟。用于疟疾，寒湿困脾。如治疟疾数发不止，体壮痰湿偏盛，舌苔白腻，并有祛痰作用的七宝饮（《易简方》）。

姜草果仁可缓和燥烈之性，长于温中止呕。用于寒湿阻滞脾胃，脘腹胀满疼痛，呕吐。如治寒湿中阻，寒多热少，手足厥冷，遍身浮肿，心腹冷痛的草果饮（《证治准绳》）。

【贮藏养护】贮干燥容器内，密闭，置阴凉干燥处。

第六节 油 炙 法

将净选或切制后的药物，与一定量的食用植物油或动物油脂共同加热处理的方法，称油炙法，又称酥炙法。

药物油炙所用辅料包括植物油和动物油脂（习称动物油）两类。常用的植物油主要是麻油（芝麻油），也有用菜油的。最常用的动物油是羊脂油，酥油亦有应用。

（一）目的

1. 增强疗效。如淫羊藿，用羊脂油炙后，增强温肾助阳作用。
2. 利于粉碎。如质地坚实的三七、蛤蚧，经油炸或涂酥后，质变酥脆，易于粉碎。

（二）操作方法

1. **油炒法** 将羊脂切碎，置已预热的炒制容器内加热，炼油去渣，备用；取药物与羊脂油拌匀，用文火炒至油被吸尽，药物表面呈油亮时取出，摊开晾凉。如羊脂油炙淫羊藿。

2. **油炸法** 取植物油，置已预热的炒制容器内加热，至沸腾时，倾入药物，调整火力，用文火炸至一定程度，取出，沥去油，粉碎。如油炸马钱子、三七。

3. **油脂涂酥烘烤法** 将动物骨骼类药物锯成短节，放炉火上烤热，用酥油涂布，加热烘烤，待酥油透骨内后，再涂再烤，反复操作，直至骨质酥脆，晾凉，粉碎。或取药物，用麻油涂抹后，在无烟炉火上烤至色黄质脆。如酥炙蛤蚧。

（三）注意事项

1. 药物油炒时应控制加热温度，防止炒焦。
2. 油炸药物温度不宜过高，否则易将药物炸焦枯，而致药效降低或失效。
3. 油脂涂酥药物时，需反复操作直至酥脆为止。

淫 羊 藿

【导言】南北朝时，有牧羊人发现，羊啃吃一种小草后发情次数明显增多。有一天，陶弘景采药途中听牧羊人谈及此事，即实地考察，陶弘景判定这种小草具有壮阳的作用，于是给这种草取名为淫羊藿。此后，淫羊藿得到广泛应用，多本中医名著都有记载，认为淫羊藿具有补益精气、助阳的功效。经考证，淫羊藿的炮制有净制、切制、蒸制、脂炙、酒制、蜜制、醋制、煎膏等各法。

【处方用名】淫羊藿、羊藿、仙灵脾、炙淫羊藿、炙羊藿。

【来源】为小檗科植物淫羊藿 Epimedium brevicornu Maxim.、箭叶淫羊藿 Epimedium sagittatum (Sieb.et Zucc.) Maxim、柔毛淫羊藿 Epimedium pubescens Maxim. 或朝鲜淫羊藿 Epimedium koreanum Nakai 的干燥叶。

【采收加工】夏、秋季茎叶茂盛时采收，晒干或阴干。

【历史沿革】南北朝刘宋时代有羊脂炙法，宋代有蒸、酒煮、酒浸、鹅脂炙、蜜水炙等炮制方法，明代有醋炒、米泔水浸；清代多用酒制，有酒润、酒焙、酒拌蒸等方法。现行有炒、酒炙、盐炙、羊脂油炙等炮制方法。《中国药典》收载淫羊藿、炙淫羊藿。

【炮制方法】

1. 淫羊藿　取原药材，去除枝梗，摘取叶片，喷淋清水，稍润，切丝，干燥。

2. 炙淫羊藿　取羊脂油置已预热的炒制容器内加热熔化，加入淫羊藿，用文火加热，炒至均匀有光泽，取出，晾凉。

每 100 kg 淫羊藿，用羊脂油（炼油）20 kg。

【成品性状】

1. 淫羊藿　为丝片状。上表面绿色、黄绿色或浅黄色，下表面灰绿色，网脉明显，中脉及细脉凸出，边缘具黄色刺毛状细锯齿。近革质。气微，味微苦。

图 12-55　淫羊藿

2. 炙淫羊藿　形如淫羊藿丝。表面浅黄色显油亮光泽。微有羊脂油气。

图 12-56　炙淫羊藿

【质量要求】

1. 淫羊藿　杂质不得过 3.0%，水分不得过 12.0%，总灰分不得过 8.0%，醇溶性浸出物不得少于 15.0%。叶片含总黄酮以淫羊藿苷计，不得少于 5.0%；叶片含朝藿定 A、朝藿定 B、朝藿定 C 和淫羊藿苷的总量，朝鲜淫羊藿不得少于 0.50%，淫羊藿、柔毛淫羊藿、箭叶淫羊藿均不得少于 1.5%。

2. 炙淫羊藿　水分不得过 8.0%，总灰分不得过 8.0%；含宝藿苷 I 不得少于 0.030%，含朝藿定 A、朝藿定 B、朝藿定 C 和淫羊藿苷的总量，朝鲜淫羊藿不得少于 0.40%，淫羊藿、柔毛淫羊藿、箭叶淫羊藿均不得少于 1.2%。

【炮制作用】淫羊藿性味辛、甘，温。归肝、肾经。具有补肾阳，强筋骨，祛风湿的功效。

生用以祛风湿，强筋骨力胜。常用于风湿痹痛，肢体麻木，筋骨痿软。

羊脂油甘热，能温散寒邪，补肾助阳。羊脂油炙淫羊藿能增强温肾助阳作用。

【临床应用】

1. 淫羊藿　与威灵仙、苍耳子、川芎等同用，具有祛风除湿的作用。可用于风寒湿痹，四肢麻木不仁，脚膝软缓，走注疼痛或筋脉拘急，不能履步，如仙灵脾散（《太平圣惠方》）。

2. 炙淫羊藿　常与沙苑子、枸杞子、山茱萸等同用，具有温补肾阳的作用。可用于肾阳虚衰，腰膝无力，阳事不举，或滑精早泄，如羊三子汤（《中药临床应用》）。与附子、吴茱萸、当归等同用，能增强温肾暖胞的作用。可用于肾阳不足，冲任虚寒，尿频，宫冷不孕等症。

【炮制研究】

1. 化学成分研究　黄酮类成分是淫羊藿的主要药效成分。淫羊藿在油炙加热过程中存在着多糖苷黄酮类成分向次级糖苷黄酮类成分转化，次级糖苷黄酮类成分向更低级糖苷黄酮类成分转化的现象,如朝藿定 C 脱去糖基转化为淫羊藿苷,淫羊藿苷脱去糖基转化为淫羊藿次苷等,导致淫羊藿油炙前后黄酮类成分发生改变。加热炮制可以使淫羊藿主要活性黄酮的含量发生变化,产生更多易于吸收的生物活性黄酮,易于吸收的黄酮成分的增加可转化为血药浓度的增加进而表现为生物利用度的提高。其他的炮制方法对淫羊藿黄酮类成分也有很大影响,如鲜品中含有葡萄糖苷的黄酮成分(淫羊藿苷、淫羊藿次苷Ⅰ、朝藿定 A、朝藿定 B、朝藿定 C、箭叶淫羊藿苷 A、淫羊藿属苷 A、宝藿苷 V)在加热烘干后含量会显著增加。不含葡萄糖苷的成分(淫羊藿次苷Ⅱ、箭叶淫羊藿苷 B、鼠李糖淫羊藿次苷Ⅱ、宝藿苷Ⅱ、去甲淫羊藿素、脱水淫羊藿素、粗毛淫羊藿苷),在加热烘干后含量会显著减少,阴干样品情况则恰恰相反。

2. 药理作用研究 研究发现,淫羊藿生用和制用在药理作用上存在显著差异。生品主要用于祛风湿、强筋骨,炙淫羊藿主要表现出温肾助阳的作用,常用于治疗阳痿和不孕。通过药理实验研究,并借助 UPLC-Q-TOF-MS 技术和多元统计分析方法,已发现 15 种与肾阳虚证相关的生物标志物。同时,揭示了炮制辅料羊脂油通过调节半胱氨酸和蛋氨酸代谢途径,加热则通过调节甘油磷脂代谢途径来增强炙淫羊藿的温肾助阳作用。提示半胱氨酸和蛋氨酸代谢以及甘油磷脂代谢是炙淫羊藿温肾助阳的潜在作用机制。

3. 炮制工艺研究 以朝藿定 A、朝藿定 B、朝藿定 C、淫羊藿苷、宝藿苷Ⅰ 5 个成分总含量为主要指标,炮制温度 120℃,炮制时间为 4 min,加油量 9% 的工艺最佳。也有以淫羊藿苷与宝藿苷Ⅰ总含量为评价指标,优选出油炙淫羊藿的最佳炮制工艺为每 100 kg 淫羊藿用羊脂油 20 kg,炮制温度 160℃,炮制时间 7 min。

【贮藏养护】置通风干燥处。炙淫羊藿密闭,置阴凉干燥处。

蛤 蚧

【来源】为壁虎科动物蛤蚧 *Gekko gecko* Linnaeus 的干燥体。

【炮制方法】

1. 蛤蚧 蛤蚧有"毒在眼、效在尾"之说,原药材选用时,一般无尾者不用。取原药材,除去竹片,洗净,除去头(齐眼处切除)、足爪及鳞片,切成小块,干燥。

2. 酒蛤蚧 取蛤蚧,用黄酒拌匀,闷润,待酒被吸尽后,烘干;或置已预热的炒制容器内,用文火加热,炒干;或置钢丝筛上,用文火烤热,喷适量黄酒,再置火上酥制,如此反复多次,至松脆为度,晾凉。

每 100 kg 蛤蚧,用黄酒 20 kg。

3. 油酥蛤蚧 取蛤蚧,涂以麻油,用无烟炉火烤至稍黄质脆,除去头爪及鳞片,切成小块。

【成品性状】

1. 蛤蚧 为不规则的片状小块。表面灰黑色或银灰色,有棕黄色的斑点及鳞片脱落的痕迹。切面黄白色或灰黄色。脊椎骨和肋骨突起。气腥,味微咸。

2. 酒蛤蚧 形如蛤蚧块,微有酒香气,味微咸。

3. 油酥蛤蚧 色稍黄,质较脆,具香酥气。

【炮制作用】蛤蚧性味咸,平。归肺、肾经。具有补肺益肾,纳气定喘,助阳益精的功效。

蛤蚧生品和油酥炙品功用相同,酥制后易粉碎,腥气减少。其功效以补肺益精,纳气定喘见长,常用于肺虚咳嗽或肾虚作喘。如人参蛤蚧散(《卫生宝鉴》)、蛤蚧丸(《太平圣惠方》)。

酒炙蛤蚧可增强补肾壮阳作用,多用于肾阳不足,精血亏损的阳痿、五更泄泻、小便频数等。

【贮藏养护】贮干燥容器内，花椒拌存，密闭，置阴凉干燥处。防蛀。

三 七

【来源】为五加科植物三七 *Panax notoginseng* （Burk.）F.H.Chen 的干燥根和根茎。

【炮制方法】

1. 三七　取原药材，除去杂质。用时捣碎。

2. 三七粉　取三七，洗净，干燥，碾细粉。

3. 熟三七　取三七，打碎，分开大小块，用食用植物油炸至表面棕黄色，取出，沥去油，放凉，研细粉。或取三七，洗净，蒸透，取出，及时切片，干燥。

【成品性状】

1. 三七　呈圆锥形或纺锤形。表面灰黄色或灰褐色，有瘤状突起。体重，质坚实。断面灰白色，灰绿色或黄绿色，类角质，具光泽，中间有菊花心或裂纹。气微，味苦回甘。

2. 三七粉　灰白色粉末，气微，味微苦回甘。

3. 熟三七　浅黄色粉末，略有油气，味微苦。熟三七片为类圆形薄片，表面棕黄色，角质样，有光泽，质坚硬，易折断，气微，味苦回甘。

【炮制作用】三七性味甘、微苦，温。归肝、胃经。具有散瘀止血，消肿定痛的功效。

三七生品以止血化瘀、消肿定痛之力偏胜，止血而不留瘀，化瘀而不出血。常用于各种血证及跌打损伤，瘀滞肿痛，如化血丹（《医学衷中参西录》）；治各种出血的军门止血方（《回生集》）；治跌打损伤，瘀滞肿痛的活血止痛汤（《外科大成》）。

三七粉的功效与三七同，多吞服或外敷用于创伤出血。若入汤剂，可用生三七打碎与其他药物共煎。

熟三七止血化瘀作用较弱，以滋补力胜，可用于身体虚弱，气血不足。如治面色苍白，四肢无力，食欲不振的参茸三七补血片。

【贮藏养护】贮干燥容器内，密闭，置阴凉干燥处。防潮，防蛀。

（梁泽华、李林、黄勤挽）

复习思考题

1. 试述炙法和加辅料炒法的异同点。
2. 举例说明"醋注肝经且资住痛"的炮制作用。

数字资源详见　新形态教材网

课程思政案例　　视频　　知识拓展　　推荐阅读

复习思考题答案　　教学课件

第十三章

煅 法

思维导图

"玉石类"中药的炮制

宋代《太平惠民和剂局方》在卷上部分设有专篇"论炮炙三品药石类例"。该篇中收录了 185 种中药的炮制方法与要求,其中玉石类药物 28 种。"赤石脂,须于炭火中煅通赤。""磁石,先以炭火烧通赤,酽醋内淬九遍。""禹余粮、紫石英、石膏、寒水石、代赭、石燕,并用火煅,醋淬七遍。""花蕊石,当以大火煅过。"这些玉石类药物大都以煅、烧、淬等法炮制。

请对下列问题给予思考与分析:

1. 试述"煅、烧、淬"各法的工艺特点,分析这三法与煅法工艺的相关性。
2. 根据矿物类药物炮制实例,试述"煅、烧、淬"各法的炮制作用和对药物理化性质影响的规律。

将净制后的中药，置耐火容器内，高温加热至规定程度的方法，称为煅法。煅法历史悠久，尤其在炼丹术盛行时期，煅法得到了广泛的应用。古文献中燔、烧、炼等法的记载，均属于煅法的范畴。《五十二病方》有"止血出者，燔发。"《黄帝内经》记载的13个药方中，生铁落饮、小金丹、左角发燔治等3个药方中用到了煅法。《金匮玉函经》提出药物"有须烧炼炮炙，生熟有定"。

根据炮制目的和操作方法的不同，煅法可分为明煅法、煅淬法和扣锅煅法（闷煅法）。明煅法和煅淬法主要适用于矿物类、质地坚硬的贝壳类及化石类中药，扣锅煅法则常用于需要制炭但质地疏松、经炒炭法炮制易灰化的中药。

药物经过高温煅烧，质地变得酥脆，利于粉碎和煎出有效成分，药性和功效发生变化，从而达到减少或消除副作用，提高疗效或产生新的药效的目的。

目前，中药饮片生产中使用的煅制设备有煅药锅、煅药炉、闷煅炉等，煅药的温度范围在200～1 000℃之间，设备可控制加热温度和时间。根据煅制温度，煅药设备可分为中温和高温两种。其中，中温煅药设备的工作温度在600℃以下，高温煅药设备的工作温度为600～1 000℃。

第一节　明　煅　法

将净制后的中药，置适宜的耐火容器内，不隔绝空气，进行高温加热的方法，称为明煅法。

（一）目的

1. 使药物质地酥脆，易于粉碎和煎出有效成分。如花蕊石、钟乳石等。
2. 除去结晶水。如白矾、硼砂等。
3. 缓和药性。如石膏、石决明等。

（二）操作方法

根据中药的性质和要求不同，明煅法分为敞锅煅和炉膛煅两种工艺。

1. **敞锅煅**　将药物直接放入耐火容器内，用武火加热的煅制方法。该法适用于含结晶水的矿物药，如白矾等。

2. **炉膛煅**　将药物置炉膛或煅药炉内，煅至红透，质地酥脆的方法。适用于质地坚硬的矿物类以及贝壳类、化石类中药。

（三）注意事项

1. 药物煅制前，应大小分档，以免煅制时生熟不匀。
2. 煅制过程中宜一次煅透，含结晶水的矿物药煅烧中途不得停火，不得搅拌，以免出现夹生现象。
3. 根据药物的性质特点，控制适宜的煅制温度与时间。
4. 有些药物在煅烧时产生爆溅，可在容器上加盖（但不密闭）。
5. 煅药车间应充分考虑环保设施，操作过程注意劳动防护。

白 矾

【导言】《神农本草经》玉石部上品载有矾石:"味酸寒。主治寒热泄利,白沃阴蚀,恶疮目痛,坚骨齿。炼饵服之,轻身不老增年。一名羽涅。生山谷。"白矾有"生用解毒,煅用生肌却水"之说,白矾是一味常用的中药,也是炮制用辅料。了解白矾及其煅制品的理化特性、炮制原理、药效变化、辅料作用、古今应用及研究进展,对全面掌握其生产与应用至关重要。

【处方用名】白矾、明矾、枯矾。

【来源】为硫酸盐类矿物明矾石族明矾石经加工提炼而成。主含含水硫酸铝钾 $[KAl(SO_4)_2 \cdot 12H_2O]$。

【历史沿革】汉代有烧、炼等炮制方法,晋代有熬法,南北朝时期增加了蜂巢制、药汁制等炮制方法,唐代增加了飞制,宋代增加了巴豆制、制炭等炮制方法,明清以后又增加了麸制法。现行有明煅法。《中国药典》收载白矾、枯矾。

【炮制方法】

1. **白矾** 取原药材,除去杂质,打成碎块或粉碎成粗粉。

2. **枯矾** 取白矾,捣成小块,置煅制容器内,武火加热至熔化,继续煅至膨胀松泡呈白色蜂窝状固体,完全干枯时,取出,放凉,碾碎。

煅制白矾时应一次性煅透,中途不得停火,不要搅拌。白矾受热熔化过程中,如中途搅拌易堵塞水分蒸发的通路,导致成品出现僵块。

视频13-1 煅枯矾的炮制

【成品性状】

1. **白矾** 呈不规则的块状或粗粉。无色或淡黄白色,碎块透明或半透明,有玻璃样光泽,表面可见细密纵棱。质硬而脆。气微,味酸、微甘而极涩。

图13-1 白矾

2. **枯矾** 呈不规则的块状、颗粒或粉末。白色或淡黄白色,无玻璃样光泽。不规则的块状表面粗糙,凹凸不平或呈蜂窝状。体轻,质疏松而脆,手捻易碎,有颗粒感。气微,味微甘而极涩。

图13-2 枯矾

【质量要求】白矾含铵盐以总氮计不得过 0.3%,铜盐、锌盐、铁盐检查符合规定,含重金属不得过 20 mg/kg,含含水硫酸铝钾不得少于 99.0%。

【炮制作用】白矾味酸、涩,性寒。归肺、脾、肝、大肠经。外用解毒杀虫,燥湿止痒;内服止血止泻,祛除风痰。煅制成枯矾后,酸寒之性降低,涌吐作用减弱,增强了收湿敛疮、止血化腐作用。

【临床应用】

1. **白矾** 与防风、白蒺藜、蛇床子等配伍,用于风瘙痒症,如防风浴汤方(《太平圣惠方》)。与半夏配伍,用于上膈痰滞,吞酸,唾涕黏稠,胸膈不利等症,如半夏丸(《普济方》)。

2. **枯矾** 与当归、桂心等配伍,用于齿缝出血等症,如当归散(《太平圣惠方》)。与煅石膏、轻粉、黄丹等配伍,用于脚丫湿痒等症,如枯矾散(《外科正宗》)。

知识拓展13-1 含白矾、枯矾的市售中成药举例

【炮制研究】研究发现,白矾煅制时,90℃质量开始下降,此时主要发生失水反应,170℃左

右时脱水达到极大值，210℃左右时，脱水过程基本完成，后续温度升高对于质量影响不大，直到750℃左右时，质量再次发生下降，发生无水硫酸铝钾脱硫过程。针对传统明煅法煅制白矾时，易出现结顶、污底等质量问题，有研究以失水率、硫酸铝钾含量、最低抑菌质量浓度等为指标，优选了减压煅制白矾的炮制工艺，成品较传统工艺色泽更洁白、质地更酥脆。

白矾与枯矾对金黄色葡萄球菌、溶血性链球菌、肺炎双球菌、大肠杆菌、真菌等均呈高度敏感性。枯矾经传统方法煅制后，相较于白矾，对金黄色葡萄球菌的抑菌作用增强。

铵明矾主含含水硫酸铝铵［$NH_4Al(SO_4)_2·12H_2O$］，是白矾的常见伪品，铵明矾炮制后的硫酸铝铵［$NH_4Al(SO_4)_2$］则作为枯矾流通，必将严重影响临床用药安全。研究利用扫描电子显微镜及X射线衍射技术可以快速、准确鉴别正品与伪品。亦有研究利用电感耦合等离子体原子发射光谱与电感耦合等离子体质谱技术，建立了枯矾和铵明矾炮制品的无机元素特征图谱，用于枯矾的质量控制。

【贮藏养护】贮干燥容器内，置干燥处。

石　膏

【导言】石膏被称为"降火之神剂，泻热之圣药"。清末名医张锡纯对石膏的应用颇有心得，他在《医学衷中参西录》中写道："医者多误以为（石膏）大寒而煅用之，以治外感有实热者，竟将其痰火敛住，凝结不散，用至一两即足伤人，是变金丹为鸩毒也"。除了入药以外，石膏在医用、食品加工等领域也有广泛的应用。

课程思政案例 13-1　清热功似虎，战"疫"露锋芒——石膏

【处方用名】生石膏、煅石膏。

【来源】为硫酸盐类矿物石膏族石膏，主含含水硫酸钙（$CaSO_4·2H_2O$）。

【采收加工】采挖后，除去杂石及泥沙。

【历史沿革】南北朝有捣粉、生甘草水飞法。唐代有烧、煅等方法。宋代有火煅醋淬、炒法。明代有煨、炮、炙、火煅酒淬、糖拌炒等方法。现行有明煅法。《中国药典》收载石膏、煅石膏。

【炮制方法】

1. 生石膏　取原药材，除去杂质，打成碎块或粉碎成粗粉。

2. 煅石膏　取石膏，置煅制容器内，武火加热，煅至红透，质地酥松时，取出，放凉，碾碎。

【成品性状】

1. 生石膏　呈不规则长条形碎块或粗粉块状。表面白色、灰白色或淡黄色，有的半透明。体重，质软，碎块纵断面具绢丝样光泽。气微，味淡。

图 13-3　生石膏

2. 煅石膏　呈白色的粉末或酥松块状物，表面透出微红色的光泽，不透明。体较轻，质软，易碎，捏之成粉。气微，味淡。

图 13-4　煅石膏

【质量要求】

1. 生石膏　含重金属不得过 10 mg/kg，含砷量不得过 2 mg/kg，含含水硫酸钙不得少于 95.0%。

2. 煅石膏　含重金属同生石膏，含硫酸钙不得少于 92.0%。

【炮制作用】石膏味甘、辛，性大寒。归肺、胃经。具有清热泻火，除烦止渴的功效。煅石膏缓和了大寒之性，清热泻火作用减弱，收湿，生肌，敛疮，止血作用增强。

【临床应用】

1. **生石膏**　与麻黄、杏仁、甘草等配伍，用于外感风邪，邪热壅肺，如麻杏石甘汤（《伤寒论》）。与熟地、知母、麦冬等配伍，用于胃热阴虚，如玉女煎（《景岳全书》）。

2. **煅石膏**　与牛黄、没药、炉甘石等配伍，用于生肌、敛疮，如生肌散（《疡医大全》）。与荆芥、木鳖子、熟艾等配伍，外熏，用于痔疾，如石膏熟艾散（《类编朱氏集验医方》）。

知识拓展13-2　含石膏、煅石膏的市售中成药举例

知识拓展13-3　利用煅石膏治疗湿疹、口腔溃疡的经验

【炮制研究】研究发现，石膏加热至80℃时开始失水，在80～200℃先失去3/2个结晶水，再失去0.5个结晶水，生成脱水半水石膏；随着温度升高，350℃时晶型发生改变，生成可溶性硬石膏。伴随加热温度和时间的变化，钙离子的溶出度发生改变，于200℃、120 min，350℃、30 min和400℃、20 min时石膏煅制品的钙离子溶出度最大。采用核磁共振技术分析石膏及其不同温度条件煅制品与水混合后水的分布状态和水化作用强弱，发现生石膏、150℃煅制品（CG150）和350℃煅制品（CG350）的早期水化过程都是在20 min内完成，750℃煅制品（CG750）的早期水化过程在50 min内完成。在早期水化过程中，CG150和CG350会产生4种不同状态水，分别为化学结合水、吸附水、孔隙水和自由水。生石膏和CG750会产生3种不同状态水，分别为化学结合水、孔隙水和自由水。CG150和CG350的水化作用较强，水化过程中伴随放热，推测与煅石膏收湿敛疮作用相关。通过偏光显微镜、X射线衍射、电子探针微区分析和电感耦合等离子体质谱等方法，分析石膏的显微晶体结构和微量元素组成，提出石膏降温的物质基础是Sr元素和Ca元素共同作用的假说。

另有研究提出，石膏经过不同温度煅制失去结晶水的同时，物相结构也在发生变化，350℃煅制品的主要物相结构为可溶性硬石膏，符合煅石膏传统性状特征；体外抗炎作用、体外抑菌作用和皮肤烫伤组织的愈合作用更好，表明可溶性硬石膏为煅石膏的最佳物相结构。采用拉曼光谱内标法测定煅石膏中无水硫酸钙的含量，测定结果与EDTA-2Na滴定法无明显统计学差异，可用于煅石膏的质量评价。

【贮藏养护】贮干燥容器内，置阴凉干燥处。

石 决 明

【导言】石决明为凉肝镇肝的常用药，善清肝明目。其生品与煅制品在临床应用上各有千秋。有人认为生石决明性寒，功效峻猛，应经过煅制以缓和其性；而另一些观点则认为，石决明生用才能最大限度地发挥其清热平肝、明目退翳的作用，不宜煅。基于石决明特殊的质地，生用与煅用，对其功效的表达起着决定性的作用。

【处方用名】石决明、煅石决明。

【来源】为鲍科动物杂色鲍 *Haliotis diversicolor* Reeve、皱纹盘鲍 *Haliotis discus hannai* Ino、羊鲍 *Haliotis ovina* Gmelin、澳洲鲍 *Haliotis ruber*（Leach）、耳鲍 *Haliotis asinina* Linnaeus 或白鲍 *Haliotis laevigata*（Donovan）的贝壳。

【采收加工】夏、秋二季捕捞，去肉，洗净，干燥。

【历史沿革】南北朝有净制（去上粗皮），盐、五花皮、地榆、阿胶等药同制等炮制方法。宋

代增加了细研、水飞、烧制、面裹煨制、蜜炙、盐煮、煅制等炮制方法。明清以后,又增加了盐炒、盐水煅、童便淬、醋淬等方法。现行有明煅法。《中国药典》收载石决明、煅石决明。

【炮制方法】

1. 石决明　取原药材,除去杂质,洗净、干燥,碾碎。

2. 煅石决明　取石决明,置煅制容器内,武火加热,煅至灰白色或青灰色,质地酥松时,取出,放凉,碾碎。

【成品性状】

1. 石决明　呈不规则的碎块。灰白色,有珍珠样彩色光泽。质坚硬。气微,味微咸。

图 13-5　石决明

2. 煅石决明　呈不规则的碎块或粗粉。灰白色,无光泽。质酥脆。断面层状。

图 13-6　煅石决明

【质量要求】

1. 石决明　含碳酸钙不得少于93.0%。

2. 煅石决明　含碳酸钙不得少于95.0%。

【炮制作用】石决明味咸,性寒。归肝经。具有平肝潜阳,清肝明目的功效。石决明煅后质地疏松,便于粉碎,利于煎出有效成分,并增强固涩收敛、明目等作用。

【临床应用】

1. 石决明　与黄连、玄参、地骨皮等配伍,用于肝脏热极、目赤涩痛、心膈壅滞、头痛眩晕等症,如石决明丸(《太平圣惠方》)。与草决明、羌活、山栀子等配伍,用于目赤肿痛、见光泪涩难开等症,如石决明散(《普济方》)。

2. 煅石决明　与羌活、防风、白芷等配伍,用于痈疽发背,疔疮等症,如神授卫生汤(《外科正宗》)。

知识拓展13-4　含石决明、煅石决明的市售中成药举例

知识拓展13-5　国医大师邓铁涛运用石决明治疗高血压

【炮制研究】石决明中含有丰富的无机元素,实验研究显示,生石决明水煎液中Ca元素的含量最高,其次为Mg、K、Fe、Mn等,煅制后Ca、Fe等元素含量明显增加。药理研究发现,生石决明有降低肝阳上亢型高血压大鼠血压及改善大鼠一般症状的作用,其作用机制推测与下调血浆去甲肾上腺素、肾上腺素、血管紧张素Ⅱ、醛固酮含量,以及上调血浆一氧化氮水平有关,煅石决明无明显降压作用。

【贮藏养护】贮干燥容器内,置干燥处。

硼　砂

【来源】为硼酸盐类矿物硼砂矿石,经精制而成的结晶。主含含水四硼酸钠($Na_2B_4O_7 \cdot 10H_2O$)。

【炮制方法】

1. 硼砂　取原药材,除去杂质,砸成碎块或碾成粉末。

2. 煅硼砂　取硼砂,置煅制容器内,用武火加热,煅至鼓起小泡成雪白酥松块状,取出,放凉,碾碎。或置炒制容器内,用武火加热,炒至鼓起小泡成雪白酥松块状,取出,放凉,碾碎。

【成品性状】

1. **硼砂** 呈不规则块状或粉末，无色透明或白色半透明，有玻璃样光泽。质较重，易破碎。味甜略带咸。

2. **煅硼砂** 呈粉末状，白色，不透明，无光泽。体轻，质地酥松。

【炮制作用】硼砂味甘、咸，性凉。归肺、胃经。外用清热解毒，内服具有清肺化痰的功效。煅硼砂具有燥湿收敛作用，煅后质地酥松，易于粉碎，可降低外用刺激性。

【贮藏养护】贮干燥容器内，置干燥处。防潮、防尘。

皂矾（绿矾）

【来源】为硫酸盐类矿物水绿矾族水绿矾的矿石。主含含水硫酸亚铁（$FeSO_4 \cdot 7H_2O$）。

【炮制方法】

1. **皂矾** 取原药材，除去杂质，打碎。

2. **煅皂矾** 取皂矾，置煅制容器内，用武火加热，煅至汁尽、红透为度，取出，放凉，碾碎。

【成品性状】

1. **皂矾** 呈不规则碎块或颗粒。浅绿色或黄绿色，半透明，具玻璃样光泽，表面不平坦。质脆，有铁锈气，味先涩后微甜。

2. **煅皂矾** 呈粉末状，绛红色，不透明，无光泽。无臭、味涩。

【炮制作用】皂矾味酸、涩，性凉。归肝、脾经。具有解毒燥湿，杀虫补血的功效。煅后可降低致吐的副作用，增强燥湿化痰的作用。内服多煅用。

【贮藏养护】贮干燥容器内，置阴凉干燥处，防潮、防尘。

寒 水 石

【来源】为硫酸盐类矿物红石膏或碳酸盐类矿物方解石，前者称北寒水石，后者称南寒水石。

【炮制方法】

1. **寒水石** 取原药材，除去杂质，洗净，打碎。

2. **煅寒水石** 取寒水石，置煅制容器内，用武火加热，煅至红透，取出，放凉，碾碎。

【成品性状】

1. **寒水石** 北寒水石（红石膏）为不规则块状，粉红色，半透明，光泽明显，体重，质松，易碎。方解石为不规则块状结晶，表面光滑，有玻璃样光泽，无色或黄白色，透明或半透明。体重，质松。

2. **煅寒水石** 煅北寒水石呈粉末状，黄白色，不透明，光泽消失。质地酥松。煅南寒水石为粉末状，白色或黄白色，不透明，体轻质松。

【炮制作用】寒水石味辛、咸，性大寒。归肺、胃经。具有清热泻火、除烦止渴的功效。煅寒水石质地酥松，易于粉碎，并可降低大寒之性，消除了伐脾阳的副作用，缓和清热泻火作用，增加了收敛固涩作用。

【贮藏养护】贮干燥容器内，置干燥处。防潮、防尘。

花 蕊 石

【来源】为变质岩类岩石蛇纹大理岩。主含碳酸钙（$CaCO_3$）。

【炮制方法】

1. 花蕊石　取原药材，除去杂质，洗净，干燥，砸成碎块。
2. 煅花蕊石　取花蕊石，置煅制容器内，用武火加热，煅至红透，取出，放凉，碾碎。

【成品性状】

1. 花蕊石　呈不规则碎块或带有碎末。碎块表面白色或浅灰白色，有的夹有点状或条状的蛇纹石，呈浅绿色或淡黄色，习称"彩晕"，对光观察有闪星状光泽。体重，质硬。气微，味淡。
2. 煅花蕊石　呈不规则碎块或粉末，表面黄白色、灰白色至浅灰褐色，无光泽，质较酥脆，易打碎。气微，味淡。

【炮制作用】花蕊石味酸、涩，性平。归肝经。具有化瘀止血的功效。生花蕊石质地坚硬，较难粉碎。煅制后可使质地酥脆，易于粉碎，并可缓和酸涩之性，消除伤脾伐胃的副作用。

【贮藏养护】贮干燥容器内，置干燥处。

钟 乳 石

【来源】为碳酸盐类矿物方解石族方解石，主含碳酸钙（$CaCO_3$）。

【炮制方法】

1. 钟乳石　取原药材，洗净，砸成小块，干燥。
2. 煅钟乳石　取钟乳石，置煅制容器内，用武火加热，煅至红透，取出，放凉，碾碎。

【成品性状】

1. 钟乳石　呈不规则碎块。表面白色、灰白色或棕黄色，粗糙，凹凸不平。体重，质硬，断面对光观察具闪星状的亮光，近中心常有一圆孔，圆孔周围有多数浅橙黄色同心环层。气微，味微咸。
2. 煅钟乳石　呈不规则碎块或粉末，灰白色至灰黄色，无光泽。碎块者表面粗糙，有的断面可见层纹，对光观察具闪星状的亮光。质酥脆，易碎。气微，味微咸。

【炮制作用】钟乳石味甘，性温。归肺、肾、胃经。外用清热解毒，具有温肺，助阳，平喘，制酸，通乳的功效。煅钟乳石质地酥松，易于粉碎和煎出有效成分。

【贮藏养护】贮干燥容器内，置干燥处。

云 母 石

【来源】为硅酸盐类矿物云母族白云母，主含含水铝硅酸钾铝［$KAl_2(AlSi_3O_{10})(OH)_2$］。

【炮制方法】

1. 云母石　取原药材，除去杂质，洗净，干燥，破碎。
2. 煅云母石　取云母石，置煅制容器内，用武火加热，煅至红透，取出，放凉，碾碎。

【成品性状】

1. 云母石　呈不规则片状，无色或呈白色，略带浅黄棕色、淡绿色或淡灰色，具玻璃样光泽。质韧，可层层剥离，薄片光滑透明，具弹性。具土腥气，无味。
2. 煅云母石　呈粉末状，灰白色或灰棕色，无光泽。略有焦土气，无味。

【炮制作用】云母石性味甘，平。归肺、心、肝经。具有明目退翳、敛疮止血的功效。煅云母石质地酥脆，易于粉碎和煎出有效成分，便于制剂与调剂。

【贮藏养护】贮干燥容器内，置干燥处。防尘。

龙　齿

【来源】为古代哺乳动物三趾马、犀类、鹿类、牛类、象类、羚羊类等动物的牙齿化石。

【炮制方法】

1. **龙齿**　取原药材，除去泥土及杂质，打碎。
2. **煅龙齿**　取龙齿，置煅制容器内，用武火加热，煅至酥脆，取出，放凉，碾碎。

【成品性状】

1. **龙齿**　呈齿状或不规则碎块状，表面青灰色、暗棕色或黄白色，有的可见具光泽的釉质层。质坚硬，断面粗糙，舐之粘舌，具吸舌性。
2. **煅龙齿**　呈灰白色或白色，质酥松，无光泽。吸舌力较强。

【炮制作用】龙齿味甘、涩，性凉。归心、肝经。具有镇惊安神、除烦解热的功效。煅后质地酥脆，易于粉碎，解热镇惊作用缓和，收敛固涩作用增强。

【贮藏养护】贮干燥容器内，置干燥处。

龙　骨

【来源】为古代哺乳动物如三趾马、犀类、鹿类、牛类、象类等动物的骨骼化石或象类门齿的化石。

【炮制方法】

1. **龙骨**　取原药材，除去泥土及杂质，打碎。
2. **煅龙骨**　取龙骨，置煅制容器内，用武火加热，煅至酥脆，取出，放凉，碾碎。

【成品性状】

1. **龙骨**　呈不规则碎块状，表面类白色、灰白色或浅黄色，有的具蓝灰色或红棕色条纹或棕色、黄白色斑点。质硬脆，气微，舐之粘舌，吸舌力很强。
2. **煅龙骨**　呈灰白色或灰褐色，质轻，酥脆易碎，表面显粉性，吸舌力强。

【炮制作用】龙骨味甘、涩，性平。归心、肝经。具有镇静安神、收敛固涩的功效。煅后质地酥脆，易于粉碎，收敛固涩作用增强。

【贮藏养护】贮干燥容器内，置干燥处。

牡　蛎

【来源】为牡蛎科动物长牡蛎 *Ostrea gigas* Thunberg、大连湾牡蛎 *Ostrea talienwhanensis* Crosse 或近江牡蛎 *Ostrea rivularis* Gould 的贝壳。

【炮制方法】

1. **牡蛎**　取原药材，洗净，干燥，碾碎。
2. **煅牡蛎**　取牡蛎，置煅制容器内，用武火加热，煅至酥脆，取出，放凉，碾碎。

【成品性状】

1. **牡蛎**　呈不规则的碎块。白色。质硬，断面层状。气微，味微咸。

2. **煅牡蛎** 呈不规则的碎块或粗粉。灰白色。质酥脆，断面层状。

【炮制作用】牡蛎味咸，性微寒。归肝、胆、肾经。具有重镇安神，潜阳补阴，软坚散结的功效。煅牡蛎质地酥脆，易于粉碎，利于有效成分的煎出，并可增强收敛固涩，制酸止痛作用。

【贮藏养护】贮干燥容器内，置干燥处。

瓦楞子

【来源】为蚶科动物毛蚶 *Arca subcrenata* Lischke、泥蚶 *Arca granosa* Linnaeus 或魁蚶 *Arca inflata* Reeve 的贝壳。

【炮制方法】

1. **瓦楞子** 取原药材，洗净，干燥，碾碎。
2. **煅瓦楞子** 取瓦楞子，置煅制容器内，用武火加热，煅至酥脆，取出，放凉，碾碎。

【成品性状】

1. **瓦楞子** 呈不规则碎块或粉末。类白色、灰白色至灰黄色。较大碎块外表可见放射状肋线，有的可见棕褐色茸毛。气微，味淡。
2. **煅瓦楞子** 形如瓦楞子，灰白色至深灰色。质酥脆。气微，味淡。

【炮制作用】瓦楞子味咸，性平。归肺、胃、肝经。具有消痰化瘀，软坚散结，制酸止痛的功效。生瓦楞子长于消痰化瘀，软坚散结。煅瓦楞子制酸止痛力强，且煅后质地酥松，易于粉碎。

【贮藏养护】贮干燥容器内，置干燥处。

蛤 壳

【来源】为帘蛤科动物文蛤 *Meretrix meretrix* Linnaeus 或青蛤 *Cyclina sinensis* Gmelin 的贝壳。

【炮制方法】

1. **蛤壳** 取原药材，洗净，碾碎，干燥。
2. **煅蛤壳** 取蛤壳，置煅制容器内，用武火加热，煅至酥脆，取出，放凉，碾碎。

【成品性状】

1. **蛤壳** 呈不规则碎片。碎片外面黄褐色或棕红色，可见同心生长纹。内面白色。质坚硬。断面有层纹。气微，味淡。
2. **煅蛤壳** 呈不规则碎片或粗粉。灰白色，碎片外面有时可见同心生长纹。质酥脆。

【炮制作用】蛤壳味苦、咸，性寒。归肺、肾、胃经。具有清热化痰，软坚散结，制酸止痛的功效。生品长于软坚散结，煅蛤壳质地酥松，易于粉碎，可增强化痰制酸，收湿敛疮作用。

【贮藏养护】贮干燥容器内，置干燥处。

珍 珠 母

【来源】为蚌科动物三角帆蚌 *Hyriopsis cumingii*（Lea）、褶纹冠蚌 *Cristaria plicata*（Leach）或珍珠贝科动物合浦珠母贝 *Pinclada fucata*（Dunker）的贝壳。

【炮制方法】

1. **珍珠母** 取原药材，除去杂质，打碎。
2. **煅珍珠母** 取珍珠母，置煅制容器内，用武火加热，煅至酥脆，取出，放凉，碾碎。

【成品性状】

1. **珍珠母**　为不规则的碎块，浅粉红色、乳白色、淡黄褐色或银灰色，表面可见彩色光泽及云片状纹理。断面可见层纹。质硬而重。气微腥，味淡。

2. **煅珍珠母**　为不规则鳞片状或粉末，乳白色、黄白色灰白色或青灰色，无光泽或微显光泽。质脆，易碎。

【炮制作用】珍珠母味咸，性寒。归肝、心经。具有平肝潜阳，安神定惊，明目退翳的功效。煅珍珠母质地酥脆，易于粉碎，有较好的制酸止痛作用。同植物油、凡士林调和成油膏，可外涂治疗烫伤。

【贮藏养护】贮干燥容器内，置干燥处。防尘。

禹 余 粮

【来源】为氢氧化物类矿物褐铁矿，主含碱式氧化铁[$FeO(OH)$]。

【炮制方法】

1. **禹余粮**　取原药材，除去杂石，洗净泥土，干燥，打成碎块。

2. **煅禹余粮**　取禹余粮，置煅制容器内，用武火加热，煅至红透，取出，放凉，碾碎。

3. **醋禹余粮**　取禹余粮，捣碎，置煅制容器内，用武火加热，煅至红透，取出，立即投入醋中淬酥，取出，干燥，碾碎。

每100 kg禹余粮，用醋30 kg。

【成品性状】

1. **禹余粮**　呈不规则碎块，或带有粉末，表面红棕色、灰棕色至浅棕色，多被有粉末。断面偶见深棕色与淡棕色或浅黄色相间的层纹，体重，质硬。气微，味淡，嚼之无砂粒感。

2. **煅禹余粮**　呈不规则碎块或粉末。块状者表面黄棕色、红棕色至黑褐色，粗糙，无光泽。断面红褐色、棕褐色至黑褐色，凹凸不平，体重，质脆。粉末状者呈黄棕色至棕褐色。气微，味淡。

3. **醋禹余粮**　呈不规则碎块或粉末，黄褐色或褐色，具醋气。

【炮制作用】禹余粮味甘、涩，性微寒。归胃、大肠经。具有涩肠止泻，收敛止血的功效。煅禹余粮和醋禹余粮的质地酥脆，易于粉碎，易煎出有效成分，并能增强收敛作用。

【贮藏养护】贮干燥容器内，置通风干燥处。

阳 起 石

【来源】为硅酸盐类矿物角闪石族透闪石及其异种透闪石石棉，主含碱式硅酸镁钙[$Ca_2Mg_5(Si_4O_{11})_2(OH)_2$]。

【炮制方法】

1. **阳起石**　取原药材，除去杂质，洗净，干燥，破碎成小块。

2. **煅阳起石**　取阳起石，置煅制容器内，用武火加热，煅至红透，取出，放凉，碾碎。

3. **酒阳起石**　取阳起石，置煅制容器内，用武火加热，煅至红透后，置黄酒中淬，如此反复煅淬至药物酥脆、酒尽为度，取出，干燥，碾碎。

每100 kg阳起石，用黄酒20 kg。

【成品性状】

1. **阳起石** 呈不规则碎块状，灰白色、暗灰色或淡绿色，有丝样光泽。体重，味淡。

2. **煅阳起石** 呈不规则碎块或粉末状，灰黄色或暗灰色，无光泽，质地松脆。

3. **酒阳起石** 呈不规则碎块或粉末状，灰黄色，无光泽。质地松脆，略具酒气。

【炮制作用】阳起石味咸，性温。归肾经。具有温肾壮阳的功效。煅后质地酥脆，易于粉碎，便于煎出有效成分。酒阳起石可进一步使质地酥脆，增强温肾壮阳作用。

【贮藏养护】贮干燥容器内，置干燥处。

青 礞 石

【来源】为变质岩类黑云母片岩或绿泥石化云母碳酸盐片岩。

【炮制方法】

1. **青礞石** 取原药材，除去杂石，砸成小块。

2. **煅青礞石** 取青礞石，置煅制容器内，用武火加热，煅至红透，取出，放凉，碾碎。

【成品性状】

1. **青礞石** 呈鳞片状、不规则碎块状或颗粒，碎块直径 0.5～2 cm，厚 0.5～1 cm，无明显棱角。褐黑色、绿褐色或灰绿色，具玻璃样光泽。碎块断面呈较明显层片状。质软，易碎，气微，味淡。

2. **煅青礞石** 呈不规则碎块状或鳞片状粉末，碎块直径 0.5～1.5 cm，厚 0.5～1 cm，无明显棱角。黄绿色至青黄色，鳞片状粉末光泽性更强。碎块断面呈较明显层片状。质松软，易碎，气微，味淡。

【炮制作用】青礞石味甘、咸，性平。归肺、心、肝经。具有坠痰下气，平肝镇惊的功效。煅后质地酥松，易于粉碎，易煎出有效成分。

【贮藏养护】贮干燥容器内，置干燥处。

赤 石 脂

【来源】为硅酸盐类矿物多水高岭石族多水高岭石，主含四水硅酸铝 $[Al_4(Si_4O_{10})(OH)_8 \cdot 4H_2O]$。

【炮制方法】

1. **赤石脂** 取原药材，除去杂质，打碎或研细粉。

2. **煅赤石脂** 取赤石脂细粉，用醋调匀，搓条，切段，干燥，置煅制容器内，用武火加热，煅至红透，取出，放凉，用时捣碎。

每 100 kg 赤石脂，用醋 40 kg。

【成品性状】

1. **赤石脂** 呈不规则的碎块或细粉，碎块表面粉红色、红色至紫红色，或有红白相间的花纹，手摸之有滑腻感。质软，易碎，碎块断面不平坦，有的具蜡样光泽。吸水性强。具黏土气，味淡，嚼之无沙粒感。

2. **煅赤石脂** 呈不规则条状或碎末，表面土红色、深红色或红褐色，无光泽，质硬而脆，易打碎。吸水性强。略具醋气，味淡，嚼之无沙粒感。

【炮制作用】赤石脂味甘、酸、涩，性温。归大肠、胃经。具有涩肠，止血，生肌敛疮的功效。煅赤石脂质地酥松，易于粉碎，醋制可增强收涩作用。

【贮藏养护】贮干燥容器内，置干燥处。防潮。

金 精 石

【来源】为硅酸盐类矿物蛭石族蛭石。

【炮制方法】

1. **金精石** 取原药材，除去杂质，洗净，干燥，破碎。
2. **煅金精石** 取金精石，置煅制容器内，用武火加热，煅至红透，取出，放凉，碾碎。

【成品性状】

1. **金精石** 呈不规则片状，金黄色、暗棕褐色至墨绿色，断面呈层状，可层层剥离。体较轻，质较柔软。气微，味淡。
2. **煅金精石** 呈粉末状，表面有黄色无光的斑点。体轻，质地酥松。

【炮制作用】金精石味咸，性寒。归心、肝、肾经。具有消痔、明目退翳的功效。煅后质地酥松，易于粉碎和煎出有效成分。如与阳起石、磁石、滑石等配伍，用于皮肤疮癞。如八金散（《证治准绳》）。

【贮藏养护】贮干燥容器内，置干燥处。

紫 贝 齿

【来源】为宝贝科动物阿拉伯绶贝 *Mauritia Arabica*（Linnaeus）的贝壳。

【炮制方法】

1. **紫贝齿** 取原药材，除去杂质，洗净，干燥，用时打碎。
2. **煅紫贝齿** 取紫贝齿，置煅制容器内，用武火加热，煅至酥脆，取出，放凉，碾碎。

【成品性状】

1. **紫贝齿** 呈卵圆形或长卵形，背部隆起，浑圆，表面棕褐色、暗灰蓝色或棕黄色，覆有棕褐色断续条纹和白色斑点。缘稍厚，具紫褐色斑点。腹部扁平，壳口窄长，内、外两唇齿各20～34枚，红褐色或黄棕色，壳内面蓝紫色或黄白色。质坚硬。气微，无味。
2. **煅紫贝齿** 呈碎块或粉末状，紫棕色或灰褐色，质松脆，无光泽，气无，味微咸。

【炮制作用】紫贝齿味咸，性平。归脾、肝经。具有清肝明目，平肝潜阳，镇惊安神的功效。紫贝齿生品质地坚硬，不利于粉碎和煎出有效成分。煅后质地酥松，易于粉碎和煎出有效成分。

【贮藏养护】贮干燥容器内，置干燥处。

第二节 煅 淬 法

将药物在高温有氧条件下煅烧至红透后，立即投入规定的液体辅料中骤然冷却的方法，称为煅淬法。煅后的操作程序称为淬，所用的液体辅料称为淬液。常用的淬液有醋、酒、药汁、水等。煅淬法适用于质地坚硬，经高温煅烧仍不能疏松的矿物药，以及临床上因特殊需要必须煅淬的药物。

（一）目的

1. 使药物质地酥脆，易于粉碎，利于有效成分煎出。如代赭石、磁石。
2. 改变药物的理化性质，减少副作用、增强疗效。如自然铜。
3. 清除药物中夹杂的杂质，清洁药物。如炉甘石。

（二）操作方法

采用明煅的操作方法（炉膛煅、平炉煅、反射炉煅等）将矿物药煅至红透后，立即取出，投入液体辅料中，经煅、淬反复操作，至药物酥脆，干燥。

（三）注意事项

1. 煅淬要反复多次，需吸尽辅料，药物全部酥脆。
2. 淬液的种类和用量，根据药物的性质和煅淬目的而定。

自 然 铜

【导言】自然铜来自黄铁矿，由于其含有铁和铜两种元素，从外观看，有类似铜一样的黄色光泽，故名自然铜。自然铜质地坚硬，主要成分为FeS_2，采用火煅醋淬法炮制过程中，有SO_2气体的产生。中药的炮制加工也是工业化生产，存在三废处理的问题。自然铜煅制的环保和劳动防护，值得关注。

【处方用名】自然铜，煅自然铜。

【来源】为硫化物类矿物黄铁矿族黄铁矿，主含二硫化铁（FeS_2）。

【采收加工】采挖后，除去杂质。

【历史沿革】刘宋时代有甘草、醋处理后煅的方法，唐代主要是煅、煅淬法、醋淬、酒淬，宋代、元代增加了酒磨服、醋炒干等方法，明代增加了水淬、童子尿淬及水飞法，现行主要是以醋为淬液的煅淬法。《中国药典》收载自然铜和煅自然铜。

【炮制方法】

1. **自然铜** 除去杂质，洗净，干燥，用时砸碎。
2. **煅自然铜** 取自然铜，置耐火容器中，用武火加热，煅至红透取出，立即投入醋液淬制，待冷却后取出，继续反复煅烧醋淬至黑褐色，外表脆裂，光泽消失，质地酥脆，取出，摊开放凉，干燥后碾碎。

每 100 kg 自然铜，用醋 30 kg。

【成品性状】

1. **自然铜** 晶型多为立方体，集合体呈致密块状。表面亮淡黄色，有金属光泽；有的黄棕色或棕褐色，无金属光泽。具条纹，条痕绿黑色或棕红色。体重，质坚硬或稍脆，易砸碎，断面黄白色，有金属光泽；或断面棕褐色，可见银白色亮星。

图 13-7 自然铜

2. **煅自然铜** 为小立方体或不规则的碎粒或粉末状，呈棕褐色至黑褐色或灰黑色，无金属光泽。质酥脆。略有醋酸气。

图 13-8 煅自然铜

【质量要求】

1. **自然铜** 含铁应为 40.0%~55.0%。
2. **煅自然铜** 含铁不得少于 40.0%。

【炮制作用】自然铜味辛，性平。归肝经。具有散瘀、接骨、止痛的功效。生自然铜多外用，经煅淬后，可增强散瘀止痛作用。煅自然铜质地酥脆，便于粉碎加工，利于煎出有效成分。配伍组方多用煅品。

【临床应用】

1. **自然铜** 常与细辛、胡椒同用，搐鼻，具有祛风止痛作用，用于头风疼痛，如自然铜散（《杨氏家藏方》）。自然铜贮水瓮中，逐日饮食，皆用此水，瘿自消（《仁斋直指方》）。
2. **煅自然铜** 常与乳香、没药、土鳖虫等配伍，可治跌打损伤、骨折，如驳骨丸（《外伤科学》）。与乳香、血竭、苏木、红花等配伍，能接骨散瘀，用于跌打损伤，如八厘散（《医宗金鉴》）。

【炮制研究】

1. **化学成分研究** 自然铜生品为硫化物矿物，主要成分为 FeS_2，此外还含有 Ca、Na、K、Mg、O、Co、Zn、Pb、Hg、Cu、As 等元素。其中 Fe 和 S 为其主要元素，含量较大且相对稳定，Mg 和 Ca 含量次之；其他元素有微量 Co、Ni、Mn、Zn 及有害元素 Cu、Pb、As、Hg、Cd。对自然铜的生品及煅品的差别进行分析发现，自然铜煅烧后黄铁矿（FeS_2）变为磁黄铁矿（$Fe_{1-x}S$），而 FeS_2 大部分在 800℃ 时会转化为 Fe_7S_8。此外，经煅制后还出现了 $FeO(OH)$、Fe_2O_3、Fe_3O_4 等复杂物质，并且 S、Pb、As 等有害元素含量明显降低了。

2. **药理作用研究** 研究发现，自然铜煎液灌胃桡骨骨折家兔，有利于骨胶原纤维合成和钙、磷沉积的增加以及增强骨生物力学强度，具有促进骨折早期愈合的作用。自然铜能增加成骨细胞的增殖以及矿化期矿化结节的形成、加快骨痂的生长，增加骨痂的横截面积，提高骨痂的抗拉伸能力，促进骨痂中总胶原的合成和钙的沉积。有研究显示，自然铜与对照组促进骨折愈合功效为：煅自然铜组 > 自然铜生品组 > 模型组，其作用机制推测是通过促进成骨细胞合成、分泌 ALP，增加血磷含量，促进钙盐沉积，增加微量元素的吸收、增强骨密度，从而促进骨折的愈合。

有研究提示，自然铜还能缩小裸鼠肺癌骨转移肿瘤体积，增加肿瘤细胞凋亡率，表明自然铜能够抑制裸鼠肺癌骨转移肿瘤的生长。自然铜对多种病原性真菌均有不同程度的抑制作用，尤其对石膏样毛癣菌，土曲霉菌等丝状真菌作用较强，而且自然铜对豚鼠实验性体癣也有一定的治疗效果。

3. **炮制工艺研究** 有研究表明，对自然铜用不同时间、温度进行火煅醋淬，结果 600℃ 中 3 h 火煅醋淬为最佳炮制条件。用正交试验法对自然铜炮制工艺进行了研究，最佳工艺为在 450℃ 温度下煅 3.5 h，投入含酸量（以乙酸计）为 10% 的醋中淬（每 100 g 自然铜用醋 40 mL），再煅再淬，反复至醋尽。采用正交试验研究炮制自然铜工艺条件，认为以生自然铜大小取黄豆大（龙眼核大亦可）煅至红透，用醋量为每 100 kg 自然铜用醋 40 kg 为宜。叶定江等以测定自然铜水煎液中铁离子含量为指标，对火煅醋淬自然铜的传统炮制工艺进行了探讨，结果表明用马弗炉煅烧以 400℃，4 h 最好，煤气炉和煤球炉，以置铁锅内敞口煅至暗红色为好，温度在 500℃ 左右为宜。

另采用正交试验法，以疏松度、硬度、Fe^{2+} 含量、As 含量 4 个指标相结合，综合评分，对自然铜炮制工艺进行优选。结果发现煅制自然铜的最佳工艺条件为控制自然铜粒度在 9~10 mm，铺垫厚度 3 cm，煅制温度 450℃，时间 2 h，程序升温时间 40 min，用醋含酸量 3.8 g/100 mL 的效果最佳。

综上所述，由于各个时期研究条件的局限性以及采用的自然铜来源不同、热源不同、生药粒度和装药厚度等因素控制不一，导致自然铜炮制工艺的参数不一致。

【贮藏养护】置干燥容器内。

炉 甘 石

【导言】炉甘石洗剂每 1 000 mL 含炉甘石 150 g、氧化锌 50 g、甘油 50 mL，辅料为纯化水。根据炉甘石成分性质，以及在临床上应用特点，炉甘石一般煅后使用，根据用途还可以进一步水飞或药汁制。

【处方用名】炉甘石，煅炉甘石，制炉甘石。

【来源】为碳酸盐类方解石族菱锌矿主含碳酸锌（$ZnCO_3$）。

【采收加工】采挖后，洗净，晒干，除去杂石。

【历史沿革】唐代有煅淬，宋代增加了水飞法，明代仍用煅淬，但淬液种类增加许多药汁类，如三黄汤制；清代沿用煅淬法，药汁种类有所创新。现行有制炉甘石。《中国药典》收载炉甘石和煅炉甘石。

【炮制方法】

1. **炉甘石** 除去杂质，打碎。

2. **煅炉甘石** 取炉甘石，置耐火容器中，用武火加热，煅至红透，取出，立即投入水中浸淬，搅拌，倾其上层混悬液，残渣继续煅淬 3~4 次，至不能混悬为度，合并混悬液，待澄清后倾去上清液，取出沉淀物，干燥。

3. **制炉甘石**

（1）黄连汤制炉甘石 取黄连加水煎汤 2~3 次，合并煎液浓缩，加入煅炉甘石中拌匀，吸尽后，干燥。

每 100 kg 煅炉甘石，用黄连 12.5 kg。

（2）三黄汤制炉甘石 取黄连、黄柏、黄芩，加水煎汤 2~3 次，合并煎液浓缩，加入煅炉甘石中拌匀，吸尽后，干燥。

每 100 kg 煅炉甘石，用黄连、黄柏、黄芩各 12.5 kg。

【成品性状】

1. **炉甘石** 为块状集合体。呈不规则块状。灰白色或淡红色，表面粉性，无光泽，凹凸不平，多孔，似蜂窝状。体轻，易碎。气微，味微涩。

图 13-9　炉甘石

2. **煅炉甘石** 呈白色、淡黄色或粉红色的粉末；体轻，质松软而细腻光滑。气微，味微涩。

图 13-10　煅炉甘石

3. **制炉甘石** 同煅炉甘石。呈黄色或深黄色粉末，味苦。

【质量要求】

1. **炉甘石** 含氧化锌不得少于 40.0%。

2. **煅炉甘石** 含氧化锌不得少于 56.0%。

【炮制作用】炉甘石味甘、性平。归肝、心经，具有解毒明目退翳、收湿止痒敛疮的功效。

炉甘石一般不生用，也不作内服，煅制后多做外敷剂使用。炉甘石煅淬水飞后，质地纯洁细腻，适合眼科，该方法消除了颗粒粗大而造成的异物刺激。采用黄连汤或三黄汤拌制后可增强清热明目，敛疮收湿的功效。

【临床应用】炉甘石不生用，应炮制后使用。不作内服，专作外用。适用于眼科和皮肤疾病用药。煅炉甘石与风化硝等分配伍，化水点眼，可治目暴赤肿，如神应散（《御药院方》）。配伍赤石脂、甘油，加水制成洗剂外用，可治药物性皮炎，如炉甘石洗剂（《中医皮肤病学简编》）。

【炮制研究】

1. 化学成分研究 炉甘石主含成分为碳酸锌（$ZnCO_3$），尚含少量氧化钙（CaO）、氧化镁（MgO）、氧化铁（Fe_2O_3）、氧化锰（MnO）。还含有少量的 Pb、Al、Cd、Cu、Mo 等元素。研究表明，煅烧后 $ZnCO_3$ 会转化为 ZnO，而 Pb、Cd 等有害元素会减少。

2. 药理作用研究 炉甘石可以用于治疗多种皮炎，如炉甘石洗剂可减轻局部皮肤组织表观病理症状的改变，使皮肤组织中 NO、NOS、TNF-α 含量降低，从而缓解日光性皮炎。

实验显示，炉甘石还能有效抑制金黄色葡萄球菌、大肠杆菌、表皮葡萄球菌、大肠埃希菌、沙门氏菌等病菌的增殖，其抗菌作用与炉甘石的粒径有关，随着粒径越小、越均匀、粒径分布范围越窄，抑菌活性越强。研究表明纳米炉甘石的抗菌作用优于传统的炉甘石，并且其抗菌作用主要与 ZnO 的含量有关，原因在于锌粒子具有氧化还原性，当 ZnO 与细菌接触时，锌粒子缓慢释放出，并能与有机物（硫代基、羧基、羟基）反应，可以与细菌的细胞膜及膜蛋白结合，破坏其结构，进入细胞后破坏电子传递系统的酶并与 DNA 反应，从而达到抗菌目的。

炉甘石能够改善湿疹，通过对比研究发现，炉甘石炮制前后均有治疗湿疹的作用，均可显著改善湿疹大鼠皮肤损伤；降低 IL-1β、TNF-α 表达水平，升高 IL-10 表达水平，且炉甘石炮制后的作用明显增强。

3. 炮制工艺研究 研究发现，炉甘石高温煅淬后可生成氧化锌，并通过正交试验确定了 700℃下进行煅烧，恒温 30 min，水淬一次为其最佳工艺。采用单因素分析法对炉甘石煅制工艺进行考察，以氧化锌的含量为指标，发现煅制时间对氧化锌的含量无显著影响，而煅制温度有明显影响，确定炉甘石的最佳煅制工艺为 600℃下煅烧 60 min。以水飞产品收率及氧化锌增加量为指标，对炉甘石水飞次数及用水量进行优化，进一步以煅制时间、煅淬用水量及煅淬次数为考察因素，采用 $L_9(3^4)$ 正交试验优化煅淬炮制工艺，最后明确煅淬水飞最佳炮制工艺参数为：炉甘石破碎为 7~9 mm 的小块，700℃煅制 20 min，3 倍量水煅淬 2 次，充分研磨，加水搅拌，静置 20 s，倾取悬浮液，重复操作 8 次。以氧化锌（ZnO）的含量为指标，采用星点设计－效应面法优选煅制工艺，得到最佳工艺为：药物过二号筛，400℃煅烧 4 h，加 5 倍量的水研磨至糊状，再加 40 倍量的水搅拌，沉降 8 min 以上，倾出上层混悬液，再加水搅拌，水飞 6 次，将水飞混悬液静置 21 h，于 120℃干燥。以 ZnO 增加量及外观性状为评价指标，采用正交试验优化炉甘石煅制工艺；以 ZnO 含量、样品收率及水飞前后粒径之差为评价指标，采用正交试验优化炉甘石水飞工艺，得到最佳炮制工艺为炉甘石破碎成 7~9 mm，700℃煅制 1 h 后，加 40 倍量水水飞，沉降 20 s 后倾出，共水飞 20 次。

综上所述，虽然炉甘石因质地、生药粒度等因素的差异导致最佳炮制工艺有所出入，但总的来说都是破碎至小块后（1 cm 以内），以高温煅烧（不低于 600℃）30~60 min，再多次水飞为宜。

【贮藏养护】置干燥处。

赭 石

【来源】为氧化物类矿物刚玉族赤铁矿,主含三氧化二铁(Fe_2O_3)。

【炮制方法】

1. **赭石** 除去杂质,砸碎。

2. **煅赭石** 取赭石,置耐火容器内用武火加热,煅至红透,取出,立即投入醋液淬制,反复煅淬至质地酥脆,淬液用尽为度。

每 100 kg 赭石,用醋 30 kg。

【成品性状】

1. **赭石** 为不规则的块片状。暗棕红色或灰黑色,有的具有金属光泽,有的可见圆形突起或凹窝。体重,质硬,断面常见层叠状。气微,味淡。

2. **煅赭石** 为暗红棕色至棕黑色的碎末,略具醋香气。

【炮制作用】赭石味苦,性寒。归心、肝经。赭石具有平肝潜阳,重镇降逆,凉血止血功效。煅赭石降低了苦寒之性,增强平肝止血作用。

【贮藏养护】贮干燥容器内。

磁 石

【来源】为氧化物类矿物尖晶石族磁铁矿,主含四氧化三铁(Fe_3O_4)。

【炮制方法】

1. **磁石** 除去杂质,碾碎。

2. **煅磁石** 取磁石,砸成小块,置耐火容器内,用武火煅至红透,趁热倒入醋液内淬制,冷却后取出,反复煅淬至酥脆,取出干燥,碾碎。

每 100 kg 磁石,用醋 30 kg。

【成品性状】

1. **磁石** 为不规则碎块,灰黑色或褐色,条痕黑色,有金属样光泽。质坚硬,具磁性,有土腥气,味淡。

2. **煅磁石** 不规则的碎块或颗粒。表面黑色。质硬而酥,无磁性,有醋气。

【炮制作用】磁石味咸,性寒。归肝、心、肾经。具有镇惊安神,平肝潜阳,聪耳明目,纳气平喘的功效。生磁石偏于平肝潜阳,镇惊安神。用于惊悸,失眠,头晕目眩。如治阴虚阳亢所致心悸、失眠的磁朱丸(《备急千金要方》)。

煅磁石聪耳明目,补肾纳气力强,并且质地酥脆,易于粉碎及煎出有效成分,缓和了重镇安神功效。用于耳鸣,耳聋,视物昏花,白内障,肾虚气喘,遗精等。如治肾虚作喘的玄石紫粉丹(《太平圣惠方》)和治遗精的磁石丸(《三因极一病证方论》)。

【贮藏养护】置干燥处。

紫 石 英

【来源】为氟化物类矿物萤石族萤石,主含氟化钙(CaF_2)。

【炮制方法】

1. **紫石英** 除去杂石,砸碎。

2. 煅紫石英 取紫石英，置耐火容器内，用武火加热，煅至红透，立即倒入醋中淬酥，取出，再煅淬一次，干燥，捣碎。

每 100 kg 紫石英，用醋 30 kg。

【成品性状】

1. 紫石英 为不规则碎块。紫色或绿色，有的带有白色，深浅不匀，条痕白色。半透明或透明，有玻璃样光泽。气微，味淡。

2. 煅紫石英 呈不规则块状碎块或粉末，表面黄白色、棕色或紫色，无光泽，质酥脆，有醋香气，味浓。

【炮制作用】紫石英味甘，性温。归肾、心、肺经。具有温肾暖宫，镇心安神，温肺平喘的功效。紫石英偏于镇心安神。多用于心悸易惊，失眠多梦。如治风热惊痫的风引汤（《金匮要略方论》）。煅紫石英质地疏松，便于粉碎加工，易于煎出有效成分，温肺降逆、散寒暖宫力强。多用于肺虚寒咳，宫冷不孕等。

【贮藏养护】置干燥处。

蛇 含 石

【来源】为氧化物类矿物黄铁矿 *Pyritum* 及褐铁矿 *Limonitum* 结核。主含含水三氧化二铁（$2Fe_2O_3 \cdot 3H_2O$）。

【炮制方法】

1. **蛇含石** 除去杂质，洗净，干燥，砸碎。
2. **煅蛇含石** 取蛇含石，置耐火容器内，武火煅至红透。取出放凉，碾碎。
3. **醋蛇含石** 取蛇含石，置耐火容器内，武火煅至红透时，趁热醋淬，取出，干燥。

每 100 kg 蛇含石，用醋 20 kg。

【成品性状】

1. **蛇含石** 为不规则碎块或粉末。表面粗糙，凹凸不平，有的断面褐黄色或铜黄色，具金属光泽；有的断面一部分呈深褐色或深黄色，另一部分则为棕黄色或浅黄色。质坚硬，较难砸碎。粉末呈黄褐色。气微，味淡。
2. **煅蛇含石** 呈不规则的颗粒或粗粉。铁青色或红黑色，质硬而酥。无光泽。气微，味淡。
3. **醋蛇含石** 形如煅蛇含石，微具醋气，味微酸。

【炮制作用】蛇含石味甘，性寒。归心包、肝经。具安神、镇惊、止血定痛的功效。生用质坚硬，以镇惊安神为主。煅后质地酥脆，以止血定痛为主。用于心悸，惊痫，肠风血痢，心痛，骨节酸痛。

【炮制研究】蛇含石、煅蛇含石共同含有 12 种无机元素，且不同产地的蛇含石、煅蛇含石元素含量存在着一定程度的差异，含量最高者可达含量最低者的 6 000 倍以上，但 Fe、Mn、Na、K、Cu、Zn、Ca、Mg 8 种元素为其共有的主要成分，其中 Fe 含量均最高，煅蛇含石中 Pb、Cd、Hg 等有害元素含量均较蛇含石有大幅降低。

【贮藏养护】置干燥处，防尘。

第三节 扣锅煅法

药物在高温缺氧的条件下煅烧成炭的方法，又称密闭煅、闷煅、暗煅。适合于煅制质地疏松、炒炭易灰化或有特殊需要的药物，以及某些中成药在制备过程中需要综合制炭的药物。

（一）目的

1. 改变药物性能，产生或增强止血作用。如血余炭。
2. 降低毒性。如干漆。

（二）操作方法

将药物置于锅中，上盖一较小的锅，两锅结合处用盐泥封严，扣锅上压一重物，防止锅内气体膨胀而冲开扣锅。扣锅底部贴一白纸条或放几粒大米，用武火加热，煅至白纸或大米呈深黄色，药物全部炭化为度。亦有在两锅盐泥封闭处留一小孔，用筷子塞住，时时观察小孔处的烟雾，当烟雾由白变黄并转成青烟，之后逐渐减少时，降低火力，煅至基本无烟时，离火，待完全冷却后，取出炭药。

（三）注意事项

1. 煅锅内药料不宜太多、过紧实，以免煅制不透，影响煅炭质量。
2. 煅制过程中，由于锅内药物受热，会有大量气体及浓烟从锅缝喷出，应随时用盐泥封堵，以防空气进入，避免药物燃烧。
3. 药物煅透后应放至冷却，再开锅，以免药物遇空气燃烧灰化。
4. 判断药物是否煅透，有三种方法：观察放置扣锅底部的白纸或米变焦黄色、烟雾变化，或者在扣锅底部滴水即沸。煅炭的火候随时注意综合判断。

血 余 炭

【导言】中医理论认为"发为血之余"，血余即为头发。一头秀发，能反映人的身体状况，又可制备血余炭而入药。血余炭就是以头发为原料煅制成的炭药，具有收敛止血，化瘀利尿的功能。血余炭始见于《五十二病方》"燔发，以安其痏"，《黄帝内经》载有"燔治左角发"，反映了炮制工艺中煅炭用药历史的悠久。

【处方用名】血余炭。

【来源】为人发制成的炭化品。

【历史沿革】春秋战国时代有燔发，汉代有烧灰制法，唐代有炙制、烧灰研如粉，宋代增加皂角水洗，元代增加焙制，明代增加了煮制、熬制等方法，清代基本上沿用前面的方法。现行扣锅煅法。《中国药典》收载血余炭。

【炮制方法】取头发，除去杂质，用稀碱水洗去油垢，漂净，干燥后置锅内，上扣一个口径较小的锅，两锅接合处用盐泥封固，上压重物。扣锅底部贴一白纸条，或放几粒大米，用武火加热，煅至白纸或大米呈焦黄色为度，离火，待凉后取出，剁成小块。

【成品性状】呈不规则块状，乌黑光亮，有多数细孔。体轻，质脆。用火烧有焦发气，味苦。

图 13-11　血余炭

【质量要求】酸不溶性灰分不得过 10.0%。

【炮制作用】血余炭味苦，性平。归肝、胃经。具有收敛止血，化瘀利尿的功效。

本品不生用，入药必须煅制成炭，煅炭后具有止血作用。

【临床应用】血余炭与白茅根、花蕊石、仙鹤草等同用，能增强止血消瘀的作用。用于血虚有瘀的吐血、衄血、咯血等，如三奇散（《太平圣惠方》）。常与滑石、金钱草、猪膏等同用，具有补阴利尿的作用。用于身目发黄，小便不利，少腹满急，如猪膏发煎（《金匮要略方论》）。常与陈棕炭、莲房炭、槐角炭等同用，具有收敛止血作用，用于各种便血、崩漏等出血症。

【炮制研究】

1. 化学成分研究　头发主含纤维蛋白，还含脂肪及黑色素和铁、锌、铜、钙、镁等，煅成血余炭后，主要成分是炭素，无机成分含有钙、钠、钾、锌、铜、铁、锰、砷等。比较了火烧法，扣锅煅法和油煎法炮制的血余炭，三者所得之成分基本相同，无氨基酸、肽类，优角蛋白已被破坏。

2. 药理作用研究　血余炭可显著缩短实验动物的出、凝血时间。血余炭的水煎液和醇提液，能显著缩短小鼠和大鼠的出血时间，醇提液还能缩短大鼠的凝血时间，而人发的水煎液和醇提液则无效。从血余炭中提得粗结晶止血作用更强。进一步研究证实，血余炭的粗结晶具有内源性系统止血功能，其止血原理与血浆中 cAMP 含量降低有关。

血余炭的药理活性与炮制温度有关。如 350℃制得的血余炭，口服止血作用最强，300℃以下制得的血余炭，煎剂注射给药则表现为中枢兴奋作用。不同年龄的人发炮制成的血余炭、缩短实验动物凝血时间的作用不同，以青年、中年人的头发最佳，男性老年的头发最差。血余炭的灰分、酸不溶性灰分、浸出物含量高低与血余炭质量有关。初步认为，血余炭的总灰分不高于12%，酸不溶性灰分不高于 10%，水和乙醇浸出物含量不宜低于 0.7%。除去血余炭中的 Ca、Fe 离子后，其凝血时间延长，说明血余炭的止血作用可能与其所含的钙、铁离子有关。

将血余炭制备为纳米纤维膜后的抗菌实验表明，创面组织内细菌含量低于每克组织 105 个，可使创面达到临床无感染的标准，有效控制创面感染；对金黄色葡萄球菌、大肠杆菌、铜绿假单胞菌均有一定的抑制作用。

【贮藏养护】置干燥处。

荷　叶

【导言】莲一身都是宝。荷花让人赏心悦目，莲子药食两用，莲藕可做美味佳肴，藕节还可入药，荷叶也是保健佳品，可降脂减肥，已广泛用于保健茶中。荷叶在临床上生品可直接使用，还可以制备成炭使用，作用发生较大变化。

【处方用名】荷叶、荷叶炭。

【来源】为睡莲科植物莲 *Nelumbo nucifera* Gaertn. 的干燥叶。

【采收加工】夏、秋二季采收，晒至七八成干时，除去叶柄，折成半圆形或扇形，干燥。

【历史沿革】唐代有炙、炒法，宋代增加扣锅煅法，明、清以炒、煅为主。现行有扣锅煅法。《中国药典》收载荷叶、荷叶炭。

【炮制方法】

1. 荷叶　喷水，稍润，切丝，干燥。

2. 荷叶炭　取荷叶折叠后平放锅内，留有空隙，上扣一盖锅，两锅结合处用盐泥封固，上压重物，并贴一白字条或放大米数粒，用文武火加热，煅至白纸或大米呈深黄色时，停火，待锅凉后，取出。

【成品性状】

1. 荷叶　呈不规则丝状。上表面深绿色或黄绿色，较粗糙；下表面淡灰棕色，较光滑，叶脉明显突起。质脆，易破碎。稍有清香气，味苦。

图 13-12　荷叶

2. 荷叶炭　呈不规则片状，表面棕褐色或黑褐色。气焦香，味涩。

图 13-13　荷叶炭

【质量要求】

荷叶　水分不得过 15.0%，总灰分不得过 12.0%，含醇溶性浸出物不得少于 10.0%，含荷叶碱（$C_{19}H_{21}NO_2$）不得少于 0.070%。

【炮制作用】荷叶味苦、涩，性平。归心、肝、脾经。荷叶具有清热解暑，升发清阳，凉血止血的功效。荷叶炭收涩化瘀止血力强。

【临床应用】

1. 荷叶　与鲜银花、鲜扁豆花、西瓜翠衣、丝瓜皮、鲜竹叶同用，能清热解暑，可用于暑温汗后，余邪不解，头目混胀不清，如清络饮（《温病条辨》）。与升麻、苍术等同用，能升清、散邪、解毒，用于头面疙瘩肿痛，憎寒发热，状如伤寒，如清震汤（《审视瑶函》）。与鲜地黄、鲜柏叶、生艾叶同用，能凉血止血，如四生丸（《校注妇人良方》）。与丹参、山楂、番泻叶、盐补骨脂配伍，具有化痰降浊、活血化瘀作用，用于痰浊血瘀症，如荷丹片（《中国药典》）。

2. 荷叶炭　与大蓟、小蓟、侧柏叶、茅根、茜草、大黄、栀子、丹皮等同用，制炭内服，能清热散瘀止血，可用于吐血、咯血、漱血、便血、尿血，如十灰散（《十药神书》）。与蒲黄、甘草等同用，能活血散瘀，可用于产后血瘀，烦闷不识人。研末外敷，能收湿敛疮，止血愈伤。

知识拓展 13-6　含荷叶、荷叶炭的市售中成药

【炮制研究】

1. 化学成分研究　荷叶中主要成分为生物碱、黄酮类等。黄酮类成分主要有金丝桃苷、异槲皮苷、槲皮素，这三种化合物的苷元都是槲皮素。荷叶煅炭后，荷叶碱含量降低，槲皮素含量增加。由于金丝桃苷、异槲皮苷在炮制过程中经受热分解使槲皮素含量增加。

2. 药理作用研究　荷叶碱作为荷叶独有的化学成分，对脂质和糖代谢、神经系统等方面有一定的调节作用。荷叶黄酮类化合物种类繁多，药理作用丰富，具有一定清除自由基、抗衰老的功效。采用电感耦合等离子光谱法观测不同类型荷叶显微变化，发现荷叶生长时期越久，其 Ca^{2+} 含量越高，可使小鼠凝血时间减少。同时，与生品相比，荷叶炭 Ca^{2+} 含量增多可增强止血收敛作用。荷叶炭品的提取物可减少大鼠血浆凝血酶原时间、活化部分凝血活酶时间的作用效果更为明显，且能提高血浆纤维蛋白原水平；荷叶炮制后缩短凝血时间的效果更好，临床应用也更广泛。借助体外凝血实验，考察荷叶不同饮片中总生物碱和总黄酮提取物的凝血作用，对比发现荷叶总黄酮的止血作用比总生物碱更强，荷叶炭饮片中总黄酮含量增加，使凝血作用增强。将荷叶炭溶于水后采用纳米技术进行分析，建立小鼠断尾模型观察止血效果，在荷叶炭溶液中发现一种

纳米颗粒,可促进血液凝固。

【贮藏养护】置通风干燥处,防蛀。

莲　房

【导言】莲房入药,多用莲房炭。莲房体型较大,制炭常采用煅炭法。由于煅炭工艺条件、制炭设备的特殊性,在成品质量控制及生产成本、环保设施方面成为需要关注的重点。20世纪90年代上海中医药大学前辈炮制专家王爱芳以莲房、陈棕为研究对象,燃气闷煅新工艺的研究成果在行业得到推广,解决了企业煅炭老工艺成品得率和环保症结,开拓了科研为生产服务、产教融合的新路径。

【处方用名】莲房、莲房炭。

【来源】为睡莲科植物莲 Nelumbo nucifera Gaertn. 的干燥花托。

【采收加工】秋季果实成熟时采收,除去果实,晒干。

【历史沿革】宋代有煅灰法,明代有烧灰存性、炒法,清代沿用前代方法。现行有煅炭、炒炭等炮制方法。《中国药典》收载莲房炭。

【炮制方法】

1. 莲房　取原药材,除去杂质,切成小方块。

2. 莲房炭　取莲房,切碎,置煅锅内,上面扣一较小口径的锅,两锅结合处用盐泥封固,盖锅上贴一白纸条或放数粒大米,并压重物,煅至白纸或大米呈焦黄色为度,停火,待凉后取出。

【成品性状】

1. 莲房　呈倒圆锥状或漏斗状,多撕裂,直径 5~8 cm,高 4.5~6 cm。表面灰棕色至紫棕色,具细纵纹及皱纹,顶面有多数圆形孔穴,基部有花梗残基。质疏松,破碎面海绵样,棕色。气微,味微涩。

图 13-14　莲房

2. 莲房炭　形如莲房,表面焦黑色,内部焦褐色。

图 13-15　莲房炭

【质量要求】莲房　水分不得过 14.0%,总灰分不得过 7.0%。

【炮制作用】莲房性味苦、涩,温。归肝经。具有化瘀止血的功效。莲房生品化瘀力偏胜,止血力较弱。莲房制炭后收涩止血力增强,化瘀力较弱。

【临床应用】

1. 莲房　多用于胎衣不下,痔疮及产后恶露不绝。如治痔疮的莲房枳壳汤(《疡科选粹》)。

2. 莲房炭　用于崩漏、尿血、痔血等出血证。临床多用莲房炭。如治血崩的莲壳散(《儒门事亲》)。

【贮藏养护】贮干燥容器内,莲房炭密闭,置通风干燥处。

干　漆

【导言】漆树散发出刺激性气味,容易引起人体过敏。漆树是我国重要的特有经济树种,所产之漆是天然的树脂涂料,有"涂料之王"的美誉。漆树可取蜡,籽可榨油,木材坚实,生长迅速,因此漆树是天然涂料、油料和木材兼用的树种,有很好的经济价值。干漆即为漆树分泌的树脂，有毒，刺激性强。对生漆过敏者皮肤接触即引起红肿、痒痛，误食引起强烈刺激，如口腔炎、溃疡、呕吐、腹泻，严重者可发生中毒性肾病。干漆入药，已为《中国药典》所收载。但中药的毒性是不容忽视的，炮制不仅要发挥其药性特点，还要降低其毒性和刺激性。为此，需要进一步深入研究，诠释炮制原理，使干漆入药安全而有效。

【处方用名】干漆、煅干漆、干漆炭。

【来源】为漆树科植物漆树 Toxicodendron vernicifluum（Stokes）F. A. Barkl. 的树脂经加工后的干燥品。

【历史沿革】晋代有"熬绝烟"法，唐代"炒令烟断"，宋沿用前人的炒法，明代"用新瓦上下合定，火煅黑烟尽"。现在主要有煅炭和炒炭法。《中国药典》收载干漆炭。

【炮制方法】

1. 煅干漆　取原药材，除去杂质，砸成小块，洗净，晒干后置煅锅内，上盖一个口径较小的锅，两锅接合处用盐泥封固，上压重物。盖锅底部贴一白纸条或放几粒大米，用武火加热，煅至白纸或大米呈老黄色为度。离火，待放凉后取出，剁成小块或碾碎。

2. 炒干漆　取干漆，砸成小块，置锅内，用中火加热，炒至烟尽为度，喷淋清水少许，灭尽火星，取出放凉；或取净干漆，置火上烧枯。

【成品性状】

1. 干漆　呈不规则块状，黑褐色或棕褐色，表面粗糙，有蜂窝状细小孔洞或呈颗粒状，质坚硬，不易折断，断面不平坦，具特殊臭气。

图 13-16　干漆

2. 煅干漆　呈黑色或棕褐色，为大小不一的块状或粒状，有光泽，质松脆，断面多孔隙，气微，味淡，嚼之有沙粒感。

图 13-17　煅干漆

3. 炒干漆　表面棕褐色至黑色，粗糙，呈蜂窝状或颗粒状。质松脆，断面有空隙。微具特殊臭味。

【质量要求】干漆　水分不得过 7.0%，总灰分不得过 8.0%，酸不溶性灰分不得过 5.0%，含醇溶性浸出物不得少于 1.2%。

【炮制作用】干漆味辛，性温；有毒。归肝、脾经。具有破瘀血，消积，杀虫的功效。生干漆辛温有毒，伤营血，损脾胃，故不宜生用。煅后降低其毒性和刺激性。

【临床应用】干漆炭常与熟大黄、桃仁、制水蛭等同用，可增强祛瘀破癥、通经的作用。用于瘀血阻滞的月水不通，瘀血内停，腹部肿块，潮热羸瘦等症，如大黄䗪虫丸（《中国药典》）。与雷丸、槟榔、党参等同用，具有消积杀虫的作用。用于虫积腹痛，腹胀，以及虫积蛊毒等症。配伍地龙、苍术，可治丝虫病（《中草药学》）。与人参、三棱、桃仁等同用，具有消癥瘕，化瘀血的作用。用于产后瘀血攻心、癥瘕、血痹、干血痨等症，如化癥回生丹（《万病回春》）。

知识拓展 13-7　含干漆炭、干漆（制）的市售中成药举例

【炮制研究】

1. 化学成分研究　干漆中主要含漆酚、漆酶及漆多糖等。含漆酚 50%～60%，最高达 80%。煅干漆的漆酚含量极低，漆酶含量减少，漆多糖消失。干漆挥发性成分主要有二甲苯类、三甲基苯类、苯乙酮类、丙基甲苯类、甲基苯甲醛类等多种苯环上氢被烷基取代的衍生物和有机酸类化合物。这些挥发性物质应是干漆药材的重要毒性成分。炮制后的干漆色谱图中虽然仍有二甲苯类

和甲基苯甲醛类物质的色谱峰，但峰强度明显降低，证明了干漆经过炮制后毒性明显减弱。

2. 药理作用研究　漆酚与漆敏内酯为干漆中具有刺激性毒性的物质，可导致过敏性皮炎，经煅制后，可降低刺激性、毒性，同时能缩短实验动物出血和凝血时间。

【贮藏养护】密闭保存防火。

棕　　榈

【来源】为棕榈科植物棕榈 *Trachycarpus fortunei*（Hook.f.）H.Wendl. 的干燥叶柄。

【炮制方法】

1. **棕榈**　取原药材，除去杂质，洗净，切段，干燥，筛去灰屑。

2. **棕榈炭**

（1）煅炭：取棕榈置锅内，上扣一较小锅，两锅结合处用盐泥或细砂封固，上压重物，并贴一条白纸或放大米数粒，用文武火加热，煅至白纸或大米呈深黄色时，停火，待锅凉后，取出。

（2）炒炭：取棕榈，用武火炒至黑棕色，喷淋少量清水，取出干燥。

【成品性状】

1. **棕榈**　呈长条板状，一端较窄而厚，另一端较宽而稍薄，大小不等。表面红棕色，粗糙，有纵直皱纹；一面有明显的凸出纤维，纤维的两侧着生多数棕色茸毛。质硬而韧，不易折断，断面纤维性。气微，味淡。

2. **棕榈炭**　呈不规则块状，大小不一。表面黑褐色至黑色，有光泽，有纵直条纹；触之有黑色炭粉。内部焦黄色，纤维性。略具焦香气，味苦涩。炒棕榈炭表面黑棕色，微发亮，内部棕褐色，质较脆。

【炮制作用】生棕不入药，一般炮制后入药。棕榈炭味苦、涩，性平。归肺、肝、大肠经。具有收敛止血的功效。用于吐血、衄血、尿血、便血、崩漏下血。如治血崩不止的乌金散（《太平圣惠方》）和治诸窍出血的黑散子（《仁斋直指方论》）。

【贮藏养护】贮干燥容器内，密闭，置通风干燥处。

蜂　　房

【来源】为胡蜂科昆虫果马蜂 *Polistes olivaceous*（DeGeer）、日本长脚胡蜂 *Polistes jokahamae* Radoszkowski 或变侧异腹胡蜂 *Parapolybia varia*（Fabricius）的巢。

【炮制方法】

1. **蜂房**　取原药材，刷尽泥沙，除去杂质，切块。筛去灰屑。

2. **煅蜂房**　取蜂房块，置于耐火容器内，加盖，接口处用盐泥封固，用中火煅烧至透，停火。冷却后取出，用时掰碎或研细入药。

【成品性状】

1. **蜂房**　呈圆盘状或不规则的扁块状，有的似莲房状，大小不一。表面灰白色或灰褐色。腹面有多数整齐的六角形房孔，孔径 3～4 mm 或 6～8 mm；背面有1个或数个黑色短柄。质韧而轻，略有弹性。气微，味辛淡。

2. **煅蜂房**　呈不规则的块状，大小不一，黑褐色。质轻，无臭，味涩。

【炮制作用】蜂房味甘，性平。归胃经。具有攻毒杀虫，祛风止痛的功效。蜂房可内服，亦可外用，多用其炮制品。煅蜂房可增强疗效，降低毒性，并利于制剂。

【贮藏养护】置通风干燥处，防压，防蛀。

丝 瓜 络

【来源】为葫芦科植物丝瓜 *Luffa cylindrica*（L.）Roem. 干燥成熟果实的维管束。

【炮制方法】

1. **丝瓜络**　取原药材，除去杂质及残留种子，打扁，切成小块。筛去碎屑。

2. **炒丝瓜络**　取净丝瓜络小块，置锅内，用文火加热，炒至表面深黄色，取出放凉。

3. **丝瓜络炭**

（1）炒炭：取丝瓜络，置锅内，用武火加热，炒至表面焦黑色，内部焦褐色时，喷淋清水，取出，晾干。

（2）煅炭：取丝瓜络，置耐火容器内，加盖，接口处用盐泥封固，用中火煅至透，停火。冷却后取出。

【成品性状】

1. **丝瓜络**　为丝状维管束交织而成，多呈长棱形或长圆筒形，略弯曲，长 30～70 cm，直径 7～10 cm。横切面可见子房多为 3 室，呈空洞状。表面黄白色。体轻，质韧，有弹性，气微，味淡。

2. **炒丝瓜络**　表面黄褐色，微焦。

3. **丝瓜络炭**　表面焦黑色，内部焦褐色。煅丝瓜络炭呈炭黑色，有光泽。

【炮制作用】丝瓜络味甘，性平。归肺、胃、肝经。具有祛风，通络，活血，下乳的功效。丝瓜络炭微具涩性，有止血作用。用于崩中漏下，肠风下血。古代多用丝瓜络炭，用于祛风痰，凉血，解毒，发痘疮。

【贮藏养护】置干燥处。

灯 心 草

【来源】为灯心草科植物灯心草 *Juncus effusus* L. 的干燥茎髓。

【炮制方法】

1. **灯心草**　取原药材，除去杂质，剪成段。

2. **朱砂拌灯心**　取灯心草，置适宜容器内，喷淋少许清水，微润，均匀撒入朱砂细粉，搅拌至表面均匀挂上朱砂粉为度，取出晾干。

每 100 kg 灯心草，用朱砂粉 6.25 kg。

3. **青黛拌灯心**　取净灯心段，置适宜容器内，喷淋少许清水，微润，均匀撒入青黛粉，搅拌至表面均匀挂上青黛粉为度，取出晾干。

每 100 kg 灯心草，用青黛 15 kg。

4. **灯心炭**　取净灯心草，扎成小把，置煅锅内，上扣一口径较小的锅，接合处用盐泥封固，在扣锅上压以重物，并贴一条白纸或放数粒大米，用文武火加热，煅至纸条或大米呈深黄色时停火，待锅凉后，取出。

【成品性状】

1. **灯心草**　呈段状，长 2～5 cm。体轻，质软，断面白色。气微，味淡。

2. **朱砂拌灯心**　形如灯心草，表面淡粉红色。

3. **青黛拌灯心** 形如灯心草，表面淡蓝色至蓝色。

4. **灯心炭** 呈细圆柱形段。表面黑色。体轻，质松脆，易碎。气微，味微涩。

【炮制作用】灯心草性味甘、淡，微寒。归心、肺、小肠经。具有清心火，利小便的功效。

灯心草生品长于利水通淋。用于心烦失眠，尿少涩痛，口舌生疮。

朱砂拌灯心以增强宁心安神作用。多用于心烦失眠，小儿夜啼。不宜入煎剂。

青黛拌灯心偏于清热凉血。多用于尿血。

灯心炭凉血止血，清热敛疮。外用治咽痹，乳蛾，阴疳。

【贮藏养护】贮干燥容器内，密闭，置干燥处。

（夏荃、刘艳菊）

复习思考题

1. 试述石膏的煅制工艺、炮制作用及临床应用。
2. 试述白矾炮制过程中的注意事项。
3. 简述煅制温度及人发来源对血余炭药效的影响。

数字资源详见　新形态教材网

- 课程思政案例
- 视频
- 知识拓展
- 推荐阅读
- 复习思考题答案
- 教学课件

第十四章

蒸煮燀法

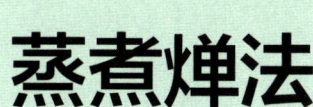
思维导图

迄今最早的中药炮制品实物

2015年底,海昏侯刘贺墓中出土了一个特殊的木质漆盒,盒中之物引起了中药科学家的重视。中国工程院院士黄璐琦团队采用显微、质谱、核磁及三维重建等技术,对该出土的盒内样品进行了分析研究,发现其为玄参科地黄属植物根加辅料的炮制品,外层包裹的辅料有淀粉和蔗糖等。这一发现被认为是迄今发现的我国古代最早的中药炮制品实物。进一步研究表明,汉代海昏侯墓出土地黄炮制品加工方法为米蒸法。

请对下列问题给予思考与分析:
1. 试述显微、质谱、核磁及三维重建等技术分别呈现的信息及其应用价值。
2. 试述米蒸地黄的炮制工艺及与现代熟地黄工艺的异同点。

第十四章 蒸煮焯法

蒸、煮、焯法是水火共制的炮制方法。在炮制过程中,既需用清水或液体辅料,又需以火加热。一些中药的炮制虽然也用到固体辅料,但操作时必须通过水的加热来实现蒸煮工艺。

目前用于蒸、煮、焯法的生产设备包括蒸煮罐、蒸药箱或高压蒸煮设备等,多用于规模生产。蒸煮罐其结构示意图及设备图见图 14-1。

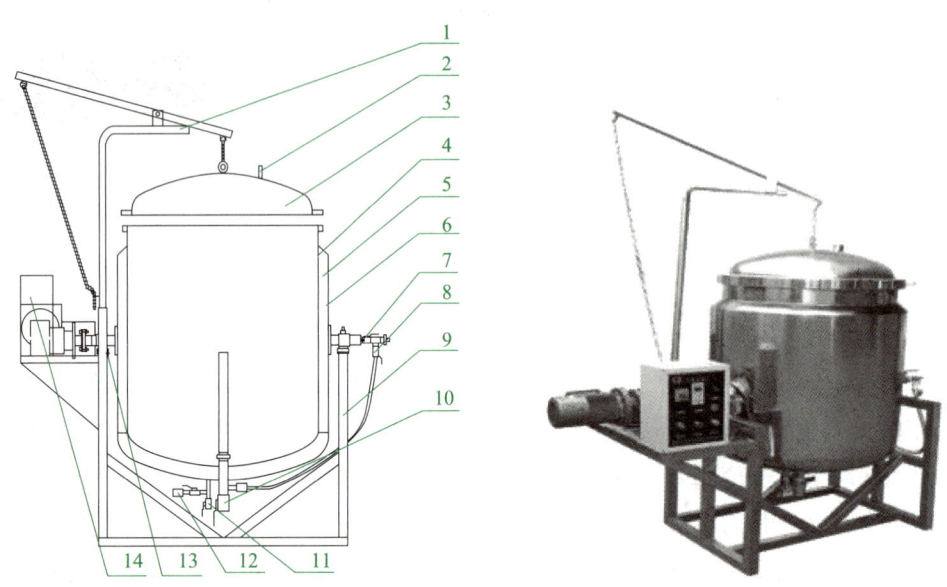

图 14-1 蒸煮罐结构示意图及设备图

1. 揭盖机构;2. 放气阀;3. 锅盖;4. 内胆;5. 夹层外腔;6. 外壳;7. 夹层进气阀门;8. 中心进气阀门;9. 支架;10. 放药液阀门;11. 放冷凝小阀门;12. 疏水阀;13. 限位开关;14. 电控箱

第一节 蒸 法

将净选或切制后的药物加辅料或不加辅料,装入蒸制容器内隔水加热至一定程度的方法称为蒸法。其中不加辅料者为清蒸,加辅料者为加辅料蒸,如酒蒸、醋蒸、盐蒸等。

(一)目的

1. 改变药物性能,扩大用药范围。如地黄生品清热凉血,蒸制后药性转温,功能由清变补。

2. 减少副作用。如大黄生品气味重浊,走而不守,直达下焦,泻下作用峻烈,易伤胃气,酒蒸后泻下作用缓和,能减轻腹痛等副作用;黄精生品刺激咽喉,蒸后可消除其副作用。

3. 保存药效,利于贮存。如桑螵蛸生品经蒸后杀死虫卵,便于贮存;黄芩蒸后破坏酶类,保存苷类有效成分。

4. 便于软化切片。质地坚硬或含糖类较多的药物,若用水浸润则水分不易渗入,久泡则损失有效成分。如木瓜、天麻等采用蒸后切片的方法软化效果好,效率较高,饮片外表美观,容易干燥。

（二）操作方法

蒸法根据中药的性质和要求不同，分为清蒸、加辅料蒸和炖三种炮制方法。

1. 清蒸 取净药材，大小分档，置适宜的蒸制容器内，用蒸汽加热蒸至规定程度，放凉，取出，晾至六成干，切片或段，干燥。

2. 加辅料蒸 取净药材，大小分档，加入规定量的液体辅料与药物拌匀，润透，置适宜的蒸制容器内，用蒸汽加热蒸至规定程度，取出，放凉，晾至六成干，切片或段，干燥。

3. 炖 取净药材，大小分档，加入液体辅料，置适宜的容器内，密闭，隔水或用蒸汽加热炖透，或炖至辅料完全被吸尽时，放凉，取出，晾至六成干，切片，干燥。

（三）注意事项

1. 质地坚硬的药物，可先用水拌匀、润透，以便加速蒸制效果；须用液体辅料拌蒸的药物应待辅料被吸尽后再蒸制。

2. 蒸制时一般先用武火，待圆汽后改为文火，保持锅内有足够的蒸汽即可。但在非密闭容器中酒蒸时，要先用文火，防止酒快速挥发，达不到酒蒸的目的。

3. 蒸制时要注意火候，根据蒸制药物的程度调整火力和时间。若时间太短则达不到蒸制目的，蒸时太久，药物上水，则影响药效，且难于干燥。为体现药性，一些药物需反复蒸制。

4. 用蒸锅、蒸屉等工具时，长时间蒸制的药物中途应注意添加水，以免蒸汽中断，影响药物质量；需日夜连续蒸制时，应有专人值班，以保安全。

5. 加辅料蒸后，若容器内有剩余的液体辅料，应将其均匀拌入药物后再干燥。或对蒸煮罐设计有液汁的收集，将蒸制中收集到的液汁回拌入药物，再干燥。

何 首 乌

【导言】何首乌是临床常用中药，近年来由于不时出现何首乌及其制品致肝损伤的报道，引起关注。进一步研究发现，实际应用中若何首乌生熟不分，且长期大剂量服用是造成肝损伤的主要原因。临床观察资料显示，何首乌引起的肝损伤为特异质肝损伤，个体因素也是出现不良反应的重要原因。

【处方用名】何首乌、首乌、生首乌、制何首乌、制首乌。

【来源】为蓼科植物何首乌 *Polygonum multiflorum* Thunb. 的干燥块根。

【采收加工】秋、冬二季叶枯萎时采挖，削去两端，洗净泥沙，个大的切成块，干燥。

【历史沿革】唐代有黑豆蒸、黑豆酒煮、醋煮、水煮熟等制法，宋代增加了单蒸、米泔浸后九蒸九曝、麸炒、酒炒等炮制方法，明清以后又增加了乳拌蒸法。现行制法是加黑豆汁蒸。《中国药典》收载何首乌、制何首乌。

【炮制方法】

1. 何首乌 取原药材，除去杂质，洗净，稍浸，润透，切厚片或块，干燥。

2. 制何首乌 取何首乌，用黑豆汁拌匀，置非铁质的适宜容器内，炖至汁液吸尽，或清蒸。或用黑豆汁拌匀后蒸，蒸至内外均呈棕褐色，或晒至半干，切片，干燥。

每 100 kg 何首乌，用黑豆 10 kg。

知识拓展 14-1　九蒸九晒何首乌

【成品性状】

1. **何首乌**　呈不规则的厚片或块。外表皮红棕色或红褐色,皱缩不平,有浅沟,切面浅黄棕色或浅红棕色,质坚硬,粉性,气微,味微苦而甘涩。

图 14-1　何首乌

2. **制何首乌**　呈不规则皱缩状的块片,厚约 1 cm。表面黑褐色或棕褐色,质坚硬,断面角质样,棕褐色或黑色,气微,味微甘而苦涩。

图 14-2　制何首乌

【质量要求】

1. **何首乌**　水分不得过 10.0%,总灰分不得过 5.0%,含二苯乙烯苷不得少于 1.0%,结合蒽醌以大黄素和大黄素甲醚的总量计,含量不得少于 0.05%。

2. **制何首乌**　水分不得过 12.0%,总灰分不得过 9.0%,醇溶性浸出物不得少于 5.0%,含二苯乙烯苷不得少于 0.70%,游离蒽醌以大黄素和大黄素甲醚的总量计,不得少于 0.10%。

【炮制作用】何首乌味苦、甘、涩,性微温。归肝、心、肾经。具有解毒,消痈,截疟,润肠通便的功效。生首乌苦泄性平兼发散,具有解毒消肿、润肠通便的功能。制何首乌味转甘厚而性转温,增强了补肝肾、益精血、乌须发、强筋骨的作用。同时消除了生首乌滑肠致泻的副作用。

【临床应用】

1. **何首乌**　与防风、苦参、薄荷配伍,用于遍身疮肿痒痛等症,如何首乌散(《外科精要》)。与夏枯草等配伍,用于颈项生瘰疬,咽喉不利等症,如何首乌丸(《太平圣惠方》)。与人参等配伍,用于体虚久疟不止等症,如何人饮(《景岳全书》)。

2. **制何首乌**　与枸杞子、菟丝子等配伍,用于肝肾不足、须发早白等症,如七宝美髯丹(《医方集解》)。

知识拓展 14-2　含何首乌、制何首乌的市售中成药举例

【炮制研究】何首乌主要含蒽醌类化合物如大黄素、大黄酚以及大黄素甲醚等,芪类化合物如白藜芦醇,以及磷脂酰胆碱等成分。其中,蒽醌类化合物以结合状态存在时具有泻下作用,游离型蒽醌泻下作用弱,磷脂酰胆碱具有补益作用。

1. **化学成分研究**　何首乌中反式二苯乙烯苷具有降低胆固醇和保肝作用,顺式二苯乙烯苷是何首乌的肝毒性成分之一,质量要求中二苯乙烯苷含量限定为反式二苯乙烯苷含量。

何首乌炮制时间对顺(反)式二苯乙烯苷有明显影响,生品中顺(反)式二苯乙烯苷含量最高,其含量随着炮制时间增加而逐步减少。炮制 24 h 后顺式二苯乙烯苷含量显著下降,推测是制何首乌降低肝毒性的原因之一。

2. **药理作用研究**　制何首乌具有增强免疫、改善记忆障碍及抗衰老等作用。何首乌经蒸制后致泻作用减弱,补益作用以及抗衰老、升血糖、减轻动脉硬化等作用更加突出。何首乌生品、黑豆汁蒸品、清蒸品、酒蒸品及熟地汁蒸品水煎剂均有不同程度的体外抑菌作用。生何首乌和制何首乌均具有降低血清总胆固醇水平的作用。

近年来,有关何首乌不良反应的报道引起了广泛的关注。生何首乌有一定的毒性,长时间服用可引起动物消瘦、倦怠、动作迟缓和死亡,制何首乌毒性较小。观察制何首乌对大鼠的长期毒性作用,各给药组肉眼观察可见部分肝表面有脂肪颗粒,病理切片显示有不同程度的脂变,肝血窦扩张充血,偶见炎细胞浸润;各剂量组给药期间大鼠精神较差,进食量减少,体重增加较慢,

停药后均减轻或消失。制何首乌长期灌胃结果显示对大鼠肝也有一定的毒副作用。研究发现，何首乌中的二苯乙烯苷是引起肝损伤的主要成分。何首乌经过炮制后二苯乙烯苷量下降。何首乌炮制后主要化学成分含量改变明显，同时肝毒性显著下降。何首乌生制不分，且长期大剂量服用是造成肝损伤的主要原因。

知识拓展 14-3　何首乌相关肝损伤的特异质属性及其成因机制

3. 质量控制和炮制工艺研究　从亲缘学与化学成分特有性、传统功效、传统药性、炮制相关、入血成分及药动学、调血脂、配伍等方面进行分析，认为二苯乙烯苷、大黄素、大黄素甲醚、没食子酸、何首乌多糖、卵磷脂、大黄素 $-8-O-\beta-D-$ 葡萄糖苷、白藜芦醇等可作为生、制何首乌质量标志物。

以吸水率为指标，采用旋转响应表面试验设计对何首乌饮片的润制工艺进行研究。结果表明，何首乌饮片在润制过程中，吸水率达 51% 时，饮片完全润透，润制可达到工艺要求。

对于沿用至今的何首乌与黑豆汁拌蒸法，实验表明蒸 32 h 制品颜色乌黑发亮，外观质量最好。制品中的大黄素、大黄素甲醚含量随着炮制时间的延长而减少。结合药理作用提示，炮制时间以常压下蒸制 32 h 为好。也有学者研究发现何首乌饮片九蒸九晒炮制过程中没食子酸、二苯乙烯苷与颜色指标呈显著相关，这为何首乌饮片炮制程度的判断及质量评价提供了参考。

以水浸出物、二苯乙烯苷、水溶性糖含量为指标优化何首乌高压炮制工艺，结果表明，压力与蒸制温度密切相关，不同压力下温度不同，高压炮制何首乌影响因素大小依次为：蒸制温度 > 蒸制时间 > 干燥温度。

研究发现采收季节与何首乌成分的含量密切相关，以顺式二苯乙烯苷等作为潜在肝毒性物质，反式二苯乙烯苷作为有效成分研究认为秋季为何首乌的适宜采收期。

【**贮藏养护**】贮干燥容器内，密闭，置通风干燥处。防霉、防蛀。

黄　芩

【**导言**】黄芩软化有冷浸、蒸、煮等方法，部分地区用冷水浸泡至色变绿后切制，认为色绿为佳，名为淡黄芩。大多产地加工都以蒸煮处理切片，色黄为佳。针对这一争议，20 世纪 70 年代，原北京中医研究院中药研究所第二研究室研究发现，黄芩在冷浸软化过程中，其有效成分黄芩苷会被酶分解成黄芩素（苷元），后者为邻位三羟基黄酮，极易进一步被氧化成醌类结构物质而显绿色。该研究从中药化学的角度，诠释了黄芩湿热软化的科学性、合理性。

【**处方用名**】黄芩、酒黄芩、黄芩炭。

【**来源**】为唇形科植物黄芩 *Scutellaria baicalensis* Georgi 的干燥根。

【**采收加工**】春、秋二季采挖，除去须根和泥沙，晒后撞去粗皮，晒干。

【**历史沿革**】唐代有净制、切制、清炒、酒炒等炮制方法，宋元增加了煅炭、姜汁制、土炒、酒煮、醋炙、蜜炙等炮制方法，明清增加了猪胆汁炙、麦冬汁炙、米泔水炙、童便制、盐炙、大黄制等炮制方法。现行主要有蒸、煮、酒炙和炒炭等制法。《中国药典》收载黄芩、酒黄芩。

【**炮制方法**】

1. 黄芩　取原药材，除去杂质，置沸水中煮 10 min，取出，闷透，切薄片，干燥；或蒸 30 min，取出，切薄片，干燥。干燥时注意避免暴晒。

2. 酒黄芩　取黄芩，加黄酒拌匀，闷透，用文火加热炒至药物表面微干，深黄色，取出，晾凉。

每 100 kg 黄芩，用黄酒 10 kg。

3. **黄芩炭** 取黄芩片，置预热的炒制容器内，用武火加热，炒至药物表面黑褐色，内部深黄色，取出，晾凉。

【成品性状】

1. **黄芩片** 呈类圆形或不规则形薄片。外表皮黄棕色或棕褐色。切面黄棕色或黄绿色，具放射状纹理。有的中心呈棕色或中空，味苦。

图 14-3　黄芩片

2. **酒黄芩** 形如黄芩片。略带焦斑，有的中心呈棕色或中空。微有酒香气，味苦。

图 14-4　酒黄芩

3. **黄芩炭** 形如黄芩片，表面黑褐色，体轻，有焦炭气。

图 14-5　黄芩炭

【质量要求】

1. **黄芩** 含黄芩苷不得少于 8.0%。
2. **酒黄芩** 同黄芩。

【炮制作用】黄芩味苦，性寒。归肺、胆、脾、大肠、小肠经。具有清热燥湿、泻火解毒、止血、安胎的功效。

黄芩蒸制或沸水煮的目的是使酶灭活，保存药效，又能软化药物，便于切片。黄芩酒制可缓和其苦寒之性，以免伤害脾阳、导致腹泻；同时，黄芩酒制借酒升腾之力入血分。黄芩炭以清热止血为主。

【临床应用】

1. **生黄芩** 常与黄连等配伍，用于热病，湿温，黄疸，泻痢等。如黄连解毒汤（《外台秘要》）。
2. **酒黄芩** 常与酒大黄等配伍，用于上焦肺热及四肢肌表之湿热。如黄芩泻肺汤（《张氏医通》）。
3. **黄芩炭** 常与大蓟炭、小蓟炭等配伍，用于血热所致的咯血、衄血、尿血、便血、崩漏。如荷叶丸（《中国药典》）。

【炮制研究】

1. **化学成分研究** 黄芩用冷水软化易变绿色。其原因是黄芩中所含的酶在一定温度和湿度下，可酶解黄芩中的黄芩苷和汉黄芩苷，产生葡萄糖醛酸及性质不稳定的邻三羟基黄酮苷元（黄芩素和汉黄芩素），容易被氧化成醌类物质而变绿，使疗效降低（图 14-2）。

2. **药理作用研究** 黄芩中黄芩苷与汉黄芩苷均有解热、利胆、利尿、降压、镇痛、抗菌作用。生黄芩抗炎作用明显强于制品，酒炙黄芩则能增强免疫吞噬能力。

体外实验表明，生黄芩具有清除次黄嘌呤 – 黄嘌呤氧化系统中产生的超氧阴离子的能力和 Fenton 反应生成羟自由基的能力。炒黄芩和酒黄芩清除次黄嘌呤 – 黄嘌呤氧化系统中产生的超氧阴离子的能力与生黄芩相当，而清除 Fenton 反应生成羟自由基的能力较弱，黄芩炭在这两方面的能力更弱。

3. **质量控制和炮制工艺研究** 整合网络药理学与代谢组学结果，预测分析得到黄芩苷、千层纸素 A-7-O- 葡萄糖醛酸苷为生黄芩潜在质量标志物，黄芩素、汉黄芩素为酒黄芩潜在质量标志物。

图 14-2 黄芩苷结构变化图

以黄芩中黄芩苷的含量作为内在质量指标，以外观性状为辅助指标，研究酒黄芩的炮制工艺为：加入黄酒 10%，闷润时间 6 h，炒药机转速 600 r/min，炙炒温度 200℃，炙炒时间 8 min。

【贮藏养护】贮干燥容器内，酒黄芩密闭，置通风干燥处，防潮。

地 黄

【导言】生地黄清泻、熟地黄滋补，是中药生泻熟补的典型代表。熟地黄疗效确切、应用范围广，为明代名医张景岳推崇的"药中四维"之一。辨证论治是中医疾病治疗的基本原则，地黄生熟异治，在配伍组方中发挥了独特的药效。如对于热证型 2 型糖尿病，应选择生地黄，取其清热凉血作用，如增液汤；对于阴虚型糖尿病，则应选择熟地黄，取其滋阴补血作用，如六味地黄汤。

【处方用名】鲜地黄、生地黄、熟地黄、生地炭、熟地炭。

【来源】为玄参科植物地黄 *Rehmannia glutinosa* Libosch. 的新鲜或干燥块根。

【采收加工】秋季采挖，除去芦头、须根及泥沙，鲜用；或将地黄缓缓烘焙至约八成干。前者习称鲜地黄，后者习称生地黄。

【历史沿革】汉代有蒸制法，梁代增加了酒浸法，南北朝刘宋时代增加了酒蒸法，唐代增加了熬法、蜜煎等法，宋、元代增加了加酒九蒸九曝法、酒洗、制炭、醋炒、姜制、酒炒、酒煮、盐水炒等法，明清代以后又增加了盐煨浸炒、蜜制、砂仁酒蒸制、砂仁酒茯苓制、砂仁茯苓煮、砂仁沉香制、砂仁炒、黄连制、炒焦、砂仁酒姜蒸、乳汁制、童便制、蛤粉炒、红花炒、煨制等炮制方法。现行有清蒸、酒蒸、炒炭、煅炭等炮制方法。《中国药典》收载鲜地黄、生地黄、熟地黄。

【炮制方法】

1. **鲜地黄** 取鲜地黄洗净泥土，除去杂质，用时切厚片。
2. **生地黄** 取干地黄，除去杂质，洗净，闷润，切厚片，干燥。
3. **熟地黄**

（1）取生地黄，加入黄酒拌匀，炖至酒吸尽，取出，晒至外皮黏液稍干，切厚片或块，干燥。

每 100 kg 生地黄，用黄酒 30～50 kg。

（2）取生地，蒸至黑润，取出，晒至八成干时，切厚片或块，干燥。

视频14-1　蒸地黄

4. 生地炭　取生地黄，置预热的炒制容器内，武火加热炒至焦黑色，发泡，鼓起时，取出，晾凉。或用闷煅法煅炭。

5. 熟地炭　取熟地黄，置预热的炒制容器内，武火加热炒至外皮焦黑色为度，取出，晾凉。或用闷煅法煅炭。

【成品性状】

1. **鲜地黄**　呈纺锤形或条状，长8～24 cm，直径2～9 cm。外皮薄，表面浅红黄色，具弯曲的纵皱纹、芽痕、横长皮孔样突起及不规则瘢痕。肉质，易断，断面皮部淡黄白色，可见橘红色油点，木部黄白色，导管呈放射状排列。气微，味微甜、微苦。

2. **生地黄**　为类圆形或不规则的厚片。表面棕黑色或棕灰色，极皱缩，具不规则的横曲纹。断面棕黄色至黑色或乌黑色，有光泽，具黏性。气微，味微甜。

图14-6　生地黄

3. **熟地黄**　为不规则的块片、碎块，大小、厚薄不一。表面乌黑色，有光泽，黏性大。质柔软而带韧性，不易折断，断面乌黑色，有光泽。气微，味甜。古法炮制对熟地黄的性状要求为"色黑如漆、味甘如饴"。

图14-7　熟地黄

4. **生地炭**　表面焦黑色，质轻松膨胀，外皮焦脆，中心部呈棕黑色并有蜂窝状裂隙，有焦苦味。

图14-8　生地炭

5. **熟地炭**　表面焦黑色，有光泽，较生地炭色深。

图14-9　熟地炭

【质量要求】

1. **生地黄**　水分不得过15.0%，总灰分不得过8.0%，酸不溶性灰分不得过3.0%，水溶性浸出物不得少于65.0%，含梓醇不得少于0.20%，含地黄苷D不得少于0.10%。

2. **熟地黄**　检查、浸出物同生地黄，地黄苷D不得少于0.050%。

【炮制作用】鲜地黄味甘、苦，性寒。归心、肝、肾经。具有清热生津，凉血，止血的功效。生地黄味甘，性寒，归心、肝、肾经。具有清热凉血，养阴生津的功效。熟地黄味甘，性微温，归肝、肾经，具有滋阴补血、益精填髓的功效。地黄经蒸制后药性由寒转温，味由苦转甜，功能由清转补。清蒸熟地黄质厚味浓，滋腻碍脾，加酒蒸制后性转温，主补阴血，且可借酒力行散，起到行药势、通血脉的作用，使之补而不腻。生地炭入血分，凉血止血。熟地炭以补血止血为主，用于崩漏或虚损性出血。

【临床应用】

1. **鲜地黄**　与鲜茅根汁、鲜生藕汁、鲜淡竹沥等配伍，用于热病伤阴，舌绛烦渴，温毒发斑，吐血，衄血，咽喉肿痛等症。如五汁一枝煎（《重订通俗伤寒论》）。

2. **生地黄**　与知母等配伍，用于热入营血，温毒发斑，吐血衄血，热病伤阴，舌绛烦渴，津伤便秘，阴虚发热，骨蒸劳热，内热消渴。如青蒿鳖甲汤（《温病条辨》）。

3. **熟地黄**　与山萸肉、山药等配伍，用于肝肾阴虚，腰膝酸软，骨蒸潮热，盗汗遗精，内热消渴，血虚萎黄，心悸怔忡，月经不调，崩漏下血，眩晕，耳鸣，须发早白。如六味地黄丸（《小儿药证直诀》）。

4. 生地炭 与侧柏炭配伍,用于吐血,衄血,尿血,崩漏。如八宝治红丹(《全国中药成药处方集》)。

5. 熟地炭 与其他炭药配伍,用于血崩、血亏症等。如补气止崩汤(《揣摩有得集》)。

【炮制研究】

1. 化学成分研究 鲜地黄中梓醇、还原糖和多糖的含量高于生地黄,随着鲜地黄干燥温度增高,干燥时间延长,地黄的颜色不断加深,梓醇含量不断降低;地黄炮制为熟地黄后梓醇含量降低率为40%~80%。

生地经长时间加热蒸熟后,部分多糖和多聚糖可水解转化为单糖,熟地单糖含量比生地高2倍以上。有研究认为,生地经加热蒸制后一部分多糖和低聚糖水解成还原糖,但地黄炮制前后总糖含量无明显变化。地黄清蒸和九蒸九晒炮制品中还原糖含量,在一定时间和一定蒸晒次数范围内,随着蒸制时间的延长和蒸晒次数的增多而增加,应控制蒸晒的时间和次数。在炮制过程中,苷类成分亦有不同程度的分解,以单糖苷分解最多,其次为双糖苷,而三糖苷几乎不分解。

地黄炮制后,氨基酸含量降低。熟地中氨基酸含量低,主要是由于糖类生成的果糖或5-羟甲基糠醛与氨基酸类反应形成蛋白黑素之故。5-羟甲基糠醛是地黄炮制过程中产物,地黄炮制成熟地黄后5-羟甲基糠醛含量增加20倍左右,其含量随着蒸制时间的延长而增加,蒸制52 h左右时,其含量逐步下降。

生地黄含有环烯醚萜及环烯醚萜苷,熟地黄则几乎没有,熟地黄与生地黄相比,其水浸出物、醇浸出物的含量明显增加;鲜地黄中麦角甾苷的含量在0.1%以上,而干燥后的生地黄中其含量明显降低。

2. 药理作用研究 酒蒸熟地与清蒸熟地黄均有利尿、镇静、降压、降低胆固醇、改善脑血流量的功效,并对心肌劳损的冠状动脉供血不足有一定的改善作用,二者之间无明显差异。

熟地黄对红细胞新生有明显的促进作用,对血虚所致的机体功能低下有改善作用。熟地黄多糖对于不同血虚模型小鼠外周血象、骨髓有核细胞下降均有拮抗作用,对小鼠造血干细胞具有促进增殖、分化作用。熟地黄中的5-羟甲基糠醛可增强大鼠红细胞变形性。

3. 质量控制和炮制工艺研究 通过对地黄化学成分、药理作用及质量控制进行分析,推测梓醇、地黄苷A、地黄苷D、毛蕊花糖苷、益母草苷、蜜力特苷、水苏糖可考虑作为生地潜在质量标志物;异毛蕊花糖苷、地黄苷D、5-羟甲基糠醛、8-表番木鳖酸、玉叶金花苷酸、甘露三糖为熟地潜在质量标志物。

研究表明,常压蒸制24 h能达到"黑如漆,甘如饴"的传统质量标准。也有学者采用高压蒸制,认为加压蒸制4 h,也能达到传统质量标准。

【贮藏养护】鲜地黄埋在沙土中,防冻;生地黄置通风干燥处,防霉,防蛀;熟地黄置通风干燥处。

人 参

【导言】人参是东北三宝之一,也被视为百草之王。《神农本草经》将人参列为上品,为治虚劳第一要药,被历代医家所推崇。医圣张仲景在《伤寒论》中有21个方剂使用了人参,占全书方剂数的18.7%,有人参配伍的小柴胡汤、旋覆代赭汤、半夏泻心汤、乌梅丸、炙甘草汤等一直沿用至今。

【处方用名】人参、生晒参、红参。

【来源】为五加科植物人参 Panax ginseng C.A.Mey. 的干燥根和根茎。

【采收加工】多于秋季采挖，洗净经晒干或烘干。栽培的俗称园参；播种在山林野生状态下自然生长的称林下山参，习称籽海。

【历史沿革】汉代载有去芦，南北朝刘宋时代载有去四边芦头并黑者，唐代有切焙法，宋代有制炭、焙、微炒、黄泥裹煨、蒸制等方法，元代有蜜炙法，明代有湿纸裹煨、盐炒、炙制、酒浸、人乳制等方法，清代有五灵脂制、川乌制等炮制方法。现行主要有蒸切、润切等炮制方法。《中国药典》收载人参、红参。

【炮制方法】

1. **人参** 取原药材，除去杂质，洗净，润透，切薄片，干燥。或用时粉碎、碾粉。

2. **红参** 取原药材，洗净，经蒸制干燥后即为红参。用时蒸软或稍浸后烤软，切薄片，干燥。或直接捣碎、碾粉。

【成品性状】

1. **人参** 为圆形或类圆形薄片，表面灰黄色，显菊花纹，切面淡黄白色或类白色，显粉性，体轻，质脆。香气特异，味微苦、甘。

图 14-10　人参

2. **红参** 呈类圆形或椭圆形薄片。外表皮红棕色，半透明。切面平坦，角质样。质硬而脆。气微香而特异，味甘、微苦。

图 14-11　红参

【质量要求】

1. **人参** 水分不得过 12.0%，总灰分不得过 5.0%，铅不得过 5 mg/kg，镉不得过 1 mg/kg，砷不得过 2 mg/kg，汞不得过 0.2 mg/kg，铜不得过 20 mg/kg，五氯硝基苯不得过 0.1 mg/kg，六氯苯不得过 0.1 mg/kg，七氯（七氯、环氧七氯之和）不得过 0.05 mg/kg，氯丹（顺式氯丹、反式氯丹、氧化氯丹之和）不得过 0.1mg/kg；含人参皂苷 Rg_1 和人参皂苷 Re 的总量不得少于 0.27%，人参皂苷 Rb_1 不得少于 0.18%。

2. **红参** 水分不得过 12.0%，五氯硝基苯不得过 0.1 mg/kg，六氯苯不得过 0.1 mg/kg，七氯（七氯、环氧七氯之和）不得过 0.05 mg/kg，氯丹（顺式氯丹、反式氯丹和氧化氯丹之和）不得过 0.1 mg/kg；含人参皂苷 Rg_1 和人参皂苷 Re 的总量不得少于 0.22%，人参皂苷 Rb_1 不得少于 0.18%。

【炮制作用】人参味甘、微苦，性微温。归脾、肺、心、肾经。具有大补元气，复脉固脱，补脾益肺，生津安神的功效。

人参性较平和，不温不燥，偏于补气养阴，宜于气阴两虚之证，以清补为佳。红参味甘、微苦，性温，归脾、肺、心、肾经。经过蒸制，味甘而厚，其性转温，具有大补元气，复脉固脱，益气摄血的功效。宜于阳气不足，脉微欲绝之证，以温补见长。

【临床应用】

1. **人参** 与麦冬、五味子等配伍，用于体虚欲脱，肢冷脉微，脾虚食少，肺虚喘咳，津伤口渴，内热消渴，久病虚羸，惊悸失眠，阳痿宫冷，心力衰竭，心源性休克。如生脉散（《内外伤辨惑论》）。

2. **红参** 与附子等配伍，用于体虚欲脱，肢冷脉微，气不摄血，崩漏下血。如参附汤（《校注妇人良方》）。

【炮制研究】

1. 化学成分研究 在加工红参过程中，人参中淀粉经过蒸制和烘烤而糊化，转变为白糊精，最后变为红糊精，使人参颜色变红。人参皂苷是人参的主要有效成分，可被人参中含有的酶水解，35℃左右酶的活性最强，70℃以上加热可使酶变性失活，而经蒸制成红参，既可破坏水解酶，防止人参皂苷的水解，又使其质地坚硬，角质透明，对人参皂苷具有机械保护作用。人参和红参在化学成分的种类和数量上都有所不同。有研究表明，人参中人参皂苷含量为5.61%，红参中为5.02%，人参产生副作用成分田七素在人参中的含量为0.491%，而在红参中为0.261%，说明经过蒸制，除了破坏酶，保存人参皂苷外，其他具有副作用的成分下降较多。

除人参皂苷 Ro、Rb_1、Rb_2、Rc、Rd、Re、Rf、Rg_1 和 Rg_2 外，人参中还含特有的天然原形皂苷类，即丙二酸单酰基 – 人参皂苷 Rb_1、Rb_2、Rc 和 Rd。

经过加工处理，红参中各种皂苷类成分发生不同程度的降解反应，其中糖乙酰化人参皂苷 aRb_1、aRc、aRd 和 aRe 的相对含量均高于人参，人参皂苷 Rb_1、Rc、Rb_2、Rb_3、Re 及 Rd 等的相对含量也高于人参，齐墩果酸型人参皂苷的相对水平显著降低，多糖含量也低于人参。在炮制过程中还产生了红参的特异成分20位异构化 Rg_2 和 Rg_3，以及精氨酸双糖苷，后者具有增强免疫、扩血管及抑制小肠麦芽糖活性等生理作用。

2. 药理作用研究 麦芽酚是红参的特有成分之一，有显著的抗氧化作用，能起到抗衰老的效果。在不同的人参加工品中，红参中的精氨酸双糖苷含量最高。具有增强免疫功能，扩张血管，抑制小肠麦芽糖酶的活性。

研究表明，红参比人参片有更强的抗肝毒活性，在降压、抗疲劳和促进小鼠体重增长方面人参片强于红参。

人参传统炮制要求去芦，认为参芦有涌吐作用。研究表明，人参根和人参芦有效成分相近，在人参皂苷、挥发油、无机元素的含量方面人参芦比人参高。目前的实验研究和临床实践均证明人参芦无催吐作用。但参芦总皂苷有较强的溶血作用，不能供静脉注射使用，故供制剂使用时宜去芦。

3. 质量控制和炮制工艺研究 构建人参化学成分、关键作用靶标和疾病相关通路的相互作用网络，分析得到作用于这些关键靶标的主要成分，发现人参治疗心衰可能的质量标志物为人参皂苷类化合物包括人参皂苷 Rg_1、Re、Rf、Rb_2 等。对人参炮制前后人参皂苷 Rg_1、Re 的含量进行了分析比较，结果表明，加压蒸制与常压蒸制含量相近，而加压蒸制耗时少，效果较好，可作为人参加工的新方法。

冻干的人参质地酥脆，外观片型优美，且活性成分含量较高；若考虑成本问题且药材加工量大，需缩短干燥加工时间，可以采用55℃的热风干燥；阴干和晒干均干燥时间长且品质不如冻干和热风干燥。

课程思政案例 14-1　人参一身是为宝

【贮藏养护】贮干燥容器内，密闭，置阴凉干燥处。防霉、防蛀。

天　麻

【导言】天麻片传统工艺炮制中，在产地加工及切制分别需要经过蒸、干燥的过程。2021年7月，国家药品监督管理局综合司在《国家药监局综合司关于中药饮片生产企业采购产地加工（趁鲜切制）中药材有关问题的复函》中明确表示，中药饮片生产企业可以采购具备健全质量管理体系的产地加工企业生产的产地趁鲜切制中药材用于中药饮片生产。产地加工（趁鲜切制）的相关研究及尝试较好解决了天麻生产成本高、操作繁琐的问题。蒸法能起到杀酶保苷的作用，因此，产地鲜切天麻，必须充分考虑工艺因素与内在质量的控制，科学加工。

【处方用名】天麻。

【来源】为兰科植物天麻 Gastrodia elata Bl. 的干燥块茎。

【采收加工】立冬后至次年清明前采挖，立即洗净，蒸透，敞开低温干燥。

【历史沿革】南北朝刘宋时代有蒺藜子制，唐代有酒浸等方法，宋代有去芦、酒浸湿纸裹煨、酒炙、微炒、炙制、炮、面裹煨等法，明代有酒洗焙、火煨、麸炒、火煅、焙等方法，清代有饭上蒸、姜制等法。现行主要有蒸切或润切等炮制方法。《中国药典》收载天麻。

【炮制方法】

天麻　取原药材，除去杂质，洗净，润透或蒸软，切薄片，干燥。

【成品性状】

天麻　天麻片呈不规则的薄片。外表皮淡黄色至淡黄棕色，有时可见点状排成的横环纹。切面黄白色至淡棕色。角质样，半透明。气微，味甘。

图 14-12　天麻片

【质量要求】水分不得过 12.0%，总灰分不得过 4.5%，二氧化硫残留量不得过 400 mg/kg，醇溶性浸出物不得少于 15.0%，含天麻素和对羟基苯甲醇的总量不得少于 0.25%。

【炮制作用】天麻味甘，性平。归肝经。具有息风止痉，平抑肝阳，祛风通络的功效。天麻蒸制后便于软化切片，同时可破坏酶，保存苷类成分。

【临床应用】天麻与羌活、独活配伍，用于头痛眩晕，肢体麻木，小儿惊风，癫痫抽搐，破伤风症。如天麻丸（《圣济总录》）。

【炮制研究】

1. 化学成分研究　鲜天麻直接烘干或晒干，天麻素含量明显减少，而天麻苷元的含量相应增加；蒸制后干燥，天麻素及其苷元含量的变化恰好相反。说明天麻中的天麻素（天麻苷）在一定条件下会酶解。加热可灭活分解天麻素的活性酶，保护天麻素不被分解。天麻素及其苷元虽有相同的药理作用，但苷元易氧化损失，天麻加工时加热处理，对保证药材质量有较大意义。新鲜、完整、无创伤的原个天麻中，天麻素的含量随着加工前放置时间的增加而降低，苷元含量则相反。原皮新鲜天麻中天麻素的含量比去表皮（或因挖掘而损伤外皮）者高。

2. 药理作用研究　天麻生药材与饮片均可通过调节能量代谢、脂质代谢和氨基酸代谢等途径而发挥作用，但表现出显著差异：天麻生药材组小鼠血清中柠檬酸含量显著增高，谷氨酸、蛋氨酸及脂肪酸含量显著性下降；天麻饮片组小鼠血清中对羟基苯甲醛含量显著增高，天麻素、腺苷及甘氨酸含量显著性下降。

3. 炮制工艺研究　天麻产地加工一体化最佳工艺为采挖新鲜天麻除去杂质，搓去表面粗皮，常压蒸至透心，取出，干燥至天麻呈柔软状态，整形，于 50℃→60℃→50℃变温干燥，含水量为 27%~28%，切薄片，再干燥；与传统饮片相比较，优化后所得一体化饮片整体品质较高。

【贮藏养护】贮干燥容器内，密闭，置通风干燥处，防霉、防蛀。

山 茱 萸

【导言】山茱萸是浙八味之一，是临床常用的补肾中药，经酒蒸后滋补作用更强。酒萸肉中

5-羟甲基糠醛具有非常明显的保肝益肾作用，逆没食子酸具有抗糖尿病、保护肝肾功能的功效，这些成分蒸制时升高，可见发挥补益作用时宜选择酒萸肉。

【处方用名】 山茱萸、枣皮、山萸肉、酒萸肉。

【来源】 为山茱萸科植物山茱萸 *Cornus officinalis* Sieb.et Zucc. 的干燥成熟果肉。

【采收加工】 秋末冬初果皮变红时采收果实，用文火烘或置沸水中略烫后，及时除去果核，干燥。

【历史沿革】 南北朝刘宋时代有去内核、熬法，唐代多打碎用，宋元时期增加了酒浸、麸炒、微炒、炮、焙、微烧、酒蒸等制法，明清增加了羊油炙、盐炒等炮制方法。现行主要有去核、酒蒸或酒炖、清蒸等炮制方法。《中国药典》收载山萸肉、酒萸肉。

【炮制方法】

1. **山萸肉** 取原药材，洗净，除去杂质及果核。

2. **酒萸肉** 取山萸肉，用黄酒拌匀，炖或蒸至酒被吸尽，色变黑润，取出，干燥。

每 100 kg 山萸肉，用黄酒 20 kg。

3. **蒸山萸肉** 取山萸肉，置蒸制容器内，先用武火，圆汽后改用文火蒸至外皮呈紫黑色，停止加热后闷过夜，取出，干燥。

【成品性状】

1. **山萸肉** 呈不规则的片状或囊状，长 1~1.5 cm，宽 0.5~1 cm。表面紫红色至紫黑色，皱缩，有光泽。顶端有的有圆形宿萼痕，基部有果梗痕。质柔软。气微，味酸、涩、微苦。

图 14-13　山萸肉

2. **酒萸肉** 形如山茱萸，表面紫黑色或黑色，质滋润柔软。微有酒香气。

图 14-14　酒萸肉

3. **蒸山萸肉** 表面紫黑色，质滋润柔软。

【质量要求】

1. **山萸肉** 水分不得过 16.0%，总灰分不得过 6.0%，含莫诺苷和马钱苷的总量不得少于 1.2%。

2. **酒萸肉** 水分、总灰分同山萸肉，含莫诺苷和马钱苷的总量不得少于 0.70%。

【炮制作用】 山茱萸味酸、涩，性微温。归肝、肾经。具有补益肝肾、涩精固脱的功效。山茱萸生品敛阴止汗力强。蒸制后补肾涩精、固精缩尿力胜。酒制后借酒力温通，助药势，降低其酸性，滋补作用强于蒸山萸肉。

【临床应用】

1. **山萸肉** 多与炮天雄、白术等配伍，用于自汗，盗汗，遗精，遗尿。如山茱萸散（《太平圣惠方》）。

2. **酒萸肉、蒸山萸肉** 与熟地、补骨脂等配伍，用于头目眩晕，腰部冷痛，阳痿早泄，尿频遗尿。如六味地黄丸（《小儿药证直诀》），草还丹（《扶寿精方》）。

【炮制研究】

1. **化学成分研究** 不同炮制方法和辅料对山茱萸中齐墩果酸含量的影响较大，其含量顺序为：酒蒸品＞酒浸品＞酒炖品＞清蒸品＞生品，显示炮制能升高山茱萸齐墩果酸的含量。

山茱萸经酒蒸后，环烯醚萜苷、黄酮、皂苷的含量有所下降。除清蒸品外，酒炖品、酒蒸品、酒蒸加压品中莫诺苷含量均低于生品。

生品中 5-羟甲基糠醛、没食子酸和逆没食子酸溶出量明显低于酒制品。认为蒸制和煎煮可使山茱萸鞣质水解。

2. 药理作用研究 山茱萸经酒制后可使有效成分易于溶出，而发挥其疗效，增强滋补肝肾作用。山茱萸炮制前后水煎液对小鼠免疫器官均有抑制作用，而炮制后作用更明显。

3. 炮制工艺研究 成熟的山茱萸质地坚硬，直接去核不易操作，需要软化。烘法软化优于水烫法软化，60℃烘 10 min 后去核较适宜。以莫诺苷、马钱素的总量评价酒炖工艺，筛选酒炖山茱萸的炮制工艺为：加 20% 黄酒闷润 1 h，隔水加热 6 h。以山茱萸多糖得率为指标，优选酒蒸工艺为：用酒量 25%，闷润 2 h，蒸制 4 h。采用热压灭菌柜酒蒸制山茱萸较优的条件是 115℃，30 min，60℃干燥 2 h。

【贮藏养护】贮干燥容器内，酒山茱萸密闭，置通风干燥处。防霉、防蛀。

黄 精

【来源】为百合科植物滇黄精 *Polygonatum kingianum* Coll. et Hemsl.、黄精 *Polygonatum sibiricum* Red. 或多花黄精 *Polygonatum cyrtonema* Hua 的干燥根茎。按形状不同，习称大黄精、鸡头黄精、姜形黄精。

【炮制方法】

1. **黄精** 取原药材，除去杂质，洗净，略润，切厚片，干燥。

2. **酒黄精** 取黄精，加黄酒拌匀，炖至酒被吸尽，色泽黑润，口尝无麻味时，取出，稍晾，切厚片，干燥。

每 100 kg 黄精，用黄酒 20 kg。

3. **蒸黄精** 取黄精，蒸至内外呈滋润黑色，稍晾，切厚片，干燥。

【成品性状】

1. **黄精** 为不规则的厚片，外表皮淡黄色至黄棕色。切面略呈角质样，淡黄色至黄棕色，可见多数淡黄色筋脉小点。质稍硬而韧。气微，味甜，嚼之有黏性。

2. **酒黄精** 为不规则的厚片，表面棕褐色至黑色，有光泽，中心棕色至浅褐色，可见筋脉小点。质较柔软。味甜，微有酒香气。

3. **蒸黄精** 呈不规则的厚片。表面棕褐色至黑色，有光泽，中心棕色至浅褐色，可见筋脉小点。质较柔软，味甜。

【炮制作用】黄精味甘，性平。归脾、肺、肾经。具有补气养阴、健脾、润肺、益肾的功效。生黄精具麻味，戟人咽喉。蒸制后增强其补脾润肺益肾作用，并可除去麻味，以免刺激咽喉，酒蒸还可助行药势，使其滋而不腻。

【贮藏养护】贮干燥容器内，酒黄精密闭，置通风干燥处。防霉、防蛀。

肉 苁 蓉

【来源】为列当科植物肉苁蓉 *Cistanche deserticola* Y.C. Ma 或管花肉苁蓉 *Cistanche tubulosa* (Schenk) Wight 干燥带鳞叶的肉质茎。

【炮制方法】

1. **肉苁蓉** 取原药材，除去杂质，洗净，润透，切厚片，干燥。盐苁蓉用清水漂净盐分后，再切厚片，干燥。

2. **酒苁蓉** 取肉苁蓉，加黄酒拌匀，隔水炖或蒸至酒被吸尽，表面显黑棕色，取出，干燥。每 100 kg 肉苁蓉，用黄酒 30 kg。

【成品性状】

1. **肉苁蓉片** 呈不规则形的厚片。表面棕褐色或灰棕色。有的可见肉质鳞叶。切面有淡棕色或棕黄色点状维管束，排列成波状环纹。气微，味甜、微苦。管花肉苁蓉片切面散生点状维管束。

2. **酒苁蓉** 形如肉苁蓉片。表面黑棕色，切面点状维管束，排列成波状环纹。质柔润。略有酒香气，味甜，微苦。酒管花苁蓉切面散生点状维管束。

【炮制作用】肉苁蓉味甘、咸，性温。归肾、大肠经。具有补肾阳、益精血、润肠通便的功效。肉苁蓉生品补肾止浊、滑肠通便力强。肉苁蓉酒制后补肾助阳之力增强。

【贮藏养护】贮干燥容器内，酒苁蓉密闭，置于通风干燥处。防受潮后起霜，防霉、防蛀。

课程思政案例 14-2　肉苁蓉使沙漠变绿洲

五 味 子

【来源】为木兰科植物五味子 *Schisandra chinensis*（Turcz.）Baill. 的干燥成熟果实。习称北五味子。

【炮制方法】

1. **五味子** 除去杂质，用时捣碎。

2. **醋五味子** 取净五味子，加醋拌匀，稍闷，炖至醋被吸尽，表面显紫黑色，取出，干燥。每 100 kg 五味子，用醋 15 kg。

3. **酒五味子** 取净五味子，加酒拌匀，稍闷，炖至酒尽转黑色，取出，晒干。每 100 kg 五味子，用黄酒 20 kg。

4. **蜜五味子** 取炼蜜，用适量温开水稀释后，加入净五味子，拌匀，闷透，置炒制容器内，用文火加热，炒至不粘手时，取出，晾凉。每 100 kg 五味子，用炼蜜 10 kg。

【成品性状】

1. **五味子** 呈不规则的球形或扁球形，直径 5~8 mm。表面红色、紫红色或暗红色，皱缩，显油润；有的表面呈黑红色或出现白霜。果肉气微，味酸；种子破碎后，有香气，味辛、微苦。

2. **醋五味子** 形如五味子，表面乌黑色，油润，稍有光泽，有醋香气。

3. **酒五味子** 表面棕黑色或黑褐色，质柔润或稍显油润，微具酒气。

4. **蜜五味子** 色泽加深，略显光泽，味酸，兼有甘味。

【炮制作用】五味子味酸、甘，性温。归肺、心、肾经。具有收敛固涩、益气生津、补肾宁心的功效。生五味子以敛肺止咳止汗为主。醋制后酸涩收敛之性及涩精止泻作用增强。酒制后益肾固精作用增强。蜜炙后补肺肾作用增强。

【贮藏养护】贮干燥容器内，制品密闭，置通风干燥处。防霉，防蛀。

女 贞 子

【来源】为木犀科植物女贞 *Ligustrum lucidum* Ait. 的干燥成熟果实。

【炮制方法】

1. **女贞子** 除去梗叶杂质，洗净，干燥。

2. **酒女贞子** 取女贞子，用适量黄酒拌匀，炖至酒被完全吸尽，或蒸透，女贞子黑润时，取出，干燥。

每 100 kg 女贞子，用黄酒 20 kg。

【成品性状】

1. **女贞子** 呈卵形、椭圆形或肾形，长 6~8.5 mm，直径 3.5~5.5 mm。表面黑紫色或灰黑色，皱缩不平，基部有果梗痕或具宿萼及短梗。体轻，外果皮薄，中果皮松软，易剥离，内果皮木质，黄棕色，具纵棱，破开后种子通常为 1 粒，肾形，紫黑色，油性。气微，味甘、微苦涩。

2. **酒女贞子** 形如女贞子，表面黑褐色或灰黑色，常附有白色粉霜，微有酒香气。

【炮制作用】女贞子味甘、苦，性凉。归肝、肾经。具有滋补肝肾、明目乌发的功效。

女贞子以清肝明目、滋阴润燥为主，与川芎、天麻等配伍，用于肝热目眩，阴虚肠燥便秘。蒸制后滋补肝肾作用增强，并缓和其寒凉之性，与墨旱莲配伍，多用于肝肾阴虚，头晕耳鸣，视物不清，须发早白。如二至丸（《医方集解》）。

【贮藏养护】贮干燥容器内，酒女贞子密闭，置通风干燥处。防霉、防潮。

木 瓜

【来源】为蔷薇科植物贴梗海棠 *Chaenomeles speciosa*（Sweet）Nakai 的干燥近成熟果实。

【炮制方法】

木瓜 取原药材，除去杂质，洗净，润透或蒸透后切薄片，干燥。

【成品性状】

木瓜 呈类月牙形薄片。外表紫红色或棕红色，有不规则的深皱纹。切面棕红色。气微清香，味酸。

【炮制作用】木瓜味酸，性温。归肝、脾经。具有平肝舒筋、和胃化湿的功效。木瓜质地坚硬，水分不易渗入，软化时久泡则损失有效成分。蒸木瓜较易切片，其片形美观，容易干燥。

【贮藏养护】贮干燥容器内，密闭，置通风干燥处。防潮、防蛀。

桑 螵 蛸

【来源】为螳科昆虫大刀螳 *Tenodera sinensis* Saussure、棕污斑螳 *Statilia maculata*（Thunberg）或广斧螳 *Hierodula patellifera*（Serville）的干燥卵鞘。以上三种分别习称"团螵蛸""长螵蛸"及"黑螵蛸"。

【炮制方法】

1. **桑螵蛸** 取原药材，除去杂质，用清水洗净泥屑，置蒸制容器内，用武火蒸约 1 h，至圆汽，容器壁有水蒸气凝结成的水珠滴下为度。取出，晒干或烘干。用时剪碎。

2. **盐桑螵蛸** 取桑螵蛸，加入盐水拌匀，闷润，置炒制容器内，用文火加热，炒至有香气逸出时，取出，晾凉。

每 100 kg 桑螵蛸，用食盐 2.5 kg。

【成品性状】

1. **桑螵蛸** 为圆柱形、半圆形、长条形或类平行四边形。表面浅黄褐色至灰褐色，背面有一带状隆起，腹面平坦或有凹沟。气微腥，味微淡或微咸。蒸桑螵蛸色泽较深。

2. **盐桑螵蛸** 形如桑螵蛸，色泽加深，略带焦斑，味微咸。

【炮制作用】桑螵蛸味甘、咸，性平。归肝、肾经。具有益肾固精、缩尿、止浊的功效。生桑螵蛸令人泄泻，蒸后可消除致泻的副作用，又可杀死虫卵，有利于保存药效。具有益肾固精、缩尿、止浊的功效，用于肾虚阳痿，遗精滑精，尿频遗尿，小便白浊。盐水制可引药下行入肾，增强益肾固精、缩尿止遗的作用。

【贮藏养护】贮干燥容器内，盐桑螵蛸密闭，置通风干燥处。防霉、防蛀。

第二节 煮 法

将净制或切制后的药物加辅料或不加辅料置适宜容器内，加适量清水共煮至一定程度的炮制方法，称为煮法。

煮法最早出现于先秦时期，《五十二病方》中有"煮荆"，桐根"以淬泔煮"等煮制方法。历代记载有清水煮、酒煮、醋煮、甘草汤煮、姜汁煮、豆腐煮、盐水煮、米泔煮、黑豆煮、胆汁煮、羊血煮以及多种辅料共煮。《中国药典》收载了水煮川乌、草乌、黄芩，醋煮延胡索、京大戟、莪术，甘草汤煮远志、巴戟天，豆腐煮硫黄等煮法炮制的品种。

（一）目的

1. 消除或降低药物的毒副作用。如水煮川乌、豆腐煮藤黄，以降低毒性，可供内服；甘草汤煮远志，能消除对咽喉的刺激性。
2. 增强疗效。如醋煮延胡索，增强其止痛功效。
3. 缓和药性。如甘草汤煮远志，可减其苦燥之性。
4. 软化药物，便于切制。如水煮黄芩。

（二）操作方法

煮制的操作方法分为清水煮和加辅料煮（包括加液体辅料煮和豆腐煮）。

1. 清水煮

（1）药物大小分档，加水浸泡至内无干心，取出，置煮制容器内，加水浸没药物，用武火煮沸后改用文火，煮至药物切开内无白心时，取出，晾至六成干，切片，干燥。如制草乌、制川乌。

（2）将多量水置煮制容器内，武火加热至沸，投入药物，沸水煮制一定时间，取出，闷润至内外湿度一致，切片，干燥。如水煮黄芩。

2. 加液体辅料（药汁）煮 药物大小分档，加入定量的液体辅料或药汁拌匀，置煮制容器内，加适量水，用武火煮沸后改用文火，煮至药透汁尽，再用文火炙到近干，取出晒干或切片后晒干。如甘草汤煮远志。选择有调整药性作用的中药，清水煎煮，合并两次的煎液，适当浓缩，备用。如甘草汤。

3. 豆腐煮 豆腐块放置煮制容器内，将药物置两块豆腐中间或在豆腐上挖一不透底的长方形槽，将药物置于槽中，上盖豆腐，加水浸没，用武火加热煮沸后改用文火，煮至规定程度，取出，放凉，除去豆腐。如豆腐煮藤黄。

（三）注意事项

1. 煮制时间。药物在煮制前应大小分档，分别炮制，体积大者煮制时间宜长，体积小者煮制时间宜短。

2. 掌握适当的加水量。加液体辅料（药汁）煮时，加水量以刚好浸没药物为度，煮至药透汁尽。加水过多，药透而汁未吸尽，影响干燥；加水过少，汁尽而药未透，则影响质量。煮制中途需添加水时，应加入沸水。剧毒药物在清水煮时的加水量宜大，要求药透汁不尽，煮后将药物取出，残留水液妥善处理。

3. 掌握适当的火力。煮制时先用武火煮至沸腾，再改用文火，保持微沸，避免水分迅速蒸发，使辅料与药物充分发挥其煮制作用。

4. 及时切制、干燥。药物煮制后，应及时晒干或烘干。如需切片，可闷润至内外湿度一致时切制，再进行干燥。如黄芩。

5. 妥善处理毒性药物煮制后的溶液和辅料。煮过毒性药物的残留水液或辅料，不得随意倾倒，防止污染环境或误食中毒。

6. 掌握辅料的灵活性。豆腐等固形辅料视具体药物整体挖槽或碎块状投入，药汁需根据辅料用量予以煎汤，合并二次煎液，备用。

川　乌

【导言】川乌是毒性中药的代表，生用不可内服，历代均采用炮制、配伍等方法降低其毒性。如《金匮要略》收载的乌头赤石脂丸，方中以脚注形式标注了川乌的炮制方法"炮"，这与川乌加热炮制可促进有毒成分转化，从而降低毒性的现代认识一致。

【处方用名】生川乌、制川乌。

【来源】为毛茛科植物乌头 *Aconitum carmichaelii* Debx. 的干燥母根。

【采收加工】6月下旬至8月上旬采挖，除去子根、须根及泥沙，晒干。

【历史沿革】汉代有炮、蜜煎法，南北朝有煻灰火炮炙，唐代有熬、烧作灰、火煨、米炒、醋煮等方法，宋代有冷水浸、沸汤泡、煅存性、微炒、酒浸、酒拌炒、酒煮、姜汁浸、姜汁炒、米泔浸后麸炒、盐炒、黑豆同炒、黑豆煮、乌豆蒸等方法，金元时期有水浸炮裂、土制等法，明清时期有米泔浸、盐姜制、盐酒浸、盐醋制、面炒、蛤粉炒、童便甘草汤煮、湿纸煨后酒煮等方法。现行有蒸、煮以及用甘草、黑豆、生姜、皂角、银花、豆腐、白矾、醋等辅料蒸煮的炮制方法。《中国药典》收载川乌、制川乌。

【炮制方法】

1. **生川乌**　取原药材，除去杂质。用时捣碎。

2. **制川乌**　取川乌，大小分开，用水浸泡至内无干心，取出，加水煮沸 4~6 h（或蒸 6~8 h）至取大个及实心者切开内无白心，口尝微有麻舌感时，取出，晾至六成干后，切片，干燥。

知识拓展14-4　川乌众多炮制方法

【成品性状】

1. **生川乌**　呈不规则的圆锥形，稍弯曲，顶端常有残茎，中部多向一侧膨大。表面棕褐色或灰棕色，皱缩，有小瘤状侧根及子根脱离后的痕迹。质坚实，断面类白色或浅灰黄色，形成层环纹呈多角形。气微，味辛辣、麻舌。

图 14-15　生川乌

2. **制川乌**　为不规则或长三角形的片。表面黑褐色或黄褐色，有灰棕色形成层环纹。体轻，质脆，断面有光泽。气微，微有麻舌感。

图 14-16　制川乌

【质量要求】

1. **生川乌**　水分不得过 12.0%，总灰分不得过 9.0%，酸不溶性灰分不得过 2.0%，含乌头碱、次乌头碱和新乌头碱的总量应为 0.050%~0.17%。

2. **制川乌**　水分不得过 11.0%，含双酯型生物碱以乌头碱、次乌头碱及新乌头碱的总量计，不得过 0.040%；含苯甲酰乌头原碱、苯甲酰次乌头原碱及苯甲酰新乌头原碱的总量应为 0.070%~0.15%。

【炮制作用】川乌性味辛、苦，热；有大毒。归心、肝、肾、脾经。具有祛风除湿，温经止痛的功效。生川乌有大毒，多外用。制川乌，经煮制后毒性降低，可供内服。

【临床应用】

1. **生川乌**　用于风冷牙痛，疥癣，痈肿。如治牙痛的乌头丸（《太平圣惠方》）。治久生疥癣，生川乌水煎温洗（《太平圣惠方》）。

2. **制川乌**　用于风寒湿痹，关节疼痛，心腹冷痛，寒疝作痛及麻醉止痛。治风寒湿邪引起之半身不遂，手足麻木，偏正头痛的愈风丹（《卫生部药品标准》）。治风寒湿痹、肢体关节疼痛的小活络丸（《中国药典》），治阴毒伤寒，手足逆冷，头痛腰重的退阴散（《博济方》）；治久患风虚麻痛，行步艰难的乌灵丸（《卫生宝鉴》）；治心痛彻背，背痛彻心的乌头赤石脂丸（《金匮要略》）。

【炮制研究】

1. **化学成分研究**　川乌含二萜生物碱（乌头碱型生物碱）类成分，其中双酯型生物碱类（乌头碱、中乌头碱、次乌头碱）为主要毒性成分，又是镇痛、抗炎的有效成分。乌头碱毒性作用的靶器官主要为心脏与神经系统，可直接对心肌细胞产生毒害作用。乌头碱中毒剂量时对迷走神经有强烈兴奋作用及使心肌细胞 Na^+ 通道开放，加速 Na^+ 内流，促使细胞膜去极化，从而引起心律失常。

2. **解毒机制研究**　双酯型生物碱类成分性质不稳定，遇水、遇热易被分解或水解。如图 14-3，生川乌通过加水、加热炮制处理，使极毒的双酯型生物碱水解，得到苯甲酰单酯型生物碱，毒性较小，为双酯型生物碱的 1/500~1/50；再进一步水解，得到氨基醇类乌头原碱，其毒性很弱，仅为双酯型生物碱的 1/4 000~1/2 000，从而达到炮制减毒的目的。

图 14-3　川乌炮制过程中乌头碱的水解

有研究对双酯型生物碱的水解转化规律与以往认识有所不同：即在加水加热过程中，乌头碱C8位上的乙酰基发生水解形成羟基，同时与邻位的羟基缩合成环氧烷，生成焦乌头碱；随后在加热过程中，环氧烷开裂，分别结合一分子羟基与一分子氢，生成苯甲酰乌头原碱。

研究表明，通过水处理和加热的方法促使毒性极大的双酯型生物碱的水解和分解，从而降低其毒性；水处理可使双酯型生物碱水解而减毒，但由于其水解产物在长时间水浸、泡、漂过程中随水流失较多，会影响药效；干热处理可使双酯型生物碱分解而减毒，但加热对乌头总生物碱含量影响不大，毒性降低与双酯型生物碱含量有关，与加热温度的高低和时间的长短有关；湿热处理是用蒸、煮等方法使双酯型生物碱水解而降低乌头的毒性，其解毒效果较单纯的干热处理或水处理去毒效果好，速度快。

3. 药理作用研究 乌头碱具有明显的镇痛作用和表面局部麻醉作用，效力相当于可卡因的2倍。制川乌的镇痛效果与生川乌大体相近，而毒性则大大降低。乌头及其生物碱还具有强心、增加冠脉流量、降压、抗炎、抑制呼吸中枢、抗肿瘤等药理作用。

4. 质量控制和炮制工艺研究 以川乌中6种乌头类生物碱的含量作为评价指标，采用正交设计法考察川乌蒸法及煮法，确定最佳炮制工艺参数：川乌蒸制中浸泡时间、蒸制功率、蒸制时间分别为浸泡软化62 h，蒸 5 h；川乌煮制中浸泡时间、煮制时间为浸泡软化48 h，煮 7 h。

知识拓展14-5　川乌炮制的废水处理

【贮藏养护】贮于干燥容器内，置通风干燥处，防蛀。生川乌需按毒性药品管理。

附　子

【导言】附子是"药中四维"之一。《伤寒论》全书共收载含附子方剂21个，使附子成为该典籍出现频率最高的有毒中药。这些方剂至今仍在中医临床广泛应用，奠定了附子是中药大品种的地位。

【处方用名】附片、淡附片、炮附片、白附片。

【来源】为毛茛科植物乌头 *Aconitum carmichaelii* Debx. 的子根的加工品。

【采收加工】6月下旬至8月上旬采挖，除去母根、须根以及泥沙，习称泥附子，泥附子在产地可以进一步加工成下列品种。

1. 盐附子 选择个大、均匀的泥附子，洗净，浸入胆巴水中过夜，再加食盐，继续浸泡，每日取出晾晒，并逐渐延长晾晒时间，直至附子表面出现大量结晶盐粒（盐霜）、体质变硬为止，称为盐附子。

2. 黑顺片 取泥附子，按大小分别洗净，浸入胆巴水中过夜，连同浸液煮至透心，取出，水漂，纵切成厚约0.5 cm的片，再用水浸漂，用调色液使附片染成浓茶色，取出，蒸至出现油面、光泽后，烘至半干，再晒干或继续烘干，称为黑顺片。

3. 白附片 取泥附子，按大小分别洗净，浸入胆巴水中数日，连同浸液煮至透心，取出，剥去外皮，纵切成厚约0.3 cm的片，用水浸漂，取出，蒸透，晒干，称为白附片。

【历史沿革】汉代有火炮法，晋代有炒炭法，隋唐时期有黑豆水浸、蜜炙、纸裹煨等法，宋代有水浸、烧黑、烧灰存性、醋浸、醋炙、姜汤煮、盐制、黄连制、黑豆青盐制等方法，明清时期有煮、甘草汤浸炒、地黄制、童便制等法。现行有盐制、漂、蒸、煮及用甘草、生姜、豆腐、白矾、黑豆、胆汁等辅料煮制的炮制方法。《中国药典》收载附片（黑顺片、白附片）、淡附片、炮附片。

【炮制方法】

1. **附片（黑顺片、白附片）** 直接入药，但仍需先煎。

2. **淡附片** 取盐附子，用清水浸漂，每日换水 2~3 次，至盐分漂尽，与甘草、黑豆加水共煮透心，至切开口尝无麻舌感时，取出，除去甘草、黑豆，切薄片，晒干。

每 100 kg 盐附子，用甘草 5 kg、黑豆 10 kg。

3. **炮附片** 用砂炒法，烫至鼓起并微变色。

【成品性状】

1. **黑顺片** 为纵切片，上宽下窄，长 1.7~5 cm，宽 0.9~3 cm，厚 0.2~0.5 cm。外皮黑褐色，切面暗黄色，油润具光泽，半透明状，并有纵向导管束。质硬而脆，断面角质样。气微，味淡。

图 14-17　黑顺片

2. **白附片** 无外皮，黄白色，半透明，厚约 0.3 cm。

图 14-18　白附片

3. **淡附片** 呈纵切片，上宽下窄，厚 0.2~0.5 cm。外皮褐色。切面褐色，半透明，有纵向导管束。质硬，断面角质样。气微，味淡，口尝无麻舌感。

图 14-19　淡附片

4. **炮附片** 形如黑顺片或白附片，表面鼓起，黄棕色，质松脆。气微，味淡。

图 14-20　炮附片

【质量要求】

1. **黑顺片** 水分不得过 15.0%，总灰分不得过 6.0%，酸不溶性灰分不得过 1.0%；含双酯型生物碱以新乌头碱、次乌头碱和乌头碱的总量计，不得过 0.020%；含苯甲酰新乌头原碱、苯甲酰乌头原碱和苯甲酰次乌头原碱的总量，不得少于 0.010%。

2. **白附片** 水分、总灰分、酸不溶性灰分，双酯型生物碱限量、成分含量同黑顺片。

3. **淡附片** 总灰分不得过 7.0%，酸不溶性灰分不得过 1.0%，水分、成分含量同附片；含双酯型生物碱以新乌头碱、次乌头碱和乌头碱的总量计，不得过 0.010%。

4. **炮附片** 水分、双酯型生物碱限量同附片。

【炮制作用】附子性味辛、甘，大热；有毒。归心、肾、脾经。具有回阳救逆，补火助阳，散寒止痛的功效。生附子有毒，多作外用。

附子经炮制后降低毒性，便于内服。产地加工成盐附子，可以防止药物腐烂，利于贮藏。加工成黑顺片、白附片，毒性降低，可直接入药。淡附片长于回阳救逆，散寒止痛。炮附片以温肾暖脾、补命门之火力胜。

【临床应用】

1. **附片** 毒性降低，可直接入药，如用于上消化道出血量多，症见烦躁或神志淡漠、肢冷、汗出、脉弱无力的止血复脉合剂（《中国药典》）。

2. **淡附片** 用于亡阳虚脱，肢冷脉微，阴寒水肿，阳虚感冒，寒湿痹痛，心腹疼痛。如治阳虚欲脱，四肢厥逆的四逆汤（《中国药典》）；治脾肾阳虚，血瘀湿阻之水肿的肾康宁片（《中国药典》）。

3. **炮附片** 用于心腹冷痛，虚寒吐泻，冷痢腹痛，冷积便秘或久痢赤白。如治肾阳不足，命门火衰，腰膝痠冷的右归丸（《中国药典》）；治脾胃虚寒，呕吐泄泻的附子理中丸（《太平惠民和剂局方》);治积久冷痢的温脾汤(《外台秘要》)。

知识拓展 14-6 药典成方制剂中附子的应用举例

【炮制研究】附子与川乌药材为同一植物来源,其有毒成分亦为乌头碱等二萜双酯类生物碱,炮制后毒性明显降低,炮制解毒机制亦与川乌类似。

1. 化学成分研究 江油附子在产地传统加工经过洗净、胆巴水浸泡、煮制、浸漂、剥皮(黑顺片除外)、切片、水漂、蒸制、干燥等多道工序处理,使其双酯型生物碱水解而降低毒性。

研究提出,以单酯型生物碱与双酯型生物碱的相对比例(MAs/DAs)作为江油附子质量控制的新指标。黑顺片炮制过程中,生附子、胆巴浸泡、煮制、浸漂、水漂、蒸制中间品以及成品的MAs/DAs 分别为 0.011、0.037、0.160、0.156、0.130、8.500、21.167,黑顺片的 MAs/DAs 约为生附子的 2 000 倍,可见,随着黑顺片炮制过程的进行,其指标成分单酯型生物碱升高而双酯型生物碱降低。

2. 药理作用研究 急性毒性实验结果表明,白附片和黑顺片毒性较小,其最大给药剂量均为 20.56 g/kg,盐附子有一定毒性,其 LD_{50} 为 11.30 g/kg。盐附子、白附片和黑顺片的临床安全指数(急性毒性剂量除以抗室颤最低有效剂量)依次为生品的 18.08 倍、32.89 倍和 131.79 倍。

炮附子在 5~20 min 内产生明显的强心作用,强心作用强度和作用范围都比生附子的增大。生附子和炮附子的有效部位对心衰大鼠血流动力学指标都有显著性影响,且对心衰大鼠血流动力学作用较正常大鼠作用显著。盐附子和黑顺片均可抑制醋酸所致小鼠扭体反应次数,黑顺片可明显降低二甲苯所致的小鼠耳肿胀度。研究提示,附子制后不仅不降低其强心、镇痛、抗炎的作用效果,而且增加了其安全剂量。

将不同炮制过程制出的炒附片、黑顺片、淡附片及蒸附片进行足肿胀度、耳肿胀度及痛阈值试验,对比不同炮制过程中附子镇痛、抗炎以及提高免疫功能作用。结果表明,不同附子组相比对照组的耳肿胀度均有明显的降低,不同附子组在用药 6 h 相比对照组,除蒸附片组外,足肿胀度均有明显的降低,用药 1 h 炒附片组以及黑顺片组与对照组的差异明显;不同附子组相比对照组的痛阈值变化不明显。不同炮制过程中的附子均具有镇痛、抗炎、提高免疫功能等的作用,各种附子的效果根据炮制方式的不同,存在一定的差异,应该根据实际情况进行使用。

【贮藏养护】盐附子密闭,置阴凉干燥处;附片贮存于干燥容器内,置通风干燥处,防潮。生附子按毒性药品种管理。

远 志

【导言】对远志去心是洁净药物还是"免心烦",一直有不同的观点。研究发现,远志木心部的有效成分远低于根皮,且刺激性也低于根皮。在炮制学习中,结合文献查考,了解中药材炮制加工的过程和炮制意义,对于正确理解炮制目的和炮制作用有直接的指导意义。

【处方用名】远志、制远志、炙远志、远志肉。

【来源】为远志科植物远志 *Polygala tenuifolia* Willd. 或卵叶远志 *Polygala sibirica* L. 的干燥根。

【采收加工】春、秋二季采挖,除去须根和泥沙,晒干或抽取木心晒干。

【历史沿革】南北朝时期载有去心,隋唐时有熟甘草汤浸,并指出"用时须去心,若不去心,服之令人闷"。宋代有炒黄、焙制、甘草水煮、酒浸、酒蒸、酒炒、姜汁淹、生姜汁炒等法,明清时期有微炒、炒炭、炙制、麸拌炒、小麦炒、灯心煮、干姜汁蘸焙、米泔浸、米泔煮、甘草汁浸蒸、甘草黑豆水煮后姜汁炒、猪胆汁煮过晒干再姜汁制等方法。现行有清炒、蒸、煮、蜜炙、甘草制等炮制方法。《中国药典》收载远志、制远志。

【炮制方法】

1. **远志** 取原药材，除去杂质，略洗，润透，切段，干燥。

2. **制远志** 取甘草，加适量水煎汤，去渣，加入远志，用文火煮至汤吸尽，取出，干燥。

每 100 kg 远志，用甘草 6 kg。

3. **蜜远志** 取炼蜜，加入少量温开水稀释，与远志拌和，稍闷，置预热的炒制容器内，用文火加热炒至蜜被吸尽，药物深黄色，略带焦斑，疏散不粘手为度，取出，放凉。

每 100 kg 远志，用炼蜜 20 kg。

【成品性状】

1. **远志** 呈圆筒形的段。外表皮灰黄色至灰棕色，有横皱纹。切面棕黄色。气微，味苦、微辛，嚼之有刺喉感。

图 14-21　远志

2. **制远志** 形如远志段，表面黄棕色，味微甜。

图 14-22　制远志

3. **蜜远志** 形如远志段，表面棕红色，稍带焦斑，略显黏性，味甜。

图 14-23　蜜远志

【质量要求】

1. **远志** 水分不得过 12.0%，总灰分不得过 6.0%，每 1 000 g 含黄曲霉毒素 B_1 不得过 5 μg，含黄曲霉毒素 G_1、G_2、B_1、B_2 的总量不得过 10 μg，醇溶性浸出物（用 70% 乙醇作溶剂）不得少于 30.0%，含细叶远志皂苷不得少于 2.0%，含远志𠮿酮Ⅲ不得少于 0.15%，含 3,6′-二芥子酰基蔗糖不得少于 0.50%。

2. **制远志** 酸不溶性灰分不得过 3.0%，水分、黄曲霉毒素限量及浸出物含量同远志，含细叶远志皂苷不得少于 2.0%，含远志𠮿酮Ⅲ不得少于 0.10%，含 3,6′-二芥子酰基蔗糖不得少于 0.30%。

【炮制作用】远志性味苦、辛，温。归心、肾、肺经。具有安神益智，交通心肾，祛痰，消肿的功效。远志生品戟人咽喉，多外用涂敷。制远志能缓和其苦燥之性，消除麻味，防止刺喉，以安神益智为主。蜜炙后增强化痰止咳的作用。

【临床应用】

1. **远志** 用于痈疽肿毒，乳房肿痛。如治痈疽肿毒初起的远志膏（《医学心悟》）。

2. **制远志** 用于心悸，失眠，健忘，精神不安。如治心肾不交，失眠健忘，头晕耳鸣，神疲体倦的孔圣枕中丸（《北京市药品标准》）；治心劳虚寒，惊悸恍惚，多忘不安，梦寐惊魇的远志饮子（《济生方》）；治失眠健忘的远志丸（《太平惠民和剂局方》）。

3. **蜜远志** 用于咳嗽痰多，咳吐不爽等症。如治咳嗽，痰多黏稠难咯的复方桔梗止咳片（《卫生部药品标准》）。

【炮制研究】远志含三萜皂苷、寡糖酯、𠮿酮、生物碱、香豆素、木质素等成分。远志皂苷具有较明显的祛痰、镇咳作用，皂苷、寡糖酯类成分具有增强记忆、抗痴呆和脑保护活性。

1. **化学成分研究** 甘草水制远志，可消除远志对咽喉的刺激感，增加远志皂苷的煎出量。实验考察了添加与不添加辅料共 17 种不同炮制方法对远志中皂苷元组成、含量的影响，结果表明炮制时加辅料能显著促进环远志皂苷元的生成。远志加辅料炮制后，环远志皂苷元含量与生品相比升高 6~8 倍，而远志酸、远志皂苷元与生品含量水平相当，远志炭中皂苷元含量远低于生品。

远志传统加工方法要抽去木心，根皮入药，称为远志肉。研究表明远志皮皂苷含量为12.1%，远志木心为 0.482%，二者相差 25 倍。

2. 药理作用研究　远志根、根皮及木心所含的化学成分类似，各有效成分的含量以根皮＞根＞木心。根皮的祛痰作用、抗惊厥作用、溶血作用及急性毒性均强于远志木心。可见远志去心的目的不是降低毒副作用，而是去除祛痰作用较弱的部位。远志木心的毒性和溶血作用均小于皮部，又同样有镇静、祛痰作用，为避免资源浪费，且抽去木心较为费工费时，也有学者建议远志不去心应用。

制远志、蜜远志与生远志对小鼠自发活动作用相同，入睡潜伏时间仅有缩短的趋势；蜜远志、制远志与生远志对催眠作用相同。生远志、蜜炙远志、姜制远志、甘草制远志对小鼠均有明显的止咳化痰作用。蜜炙远志能加强对胃黏膜及迷走神经的刺激，增加支气管的分泌，使气管内容物易于咳出。

对远志不同炮制品镇静、镇咳作用研究表明：在镇静效果上，高剂量的制远志效果最佳；在镇咳效果上，高剂量的蜜远志效果较好；对比化痰作用，以高剂量的蜜远志效果为佳。

3. 炮制工艺研究　以蜜远志中细叶远志皂苷和远志𠮨酮Ⅲ含量为指标，采用响应面法，优化蜜远志的炮制工艺，结果表明：蜜远志最佳炮制工艺为炮制温度 100℃，炮制时间 3.3 min，炮制时加炼蜜 21%。

【贮藏养护】贮存于干燥容器内，密闭，置通风干燥处。

草　乌

【来源】为毛茛科植物北乌头 *Aconitum kusnezoffii* Reichb. 的干燥块根。

【炮制方法】

1. **生草乌**　取原药材，除去杂质，洗净，干燥。

2. **制草乌**　取草乌，大小分开，用水浸泡至内无干心，取出，加水煮至取大个切开内无白心、口尝微有麻舌感时，取出，晾至六成干后切薄片，干燥。

【成品性状】

1. **生草乌**　呈不规则长圆锥形，略弯曲。顶端常有残茎和少数不定根残基。表面灰褐色或黑棕褐色，皱缩，有纵皱纹、点状须根痕及数个瘤状侧根。质硬，断面灰白色或暗灰色，有裂隙，形成层环纹多角形或类圆形，髓部较大或中空。气微，味辛辣、麻舌。

2. **制草乌**　呈不规则圆形或近三角形的片。表面黑褐色，有灰白色多角形的形成层环和点状的维管束，并有空隙，周边皱缩或弯曲。质脆。气微，味微辛辣，稍有麻舌感。

【炮制作用】草乌性味辛、苦，热；有大毒。归心、肝、肾、脾经。具有祛风除湿，温经止痛的功效。生草乌有大毒，以祛寒止痛，消肿为主，多作外用。制草乌，经煮制后毒性降低，可供内服。以祛风除湿、温经止痛力胜。

【贮藏养护】贮于干燥容器内，置通风干燥处，防蛀。生草乌按毒性药品种管理。

吴茱萸

【来源】为芸香科植物吴茱萸 *Euodia rutaecarpa*（Juss.）Benth.、石虎 *Euodia rutaecarpa*（Juss.）Benth. var. *officinalis*（Dode）Huang 或疏毛吴茱萸 *Euodia rutaecarpa*（Juss.）Benth. var. *bodinieri*（Dode）Huang 的干燥近成熟果实。

【炮制方法】

1. **吴茱萸**　取原药材，除去果柄杂质，洗净，干燥。

2. **制吴茱萸**　取甘草捣碎，加适量水，煎汤，去渣，加入吴茱萸，闷润至汤液吸尽后，炒至微干，取出，干燥。

每 100 kg 吴茱萸，用甘草 6 kg。

3. **盐吴茱萸**　取吴茱萸，加入盐水拌匀，置预热的炒制容器内，用文火炒至爆裂、稍鼓起时，取出，晾凉。

每 100 kg 吴茱萸，用食盐 3 kg。

【成品性状】

1. **吴茱萸**　呈球形或略呈五角状扁球形，直径 2～5 mm。表面暗黄绿色至褐色，粗糙，有多数点状突起或凹下的细点。顶端有五角星状的裂隙，基部残留被有黄色茸毛的果梗。质硬而脆，横切面可见子房 5 室，每室有淡黄色种子 1 粒。气芳香浓郁，味辛辣而苦。

2. **制吴茱萸**　形如吴茱萸，表面棕褐色至暗褐色。

3. **盐吴茱萸**　形如吴茱萸，表面棕褐色至暗褐色，香气浓郁，味辛辣，微苦咸。

【炮制作用】吴茱萸性味辛、苦，热；有小毒。归肝、脾、胃、肾经。具有散寒止痛，降逆止呕，助阳止泻的功效。吴茱萸生品有小毒，多外用。以散寒定痛力强。甘草制后降低毒性，缓和燥性。盐制吴茱萸引药下行，入肾经，增强疗疝功效。

【贮藏养护】贮存于干燥容器内，密闭，置通风干燥处。

硫黄

【来源】为自然元素类矿物硫族自然硫，采挖后，加热熔化，除去杂质；或用含硫矿物经加工制得。

【炮制方法】

1. **生硫黄**　取原药材，除去杂质，敲成碎块。
2. **制硫黄**　取硫黄块，与豆腐同煮，至豆腐显黑绿色时，取出，漂净，阴干。

每 100 kg 硫黄，用豆腐 200 kg。

【成品性状】

1. **生硫黄**　呈不规则块状。黄色或略呈绿黄色。表面不平坦，呈脂肪光泽，常有多数小孔。用手握紧置于耳旁，可闻轻微的爆裂声。体轻，质松，易碎，断面常呈针状结晶形。有特异的臭气，味淡。

2. **制硫黄**　呈黄褐色或绿黄色结晶块，断面蜂窝状，臭气不明显。

【炮制作用】硫黄性味酸，温；有毒。归肾、大肠经。具有解毒杀虫疗疮，补火助阳通便的功效。生品有毒，多外用，可以解毒杀虫疗疮。制后毒性降低，可供内服，能补火助阳通便。

【贮藏养护】置干燥处。防火。

藤　黄

【来源】为藤黄科植物藤黄 *Garcinia hanburyi* Hook.f. 的干燥树脂。

【炮制方法】

1. **生藤黄**　取原药材，除去杂质，轧成粗粒或打成小块。

2. **制藤黄**

（1）豆腐制：取大块豆腐，中间挖一长方形槽，将藤黄置槽中，再用豆腐盖严，置煮制容器内加水煮至藤黄全部熔化，去煮水，取出放凉，待藤黄凝固，除去豆腐，干燥。或将定量豆腐块置盘内，中间挖槽，将净藤黄粗末放入槽中，上用豆腐盖严，置蒸制容器内隔水蒸 3~4 h，待藤黄全部熔化，取出，放凉，除去豆腐，干燥。

每 100 kg 藤黄，用豆腐 300 kg。

（2）荷叶制：取荷叶加 10 倍量水煮 1 h，捞去荷叶，加入藤黄煮至烊化，并继续浓缩成稠膏状，取出，凉透，待其凝固，打碎。

每 100 kg 藤黄，用荷叶 50 kg。

（3）山羊血制：取藤黄与鲜山羊血加水共煮 5~6 h，取出，拣出山羊血，晾干。

每 100 kg 藤黄，用山羊血 50 kg。

【成品性状】

1. **生藤黄**　呈不规则碎块状、片状或细粉状，表面棕黄色、红黄色或橙棕色，质脆易碎，有光泽，无臭，味辛。

2. **制藤黄**　呈黄褐色，表面粗糙，断面显蜡样光泽，质脆易碎，无臭，味辛。

【炮制作用】藤黄性味酸、涩，寒；有大毒。归胃、大肠经。具有消肿排脓，散瘀解毒，杀虫止痒的功效。生藤黄毒性大，不可内服。外用于痈疽肿毒、顽癣。制后毒性降低，可供内服，并可保证药材的净度。

【贮藏养护】贮存于干燥容器内，密闭，置阴凉干燥处。生藤黄按毒性药品种管理。

第三节　㷢　法

将药物置沸水中烫煮短暂时间，取出，分离种皮的方法称为㷢法。适用于种子类药物去除种皮或分离不同药用部位。

（一）目的

1. 在保存有效成分的前提下，除去非药用部分。如苦杏仁、桃仁通过㷢制，除去非药用部位种皮，并起到杀酶保苷的作用。

2. 分离不同药用部位。如白扁豆通过㷢制，分离不同的药用部位，扁豆仁和扁豆衣分离后，分别入药。

(二) 操作方法

先将多量清水加热至沸，再将药物投入沸水中，煮烫 5~10 min，至种皮由皱缩到膨胀，易于挤脱时，立即取出，浸漂于冷水中，捞起，搓开种皮与种仁，晒干，簸去或筛分种皮。

(三) 注意事项

1. 控制用水量。水量要多，以保证水温，一般为投药量的 10 倍以上。若水量少，投入药物后，水温迅速降低，酶不能很快灭活，反而使苷被酶解，影响药效。

2. 避免时间过长。水沸腾后投药，加热时间以 5~10 min 为宜。以免水烫时间过长，有效成分损失。

3. 注意干燥方法。燀去皮后，宜当天晒干或低温烘干，否则易泛油，色变黄，影响成品质量。

苦 杏 仁

【导言】苦杏仁历代炮制多采用以燀法除去皮尖后，再以炒黄法炮制。研究证明，苦杏仁皮中不含苦杏仁苷，而苦杏仁尖中未检出与仁不同的其他成分，从成分的角度说明了苦杏仁可去皮不去尖。

【处方用名】苦杏仁、燀苦杏仁、炒苦杏仁。

【来源】为蔷薇科植物山杏 *Prunus armeniaca* L.var. *ansu* Maxim.、西伯利亚杏 *Prunus sibirica* L.、东北杏 *Prunus mandshurica*（Maxim.）Koehne 或杏 *Prunus armeniaca* L. 的干燥成熟种子。

【采收加工】夏季采收成熟果实，除去果肉和核壳，取出种子，晒干。

【历史沿革】汉代有汤浸去皮尖及双仁、去皮尖炒、熬黑、捣令如膏等方法，晋代有熬法，唐代有麸炒、烧令黑、油煎法，宋代有微炒、炒焦、瓜蒌瓤炒、童便浸后麸炒、蜜制、制霜、炮、米泔浸等炮制方法，元代有焙法，明代有蒜煮、蛤粉炒、牡蛎粉炒、童便浸后蜜炒等炮制方法，清代有姜制、面裹煨等方法。现行有燀制、炒制等炮制方法。《中国药典》收载苦杏仁、燀苦杏仁、炒苦杏仁。

【炮制方法】

1. **苦杏仁** 取原药材，除去杂质。用时捣碎。

2. **燀苦杏仁** 取苦杏仁，投入沸水中，煮烫 5~10 min，至种皮由皱缩到膨胀，易于挤脱时，捞出，在凉水中稍泡，沥水后，搓开种皮与种仁，干燥，簸去种皮。用时捣碎。

视频 14-2　燀苦杏仁的炮制

3. **炒苦杏仁** 取燀苦杏仁，置炒制容器中，文火炒至黄色，略带焦斑，有香气，取出，摊凉。用时捣碎。

【成品性状】

1. **苦杏仁** 呈扁心形，表面黄棕色至深棕色，一端尖，另端钝圆肥厚，左右不对称，种皮薄，子叶乳白色，富油性，气微，味苦。

图 14-24　苦杏仁

2. **燀苦杏仁** 扁心形，表面乳白色或黄白色，一端尖，另端钝圆，肥厚，左右不对称，富油性。有特异的香气，味苦。

图 14-25　燀苦杏仁

3. 炒苦杏仁 形如焯苦杏仁，表面黄色至棕黄色，微带焦斑，有香气，味苦。

图 14-26 炒苦杏仁

【质量要求】

1. **苦杏仁** 水分不得过 7.0%，过氧化值不得过 0.11，含苦杏仁苷不得少于 3.0%。

2. **焯苦杏仁** 水分、过氧化值同苦杏仁，含苦杏仁苷不得少于 2.4%。

3. **炒苦杏仁** 水分不得过 6.0%，过氧化值同苦杏仁，含苦杏仁苷不得少于 2.4%。

【炮制作用】苦杏仁性味苦，微温；有小毒。归肺、大肠经。具有降气止咳平喘，润肠通便的功效。

苦杏仁性微温而质润，生用有小毒，剂量过大或使用不当易中毒。长于润肺止咳，润肠通便。焯苦杏仁可除去非药用部位，便于有效成分煎出，提高药效；并可使酶灭活，有利于保存苦杏仁苷。苦杏仁焯后还可降低毒性，使用药安全，其功用与生杏仁基本一致。炒苦杏仁性温，长于温肺散寒。

【临床应用】

1. **苦杏仁、焯苦杏仁** 如治肺热咳嗽的麻杏石甘汤（《伤寒论》），治老人肠燥或产后血少便秘的润肠丸（《沈氏尊生书》）。

2. **炒苦杏仁** 作用与生苦杏仁和焯苦杏仁相同，多用于肺寒咳喘，久患肺喘。如补肺平喘的杏仁煎（《杨氏家藏书》）。

【炮制研究】

1. **化学成分研究** 苦杏仁生品在入汤剂煎煮前浸泡过程，及煎煮开始一段时间内的温度适合苦杏仁中的苦杏仁酶发挥作用，导致苦杏仁苷被共存的苦杏仁酶和野樱酶水解，产生氢氰酸而逸散。苦杏仁经加热炮制后，可以杀酶保苷，使苦杏仁苷在体内胃酸作用下，缓缓分解，产生适量的氢氰酸，起镇咳平喘作用而不致引起中毒。苦杏仁经不同方法炮制后均可起到一定程度的杀酶效果，其中以焯法效果最好。

采用 HPLC 法测定苦杏仁生品及不同炮制品中苦杏仁苷的含量，结果显示：生苦杏仁 > 焯苦杏仁 > 炒苦杏仁。

焯制和炒制对苦杏仁中的脂肪酸组分基本无影响，但炮制后亚油酸相对含量降低，油酸相对含量升高，这些变化与加热温度和炮制时间呈正相关。

2. **药理作用研究** 生苦杏仁、炒苦杏仁、焯苦杏仁、后下生苦杏仁不同给药组，都能减少枸橼酸引起的豚鼠咳嗽次数，对氨水引起的小鼠咳嗽均有明显的止咳作用，均能延长 2% 溴化乙酰胆碱和 0.4% 组胺双盐酸盐引起的豚鼠呼吸痉挛潜伏期。作用的强度为：炒苦杏仁 > 后下生苦杏仁 > 焯苦杏仁 > 生苦杏仁。

3. **炮制工艺研究** 研究表明，使用沸水，加水量为苦杏仁量的 10 倍，煮烫时间 5 min 可达最佳焯制效果。湿热法中流通蒸气法、水煮法和高压蒸气法均能达到既破坏酶又基本保留苦杏仁苷的目的。但水煮时间长则会导致成分流失。

采用微波加热炮制苦杏仁的最佳工艺为：温度 80℃，加热 4~5 min，可使苦杏仁酶完全灭活，苦杏仁苷几乎不受损失。

以性状、水分、灭酶程度、苦杏仁苷含量为考察指标，采用四因素三水平正交试验法对苦杏仁炮制工艺中加水量、焯制时间、干燥温度、干燥时间进行优选研究，得出焯苦杏仁最佳炮制工艺为加水量 10 倍，煮沸 10 min，电热鼓风恒温干燥箱干燥，温度 60℃，时间 6 h。

【贮藏养护】贮干燥容器内,置阴凉干燥处。防蛀。

桃 仁

【导言】桃仁与苦杏仁性状相似,桃仁价格略高,市场上有把苦杏仁掺入桃仁的现象。但二者在形状上也有很大的区别,例如口感上,苦杏仁较桃仁更苦,外观上苦杏仁"一端尖,另端钝圆",而桃仁中部膨大,应注意区分。

【处方用名】桃仁、燀桃仁、炒桃仁。

【来源】为蔷薇科植物桃 *Prunus persica*(L.)Batsch 或山桃 *Prunus davidiana*(Carr.)Franch. 的干燥成熟种子。

【采收加工】果实成熟后采收,除去果肉和核壳,取出种子,晒干。

【历史沿革】汉代有去皮尖、熬法,南北朝刘宋时代有白术黑豆制,唐代有研如膏、酒煮等法,宋代有麸炒、盐炒、面炒、微炒等制法,元代有焙法,明代有吴茱萸炒、酒制、制炭等方法,清代有干漆炒、童便酒炒等方法。现行有燀制、炒制等炮制方法。《中国药典》收载桃仁、燀桃仁、炒桃仁。

【炮制方法】

1. 桃仁 取原药材,除去杂质。用时捣碎。

2. 燀桃仁 取桃仁,置沸水中,加热烫至种皮微膨起即捞出,在凉水中稍泡,捞起,搓开种皮与种仁,干燥,簸去种皮。用时捣碎。

3. 炒桃仁 取燀桃仁,置炒制容器中,文火炒至黄色,略带焦斑,取出,摊凉。用时捣碎。

【成品性状】

1. 桃仁 呈扁长卵形,长1.2~1.8 cm,宽0.8~1.2 cm,厚0.2~0.4 cm。表面黄棕色至红棕色,密布颗粒状突起。一端尖,中部膨大,另端钝圆稍偏斜,边缘较薄。尖端一侧有短线形种脐,圆端有颜色略深不甚明显的合点,自合点处散出多数纵向维管束。种皮薄,子叶2,类白色,富油性,气微,味微苦。山桃仁呈卵圆形,较小而肥厚,长约0.9 cm,宽约0.7 cm,厚约0.5 cm。

图14-27 桃仁

2. 燀桃仁 呈扁长卵形,长1.2~1.8 cm,宽0.8~1.2 cm,厚0.2~0.4 cm。表面浅黄白色,一端尖,中部膨大,另端钝圆稍偏斜,边缘较薄。子叶2,富油性。气微香,味微苦。燀山桃仁呈类卵圆形,较小而肥厚,长约1 cm,宽约0.7 cm,厚约0.5 cm。

图14-28 燀桃仁

3. 炒桃仁 呈扁长卵形,长1.2~1.8 cm,宽0.8~1.2 cm,厚0.2~0.4 cm。表面黄色至棕黄色,可见焦斑,一端尖,中部膨大,另端钝圆稍偏斜,边缘较薄。子叶2,富油性。气微香,味微苦。炒山桃仁2枚子叶多分离,完整者呈类卵圆形,较小而肥厚,长约1 cm,宽约0.7 cm,厚约0.5 cm。

图14-29 炒桃仁

【质量要求】

1. 桃仁 水分不得超过7.0%,酸值不得超过10.0,羰基值不得超过11.0,铅不得超过5 mg/kg,镉不得超过1 mg/kg,砷不得超过2 mg/kg,汞不得超过0.2 mg/kg,铜不得超过20 mg/kg,每1 000 g含黄曲霉毒素B_1不得超过5 μg,黄曲霉毒素G_2、黄曲霉毒素G_1、黄曲霉毒素B_2和黄

曲霉毒素 B_1 总量不得超过 10 μg，含苦杏仁苷不得少于 2.0%。

2. **焯桃仁** 黄曲霉毒素同桃仁，水分不得超过 6.0%，含苦杏仁苷不得少于 1.50%。

3. **炒桃仁** 黄曲霉毒素同桃仁，水分不得超过 5.0%，含苦杏仁苷不得少于 1.60%。

【炮制作用】桃仁性味苦、甘，平。归心、肝、大肠经。具有活血祛瘀、润肠通便、止咳平喘的功效。桃仁生用行血祛瘀力强。桃仁焯制后易去皮，可除去非药用部位，使有效成分易于煎出，提高药效。炒桃仁偏于润燥和血。

【临床应用】

1. **桃仁** 多用于血瘀经闭，肺痈肠痈，跌打损伤，产后瘀滞腹痛。如治跌打损伤，腹中瘀血刺痛的桃红四物汤（《医宗金鉴》）。

2. **焯桃仁** 其功用与生桃仁基本一致。

3. **炒桃仁** 多用于肠燥便秘，心腹胀满等。如治年老体衰或久病血虚津亏，或产后失血过多而导致肠燥便秘的润燥丸（《张氏医通》）。

【炮制研究】桃仁主要含有苷类如苦杏仁苷、野樱苷，脂质、糖类、蛋白质、氨基酸、苦杏仁酶、尿囊素酶等。具有抗动脉粥样硬化、抗心肌缺血、抗炎、抗过敏等作用。

1. **化学成分研究** 研究表明，焯制去皮可显著提高桃仁水溶性成分的溶出。桃仁粉碎后其水溶性煎出物含量明显提高。生桃仁入煎剂时，苦杏仁苷在煎液中的留存量甚微，通过焯制可杀酶保苷。在炮制过程中，应选择适宜的炮制条件，既可使酶灭活，又避免处理过程本身导致苦杏仁苷损失。

2. **药理作用研究** 桃仁的 5 种炮制品（生品、焯制品、炒制品、蒸制品、种皮）对小鼠的抗凝血、抗血栓、抗炎、润肠通便作用，以生桃仁的各种作用最强，焯、炒、蒸后抗凝血作用缓和，炒、蒸桃仁抗血栓作用明显降低。

研究表明，酒炒桃仁具有活血化瘀、清热解毒之功效。桃仁采用酒炒具有抑制呕吐、腹泻的功效。桃仁经炮制后药物有效性显著高于未经炮制的桃仁原品。

炒桃仁总蛋白能够促进抗体形成细胞的产生、血清溶血素的生成，能够提高机体体液免疫功能。炒桃仁总蛋白对肿瘤坏死因子 α 的产生有明显的促进作用。

3. **炮制工艺研究** 焯制桃仁的受热时间、冷浸时间对有效成分苦杏仁苷的含量影响较大。以苦杏仁苷为考察指标，采用 HPLC 进行含量测定，结果表明，桃仁在沸水受热时间在 4～10 min、冷浸时间 10 min 以内，比较合理，既容易脱皮，苦杏仁苷含量损失也不会太大，能保证产品质量和疗效。

【贮藏养护】贮干燥容器内，置阴凉干燥处。防蛀。

白 扁 豆

【来源】为豆科植物扁豆 *Dolichos lablab* L. 的干燥成熟种子。

【炮制方法】

1. **白扁豆** 取原药材，除去杂质，用时捣碎。

2. **扁豆衣** 取白扁豆置沸水中，稍煮，至皮软后，捞至凉水中稍泡，取出，搓开种皮与种仁，干燥，筛取种皮。（种仁干燥后，另做药用）。

3. **炒白扁豆** 取白扁豆或仁，置炒制容器内，文火炒至表面微黄色、微见焦点，取出，摊凉。用时捣碎。

【成品性状】

1. **白扁豆** 呈扁椭圆形或扁卵圆形，长 8～13 mm，宽 6～9 mm，厚约 7 mm。表面淡黄白色或淡黄色，平滑，略有光泽，一侧边缘有隆起的白色眉状种阜。质坚硬。种皮薄而脆，子叶2，肥厚，黄白色，气微，味淡，嚼之有豆腥气。

2. **扁豆衣** 呈不规则的卷缩状种皮，乳白色，质脆易碎。

3. **炒白扁豆** 表面微黄，略具焦斑，有香气。

【炮制作用】白扁豆性味甘，微温。归脾、胃经。具有健脾化湿、和中消暑的功效。

白扁豆生用清暑、化湿力强。用于脾胃虚弱，食欲不振，大便溏泻，白带过多，暑湿吐泻，胸闷腹胀。如治夏季伤于暑湿，腹痛吐泻的香薷散（《太平惠民和剂局方》）。

燀白扁豆主要是为了分离不同的药用部位，增加药用品种。扁豆衣气味俱弱，健脾作用较弱，偏于祛暑化湿。可用于暑热所致的身热，头目眩晕。如治暑热所致身热、头目眩晕的清络饮（《温病条辨》）。用于暑日酒食所伤，伏热，烦渴，如缩脾饮（《太平惠民和剂局方》）。

炒白扁豆性微温，长于健脾化湿。用于脾虚泄泻，白带过多。如治脾胃虚弱，运化失常，大便泄泻，神疲体倦的参苓白术散（《太平惠民和剂局方》）。

【贮藏养护】贮干燥容器内，置干燥处。防蛀。

复习思考题

1. 试述蒸煮燀法炮制过程中水与药物接触方式的异同点，分析各法的炮制意义。
2. 试述何首乌、附子、苦杏仁等的炮制方法、炮制作用及炮制原理。
3. 试述川乌、草乌、附子炮制原理的异同点，阐述三种饮片在汤剂入药中应注意的问题及其原理。

数字资源详见　新形态教材网

课程思政案例　　视频　　知识拓展　　推荐阅读

复习思考题答案　　教学课件

第十五章

复 制 法

▦ 思维导图

▸ 复制法的经典代表——九转南星

　　复制法，始于唐代，盛于明清，方法复杂，涉及辅料品种多，炮制时间长。九转南星是胆南星的一种传统炮制方法，其炮制工艺较为繁琐。先将生天南星细粉与胆汁拌匀，置缸中发酵，谓之"阴转"；一年后再将新胆汁加入阴转南星中，拌匀后置牛胆皮囊内挂于阴凉通风处一年，谓之"阳转"；次年取下，将囊内物轧成粗粉，加胆汁拌匀，再置牛胆皮囊内挂于阴凉通风处。如此反复操作，每年添加新的胆汁，胆汁用量递减，直至九转南星。最后轧成细粉，加黄酒拌匀，蒸透，搓成条，切段。

　　现代胆南星制备方法与传统法相比，其辅料种类、用量及工艺程序均有所简化。《本草纲目》载"以生南星研末，腊月取黄牯牛胆汁拌和，纳入胆中，挂通风处阴干之，年久者弥佳"。该过程降低了天南星的毒性，长期风干，胆汁固有的腥臭味大大减少，同时天南星的性味转为苦凉。现代制法通过发酵工艺降低了天南星的毒性，长时间蒸或炖除去腥臭气，与传统法虽有区别，但炮制品胆南星的效果一致。

请对下列问题给予思考与分析：
1. 试述复制法的特点。
2. 试述现代胆南星制备方法与九转南星制备方法的异同点。

复制法历史悠久，唐代就有了关于复制法的记载。孙思邈在《千金翼方》中记载有造熟地黄。部分药物自古至今有几十种复制的方法，其工艺和辅料等多不一致，具有各地方的炮制特色，复制法是用多种辅料或多种工序处理药物。现在的复制法，与传统方法相比，其辅料种类、用量及工艺程序均有所改变。目前，复制法主要用于天南星、半夏等有毒中药的炮制。

将净选后的药物加入一种或数种辅料，按规定操作程序，反复炮制的方法，称为复制法。传统又称为"法制"。

（一）目的

1. 降低或消除药物的毒性或刺激性。如白附子、半夏等。
2. 改变药性。如胆汁制天南星等。
3. 增强疗效。如用鲜姜、白矾制白附子等。
4. 矫臭矫味。如酒制紫河车等。

（二）操作方法

复制法没有统一的操作方法，具体方法、工艺过程和辅料的选择是根据炮制的药物而定的。一般将净选后的药物置于一定容器内，加入一种或数种辅料，按特定的工艺程序，经过浸、泡、漂，或蒸、煮，或数法并用，反复炮制，使药物达到规定的质量要求。

（三）注意事项

复制各法操作方法复杂，辅料种类多，一般需较长时间，应注意药物在炮制过程中的程度变化和炮制火候。

1. 加工时间，可选在春、秋季，避免温度过高导致发霉腐烂（化缸）。
2. 加工地点，选择在阴凉处，避免暴晒；根据药物，有的可加入适量明矾防腐。
3. 加热处理时，火力要均匀，水量要多，以免糊汤。

半　夏

【导言】半夏的毒性历来成为其入药时需要关注的焦点，古人在临床实践中不断尝试通过不同炮制辅料及方法降低半夏的毒性，并以辅料的加入赋予半夏不同炮制品更好地发挥其功效，增加适用范围。半夏的炮制方法和工艺自汉代以来不断更新变革，相关的炮制方法及炮制辅料变化较大。而且全国各地中药炮制规范中有关半夏的炮制方法大部分与《中国药典》相一致。半夏各炮制品在辅料、工艺、质量标准制定等方面都需要深入学习了解，科学制定。

【处方用名】生半夏、清半夏、姜半夏、法半夏。

【来源】为天南星科植物半夏 *Pinellia* ternate（Thunb.）Breit. 的干燥块茎。

【采收加工】春秋二季采挖，洗净，除去外皮及须根，晒干。

【历史沿革】汉以前即有"治半夏"的炮制法，汉、唐以后有汤洗、姜制、水煮、微火炮等法，从宋代到清代有制曲、矾制、姜矾制、姜萝卜制、姜甘草制、酒姜制、皂角矾生姜制、法制、姜青盐制等炮制方法，现今有姜矾复制、制曲等法。《中国药典》收载半夏、姜半夏、清半夏、法半夏、半夏曲。

【炮制方法】

1. **生半夏** 取原药材,除去杂质,洗净,干燥。用时捣碎。

2. **清半夏** 取半夏,大小分开,用8%白矾溶液浸泡或煮至内无干心,口尝微有麻舌感,取出,洗净,晾至半干,切厚片,干燥。

每100 kg半夏,煮法用白矾12.5 kg、浸泡法用白矾20 kg。

3. **姜半夏** 取半夏,大小分开,用水浸泡至内无干心时,取出,另取生姜片煎汤,加白矾与半夏共煮至透心,取出,晾干,或晾至半干,切薄片,干燥。

每100 kg半夏,用生姜25 kg,白矾12.5 kg。

视频15-1 姜半夏的炮制

4. **法半夏** 取半夏,大小分开,用水浸泡至内无干心,取出;另取甘草适量,加水煎煮两次,合并煎液,倒入用适量水制成的石灰液中,搅匀,加入上述已浸透的半夏,浸泡,每日搅拌1~2次并保持浸液pH 12以上,至切面黄色均匀,口尝微有麻舌感时,取出,洗净,阴干或烘干。

每100 kg半夏,用甘草15 kg,生石灰10 kg。

知识拓展15-1 半夏曲

【成品性状】

1. **生半夏** 呈类球形,有的稍偏斜,直径0.7~1.6 cm。表面白色或浅黄色,顶端有凹陷的茎痕,周围密布麻点状根痕;下面钝圆,较光滑。质坚实,断面洁白,富粉性。气微,味辛辣、麻舌而刺喉。

图15-1 生半夏

2. **清半夏** 呈椭圆形、类圆形或不规则的片。切面淡灰色至灰白色或黄白色至黄棕色,可见灰白色点状或短线状维管束迹,有的残留栓皮处下方显淡紫红色斑纹。质脆,易折断,断面略成粉性或角质样。气微,味微涩、微有麻舌感。

图15-2 清半夏

3. **姜半夏** 呈片状、不规则颗粒状或类球形。表面棕色至棕褐色。质硬脆,断面淡黄棕色,具角质样光泽。气微香,味淡、微有麻舌感,嚼之略粘牙。

图15-3 姜半夏

4. **法半夏** 呈类球形或破碎呈不规则颗粒状。表面淡黄白色、黄色或棕黄色。质较松脆或硬脆,断面黄色或淡黄色,颗粒者质稍硬脆。气微,味淡略甘、微有麻舌感。

图15-4 法半夏

课程思政案例15-1 清半夏的性状是粉性还是角质样

课程思政案例15-2 半夏标准的不断完善

【质量要求】

1. **生半夏** 水分不得过13.0%,总灰分不得过4.0%,水溶性浸出物不得小于7.5%。

2. **清半夏** 水分不得过13.0%,总灰分不得过4.5%,含白矾按含水硫酸铝钾计,不得过10.0%,水溶性浸出物不得少于7.0%。

3. **姜半夏** 水分不得超过13.0%,总灰分不得过7.5%,含白矾按含水硫酸铝钾计,不得过8.5%,水溶性浸出物不得少于10.0%。

4. **法半夏** 水分不得过13.0%,总灰分不得过9.0%,水溶性浸出物不得少于5.0%。

【炮制作用】半夏味辛,性温;有毒。归脾、胃、肺经。具有燥湿化痰,降逆止呕,消痞散结的功效。主要用于湿痰寒痰、咳嗽痰多、痰饮眩悸、痰厥头痛、呕吐反胃，胸脘痞闷，梅核气；外治痈肿痰核。

生半夏有毒，一般不做内服，外用时磨汁涂或研末以酒调敷患处。经炮制后外用，能降低毒性，缓和药性，消除副作用。

清半夏长于燥湿化痰，用于湿痰咳嗽，胃脘痞满，痰热内结、风痰吐逆，痰涎凝聚，咯吐不出。

姜半夏长于降逆止呕，以温中化痰，降逆止呕为主。用于痰饮呕吐，胃脘痞满。姜半夏同时具有调和脾胃的作用，多用于中药成方制剂中。

法半夏偏于祛寒痰，能燥湿化痰。用于痰多咳喘，痰饮眩悸，风痰眩晕，痰厥头痛。

【临床应用】

1. **生半夏** 常与生川乌等配伍，用于疮痈肿毒；或生半夏一味研末，用鸡蛋白调敷患处，可治痈疽发背及乳疮（《肘后备急方》）。

2. **清半夏** 常与陈皮等配伍，用于痰湿咳嗽等症，如二陈汤（《太平惠民和剂局方》）；或与天麻等配伍，用于风痰眩晕等症，如半夏白术天麻汤（《医学心悟》）。

3. **姜半夏** 常与生姜等配伍，用于恶心呕吐等症，如小半夏汤、干姜人参半夏丸（《金匮要略方论》）；或与黄连等配伍，用于胸脘痞满等症，如半夏泻心汤（《伤寒论》）。

4. **法半夏** 常与砂仁等配伍，用于胃脘满闷等症，如香砂养胃丸（《中国药典》）；或与山楂等配伍，用于食积停滞等症，如保和丸（《中国药典》）。

【炮制研究】

1. **化学成分研究** 半夏所含的化学成分主要包括生物碱类、有机酸类、挥发油类、蛋白质、黄酮类、甾醇类、氨基酸类、糖类等，此外，还含有刺激性成分原儿茶醛、2,5-二羟基苯乙酸及其葡萄糖苷、3,4-二羟基苯甲酸及其葡萄糖苷及草酸钙针晶等。综合研究发现，半夏炮制饮片中的鸟苷、尿苷、草酸、生物碱、蛋白质、溶血磷脂酰胆碱、葫芦巴碱、盐酸麻黄碱、胆碱、原儿茶碱、大黄酚、草酸钙针晶含量均降低，姜半夏和清半夏中的原儿茶醛成分含量升高，炮制品中的腺苷和尿黑酸含量均增加。不同炮制品中生物碱的含量依次为生半夏>法半夏>姜半夏>清半夏。经过甘草和石灰炮制后，法半夏检测出甘草苷和甘草酸铵成分，并且有机酸和多糖含量为各类炮制品中最低，其生物碱和毒性成分也有所降低。与相应批次的半夏药材特征图谱相比，由于水溶性成分流失，造成法半夏的特征图谱中尿苷、腺苷、鸟苷峰面积均有降低，且其蛋白质含量也低于生半夏，这是半夏的主要毒性成分。姜半夏的草酸钙针晶含量在各类炮制品中最低，这是对皮肤黏膜有强烈刺激性的有毒成分之一。溶血磷脂酰胆碱、葫芦巴碱、盐酸麻黄碱、胆碱、原儿茶酸、大黄酚含量的降低能够减少半夏的肝毒性。

2. **药理作用研究** 半夏的药理作用主要有镇咳祛痰、镇吐止呕、抗炎、抗肿瘤、镇静催眠等。半夏中最主要的活性成分是生物碱，也是主要的有效成分之一，具有镇咳祛痰作用，研究发现红芽姜制半夏的镇咳祛痰作用较生半夏好，推测是姜汁协同增加了半夏的镇咳祛痰作用；生半夏对寒饮蕴肺型大鼠的祛痰效果优于制半夏。制半夏能够将生半夏致呕的副作用转变为镇吐止呕的功效，生半夏可明显抑制胃液中前列腺激素 E_2 含量及胃蛋白酶的活性，姜半夏可拮抗该抑制作用并降低胃酸水平。经过炮制可增强半夏的抗炎作用，体外实验研究结果表明，生半夏、清半夏、姜半夏和法半夏水提液均能降低小鼠主动脉内皮细胞炎症因子白介素-6、肿瘤坏死因子-α 的分泌，并且清半夏的作用最强。半夏及其炮制品均具有抗肿瘤的作用，半夏提取物抑制髓系白血病细胞 K562、HL60 和淋巴系白血病细胞 C8166 增殖及促进凋亡作用最为明显。姜半夏乙醇提取物能不同程度地抑制人胃癌 SGC7901 细胞的增殖，可下调 SGC7901 细胞 V-ATPase 和 NHE1 mRNA 的表达。

研究表明，半夏存在脏器毒性、黏膜刺激性、生殖毒性等副作用。半夏刺激性、毒性的物质基础主要是草酸钙针晶和凝集素蛋白。炮制后的半夏其毒性降低，对脏器和黏膜的刺激性减轻。家兔眼结膜及小鼠腹腔刺激性试验证明，生半夏刺激性最强，炮制后可不同程度地降低其刺激强度。

3. 炮制工艺研究 有关半夏炮制减毒的工艺仍在不断研究和优化，目前已有研究提出可在炮制效果相同的条件下缩短炮制时间。减少辅料用量。如清半夏：用 6%~8% 矾水浸泡 2~3 天，至内无干心即可达到消除麻辣味的要求。法半夏：将半夏以清水浸泡一天至透，加入石灰、甘草混悬液浸渍，每日搅拌 1~2 次，浸 2~3 天，至口尝微有麻舌感，切面呈黄色均匀为度，洗净干燥即可。姜半夏：每 100 kg 半夏浸泡至透后加 15 kg 姜汁、8 kg 白矾、煮 2~3 h。

课程思政案例 15-3 有毒中药工艺及炮制解毒研究的范例

【贮藏养护】贮干燥容器内，密闭，置通风干燥处。防潮，防虫蛀。生半夏按毒性药品种管理。

天 南 星

【导言】天南星的毒性主要表现为对口腔、喉头、消化道、皮肤黏膜有强烈的刺激性，人服用后会出现喉头肿胀、疼痛、失音、流涎、痉挛、呼吸困难甚至窒息而死。研究认为，草酸钙针晶是其具有刺激性和毒性的重要原因，以白矾为辅料，加热炮制对天南星的减毒效果显著。生天南星有大毒，多外用以治疗痈肿、蛇虫咬伤；经炮制后毒性降低，可内服用于化痰，息风定惊。

【处方用名】生天南星、生南星、制天南星、制南星、胆南星。

【来源】为天南星科植物天南星 *Arisaema erubescens*（Wall.）Schott、异叶天南星 *Arisaema heterophyllum* Bl. 或东北天南星 *Arisaema amurense* Maxim. 的干燥块茎。

【采收加工】秋、冬二季茎叶枯萎时采挖，除去须根及外皮，干燥。

【历史沿革】唐代有石灰炒黄、面裹煨、姜汁浸等法，宋代增加了酒炒、生姜拌炒、牛乳拌炒、牛胆汁制、酒煮、姜酒制、浆水姜汁煮、羊胆汁制等方法。现在主要的炮制方法有生姜与白矾制（制南星）、胆汁制（胆南星）等。《中国药典》收载生天南星、制天南星和胆南星。

【炮制方法】

1. **生天南星** 取原药材，除去杂质，洗净，干燥。

2. **制天南星** 取天南星，按大小分别用清水浸泡，每日换水 2~3 次，如水面起白沫，换水后加白矾（每 100 kg 天南星，加白矾 2 kg），泡一日后，再换水漂至切开口尝微有麻舌感时取出。另取白矾、生姜片置锅内加适量水煮沸后，倒入天南星共煮至无干心时取出，除去姜片，晾至 4~6 成干，切薄片，干燥，筛去碎屑。

每 100 kg 天南星，用生姜、白矾各 12.5 kg。

3. **胆南星** 取制天南星细粉，加入胆汁（或胆膏粉及适量清水）拌匀，蒸 60 min 至透，取出放凉，制成小块，干燥。或取天南星细粉，加入净胆汁（或胆膏粉及适量清水）拌匀，放温暖处，发酵 5~7 天后，再连续蒸或隔水炖 9 昼夜，每隔 2 h 搅拌一次，除去腥臭气，至呈黑色浸膏状，口尝无麻味为度，取出，晾干。再蒸软，趁热制成小块。

每 100 kg 制天南星细粉，用牛（或羊、猪）胆汁 400 kg（或胆膏粉 40 kg）。

【成品性状】

1. **生天南星** 呈扁球形，高 1～2 cm，直径 1.5～6.5 cm。表面类白色或淡棕色，较光滑，顶端有凹陷的茎痕，周围有点状根痕。质坚硬，不易破碎，断面不平坦、白色、粉质。气微辛，味麻辣。

图 15-5 生天南星

2. **制天南星** 呈圆形或不规则形薄片。黄色或淡棕色，断面角质状，质脆易碎。气微，味涩，微麻。

图 15-6 制天南星

3. **胆南星** 呈方块状或圆柱状，棕黄色、灰棕色或棕黑色。质硬，气微腥，味苦。

图 15-7 胆南星

【质量要求】

1. **生天南星** 水分不得过 15.0%，总灰分不得过 5.0%；醇溶性浸出物不得少于 9.0%；含总黄酮以芹菜素计不得少于 0.050%。

2. **制天南星** 水分不得过 12.0%，总灰分不得过 4.0%；白矾以含水硫酸铝钾计，不得过 12.0%；含总黄酮以芹菜素计不得少于 0.050%。

【炮制作用】天南星味苦、辛，性温；有毒。归肺、肝、脾经。生天南星辛温燥烈，有毒，多外用以治疗痈肿，蛇虫咬伤；亦可内服，以祛风止痉为主，多用于破伤风。

制南星毒性降低，燥湿化痰的作用增强，并能祛风止痉，消肿散结。多用于顽痰咳嗽，风痰眩晕，中风痰壅，口眼㖞斜，半身不遂等。

胆南星毒性降低，其燥烈之性缓和，药性由温转凉，味由辛转苦，功能由温化寒痰转为清化热痰。主要功效为清化热痰，息风定惊。用于痰热咳嗽，咳痰黄稠，中风痰迷，癫狂惊痫。

【临床应用】

1. **生南星** 用生南星醋磨浓汁，涂患处，用于痈肿痰核等症；常与鲜旱莲草等配伍共捣烂加酒炒热敷患处，用于蛇虫咬伤；或与生菖蒲等各适量，捣烂敷患处，用于关节疼痛；或与生姜，捣成饼状，外治面瘫。

2. **制南星** 常与陈皮等配伍，用于湿痰壅滞等症，如导痰汤 (《校注妇人良方》)；或与半夏等配伍，用于风痰留滞经络，半身不遂等症，如青州白丸子 (《太平惠民和剂局方》)。

3. **胆南星** 常与全蝎等配伍，用于急慢惊风等症，如千金散 (《寿世保元》)；或与瓜蒌仁等配伍，用于热痰咳嗽等症，如清气化痰丸 (《医方考》)。

知识拓展15-2 含天南星、制天南星的市售中成药举例

【炮制研究】

1. **化学成分研究** 天南星主要含有生物碱、黄酮、脂肪酸、甾醇、酚类、木脂素、有机酸及草酸钙针晶等。草酸钙针晶及其凝集素蛋白为其主要的刺激性毒性成分。在炮制过程中，黄酮类成分溶于水导致各样品含量均有不同程度降低，单纯生姜处理及姜矾法相比其他处理样品含量高，有可能生姜中引入黄酮类成分，且加入白矾后可能使黄酮类成分降低。皂苷类成分易溶于水导致各样品含量均有不同程度降低，单纯生姜处理相比其他处理含量高，有可能生姜中引入皂苷类成分，姜矾法、矾水煎煮和纯水煎煮含量接近，说明白矾会影响生姜中皂苷类成分与天南星的结合。白矾长时间浸泡含量与其他样品差异不大，提示皂苷类成分易溶于水且是否加热对总苷类成分影响不大。生物碱易受水处理和加热的影响，单纯水煎煮含量最低，加入白矾和生姜加热处

理一定程度会影响生物碱的损失,且白矾效果优于生姜。多糖易溶于水,单纯生姜处理及姜矾法相比其他处理样品含量高,有可能生姜中引入多糖类成分,且矾水煎煮高于纯水煎煮含量,说明白矾对多糖有一定的影响,具体原因还需进一步分析。蛋白遇热易变性失活,功效会降低,在不同pH下被分解;矾水煎煮和姜矾法相比其他处理蛋白质含量低,加热或白矾浸泡也有不同程度的降低,且加热对蛋白影响大于白矾对蛋白的影响。生姜煎煮法与生天南星差别不大;尿苷、腺苷、胸腺嘧啶核苷、鸟苷、次黄嘌呤、夏佛塔苷、肌苷等化学成分在炮制过程中含量发生变化。姜矾法处理使腺苷、鸟苷、尿苷、肌苷的含量在炮制之后几乎检测不到,单纯水煎煮对8种成分含量影响不大,由于夏佛塔苷和异夏佛塔苷属于黄酮类成分,矾水煎煮和纯水煎煮含量接近,说明白矾对黄酮类成分的影响不大。肌苷在炮制后含量几乎检测不到,说明炮制对肌苷的影响最大。姜矾法处理时含量增加,可能是因为加入生姜和白矾产生的物质使得肌苷含量增加。

2. 药理作用研究 研究表明,天南星生品的镇痛和抗惊厥效果比炮制品效果好,推测是炮制过程中部分有效成分在水浸泡和煎煮之后流失,导致疗效降低。对天南星及其炮制品镇痛作用与毒性的相关性进行实验研究。采用热板法比较镇痛效果,以致死时间比较毒性。结果生药及民制品(采用"一年一制"法:取生星50 g置于牛胆中,扎口于阴凉处风干,次年取出研碎备用)给药0.5 h后痛阈百分率均提高85%以上,生品1.5 h后便有20%死亡,民制品次日死亡,其他制品(制南星、胆南星)痛阈提高百分率在70%以下,3日后死亡。表明天南星某毒性成分具有镇痛作用,推断毒性成分可能并非一种,民制品只抑制了一部分毒性。

实验探讨天南星炮制减毒机制发现,天南星针晶的毒性明显强于生天南星粉末、天南星炮制品粉末、生天南星水提物,炮制品的毒性最低。分别采用浸、煮方法及加入不同辅料(矾、姜、胆汁)对东北南星进行炮制,通过口尝麻辣味、兔眼刺激、急性毒性等实验来考察东北南星及其不同炮制品的刺激性及毒性。口尝麻辣味实验结果表明,矾制比姜制去麻效果好,加热比不加热去麻效果好;兔眼刺激实验结果与口尝麻辣味实验结果一致;急性毒性实验表明东北南星生品混悬液毒性不明显。表明以白矾为辅料,加热炮制对天南星的减毒作用最好。

以猪胆汁和牛胆汁作为辅料炮制的天南星能够起到减毒存效的作用。天南星经水浸、矾浸、热压以及药典法炮制后,能够降低或消除毒性,认为刺激性物质是可溶于水的。虎掌南星生品混悬液给予小鼠灌胃后,动物食欲不振,消瘦无力甚至死亡,在同等剂量下,炮制品几乎无中毒现象。

毒性药在炮制时首要考虑的是降低毒性,但在降低毒性的同时也要尽可能地保留原有功效。虽然在减毒工艺以及毒性成分的研究上取得了一定的进展,但对于天南星药效物质基础以及炮制过程中化学成分的变化尚不明确。应当充分利用现代科学技术,进一步揭示天南星炮制过程中有效成分的变化规律,明确炮制减毒存效的物质基础,优化其炮制工艺,确保临床用药安全有效。

【贮藏养护】 贮干燥容器内,置通风干燥处。防霉、防蛀。生南星按毒性药品种管理。

白 附 子

【导言】 白附子与天南星同属天南星科,其生品对眼结膜、胃黏膜及皮肤有明显的刺激作用。白附子在《中国药典》中采用姜矾制的炮制工艺,经过炮制其刺激性和强度均较生品明显减弱或消失。药典中白附子的质量标准缺少毒性控制指标,相关研究表明,白附子中所含具有特殊结构的针晶复合物是其主要的刺激性毒性成分。

【处方用名】 生白附子、禹白附、制白附子。

【来源】为天南星科植物独角莲 Typhonium giganteum Engl. 的干燥块茎。

【采收加工】秋季采挖，除去须根及外皮，晒干。

【历史沿革】汉代多为炮、煨、炒、烧等，宋代有热灰中炮裂、生姜汁拌炒、米泔浸焙、酒浸炒、酒煮炒、醋拌炒、炮裂捣碎炙微黄、姜汁泡后甘草浸焙、面包煨等法，明代增加水浸后炒黄、湿纸裹煨、面裹或湿纸包火煨炮等法，清代又增加了童便酒炒、姜汁蒸等法。现今有生姜与白矾制等。《中国药典》收载生白附子和制白附子。

【炮制方法】

1. **生白附子** 取原药材，除去杂质。

2. **制白附子** 取白附子，大小分开，用清水浸泡，每日换水2~3次，数日后如起泡沫，换水后加白矾（每100 kg白附子，用白矾2 kg），泡一日后再进行换水，至口尝微有麻舌感为度，取出。另取白矾及生姜片加适量水，煮沸后，倒入白附子共煮至无白心，捞出，除去生姜片，晾至6~7成干，切厚片，干燥。筛去碎屑。

每100 kg白附子，用生姜、白矾各12.5 kg。

【成品性状】

1. **生白附子** 呈椭圆形或卵圆形，长2~5 cm，直径1~3 cm。表面白色或黄白色，略粗糙，有环纹及须根痕，顶端有茎痕或芽痕。质坚脆，断面白色，粉性。气微，味淡，麻辣刺舌。

图15-8　生白附子

2. **制白附子** 呈类圆形或椭圆形厚片，外表皮淡棕色，切面黄色，角质。味淡，微有麻舌感。

图15-9　制白附子

【质量要求】

1. **生白附子** 水分不得过15.0%，总灰分不得过4.0%；醇溶性浸出物不得少于7.0%。

2. **制白附子** 水分不得超过13.0%，总灰分不得过4.0%；醇溶性浸出物不得少于15.0%。

【炮制作用】白附子味辛，性温，有毒。归胃、肝经。生白附子一般外用。具有祛风止痉，解毒止痛的功效。用于口眼㖞斜、破伤风，外治瘰疬痰核、毒蛇咬伤。制白附子可降低毒性，消除麻辣味，增强祛风痰的作用。多用于偏头痛，痰湿头痛，咳嗽痰多。

知识拓展15-3　附子与白附子

【临床应用】

1. **生白附子** 常与僵蚕、全蝎各等分研为细末，热酒调服，用于风痰阻络，口眼歪斜，面部肌肉抽动等症，如牵正散（《杨氏家藏方》）；或与天南星等配伍，用于破伤风初起，如玉真散（《中国药典》）；或与川芎各等分研成细末，用葱白捣汁调成泥状，外敷太阳穴，用于神经性头痛、偏头痛等症。

2. **制白附子** 常与麻黄等配伍，用于风寒客于头中，偏头痛等症，如白附子散（《普济本事方》）；或与白芷等配伍，用于痰湿头痛等症；或与南星等配伍，用于痰湿咳嗽等症，如白附丸（《证治准绳》）。

知识拓展15-4　含白附子、制白附子的市售中成药举例

【炮制研究】

1. **化学成分研究** 白附子主要含有苷类、挥发油、有机酸及脂类、微量元素、草酸钙针晶等。对白附子炮制前后化学成分比较显示：炮制后，白附子水溶性成分游离氨基酸在炮制过程中

损失较大，氨基酸含量制品较生品低 30% 左右，油酸含量生品和矾制品都高于姜矾制品 10 倍。对生、制白附子不同饮片中铝含量进行测定显示：生白附子的铝含量很低，而制白附子的铝含量是生品的数百倍以上，说明制白附子饮片中的铝基本上由白矾炮制所致。

白附子炮制方法不同，β-谷甾醇含量有一定区别，从而使 β-谷甾醇的含量高于各种炮制品，推测其原因是各种炮制方法均经过不同时间的浸泡，造成有效成分的流失，从而使 β-谷甾醇的含量降低。各种炮制品中的 β 谷甾醇含量药典法炮制最低。白附子炮制后产生了新增化学成分 5-羟甲基糠醛，其含量相对较高。不同炮制品中 5-羟甲基糠醛含量在一定范围内随加热时间的延长而增加，随着白矾用量的增加而增加。

2. 药理作用研究　利用主成分分析法对白附子不同炮制品的药理作用进行综合评价表明：以镇静，抗惊厥、抗炎、镇痛药理作用为比较对象时，白附子不同炮制品药效从强到弱依次为姜矾共制品＞矾制品＞生品＞姜制品。天南星科 4 种有毒中药（包括白附子）毒性成分为草酸钙针晶，白矾中的 Al^{3+} 能够与针晶中草酸根离子结合促使草酸钙分解，使白附子草酸钙针晶成分含量下降，降低其刺激性，说明《中国药典》规定的姜矾共制白附子是比较理想的炮制方法，可达到炮制减毒增效的目的。

采用小鼠急性毒性、家兔眼结膜刺激、镇静等动物实验，比较白附子生品、药典法炮制品、超微粉碎制品的药理作用，结果发现毒性、刺激性由强到弱为：白附子生品＞药典法炮制品＞超微粉炮制品，超微粉碎制品药效作用与生品、药典法炮制品基本一致。超微粉碎使白附子粉末中草酸钙针晶碎断，数目减少。通过超微粉碎技术可破坏白附子针晶引起刺激性的特殊结构，使毒性大为降低。

3. 炮制工艺研究　以浸出物含量结合药效和毒性实验为指标，优选的炮制工艺为：白附子加 6% 白矾浸泡，115℃加压煎煮 30 min。

【贮藏养护】贮干燥容器内，置通风干燥处。防潮、防霉、防蛀。生白附子按毒性药品种管理。

蟾　酥

【来源】为蟾蜍科动物中华大蟾蜍 *Bufo bufo gargarizans* Cantor 或黑眶蟾蜍 *Bufo melanostictus* Schneider 的干燥分泌物。

【炮制方法】

蟾酥粉　取蟾酥，捣碎，加白酒浸渍，时常搅动至呈稠膏状，干燥，粉碎。

每 10 kg 蟾酥，用白酒 20 kg。

【成品性状】

蟾酥粉　为棕黄色至棕褐色粉末。气微腥，味初甜而后有持久的麻辣感，嗅之作嚏。

【炮制作用】"酒制有利于活血散壅；乳制滋润，助生阴血"。蟾酥毒性成分即是药效成分，药性剧烈，仅入丸散制剂，用于痈疽疔疮、咽喉肿痛、中暑神昏、痧胀腹痛吐泻，如六神丸。

【贮藏养护】置干燥处、防潮。蟾酥按毒性药品种管理。

松　香

【来源】为松科植物油松 *Pinus tabulaeformis* Carr.、马尾松 *Pinus massoniana* Lamb. 或云南松 *Pinus yunnanensis* Franch. 树干中取得的油树脂。

【炮制方法】

1. **松香** 取原药材，除去杂质，置锅内，用文火加热，熔化后浸入水中，放凉，取出晾干，捣碎。

2. **制松香** 取葱煎汁，去渣，加入松香及适量水，加热至松香完全熔化，倒入冷水中，待凝固后取出晾干。

每 100 kg 松香，用鲜葱 10 kg。

【成品性状】

1. **松香** 呈不规则半透明块状，大小不一。表面淡黄色，常有一层黄白色霜粉，常温时质坚而脆，易碎，断面光亮，似玻璃状。具有松节油香气，味苦。

2. **制松香** 颜色加深，味微苦。

【炮制作用】松香味苦、甘，性温。归肝、脾经。生松香多外用，入膏药或研末调敷患处。用于风湿痹痛，痈疽，疥癣，湿疮，金疮出血。

制松香可部分除去油质及杂质，使其品质纯洁，质地酥脆，便于制剂和粉碎。并可矫正其不良气味，减少刺激性。

【贮藏养护】贮干燥容器内，密闭，置阴凉干燥处。防火、防潮。

蜂　　胶

【来源】为蜜蜂科昆虫西方蜜蜂 *Apis mellifera* Linnaeus 工蜂采集的植物树脂与其上颚腺、蜡腺等分泌物混合形成的具有黏性的固体胶状物。

【炮制方法】

1. **蜂胶** 取原药材，除去杂质。

2. **酒制蜂胶** 取蜂胶粉碎，用乙醇浸泡溶解，滤过，滤液回收乙醇，晾干。

【成品性状】

1. **蜂胶** 为团块状或不规则碎块，呈青绿色、棕黄色、棕红色、棕褐色或深褐色，表面或断面有光泽。20℃以下逐渐变硬、脆，20～40℃逐渐变软，有黏性和可塑性。气芳香，味微苦、略涩、有微麻感和辛辣感。

2. **酒制蜂胶** 多为团块状，呈棕褐色至黑褐色，断面结构紧密，角质。具乙醇气。余同蜂胶。

【炮制作用】蜂胶味苦、辛，性寒。归脾、胃经。补虚弱，化浊脂，止消渴。外用解毒收敛，消肿生肌。用于体虚早衰，高脂血症，消渴症；外治皮肤皲裂，烧烫伤（《中国药典》）。用乙醇制后除去杂质，可纯化药物，便于服用与制剂。酒制蜂胶具有抗菌消炎、调节免疫、抗氧化、加速组织愈合等作用，可用于高脂血症和糖尿病的辅助治疗。

【贮藏养护】置阴凉干燥处。

紫　河　车

【来源】为健康人的干燥胎盘。

【炮制方法】

1. **紫河车** 将新鲜胎盘除去膜及脐带，反复冲洗至去尽血液，加适量花椒、黄酒蒸或置沸水中略煮，干燥，砸成小块或研成细粉。

每 100 kg 紫河车，用黄酒 10 kg，花椒 2.5 kg。

2. **酒炒紫河车**　取紫河车块，用酒拌匀，待酒吸尽后，用文火炒至酥脆为度。用时研末。

每 100 kg 紫河车，用酒 10 kg。

【成品性状】

1. **紫河车**　为不规则的碎块，大小不一。黄色或棕黄色，一面凹凸不平，有不规则沟纹，另一面光滑。质硬而脆。有腥气。

2. **酒炒紫河车**　质地酥脆，腥气较弱，具酒香气。粉末黄棕色。

【炮制作用】紫河车味甘、咸，性温。归心、脾、肾经。生紫河车有腥气，内服易产生恶心呕吐的副作用。多入片剂或胶囊剂。

酒炒紫河车可除去腥臭味，便于服用。并使其质地酥脆，便于粉碎，增强疗效。用于肺肾两虚，虚劳咳嗽，阳痿遗精。

【贮藏养护】贮干燥容器内，密闭，置阴凉干燥处。防尘、防蛀。

（李越峰）

复习思考题

1. 试述复制法的特点。
2. 试述半夏各炮制品所用辅料的作用。
3. 试述天南星、半夏的炮制方法。

数字资源详见　新形态教材网

课程思政案例　　视频　　知识拓展　　推荐阅读

复习思考题答案　　教学课件

第十六章

发酵、发芽法

📖 思维导图

🔖 **一物变两药——豆科植物大豆变形记**

大豆是中华民族传统的五谷之一,《诗经》记载原始社会晚期我国中原地区已开始种植大豆,至先秦时期大豆已是百姓的重要粮食来源之一。淡豆豉为大豆的发酵炮制药物,起源于酿造类食品豆豉,利用不同药性的辅料组合发酵可改变其药性。淡豆豉中以桑叶、青蒿发酵者性寒,多用于风热感冒、温病烦闷者;以麻黄、紫苏叶发酵者性温,多用于风寒感冒者。大豆黄卷为大豆的发芽炮制药物,具有解表祛暑、清热利湿的作用,用于暑湿感冒,湿温初起,发热汗少,胸闷脘痞,肢体酸重,小便不利。淡竹叶、灯心草共煮后可增强其清热利湿作用。我国大豆种植历史悠久,从野生到栽培过程中,其种皮逐渐分化变成黑、黄等不同的颜色。纵观历代中医药典籍,淡豆豉和大豆黄卷的原料主要有黑豆和黄豆两种,现代淡豆豉多以黑豆发酵而成,黑豆、黄豆发芽法制备大豆黄卷则均有应用。

请对下列问题给予思考与分析:
1. 试述发酵法和发芽法古今衍变的过程。
2. 试述发酵法和发芽法的基本原理。

发酵法与发芽法的共同点在于均系借助于酶的作用，两种炮制方法都必须具备温度、湿度、空气、水分等环境条件。不同点在于发酵是在一定的温度和湿度下，借助外来的微生物和酶来发挥作用；发芽则是激活种子内的酶而实现的。发酵和发芽是重要的生物技术，是发现、制备新药的有效方法。发酵与发芽可以改变原料原有的性能，增强或产生新的功效，扩大用药品种，以适应临床用药和制药工业的需要。

第一节 发 酵 法

将净制或粉碎过的中药和原料，在一定的温度和湿度条件下，利用微生物和酶的催化分解作用，使药料发泡、生衣的方法，称为发酵。中药制成的块状或颗粒状制剂，经发酵处理后，称为曲剂。六神曲、建神曲、半夏曲、红曲、淡豆豉、沉香曲、采云曲等都是通过发酵制成的药物。

利用微生物发酵技术进行中药炮制在我国有着悠久的历史，在汉晋时期，发酵技术开始被用于中药炮制，形成了以中药为原料的药曲。《酒诰》中有："有饭不尽，委之空桑，郁结成味，久蓄气芳。"人们发明了酿酒的技术，之后又相继利用发酵技术生产酱、醋、豆豉等食品。《汉书·食货志》称酒为"百药之长"，说明古人已将发酵法应用于中药炮制方法，在酒曲的基础上加入中药，利用微生物对中药的转化作用，发酵制成药用的各种曲剂。后来又发展出将药材与辅料拌和再发酵的方法。《药性论》《肘后备急方》《备急千金要方》等古籍中均有曲剂中药应用的记载。

传统的中药发酵大多是利用天然的细菌、真菌等菌种发酵，是在较温和的条件下进行的生物转化，能最大限度地保护中药活性成分免遭破坏。随着现代科学技术的发展，发酵法在中药领域的应用范围越来越广泛。中药发酵具有生成新的活性成分、提高中药药效、产生新药效、节省药材资源等多方面的优势。

（一）目的

1. 改变原有性能，产生新的治疗作用，扩大用药品种。如六神曲、建神曲、淡豆豉等。
2. 增强疗效。如半夏曲。

（二）操作方法

选择原料与辅料拌匀后，制成一定形状，在适宜的温度和湿度条件下，使微生物生长，达到规定程度后晒干或低温干燥。

1. 药料的处理　根据微生物特性不同，分为有氧发酵和厌氧发酵；根据培养基含水量不同，分为固态发酵和液态发酵。

常用的方法有：药料与面粉混合发酵，如六神曲、建神曲、半夏曲等；直接用药料进行发酵，如淡豆豉、百药煎等。发酵主要是微生物新陈代谢的过程，因此，要保证微生物生长繁殖的条件。

2. 发酵的条件

（1）菌种：是发酵的重要因素。传统中药发酵为固态发酵，利用空气中的微生物自然发酵，常因菌种不纯影响质量。目前，采用单菌种微生物纯培养或根据发酵的需要将几个菌种混合在一起培养、接种、发酵，是中药发酵的发展方向。

（2）基质：主要为含氮物质、含碳物质、无机盐类等，为微生物生长代谢提供碳源和氮源。基质颗粒的结构、大小、形状、多孔性、均匀性、硬度等因素都会影响发酵的质量，在使用时要粉碎过筛。

（3）温度：一般发酵的最佳温度为 30～37℃。温度太高菌种中的活性酶易遭到不可逆的破坏，使菌种老化、死亡，不能发酵；温度过低，菌种繁殖太慢，不利于发酵，甚至不能发酵。随着发酵的进行，发酵过程产生代谢热，因此控制物料层厚度，控制曲块大小厚薄，及时调整物料的位置，控制通风道的风速及流量，都是保证发酵温度均匀的有效措施。

（4）湿度：一般发酵的相对湿度为 70%～80%。基质的含水量以及发酵环境的相对湿度是影响产出的重要因素。水在固态发酵中不仅为微生物生长提供营养充足的水环境，而且影响微生物对氧的利用。湿度太大，则药料发黏，易生虫霉烂，造成药物发暗、霉变；过分干燥，不利于菌种的成长、代谢和繁殖，曲剂易散不能成形。药料应以"握之成团，指间可见水迹，放下轻击则碎"为宜。

（5）pH：发酵过程中 pH 一般控制在 4.0～8.0。放线菌的最适 pH 为 7.0～8.0，酵母菌的最适 pH 为 4.0～5.8，真菌的最适 pH 为 6.8～6.0。

通常采用具有缓冲能力的物质作底物以消除 pH 变化所带来的不利影响。在敞开式发酵中，经常用一定浓度碱或酸水溶液喷洒到曲上来调节 pH。另外也可采用含氮无机盐（如脲）作为氮源，以抵消发酵过程中生成的酸带来的负面影响。

（6）通气：发酵需要在有充足的氧或二氧化碳的条件下进行。在好氧微生物的固态发酵过程中，氧的传递往往是限制微生物生长和产物形成的重要因素之一。底物含水量太高，空隙中充满了游离水，空气被排出，造成厌氧环境，微生物的生长会受到抑制。采用搅拌和通气可为微生物提供充分的氧气。一般情况下采用颗粒状多孔或纤维状物质做底物，减少底物的厚度，增大底物间空隙，使用多孔浅盘发酵，使用转鼓反应器等措施能改善通气状况，有利于发酵进行。

（三）发酵品质量要求

1. 发酵制品以曲块表面霉衣黄白色，内部有斑点为佳，不应出现黑色。
2. 发酵品应有醇香气味，不应出现霉味及酸败味。

（四）注意事项

1. 原料、设备等在发酵前应进行杀菌处理，以免杂菌感染，造成曲块出现黑色，散发霉味及酸败味，影响发酵质量。
2. 发酵过程须一次完成，连续进行，不可间断停顿。
3. 发酵过程中温度、湿度、pH 等因素对发酵的速度影响很大，过低或过高都不利于发酵，应随时检查监控，保证发酵的正常进行。

课程思政案例 16-1　红曲——曲类中药中的佼佼者

六　神　曲

【导言】六神曲，被誉为"众曲之王"，在中药临床应用中极为普遍，为曲类中药的发展奠定了坚实的基础。六神曲经发酵后氨基酸类成分、阿魏酸、原儿茶酸、烯酸类等有效成分及淀粉酶、蛋白酶活力显著上升，神曲中含有的野黑樱苷、苦杏仁苷经发酵后消失。六神曲炒制品中蛋白酶含量增高，而生品中淀粉酶含量较高，提示在临床应用六神曲时，可根据病患不同类型食积，选择使用生品还是炒制品。神曲经过发酵、炒制后可以更好地用于临床应用。

【处方用名】六神曲、神曲、六曲、炒六曲、焦神曲、麸炒六曲、焦六曲、酒神曲。

【来源】为苦杏仁、赤小豆、鲜青蒿、鲜苍耳草、鲜辣蓼等药加入面粉（或带麸皮的面粉）混合后经发酵而成的曲剂。

【历史沿革】汉代始见有曲，南北朝时有焙制法，唐代有微炒制、炒黄法，宋代有火炮法、半夏共炒制法，元代有煨制，明、清代增加了枣肉制、酒制、煮制、制炭等炮制方法，并有"火炒以助天五之气，入足阳明经""味甘气香醒脾，生用消谷力剧""消导炒用，发表生用"等记述。现行有炒黄、麸炒、炒焦等。《中国药典》未收载。

【炮制方法】

1. **六神曲** 取苦杏仁、赤小豆碾成粉末，与面粉混匀，加入鲜青蒿、鲜辣蓼、鲜苍耳草药汁，揉搓成粗颗粒状软材，捏之成团、掷之即散的药料，置模具中压制成扁平方块，用鲜荷麻叶包严，放入箱内，按品字形堆放，上面覆盖鲜青蒿。置30～37℃，经4～6天，即能发酵。待药料表面生出黄白色霉衣时取出，除去荷麻叶，切成2.5 cm见方的小块，干燥。

每100 kg面粉，用苦杏仁、赤小豆各4 kg，鲜青蒿、鲜辣蓼、鲜苍耳草各7 kg。药汁为鲜草汁和其药渣煎出液。

注意：在发酵时应充分做好药料和设备的清洗消毒处理，赤小豆、苦杏仁粉应粉碎成细粉；鲜青蒿、鲜辣蓼、鲜苍耳草等榨汁后再将药渣煎汁，与榨汁合并后，与药料混匀。无鲜品时也可用干品，用量一般为鲜品的1/3。古时制作神曲，面粉一般用带麸白面，现一般以40%面粉、60%麦麸混合代替。

2. **炒神曲** 将神曲投入已预热的炒制容器中，用文火加热、不断翻炒，至表面呈微黄色，取出，放凉。

3. **麸炒神曲** 取麦麸皮均匀撒于热锅内，待烟起，将神曲倒入，快速翻炒至神曲表面呈棕黄色，取出，筛去麸皮，放凉。或用清炒法，炒至表面呈棕黄色。

每100 kg神曲，用麦麸10 kg。

4. **焦神曲** 将神曲投入热锅内，用文火加热，不断翻炒，至表面呈焦褐色，内部微黄色，有焦香气时，取出，摊开放凉。

视频16-1 六神曲的工业化生产

视频16-2 六神曲的手工制作

【成品性状】

1. **六神曲** 呈立方形小块，表面灰黄色，粗糙，质脆易断，微有发酵香气。

图16-1 六神曲

2. **炒神曲** 表面微黄色，偶有焦斑、质坚脆。

图16-2 炒神曲

3. **麸炒神曲** 形如六神曲，表面棕黄色，有麸香气或香气。

图16-3 麸炒神曲

4. **焦神曲** 形如六神曲，表面焦黄色，内为微黄色，有焦香气。

图16-4 焦神曲

【炮制作用】

1. **六神曲** 味甘、辛，性温。归脾、胃经。具有健脾开胃，发散解表的作用。
2. **炒神曲** 健脾和胃功能增强，发散作用减弱。
3. **麸炒神曲** 具有甘香气，以醒脾和胃为主。
4. **焦神曲** 消食化积力强，以治食积泄泻为主。

【临床应用】

1. **六神曲** 与山楂等配伍，用于食滞中焦，脘腹胀满，呃逆或嗳气，不思饮食等症。如宽中降逆汤（《温病刍言》）。或与乌梅等配伍，用于胸膈痞闷，腹胁时胀，口苦无味等症。如消食丸（《太平惠民和剂局方》）。

2. **炒神曲** 与人参等配伍，用于食少难消，脘腹痞闷，大便溏薄等症。如健脾丸（《证治准绳》）。

3. **焦神曲** 与苍术配伍，用于治时暑暴泻及饮食所伤、胸膈痞闷等症。如曲术丸（《太平惠民和剂局方》）。

知识拓展16-1 含六神曲各炮制品的市售中成药举例

【炮制研究】

1. **化学成分研究** 六神曲含有微生物及消化酶（蛋白酶、淀粉酶）、维生素B、酚类、挥发油等成分。基于顶空-气相色谱-离子迁移质谱（headspace-gas chromatography-ion migration mass spectrometry，HS-GC-IMS）技术从六神曲生品、炒品和焦品中共获得了80种挥发性有机物，定性鉴别出60种。其中己醛-D（hexanal-D）、乙醇（ethanol）2种物质可作为六神曲生品的特征性成分；丁醛（butanal）、2-甲基-2-丙烯（2-methyl-2-propenal）等可作为六神曲炒品的特征性成分；糠醛-D（furfural-D）、2-丁酮（2-butanone）、5-甲基糠醛（5-methylfurfural）、丙酮（acetone）、2-乙酰呋喃-D（2-acetylfuran-D）等可作为六神曲焦品的特征性成分。

2. **微生物作用研究** 六神曲中总酚含量约为1.68 mg/g，具有良好的抗氧化活性。焦神曲所含微量元素Zn、Mn、Fe较生品高。六神曲的发酵产物可以对其他的微生物种群产生抗性，构成了六神曲的抗菌活性物质，推测是六神曲治疗外感食积不化、脘腹胀满、肠鸣泄泻等效能的作用机制之一。传统发酵制备六神曲过程中参与的微生物菌群包括酵母、丝状真菌和细菌三大类。共发现11种细菌（包括琥珀葡萄球菌、枯草芽孢杆菌等）、2种乳酸菌（戊糖片球菌、粪肠球菌）、4种酵母菌（伯顿生丝毕赤酵母、汉氏德巴利氏酵母、库德里阿兹威毕赤酵母和扣囊拟内孢酵母）、9种丝状真菌（卷枝毛霉、总状毛霉、尔青霉等）。利用枯草芽孢杆菌和扣囊复膜酵母菌按4∶1的比例接种，协同发酵六神曲，总接种量为40%，发酵5天，可以提高酶活力稳定性及蛋白酶活力。

【贮藏养护】贮干燥容器内，置通风干燥处，防蛀，防潮。

淡 豆 豉

【导言】淡豆豉是常用的传统中药，淡豆豉与食用豆豉的最大区别是加入了辅料青蒿和桑叶，赋予了淡豆豉解表除烦的功效。淡豆豉的发酵过程中，使结合型大豆异黄酮转化为生物活性更高的游离型大豆异黄酮染料木素和大豆素。其中大豆异黄酮具有明显的降血糖和抗肿瘤活性，主要用于外感风寒和温病初期之症。可见，大豆经发酵成淡豆豉后产生了药效，更有利于临床应用。

【处方用名】淡豆豉、豆豉。

【来源】为豆科植物黑大豆 *Glycine max*（L.）Merr. 成熟种子的发酵加工品。

【历史沿革】晋代有熬令黄香法，唐代增加有九蒸九曝、酒制、醋制、造豉汁法，宋代有"炒令烟出，微焦"法，明代详细记载了造淡豆豉法、醋拌蒸法，并有"黑豆性平，作豉则温，即经蒸（罨），故能升能散"等记述。清代新增了清蒸法、酒浸制法，现行有桑叶与青蒿制曲等。《中国药典》收载淡豆豉。

【炮制方法】取黑大豆洗净。另取桑叶、青蒿加水煎煮，滤过，将煎汁拌入净大豆中，待汤液被吸尽后，置蒸制容器内蒸透，取出，稍凉；再置容器内，用煎过汁的桑叶、青蒿渣覆盖，在温度 25～28℃，相对湿度 80% 的条件下，使发酵至长满黄衣时，取出，除去药渣；加适量水搅拌、洗净捞出，置容器内，保持温度 50～60℃，闷 15～20 天，充分发酵；有香气逸出时，取出，略蒸，干燥，即得淡豆豉。

每 100 kg 黑大豆，用桑叶、青蒿各 7～10 kg。

视频 16-3　淡豆豉的工业化生产

视频 16-4　淡豆豉的传统发酵

【成品性状】呈椭圆形，略扁，长 0.6～1 cm，直径 0.5～0.7 cm。表面黑色，皱缩不平，种皮未破损者，可见一侧有长椭圆形种脐。质稍柔软或脆，断面棕黑色。气香，味微甘。

图 16-5　淡豆豉

【质量要求】与 1% 硫酸铜溶液与 40% 氢氧化钾溶液反应，应无紫红色出现。

【炮制作用】淡豆豉味苦、辛，性凉。归肺、胃经。具有解表、除烦的功效。

【临床应用】淡豆豉与栀子配伍，用于发汗吐下后，虚烦不得眠，如栀子豉汤（《伤寒论》）；与薤白配伍，用于伤寒暴下及滞痢腹痛，如豉薤汤（《范汪方》）；与桔梗配伍，用于胸脘不舒等症，如葱豉桔梗汤（《通俗伤寒》）。

知识拓展 16-2　含淡豆豉的市售中成药举例

【炮制研究】淡豆豉的发酵是多种微生物共同作用的结果，包括真菌、细菌和酵母菌等微生物的参与。淡豆豉发酵是酸性发酵，pH 会直接影响豉曲中蛋白酶的活性及微生物的生长和代谢，酸性环境有利于酸性和中性蛋白酶等酶系的积累及淡豆豉发酵过程中苦味脱除。

研究显示，从淡豆豉炮制过程中共筛选出 21 株不产毒菌，其中"黄衣上遍"过程中的第 3、6 天分别筛选出 3、6 株，再闷过程中的第 3、6、9 天分别筛选出 2、7、3 株，再闷第 6 天筛选到的不产毒菌最多。表明淡豆豉炮制过程中存在不产毒黄曲霉菌，且在炮制的不同时间点其数量变化呈现"上升-下降-再上升-再下降"的独特趋势，不产毒菌及其发酵液具有抑制产毒菌生长的作用。采用超高效液相色谱-串联质谱法（UPLC-MS/MS）检测各样本中 4 种 AFTs［黄曲霉毒素 B1（AFB1）、AFB2、AFG1、AFG2］含量。结果 AFB1 含量在淡豆豉整个炮制过程中呈先上升后下降的趋势，在再闷第 6 天时达最高值 6.95 μg/kg，再闷第 12 天后各样本均未检测出 AFTs，说明淡豆豉发酵过程中 AFTs 含量呈动态变化。采用中国根霉 12 和乳酸芽孢杆菌 DU-106 复合发酵淡豆豉，结果表明两种发酵方式对基本成分的影响变化不大，而混菌发酵在提高淡豆豉溶栓酶活性、游离氨基酸含量及改善风味等方面具有积极作用。混菌发酵相较于根霉发酵其溶栓酶活性提升 82.50%，大豆异黄酮含量提升 22.05%；混菌发酵降低了鲜味氨基酸和吡嗪等物质的含量，减少了腥味和腐败风味，降低了W1W传感器检测到的硫化物气味浓度，改善了淡豆豉的不良风味。

【贮藏养护】贮于干燥容器内，密闭，置阴凉干燥处，防潮。

半 夏 曲

【来源】为法半夏、赤小豆、苦杏仁和鲜青蒿、鲜辣蓼、鲜苍耳草与面粉经加工发酵而成的曲剂。

【炮制方法】

1. **半夏曲** 取法半夏、赤小豆、苦杏仁共碾细粉，与面粉混合均匀，加入鲜青蒿、鲜辣蓼、鲜苍耳草之榨汁和药渣的煎出液，搅拌均匀，堆置发酵，压成片状，切成小块，晒干。

每100 kg法半夏，用赤小豆30 kg，苦杏仁30 kg，面粉400 kg，鲜青蒿30 kg，鲜辣蓼30 kg，鲜苍耳草30 kg。

2. **麸炒半夏曲** 取麸皮，撒在热锅内，用中火加热，待冒烟时加入半夏曲，迅速拌炒至表面呈深黄色时，取出，筛去麸皮，晾凉。

每100 kg半夏曲，用麸皮10 kg。

【成品性状】

1. **半夏曲** 为小立方块，表面浅黄色。质疏松，有细蜂窝眼。
2. **麸炒半夏曲** 形如半夏曲，表面呈深黄色，具焦香气。

【炮制作用】半夏曲味甘、微辛，性温。归脾、胃经。健脾温胃，燥湿化痰。半夏经发酵制成曲剂后，可增强健脾温胃、燥湿化痰的功效。临床以化痰止咳、消食积为主。麸炒半夏曲，产生焦香气，健胃消食的作用增强。

【贮藏养护】贮干燥容器内，置通风干燥处，防蛀，防潮。

第二节 发 芽 法

将净制过的新鲜成熟种子，在适宜温度和湿度条件下，促使萌发幼芽的方法，称为发芽。种子在浸种催芽过程中，有两种呼吸作用，即有氧呼吸和无氧呼吸。有氧呼吸释放的能量高于无氧呼吸释放能量。种子正常发芽需要充分的氧气，但在缺氧的情况下，种子具有一定的耐受缺氧能力，可以进行无氧呼吸。如果无氧呼吸时间过长，则会消耗较多的有机物，释放较少的能量，还积累过多乙醇，使种子受毒。种子发芽过程中保持一定的温度、湿度和通气十分重要。

（一）目的

通过发芽，果实或种子中贮存的物质被分解或转化，如淀粉被分解为糊精、葡萄糖及果糖，蛋白质分解成氨基酸，脂肪被分解成甘油和脂肪酸，并依据植物的遗传特性合成各种新的物质，包括纤维素、消化酶、维生素，使果实或种子的物质基础发生改变，产生新的功效，扩大用药品种。

（二）操作方法

1. **选种** 选择新鲜、粒大、饱满、无病虫害、色泽鲜艳的种子或果实。
2. **浸泡** 净选后的种子或果实，用清水浸泡适当的时间，每日喷淋清水 2～3 次，保持湿润度。
3. **发芽** 捞出已浸泡适度的种子或果实，置于能透气漏水的容器中，或已垫好竹席的地面上，用湿物盖严，每日喷淋清水 2～3 次，保持湿润，温度一般以 18～25℃为宜。经 2～3 天，即可萌发幼芽。待幼芽长出 0.2～1 cm 时，取出干燥。

（三）注意事项

1. 发芽温度一般以 20～30℃为宜，根据具体种子确定发芽温度，浸渍后含水量控制在 42%～45%为宜。
2. 种子的浸泡时间应依气候、环境而定，一般春、秋季宜浸泡 4～6 h，冬季 8 h 左右，夏季 4 h 左右。
3. 选用新鲜成熟的种子或果实，在发芽前应先测定发芽率，要求发芽率在 85%以上。
4. 适当避光并选择有充足氧气、通风良好的场地或容器进行发芽。
5. 种子发芽时先长须根后生芽，注意须根与芽的区别。以幼芽长至 0.2～1 cm 为标准，芽过长则影响药效。
6. 在发芽过程中，要勤加检查、淋水，以保持所需湿度，防止发热霉烂。

麦　芽

【导言】麦芽为禾本科一年生草本植物大麦的成熟果实经发芽干燥而得。麦芽有行气消食、健脾开胃、回乳消胀的作用，常用于食积不消、脘腹胀痛、脾虚食少、乳汁郁积、乳房肿痛、妇女断乳，也作为生产啤酒的重要原料。大麦经过发芽后麦黄酮含量增加，生麦芽经过炒黄和炒焦后麦黄酮含量又逐渐增加，麦黄酮对人体的益处很大，可以起到消食化滞的作用。大麦经过发芽和炒制后产生了药效，可以更好地用于临床应用。我国大麦资源丰富、分布广泛，具有巨大的开发潜力和广阔的应用前景。

【处方用名】生麦芽、大麦芽、炒麦芽、焦麦芽。

【来源】为禾本科植物大麦 Hordeum vulgare L. 的成熟果实经发芽干燥的炮制加工品。

【历史沿革】晋代有熬制法，唐代、宋代有微炒、炒黄、微炒黄，元代有焙法，明代有巴豆炒、发芽、炒熟、煨等炮制方法，清代增加了炒焦、炒黑的炮制方法。现在主要有炒黄、炒焦等。《中国药典》收载麦芽、炒麦芽、焦麦芽。

【炮制方法】

1. **麦芽** 取新鲜成熟饱满的净大麦，用清水浸泡 6～7 成透，捞出，置能排水容器内，盖好，每日淋水 2～3 次，保持湿润。待叶芽长至 0.5 cm 时，取出，晒干或低温干燥即得。
2. **炒麦芽** 取大麦芽，置预热的炒制容器内，用文火加热，不断翻动，炒至表面深黄色，鼓起并有香气，有爆裂声时，取出晾凉，筛去碎屑。
3. **焦麦芽** 取麦芽置炒制容器内，用中火加热，炒至爆裂声减弱，表面呈焦褐色，鼓起，并有焦香气时，取出晾凉，筛去碎屑。

【成品性状】

1. **麦芽** 呈梭形，长 8～12 mm，直径 3～4 mm。表面淡黄色，背面为外稃包围，具 5 脉，腹面为内稃包围。除去内外稃后，腹面有 1 条纵沟；基部胚根处生出幼芽和须根，幼芽长披针状条形，长约 5 mm。须根数条，纤细而弯曲。质硬，断面白色，粉性。气微，味微甘。

图 16-6 麦芽

2. **炒麦芽** 形如麦芽，表面棕黄色或深黄色，偶见焦斑。有香气，味微苦。

图 16-7 炒麦芽

3. **焦麦芽** 形如麦芽，表面焦褐色，有焦斑。有焦香气，味微苦。

【质量要求】

1. **麦芽** 水分不得过 13.0%，总灰分不得过 5.0%，出芽率不得少于 85%，每 1 000 g 含黄曲霉毒素 B_1 不得过 5 μg，黄曲霉毒素 G_2、黄曲霉毒素 G_1、黄曲霉毒素 B_2 和黄曲霉毒素 B_1 总量不得过 10 μg。

2. **炒麦芽** 水分不得过 12.0%，总灰分不得过 4.0%。

3. **焦麦芽** 水分不得过 10.0%，总灰分不得过 4.0%。

【炮制作用】

1. **麦芽** 味甘，性平。归脾、胃经。具有健脾和胃、疏肝通乳的功效。用于脾虚食少，乳汁郁积，乳癖。

2. **炒麦芽** 性偏温而气香，具有行气、消食、回乳之功，用于食积不消，妇女断乳。

3. **焦麦芽** 性偏温而味甘微涩，增强了消食化滞、止泻的作用。

【临床应用】

1. **麦芽** 与谷芽、山楂、白术、陈皮等同用，治消化不良，对过食米、面、瓜果积滞者有化积开胃作用，如小儿消食方（《中药临床应用》）。对食积化热者尤宜生用。

2. **炒麦芽** 与山楂、神曲等同用，治饮食停滞；与人参、白术、茯苓、神曲、砂仁等配伍，治中虚食少，脾胃虚弱，食少难消，脘腹胀闷，如健脾丸（《证治准绳》）；用于妇女产后无儿食乳、乳房肿胀、坚硬疼痛难忍的回乳四物汤（《疡医大全》）。

3. **焦麦芽** 用于食积不化，脘腹胀痛，如治食积泄泻的三仙散（《惠直堂经验方》）；与白术、党参、炮姜、乌梅炭等同用，治脾虚泄泻；还可用于治脾胃虚寒，大便溏泄。

知识拓展 16-3 含麦芽、炒麦芽的市售中成药举例

【炮制研究】从生麦芽的 95% 和 70% 乙醇提取物中分离得到豆甾 -5- 烯 -3β- 醇 -7- 酮、5-羟甲基糠醛、麦黄酮、β- 谷甾醇和胡萝卜苷。用聚丙烯酰胺凝胶电泳测定 17 个麦芽样品，发现麦芽经炮制后，蛋白电泳谱带的数目有明显的改变，生麦芽有 5 条一级谱带，炒麦芽仅有 2 条一级谱带，焦麦芽无谱带，为制定麦芽炮制品的质量标准提供科学依据。

大麦发芽后，酶活性因发芽程度不同而有显著差异，当芽长 0.5～1 cm，烘干温度在 30℃时，糖化率最高。用烘法替代炒法，烘麦芽无论在酶活性的保留还是水浸出物方面均优于传统的炒麦芽，特别是在酶活性的保留方面优势明显。大麦经发芽制成生麦芽后麦黄酮含量上升至原来的 1.8 倍左右，炒麦芽中麦黄酮含量为生麦芽的 1.2 倍，焦麦芽中麦黄酮含量是生麦芽的 1.6 倍左右。

【贮藏养护】置阴凉干燥处，防蛀。

稻　芽

【来源】为禾本科植物稻 Oryza sativa L. 的成熟果实，经发芽干燥而得。

【炮制方法】

1. 稻芽　取成熟而饱满的稻谷，充分淘洗干燥，装入保温的盆内，加入40℃温水，使稻子面上保持2 cm的水，盆用薄膜封严保温，1~2 h翻拌一次，使稻种受热和吸水均匀，用清水浸泡至六七成透，捞出，置能排水的容器内，覆盖，每日淋水1~2次，保持湿润，待须根长至1 cm时，取出晒干，除去杂质。

2. 炒稻芽　取稻芽，置炒制容器内，用文火加热，炒至表面深黄色，大部分爆裂，并有香气逸出时，取出晾凉，筛去灰屑。

3. 焦稻芽　取稻芽，置炒制容器内，用中火加热，炒至表面焦黄色，大部分爆裂，并有焦香气逸出时，取出晾凉，筛去灰屑。

【成品性状】

1. 稻芽　呈扁长椭圆形，两端略尖，长7~9 mm，直径约3 mm。外稃黄色，有白色细茸毛，具5脉。一端有2枚对称的白色条形浆片，长2~3 mm，于一个浆片内侧伸出弯曲的须根1~3条，长0.5~1.2 cm。质硬，断面白色，粉性。气微，味淡。

2. 炒稻芽　表面深黄色、有焦斑，具香气。

3. 焦稻芽　表面焦褐色，有焦香气。

【炮制作用】稻芽味甘，性温。归脾、胃经。具有消食和中，健脾开胃的功效。生稻芽长于养胃消食，用于食积不消，腹胀口臭，脾胃虚弱，不饥食少。

炒稻芽性转温，以健脾消食力胜，多用于脾虚食少。

焦稻芽性温微涩，善化积滞，用于积滞不消。

【贮藏养护】置通风干燥处，防蛀。

大豆黄卷

【来源】为豆科植物大豆 Glycine max（L.）Merr. 成熟种子经发芽干燥的炮制加工品。

【炮制方法】

1. 大豆黄卷　取大豆，用清水浸泡至表面起皱，捞出。放入滤水的容器内，上盖湿布，每日淋水2~3次，保持湿润。待芽长至0.5~1 cm时，取出，干燥。

2. 制大豆黄卷　取灯心草、淡竹叶置锅内，加入适量清水煎煮两次（每次30~60 min），过滤去渣。药汁与大豆黄卷共置锅内用文火加热，煮至药汁被吸尽，取出干燥。

每100 kg大豆黄卷，用淡竹叶2 kg，灯心草1 kg。

3. 炒大豆黄卷　取大豆黄卷，置热锅内，用文火加热，微炒至较原色稍深，取出，晾凉。

【成品性状】

1. 大豆黄卷　略呈肾形，长约8 mm，宽约6 mm。表面黄色或黄棕色，微皱缩，一侧有明显的脐点，一侧有1弯曲胚根。外皮质脆，多破裂或脱落。子叶2，黄色。气微，味淡，嚼之有豆腥味。

2. 制大豆黄卷　粒坚韧，豆腥气较轻而微清香。

3. 炒大豆黄卷　质坚韧，颜色加深，偶见焦斑，略有香气。

【炮制作用】大豆黄卷味甘，性平。归脾、胃、肺经。具有清利湿热、清解表邪的功效。

制大豆黄卷宣发作用减弱，清热利湿作用增强。

炒大豆黄卷清解表邪作用极弱，长于利湿舒筋，兼益脾胃，适用于湿痹、水肿胀满。

【贮藏养护】置阴凉干燥处，防蛀。

（高　慧）

复习思考题

1. 试述六神曲的原料组成及其发酵工艺关键点。
2. 试述中药发酵炮制所需要的主要条件。
3. 试述发芽法的炮制方法及注意事项。

数字资源详见　新形态教材网

- 课程思政案例
- 视频
- 知识拓展
- 推荐阅读
- 复习思考题答案
- 教学课件

第十七章

其他制法

思维导图

水飞法分离制备细粉的科学原理

水飞法属于湿法粉碎,是将不溶于水的矿物药、贝壳类药研磨成糊状,加多量水搅拌成混悬液,静置,倾取出上层混悬液,可实现粗细粉末的分离。其中蕴含怎样的科学道理呢?

水飞法操作中的静置环节很重要,粗细粉末在水中受重力作用,静置时会自然沉降,其沉降速度服从 Stokes 定律:$V = 2r^2(\rho_1 - \rho_2)g/9\eta$。式中,$V$ 为粉末沉降速度(cm/s),r 为粉末半径(cm),ρ_1、ρ_2 为粉末和水的密度(g/cm^3),η 为水的黏度(Pa·s),g 为重力加速度常数(cm/s^2)。由 Stokes 公式可知,在矿物药和水确定的情况下,粗细粉末的沉降速度 V 与粉末半径 r^2 成正比,粉末越粗沉降速度越快,相反,粉末越细沉降速度越慢。

水飞时通过控制静置时间,可获取不同粒径的粉末,若想获取粒径均一的粉末,每次静置的时间必须一致。Stokes 定律在药剂学上也有应用,为了提高混悬剂的稳定性,应尽可能减小药物的粒径,增加分散介质的黏度。水飞法利用粗细粉末在水中的悬浮性不同成功分离制备矿物药细粉供临床应用,可追溯至《素问·刺法论》,其中记载了最早的水飞法,即水磨雄黄。Stokes 定律直到 19 世纪中叶才由英国物理学家斯托克斯提出,而水飞法在中医药中已应用了两千多年。

请对下列问题给予思考与分析:

试述与干法粉碎相比,水飞法制备矿物药细粉的优势。

本章包括烘焙法、煨法、提净法、水飞法、制霜法、干馏法等炮制方法。炮制目的是增强药物的疗效、改变或缓和原有的性能、降低或消除药物的毒性或副作用、使药物达到一定的纯净度、便于粉碎或贮存及适应临床用药需要等。

本章各炮制方法的工艺特点、药物的品种和性质不同，有的工艺比较复杂，有的具有毒性，须严格掌握炮制操作规程、辅料用量及注意事项等。

第一节 烘焙法

将净选或切制后的药物用文火直接或间接加热，使之充分干燥的方法，称为烘焙法。烘焙法主要适合于某些昆虫或其他药物。

（一）目的

使药物充分干燥，便于粉碎和贮存。

（二）操作方法

1. **烘法** 将药物置于近火处或利用烘箱、干燥室等设备，使药物所含水分徐徐蒸发，从而使药物充分干燥。

2. **焙法** 将净选后的药物置于金属容器或锅内，用文火经较短时间加热，并不断翻动，焙至药物颜色加深，质地酥脆为度。

（三）注意事项

烘焙法不同于炒法，需用文火，并要勤加翻动，以免药物焦化。

虻 虫

【来源】为虻科昆虫复带虻 *Tabanus bivittatus* Matsumura 的雌虫干燥全体。

【炮制方法】
1. **虻虫** 取原药材，除去杂质及足翅，筛去泥屑。
2. **焙虻虫** 取虻虫，置热锅内，用文火焙至黄褐色或棕黑色，质地酥脆时取出放凉。
3. **米炒虻虫** 取虻虫，用文火与米拌炒至米呈深黄色，取出，筛去米，摊开，晾凉。

每 100 kg 虻虫，用米 20 kg。

【成品性状】
1. **虻虫** 椭圆形，头部呈黑棕色而有光泽，有凸出的两眼及长形的吸吻。背部黑棕色，有光泽，腹部黄褐色，有横纹节。体轻而脆，具腥臭气味。
2. **焙虻虫** 形如虻虫，呈黄褐色或棕黑色，无足翅，微有腥臭气味。
3. **米炒虻虫** 形如虻虫，呈深黄色，略具米香气。

【炮制作用】虻虫味苦，性微寒；有小毒，归肝经。具有破血逐瘀、散积消癥的功效。
生虻虫腥味较强，破血力猛，并有致泻副作用。虻虫焙或米炒，可降低毒性和腥臭气味，便于粉碎。

知识拓展 17-1　蛇虫各炮制品在复方中的应用

【贮藏养护】置通风干燥处，防蛀。

蜈　　蚣

【来源】为蜈蚣科动物少棘巨蜈蚣 Scolopendra subspinipes mutilans L. Koch 的干燥体。

【炮制方法】

1. **蜈蚣**　取原药材，除去竹片及头足，用时折断或捣碎。

2. **焙蜈蚣**　取蜈蚣，除去头足，微火焙黄，剪段。

【成品性状】

1. **蜈蚣**　扁平长条形，背部棕绿色或墨绿色，有光泽，腹部淡黄色或棕黄色，质脆，断面有裂隙。气微腥，有特殊刺鼻的臭气，味辛、微咸。

2. **焙蜈蚣**　形如蜈蚣，呈棕褐色或黑褐色，有焦腥气。

【炮制作用】蜈蚣味辛，性温；有毒。归肝经。具有熄风止痉，解毒散结，通络止痛的功效。焙蜈蚣毒性降低，矫味矫臭，并使之干燥，便于粉碎。

【贮藏养护】置干燥处，防霉，防蛀。

第二节　煨　　法

将净制或切制后的药物用湿面皮或湿纸包裹，置于加热的滑石粉或热砂中，或将药物直接置于加热的麦麸中，或将药物铺摊吸油纸上、层层隔纸加热，以除去部分油质，这些炮制方法统称为煨法。

（一）目的

1. 除去药物中部分挥发性及刺激性成分，从而降低副作用。如肉豆蔻。
2. 增强疗效。如肉豆蔻。
3. 缓和药性。如葛根。

（二）操作方法

1. **面裹煨**　取面粉加适量水做成团块，再压成薄面片，将药物逐个包裹，或将药物表面用水湿润，如水泛丸法包裹面粉 3~4 层，晾至半干，投入已炒热的滑石粉或热砂中，文火加热，适当翻动，煨至面皮呈焦黄色时取出，筛去滑石粉或砂子，晾凉，剥去面皮，筛去碎屑，即得。

每 100 kg 药物，用面粉 50 kg、滑石粉 50 kg。

2. **麦麸煨**　将麦麸和药物同置锅内，用文火加热并适当翻动，至麦麸呈焦黄色，药物颜色加深时取出，筛去麦麸，晾凉，即得。

每 100 kg 药物，用麦麸 40~50 kg。

3. **隔纸煨**　药物切片后，趁湿平铺于吸油纸上，一层药物一层纸，如此间隔平铺数层，上下用平坦的木板夹住，以绳捆扎结实，使药物与吸油纸紧密接触，置于烘干室或温度较高处，煨至油渗透到纸上，取出，晾凉，除去纸，即得。

4. **纸裹煨**　将净制或切制后的药物用3层湿纸包裹，埋于无烟热火灰或热滑石粉中，煨至纸呈焦黑色，药物表面呈微黄色时，取出，去纸，晾凉，即得。

5. **滑石粉煨**　取滑石粉置锅内，加热炒至灵活状态，投入药物，文火加热，翻埋至药物颜色加深，并有香气飘逸时取出，筛去滑石粉，晾凉，即得。

每100 kg药物，用滑石粉50 kg。

用麦麸、滑石粉煨的操作方法与加滑石粉、麦麸炒的主要区别是：煨法辅料用量大，受热温度低、时间长，且翻炒频率低。麸煨与麸炒加辅料方式亦不同，麸煨是将麦麸和药物同置锅内，麸炒是先将麦麸撒入热锅内，冒烟后再投入药物拌炒。

（三）注意事项

1. 药物应大小分档，以免受热不均匀。
2. 煨制时辅料用量较大，利于药物受热均匀和吸附油质。
3. 煨制时火力不宜过强，以文火缓缓加热，并适当翻动。

肉 豆 蔻

【导言】肉豆蔻是一种热带著名的香料和药用植物，肉豆蔻作为香料，增加食物的辛香味，使口感更好，被广泛应用于欧洲的美食中。肉豆蔻含大量油质，包括脂肪油和挥发油，易滑肠致泻。挥发油中含有肉豆蔻醚、黄樟醚等毒性成分，过量可引起中毒症状，肉豆蔻药用常经过炮制。

【处方用名】肉豆蔻、肉果、玉果、煨肉蔻、煨肉果。

【来源】为肉豆蔻科植物肉豆蔻 *Myristica fragrans* Houtt. 的干燥种仁。

【采收加工】每年4—6月和11—12月各采集一次，取成熟果实，剖开果皮，剥去假种皮（商品称"肉豆蔻衣"），再敲脱壳状的种皮，取出种仁，低温干燥。或石灰水浸1天，取出低温烘干。

【历史沿革】南北朝刘宋时代有糯米作粉，使热汤搜裹豆蔻，于煻灰中炮；宋代增加面裹煨、醋面裹煨、湿纸煨、生姜汁和面裹煨、炒黄、粟米炒等炮制方法，明代增加有麸炒、醋浸、取霜等法，清代增加了面包捶去油。现行主要有麦麸煨、滑石粉煨、面裹煨、纸包法等炮制方法。《中国药典》收载肉豆蔻、麸煨肉豆蔻。

【炮制方法】

1. **肉豆蔻**　取原药材，除去杂质，洗净，干燥。

2. **煨肉豆蔻**

（1）面裹煨：取面粉加适量清水拌匀，做成团块，再压成薄面片，将肉豆蔻逐个包裹，或将肉豆蔻表面用水湿润，如水泛丸法包裹面粉，再湿润包裹至3~4层，晒至半干；投入已炒热的滑石粉锅内，适当翻动，至面皮呈焦黄色时取出，筛去滑石粉，放凉，剥去面皮。用时捣碎。

每100 kg肉豆蔻，用面粉、滑石粉各50 kg。

（2）麦麸煨：取肉豆蔻，加入麸皮，麸煨温度150~160 ℃，约15 min，至麸皮呈焦黄色、肉豆蔻呈棕褐色、表面有裂隙时取出，筛去麸皮，晾凉。用时捣碎。

每 100 kg 肉豆蔻，用麦麸 40 kg。

（3）滑石粉煨：将滑石粉置锅内，加热炒至灵活状态，投入肉豆蔻，文火加热，掩埋并适当翻动，至肉豆蔻呈深棕色并有香气飘逸时取出，筛去滑石粉，晾凉，用时捣碎。

每 100 kg 肉豆蔻，用滑石粉 50 kg。

【成品性状】

1. **肉豆蔻** 卵圆形或椭圆形，长 2～3 cm，直径 1.5～2.5 cm。表面灰棕色或灰黄色，有的外被白粉（石灰粉末）。全体有纵行沟纹及不规则网状沟纹。质坚，断面显棕黄相杂的大理石花纹，宽端可见干燥皱缩的胚，富油性。气香浓烈，味辛。

图 17-1　肉豆蔻

2. **煨肉豆蔻** 形如肉豆蔻，表面为棕褐色，有裂隙。气香，味辛。

图 17-2　煨肉豆蔻

【质量要求】

1. **肉豆蔻** 水分不得超过 10.0%，挥发油不得少于 6.0%（mL/g），含去氢二异丁香酚不得少于 0.10%。每 1 000 g 含黄曲霉毒素 B_1 不得过 5 μg，黄曲霉毒素 G_2、黄曲霉毒素 G_1、黄曲霉毒素 B_2 和黄曲霉毒素 B_1 的总量不得过 10 μg。

2. **煨肉豆蔻** 水分不得超过 10.0%，挥发油不得少于 4.0%（mL/g），含去氢二异丁香酚不得少于 0.080%。

【炮制作用】肉豆蔻味辛，性温。归脾、胃、大肠经。具有温中行气、涩肠止泻的功效。生肉豆蔻辛温气香，长于暖胃消食，下气止呕。煨肉豆蔻可除去部分油质，免于滑肠，刺激性减小，增强了固肠止泻的作用。

【临床应用】

1. **肉豆蔻** 与槟榔、轻粉、黑牵牛配伍，用于水湿鼓胀等症，如肉豆蔻丸（《宣明论方》）。剜小孔子，入乳香，面裹煨，用于脾虚泄泻、肠鸣不食等症，如肉豆蔻散（《杨氏家藏方》）。与补骨脂、五味子、吴茱萸等配伍，用于脾肾虚弱，大便不实等症，如四神丸（《内科摘要》）。

2. **煨肉豆蔻** 与罂粟壳（蜜炙）、煨诃子肉、白芍、白术、当归、党参、炙甘草、肉桂、木香等配伍，用于脾肾俱虚所致的虚泻，冷痢等配伍，如养脏汤（《太平惠民和剂局方》）。

【炮制研究】

1. **化学成分研究** 肉豆蔻的主要成分为挥发油和脂肪油等，其中挥发油含量在 8%～15%，脂肪油含量在 25%～46%。肉豆蔻挥发油中甲基丁香酚、甲基异丁香酚具有止泻作用，炮制后成分含量增加，止泻作用增强；挥发油中的肉豆蔻醚、黄樟醚为毒性成分，过量服用可导致中毒、致幻、昏迷和惊厥现象，炮制后含量降低，毒性降低，达到减毒增效的作用。

2. **药理作用研究** 肉豆蔻不同炮制品中的挥发油均有明显的止泻作用，能明显抑制小鼠体内小肠推进功能，其强度依次为：面煨＞麸煨＞生品＞滑石粉煨。肉豆蔻生品均有较好的抗炎作用，尤其对以蛋清致炎者最明显，生品作用最强。肉豆经炮制后，毒性降低，其毒性依次为：面裹煨＜麸煨＜滑石粉煨＜生品。

3. **炮制工艺研究** 麸煨肉豆蔻最佳炮制工艺为 110～120℃，煨制 20 min。面裹煨肉豆蔻最佳工艺是 170～190℃，20 min。

【贮藏养护】置阴凉干燥处，防蛀。

诃 子

【来源】为使君子科植物诃子 *Terminalia chebula* Relz. 或绒毛诃子 *Terminalia chebula* Retz.var. *tomentella* Kurt. 的干燥成熟果实。

【炮制方法】

1. **诃子** 取原药材，除去杂质，洗净，干燥。用时打碎。

2. **诃子肉** 取诃子，稍浸，闷润，去核，干燥。

3. **炒诃子肉** 取诃子肉，置热锅内，用文火炒至深棕色时，取出，晾凉。

4. **煨诃子**

（1）面裹煨：取诃子，用水湿润，如水泛丸法包裹面粉3~4层或用湿面片逐个包裹，晒至半干，投入已炒热的滑石粉或热砂中，文火加热，翻埋至面皮焦黄色时取出，筛去滑石粉或砂子，剥去面皮，轧开去核取肉。

每100 kg诃子，用面粉50 kg。

（2）麦麸煨：取诃子与麦麸同置锅内，用文火加热，缓缓翻动，煨至麦麸呈焦黄色，诃子呈深棕色时，取出，筛去麦麸，轧开，去核取肉。

每100 kg诃子，用麦麸30 kg。

【成品性状】

1. **诃子** 长圆形或卵圆形，长2~4 cm，直径2~2.5 cm。表面黄棕色或暗棕色，略具光泽。有5~6条纵棱线和不规则的皱纹，基部有圆形果梗痕。质坚实。果肉厚0.2~0.4 cm，黄棕色或黄褐色。果核长1.5~2.5 cm，直径1~1.5 cm，浅黄色，粗糙，坚硬。种子狭长纺锤形，长约1 cm，直径0.2~0.4 cm，种皮黄棕色，子叶2，白色，相互重叠卷旋。气微，味酸涩而后甜。

2. **诃子肉** 呈全裂或半裂开的扁长梭形、扁长圆形或扁卵圆形、横断裂开的锥形或不规则块状。外表面棕色、黄褐色或暗棕褐色。内表面暗棕色、暗黄褐色或暗棕褐色，粗糙凹凸不平。质坚脆、可碎断。气微，味微酸、涩后甜。

3. **炒诃子肉** 形如诃子肉，表面深黄色，有焦斑，断面黄褐色。微有香气，味涩。

4. **煨诃子** 形如诃子肉，表面深棕色，偶见附有焦面粉（面裹煨者），质地较松脆。味略酸涩，略有焦香气。

【炮制作用】诃子味苦、酸、涩，性平。归肺、大肠经。具有涩肠止泻、敛肺止咳、降火利咽的功效。生诃子性略偏凉，对胃有一定刺激性，长于清金敛肺利咽。诃子去核是选取有效入药部位，提高药效。

炒诃子肉酸涩之性缓和，具有涩肠止泻、温散寒气的功效。煨诃子炮制后药性缓和，涩敛之性增强。

【贮藏养护】贮干燥容器内，置通风干燥处。

木 香

【来源】为菊科植物木香 *Aucklandia lappa* Decne. 的干燥根。

【炮制方法】

1. **木香** 取原药材，除去杂质，洗净，闷润，切厚片，晾干。

2. **煨木香** 取未干燥的木香片，在铁丝匾中，用一层草纸、一层木香片，间隔平铺数层，置炉火旁或烘干室内，烘煨至木香内的挥发油渗透至纸上，取出，晾凉。

【成品性状】

1. **木香** 类圆形或不规则的厚片。外表皮黄棕色至灰褐色，有纵皱纹。切面棕黄色至棕褐色，中部有明显菊花心状的放射纹理，形成层环棕色，褐色油点（油室）散在。气香特异，味微苦。

2. **煨木香** 形如木香片，切面棕黄色。气微香，味微苦。

【炮制作用】木香味辛、苦，性温。归脾、胃、大肠、三焦、胆经。具有行气止痛，健脾消食的功效。生木香行气作用强。煨后除去部分油质，实肠止泻作用增强。

知识拓展 17-2　含木香、煨木香的市售中成药

【贮藏养护】置干燥处，防潮。

葛　根

【来源】为豆科植物野葛 *Pueraria lobata*（Willd.）Ohwi 的干燥根。

【炮制方法】

1. **葛根** 取原药材，除去杂质，洗净，润透，切厚片或块，晒干。

2. **煨葛根**

（1）麦麸煨：取葛根与麦麸同置炒制容器内，文火加热，边炒边埋，至葛根片块呈深黄色，麦麸呈焦黄色时，取出。筛去麦麸，晾凉，即得。

每 100 kg 葛根，用麦麸 30 kg。

（2）湿纸煨：取葛根，用三层湿纸包好，埋入无烟火灰或热滑石粉中，至纸呈焦黑色，葛根呈黄色时取出，去纸，晾凉，备用。

【成品性状】

1. **葛根** 呈不规则的厚片、粗丝或方块。切面浅黄棕色至棕黄色。质韧，纤维性强。气微，味微甜。

2. **煨葛根** 形如葛根，表面黄色或焦黄色。气微香。

【炮制作用】葛根味甘、辛，性凉，归脾、胃、肺经，具有解肌退热、生津透疹、升阳止泻的功效。生葛根长于解肌退热、生津止渴、升阳透疹。煨葛根发散作用减弱，止泻作用增强。

【贮藏养护】置通风干燥处，防蛀。

第三节　提　净　法

可溶性无机盐类矿物药，经过溶解、过滤、重结晶，以除净杂质，纯净药物，并借助辅料增强药效或缓和药性、降低毒性的方法，称为提净法。

（一）目的

1. 纯净药物，提高疗效。如芒硝。

2. 缓和药性。如芒硝。
3. 降低毒性。如硇砂。

（二）操作方法

根据药物的不同性质，常用的提净法有两种。

1. 降温结晶（冷结晶） 将药物与辅料加水共煮后，过滤除去杂质，将滤液置阴凉处，使之冷却，重新结晶。如芒硝。

2. 蒸发结晶（热结晶） 将药物适当粉碎，加适量水加热溶化后，滤去杂质，将滤液置于搪瓷盆中，加入定量米醋，再将容器隔水加热，使液面析出结晶物，随析随捞取，至析尽为止；或将原药与醋共煮后，滤去杂质，将滤液加热蒸发至一定体积后，再自然干燥。如硇砂。

（三）注意事项

加水量与无机盐的饱和溶解度相适应，不宜过多，以使结晶易于析出。

芒　硝

【来源】为硫酸盐类矿物芒硝族芒硝，经加工精制而成的结晶体。主含含水硫酸钠（$Na_2SO_4 \cdot 10H_2O$）。

【炮制方法】

芒硝 取适量鲜萝卜，洗净，切成片，置适宜的容器中，加适量水煮透，捞出萝卜，再投入天然芒硝（朴硝）共煮，至全部溶化，稍冷，过滤或澄清后，取滤液或上清液，放冷。待结晶大部析出，取出，置避风处适当干燥，即得。结晶母液经浓缩后可继续析出结晶，直至不再析出结晶为止。

每 100 kg 朴硝，用萝卜 20 kg。

【成品性状】

芒硝 为棱柱状、长方形或不规则块状及粒状。无色透明或类白色半透明。质脆，易碎，断面显玻璃样光泽。气微，味咸。

【炮制作用】芒硝味咸、苦，性寒，归胃、大肠经，具有泻热通便、润燥软坚、清火消肿的功效。将天然产品加热水溶解滤过后，除去泥沙和不溶性杂质，滤液静置析出结晶，为芒硝的粗制品（朴硝），含较多杂质，具有软坚散结作用。朴硝经用萝卜煮制后重结晶，进一步除去杂质，提高了纯净度。萝卜性温，具有消积滞、化痰热、下气、宽中作用，可缓和芒硝的寒泻之性，增强润燥软坚、消导、下气通便的作用。

【贮藏养护】密闭，置阴凉处。防潮，防风化。

玄　明　粉

【来源】为芒硝经风化干燥制得。主含硫酸钠（Na_2SO_4）。

【炮制方法】

玄明粉 取重结晶之芒硝，打碎，包裹悬挂于阴凉通风处，令其自然风化成白色质轻粉末。或取芒硝平铺盆内，露放于通风处，令其风化，消失水分，成为白色粉末，即得。

【成品性状】

玄明粉 为白色粉末。无臭，味咸。有引湿性。

【炮制作用】玄明粉味咸、苦，性寒。归胃、大肠经。具有泻下通便，润燥软坚，清火消肿的功效。玄明粉为芒硝经风化，失去结晶水后的无水硫酸钠，其性缓和而不泄利。

【贮藏养护】瓶装或缸、坛装，密闭，置阴凉干燥处。防潮。

【备注】现今视风化硝与玄明粉为一物，古代两者有别。风化硝是朴硝用萝卜汁制，重结晶所得的结晶，经风化而成；玄明粉是朴硝以萝卜加甘草等制，重结晶所得的结晶，经风化而成。

风化温度一般不宜超过30℃，否则易液化。自然风化需时较长，常因风化不完全而残留部分水分。欲求快速风化，可将芒硝置搪瓷盘中，放水浴锅上加热，使结晶体溶化，水分逐渐蒸发，即可得到白色粉末状风化硝。

硇　砂

【来源】为氯化物类矿物硇砂 *Sal Ammoniac* 或紫色石盐 *Halite Violaceous* 的晶体。前者称白硇砂，主含氯化铵（NH_4Cl）；后者称紫硇砂，主含氯化钠（$NaCl$）。

【炮制方法】

1. **硇砂** 取原药材，除去杂质，砸成小块。

2. **醋硇砂** 取硇砂块，置沸水中溶化，过滤后倒入搪瓷盆中，加入适量醋，将搪瓷盆放在水锅内，隔水加热蒸发，当液面出现结晶时随时捞起，直至无结晶析出为止，干燥。或将上法滤过所得的滤液置锅中，加入适量醋，加热蒸发至干，取出。

每100 kg 硇砂，用醋50 kg。

【成品性状】

1. **硇砂** 白硇砂为不规则碎块状结晶，表面灰白色或暗白色，有部分呈黄色。质酥脆，易打碎，断面显束针状纹理。有土腥气，味咸、苦，刺舌。紫硇砂为不规则结晶粒状或块状，质坚而脆，断面平滑光亮，具玻璃样光泽，有氨臭气，味极咸而刺舌。手摸之有凉感，易潮解。

2. **醋硇砂** 为灰白色或微带黄色或紫红色的结晶性粉末，味咸、苦。

【炮制作用】硇砂味咸、苦、辛，性温；有毒。归肝、脾、胃经。具有消积软坚、破瘀散结的功效。醋制后能使药物纯净，并能降低毒性，同时借助醋散瘀之性，增强软坚化瘀、消癥瘕积块的作用。

【贮藏养护】贮干燥容器内，密闭，置阴凉干燥处。防潮。

【注意事项】提净硇砂时，不应使用金属器皿，以防被腐蚀，要用搪瓷器皿；水浴加热时，随时捞出结晶，提高结晶率，否则结晶沉锅底成为细粒，难以捞出；蒸干法最后火力要小，不断搅拌，以免焦糊。

第四节　水　飞　法

某些不溶于水的矿物类、贝壳类药物，利用粗细粉末在水中悬浮性的不同，加适量水反复研磨，经混悬、静置，分离制备极细腻粉末的方法，称为水飞法。

（一）目的

1. 除去杂质，洁净药物。如朱砂、雄黄等。
2. 使药物质地细腻，利于内服或外用。如珍珠等。
3. 防止药物在研磨过程中粉尘飞扬，劳动防护，减少对环境污染。如朱砂、滑石等。
4. 除去药物中可溶于水的砷、汞等毒性物质，降低毒性。如朱砂等。

（二）操作方法

将药物碎成小块，置乳钵中或适宜容器内，加少量清水，研磨成糊状；再加多量水搅拌，待粗粉下沉，倾出上部混悬液；下沉的粗粒再进行研磨，如此反复操作，至研细为止，最后将不能混悬的杂质弃去。合并所有混悬液，静置，取沉淀物，干燥，再研磨成极细粉末。

目前大生产多采用球磨机湿法粉碎。方法是将药料和水加入球磨机圆筒内，投料量一般为圆筒容积的 1/4～1/3，加水量为投料量的一倍。研磨至所需程度，取出，静置，倾去上清液，沉淀物干燥，或用清水漂洗数次，干燥。

（三）注意事项

1. 在研磨过程中，加水量宜少，以研成糊状为佳。搅拌混悬时加水量宜大，以除去有毒物质或杂质。
2. 朱砂、雄黄等药物干燥时，温度不宜过高，以晾干为宜，若温度过高，易使雄黄、朱砂等的毒性增大。
3. 朱砂和雄黄粉碎时要忌铁器。

雄　黄

【导言】雄黄是一味攻毒杀虫止痒的矿物药，牛黄解毒丸、安宫牛黄丸、牛黄清心丸等丸药多配伍雄黄以解毒、镇痉。雄黄因含砷而毒性较大，久服易形成体内砷蓄积毒性，易对中枢神经系统及肝脏等造成损害，故需炮制，以降低毒性。雄黄加热时被氧化成剧毒的三氧化二砷，即砒霜，历来要求"忌火煅"，入丸散剂，内服宜慎，不可久用，孕妇禁用。

【处方用名】雄黄、雄黄粉。

【来源】为硫化物矿物雄黄族雄黄，主含二硫化二砷（As_2S_2）。

【采收加工】采挖后除去杂质。

【历史沿革】汉代有炼法、研法，宋代增加水飞法、醋煮或醋浸、醋研等法，明代增加炒法，清代增加蜜煎、猪脂裹蒸、松脂和、白萝卜蒸、竹筒蒸等法。现行是水飞法。《中国药典》收载雄黄粉。

【炮制方法】

雄黄粉　取雄黄，置乳钵内，加少量清水共研至细，然后加多量清水搅拌，倾取混悬液，下沉部分再如上法反复操作多次，除去杂质，合并混悬液，静置后分取沉淀，晾干，研细。

【成品性状】

雄黄粉　为橙黄色或橙红色极细粉末，易粘手，气特异。

图 17-3　雄黄

图 17-4　雄黄粉

【质量要求】

雄黄粉　含三价砷和五价砷的总量以砷（As）计，不得过 7.0%，含砷量以二硫化二砷（As_2S_2）计，不得少于 90.0%。

【炮制作用】雄黄味辛，性温；有毒。归肝、大肠经。解毒杀虫、燥湿祛痰，截疟。水飞后使药粉达到极细和纯净，毒性降低，便于制剂。

【临床应用】与巨胜油、丹砂、蜜陀僧、铅丹、蜡、蛇黄、牡蛎配伍，用于癣疾，瘙痒难忍等症，如雄黄膏（《圣济总录》）。与矾、信石、巴豆、黄蜡配伍，用于痈疽溃烂，狂犬、毒蛇等虫兽咬螫伤痛，如雄黄消毒膏（《卫生宝鉴》）。与川郁金、巴豆配伍，用于喉痹之证，如雄黄解毒丸（《重楼玉钥》）等。

【炮制研究】

1. **化学成分研究**　雄黄中毒性成分主要为 As_2O_3，As_2O_3 可溶于水，水飞法可大大降低其毒性，且水飞时用水量愈多，As_2O_3 去除得愈净。另有 10% 醋飞制、醋牛奶水飞及 3%NaOH 碱洗法，均可有效除去 As_2O_3，使毒性降低。

研究发现，雄黄在空气中受热，当温度上升到 180℃ 以上时成分出现转化，至 200~250℃ 时，As_2S_2 大量转化生成 As_2O_3，毒性增加，故雄黄不能在有氧情况下加热炮制，印证了"雄黄见火毒如砒"之说，且水飞后宜低温干燥或晾干。

2. **炮制工艺研究**　以加水量、操作次数和干燥温度为因素水平，采用离子交换高效液相色谱 – 氢化物发生 – 原子荧光光度法测定雄黄中可溶性砷盐 As（Ⅲ）的含量，优选出雄黄水飞的最佳炮制工艺为加 15 倍量水、操作 8 次、干燥温度 40℃。

【贮藏养护】置干燥处，密闭。雄黄按毒性药品种管理。

朱　　砂

【来源】为硫化物类矿物辰砂族辰砂，主含硫化汞（HgS）。

【炮制方法】

朱砂粉　取原药材，用磁铁吸尽铁屑，置乳钵内，加适量清水研磨成糊状，然后加多量清水搅拌，倾取混悬液。下沉的粗粉再如上法，反复操作多次，直至手捻细腻，无亮星为止，弃去杂质，合并混悬液；静置后倾去上部清水，取沉淀晾干或 40℃ 以下干燥，再研细即可。或取朱砂用磁铁吸除铁屑，球磨水飞成细粉，40℃ 以下干燥，过 200 目筛。

【成品性状】

朱砂粉　呈朱红色极细粉末，体轻，以手指撮之无粒状物，以磁铁吸之无铁末。气微，味淡。

【炮制作用】朱砂味甘，性微寒；有毒。归心经。清心镇惊、安神解毒。朱砂经水飞后，可使药物达到纯净，极细腻，便于制剂及服用。

【贮藏养护】瓷瓶装，置阴凉干燥处。

滑　　石

【来源】为硅酸盐类矿物滑石族滑石，主含含水硅酸镁 [$Mg_3(Si_4O_{10})(OH)_2$]。

【炮制方法】

1. **滑石** 取原药材，除去杂石，洗净，干燥，捣碎。

2. **滑石粉** 取滑石，砸碎，粉碎成细粉。或取净滑石粗粉，加水少量，碾磨至细，再加适量清水搅拌，倾取上层混悬液，下沉部分再按上法反复操作数次，合并混悬液，静置沉淀，倾去上清液，将沉淀物干燥后再研细粉。

【成品性状】

1. **滑石** 呈不规则的块状。白色、黄白色或淡蓝灰色，有蜡样光泽。质软，细腻，手摸有滑润感，无吸湿性，置水中不崩散。气微，味淡。

2. **滑石粉** 呈白色或类白色、微细、无砂性的粉末，质细腻，手捻有滑腻感。气微，味淡。

【炮制作用】滑石味甘、淡，性寒。归膀胱、肺、胃经。利水通淋，清解暑热，祛痰，外用敛疮。滑石多水飞后入药，以使药物极细和纯净，便于内服及外用。

【贮藏养护】置干燥处（滑石）、密闭（滑石粉）。

玛 瑙

【来源】为氧化物类矿物石英族石英的亚种玛瑙，主含二氧化硅（SiO_2）与含水二氧化硅（$SiO_2·nH_2O$）。

【炮制方法】

玛瑙粉 取原药材，除去杂质，洗净，干燥，碾成细粉。或取原药材，置容器内，加适量水共研成糊状，再加水，搅拌，倾取混悬液。残渣再按上述方法反复操作数次，合并混悬液，静置，分取沉淀，干燥，研细。

【成品性状】

玛瑙粉 为细粉末或极细粉末。浅红色、橙红色或深红色，具光泽。无臭，味淡。

【炮制作用】玛瑙味辛，性寒。归肝经。清热明目、拨云退翳。水飞后使药物纯净细腻，主要用于目生翳障。

【贮藏养护】置干燥处。粉末瓷瓶装，防尘。

珍 珠

【来源】为珍珠贝科动物合浦珍母贝 *Pinctada fucata*（Dunker）、蚌科动物三角帆蚌 *Hyriopsis cumingii*（Lea）或褶纹冠蚌 *Cristaria plicata*（Leach）等双壳类动物受刺激形成的珍珠。

【炮制方法】

1. **珍珠** 取原药材，除去杂质，洗净，晾干。

2. **珍珠粉** 取珍珠，粉碎，置乳钵中或适宜容器内，加入少量清水，研磨成糊状，再加多量的水，搅拌，倾取混悬液；下沉部分再行研磨，如此反复操作数次，除去杂质，合并混悬液；静置，分取沉淀物，干燥，再研磨成极细粉末。

【成品性状】

1. **珍珠** 表面类白色、浅粉红色、浅黄绿色或浅蓝色，半透明，光滑或微有凹凸，具特有的彩虹样光泽。质坚硬，破碎面显层纹。气微，味淡。

2. **珍珠粉** 为白色粉末，无光点，质重。气微腥，味微咸，尝之无渣。

【炮制作用】珍珠味甘、咸，性寒。归心、肝经。具有安神定惊、明目退翳、解毒生肌的功效。珍珠质地坚硬，不溶于水，水飞成极细粉，易于人体吸收。

【备注】作过装饰品的珍珠，习称"花珠"，外有油垢，须用豆腐煮制，令其洁净。方法：取珍珠，洗净污垢（垢重者，先用碱水洗涤，再用清水漂去碱性），用纱布包好，再用豆腐置煮锅内共煮。一般300 g珍珠用两块250 g的豆腐，下垫一块，上盖一块，加清水淹没豆腐寸许，煮制2 h，至豆腐呈蜂窝状为止。取出，去豆腐，用清水洗净晒干，用冷水水飞至舌舔无渣感为度。取出放入铺好纸的竹筐内晒干或烘干。

【贮藏养护】密闭。

第五节 制霜法

药物经过加工处理，制成松散粉末或细小结晶，或煎熬成粉渣的方法称为制霜法。根据药材来源和操作方法的不同，制霜法有去油制霜、渗析制霜、升华制霜、煎煮制霜等。

（一）去油制霜法

药物经除去部分油脂，制成松散粉末的方法称为去油制霜法。

1. 目的

（1）降低毒性，缓和药性。如巴豆、千金子、木鳖子等。

（2）降低副作用。如柏子仁。

2. 操作方法 取净药材，除去外壳，取种仁，碾成细末或捣烂如泥，用布包裹，加热，置压榨器中压榨去油，至药料均匀松散成粉，不再黏结为度。少量者亦可用数层吸油纸包裹，置炉边或烈日曝晒后，压榨去油，反复压榨换纸，至纸不显油迹为度。

3. 注意事项

（1）去油制霜法多加热或放置热处，以利于油脂渗出。

（2）去油制霜如用粗纸包压时，要勤换纸，利于渗出的油脂充分被纸吸附。

（3）有毒中药去油制霜用过的布或纸要妥善处置，及时销毁，以免误用。

（4）有毒中药热蒸压油时，产生的油蒸气会危害操作者健康，应注意劳动防护。

（二）渗析制霜法

药物借助物料经加工析出细小结晶的方法，称为渗析制霜法。目的是产生新药，增强疗效，纯净药物。如西瓜霜。

（三）升华制霜法

药物经过高温加工处理，升华成结晶或细粉的方法，称为升华制霜法。目的是纯净药物。如信石。

（四）煎煮制霜法

药物经过多次长时间煎熬，以剩下的粉渣再作药用的方法，称为煎煮制霜法。目的是缓和药性，综合利用药用资源。如鹿角霜。

巴 豆

【导言】巴豆为天然泻药，被称作"泻药之王"，泻下之力强，具有大毒。历代采用多种炮制方法达到降毒存效的目的，如通过加热减毒、去油减毒等方法使毒蛋白凝固变性和降低脂肪油含量，以保证临床安全有效。目前《中国药典》中巴豆霜质量控制以巴豆油和巴豆苷为毒性和药效成分控制指标，以保障其入药的安全和有效。

【处方用名】生巴豆、巴豆霜。

【来源】为大戟科植物巴豆 *Croton tiglium* L. 的干燥成熟果实。

【采收加工】秋季果实成熟时采收，堆置2~3天，摊开，干燥。

【历史沿革】汉代有"去皮心复熬变色""去皮细研取霜"的炮制方法，南北朝时期增加麻油和酒煮法，唐代增加熬制、火炮、烧令烟断等法，宋代增加"炒微黑黄"、醋煮、油煎、面炒、面煨、麦麸水煮、火炮、酒煮、黄连制等多种方法，明代增加麸炒、醋煮、烧存性、研烂以纸包去油、炼、薄荷汁制、甘草制法等法，清代增加了沉香制、雄黄制、隔纸炒令油出、煅、蒸等方法。现行为制霜法。《中国药典》收载巴豆、巴豆霜。

【炮制方法】

1. **生巴豆** 去皮，取净仁。

2. **巴豆霜** 取巴豆仁，碾如泥状，里层用纸，外层用布包严，蒸热，压榨去油，如此反复数次，至药物呈均匀、松散粉状，不再黏结成饼为度。

注意事项：①生巴豆有剧毒，在制霜过程中，往往由于接触巴豆种仁、油蒸气而引起皮炎，局部出现红斑或红肿等不适症状，操作时注意防护，如戴手套及口罩。②工作结束时，可用冷水洗涤裸露部分。如有皮炎症状时，可用绿豆、防风、甘草煎汤内服。③压榨去油时，药物要加热，一是易出油，二是毒性蛋白受热变性失去活性；如用粗纸包压时要勤换纸，以使油充分渗在纸上。④用过的布或纸立即烧毁，以免误用。

【成品性状】

1. **生巴豆** 呈扁椭圆形，长9~14 mm，直径5~8 mm。表面黄白色或黄棕色，平滑有光泽，常附有白色薄膜。一端有微凹的合点，另一端有小点状的种脐。内胚乳肥厚，淡黄色，油质；子叶2，菲薄。气微，味辛辣。

图 17-5　生巴豆

2. **巴豆霜** 淡黄色、粒度均匀的松散粉末，性滞腻，微显油性。味辛辣。

图 17-6　巴豆霜

【质量要求】

巴豆霜 水分不得过12.0%，总灰分不得过7.0%；含脂肪油应为18.0%~20.0%，含巴豆苷不得少于0.80%。

【炮制作用】巴豆味辛，性热，有大毒。归胃、大肠经。峻下冷积，逐水退肿，豁痰利咽；外用蚀疮。生巴豆毒性强烈，仅供外用蚀疮。巴豆去油制霜后，能降低毒性，缓和泻下作用，用于寒积便秘，乳食停滞，腹水，二便不通，喉风，喉痹。

【临床应用】

1. **生巴豆** 与大黄等配伍，用于治寒实冷积内停，心腹卒暴胀痛等症，如三物备急丸（《金匮要略》)。

2. **巴豆霜** 与川楝子等配伍,用于驱虫止痛,如安虫散(《小儿药证直诀》)。或与法半夏等配伍,用于消食化积等,如白玉丸(《北京市中药成方选集》)。

【炮制研究】

1. **化学成分研究** 巴豆种仁含脂肪油 40%~60%,包括二萜、有机酸及其酯类等,为巴豆主要毒性成分,同时也是有效成分。通过压榨可以去除大量油脂,减弱巴豆毒性。巴豆蛋白质量分数约为 18%,为巴豆另一毒性成分,加热制霜使巴豆毒蛋白变性,失去活性,溶血反应降低,从而达到降低毒性作用的目的。

2. **药理作用研究** 巴豆和巴豆霜对便秘小鼠均具有显著改善作用,制霜后对动物炎症因子水平、组织病理损伤等毒性作用均显著降低。巴豆生品能显著增加大肠通透性和降低十二指肠、空肠紧密连接蛋白的表达,破坏肠道上皮屏障。巴豆霜能缓解肠道上皮屏障的损伤,减轻腹痛。

3. **炮制工艺研究** 巴豆霜最佳炮制工艺:80℃,150 kPa 的压力下,压制 3 次,每次 30 min。

【贮藏养护】置阴凉干燥处。巴豆霜须装瓶或坛内贮存。生巴豆按毒性药品种管理。

千 金 子

【来源】为大戟科植物续随子 *Euphorbia lathyris* L. 的干燥成熟种子。

【炮制方法】

1. **千金子** 取原药材,除去杂质,筛去泥沙,洗净,干燥。用时打碎。

2. **千金子霜** 取千金子仁,碾成泥状,用布包严,蒸热,压榨去油,如此反复操作,至药物松散不再黏结成饼为度。少量者,碾碎用数层吸油纸包裹,加热,反复压榨换纸,以纸上不显油痕即可。

【成品性状】

1. **千金子** 呈椭圆形或卵圆形,长约 5 mm,直径约 4 mm。表面灰棕色或灰褐色,具不规则网状皱纹,网孔凹陷处灰黑色,形成细斑点。一侧有纵沟状种脊,顶端为突起的合点,下端为线形种脐,基部有类白色突起的种阜或具脱落后的疤痕。种皮薄脆,种仁白色或黄白色,富油质。气微,味辛。

2. **千金子霜** 为均匀、疏散的淡黄色粉末,微显油性。味辛辣。

【炮制作用】千金子味辛,性温,有毒。归肝、肾、大肠经。逐水消肿,破血消癥。生品毒性较大,作用峻烈,多供外用。千金子霜,去油制霜后,可降低毒性,缓和泻下作用。

【贮藏养护】贮干燥容器内,千金子霜瓶装或坛装,置阴凉干燥处。防蛀。生千金子按毒性药品种管理。

大 风 子

【来源】为大风子科植物大风子 *Hydnocarpus anthelmintica* Pierre 的干燥种子。

【炮制方法】

1. **大风子** 取原药材,除去杂质及霉烂变质者,去壳取仁。

2. **大风子霜** 取大风子仁,碾碎,用布包严,蒸热,压榨去油,研细。少量可用吸油纸去油的方法。

【成品性状】

1. **大风子** 呈不规则卵圆形，或多面形，稍有钝棱，表面灰棕色或灰褐色，有细纹。种皮坚硬而厚，内表面光滑，浅黄色或黄棕色。种皮与种仁分离，种仁灰白色，有油性。气微，味淡。

2. **大风子霜** 乳白色粉末。气微，味淡。

【炮制作用】大风子味辛，性热，有毒。归肝、脾、肾经。祛风燥湿，攻毒杀虫。生品毒性较强，作用峻烈，多外用。大风子霜，制霜后除去部分脂肪油，降低了毒性，可供内服。多制成丸散剂内服。

【贮藏养护】贮干燥容器内，大风子霜瓶装或坛装，密闭，置阴凉干燥处，防蛀。

知识拓展 17-3 含大风子、大风子霜的方剂

木 鳖 子

【来源】为葫芦科植物木鳖 *Momordica cochinchinensis* (Lour.) Spreng. 的干燥成熟种子。

【炮制方法】

1. **木鳖子仁** 取原药材，除净杂质，筛去灰屑，去壳取仁，用时捣碎。

2. **木鳖子霜** 取净木鳖子仁，炒热，研末，用纸包裹，加压去油。

【成品性状】

1. **木鳖子仁** 内种皮灰绿色，绒毛样。子叶2，黄白色，富油性。有特殊的油腻气，味苦。

2. **木鳖子霜** 白色或灰白色均匀、松散的粉末。有特殊的油腻气，味苦。

【炮制作用】木鳖子味苦、微甘，性凉，有毒。归肝、脾、胃经。散结消肿，攻毒疗疮。生品有毒，仅供外用。制霜后除去部分脂肪油，降低了毒性，可入丸散剂内服。

【贮藏养护】木鳖子霜瓶装或坛装，密闭，置阴凉干燥处。

柏 子 仁

【来源】为柏科植物侧柏 *Platycladus orientalis* (L.) Franco 的干燥成熟种仁。

【炮制方法】

1. **柏子仁** 取原药材，除去杂质及残留的种皮，筛去灰屑。

2. **炒柏子仁** 取柏子仁，置预热适度的炒制容器内，用文火加热，炒至表面黄色油润，有香气逸出为度，取出，放凉。

3. **柏子仁霜** 取柏子仁，碾成泥状，用布（少量可用数层吸油纸）包严，蒸热，压榨去油，如此反复操作，至药料不再黏结成饼为度，碾细。

【成品性状】

1. **柏子仁** 呈长卵形或长椭圆形，长4~7 mm，直径1.5~3 mm。表面黄白色或淡黄棕色。外包膜质内种皮，顶端略尖，有深褐色的小点，基部钝圆。质软，油润。断面黄白色，富油性。气微香，味淡。

2. **炒柏子仁** 形如柏子仁，表面油黄色，偶见焦斑，具有焦香气。

3. **柏子仁霜** 均匀、疏松的淡黄色粉末，微显油性，气微香。

【炮制作用】柏子仁性味甘，平。归心、肾、大肠经。养心安神，止汗，润肠通便。生柏子仁润肠力盛，常用于肠燥便秘。但生品气味不佳，易致恶心或呕吐，其脂肪油有润肠致泻的作

用。炒后有焦香气，使药性缓和，致泻作用减弱，呕吐的副作用消除。柏子仁去油制霜后，可消除呕吐和润肠致泻的副作用。

【贮藏养护】置阴凉干燥处，防热，防蛀，防泛油。

知识拓展17-4　含柏子仁、炒柏子仁的市售中成药

西　瓜　霜

【来源】为葫芦科植物西瓜 *Citrullus lanatus*（Thunb.）Matsumu.et Nakai 的成熟新鲜果实与皮硝经加工制成。

【炮制方法】

西瓜霜　取新鲜西瓜，沿蒂头切一厚片作顶盖，挖出部分瓜瓤，将芒硝填入瓜内，盖上顶盖，用竹签扦牢，用碗或碟托住，盖好，悬挂于阴凉通风处，待西瓜皮表面析出白霜时，随析随扫，直至无白霜析出。收集的白霜即西瓜霜，晾干，收藏。或取新鲜西瓜切碎，放入不带釉的瓦罐内，一层西瓜一层芒硝，将口封严，悬挂于阴凉通风处，数日后即自瓦罐外表面析出白色结晶物，随析随收集，至无结晶析出为止。

每 100 kg 西瓜，用芒硝 15 kg。

注意事项：制作宜在秋凉季节进行，容易析出结晶。

【成品性状】

西瓜霜　为白色结晶性粉末。味咸，有清凉感。

【炮制作用】西瓜霜味咸，性寒。归肺、胃、大肠经。具有清热泻火，消肿止痛的功效。西瓜能清热解暑，芒硝能清热泻火，两药合制，能起到协同作用，增强清热泻火之功，且使药物更纯洁。

【贮藏养护】密封，置干燥处，防潮，防热。

信　　石

【来源】为天然产矿物砷华 *Arsenolite* 或硫化物类矿物毒砂 *Arsenopyrite* 或雄黄 *Realgar* 等含砷矿物经加工制成。主含三氧化二砷（As_2O_3）。

【炮制方法】

1. **信石**　取原药材，除去杂质，碾细。

2. **砒霜**　取信石，置煅锅内，上置一口径较小的锅，两锅接合处用盐泥封固，上压重物，盖锅底上贴一白纸条或放几粒大米，用武火加热煅至白纸或大米呈老黄色，离火待凉后，收集附着于盖锅底部内面的结晶。

【成品性状】

1. **信石**　呈不规则碎块状，断面具灰、黄、白、红色交错彩晕，略透明或不透明，具玻璃样或绢丝样光泽，质脆，易砸碎。气无。

2. **砒霜**　白色结晶或粉末。

【炮制作用】信石味酸、辛，性大热，有大毒。归脾、肺、胃、大肠经。祛痰，截疟，杀虫，蚀腐。制霜后药性更纯，毒性更大。内服可祛痰平喘，截疟；外用具有蚀疮祛腐，杀虫的功能。

【贮藏养护】置干燥处。砒石（红砒、白砒）、砒霜按毒性药品种管理。

鹿 角 霜

【来源】为鹿角熬去胶质的角块。

【炮制方法】

鹿角霜 取熬去胶的鹿角渣，除去杂质，捣碎或研碎。

【成品性状】

鹿角霜 呈长圆柱形或不规则的碎块，大小不一。表面灰白色，显粉性，常具纵棱，偶见灰色或灰棕色斑点。体轻，质酥，断面外层较致密，白色或灰白色，内层有蜂窝状小孔，灰褐色或灰黄色。有吸湿性。气微，味淡，嚼之有黏牙感。

【炮制作用】鹿角霜味咸、涩，性温。归肝、肾经。具有温肾助阳、收敛止血的功效。

【贮藏养护】置干燥处。

第六节　干　馏　法

将药物置于容器内，加热灼烧，使之产生汁液的方法，称为干馏法。

药料由于高热处理，产生了复杂的质的变化，形成了新的化合物。如鲜竹、木材、米糠经干馏处理，所得的化合物是以不含氮的酸性、酚性物质为主要成分，如己酸、辛酸、庚酸、壬酸、癸酸、愈创木酚等。含蛋白质类的动物、植物药（鸡蛋黄、大豆、黑豆）干馏所得的化合物则以含氮碱性物质为主，如哈尔满（Harman）和吡啶类、卟啉类的衍生物。这些在加热中所产生的成分都有抗过敏、抗真菌的作用。从含蛋白的动物、植物的干馏物中尚分离出镇痉的成分。

（一）目的

制备有别于原药材的干馏物，产生新的药效，扩大用药范围，以适合临床需要。亦是制备新药的工艺之一。

（二）操作方法

1. **砂浴加热**　将药料用砂浴加热，在干馏器上部收集冷凝的液状物，如黑豆馏油等。

2. **容器周围加热**　将药料放入适宜容器后倒置，在容器周围用武火加热，在下口收集液状物，如竹沥油等。

3. **直接烧灼**　将药料用火直接烧灼，收集汁液，如竹沥油、荆沥。

4. **武火炒制**　将药料放入炒制容器内，以文火除去水分后用武火熬炒，至油出尽，滤过后收集馏油，如蛋黄油等。

（三）注意事项

1. 注意控制温度。干馏法温度一般较高，多在120～450℃进行。各干馏物裂解的温度，因药料的不同也不一样，蛋黄油在280℃左右制成，竹沥油在350～400℃左右制成，豆类的干馏物一般在 400～450℃制成。

2. 注意排烟通风。干馏时往往产生大量的浓烟或刺鼻的气味，应注意环保、通风和劳动防护。

竹 沥

【来源】为禾本科植物淡竹 Phyllostachys nigra（Lodd.）Munro var. henonis（Mitf.）Stapf ex Rendle 的嫩茎用火烧灼而流出的汁液。

【炮制方法】

竹沥 取鲜嫩淡竹茎，截成 0.3～0.5 m 的段，劈开洗净，装入坛内，装满后坛口向下，架起，坛的底面及周围用锯末和劈柴围严，用火燃烧。坛口下面置一罐，竹片受热后即有汁液流出，滴注罐内，至竹中汁液流尽为止。或取鲜竹，洗净，从两节之间锯开，竹节位于中间，纵向劈开两片，架在文火上加热，两端流出的汁液接于容器中，即得。

【成品性状】

竹沥 为青黄色或黄棕色浓稠汁液，具烟熏气。味苦微甜。

【炮制作用】竹沥味甘、苦，性寒。入心、胃经。有清热豁痰、镇惊利窍之功。对热咳痰稠，最具卓效。用于肺热痰壅，咳逆胸闷，亦可用于痰热蒙蔽清窍诸证，中风痰迷，惊痫癫狂等。

【贮藏养护】瓶装，置阴凉处。

课程思政案例 17-1　让古法炮制走上现代化生产线

蛋 黄 油

【来源】为雉科动物家鸡 Gallus gallus domesticus Brisson 的蛋，煮熟后剥取蛋黄，经熬制而得的油状液体。

【炮制方法】

蛋黄油 鸡蛋煮熟后，剥取蛋黄置适当容器内，以文火加热，除尽水分后用武火炒熬，至蛋黄油出尽为止，滤取蛋黄油，装瓶备用。在操作中主要掌握先文火使水分蒸发，后武火（280℃）煎出油为度。

【成品性状】

蛋黄油 为油状液体，具青黄色荧光。

【炮制作用】蛋黄油味甘，性平。归心、肾经。具有清热解毒、敛疮生肌的功效。用于湿疹，皮肤瘙痒，烫伤，手足皲裂等症。

【贮藏养护】装瓶，置阴凉处。

黑 豆 馏 油

【来源】由豆科植物黑大豆 Glycine max（L.）Merr. 的黑色种子经干馏制得。

【炮制方法】

黑豆馏油 取黑大豆，轧成碎颗粒，装入砂质壶中至 2/3 处，盖好，用黏土泥密封壶盖及壶口周围，置炉火上加热，另在壶嘴上接一薄铁制成的冷凝器及接收瓶（连结处亦需密封），可得到黑色黏稠液体，即粗制的黑豆馏油。若进一步精制，则将粗制品放在分液漏斗内，静置 20～30 min，分层，上层是馏油，下层为水和水溶性混合物，弃掉下层。取上层馏油置蒸馏瓶内于水浴上蒸馏，温度保持在 80~100℃，约经 30 min，蒸馏出来的是淡黄色透明液，为干馏油中的挥发性物质，临床验证无效，而留在蒸馏瓶中的残液（黑色而有光泽的浓稠物）可供临床药用。

【成品性状】
　　黑豆馏油　为黑色、有光泽的浓稠液体，气焦臭。

【炮制作用】黑豆馏油具有清热、利湿、收敛的功效。可用于牛皮癣、湿疹、神经性皮炎等。

【贮藏养护】装瓶，置阴凉处。

（孟江）

复习思考题

1. 试述提净法和重结晶法的异同点。
2. 朱砂、雄黄"忌火煅"，分析炮制原理。
3. 西瓜霜制备以芒硝为原料药，芒硝提净以萝卜为辅料，说明两者在功效和炮制原理的不同。

数字资源详见　新形态教材网

　课程思政案例　　　　视频　　　　　知识拓展　　　　推荐阅读
　复习思考题答案　　　教学课件

下篇 传承发展

第十八章

中药特色炮制技术与传承

思维导图

> **用"心"传承，以"新"提质，让古法干馏技术焕发新活力**
>
> 鲜竹沥被誉为"痰家圣剂"，其传统炮制技术有两种：①烧制法，将竹截作二尺长，辟开，以砖两片对立，架竹于上，以火炙出其沥，以盘承取；②干馏法，以竹截长五六寸，以瓶盛，倒悬，下用一器承之，周围以炭火逼之，其油沥于器也。鲜竹沥传统制法收率低，原材料消耗大且污染环境，难以实现工业化生产。目前市场上多由压榨、渗漉、回流提取等法代替，真正的鲜竹沥干馏技艺逐渐失传。江西中医药大学研究团队在文献调研和药工经验收集整理基础上，结合现代科学技术揭示了古法干馏的机理：190～230℃淡竹中二氢丁香酚可转化成有效成分愈创木酚。基于此，该团队在工艺上，依据工程热力学特点，采用电磁及辐射热源替代了低转化、高能耗的直火热源；在设备上，依据工艺特点，跨学科采用定制干馏炭化釜模拟了"装盘倒悬、炭火逼制"的古法场景，从而在产业化层面攻克古法干馏工艺"低效率、高能耗、高污染"的生产装备难题。"原汁原味"鲜竹沥的复原，实现了古法干馏技术的传承和创新转化。

请对下列问题给予思考与分析：
1. 试述中药特色炮制技术传承面临的关键问题。
2. 试述促进中药特色炮制技术传承发展的途径。

第十八章　中药特色炮制技术与传承

中药炮制作为我国独有的传统制药技术，是中医药宝库的重要组成部分。目前炮制传承所面临的瓶颈主要有：一是传统炮制技艺濒临失传，二是品种工艺繁杂，三是炮制原理需要进一步探明，这些瓶颈制约了中医药传承的创新发展。国家也出台了一系列政策方针来促进中药炮制的传承以及保护性传承，国家中医药管理局自2015年立项的炮制技术传承基地建设工作，即是从技术传承、文化传承、人才传承、理论传承、应用传承等方面在全国全面开展传承建设。

传统中药炮制技术有着极高的实用价值，炮制技术需要得到继承和发展。全国不同的炮制流派，如樟派、建昌派、京派、川派、海派、豫派、徽派等，它们都拥有着丰富的发展历程，独家的炮制工具、炮制辅料、炮制技艺和炮制品种。少数民族炮制技术也在不断发展，如以佐塔为代表的藏药，吸引了众多科研人进行探索。中药临方炮制是医师依据患者的实际病情需求，对中药提出的特殊炮制要求，中药师应按处方用药的要求予以临时加工炮制，是对常规炮制的必要补充。临方炮制的中药饮片能保证饮片质量，并增强疗效，降低中药刺激性或毒性，便于临床多样化的需求，体现了精准应对处方和辨证施治的特点。

知识拓展 18-1　樟派、建昌派、京派和川派炮制技术

第一节　中药炮制的传承

一、中药炮制的传承相关政策与背景

2015年，习近平总书记在中国中医科学院成立60周年贺信中指出："中医药学是中国古代科学的瑰宝，也是打开中华文明宝库的钥匙。"强调要继承好、发展好、利用好中医药这一中华文明瑰宝。《中华人民共和国中医药法》自2017年7月1日起施行以来，中医药领域迎来了传承发展的重大机遇。

2019年4月11日，国家人力资源社会保障部、中医药局根据《中华人民共和国劳动法》有关规定，共同制定了中药炮制工等2个国家职业技能标准，旨在提高中药炮制工的技能水平，保障中药质量，促进中药炮制行业的继承和发展。2019年10月26日发布的《中共中央　国务院关于促进中医药传承创新发展的意见》中指出"要健全中药饮片标准体系，制定实施全国中药饮片炮制规范。改善市场竞争环境，促进中药饮片优质优价。"《中华人民共和国中医药法》中也明确规定："国家保护中药饮片传统炮制技术和工艺，支持应用传统工艺炮制中药饮片，鼓励运用现代科学技术开展中药饮片炮制技术研究。"

2023年2月10日，国务院办公厅印发的《中医药振兴发展重大工程实施方案》中明确指出，"要深入研究中药炮制理论和技术，阐释中药炮制机理，完善中药饮片质量标准，保证饮片质量。其配套措施为：国务院有关部门出台全国中药饮片炮制规范，完善中药饮片质量控制体系。各地要加强对区域特色饮片和炮制技术的挖掘、整理、传承。其建设任务包括两点：一是建设一批中药炮制技术传承基地，挖掘与传承中药炮制理论和技术。二是开展一批常用中药饮片的质量标准、生产工艺等研究。"

2018—2023年，科技部相继立项资助了特色炮制方法的工艺与设备现代化研究、中药饮片智能化生产模式的建立、中药饮片质量识别关键技术研究、中药饮片炒炙智能识别与生产控制技

术研究等重点研发计划，充分体现了国家对中药传统炮制技术的重视。

国家文化部连续授予了多批国家级中药炮制技艺非遗传承人，建立相应的传承工作室。如2007年第一批为王孝涛、金世元，2009年第三批为孙树武、李成杰、丹增彭措、索朗顿珠、俄日、尕玛措尼、桑杰、尼玛，2012年第四批为占堆、艾比不拉·玉素甫，2018年第五批为王俊良、李明焱、袁小平、胡昌江，2024年第六批为张世臣、肖永庆、陈柏忠、康明轩、张义生。2024年国家中医药管理局立项建设全国老药工传承工作室158个，加强老药工传统特色技艺传承。

国家中医药管理局于2015年启动了全国中药炮制技术传承基地建设工作，第一批基地包括江西中医药大学、南京中医药大学为建设单位的2家国家级基地，成都中医药大学等20家省级基地，武汉市中医医院等2家地市级基地。第二批基地于2016年启动，包括上海中医药大学等32家省级、地市级基地。第三批基地于2022年启动，包括北京中医药大学等18家省级、地市级基地。至今为止，全国已有74家各级炮制技术传承基地立项持续建设，在中药炮制技术传承、理论传承、人才传承、文化传承等方面的建设成果卓有成效。

二、中药炮制的传承内容

1. 中药炮制技术传承 中药炮制技术是我国独有的制药技术，通过净制、切制、炒制、蒸煮燀制等一系列炮制工艺，增强中药的疗效或降低毒性。2006年5月，中药炮制技术被列入第一批国家级非物质文化遗产名录（传统医药类）。在技术传承中，近年来我国整理出版了多部学术专著。2005年，明代彩绘古籍《补遗雷工炮炙便览》孤本得到发掘，中国中医科学院组织专家对本书进行全面细致的整理，上海辞书出版社仿真影印，倾力再现珍本原貌，使彩绘制药图最多最完整的稀世本草图谱孤本重新面世，成为古法炮制技术查考的重要史料。又如曹晖等编著的《中药炮制传统技艺图典》一书，将本草著作中的炮制图谱配以炮制方法等说明文字，以突出炮制传统技艺特点；龚千锋等主编的《中药材炮制加工方法图解》，通过简洁和通俗的文字对常见的中药材加工炮制方法和过程进行解释，以实例展示中药材加工炮制的工艺流程和关键步骤；王英姿、肖永庆主编《历代中药炮制技术及其理论概要》一书，整理了历代炮制技术及其理论，对每个朝代所采用的大类炮制方法进行拆解，并采用文字概述与表格分类形式对炮制的药物进行统计。《全国中药炮制经验与规范集成（增修本）》汇集了《中华人民共和国药典》和各省、市、自治区炮制规范的要求以及近年来的炮制科研成果，真实反映了全国28个省市饮片炮制的经验及技术，较为系统地呈现了中药炮制技术的发展。

近年来，对传统中药炮制特色技艺及其与现代技术结合的研究不够，亟待加强挖掘、传承和创新。因此传承中药炮制技术还应该对中药炮制老药工的经验进行深入挖掘与整理，系统性梳理出净制、切制、炒制、复制等方面的独特炮制方法与技艺，并积极进行特色传统炮制品的抢救性保护与传承工作。其中包括蜜糠炒白芍、鱼籽麻黄、凤眼丹皮、灯心草炒乳香、砂烫槐花炭、砂烫白芍、酒蒸川芎、七制香附、菟丝子饼制作、百刀槟榔、皂刺妙刀成花、马钱子制霜、十三制香附、九制花蕊石、枳壳薄如纸、仙半夏、宋半夏、九制大黄、九转南星、猪胆汁制黄连、牛胆汁制天南星、竹沥油等多种工艺。截至目前，已建立起含有200余种地方特色炮制技术品种资料的档案。

2. 中药炮制理论传承 中药炮制技术作为我国独有的传统制药技术，已经形成了诸多独具地域特色的炮制流派和技术。全国各地药材资源分布、用药习惯、生活习俗、文化传统、方言语音、自然环境不尽相同，炮制加工方法各具特色，历代炮制经验的流传途径不尽一致，使得文献所记载的炮制方法也有很大区别，对炮制品的用法保留了各自的特色。这些因素都给中药炮制理论的传承带来了挑战，需进一步系统整理挖掘中药炮制文献，加大投入对传统炮制理论进行整理和总结，对现代炮制理论进行凝练和创新。

全国各家炮制传承基地在建设进程中，加大对炮制类、综合类、地方类、药性类本草典籍及内外妇儿等医方典籍的梳理和整理，重点关注对不同炮制品种与临床应用的对应情况。丰富完善了"炮制辅料论""二味同炒、二味同打""中药生熟论""七情相制论"等传统炮制理论；系统总结出藏药佐太、苗药"毒要制，补要蒸，软草要生用，硬要烧、水要干，昆虫应有声"等民族药炮制理论；守正创新，提出"以十八反为基础构建中药配伍禁忌及炮制理论体系""炮制解毒共性规律"等一系列现代炮制新理论。

3. 中药炮制应用传承 加强中药特色饮片的开发应用，提升中药饮片行业的行业竞争力。近年来，各地已先后开发了煨葛根、水飞青黛、炮天雄、九蒸九晒等地方特色中药饮片，以及苗药了哥王、藏药"君西赤台"等民族药特色饮片等；同时在基本探明炮制原理的基础上，制定中药饮片个性特色的质量评价标准，科学、合理地评价中药饮片的质量，规范饮片的生产工艺。加快中药饮片产业的创新和升级改造，提升具有独立知识产权的炮制能力，开发质量优、疗效佳的特色饮片品种，不断提升中药饮片产业的经济推广价值及市场竞争力。

4. 中药炮制文化传承 中药炮制融文化与技术于一体，是沟通中医与中药的桥梁。通过炮制文化技术场馆建设、传统炮制工具收集、文化媒体、科普宣传、申遗等多种形式对中药炮制文化开展系列传承，不断扩大炮制文化影响。近年来各地积极引入现代信息技术，建设了涵盖中药炮制"文化传承－技术传承－教学实训－科学研究－古物展示"全体系的实训展示交流综合性平台－网络炮制博物馆，扩展了"互联网+炮制文化"的文化宣传新载体。除此之外，还应积极开展各类炮制文化非遗申请和保护工作等，全方位进行炮制历史文化的挖掘与宣传。

5. 中药炮制人才传承 中药炮制人才传承培养分为两类，一类是通过高校的本、硕、博研究生培养的方式，培养中药炮制技术科学基础研究类人才；一类是通过产教融合开展工匠培育，培养区域炮制特色技术人才。第一类人才培养模式中，其中最早的是中国中医科学院中药研究所的王孝涛研究员。王孝涛首次于1978年开始招收中药炮制学科硕士研究生，并被遴选为500名全国名老中医学术经验继承学习的导师之一，以师带徒方式，尽心培养中药炮制高层次科研人才；为中药炮制师资学习班、西药学中药班及日本、朝鲜、越南、泰国、韩国、马来西亚等地留学生、进修生讲授中药炮制课程，全方位培养中药炮制人才。第二类人才培养模式中，上海炮制技术传承基地起到了示范性作用。基地负责人、上海工匠董志颖以匠心传承为引领，将8家老字号饮片生产企业创建成炮制传承教学实践基地，从企业中选拔专业技术人员参与实践教学，培育出了一支校内外稳固的双师型炮制传承师资队伍，在企业师资中为各区和市级炮制工匠选苗育苗，实施上海饮片生产行业工匠培育计划。饮片企业师资团队和工匠群体成为了上海地区炮制理论和技术技能兼备的高层次特色技术人才。

第二节 中药炮制地方传统特色技术

一、樟派

1. 历史沿革 樟派是全国十三大药帮和中药炮制的主要流派之一。樟派的历史可追溯至三国时的东吴,始于嘉禾二年(公元233年)。药祖葛玄在樟树阁皂山进行洗药和炼丹,同时兼顾行医和守药,创立了樟派药业的先河。南宋时期,知名药师侯逢丙来到樟树,设立中药加工场所并经营药店,为樟派药业打下了坚实的基础。到了明代,樟派药业已形成一个完善的发展体系。樟树地区不但是我国古代南方的药都,自明代以来,樟派的炮制技术已被广泛运用于皇宫之中,受到御医的青睐,因而有"药不过樟树不齐"的说法。经过近1800年的发展,樟派已经逐步建立了一套完整的体系。

2. 炮制工具 樟派中药炮制有其独特的传统加工炮制工具,包括铡刀、片刀、刮刀、铁锚、碾槽、冲钵、蟹钳、鹿茸加工壶、压板、硫黄药柜和药刨等。其中片刀、铡刀面小口薄,轻便锋利,被称为"樟刀"。樟刀以叶片轻、锋利,所切中药饮片"薄、轻、齐、美"而久负盛名。药界曾评论樟刀"老君炉中烛火青,炼就樟刀叶片轻。锋利好比鸳鸯剑,飞动如飞饮片精。"

3. 炮制辅料 樟派炮制药材的辅料非常讲究,固体辅料有糙米、蜜麦麸、白矾、豆腐、灶心土、滑石粉、油砂、红糖及其他药物,液体辅料有酒、醋、盐水、姜汁、蜜汁、甘草汁、皂角汁、米泔水、米汤、山羊血、猪心血、鳖血、胆汁、羊脂油及童便等。辅料讲究地道,如制药用酒,樟派都选用当地名酒。酒炒以糯米甜酒为主,酒洗以白酒为主,酒蒸用封缸酒。现在全国各地多用黄酒或白酒炮制药物,唯独樟树地区仍保留用糯米酒炮制的特色,充分反映了樟派药业人员严格遵循"凡炮制,依古法"的特点。

4. 独特技艺及品种 樟派独特的炮制技术闻名遐迩,经过精细加工与包装后的中药材也都因其加工方法独特、疗效显著而大受欢迎。樟派主要的炮制技艺包括:炒黄的药黄而不焦而香气四溢,其关键在于掌握火候及药物特性,炒黄用小火或中火进行,不断翻动,以药物呈黄色或比原色加深,或发泡鼓起为度。火煅的药酥而不坚,火煅的方法根据药物硬度及性质而异,樟派将煅法归纳为"坚者煅淬,较坚明煅,轻者飞煅,得其酥脆,留其药性"。

樟派的特色炮制品有漂白术、尿泡马钱子等。

漂白术:将白术片用清水漂,夏、秋季漂2天(每天换水2次),冬、春季漂3~4天(每天换水1次),去掉酱油色的水,再用米泔水(第二次淘米水)漂1天至白色,取出,晒或烘干。

尿泡马钱子:原药放入童便(健康7岁以下儿童的小便)中浸约49天(夏季约30天)至鼓胀,取出,再用清水漂约14天,每天换水1~2次,洗净,刮去绒毛,再用水漂7天,捞出,沥干,切成腰子片,晒干。

二、建昌派

1. 历史沿革 建昌派是中国南方的古药帮之一,与樟派合称江西帮。建昌派溯始于晋代,其发祥地为江西之建昌府,今之江西省南城县建昌镇。史载于《道光南城县志》中,葛洪,抱朴子之自号，早年醉心于典籍，尤爱仙道之养生法。后遇乱世，退隐于南城之麻姑山，其炼丹之所，有葛仙丹井流传至今。葛洪在南城从事医药活动，对于药物炮制、制剂与应用的发展，影响深远，为建昌药业之兴盛奠定了历史基石。继之，唐代，东南道教之领袖邓紫阳、邓延康等，亦于南城炼丹制药，进一步促进建昌药业之发展。宋代更进一步，官府在南城设立建昌军药局，推广《太平惠民和剂局方》所载之丸散膏丹，并倡导成方之规范化。明清两朝，建昌药业蓬勃发展，至此已名声显赫。建昌药帮，以其中药饮片之加工炮制与集散经营销售双重特色驰名，赢得了"药不过建昌不灵"等美誉，彰显其在药业史上的重要地位。

2. 炮制工具 切药刀又称琢刀、建刀，有刀重把长、面阔刃深、刀口线直、吃硬省力、一刀多用等优点。其片形丰富多彩，一些饮片的切制技术与饮片特征相得益彰，代表性特色饮片有：桔梗不见边，防风飞上天，白芍不烂边，槟榔一百二十片，川芎蝴蝶双飞片，天麻菲薄亮光片，泽泻山药铜钱片，枳壳去瓤人字片，姜夏白附鱼鳞片，杜仲骨牌片，浙贝腰子片，黄芪甘草柳叶片，郁金扇形瓜子片，麦冬抽心燕窝勺，党参北沙参段片。

3. 炮制辅料 建昌派辅料有选料独特、遵古道地、制备考究、一物多用等特点。以谷糠使用最有特色，广泛用于炆、炒、煨、煅、炙等炮制中，用于净制、润药、吸湿养护等各加工工序，形成了辅料"南糠北麸"的特征。

4. 独特技艺及品种 建昌派炮制遵循"谨伺水火不失其度，炮炙精细逞其巧妙"，炆、蒸、炒、煨等炮制加工方法独具特色。炆法以陶坛砂罐为加热炮制的容器，有效解决了"忌铜铁器"的要求，并以谷糠为燃料，适合滋补类中药饮片的炮制加工，如黄精、玉竹、地黄、远志、何首乌和巴戟天等。建昌派饮片在片形、色泽、气味、性味等方面皆优，片形斜、薄、光、大，薄可透字，细可穿针，色泽鲜艳，药味浓郁。

建昌派特色炮制品种有炆熟地、蜜糠炒苍术等。

炆熟地：称取一定数量的大个生地，洗净，加清水过药面 10 cm，浸 1 天后取出沥干。放入炆药坛内，药面约于坛高 2/3 处平。加入清水至离坛口 7 cm，加盖。置围灶内，坛底两边用砖架起，数坛同炆时，每坛间隔 3~7 cm。坛底和坛间放置少量稻草和适量碎木炭，坛周围置定量谷糠。用稻草点燃干糠，炆一天后加入定量的砂仁、陈皮细末，拌匀。将坛中未炆干的药汁蒸干，边蒸边将药汁拌润药物，直至药汁蒸干。晒至半干，入容器内，加入定量的黄酒，拌匀，麻布遮盖，闷润 4~6 h，以吸尽酒汁为度，取出。晒至六七成干时，用竹刀或钢刀切斜长厚片，晒至八成干即得。

蜜糠炒苍术：将一定量的炼蜜和沸水倒入容器内，搅拌，得蜜水溶液；用文火将净糠炒热后，淋入蜜水溶液，迅速拌匀并不断翻炒，炒至糠表皮光亮、色泽稍微加深、微粘手，取出摊凉，即得蜜糠。每 100 kg 糠皮，用炼蜜 20 kg、沸水 4 kg；用武火将锅底烧至一定温度，倒入蜜糠迅速翻炒至冒青烟时，将蜜糠收拢铺平锅底，并向周围铺开；立刻倒入干燥生苍术（蜜糠和药材按一定比例）并用周围的蜜糠覆盖，快速翻炒一定时间至生苍术转微黄或黄色后，迅速出锅，筛去蜜糠，晾凉，即得。

三、京派

1. 历史沿革 京派始于明代，在清代同治四年立的《河南彰德府武安县合帮新立碑》碑文中，记载了十三帮，其中包括"京通卫帮"，商业物流发展促进了京派的形成。京派炮制技术最具特色和代表性的是北京"同仁堂"，创始人乐显扬，因医道精深，当上了清太医院的吏目。

康熙八年（公元1669年），乐显扬辞官回家，抱定了"济世养生唯医药"的宗旨，创办"同仁堂"。1706年，同仁堂将所制362种成药分门汇集成书，名为《乐氏祖传丸散膏丹下料配方》。该书序言提出的"炮制虽繁必不敢省人工，品味虽贵必不敢减物力"，成为同仁堂的传世古训。1723年，皇帝钦定同仁堂供奉皇宫御药房用药。同仁堂炮制特色鲜明，为京派炮制精益求精的典型代表。

2. 炮制工具 传统京派的切药刀素有"京刀磨刀，刃卷刀成，刀刀见边，片片形全"的说法，同时有"京刀一起，片片精华"的美誉。饮片切制彰显技术和特征，如蝉翼半夏薄可透字，白芍透光见人片片可吹起，黄芪类把子活（一把一把切）用疏齿，半夏类个活（一个一个切）用密齿，白术切如意片，厚朴切成盘香片，山药宜切马蹄片，桑枝、黄芪柳叶片，白芷、泽泻顶头片，归头、佛手顺身片，木香、大黄骨牌片等。

3. 炮制辅料 包括大量的药用液体辅料和固体辅料，如黑豆汁、甘草水、甘草银花水、明矾水溶液、黄连水煎液、米泔水、灶心土等。

4. 独特技艺及品种 铜罐蒸制或炖制是京派炮制的技艺特色，常被用于单味药物罐蒸、多味药物罐蒸及隔水炖等，特别适宜于动物来源的药材在制备中成药的炮制加工，常用铜炖罐蒸或者炖，如北京同仁堂制备的乌鸡白凤丸，其中乌鸡即用此法炮制。同时，京派非常重视贵重药材炮制，常将珍珠豆腐制后再水飞制成珍珠粉，将鹿茸排出血后再进一步加工使用。

京派特色炮制品种有七制香附、百药煎等。

七制香附：香附子1 000 g，黄酒60 mL，米泔水30 mL，牛乳汁30 mL，米醋20 mL，童便20 mL，生姜汁20 mL，盐水10 mL。将香附去净杂质后碾压成碎粒，筛除细毛和细末，备用。再按方中剂量，依次量取黄酒、米泔水、牛乳汁、盐水、米醋、童便和生姜汁，将之混合后均匀喷洒入香附中，充分搅拌均匀，放置闷润2小时，再置锅中用文火连续翻炒，待炒至药物表面干燥、可闻到香附与辅料浓烈的混合气味时，出锅，晾凉，即得。

百药煎：取五倍子500 g、桔梗65 g、甘草65 g、绿茶65 g、酒曲50 g。先将五倍子、酒曲分别单独研碎，通过一号筛，备用；再将桔梗、甘草、绿茶置于砂罐中，每次加水600 mL煎煮3次，保持煎液微沸，每煎30 min，滤过，合并滤液，浓缩至约600 mL，待药液降温至约35℃时，倒入五倍子粗粉中，搅拌，使呈疏松的块状或颗粒状，继之加入酒曲搅拌均匀，移入容器内，密闭，置于30~35℃的室温中发酵，每2天搅拌一次，经18~20天后，至发酵物体积膨胀、表面析出白色结晶时，取出，晒干，捣碎，即得。

四、川派

1. 历史沿革 川派炮制技术在明清鼎盛时期形成，主要以四川地区为主，包括重庆、云南、贵州等中国西南地区，其中成都地区是核心所在。新中国成立前，成都地区有近百家药房，其经营模式大多为前店后坊。即店堂前面供医生坐堂应诊、饮片配方，店堂后面则进行饮片的加工炮制，各店多有独特的炮制技艺。1956年开始公私合营，所有药店合并成三家较大规模药店，即同仁堂、庚鼎药房、精益堂，炮制技艺传承至今。2008年川派的成都中药炮制技术成为国家级非物质文化遗产代表性项目，其代表性传承人为胡昌江（国家级）、黄勤挽（省级）和陈志敏（市级）。

2. 炮制工具 常用的主要炮制工具有剃刀、挑儿刀、刁刀、片刀等。剃刀为去心操作工具，具有刃口薄、刃背厚的特点，易于剖出心柱，而不破烂本体。挑儿刀为半圆形刃口薄之推削工具,凡果实类药物,须削出极薄表皮者,如陈皮去皮等。刀刀是斜形而薄,为部分药剔挑之用。片刀,通称小刀,与普通菜刀相同,其刀身薄、钢口尖利、刃口为两面、呈弧形,一般加工柔软、短小的药物,适用于切制较厚的片形。

3. 炮制辅料 除了与其他炮制流派相同的炮制辅料外,川派特色炮制辅料有附子炮制用的胆巴。该辅料是地下黄卤制取食盐后的母液为原料,除去溴、碘等杂质,经蒸发浓缩的制品,主含二水氯化钙。胆巴在附子炮制中主要起到防腐、凝固蛋白等作用,在豆腐的加工中也常常使用。

4. 独特技艺及品种 川派特色炮制技术主要以川产道地药材大品种如附子炮制解毒技术、大黄复制技术、发酵类中药技术等为主。

特色品种主要有炮天雄、九制大黄等。

炮天雄:除《中国药典》收载的盐附子、黑顺片、白附片、炮附片、淡附片外,川派附子系列还包括黄附片、卦附片、刨附片、炮天雄等品规,其中炮天雄制作技艺最为复杂。炮天雄是选择个儿大的泥附子,洗净,浸入胆巴水溶液中数日,连同浸液煮至透心,捞出,水漂,剥皮修型,再用水漂制,姜汁浸泡,自然发酵至透心,取出,蒸至透心,烤至酥脆。

九制大黄(独黄丸):取生大黄切成2~4 mm的厚片,黄酒、水按照10∶1的比例混合,加入切制的大黄片搅拌均匀,过夜闷透,不留余液。次日常压下蒸2 h,取出,晒至七八成干时,把药汁拌入,再晒干,如此反复操作,九次干燥,即得体质酥脆断面淡黑有光泽的九制大黄,研为细粉,炼制蜂蜜,和蜜作丸,称为独黄丸。

五、徽派

1. 历史沿革 徽派炮制以安徽文化风俗、药材资源、制药方法为基础,具有鲜明的安徽地域特色。徽派炮制起源于宋元,兴盛于明清,与新安医学的发展昌盛息息相关。徽派炮制理论体系形成于明代,在悠久的中医药历史长河中自成特色,其中《本草蒙筌》为这一时期的重要中医药著作,其作者陈嘉谟首创"水制、火制、水火共制"的三类炮制分类方法"水制三:或渍、或泡、或洗之弗等;火制四:有煅、有炮、有炙、有炒之不同;水火共制造者,若蒸、若煮,而有二焉。余外制虽多端,总不离此二者"。陈氏系统提出了辅料炮制理论,对中药炮制的发展历史产生了重大的影响。

2. 炮制工具 徽派炮制技术相关的传统器具如手工切药刀、锉、碾槽、戥秤、冲筒、乳钵、龟背筛、泛丸匾、蒸笼等。

3. 炮制辅料 从陈嘉谟系统概括了辅料炮制作用开始,奠定了徽派炮制的辅料炮制特点,如:"酒制升提,姜制发散,入盐走肾脏……,陈壁土制窃真气骤补中焦……羊酥油、猪脂油涂烧,咸渗骨容易脆断,有剜去瓤免胀,有抽去心除烦……"等。徽派炮制注重因药不同,因病而异,例如"火在上炒以醇酒,火在下炒以童便。实火朴硝,虚火醋醋,痰火姜汁,伏火盐汤。气滞火同吴茱萸,血瘀火拌干漆末。食积泻亦可服,陈壁土砂炒之。肝胆火盛欲驱,必求猪胆汁炒"。

4. 独特技艺及品种 《本草蒙筌》在继承众多前代本草专著的炮制方法基础上,创新性地提出了自己的独特炮制理论及方法,如肉豆蔻、诃黎勒煨制;巴豆去油制霜;半夏、天南星、附子等需复制。同一种药物可根据使用功效采取不同的炮制方法,如夜明砂烧灰酒服下胎死腹中,炒过酒调治瘰疬;五灵脂止血需炒,淘以酒专治女科等。在炮制技术上特别值得提出的是五倍子条下所载的百药煎的制备方法，实际上就是没食子酸的制法，比瑞典药学家舍勒制备没食子酸早出200多年。同时对于水银取自于丹砂，在历代本草书均已提及，但《本草蒙筌》对水银具体制法论述颇为详细，为后世医家所引用。

徽派特色炮制品种有恒制半夏、桐城秋石等。

恒制半夏：其制作由多种药物合成。第一组为苏叶等8种药物，第二组为别直参等7种药物，第三组为法半夏等2种药物。先将第一组药物煎汁去渣待用，再将第二组药物各研细末和匀后，将法半夏细粉用第一组药汁调成糊状，兑入水飞的赭石粉末搅匀。稍冷后再将砂仁等细粉调入和匀，趁热用瓷盆摊开，晒干后取出切成片状，包装备用。

桐城秋石：将健康儿童或成人的尿液，以医用脱脂棉纱布过滤，倒入不锈钢大盆，80℃恒温加热，待尿液蒸发至盆底仍为液体（为原尿液体积的1/8~1/7）时，停止加热，放凉，收集棕褐色液体（固体残留也收集，潮湿时会液化），即得火炼法秋石。

六、粤派

1. **历史沿革** 粤派炮制技术，在传统中药炮制技艺的基础上，受岭南医学理论影响，融合了岭南地区独特的用药习惯、地产草药的炮制经验、地理气候条件、饮食养生文化以及商贸流通的需求，并借鉴其他地区炮制经验，逐步发展成为一个独具地域特色的炮制流派。从晋代时期开始萌芽，至明清时期，随着广东省新兴县中药炮制技术的成熟以及广州、佛山等地中成药产业的繁荣，粤派炮制技术达到了兴盛阶段，不仅形成了鲜明的岭南特色，还通过经济贸易的繁荣向东南亚、北美等海外地区广泛传播，产生了深远的影响力。

2. **炮制工具** 与其他流派的炮制工具类似。在鹿茸极薄片切制时，使用特制的刨，鹿茸片厚度仅薄至0.1 mm，且茸皮紧贴，较密实，呈红棕色或黄白色，是岭南地区的常用中药饮片。

3. **炮制辅料** 常用的辅料与其他炮制流派基本相同，但炮制用蜜是加酒稀释，而不是加水，酒的用量一般为炼蜜的10%~25%。

4. **独特技艺及品种** 蒸制是粤派炮制的特色技艺，采用蒸法炮制的岭南特色品种有50余种，炮制可降低药物燥性，更加适应岭南人的体质，如蒸陈皮、蒸佛手，制枳实、制枳壳、鹿茸极薄片等；同时蒸法还可以增强药物的药效，如熟党参、盐杜仲、盐巴戟天、姜天麻、酒玉竹等。泡法也是粤派炮制的另一特色技艺，可降低药物燥性、减毒及消除药物副作用，如甘草泡蜂房、甘草泡地龙、泡苍术、泡吴茱萸、泡麻黄等。

粤派特色炮制品种有制枳壳、四制益母草、蒸陈皮等。

制枳壳：除去杂质及瓤核，洗净，浸至七成透，取出，发酵3~4天，洗净，蒸4~6 h，闷1夜，至内部呈紫褐色时，取出，切片，干燥。

四制益母草：益母草100 kg，用盐2 kg，醋、酒各10 kg，生姜10 kg榨汁。取净益母草，用盐、醋、姜和酒混合液拌匀吸尽后，蒸2 h，晒干。

蒸陈皮：取净陈皮，湿润后，蒸3~4 h，闷1夜，取出，切丝，低温干燥。

七、孟河流派

1. **历史沿革** 孟河流派是我国著名医派之一，其形成可追溯至东汉三国时期，可谓为葛洪医药余绪。孟河地区历代名医辈出，宋代出了许叔微，著《本事方》，开医案类著作之先河。明代王肯堂著《六科准绳》以求"宗学术之规矩""求醇疵互辨"。至清代，孟河地区积集了一批学养很深的医界人物，为孟河流派的崛起奠定了坚实基础。孟河医派著名医家如费伯雄、马培之、巢渭芳、丁甘仁等纷纷走出故土，有多名名医东行上海，开业授徒，新中国成立前后许多著名中医专家皆传承于孟河医派。孟河医派的用药及其临方炮制，有着丰富的内容，沿用至今，得到了很好的传承。

2. 临方炮制　孟河流派的临方炮制是依据孟河医派学术思想和临床诊疗经验，由药工、药师按照处方要求和药物自身性质特点，将中药进行特殊加工，以期发挥独特疗效的一种传统制药技术。因其常要适应临床灵活用药和处方变化需要，进行药物炮制，故称为临方炮制。临方炮制源自古人的临床实践，并伴随着临床用药的发展不断完善。

公元317—581年，两晋南北朝时期，先后出现了《肘后备急方》《本草经集注》《雷公炮炙论》等医学典籍，为孟河流派临方炮制技艺的发端。之后经历了隋、唐、宋、元时期的重要发展阶段，至明、清时期，迎来兴盛阶段。经过历代良医和药工不断发展和完善，特别是以孟河医派"费、马、巢、丁"为代表，将临方炮制技艺推向了成熟，形成较为完善的学术思想和技艺特色。民国时期，丁甘仁在上海创建中医专门学校，通过办学和教育进一步传承和传播孟河流派临方炮制技艺，使之成为具有全国影响的中药炮制技艺。

3. 炮制工具　孟河流派临方炮制有20多种方法，不同的炮制方法和药物有其相对应的炮制工具。孟河流派临方炮制技术相关的传统器具如铜刀、竹刀、铜夹子、铜冲钵、瓦片、陶器、瓦罐、石臼、方盘等。

4. 炮制辅料　孟河临方炮制所用的辅料分为三大类。

一是液体类辅料，常用的有酒、醋、姜汁、童便、蜜水、乳汁、米泔水、麻油等。如香附生用上行胸膈，外达皮肤；熟则下走肝肾，旁彻腰膝；童便炒入气分以补肾；黄酒炒则行经络而止痛；醋拌炒则消积聚；姜汁炒以化痰饮。又如牛膝有盐水炒、酒拌蒸以及酒浸、同首乌蒸的炮制方法。孟河医家认为："酒拌蒸则补，生用下行补肾，强四肢腰膝茎痛。"费伯雄在《医方论》虎潜丸中，牛膝即用酒拌蒸。

二是固体类辅料，常用的有米、面、豆腐、灯心草、蛤粉、纸、糖、青盐等。如牛蒡子用糯米拌炒。牛蒡子辛，苦，凉；具有疏散风热，宣肺透疹，消肿解毒的功效；因其药性滑肠，气虚便溏者不宜使用。而糯米甘苦，温；入脾，胃，肺经。具有补中益气，健脾和胃，除烦渴，止泻痢的功效。牛蒡子经糯米拌炒后，可借糯米甘苦温之性，及米炒之后产生的焦香气，健脾止泻，制约牛蒡子之苦凉滑肠之性。

三是药物类辅料，常用的有竹沥、砂仁、红花、沉香、桂枝、青黛、吴茱萸等。如前胡去净皮须，入竹沥内浸润，日干切用。并指出，其"微寒，肝胆中风痰，非此不疗。"又如临床根据患者病情需要，可用枳壳或枳实来炒制白术，以增加白术理气健脾的作用。又如白芍多采用辛温的药物煎汁进行炒制，如桂枝、肉桂、吴茱萸、红花、沉香等，不仅可制约白芍酸寒收敛之性，而改变药性；更能借助辛温药之特性，发挥散寒、行气、活血之功效。

5. 独特技艺及品种

（1）炮制方法多样：孟河流派临方炮制方法多样，概括起来有净制、切制、拌制、捣制或拌捣法、炒制法、煅制法、浸制法、蒸煮法、烘焙法、煨制法、炙制法、制霜法、水飞法、取汁法、制露法、熬膏法、发芽法、发酵法、复制法和其他制法等20多种。不同的药物其制法也不尽相同，即使同一种药物制法也有多种。无论哪种炮制方法或哪种药物的炮制，皆须依据临方治则，按照要求进行精心加工制作。正如孟河流派所强调："依方修合，则处处不可忽略；如法炮制，宜细心照法精制"。

（2）炮制辅料独特：孟河流派临方炮制辅料除了有丰富的液体类辅料和固体类辅料外，还有药物类辅料，擅长以药炮药。以药炮药，是孟河流派临方炮制的一大特色。

（3）炮制工艺讲究：孟河流派临方炮制强调"精制纯正"，擅长以药炮药，追求药性纯正和药效精准的高质量中药饮片，达到贴近临证用药需求、扩大临床应用范围、提升临床疗效的目的。孟河流派临方炮制学术特点和技艺特色，对进一步发展我国中药炮制理论体系，丰富中药炮制技术将起到积极的促进作用。

八、汉派

1. 历史沿革 汉派彭银亭中药炮制技艺是以彭银亭为代表的，兴起于明嘉靖时期、传承至今的汉口帮特色制药技艺，是一种以净制、切制、炒制、蒸制、复制等工艺，将中药材加工成可供临床调剂和制剂投料使用的中药饮片的技艺。汉派彭银亭中药炮制技艺是在汉口帮继承李时珍《本草纲目》传统炮制工艺基础上，借鉴融合各帮派经验而形成的独具特色的汉派制药技艺，观时令气候而采收加工道地药材，炮制道法自然、贵在适中，蕴含着丰富的中药炮制文化内涵，"修合虽无人见，存心自有天知"，也传承了中医药炮制理念与文化。

1982年，在对中国中医药发展具有重要历史意义的"衡阳会议"上，汉派彭银亭中药炮制技艺被誉为标杆性、示范性、引领性技艺。为了让汉派彭银亭中药炮制技艺得到传承和发扬，武汉市中医医院近年来围绕"育人"做了大量工作。与此同时，汉派炮制技艺所在的武汉市江岸区形成了非物质文化遗产保护事业的"江岸模式"。2021年6月10日，汉派彭银亭中药炮制技艺被列入第五批国家级非物质文化遗产代表性项目名录，代表性传承人为张义生，有力地促进了汉派彭银亭中药炮制技艺的保护与传承。

2. 炮制工具 汉帮最有特色的炮制工具是切药刀——张同兴药刀，包含13件套。此外，还有条帚拌炒果子种子类药材，石磨脱去桃仁、杏仁种皮。

3. 炮制辅料 酒为高粱酿制的白酒，升提之力更强；麸为蜜麸，熏制颜色更靓；谷壳拌炒乳香节约资源；甘草汁洗僵蚕去石灰保证用药安全。

4. 独特技艺及品种 汉派炮制切制药材讲究精制，如对麦冬的切制：取原药拣净杂质，用水浸泡3h，捞出，晒八成干，用牙咬住一端木心抽去心，放簸箕中，用湿毛巾盖住放一晚上，用圆头的小刀沿麦冬纵切一刀，下刀2/3深度，再沿两侧各横切一刀，深度为1/2，用双手慢慢翻开麦冬，可见中间一条肉梗，再用中指轻轻顶麦冬中部，使其微凸成船形，放簸箕中晒干，便成为真正的精制饮片。

摸索出滚动旋转法去除花椒、吴茱萸等圆球形药材中的梗柄，簸减法分离莱菔子和扁豆的种仁和种皮。对传统四制香附的炮制工艺由原来的分步炮制四次改进为现在的一次炮制：取原药材，除去杂质，洗净淘去砂石，干燥。置锅内用武火加热，炒至表面呈焦褐色，出锅、撞去毛、过筛、置锅内，加醋及宽水高出药面2cm时，中火加热煮1h，加糖及秋石盐煮0.5h，再加酒煮至药透汁尽时，出锅、干燥。或晾至六成干时，摘个大的香附，斜切马蹄片，干燥，至撞袋中，加入石莲子一起撞光，过筛。此工艺大大缩短了炮制时间，降低了成本，也保证了四制香附的疗效不发生改变。另如蒸狗脊和熟地时，将蒸锅中的剩余药液与晒至八成干的蒸制品拌匀，闷润，待吸尽后再蒸一次，最大限度地保存药物中的有效成分。

九、少数民族药物炮制技术

民族医药是指以藏、蒙、维、傣、苗、壮等少数民族为代表,以本民族传统医药理论和实践为指导,供少数民族使用的药物。作为我国传统医药的重要组成部分,民族医药不仅具有卓越的临床疗效,还具有独特的文化内涵和代表意义,其个性鲜明、价值珍贵,值得认真学习和深入研究。同时,民族医药的炮制可消除有毒药物的毒性,改变药性,增强药物的治疗作用,使临床用药更加安全有效。其历史悠久,工艺简繁不一。

与中药炮制方法相似,民族药炮制方法多样,较常用的有炒法、煨法、炙法、焙法、煅法、蒸法、煮法、制霜法、水飞法、发酵法、干馏法、埋制法、熏制法、汗渍法、焙干法、磨制法等。如青稞炒大戟、芦荟汁浸煨矾石、滑石粉炒地龙、糠炒白药子、雪水埋制一枝黄花、汗渍了哥王等。各民族还有一些独传秘诀,不为外人所知。

由于理论体系和民族风格的不同,各民族医药炮制也都有自己的特色。藏医药炮制药物多用煅、煨法,蒙医药炮制药物多用羊、牛、马奶制,土家族、苗族医药炮制有毒药物多用童便制,壮医药多将新鲜药临用时炮制用。不同的炮制方法与辅料产生不同的功用,如藏医将石灰岩明煅后加青稞酒浸泡用于治疗胃病,加牛奶浸泡治萎缩性胃炎;蒙医将盐奶煨角盐,能增强其温中、散寒、破痞作用;土家族童尿制仙鹤草,能增加其止血功能。

民族医药的炮制保证了少数民族地区临床用药的安全和有效,然而很多民族药的炮制工艺、质量标准、辅料等缺乏统一标准,需运用现代先进科学的方法和技术,加强民族医药炮制的基础研究,促进工艺的改进,提高药物的性能和临床用药安全。

(一)藏药炮制

藏药通过炮制后,不但能消除或降低毒性,而且可适当改变某些药物的性能,借以提高药物的疗效。藏药的炮制方法通常有挑拣、筛、簸、刮、去核、洗、漂、熬膏、淬、飞、炒烫、煮、炙等多种。

在藏药炮制技术中,对矿物类药材的炮制最为独特,如佐塔的炮制技艺,是其最为复杂、最为精湛的。分为多个炮制步骤,第一步除锈:第1天,水银、干姜、荜茇、胡椒,在麝皮袋或狍皮袋里搓揉半天,然后与碱花或盐干磨半天;第2天,上午将水银在童子尿里磨半天,下午在黄牛尿里磨半天;第3天,用黄牛尿洗半天,用黑矾水洗半天;第4天,硼砂水中泡半天,盐水(光明盐、紫硇砂、玄明粉、硼硝、碱花、硝泥)中洗半天;第5天,上午在青稞酒、黑矾水和沙棘汁中清洗半天,下午将水银在砖粉水中浸泡半天。晚上泡在沙棘汁中过夜,第6天早上用温水及童子尿、黄牛尿等清洗。第二步炼煮:在石锅里放入寒水石,再放水银、沙棘汁、青稞酒和黑矾水,然后放入脂肪、乳酪皮、羊脂和骨髓,煮2~3天。分离石锅中的水银粉末和寒水石,用温水清洗。在石锅里加入水银、能持八矿、毛盔马先蒿汤、沙棘汁和油,煮1天,煮完后用温水清洗。最后,水银和乌头粉,在半锅食油中煮半天,插针或木杆可直立为准。第三步成形:水银和硫黄,再加能持八矿,揉磨3~5天,成为蓝黑色粉末,漂浮在水面上,即可。

(二)蒙药炮制

蒙药炮制具有自身的理论体系和临床实践经验,形成的富有民族特色的炮制加工技术。蒙古语称之为"淖莫特哈勒",意思就是驯服,旨在对有毒、性峻猛,或功不及、效不遂、用不便之蒙药，通过驯服，使其顺从于临床需要，以保障用药的安全和有效。虽说蒙药多数生用，但常用的约 1/4 的药材需要炮制。蒙药炮制技术中最典型的代表就是采用不同辅料来炮制瑞香狼毒，达到减毒增效的目的。

蒙医药对瑞香狼毒的炮制，主要有 7 种不同的辅料方法。醋制：将药材加入米醋（10 kg 药材用米醋 3 kg）内，拌匀后，闷润至透，置锅内，用文火加热炒干，取出、放凉。诃子汤制：将药材放入诃子汤（10 kg 药材用 1 kg 诃子煮成药汤 8 L）内，用文火煮至诃子汤被狼毒吸尽后干燥。奶制：将药材放入鲜牛奶（10 kg 狼毒用鲜奶 8 L）里，用文火煮至牛奶被狼毒吸尽后干燥。童便制：将药材放入适量童便（8 岁以下健康男孩之小便）里，用文火煮至童便被吸尽后干燥。白酒制：将药材放入适量白酒（约 60 度粮食酒）里，用文火煮至酒被狼毒吸尽后干燥。羊肉制：将药材放入适量羊肉汤里，用文火煮至汤被狼毒吸尽后取出、干燥。黄母牛溲制：将药材放入适量黄母牛（3~5 岁，无病）溲内，用文火煮至牛溲被狼毒吸尽后取出干燥。

（三）壮药炮制

壮药根据临床疾病的分类而划分为解毒药、补虚药、调气药、通调三道（气道、谷道、水道）两路（龙路、火路）药和止血药等，药性包括了五性（寒、热、温、凉、缓）、八味（酸、甜、苦、辣、咸、麻、淡、涩）和毒性等性能。瑶医学以"风""打"理论对药物药性、功能特点进行概括，常用的瑶药老班药（前辈祖传之意）主要有五虎、九牛、十八钻和七十二风共 104 种，药性包括了五性（寒、热、温、凉、平）、风药、打药、八味（苦、甜、麻、酸、锥、辣、涩、淡）。壮药、瑶药的炮制，主要根据临床、调剂和制剂的需要，因药制宜，以减轻不良反应或增强疗效、改变药性为主，对药材进行加工炮制。壮药炮制特色品种有酒蒸豨莶草等。

酒蒸豨莶草：取豨莶草段，用黄酒拌匀闷润至透，置蒸药器具内，蒸 8 h，焖过夜，呈黑色，取出，晒干。每 100 kg 豨莶草，用黄酒 20 kg。

第三节　中药临方炮制

中药临方炮制是根据中医师处方用药要求，以及中药调剂、制剂的不同需要，由药师按照处方和药物自身性质特点，将中药进行特殊加工，以期发挥独特疗效的一种传统制药技术。因其常要适应临床灵活用药和处方变化需要，进行药物炮制，故称为临方炮制。

一、临方炮制的形成历史

中药临方炮制发展是一个漫长的过程，大致经历了春秋战国至秦汉的形成阶段，三国至南北朝的早期发展阶段，隋、唐、宋、金、元快速发展阶段，以及明、清相对成熟阶段等这样几个重要的历史发展时期。

中药临方炮制发展的每个阶段都有代表性的著作和成就。春秋战国至秦汉时期，是上个世纪 70 年代出土古代方药资料，代表性的有简书《万物》《五十二病方》和《武威汉代医简》等。其中《五十二病方》在收载的医方中，既有药物炮制的详细记载，又有操作过程记录，有炮制作用说明等内容。

《黄帝内经》是我国现存最早的系统医学典籍，它为中药临方炮制的发展和完善，及其临床实践提供了非常重要的理论指导和依据。《神农本草经》是我国现存最早的药学专著，它对临方炮制的发展给予了充分的理论铺垫。

《新修本草》对药物炮制作出了不少规定。特别是药物炮制通则和一些药物的炮制方法都加以了规范，利于当时的临床实践和操作。

金元时期的医家大多利用北宋时刊行的医经本草，结合临床用药经验，进行理论探讨，以便将经验用药转化为理论指导下的用药。在药性理论的指导下，临方炮制技术也得到了进一步的完善和发展。

明、清时期出现了一批有代表性的炮制专著，无论是本草学，还是方剂学和炮制专著，它们之间相辅而行，大大促进了临方炮制的发展。

二、临方炮制的发展现状

新中国成立后，中药临方炮制进入了新的发展时期。建国初期，中药临方炮制的传承、发展主要还是延续了师带徒、文献记载、办学和教育这三种形式。

1963年，卫生部中医研究院中药研究所、药品生物制品检定所系统地查阅了历代医药文献中有关炮炙资料，搜集了全国28个大中城市的炮炙材料，根据中医理论和用药习惯的基础上，"并同存异"作了适当的归纳和综合，写成《中药炮炙经验集成》。

2007年3月，国家中医药管理局、卫生部印发了《医院中药饮片管理规范》，在规范第十条中提出，负责中药饮片临方炮制工作的，应当是具有三年以上炮制经验的中药学专业技术人员。第三十四条又规定，医院进行临方炮制，应当具备与之相适应的条件和设施，严格遵照国家药品标准和省、自治区、直辖市药品监督管理部门制定的炮制规范炮制，并填写"饮片炮制加工及验收记录"，经医院质量检验合格后方可投入临床使用。2009年3月，《卫生部 国家中医药管理局关于印发医院中药房基本标准的通知》"五、设备（器具）"中"（五）临方炮制设备（器具）"项下，提出了可根据实际情况选配小型切片机、小型炒药机、小型煅炉烘干机、消毒锅、标准筛。同年，《国家中医药管理局关于中药饮片处方用名和调剂给付有关问题的通知》中规定，"对有特殊炮制要求的中药饮片，调剂时应临方炮制"。

2017年7月1日起施行的《中华人民共和国中医药法》第二十八条规定，对市场上没有供应的中药饮片，医疗机构可以根据本医疗机构医师处方的需要，在本医疗机构内炮制、使用。医疗机构应当遵守中药饮片炮制的有关规定，对其炮制的中药饮片的质量负责，保证药品安全。医疗机构炮制中药饮片，应当向所在地设区的市级人民政府药品监督管理部门备案。根据临床用药需要，医疗机构可以凭本医疗机构医师的处方对中药饮片进行再加工。这是第一次以法律的形式对中药临方炮制加以明确。

近年来，中共中央和国务院相继出台了《中共中央 国务院关于促进中医药传承创新发展的意见》《国务院办公厅印发关于加快中医药特色发展若干政策措施的通知》《国务院办公厅关于印发中医药振兴发展重大工程实施方案的通知》等文件，对中药临方炮制发展进一步明确了要求。

三、临方炮制的重要价值

中药临方炮制的形成与发展历史悠久，经历几千年的不断传承和发展，已成为灿烂的中医药文化的重要组成部分。这些不可多得的宝贵资源，凝结着祖先的智慧，不仅承载着珍贵的历史信息，蕴含着重要的文化价值，而且临床上许多有其独特治疗效果的临方炮制品还蕴藏着深奥的科学价值。

1. 临方炮制的历史文化价值　中药临方炮制技术，是伴随着我国的社会、经济和文化等发展而逐步完善和成熟的。在这漫长的历史发展过程中，逐步形成了较为完善的学术思想和技艺特色，其中也蕴含着重要的历史文化价值，在历代的本草、炮制专著、方书及一些综合性医籍中皆得到了充分体现。

我国现存最早的系统医学典籍《内经》，充分彰显了中国古代先哲的智慧和实践经验。《内经》一直指导着中医药的实践，其学术思想和理论原则，包括中药临方炮制理论的形成与技术的发展，起到了重要的指导性作用。《神农本草经》详细地汇集了药物的作用、性能、主治及方药学基本理论，其药学理论和核心思想的存在，正是临方炮制技术传承的主要内在动力，也是其技术不断创新的源泉所在。《肘后备急方》收集了东晋前急症学治疗的医学成果，包括临方用药、临方炮制（包括炮制方法、炮制原料、炮制辅料等）、炮制作用等构成要素，这些宝贵的传统技术和文化内涵至今仍产生着影响。

临方炮制在形成与发展过程中，除了本草、炮制专著、方书及一些综合性医籍对传统技术的方法和理论有详细记载外，其文化内涵也得到了充分体现。

2. 临方炮制的临床医疗价值　中药临方炮制既源于中医临床实践，又紧密结合临床医疗不断进行完善和发展，并为提高临床个体化治疗提供用药服务。从古至今，在医药一体化发展的模式中，有很多医家既有丰富的临床诊疗经验，又有对药物临方炮制及其疗效的深入研究，正是由于中药临方炮制与中医医疗实践这种十分密切的关系，才逐步形成了非常珍贵的临方炮制应用经验价值。

《伤寒论》载方113首，用药84味，处方中通过交叉应用，先后出现了536次，其中315次用脚注的形式，对药物提出了具体的临方炮制方法和要求，药物在不同的方剂中，分别采用不同的炮制方法，充分体现了依方如法炮制与辨证论治的密切关系。甘草在83个方剂配伍中，其中81个方中采用了"炙品"，有2个方用的生品。如炙甘草汤、芍药甘草汤等，皆用炙甘草。甘草汤等则用生甘草，意在清热解毒，甘缓利咽。可见，甘草生用、炙用各有其不同的临床治疗价值。

《雷公炮炙论》在自序中就有"凡修合丸药，用蜜只用蜜，用饧只用饧，用糖只用糖，勿交杂用。"又曰："凡修事诸药等，一一并须专心，勿令交杂，或先熬后煮，或先煮后熬，不得改移，一依法则。"

中药炮制与临床疗效的关系极为密切。无论净制、切制或加热炮制、加辅料（包括药汁）炮制等，均会影响着药物及其方剂疗效的发挥，这就是临方炮制的医疗价值所在。

3. 临方炮制的科学研究价值　中药临方炮制是我国传统的制药技术，也是我国拥有的原创知识产权。在临床，许多有着独特治疗效果的炮制品，其中还蕴藏着深奥的科学价值。

如猪心血拌丹参是孟河医派特色炮制品种，已传承数百年，临床常用于治疗脑缺血引起的心神不宁、心悸怔忡及痰迷心窍等症。

四、临方炮制的传承与创新

近年来，临方炮制技术的传承与发展已取得阶段性成效，但仍面临着诸多问题，随着经验丰富的老药工年事已高，临方炮制操作技艺面临失传风险等，将会严重影响传统临方炮制技术的传承与发展。

1. 临方炮制技术的挖掘　中药临方炮制技术主要包含了炮制方法、炮制理论和炮制文化等内容。临方炮制技术的传承应围绕临方炮制技术内容，收集相关的文献，访谈各地医学流派传人和老药工，对获得的文献资料和访谈内容进行相关信息的搜索、识别、采集、校对、整理、转化，进而从临方炮制的文化内涵、核心思想和构成等要素进行归纳总结。

2. 临方炮制技术的保护　我国开展非物质文化遗产保护工作已经有近二十年了，在传统医药保护方面做了大量工作，取得了一定成绩。如中药炮制技术、四大怀药种植与炮制、人参炮制技艺、武义寿仙谷中药炮制技艺、樟树中药炮制技艺等被列入了国家级非物质文化遗产代表性项目名录。近年来，临方炮制技术在非物质文化遗产保护方面也进行了一系列探索，如孟河医派临方炮制技术已被列入江苏省第五批非物质文化遗产名录。

临方炮制技术在开展非物质文化遗产保护同时，应积极开展中医药传统知识保护工作的探索。临方炮制技术是伴随着中医临方用药的发展而逐渐形成的，是我国所特有的、核心的传统中药制药技术，也是我国中医药传统知识的重要组成部分，属于我国珍贵的原创知识产权资源。

3. 临方炮制技术的研究　临方炮制技术的特征，一是要"依方修合"，即临方炮制是根据中医药理论，依照临床辨证施治用药的需要和药物自身性质特点，以及中药调剂、制剂的不同要求，对处方中的药物进行炮制；二是要"如法炮制"，需按照中医师治疗法则的要求，依照炮制的规范细心精制。

临方炮制工艺和质量标准的研究，需根据临床应用经验和炮制的原始意图，深入开展临方炮制工艺和质量标准的研究，确保临方炮制技术可重复性和特色炮制品的同质化，使临方炮制技术能够有质量的活态化，充分体现中医临床用药特色。结合临方炮制技术及品种的基础研究，探讨临方炮制引起的药物成分的变化和改变对药物作用的影响；利用多学科、多模态的新技术、新方法，从分子、细胞、整体等不同层面开展特色炮制品的药效物质基础及作用机制的研究，阐述临方炮制的科学内涵。

4. 临方炮制技术的应用　临方炮制技术是前人在临床反复实践中总结的智慧结晶，现今的研究应在学习和了解先人的临床应用经验和炮制的原始意图的基础上，再将临方炮制技术应用于临床，更好地发挥它在疾病防治上的独特作用。

正确掌握先人的临床用药经验和炮制的原始意图，逐步在经典方、流派名方和名老中医经验方中进行推广应用。医疗机构须制定好中药临方炮制品处方应付目录和要求，确保中药临方炮制品的正确使用。同时选择重点病种，制定好相关的中药协定方和临床治疗路径，便于临床大夫应用和观察研究。在临方应用过程中，应积极开展跟踪评价，对临方炮制品的应用情况作出客观的评价和判断。

中药临方炮制源自古代临床实践，并伴随着临床用药的发展而不断完善。它属于中医药传统知识的重要组成部分，是特有的传统制药技术，须将中药临方炮制技术保护好、传承好、利用好，做好中医药的传承创新。

（黄勤挽、刘产明、朋汤义）

复习思考题

1. 试述樟派、建昌派炮制技艺的主要特点。

2. 试述孟河医派临方炮制的主要特点。

3. 试述中药饮片临方炮制主要方法，并举例说明。

🌐 **数字资源详见　新形态教材网**

　　⊞ 课程思政案例　　▶ 视频　　⚭ 知识拓展　　📖 推荐阅读

　　✂ 复习思考题答案　　🖥 教学课件

第十九章

中药炮制研究与创新发展

 思维导图

中药炮制"非遗"的特色及传承的意义

中药炮制作为我国独有的传统制药技术,经过长期发展,已经形成了以中医药理论为指导的完整体系,保证了临床疗效。通过中药炮制研究,发展创新中药炮制理论与炮制技术,为中药炮制原理、技术方法提供科技支撑,利于传承中药炮制经验、提高行业整体水平和保护非物质文化遗产。为了保证中药饮片正确的炮制加工并在临床安全应用,中国历代医学家在长期的中医临床实践中,不断总结积累制药经验,逐渐形成了独具特色的理论,合理地指导中药的炮制和应用,2006年中药炮制技术已首批列入传统医药类国家级非物质文化遗产代表性项目名录。在继承的基础上,运用现代科学技术研究成果,以新的思维和观点,创新与发展炮制理论和技术方法,是中药炮制学科必须重视的问题。研究要突出适合中药炮制特点的思维、设计、评价等,吸收最新的科技成果,借鉴中药相关学科研究技术手段,创新中药炮制理论,发展炮制技术方法,提高研究水平,加快研究成果的应用,从而提高行业整体技术水平,为促进中药炮制的现代化、国际化发展奠定坚实的研究基础。

请对下列问题给予思考与分析:
1. 试述目前的炮制研究方法存在的主要问题。
2. 试述如何开展中药炮制的现代研究。

中药炮制是中国医药领域最具自主知识产权的制药技术，中药饮片的"生熟异治"是中药有别于天然药物的重要标志。历代文献所记载的炮制方法和理论以及通过传承得以延续并仍在应用的炮制技术，多为实践经验的总结和概括，其现代科学内涵有待进一步揭示。通过挖掘中药特色炮制技术及品种，探究传统中药炮制理论科学内涵，促进中药炮制的传承创新。中药饮片产业处于中药产业链的中间环节，其质量优劣与临床应用的安全有效密切相关。运用现代科学技术知识和方法对中药炮制理论、工艺以及炮制作用进行深入研究，阐明中药炮制的科学内涵，规范炮制工艺，提高饮片质量标准等已经成为中药炮制学科发展的重要任务。

知识拓展 19-1　中医药理论指导下的多学科交叉炮制现代研究

第一节　中药炮制研究内容及方法

中药炮制作为我国制药技术的瑰宝，凝结了无数古今中医药学家的智慧和思想。随着现代创新技术的迅速发展，开展炮制学研究，要遵循中医药发展规律，传承精华，守正创新，要运用新的现代分析技术对炮制的成分及炮制机制进行更深入的挖掘，充分借鉴其他学科的新理论、新方法，促进中药炮制的研究提升到更高的水平。

一、中药炮制研究内容

中药炮制研究涉及药学、化学、生物学等多个学科的知识，炮制研究的内容主要包括：中药炮制文献研究、中药炮制理论研究、中药炮制工艺研究、中药炮制辅料研究、中药饮片质量研究及中药炮制设备研究等，由此构建中药炮制传承创新与中药饮片产业高质量发展的完整体系。

（一）中药炮制文献研究

伴随着中国的发展历史，中药炮制的发展大体经历了中药炮制技术形成时期、中药炮制理论形成时期、中药炮制全面提升时期以及中药炮制振兴时期。通过对所收集的文献的阅读分析、归纳总结，选出典型、科学、可靠的文献进行内容精炼化、集中化和系统化，从而提出新理论、新思路、新方法，充分发挥出中医药传统优势，从文献中发掘更多的研究目标。借助现代炮制文献研究思路和方法，将有利于创新发展中药炮制学科，有利于创立和发展外延学科，还有利于传统炮制技术的现代传承与创新研究。

1. 中药炮制的历史文献研究　中药炮制是历代医药学家在长期实践中积累总结的经验，中药炮制的技术和理论在历代的本草著作及医药文献中都有极为丰富的记载，但是相关记载较为分散，需进行查阅、整理、分析和总结。通过研究古代中医药文献，总结归纳药物的炮制方法、炮制辅料、炮制作用、炮制理论及临床应用等内容，研究其历史演变的原因和规律、发现存在的主要问题，可以为开展中药炮制研究提供有益的借鉴。

通过对炮制历史文献收集整理，为现今开展中药炮制研究的选题与方案设计等提供了参考依据。随着计算机技术的应用和网络技术平台的发展，将炮制历史文献资料通过信息整理归类、数据挖掘分析等方法形成计算机语言和数据库，成为网络资源，是目前中药炮制历史文献资料研究的方向。

2. 中药炮制现代文献研究 通过对中药炮制历史文献资料的总结，对目标中药开展现代文献研究，主要是通过数据库检索，查阅其基原、炮制、药性、化学、药理、毒理、工艺、辅料、质量及临床应用等相关的现代研究内容，了解其研究进展，辨析总结研究的不足之处，发现科学问题，在前人工作成果的基础上把握研究的起点，进一步综合多学科的知识，提出研究方案和试验设计，进行课题的实验设计工作，最终达到创新提高的目的。

（二）中药炮制理论研究

中药炮制理论是指中药炮制的理论依据，数千年来，炮制理论散在于众多本草论著中得以记载，阐明炮制作用和炮制意义，对中药炮制学科的发展具有重要的意义。中药炮制理论主要包括中药生熟理论、中药制药理论、炮制解毒理论、炭药止血理论、辅料作用理论和药性变化理论等，这些炮制理论融合了中药药性理论以及五行、七情配伍、君臣佐使、辨证施治等多种中医药基础理论而形成，经过中医临床的不断实践和发展，总结出炮制技术、炮制品的炮制作用与临床用药功效变化的内在规律，经过凝练、提升而形成的独特的中药炮制学理论体系。

1. 中药炮制原理研究 炮制原理研究内容是探讨中药炮制解毒、增效、缓性或产生新药效的机制。明晰中药炮制前后理化性质和药理、毒理的变化，阐明中药炮制的原理，可对中药炮制工艺进行科学的评价，为炮制工艺的优化与改进，提升完善饮片质量标准等提供科学依据；以保障中药饮片临床用药的安全、有效。

炮制原理研究的主要内容是融合现代科学研究的手段和方法，探讨在一定炮制工艺条件下，炮制导致的中药物理、化学等性质的变化，以及由这些变化引发的药理、毒理作用的改变。研究证明，马钱子经炮制降低毒性的原理是在砂烫或油炸等加热炮制过程中，毒性成分马钱子碱和士的宁被部分破坏，同时转化生成二者的氮氧化物及异马钱子碱、异士的宁等，降低毒性。延胡索炮制增效的原理是在醋炙过程中，难溶于水的止痛有效成分延胡索乙素等游离性生物碱形成了易溶于水的生物碱盐，入汤剂煎煮时溶出率增加，故延胡索醋炙能增强止痛的功效。

2. 中药炮制基础理论研究 中药炮制在漫长的医疗实践中，依据中医药理论，逐渐形成了自己独特的理论体系，如"酒制升提，盐制润下，姜取发散，醋取收敛，便制减其温，蜜制润其燥，壁土取其归中……酥制者易脆……抽心者除烦……""炒炭止血""炮制解毒""生升熟降"等，这些理论内涵丰富，是前人对中药饮片临床应用的高度概括。大量基础研究显示，炮制基础理论中蕴含着现代科学的内涵。对炮制基础理论进行研究，揭示传统理论的现代科学内涵，阐明炮制科学的合理性，对于改革和创新炮制工艺技术，提升中药饮片质量控制标准，促进中药饮片高质量发展具有重要意义。

（三）中药炮制工艺研究

中药炮制工艺与方法的研究正处于传承与创新并存、规范化与标准化不断推进以及研究方向不断拓展的关键阶段。炮制工艺的改革和创新是中药炮制研究的重要内容之一，也是中药炮制研究的长期任务。在炮制原理明确的基础上，以提高生产效率、降低生产成本、保证临床安全有效为目的，对现有炮制工艺进行改进或创新，淘汰落后不合理的炮制方法，建立科学、合理、适合现代化生产的炮制工艺体系，使中药炮制工艺进一步发展，提升中药饮片的质量和疗效。

1. 炮制工艺优化研究 由于地域和流派差异，中药炮制实践中存在一药多法、各地各法的现象，规范程度不一。为了优化这一现状，亟须采用现代科学技术，对不同炮制方法进行系统比较，深入探究对中药物质基础、药理作用以及临床疗效的具体影响，从而科学评价各种炮制工艺方法的合理性和可行性。通过对传统炮制工艺的深入挖掘和改良，研究不同炮制方法对药材质量的影响，比较优劣，以寻找最佳的炮制方法。运用现代技术、方法和理论，评价传统炮制方法的科学性问题，也是中药炮制研究的长期任务和重要内容。如在草乌炮制中，基于传统的浸泡、水煮或蒸制方法，结合现代科研成果，提出了"高压蒸制"法，旨在更有效地降低毒性并提升药效。

2. 炮制工艺创新研究 在阐明炮制原理的基础上，以中医药理论为指导，进一步研究如何改进传统的炮制工艺和方法，创新炮制技术，规范炮制工艺，形成工艺可控、质量稳定的新的饮片生产工艺技术。如用"蜜烘法"制黄芪，"加酒热压法"制大黄等。工艺研究需以炮制过程中药效物质基础的转变为指标，提高中药炮制的工艺技术水平，改变饮片生产技术落后的现状，研究建立适合现代化饮片生产的炮制工艺技术，是中药炮制工艺研究的长期重要任务。

（四）中药炮制辅料研究

中药炮制辅料在炮制过程中发挥解毒、增效及缓性等作用，辅料分为液体辅料和固体辅料，部分辅料如酒、醋、盐、姜、蜜等，是常见的药品、保健食品和调味品。在食品行业中对其性质、应用、作用等方面都比较清晰，对其质量安全的要求有国家标准的保障。但作为炮制辅料，大多现今仍停留在对其传统功效的认识、经验鉴别方法等，实验研究不够深入，而且缺乏统一的作为辅料用品种、规格、制备工艺及药用质量标准的一系列要求。炮制辅料制备工艺的规范化、辅料质量评价标准化是炮制辅料研究首先需要解决的问题。2004年国家启动了炮制辅料规范化的研究，对辅料的品质、规格、工艺、质量标准、炮制理论等方面进行了系统的研究和探索。但对炮制辅料的研究仍存在较多问题，仍有很多炮制辅料的药用标准欠缺，无法满足中药饮片炮制的全过程质量控制的需要，需加强对中药炮制辅料的系统研究。

（五）中药饮片质量研究

中药饮片质量关系到临床的安全、有效，在阐明中药炮制机制的基础上，应用现代科学手段以客观量化的指标与经验性指标相结合，进行饮片质量控制指标及其标准的研究，建立更为合理的质量标准评价体系，并用以提高临床使用的中药饮片的质量，已成为当务之急。随着科技的进步和研究的深入，中药饮片的质量评价标准应及时更新以适应新的科学发现和技术进展。

中药饮片性状特征判别，大多是根据广大药工人员长期实践经验，主要是依据感官来判断炮制品的形态、质地、色泽、气味等作为控制饮片质量的指标，但这种以传统经验、主观、外在质量指标为主的质量判别存在较大局限性。中药饮片质量标准的研究须将传统的经验鉴别与现代技术紧密结合，从饮片炮制方法、性状、检查、鉴别、辅料测定、浸出物测定、有效成分和毒性成分的含量测定等方面加以研究，将临床疗效与质量指标相关联，建立数字化质量评价体系，采用多指标综合评价，制订科学、系统、可操作性强、能真正反映中药饮片内在质量的评价方法。炮制品的质量评价应当向着全过程质量控制，客观化、标准化、专属性强的方向转变。中药材在质量评价和商品流通中，尚存在分等分级的问题。随着现代分析检测技术的进步，近年来饮片等级标准的研究逐渐增多，饮片等级标准的制订有利于促进中药饮片的优质优价，提高饮片质量。等级标准的研究要以临床疗效指标为基准，在充分调研饮片生产、流通、应用等环节的基础上，参考传统分级标准，应用现代技术方法制订反映不同质量等级的评价标准。

《中国药典》加强了中药饮片的专属性鉴别，建立和完善中药饮片安全性检测方法，制定中药饮片中重金属及有害元素、农药残留的限量标准，研究建立专属性且能体现饮片特点的含量测定方法，逐步建立中药饮片成分整体控制方法。但饮片的质量标准仍面临很多问题，如多数饮片标准中的质控指标与药材一致，难以反映炮制后饮片的特点，也难以有效控制饮片质量。

（六）中药炮制设备研究

中药炮制设备是饮片生产及质量控制的核心要素，炮制设备的合理性、先进性、科学性不仅承载着传统中医药的智慧，更是推动现代中药产业链发展的关键力量。因此，为实现中药饮片炮制生产的规范化和规模化，开展炮制设备现代化研究也是炮制研究的一个重要内容。传统中药炮制多以手工操作为主，生产效率低，依赖人力的操作往往存在生产加工人员的主观差异。随着洗药机、润药机、切药机、蒸药机、炒药机、煅药机等现代化设备的投入运行，生产效率得到了显著提升，人工成本也得到有效控制。与此同时，这些设备在信息化和自动化方面仍有待加强，并通过完善的监控手段，以确保饮片在炮制过程中的稳定性和可控性。

随着中药产业现代化的发展需求，中药饮片生产设备应合理吸收引进现代制药、食品、化工等设备的先进技术，由单个炮制机械向研发与炮制工艺结合的成套炮制设备，由人工控制炮制机械向研发计算机程序化自动控制设备，由炮制成品在实验室仪器检测向研发在线检测和智能控制设备等方向发展。智能程控、信息化集成的炮制生产及管理系统在饮片生产上的应用，将会极大推动中药饮片生产现代化的进程。

（七）中药材产地加工与炮制一体化研究

中药材产地加工是指将植物、动物和矿物经过一定的产地加工处理，形成中药材的商品规格，是中药材的生产过程。中药材是中药饮片的原料，中药材产地加工过程直接影响中药材质量，进而影响炮制成饮片及制剂的质量。中药饮片生产须在 GMP 条件进行，但中药材产地加工基本属于个体或集体粗放式加工，规模化程度低，加工工艺的规范化亟待提高。通过开展中药材产地加工的相关研究，建立标准化、规范化的中药材种植、采收、加工工艺规范，切实保障中药材质量。另外，产地加工研究也包含对传统加工原理的研究，例如浸漂、蒸煮、"发汗"等加工方法的研究。中药材的质量控制也要结合中药材产地加工工艺的特点，建立合理、科学，既能准确控制中药质量又简单快速的质量评价方法。

2021 年 7 月，国家药品监督管理局综合司发布了《国家药监局综合司关于中药饮片生产企业采购产地加工（趁鲜切制）中药材有关问题的复函》，复函明确产地加工属于中药材来源范畴，趁鲜切制是产地加工的方式之一，是按照传统加工方法将采收的新鲜中药材切制成片、块、段、瓣等，虽改变了中药材形态，但未改变中药材性质，且减少了中药材经干燥、浸润、切制、再干燥的加工环节，一定程度上有利于保障中药材质量。中药饮片生产企业可以采购具备健全质量管理体系的产地加工企业生产的产地趁鲜切制中药材（简称鲜切药材）用于中药饮片生产。鲜切药材应当是列入所在地省级药品监管部门公布的鲜切药材目录品种；产地加工企业应当根据所在地省级药品监管部门公布的趁鲜切制加工指导原则，结合鲜切药材特点和实际，制定具体品种切制加工标准和规程；鲜切药材应当有规范的包装和标签，并附质量合格标识；产地加工企业应当建立完整的中药材质量追溯体系。

中药饮片炮制是中药材产地加工的后续工序，按照要求炮制应在饮片厂进行，但目前中药材产地趁鲜切制的技术不断提高，趁鲜切制的品种不断增加，《中国药典》收载了68种趁鲜切制的品种。因此，可将饮片炮制前移至中药种植基地，中药材产地加工与中药炮制工艺结合，在产地采收中药材后，将加工和炮制连续进行，直接生产成中药饮片，缩短从加工到饮片炮制的时间，删减繁琐的操作，减少中药材的贮存和流通环节降低了产业链的整体成本，特别适合在有一定规模、中药材道地产区或符合GAP认证的中药材基地率先实行产地加工和炮制一体化。目前产地加工和炮制一体化也进行了较多的研究。中药产地加工和炮制一体化研究中要注意中药品种的选择，部分品种适合产地趁鲜切制或需要特殊软化方法的，例如山楂、宣木瓜、佛手等，可以通过加工炮制一体化，避免难于干燥的问题，保留较好的色泽、气味，保证饮片质量。但是对含挥发油较多的药材，趁鲜切制后会造成成分损失，还需要进行深入研究。

针对中药材产地加工和饮片炮制生产缺乏相互衔接的标准化体系及其科学内涵缺失等关键问题，如何通过技术研究与集成创新，将两者相关工序进行有机整合，建立技术优化评价标准，构建饮片一体化生产关键技术规范体系。中药材产地加工与炮制生产一体化研究需重点开展产地加工与炮制生产一体化关键技术评价标准、中药饮片产地加工与炮制生产一体化关键技术、中药饮片生产一体化设备及中药饮片生产一体化过程控制的生产信息化管控系统研发等。

（八）中药饮片新型产品的研究

1. 中药配方颗粒的研究 中药配方颗粒是单味中药饮片经加工煎煮、过滤浓缩、喷雾干燥等程序而制成的颗粒。中药配方颗粒不能单独使用，仅供临床配制处方用，是适应现代市场需求，对传统饮片的补充。作为中药饮片相关产品，中药配方颗粒具有方便、快捷、易于服用等优点，但是还有一些值得进一步研究阐明的问题。如中药配方颗粒的有效性研究，是否与传统汤剂合煎作用相同；配方颗粒的质量控制研究；临床使用剂量如何与传统饮片等效等。

传统饮片制备汤剂，有先煎、后下等特殊处理，方药合煎是一个极复杂的过程，不仅有方剂君臣佐使配伍原则，以及单行、相须、相畏等中药配伍七情理论思想指导下的药力合出，在煎煮过程中还会发生酸碱中和、取代、水解、聚合、缩合、氧化、变性等化学反应。方药单煎后合并使用，不完全等效于方药的群煎使用。中药配方颗粒需进一步开展颗粒与原饮片相应剂量主要药效学和（或）毒性的对比实验研究。配方颗粒具备汤剂用药的基本属性，并非所有中药饮片均适宜制成中药配方颗粒供临床使用，如外用药、矿物类中药及贵细类中药等。不同中药来源的饮片，其浸膏的煎取量各不相同，赋形剂辅料的添加和规范，成为中药配方颗粒发展前进中不容忽视的问题。

2. 中药超微粉的研究 中药超微粉是指采用超微粉碎技术将中药饮片粉碎成一定粒径的粉体。中药超微粉具有一般中药配方颗粒所不具有的一些特殊的理化性质，可直接用于加工成不同的剂型。

中药超微粉有利于保留生物活性，提高溶出率，提高吸收速率和药效，节约中药资源。但饮片粉碎成超微粉末后，其物理性状、粉末比表面积、成分的溶出等与原来饮片相比发生了极大地变化，临床的使用量、毒副作用等均不能与原来饮片等同，同时中药超微粉的制备工艺，全面的质量控制，毒性及溶出度的检测，对人体的适用性等还存在诸多问题，需要进行更加深入的研究。

3. 中药破壁饮片研究 通过现代粉碎技术将传统中药饮片加工至 $D_{90} < 45\ \mu m$（300目以上）的粉体，再经过不添加成型技术制成的30~100目的均匀干燥颗粒状饮片。中药经过破壁粉碎处

理，同一批药材的不同组织、部位高度混合均匀，破壁粉碎处理后，有效成分利用充分，可以节约并保护中药资源。但是中药破壁饮片的临床用量与传统饮片的比较，溶出率、比表面积、毒性、药效等与传统饮片、传统粉末散剂等的比较，均未见有深入的研究，特别是破壁饮片的农残、重金属含量超标等问题均有待进行深入研究。

4. 定量压制饮片研究 采用物理压制方法将花类、全草类、叶类及部分质轻或不规则饮片，不改变饮片外观形状及其内在质量、不添加任何辅料，将饮片压制成一定形状，再用一定的包装材料封装，做成无须称量，可直接调配的一种新型饮片。压制后的中药饮片具有体积缩小，便于携带、运输、仓储、调剂、机械化包装、煎煮等优点，而且具有利于饮片浸润及成分溶出的优点。但定量压制饮片，由于其改变了原有饮片性状，无法直观鉴别饮片的真伪优劣，且不适用于动物类中药、质地坚硬的矿物质中药及大部分种子和果实类中药等。定量压制饮片的推广使用具有一定的局限性，其普适性有待深入研究。

5. 中药饮片的新型包装研究 中药饮片的包装在一定程度上既能影响中药的临床疗效，又可影响其市场形象及价格定位。传统中药饮片的包装材料混乱，无统一的包装标准，导致饮片污染严重，贮存保管中容易产生变质现象。中药饮片包装的改革已经不容忽视，随着科技的发展，对于饮片的包装研究也越来越多。中药小包装饮片是将炮制合格的饮片根据临床常用剂量密封包装，由配方药师直接调配无须称量的一种饮片包装方式。其具有调剂剂量精准，最大限度地满足了患者的知情权，并改善工作环境，减少药耗，提高配方效率等优点。但与传统包装方式相比也存在一定问题，如饮片规格受限制、小包装饮片外标名称与处方药名不符、小包装饮片难以随证加减、难以临方炮制等问题比较突出，需要对其临床应用的适应性进一步研究，经过不断地创新，为中药饮片的规格、包装、调配提供新的方向。

6. 即食饮片研究 即食饮片是在传统的炮制加工基础上引入速冻、冷冻干燥、发酵以及非热物理灭菌等现代技术制成，打开包装即可食用的中药饮片。具有服用方便、便于携带和易于推广的特点，能够满足大健康环境下人们对健康产品日益增长的需求，主要适用于药食两用的中药用于预防保健、养生康复。即食饮片直接入口，其生产车间环境要求达到生产口服制剂的条件。即食饮片的开发需要根据具体中药的特征，选择适宜的加工方法与辅料展开研究，并制定相应质量控制标准。

二、中药炮制研究方法

中药炮制研究，应在中医药理论指导下，以传统炮制传承为基础，应用现代科学技术，从研究炮制文献着手，通过化学、药理学、毒理学、工程学、分子生物学、数理统计等方法，采用多学科、多指标进行系统研究，并通过中试验证及中医临床验证或模拟临床用药的形式，验证研究结果的科学性、可行性和实用性。以此规范炮制工艺、改进生产技术，提高饮片质量，促进饮片生产自动化和现代化，保证中医临床用药安全有效。

（一）以中医药理论为指导的炮制研究

中药饮片是中医临床用药的物质基础，临床辨证用药，是在中医药理论指导下进行，中药炮制的理论也是中医药理论的组成部分，因此中药炮制研究必须在中医药理论的指导下进行。中医药理论的核心是整体观、辨证论治和综合作用；在中药炮制研究中，要特别注意同一种中药的不同炮制品在功效、性味特点及其在处方中的作用的异同，并运用现代科学技术手段阐明其科学内涵。

中药本身含有多种化学成分，且各成分之间的相互作用会对药效产生影响，一种或几种化学成分单体，往往不能代表中药功效的物质基础。例如，黄连和黄柏皆含小檗碱，但黄连与黄柏却不能相互替代使用，其作用部位、功效特点、归经等均不相同。黄连酒炙能缓和苦寒之性，引药上行，善清头目之火；黄柏盐炙可缓和苦燥之性，增强滋阴降火，清虚热的作用，因此黄连和黄柏这两味药以及不同炮制品的功能主治也绝不是仅用单一小檗碱作为有效成分就能够进行研究和阐明的。

中药的药性是中医在长期的临床实践中总结出来的，对中药炮制的研究，不可忽视中药的临床功效，而仅仅研究某一成分的药理作用。例如，神曲、麦芽等消导药，皆炒至焦香后入药，炮制有"炒香醒脾"的理论，若单一的以所含酶类成分来解释它们的消食作用，其炮制工艺就显得不合理，因为淀粉酶、蛋白酶等经加热后会受到破坏。所以炮制研究，必须以中医临床疗效为依据，设计适宜的成分指标和药理实验模型。

（二）应用文献学方法进行炮制研究

采用现代信息技术和文献学研究手段，进行文献的整理和经验的总结是开展中药炮制研究的基础工作。文献研究法是指根据一定的研究目的或课题需要，通过查阅文献来获得相关资料，全面地了解所要研究的问题，找出事物的本质属性，形成对事实的科学认识，并从中发现问题的一种研究方法。任何科学研究的第一步都需要先查阅古今文献，然后进行整理，找出切入点，提出完整的实验设计方案。中药炮制的历史悠久，文献研究尤为重要，必须充分利用工具书和网络资源，检索必要的古今文献。

中药炮制的文献研究应该从源头入手，梳理炮制的历史沿革，分析炮制的原始意图，历史演变及变化的优缺点等，因此研究古代本草文献非常必要。建国以后对古代文献的整理取得了一定成果，如王孝涛的《历代中药炮制法汇典—古代部分》将散落在各种本草方书中的炮制文献资料经过整理汇总，是一部内容翔实，条目清晰，查阅方便的炮制文献工具书；对于名医大家的中药临床经验使用方法进行研究，探讨炮制机制。现代文献资料极其丰富，涉及了多种学科，要从中找出对于进行炮制试验研究有用的文献，主要包括：中药的来源、功能主治、炮制方法、工艺条件、质量控制指标、检测方法及标准、临床应用、与药效和毒性相关的化学成分种类、有效成分、毒性成分、既有毒又有效的成分及毒理和药理研究等。

文献研究应详尽地占有资料，整理文献资料时要保证资料的全面性；临床药效是饮片炮制的根基，需充分重视不同炮制品的临床应用及炮制作用，重点关注与饮片临床应用相关的成分研究、炮制工艺、药理毒理研究、饮片质量标准、病案分析等。文献资料的分析总结需在全面搜集与选题所相关的研究领域的文献资料的基础上，对该研究领域的研究现状进行系统、全面的归纳整理和分析鉴别，并提出自己的见解和研究思路。近年来对酒制法等大类炮制法进行了品种、工艺、辅料及传统炮制理论等方面的系统文献研究，从中可发现一些规律性的线索，不仅对进一步阐明各类制法的起源和发展，阐明传统制药法则的基本理论有一定意义，而且对提高中医药理论学术水平具有深层次的意义。

（三）融合现代科学技术的炮制研究

应用化学、药理学、微生物学、免疫学、生物化学、物理学等现代科学技术是开展中药炮制研究的主要方法和手段。

1. 应用化学方法进行研究 应用化学方法研究中药炮制前后物质组成的变化是目前广泛采用的研究方法。中药炮制品种繁多，炮制方法不一，在炮制过程中由于温度、时间、辅料等因素的影响，必然会使中药炮制前后的物质基础的性质或者含量发生不同程度的变化，因而药理作用、临床疗效也会发生相应的改变，所以研究中药在炮制前后化学成分性质和含量的变化是中药炮制研究的重要方法，其研究结果不但有助于阐明炮制机理，而且可以作为评价炮制方法和工艺的指标，为炮制方法的研制和改进提供参考依据，同时化学成分也是制订饮片质量标准的通用指标。

对于有效成分清晰并可建立定性定量分析方法的中药，将炮制前后有效成分进行比较研究，阐明质和量的变化，用以探讨其炮制内涵。如历版药典中乌头的母根作为川乌使用，其子根作为附子入药，而其须根是作为非药用部位去除的，双酯型生物碱是附子、川乌中的主要有毒成分，采用 HPLC 法测定乌头碱、新乌头碱和次乌头碱三种双酯型生物碱的含量之和，研究结果表明：乌头须根中三种双酯型生物碱的含量显著高于子根和母根，是子根、母根的 2.0 ~ 3.0 倍，表明须根属于毒性较大的部位，故药典规定的净制方法具有科学性。

2. 多指标设计评价炮制工艺研究 研究炮制工艺及方法时，多采用正交设计法、均匀设计法或析因设计法。在实验设计时，需对评价工艺的指标进行设计，经过数理统计分析才能得到可靠的实验结果。因此，进行工艺筛选时，应充分考虑中药成分的复杂性，将传统质量要求和有效成分、有效部位以及有毒成分、有害元素、毒性、效应等结合进行综合评价，真实地反映炮制品的质量优劣，以确保实验研究符合中医药理论和临床应用实际。

3. 应用实验药理学和毒理学的方法进行研究 中药炮制的主要目的是增强药效和消减其毒副作用。中药的临床研究由于受到复方用药和患者对象的制约，难度较大，开展实验药理学和毒理学研究具有特殊意义。应用药理学和毒理学方法研究中药炮制，阐述炮制原理，最好选用适合中医病证模型的方法和指标，也可以借鉴已有的药理学方法和指标来进行。在化学成分不清楚的情况下，通过研究炮制前后的药效活性和毒性的变化，也可达到控制炮制品质量和指导炮制工艺改革的目的。将化学成分研究与药效、毒性的变化相关联，是更为系统、整体化的研究思路，更能反映炮制变化的本质。

如果将实验药理学和毒理学方法与化学方法结合起来研究中药炮制，将使化学研究更注意活性物质的炮制前后的改变，使其研究的针对性更强，更能反映炮制变化的本质。用什么指标来衡量中药药效或毒副作用才符合中医药理论，这是值得探讨的问题。毒性中药一般可分为两种类型，一类是其毒性成分，与治疗成分不一样，须通过炮制将毒性成分去除，如巴豆中巴豆毒素（crotin）、蓖麻子中蓖麻毒蛋白（ricin）等。另一类既是有毒成分又是治疗成分，要通过炮制使其达到适度的含量，或转变成毒性较低的物质，如马钱子中的马钱子碱和士的宁，乌头、附子中的乌头碱，斑蝥中的斑蝥素等，但需研究这些成分的量 – 毒 – 效的关系，以便确定"适中"的炮制程度，制订合理的饮片质量标准，指导临床用药。对毒性成分和有效成分尚不清楚的中药，可选择主要药效学和毒理学指标，同时做各种炮制品的对比研究，以考察哪种方法能达到减毒存效增效的目的，有针对性地继续深入研究。

（四）临床疗效观察的炮制研究

运用现代技术手段进行炮制研究，最终都需要接受临床的检验和验证，因此，炮制研究应与其科学内涵。

中药本身含有多种化学成分，且各成分之间的相互作用会对药效产生影响，一种或几种化学成分单体，往往不能代表中药功效的物质基础。例如，黄连和黄柏皆含小檗碱，但黄连与黄柏却不能相互替代使用，其作用部位、功效特点、归经等均不相同。黄连酒炙能缓和苦寒之性，引药上行，善清头目之火；黄柏盐炙可缓和苦燥之性，增强滋阴降火，清虚热的作用，因此黄连和黄柏这两味药以及不同炮制品的功能主治也绝不是仅用单一小檗碱作为有效成分就能够进行研究和阐明的。

中药的药性是中医在长期的临床实践中总结出来的，对中药炮制的研究，不可忽视中药的临床功效，而仅仅研究某一成分的药理作用。例如，神曲、麦芽等消导药，皆炒至焦香后入药，炮制有"炒香醒脾"的理论，若单一的以所含酶类成分来解释它们的消食作用，其炮制工艺就显得不合理，因为淀粉酶、蛋白酶等经加热后会受到破坏。所以炮制研究，必须以中医临床疗效为依据，设计适宜的成分指标和药理实验模型。

（二）应用文献学方法进行炮制研究

采用现代信息技术和文献学研究手段，进行文献的整理和经验的总结是开展中药炮制研究的基础工作。文献研究法是指根据一定的研究目的或课题需要，通过查阅文献来获得相关资料，全面地了解所要研究的问题，找出事物的本质属性，形成对事实的科学认识，并从中发现问题的一种研究方法。任何科学研究的第一步都需要先查阅古今文献，然后进行整理，找出切入点，提出完整的实验设计方案。中药炮制的历史悠久，文献研究尤为重要，必须充分利用工具书和网络资源，检索必要的古今文献。

中药炮制的文献研究应该从源头入手，梳理炮制的历史沿革，分析炮制的原始意图，历史演变及变化的优缺点等，因此研究古代本草文献非常必要。建国以后对古代文献的整理取得了一定成果，如王孝涛的《历代中药炮制法汇典—古代部分》将散落在各种本草方书中的炮制文献资料经过整理汇总，是一部内容翔实，条目清晰，查阅方便的炮制文献工具书；对于名医大家的中药临床经验使用方法进行研究，探讨炮制机制。现代文献资料极其丰富，涉及了多种学科，要从中找出对于进行炮制试验研究有用的文献，主要包括：中药的来源、功能主治、炮制方法、工艺条件、质量控制指标、检测方法及标准、临床应用、与药效和毒性相关的化学成分种类、有效成分、毒性成分、既有毒又有效的成分及毒理和药理研究等。

文献研究应详尽地占有资料，整理文献资料时要保证资料的全面性；临床药效是饮片炮制的根基，需充分重视不同炮制品的临床应用及炮制作用，重点关注与饮片临床应用相关的成分研究、炮制工艺、药理毒理研究、饮片质量标准、病案分析等。文献资料的分析总结需在全面搜集与选题所相关的研究领域的文献资料的基础上，对该研究领域的研究现状进行系统、全面的归纳整理和分析鉴别，并提出自己的见解和研究思路。近年来对酒制法等大类炮制法进行了品种、工艺、辅料及传统炮制理论等方面的系统文献研究，从中可发现一些规律性的线索，不仅对进一步阐明各类制法的起源和发展，阐明传统制药法则的基本理论有一定意义，而且对提高中医药理论学术水平具有深层次的意义。

（三）融合现代科学技术的炮制研究

应用化学、药理学、微生物学、免疫学、生物化学、物理学等现代科学技术是开展中药炮制研究的主要方法和手段。

1. 应用化学方法进行研究　应用化学方法研究中药炮制前后物质组成的变化是目前广泛采用的研究方法。中药炮制品种繁多，炮制方法不一，在炮制过程中由于温度、时间、辅料等因素的影响，必然会使中药炮制前后的物质基础的性质或者含量发生不同程度的变化，因而药理作用、临床疗效也会发生相应的改变，所以研究中药在炮制前后化学成分性质和含量的变化是中药炮制研究的重要方法，其研究结果不但有助于阐明炮制机理，而且可以作为评价炮制方法和工艺的指标，为炮制方法的研制和改进提供参考依据，同时化学成分也是制订饮片质量标准的通用指标。

对于有效成分清晰并可建立定性定量分析方法的中药，将炮制前后有效成分进行比较研究，阐明质和量的变化，用以探讨其炮制内涵。如历版药典中乌头的母根作为川乌使用，其子根作为附子入药，而其须根是作为非药用部位去除的，双酯型生物碱是附子、川乌中的主要有毒成分，采用HPLC法测定乌头碱、新乌头碱和次乌头碱三种双酯型生物碱的含量之和，研究结果表明：乌头须根中三种双酯型生物碱的含量显著高于子根和母根，是子根、母根的2.0～3.0倍，表明须根属于毒性较大的部位，故药典规定的净制方法具有科学性。

2. 多指标设计评价炮制工艺研究　研究炮制工艺及方法时，多采用正交设计法、均匀设计法或析因设计法。在实验设计时，需对评价工艺的指标进行设计，经过数理统计分析才能得到可靠的实验结果。因此，进行工艺筛选时，应充分考虑中药成分的复杂性，将传统质量要求和有效成分、有效部位以及有毒成分、有害元素、毒性、效应等结合进行综合评价，真实地反映炮制品的质量优劣，以确保实验研究符合中医药理论和临床应用实际。

3. 应用实验药理学和毒理学的方法进行研究　中药炮制的主要目的是增强药效和消减其毒副作用。中药的临床研究由于受到复方用药和患者对象的制约，难度较大，开展实验药理学和毒理学研究具有特殊意义。应用药理学和毒理学方法研究中药炮制，阐述炮制原理，最好选用适合中医病证模型的方法和指标，也可以借鉴已有的药理学方法和指标来进行。在化学成分不清楚的情况下，通过研究炮制前后的药效活性和毒性的变化，也可达到控制炮制品质量和指导炮制工艺改革的目的。将化学成分研究与药效、毒性的变化相关联，是更为系统、整体化的研究思路，更能反映炮制变化的本质。

如果将实验药理学和毒理学方法与化学方法结合起来研究中药炮制，将使化学研究更注意活性物质的炮制前后的改变，使其研究的针对性更强，更能反映炮制变化的本质。用什么指标来衡量中药药效或毒副作用才符合中医药理论，这是值得探讨的问题。毒性中药一般可分为两种类型，一类是其毒性成分，与治疗成分不一样，须通过炮制将毒性成分去除，如巴豆中巴豆毒素（crotin）、蓖麻子中蓖麻毒蛋白（ricin）等。另一类既是有毒成分又是治疗成分，要通过炮制使其达到适度的含量，或转变成毒性较低的物质，如马钱子中的马钱子碱和士的宁，乌头、附子中的乌头碱，斑蝥中的斑蝥素等，但需研究这些成分的量－毒－效的关系，以便确定"适中"的炮制程度，制订合理的饮片质量标准，指导临床用药。对毒性成分和有效成分尚不清楚的中药，可选择主要药效学和毒理学指标，同时做各种炮制品的对比研究，以考察哪种方法能达到减毒存效增效的目的，有针对性地继续深入研究。

（四）临床疗效观察的炮制研究

运用现代技术手段进行炮制研究，最终都需要接受临床的检验和验证，因此，炮制研究应与临床疗效观察紧密结合，主要包括观察总结临床疗效、参照临床用药方式等。为避免实验研究脱离临床应用，在最初进行实验设计时就应结合饮片在临床用药的具体情况进行实验设计，以模拟与临床用药相似的设计。如在采用化学和药理、毒理方法研究炮制时，应考虑到中药饮片的用药形式，是在汤剂还是在中成药中使用，是以中药饮片入药还是以提取的有效部位入药等。不同的剂型和不同的用药形式，该药物的药效和毒性可能存在较大差异。在实验设计时应基于临床用药形式，开展药效和毒性评价的研究，充分重视临床功效和毒性的表现，以使研究结果贴近实际应用。如研究表明，同批生川乌所含剧毒双酯型生物碱含量相同，在使用中似乎毒性应该基本相同，但在进行急性毒性研究中发现，因供试液的制备方法不同，其半数致死量存在较大差异。其原因是在供试液制备过程中毒性成分发生了变化，如生川乌水煎液几乎测不出毒性的原因是在煎煮过程中剧毒的双酯型生物碱水解所致。所以不能单纯以饮片中毒性成分的含量高低判断中药饮片的毒性大小。应该对开展药理毒理研究的供试品进行成分的检测，这样的结果才能分析化学成分组成及含量高低与毒性和药效的相关性，才能表明在不同用药方式下的中药饮片的安全性和有效性，以指导临床用药。

方剂配伍是中医临床用药的一大特点和主要形式，在炮制研究设计时，还应考虑将中药炮制纳入方剂中进行研究，以探讨饮片配伍后其物质基础和药效、毒性的变化，为临床应用提供参考。如将白芍的炮制纳入芍药甘草汤中进行研究，5种白芍炮制品组成的芍甘汤中均不含丹皮酚；芍药苷的含量除酒炒白芍的芍甘汤外，其余皆明显高于生白芍煎液，说明甘草可能会提高方中芍药苷的煎出量；方中配有麸炒白芍的芍甘汤中苯甲酸含量最低，故对脾胃虚弱患者更适宜，进一步说明麸炒白芍增强补脾胃功效。

（五）多学科交叉的炮制研究

中药炮制学是一门实践性强的综合性学科，影响中药饮片质量的因素多，涉及面广，单一的化学或药理研究结果很难说明炮制的科学性，必须采用多学科结合的方法研究，才有可能取得突破性成果。如对单味中药饮片进行研究，需要从炮制文献研究着手，继承传统炮制经验和技术，通过化学、药理等手段进行工艺筛选，并利用医药信息学方法进行数据处理，优选炮制工艺，经过中试验证，制订饮片质量标准，并经过临床验证，这样所得的结果比较全面、准确、可靠、科学。阐明中药炮制解毒增效的机制，则须研究在确定的炮制工艺条件下，化学成分发生了哪些变化，这些变化导致了毒性和药效发生了什么改变，分析不同炮制条件对饮片的影响，寻找炮制"适度"的程度，筛选能够表明中药毒性和药效的指标，为制订饮片质量标准提供依据。

现代光谱及色谱技术发展迅速，在中药炮制研究方面也有了较好的应用。通过建立中药饮片指纹图谱，可以较为全面地反映中药饮片所含化学成分的种类和数量，反映中药饮片的物质组成，是对中药饮片质量控制的一种较为有意义的指标。也可通过光谱、色谱研究，建立饮片的特征指纹图谱，将所得药效指标与指纹图谱进行谱－效关系研究，探讨中药饮片的药效物质基础，有助于阐明中药炮制机制。

第二节 中药炮制研究的新技术与应用

中药炮制的意图主要是通过合理的加工炮制方法减毒、增效，从而综合发挥药物的临床疗效，便于调剂制剂，利于服用，便于贮存等。中药炮制工艺的实施必然会导致化学成分或组分结构变化，从而导致药效作用改变，实现炮制目的。中药炮制研究的关键是探究"减毒增效"的炮制机理，药效的变化必然与对应的物质基础改变有关。以物质基础变化为核心的中药炮制机理的研究，是揭示功效变化的关键。目前研究多集中在三个方面，一是通过研究炮制引起的物质基础变化，探讨其内在物质基础；二是采用分子生物学方法对中药炮制前后的药效和药效评价，进一步阐明中药的炮制机理；三是采用代谢组学、网络药理学等多组学技术的系统生物学方法全面表征中药炮制机制，该方法已成为中药炮制机理研究的新趋势。学习掌握中药炮制研究的现代手段，结合分析技术应用，有助于为中药炮制前后化学成分变化和转化及药效差异研究提供一定的思路。

一、组分结构理论在中药炮制研究中的应用

中药的疗效是由配伍组分构成的多种化学成分为物质基础通过多成分协同而发挥作用的。在中药炮制机制的研究当中，中药炮制前后物质基础变化的研究成为核心问题。张伯礼院士团队在长期致力于组分中药的研究基础上，提出"组分中药结构理论"。中药炮制的实质是药效物质基础发生了一定的改变，也就是组分发生了变化，从而导致其相应的药效或毒性发生改变。文献资料显示，组分结构理论在中药黄精、枳实、川芎、生姜、地黄、乌头、延胡索、栀子、甘草、何首乌、黄芪、附子、淫羊藿等常用炮制中药均有应用。采用 HPLC-ELSD 法比较生黄精、炙黄精、酒蒸黄精及模拟炮制品中 6 种糖成分的含量变化，结果发现黄精炮制后蔗糖、蜜二糖和棉子糖含量均有不同程度的下降，而葡萄糖、果糖和木糖的含量均显著增加，推测黄精在炮制过程中低聚糖发生水解，产生了相应的单糖。有实验研究发现淫羊藿羊脂油制后，黄酮类成分发生转化，从而导致其温肾助阳作用显著增强。这些研究都揭示了中药炮制引起的化学成分的变化与药效作用密切相关，以物质基础和药效变化为重点的中药炮制机制的研究，是重要思路，目前以成分变化、药效作用变化相结合的思路为炮制机制提供科学的依据。

二、谱效关联技术在中药炮制研究中的应用

谱效关系是利用化学计量学方法构建化学成分与药效指标的相关性，起初源于对中药质量控制的研究，其中"谱"主要指采用各种光谱学和色谱学技术建立的中药指纹图谱，将化学成分研究与药效相关联，最终确定潜在的药效物质基础的方法，其研究思路：采用现代分析技术如色谱、质谱等构建中药的指纹谱，并对其中的化学成分进行定性定量分析，其次，建立合理的药效模型获取药效数据，最后采用数据处理技术构建谱-效关系，确定与药效相关的化学成分群，从而实现对中药药效物质的辨识。常用的化学计量学方法有灰色关联度分析、偏最小二乘法、典型相关分析等。采用灰色关联度分析了延胡索醋制前后化学成分与对应的镇痛药效的相关性，最后筛选得到延胡索甲素、原阿片碱等 7 个生物碱成分为延胡索醋制后镇痛活性增强的特征成分；也

有研究者指出采用中药谱效学的研究方法，通过UFLC-Q-TOF/MS建立蓬莪术生品与醋制品抑制小鼠尾血栓形成作用的谱效关系，探讨莪术醋制后活血化瘀作用时，阐明了去氢木香内酯、α-脱氢姜黄烯、(R)-(-)-α-姜黄烯为抑制小鼠尾血栓形成的指标性成分，为中药在炮制前后产生活血化瘀作用变化提供新的依据。

构建成分与药效的"谱效关系"，对于中药炮制改变药性、药效的研究其炮制过程引起变化规律，有利于全面地揭示中药炮制的机制，综合地反应中药有效成分与药效之间的相对关系，较好地体现出中药成分的复杂性和相关性。

三、网络药理学和分子对接技术在中药炮制研究中的应用

中药炮制后化学成分发生规律性变化，因此，构建"成分-靶点-疾病"分析特征，进一步通过网络药理学和分子对接技术，结合生物信息学分析显著差异成分相关的主要作用靶点和通路，成为快捷验证的有效手段。利用网络药理学技术探讨山茱萸酒制前后差异成分的分子机制，首次阐明了山茱萸酒制后"补益肝肾"的物质基础及作用机制。研究酒黄连、姜黄连和萸黄连的化学成分变化，进行网络药理学和分子对接结合技术，预测活性成分和不同组织器官靶点之间的结合关系。结果表明酒黄连中的异喹啉类生物碱成分在心和肺组织中分布较高，在该组织中结合的作用靶点为PTGS 2、NOS 2、ESR 1和SLC6A 4，阐明了酒黄连的解毒和心肺保护作用；姜黄连中的有机酸在胃、结肠组织中分布较高，在该组织中结合的作用靶点为ACTB、TNF和PRKCA，萸黄连中的有机酸在肝、结肠和胃组织中分布较高，在该组织中结合的作用靶点为ACTB、TNF、PRKCA和GPT，阐明了姜黄连和萸黄连对消化功能的改善作用。

四、分子生物学技术在中药炮制研究中的应用

近年来，在中药炮制前后药效和功效评价中，常采用现代药理学及分子生物学技术，多层次探讨中药炮制引起的一系列变化，能够从整体动物、组织、器官、细胞分子等多个水平对中药炮制后增效、减毒的相关规律进行探讨。采用分子生物学技术研究莪术醋制前后挥发油成分对CCl_4诱导的SD大鼠肝纤维化的改善作用，探讨莪术醋制前后挥发油抗肝纤维化的药理作用和分子机制。结果表明，生莪术和醋制莪术的挥发油成分均能改善肝纤维化大鼠的病理、生理特征，并对肝组织有保护作用，尤其是醋制莪术挥发油治疗效果更佳，其通过抑制TGF-β1/Smads和PI3K/AKT信号通路的激活，抑制HSCs的激活和ECM的分泌和沉积，从而抑制肝纤维化。采用药理学与分子生物学技术虽然一定程度上能从个体到微观地反应中药炮制药性、药效的变化，但是未能反映出中药"一物多效"的特点，提示有必要采用其他研究手段进行补充，才能完整地得到结果。

五、人工智能感官技术在中药炮制研究中的应用

药性是重要的中药功能属性，炮制是影响中药四气五味、升降浮沉、毒性变化的重要环节，色泽、气味又能直观地反映炮制的重要指标，以人工经验判别为主，易存在主观偏差。随着科技的进步，人工智能感官技术（artificial intelligence sense technology，AIST）是依托于人体感觉器官的原理，兼并人工智能和现代精密仪器进行特性分析的仿生技术，包括电子舌、电子鼻、电子眼等，这些电子仿生技术通过传感器响应值数字化信息处理，能够对中药轮廓整体分析，精准检测药材的性状和感官指标，客观建立药材的味觉、气味、形色指纹图谱，并无损反映样品特征，不

仅为药材性状、感官指标客观化带来表征工具,更为阐述中药炮制机理带来新研究方法。AIST 与液相色谱、气相色谱、质谱等现代分析技术联合,可阐释中药色泽、气味与物质组成的关系,发现特征变化物质,是对传统感官评价进行补充和完善,解决单一技术在检测时的难题,拓宽应用领域,为成分变化、炮制工艺、质量标准研究提供新手段,进行科学质量控制。将 AIST 及现代分析技术运用到中药炮制中,可对炮制品的色泽、气味进行全面表征,综合获取指纹信息,为中药炮制品的成分变化、炮制工艺、质量标准等提供支持;加之与现代分析技术结合,可提炼多层次专属信息,辨识样品整体性特征,具有前处理简单、分析速度快、智能分析等优点。AIST 针对中药炮制饮片的外观性状和炮制火候、炮制工艺评价的客观评价新方法,增强中药饮片炮制过程中的质量监控技术水平,建立起炮制工艺评价的新技术新方法,确保饮片质量的安全、有效、稳定。

六、生物光子辐射技术在中药炮制研究中的应用

生物光子辐射又称为超微弱生物发光(UPE),广泛存在于各类生物体中,对生物体内部的微小变化非常灵敏,与生物体内的信息传递、光合作用、细胞分裂等基本生命过程密切相关,能够在一定程度上反映生物体内物质代谢水平,在医学研究等领域得到广泛应用。目前,有研究者以栅藻作为生物指示剂,采用 YPMS-2 生物光子测量仪检测加入不同炮制方式的连翘煎煮液后栅藻的激发延迟发光强度(K 波动范围),结果表明清蒸连翘会改变连翘的寒性。

生物光子辐射技术能够通过生物指示剂间接反映中药炮制引起的寒热药性的变化,其仪器操作简单、快速灵敏,但是无法深入地表征寒热药性变化的机制。为此,探究寒热药性变化中生物机制,仍需要通过其他方法进行辅助研究。

七、代谢组学技术在中药炮制研究中的应用

炮制通过增加某些成分在机体的利用度,或者通过辅料更加精准地直达病位以增强临床疗效。为了全面评价炮制引起的所有组分变化、转化机制及药效变化,发展了一系列的组学技术,同时采用网络药理学等生物信息学技术对数据进行整合、分析、预测,最终达到炮制前后质量标志物的筛选、治疗靶点的确定或炮制前后毒性和疗效的评价等目的。

目前,代谢组学技术在中药炮制机理研究中已有广泛应用,代谢组学分析的目标是分析所有的样本整体中所有的代谢物,同时可以研究炮制前后对机体代谢的影响。将 UHPLC-Q/TOF-MS 的代谢组学技术成功地应用于表征寒、热药性的生地黄和熟地黄处理后小鼠血浆代谢变化,并识别与药性相关的潜在生物标志物,并通过网络药理学分析,揭示熟地中 4 种环烯醚萜类成分的潜在作用靶点,该研究对地黄的冷热性质提供了新的认识。采用液相色谱-质谱分析技术对马蹄通过蒸皮、煮皮、蒸去皮、鲜切和煮去皮五种不同的炮制加工处理后代谢谱分析,并采用化学计量学方法寻找 5 种炮制处理代谢物差异,该研究利用了代谢组学技术为不同处理方法马蹄的代谢物差异研究提供了新思路。

八、蛋白组学技术在中药炮制研究中的应用

蛋白组学能够全面监测机体蛋白表达谱的变化,蛋白组学方法应用到炮制中药研究中,将会为中药炮制机制研究提供全新的技术平台和方法。采用同位素标记相对和绝对定量(iTRAP)结合液相色谱-串联质谱(LC-MS/MS)定量蛋白组学技术研究千金子霜降低肠道毒性的研究,结

果表明千金子霜能够通过降低血管生成素-4和激活STAT1蛋白的表达来缓解由千金子引起炎症反应，所以这些目标蛋白是千金子霜在蛋白组学维度解毒的关键蛋白。

九、生物毒价检测技术在中药炮制研究中的应用

有毒中药虽在中医临床中广泛应用，特别是在危重症及久治不愈的病例中效果显著，但药性峻烈的毒性药及其安全限量、极量，使得用药过程充满挑战。传统的毒性成分分析法，虽能评估某些指标性成分的质量，却难以全面反映药物的整体毒性和入药剂量把控。积极探索基于生物评价方法的中药质量评价新模式，以确保临床用药的安全。

在中药炮制研究中，生物毒价检测技术借助生物体（如整体动物、离体组织、器官、细胞和微生物等）来评估药物的毒性大小，在处理"有毒"中药时显得尤为关键。该方法以药物毒性反应及机理为基础，运用生物统计工具，在特定实验设计下比较供试品与标准品的反应，并通过等反应剂量间比例的运算，准确测定供试品的毒性大小。这种方法不仅具有药理毒理试验和化学分析实验的特点，而且与药物的毒性反应和机制紧密相关，能够真实反映临床用药的实际情况。在中药炮制研究中，已利用生物毒价检测技术，如整体动物最小致死量的毒价测定法、基于相对校正因子的多种生物碱含量同时测定法，以及二萜类生物碱的HPLC-MS/MS检测法等，对附子等毒性中药的炮制减毒机制、炮制方法的合理性进行了深入研究。此外，还构建了"毒性效应成分指数"模型，为毒性中药的质量评价与控制提供了新思路和方法。这些研究不仅丰富了毒性中药质量评价与控制的研究模式，也为临床合理用药提供了有力支持。

生物毒价检测技术在中药炮制研究中的应用，为有毒中药的质量评价与控制提供了新的手段和方法，对于确保临床用药的安全性和有效性具有重要意义。

第三节　中药炮制传承创新与饮片产业高质量发展

中药炮制是我国最具自主知识产权的制药技术，饮片产业高质量发展是促进中医药传承创新的关键要素。饮片产业仍面临诸多挑战，中药炮制传承创新与饮片高质量发展需要科学工作者和专业人员付出更多的努力。炮制传承创新发展不足，饮片企业"小而全"的生产模式及较为分散的竞争格局，导致产业生产过程的规范化、标准化、智能化发展不足；饮片质量控制缺乏整体性及特征性的质量标准，等级划分标准的科学性仍有待研究。通过挖掘中药特色炮制技术及品种，探究传统中药炮制理论科学内涵，促进中药炮制的传承创新；加强饮片产地加工过程控制，提升生产过程质量控制水平，推进中药饮片行业集约化、规模化、智能化发展；解析饮片质量评价关键识别技术，积极探索饮片质量等级评价标准，构建体现中药饮片特色的质量评价体系；利用现代物联网技术建立饮片溯源体系。通过以中药饮片为主体，以促进中药传承创新发展为导向，实现饮片产业高质量发展。

一、中药炮制传承创新与饮片产业发展

中药炮制是中医药宝库中的重要组成部分，应加以保护、传承和创新。目前，相关部门组织各地系统挖掘、整理历代中医药专著、医典等医籍中记载的中药炮制方法，以及散存在民间的特

有炮制方法，并形成了较为完整的文献资料，在此基础上制定《国家中药饮片炮制规范》和各地《中药饮片炮制规范》并颁布实施；同时，为构建多层次炮制人才队伍建设，先后建立了王孝涛、金世元等专家传承工作室，国家已先后批准7批全国老中医药专家学术经验继承工作指导老师；国家中医药管理局先后三批在全国遴选建设炮制技术传承基地；科技部等部门一直以来将"中药炮制工艺规范化、饮片质量标准化"列入国家中医药行业重大专项及国家重点研发计划等专项研究，旨在构建中药饮片炮制"原理科学化、工艺规范化、质量标准化、生产智能化、信息数据化"等的技术与理论体系。

中药炮制创新是促进饮片产业发展的内生动力，也是产业现代化发展的方向。炮制创新主要体现在以下几个方面：①特色饮片的开发，通过挖掘中医药古籍文献资料，调研中医药市场情况及临床需求，将传统中医药理论与现代技术相结合，研发具有特色优势的中药饮片；②炮制技术创新，将现代科技创新技术应用到中药饮片产业化生产中，极大地提高中药炮制加工的技术水平。针对中药炮制过程中的净制、浸润、干燥、炒制、灭菌等环节进行系列技术的改良和创新，融合现代科技应用于中药炮制加工已获取显著成效，促进了整个中药饮片产业高质量的发展；同时现代质量评价技术的创新，将传统与现代相结合的质量评价标准应用于中药饮片的质量控制，将逐步构建科学、实用的饮片质量标准体系，实现中药饮片的真伪鉴别、优劣评价、等级划分，不断促进饮片产业的现代化发展。

中药饮片是中医临床防治疾患核心物质基础，为中药产业链的重要组成部分。新修订的《药品管理法》和国家药监局先后印发的《关于促进中药传承创新发展的实施意见》《关于进一步加强中药科学监管促进中药传承创新发展的若干措施》，给中药炮制的传承创新与中药饮片产业发展带来新的机遇，对饮片生产、流通、使用、检验与监管等各环节提出更高要求，以确保中药饮片的安全有效性。长期以来，中药饮片产业准入门槛较低，存在"小、多、散"的现状，药材基原品质、炮制工艺规范、饮片质量标准、科技创新平台等面临诸多问题困扰着饮片产业，中药炮制传承创新进程的实际成效尚未显现，影响中药饮片产业创新与发展的进程。

截至2023年底，我国共有中药饮片生产企业2 250余家，饮片企业总体规模小且较为分散，饮片龙头企业主营业务收入占比较低。目前，中药饮片生产设备自动化、智能化程度相对较低，高能耗、低效率、非标准化的情况普遍存在，在此背景下，中药饮片企业的生产模式亟须改变。鉴于中药饮片市场供求的招投标体系及优质优价尚未推广等背景，饮片企业为满足临床，生产需多达800~1 200种饮片品种规格，导致了企业生产方式依然保持"小而全"的传统生产模式，企业专业化程度和品种集中度不高。饮片缺乏自身品牌，不适应现代的中药产业大品牌、大品种、大市场、大企业的产业发展格局需求。"优质优价"是市场经济条件下实现产品质量提升的重要经济规则，但中药饮片产业优质优价机制尚未完全形成，严重制约了国家有关中药饮片质量提升战略的实施。

随着中医药事业的快速发展，对中药饮片质量的要求不断提升。中药饮片质量标准主要以《中国药典》《国家中药饮片炮制规范》为主，以行业标准、团体标准或规范、各省市中药饮片炮制规范、企业标准等为补充。近期，《中药饮片质量评价新技术应用指南》《中药材产地加工（趁鲜切制）生产技术规范》等行业团体标准的发布为中药饮片的质量提升提供了标准参考。通过建立道地产区生产基地、规模化生产车间结合优质团体标准，逐步形成中药饮片的大品种、大品牌。进一步提升中药饮片的发展水平。

《国家中药饮片炮制规范》由国家药监局于2022年12月30日颁布，已分批正式实施，中药及饮片审批管理的机制不断完善与发布，为中药饮片产业高质量发展与管控奠定了基础。中药饮片生产涉及多个环节，包括原料采集、加工、生产等，为了保证饮片质量，保障用药安全，基于信息系统的饮片质量追溯，建立中药饮片质量溯源体系，不仅能提高生产经营主体的安全意识，确保饮片质量；同时也能为政府监管部门提供分析、决策和指导的依据，提高监管力度，实现中药饮片"从生产到应用"全过程的追踪和监管，为广大消费者的生命健康安全作出积极的贡献。

二、中药炮制传承创新与饮片产业发展面临的问题

中药炮制技术发展历史悠久，传统的炮制方法主要有蒸、煮、炒、焙、炮、煅、浸、飞等，地方特色炮制技术"樟帮""建昌帮""京帮""川帮"等四大流派和13个传统药帮特色炮制工艺也是中药炮制技术的重要组成部分。随着历代演变，部分炮制书籍材料破坏或缺失，依据传统"师传徒"延续炮制技术的断层等，严重影响了中药炮制技术的传承，有些技术几乎失传。尤其针对特色炮制技术，由于工艺复杂，不适宜工业化生产，使传统炮制技术及品种难以得到发展而逐渐不被采用，精湛的炮制技术难以发挥最大的作用，特色炮制品种难以实现临床应用，制约了中医药的传承创新发展。值得重视的是，中药临方炮制作为特色中药炮制技术的一部分，在中医药临床应用中具有不可替代的作用，由于临方炮制的批量小、品种多，需要炮制场所和设施设备的投入，导致其无法更好地发展应用，多数独具特色、疗效显著的传统炮制饮片逐渐失传。

在中药炮制解毒、增效、缓性等理论指导下，将中药材炮制成药性各异的饮片，是中医临床辨证施治用药的必要条件。通过炮制可以产生功效不同的饮片，适用于不同临床目的，如大黄生峻熟缓，木香生行熟止等。中药炮制既有对中药饮片物质实体的影响，又有这种物质实体变化引起的对生命体复杂体系作用规律的影响，但目前多数中药传统炮制理论缺乏科学诠释，炮制过程引起的化学与生物质量标志物、药效机理等变化尚不明确，严重制约了炮制工艺规范化、饮片质量标准化的发展，阐释中药炮制减毒增效缓性理论的科学内涵是中药饮片行业发展急需解决的关键问题，也是基于反映药性特征的中药饮片质量控制标准体系建立，必须解决的中医药领域的重大科学问题。

人才培养是实现传承创新的核心，近年来，随着国家对中医药事业的日益重视，中医药人才培养体系不断完善，中医药人才队伍逐渐壮大，目前，中药产业人才力量薄弱，具有较强实践能力和理论水平的中医药人才极为缺乏，现有人才培养模式不能满足产业发展的需求，人才培养模式与技术传承及产业发展脱节，院校制定创新型人才培养方案的能力有限。

中药材产地加工与饮片炮制生产一体化是将中药材产地加工环节和炮制过程有机结合，以减少生产重复环节、提高饮片质量，从而实现中药材产地加工与饮片生产过程有机衔接及质量控制。尽管一体化技术优势明显，且不断得到业内学者的宣传和呼吁，但目前中药材产地加工与饮片生产准入门槛低、产业规模小、缺少品种遴选原则、缺乏技术规范、质量控制标准不完善等问题，给一体化推广带来一定难度。《中国药典》中仅规定了68种可趁鲜加工的中药品种，据统计，目前已有24省市发布各地特色与优势适宜产地趁鲜切制品种目录，总计达588种。大部分品种均为现版《中国药典》标准未收载品种。各省炮制规范收载的品种有限，各地方标准规范存在地域局限性，且由于目前产地加工技术规范化研究缺少统一的指导原则，生产企业"一家一法"的情况普遍存在，造成产地加工与炮制生产一体化规范技术在生产过程中难以推广。

中药炮制自动化与数控化是现今发展趋势，现阶段已有相关智能炮制设备的研发与应用，推动了我国中药饮片产业向智能化发展，但中药饮片生产智能化水平与成药产业相比还比较低，实

际生产过程中也存在系列问题，特别是各炮制单元自动化程度低，缺乏自动化联动生产线，炮制设备生产仍以低水平重复的独立单元设备为主，生产链的中间环节仍需要操作人员参与，实际劳动强度大，工作效率低。在中药炒制等过程中，主要依靠人工经验来对中药炮制程度进行判断，缺乏在线检测手段，对温度、火候的把控无法精准化，无法及时获取中间体及工艺过程的质量信息，导致生产管理滞后，最终产品质量不稳定，甚至同一厂家不同批次产品之间存在质量差异，对饮片质量标准化控制造成困难，因此现阶段中药饮片生产线与生产设备的标准化、智能化还不够。

中药饮片经炮制后无论是外观性状还是内在品质与药材相比均发生了本质的变化，生熟异治、炭药止血、炮制辅料理论等均体现了饮片炮制特色和文化积淀。但目前饮片质量标准多基于药材标准质控指标的沿用或个别指标限度的调整，多为中药材含量限度的降低，如《中国药典》中药饮片的标准与中药材同质化，饮片项下检测的描述多为"同药材"，各级有关中药饮片的标准多采用的是与中药材类似的方法、指标及限度的质控体系，部分品种的不同炮制品共用药材标准，难以凸显饮片的特色。

现有中药质量标准在指标的选择和限度制定方面没有充分体现饮片的特点和炮制工艺对质量的影响，往往多强调通过化学成分指标和产品检验提高饮片质量，部分中药饮片在质量控制指标的选择上存在与功效"脱节"的现象。如瓦楞子、石决明等中药饮片均以碳酸钙含量作为成分评价指标，但功效各有不同，单以碳酸钙的含量不能解释其各自的功效特点。此外，中药饮片具有多成分、多靶点的特征，药效及临床研究的不足，造成中药质量控制模式和技术存在"以偏概全、相关药效不足"的问题，中药有效成分难以完全阐明，中药质量控制的技术水平与中药物质体系的特点不相适应，导致现行中药质量控制与评价模式难以科学、全面地控制和评价饮片质量，特别对于毒性中药饮片质量控制，功效与毒性表征对临床应用安全有效更为关键，如附子、半夏等目前尚缺乏对毒性的有效检测与控制。如何根据中药饮片的特点，厘清中药质量内涵，选择合适的指标，制定科学、合理、可行的标准，构建体现中药饮片特色的质量标准体系，更好服务于中医临床，成为中药质量控制和评价的重要任务和全行业亟待破解的难题。

中药饮片辅料，是指对中药饮片具有辅助作用的物料，具有增强疗效、降低毒性、影响主药的理化性质、改变药性的作用。中药饮片炮制辅料是中药炮制技术的重要组成部分，历代主要本草典籍中几乎都有关于中药炮制辅料的内容。在中药饮片炮制发展过程中，炮制辅料形成了一套独特的理论与操作规范。但是目前还存在一些问题，例如辅料的混乱使用、无统一标准、来源复杂、用量标准模糊等，并且国家药品标准关于炮制辅料的相关标准体系并不完善或缺失，通用性要求和相关指导原则缺乏，这对中药饮片生产者控制中药饮片质量，药品监督管理部门监管中药饮片生产、制定地方炮制规范等都是不利的。此外，由于没有专门的炮制辅料加工单位及生产厂家，目前全国饮片行业实际上所用的炮制辅料，既不受食品、农副产品管理，也不受中药行业管理，应用混乱，亟待规范管理。

中药饮片的等级是药材内在品质的外在体现，然而目前我国尚未建立权威、统一、规范的中药饮片规格等级标准。目前饮片质量等级评价方法很多，主要分为以下几类：①以饮片大小、直径、厚度、颜色、气味为指标，讲究"辨状论质"的形态论；②以单个或多个有效成分的含量、浸出物等为指标的成分论；③以道地饮片作为优等货的产地论；④以药效为等级评价指标反映饮片等级的药效论，⑤以形态-成分-药效等相结合的综合论等。虽然饮片等级评价方法报道很多，但是真正能作为新的饮片评价方法的不多，不同等级评价方法也各有优劣。同时现有评价方法研究的品种依然不够多，距离完全覆盖中医临床常用品种尚需更多的工作，因而如何建立可被广泛认可的等级评价方法，形成全国统一的等级标准，更好地推动饮片优质优价政策的实施，提高饮片质量，确保临床疗效，是目前中药饮片质量优劣评价面临的难点和痛点。

中药饮片产业链条较长，涉及药材种植、采摘、加工、生产等多个环节，而每个环节的信息记录和溯源管理都存在着不规范、不完善的情况。相关监管部门对中药饮片的质量追溯管理缺乏有效监督和制度保障，缺乏有效的监管机制和处罚措施，导致一些不法商家为牟取暴利而采取掺杂掺假等手段，严重损害中药饮片的声誉和市场信任度，也会误导消费者在购买中药饮片时只关注价格和功效，而忽视了产品的质量控制和生产过程，容易给中药饮片市场带来不良影响，究其主要原因是中药饮片市场缺乏完整的质量追溯体系。

三、中药炮制传承创新与饮片产业发展路径

我国诸多医籍及本草文献中，均有具体炮制方法的记载，通过收集、整理古今医药文献中关于炮制技术的散在记载，挖掘疗效确切的特色炮制技术和饮片品种。调研中医药市场情况及临床需求，鼓励引导具有特色优势的中药饮片创新产品的研发，重点关注体现中医药特色优势的临方炮制品、古法特色炮制品、地方特色炮制品、新资源饮片以及其他创新产品等，如凤眼枳壳、灯心草炒乳香、十三制香附、京制淡豆豉等特色品种，将医疗机构中药特色与饮片企业紧密结合，促进中药产业生产与应用共同发展。

中药炮制研究的核心是阐明中药炮制原理，炮制原理的阐明与饮片生产及质量控制密切相关。围绕传统炮制理论"生熟异治""醋制入肝""炒炭止血"等，通过系列品种的研究，解析总结传统炮制理论的科学内涵。探索应用现代新方法新技术，阐明炮制过程中成分转化的规律，比如采用模拟炮制技术、液质联用分析技术、二维气质联用分析技术、核磁共振分析技术、成分数据库结构解析技术等阐明炮制过程成分群动态变化以及成分群结构变化规律。建立与药物临床应用或毒性反应相一致的动物模型，探索饮片的效应物质群，阐释成分变化与效应变化的相关性，获取饮片与效应相关的指标性成分，基于炮制过程研究饮片的质量标志物；并通过系统的成分分离纯化、毒效筛选，再进一步通过在细胞分子水平的深入研究揭示效应机制。

中药炮制技术的传承离不开人才的传承，在中医药人才培养上，应紧跟行业发展趋势，改革院校教育方案，构建"产学研用"一体化教学模式，与中药产业接轨，重新构建基于健康产业发展需求的守正创新型中医药人才培养模式新思路。并通过提升人才待遇，完善人才绩效评价方式，并加速产业结构升级转型，整合创新资源，为人才发展提供机会和平台。

为保证中药饮片产业可持续稳定健康发展，需提供优质可持续的中药材资源，但中药不同于化学药的质量特性，很难对其进行定量的人工控制。因此，需要加强道地或规模化主产区药材基地建设，明确优质药材基原，建立中药材GAP种植、加工、研发全流程基地，推进"三无一全"道地品牌品种建设，全面提升中药材种植业的生产技术水平和质量控制标准。

中药材产地加工一直是中药材生产管理中相对薄弱的环节，在相关品种基于临床药性与传统加工研究基础上，可以选择性开展重点研究，制定产地加工与传统炮制饮片质量标准，实现符合条件的中药饮片产地加工的规范化、可控性，加强过程质量控制与管理。

在国家政策大力支持的背景下，相关部门引导各饮片企业结合自身优势抓住优势品种做"精、透、大"，提高生产规模化水平，避免走"小而全"的路线。成立大的饮片产业集团，在道地产区建立饮片企业，生产道地品种和大宗品种，大力提供区域化饮片生产，减轻品规过多带来

的生产与经营压力，培育中药饮片的"大品种、大品牌、大市场"的产业格局。鼓励企业推进中药饮片品牌建设，建立完善的中药行业品牌培育与评价标准体系，建立中药饮片品牌数据库，形成品牌效应。与此同时，应建立优质饮片标准，明确标准应用范围，通过构建医疗、医保、医药联动机制，实施优质饮片集中采购模式，让优质中药饮片脱颖而出，有序推进实施中药饮片大品种战略。

《中国制造2025》《中医药发展战略规划纲要（2016—2030年）》已明确将"加快推进智能制造，注重信息化、智能化与工业化的融合"列为主攻方向。中药饮片生产实现智能化转型升级必须加强饮片生产机械和仪器设备智能化研究，以满足饮片智能化生产模式构建的需要。采用信息化、大数据、人工智能手段，对中药饮片生产进行信息化管理和饮片质量在线的智能化检测，构建中药饮片生产质量智能管控系统，鼓励支持饮片企业对现代智能技术和大数据技术进行研究，形成饮片炮制各环节智能设备，建立智能化中药饮片制造生产体系。

中药饮片质量评价标准的提升，要以中药内在品质的精准评控为目标，在基于"眼观、手摸、口尝"等传统评价方法的基础上，针对中药饮片质量相关的物理、化学和生物学特征，通过引入性状电子检测、色质联用、免疫印迹等现代评价手段，探索中药饮片外在性状与内在品质的相关性，实现饮片整体性与专属性的质量评价。在具体的评价技术选择方面，应根据中药饮片的研究程度、炮制过程的不同，选取与饮片内在品质关联的物理、化学或生物学表征技术开展质量评价，优先选择检测精密度较高的表征技术，如特殊性状可采用电子眼、电子鼻、电子舌等智能感官技术；特殊化学结构可采用近红外光谱、拉曼光谱等技术进行表征；特征性化学成分可采用色谱及色谱-质谱联用等技术进行表征；对于毒性中药或有多种生物活性的中药，可通过整合反映其不同生物效应差异的评价技术，提升评价方法的精准度。通过探索并建立饮片质量相关的数字化表征方法，构建中药饮片整体性与专属性质量评价关键技术体系，实现中药饮片质量评价模式从传统向现代评价技术的提升，为提高中药饮片质量控制标准水平发挥示范作用。

中药饮片质量等级标准的研究应是在中医药理论指导下，以外观性状、化学成分、生物活性为中心，关注中药功效成分的"特有性"，融合多学科、多技术从整体动物、器官、细胞、分子水平等不同层次开展药效基础研究，阐明饮片"品质特征-成分-功效"的关系，从多角度对中药材及其饮片质量进行全面评价并划分等级，如对于毒性中药饮片，构建以"毒价"为指标体系的生物评价模式，结合化学分析手段，形成能够高效反映中药毒性与药效的评价体系。建立全国统一的中药饮片分级标准，有利于引导中药饮片产业向科学化、规范化发展，也有利于引导优质优价，提高中药材及其饮片质量，为中药饮片的市场监管提供技术支撑。

为保证中药饮片质量，保障中药用药安全，推动中药传承、发展与创新，建立集药材栽培-产后加工-流通-使用等环节为一体的中药饮片质量追溯体系必不可少。在中药饮片质量追溯体系的建设方面，可集成物联网传输技术、中药快检技术和交易诚信规则，建立第三方中药溯源公共服务平台，通过条形码技术对每一种品种进行身份标记，在每一环节由受过培训的专业人员利用传感器将信息上传至追溯平台数据库，从而实现对中药饮片的追踪功能。

四、中药饮片产业高质量发展前景

为推动中药饮片行业健康发展、解决行业关键问题，应促进中药炮制的传承创新发展；利用现代中药饮片生产技术推动产业创新，助力饮片生产设备及生产线升级，不断促进饮片生产规范化、智能化、高效化发展，逐步实现饮片产业的规模化与集约化；借助现代质量评价技术，将传统与现代相结合的质量评价标准应用于中药饮片的质量控制，逐步构建科学、实用的饮片质量标准体系，实现中药饮片的真伪鉴别、优劣评价、等级划分，促进饮片产业的现代化与标准化。采用物联网技术、大数据分析等建立中药质量追溯体系，促进饮片质量溯源化进程，保障中药饮片临床应用的安全有效。

国家相关部门在产业布局以及基础研究、创新产品的研发、传承创新等方面不断加以引导，加大基础研究投入和市场监管。以提高产业总体发展水平为目标，加强创新投入，推进构建产业区域化创新发展模式，培育品牌及优质饮片品种，专注产品创新、产业智能化和质量稳定性生产控制。科研领域以点带面，加强基础研究队伍建设，提高基础研究总体创新水平，联合企业共同推进创新研发；作为中医药传统技术，在传承方面，应加强传统技术的整理及研发，构建满足产业发展需求的创新型人才培养体系，通过人才培养促进科技创新。加强产学研深度融合，通过全行业的整合，构建一个质量稳定、供需平衡、科技水平不断提升的产业发展格局。凭借科技创新发展的新动力，打破中药饮片生产桎梏，助推中医药传承创新及中药产业高质量发展。

（姜海）

复习思考题

1. 阐述各中药炮制各项研究内容及方法的优缺点。
2. 试述中药药效物质基础评价技术和多组学技术在中药炮制研究应用中的异同点。
3. 试述如何开发中药炮制新产品。

数字资源详见　新形态教材网

课程思政案例　　视频　　知识拓展　　推荐阅读

复习思考题答案　　教学课件

主要参考书目

药名索引

（按药名拼音首字母顺序排列）

A

艾叶 234

B

八角茴香 250
巴豆 371
巴戟天 244
白扁豆 334
白矾 280
白附子 342
白果 156
白茅根 170
白前 256
白芍 211
白薇 267
白术 186
百部 255
百合 261
柏子仁 373
斑蝥 182
半夏 337
半夏曲 353
鳖甲 193
槟榔 161
补骨脂 242

C

苍耳子 156
苍术 177
草果 273
草乌 328

侧柏叶 171
柴胡 225
蟾酥 344
常山 158
车前子 243
赤芍 213
赤石脂 289
茺蔚子 151
川楝子 165
川乌 322
川芎 210
穿山甲 194
椿皮 180
磁石 295
刺猬皮 200

D

大豆黄卷 356
大风子 372
大黄 205
大蓟 169
玳瑁 201
丹参 213
淡豆豉 351
蛋黄油 376
当归 208
党参 184
稻芽 356
灯心草 303
地黄 311
地龙 219

地榆 170
冬瓜子 152
杜仲 240

E

阿胶 195
莪术 224

F

蜂房 302
蜂胶 345
附子 324

G

甘草 251
甘遂 222
干姜 168
干漆 300
葛根 364
狗脊 192
骨碎补 191
瓜蒌 265
瓜蒌皮 266
瓜蒌子 151
龟甲 193
桂枝 268
蛤蚧 276
蛤壳 287

H

海螵蛸 159

药名索引

寒水石 284
诃子 363
何首乌 307
荷叶 298
黑豆馏油 376
黑芝麻 154
红娘子 185
厚朴 271
胡芦巴 248
花椒 157
花蕊石 285
滑石 368
槐花 153
槐角 171
黄柏 237
黄狗肾 200
黄精 318
黄连 204
黄芪 253
黄芩 309
火麻仁 154

J

鸡冠花 175
鸡内金 192
蒺藜 156
僵蚕 180
芥子 145
金精石 290
金樱子 269
京大戟 229
荆芥 175
荆芥穗 175
九香虫 158
韭菜子 245
橘核 247
卷柏 174
决明子 150

K

苦杏仁 331
款冬花 259

L

莱菔子 147
狼毒 229
荔枝核 247
莲房 300
硫黄 329
六神曲 349
龙齿 286
龙胆 215
龙骨 286
炉甘石 293
鹿角胶 197
鹿角霜 375

M

麻黄 262
马兜铃 270
马钱子 189
玛瑙 369
麦芽 354
蔓荆子 150
芒硝 365
没药 231
虻虫 359
绵马贯众 174
牡丹皮 173
牡蛎 286
木鳖子 373
木瓜 320
木香 363

N

硇砂 366
牛蒡子 150
牛膝 217

女贞子 319

O

藕节 172

P

硼砂 283
枇杷叶 257
蒲黄 166

Q

脐带 194
蕲蛇 220
千金子 372
牵牛子 157
芡实 181
茜草 172
青礞石 289

R

人参 313
肉苁蓉 318
肉豆蔻 361
乳香 230

S

三棱 231
三七 277
桑白皮 266
桑螵蛸 320
桑叶 268
桑枝 155
沙苑子 246
砂仁 249
山药 188
山楂 159
山茱萸 316
商陆 228
蛇含石 296

蛇蜕 220
升麻 267
石膏 281
石决明 282
石榴皮 176
使君子 155
水红花子 154
水蛭 198
丝瓜络 303
松香 344
酸枣仁 153
锁阳 218

T
桃仁 333
藤黄 330
天麻 315
天南星 340
葶苈子 149
菟丝子 245

W
瓦楞子 287
王不留行 148
威灵仙 218
乌梅 173
乌梢蛇 221

吴茱萸 329
蜈蚣 360
五灵脂 233
五味子 319

X
西瓜霜 374
仙茅 217
香附 232
小茴香 247
小蓟 170
信石 374
雄黄 367
续断 216
玄明粉 365
旋覆花 265
血余炭 297

Y
延胡索（元胡）227
阳起石 288
益母草 214
益智 248
薏苡仁 181
淫羊藿 274
鱼鳔 199
禹余粮 288

郁金 233
芫花 228
远志 326
云母石 285

Z
皂矾（绿矾）284
泽泻 239
赭石 295
珍珠 369
珍珠母 287
知母 236
栀子 163
枳壳 179
枳实 179
钟乳石 285
朱砂 368
竹沥 376
竹茹 273
紫贝齿 290
紫河车 345
紫石英 295
紫苏子 152
紫菀 264
自然铜 291
棕榈 302

郑重声明

高等教育出版社依法对本书享有专有出版权。任何未经许可的复制、销售行为均违反《中华人民共和国著作权法》，其行为人将承担相应的民事责任和行政责任；构成犯罪的，将被依法追究刑事责任。为了维护市场秩序，保护读者的合法权益，避免读者误用盗版书造成不良后果，我社将配合行政执法部门和司法机关对违法犯罪的单位和个人进行严厉打击。社会各界人士如发现上述侵权行为，希望及时举报，我社将奖励举报有功人员。

反盗版举报电话　（010）58581999　58582371
反盗版举报邮箱　dd@hep.com.cn
通信地址　北京市西城区德外大街4号　高等教育出版社知识产权与法律事务部
邮政编码　100120

读者意见反馈

为收集对教材的意见建议，进一步完善教材编写并做好服务工作，读者可将对本教材的意见建议通过如下渠道反馈至我社。

咨询电话　400-810-0598
反馈邮箱　gjdzfwb@pub.hep.cn
通信地址　北京市朝阳区惠新东街4号富盛大厦1座　高等教育出版社总编辑办公室
邮政编码　100029

防伪查询说明

用户购书后刮开封底防伪涂层，使用手机微信等软件扫描二维码，会跳转至防伪查询网页，获得所购图书详细信息。

防伪客服电话　（010）58582300